江顺诒研究

JIANG SHUNYI YANJIU

杨柏岭◎著

安徽师范大学出版社
ANHUI NORMAL UNIVERSITY PRESS
·芜湖·

责任编辑:刘　佳　王　贤
责任校对:蒋　璐
装帧设计:丁奕奕
责任印制:桑国磊

图书在版编目(CIP)数据

江顺诒研究 / 杨柏岭著. — 芜湖:安徽师范大学出版社, 2019.10
ISBN 978-7-5676-4256-0

Ⅰ.①江… Ⅱ.①杨… Ⅲ.①江顺诒 - 人物研究 Ⅳ.①K825.6

中国版本图书馆CIP数据核字(2019)第295682号

本书由教育部高校人文社科研究重点基地中国诗学研究中心项目资助出版

江顺诒研究

杨柏岭　著

出版发行:安徽师范大学出版社
　　　　　芜湖市九华南路189号安徽师范大学花津校区　　邮政编码:241002
网　　址:http://www.ahnupress.com/
发 行 部:0553—3883578　5910327　5910310(传真)　E—mail:asdcbsfxb@126.com
印　　刷:江苏凤凰数码印务有限公司
版　　次:2019年10月第1版
印　　次:2019年10月第1次印刷
开　　本:787 mm×1092 mm　1/16
印　　张:34.5
字　　数:560千字
书　　号:ISBN 978-7-5676-4256-0
定　　价:98.00元

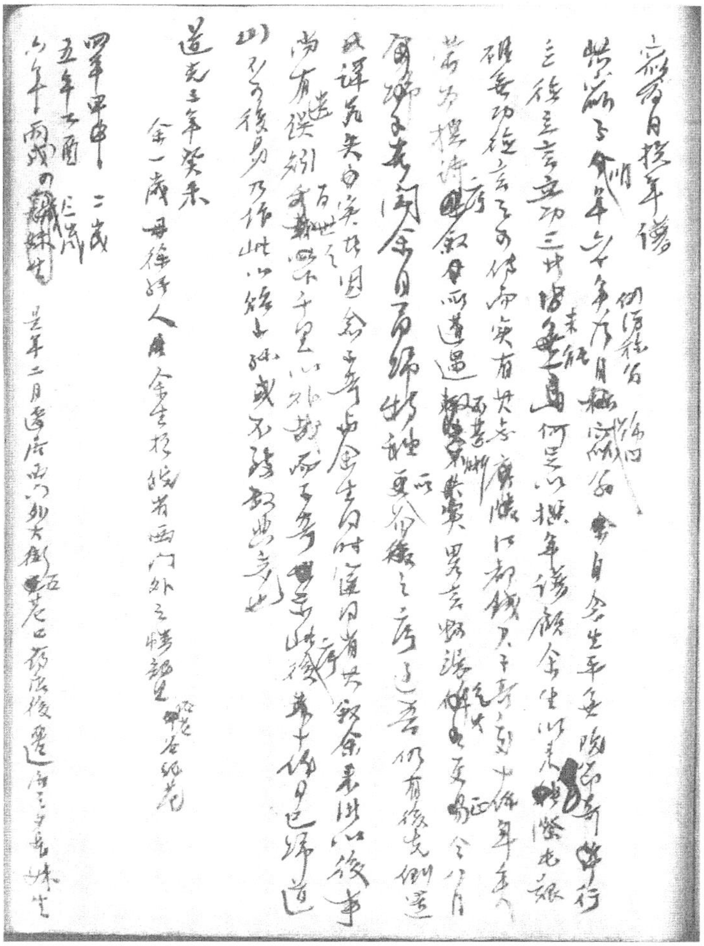

《窳翁自撰年谱》

呰窳子卷一

旌德江順詒

或問於呰窳生曰今耶穌之教行於中國設吾天子能化之乎曰不能也孟子能拒之乎曰不能也地球九萬里行其教者三之二吾教不及三之一而佛又分之吾儒之教僅與佛抗穌耶賢乎哉曰不然也耶穌降世一千八百餘年叛天主而與之水火其始一渾噩之世耳一苗蠻未化之區耳有唐虞而羲皇之世遠有禹湯文武而堯舜之治遙有孔孟而三代之規模漸即於淪胥事變之未至雖聖人亦無權舟車未通之始聖教之所不及其中有智者蓋民先之於所入也今西士窮天地之升降

呰窳子　卷一　一

《呰窳子》

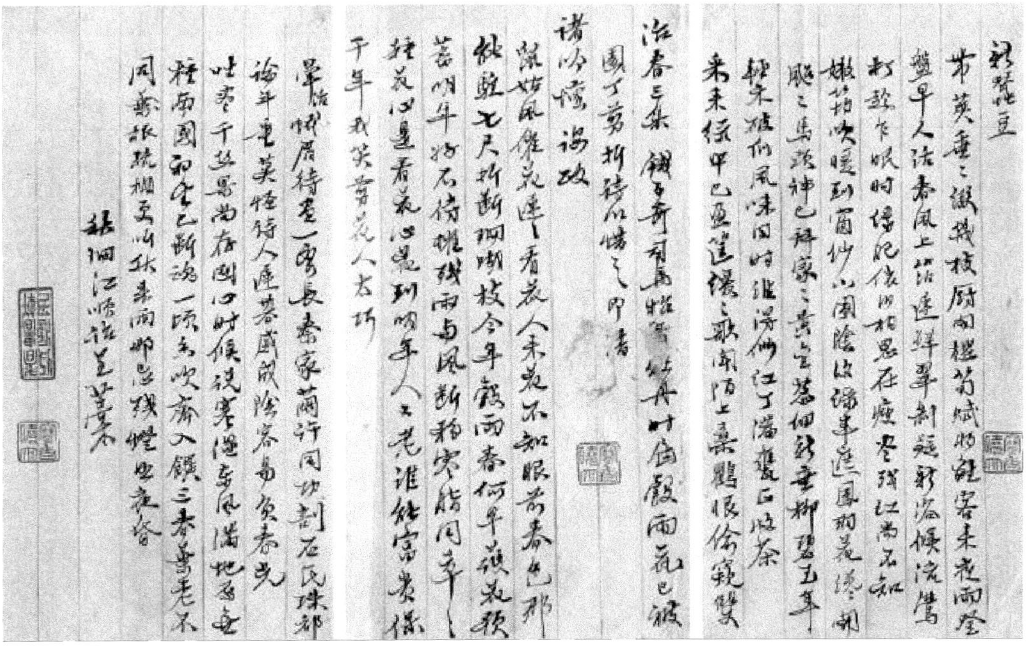

江顺诒书信

讀紅樓夢雜記

顧爲明鏡室主人撰

紅樓夢小說也正人君子所弗屑道或以爲好色不淫得國風之旨言情者宗之明鏡主人曰紅樓夢悟書也其所遇之人皆閱歷之人其所敘之事皆閱歷之事其所寫之情與景皆閱歷之情與景正如白髮宮人涕泣而談天寶不知者徒豔其紛華靡麗有心人視之皆縷縷血痕也人生數十寒暑雖聖哲上智不以升沉得失縈諸懷抱而盛衰之境離合之悰亦

《读红楼梦杂记》

目 录

◇江顺诒作品集校辑◇

江顺诒研究

引　言

江顺诒（1823—1884），字子豰，号秋珊，别署愿为明镜生、愿为明镜室主人、峕窳子、峕窳生，晚号窳翁，安徽旌德人。江顺诒平生问学领域广泛，著述颇丰，涉及政论、经学、文学、报刊文献、中外文化比较等。文学除诗词外，尚有小说、传奇、散曲等，并集理论与创作于一身。较长时间以来，在文化研究中，人们多关注国家与民间长期互动中形成的精英话语，很少留意普通知识分子或大众对时势变迁的反映。近年来，文化史学界提倡“眼光向下”，走向历史现场，重视对普通人群的思想情感、生活经验的探究。在此思想指引下，通过普通知识分子的心理活动、情感认知、行为表现等，透视晚清社会变迁、时局变动，亦渐次成为学界关注的领域。

江顺诒平生屈居下僚，但胸怀用世之心，留心时务，勤于撰述。百余年来，江顺诒得到不少学者的赞誉。其时政性著述《峕窳子》三卷、《越俎卮言》二卷、时政资料集《峕窳子集证》五卷等，集中思考了“西学东渐”背景下的中西文化关系、清廷“洋务运动”之举等重大事件，展示出晚清普通知识分子的政治关怀、文化姿态以及他们的西方观念。近代名人王韬评价江顺诒这类著作“皆风行于世，不胫而走”[①]，甚至“纪其轶事”，亲自为这位普通士人撰写了传奇《水仙子》。在诗歌创作上，同治十年（1871），江顺诒署浙江钱塘县丞，“同宦浙西诸君子举行西泠酬倡集，请君（按：江顺诒）为之执骚坛牛

①王韬：《淞滨琐话》，刘文忠校点，济南：齐鲁书社2004年版，第140页。

耳”[①]，反映出此时江顺诒在地域诗坛上的地位。其中，江顺诒以及西泠社成员，倡导并创作的“海上新乐府”，因能关注“立和约”“领事馆”等国计民生的大事件，以及“新闻纸”“同文馆”等文化传播史上的新事物，尤为世人瞩目。在词学研究上，同治十一年（1872），江顺诒曾携《愿为明镜室词》，请被誉为“开近三十年之风尚”[②]的晚清词家谭献论定作序，谭献以“婉润之致，不伧劣矣”赞之。光绪十一年（1885），谭献阅读江顺诒《词学集成》等著作之后感慨而言：“别十余年，秋珊词学大就，能求声音之原。”[③]现代美学家宗白华受到江顺诒“始境，情胜也；又境，气胜也；终境，格胜也”（《词学集成》卷八）“词之三境”的启发，提出“境界层深创构”的理论，认为“‘情’是心灵对于印象的直接反映，‘气’是‘生气远出’的生命，‘格’是映射着人格的高尚格调”[④]，对现代意境学说有着积极的建构意义。在“红学”研究史上，江顺诒《读红楼梦杂记》较早地提出了“自传”“解脱”说等，对“新红学”有着直接的启示作用。

与清代诸多学者一样，尽管相关主张得到后代研究者的推崇，然因为他们的著述多处于尘封状态，致使他们的学术思想难以得到系统深入的挖掘。关于江顺诒的研究成果，目前主要是词学、“红学”等研究者在相关研究中的评论，集中研究的专论成果甚少。多年前，笔者曾研究过江顺诒《词学集成》，发表了《江顺诒词学理论评说》[⑤]一文。正是在撰写此文过程中，发现学界对江顺诒生平履历、文学活动、学术思想等方面多不了解，故激发了继续探讨下去的兴趣。此后指导研究生任建撰写了硕士论文《江顺诒词学理论研究》（2012），期间任建也发表了《江顺诒〈读红楼梦杂记〉研究》《寻源竟委，审律考音：江顺诒词体音律论》等文。除此，苏州大学博士潘宏恩撰有《从江顺诒〈呰窳子〉看同光年间下层知识分子对西方现代思想的接受》[⑥]一文，基于近代社会转型的背景，从政治观、宗教观等方面分析了江顺诒的相关思考，肯定了《呰

①王韬：《淞滨琐话》，刘文忠校点，济南：齐鲁书社2004年版，第140页。

②叶恭绰辑：《广箧中词》，傅宇斌点校，北京：人民文学出版社2011年版，第121页。

③谭献：《复堂日记》，范旭仑、牟晓朋整理，石家庄：河北教育出版社2001年版，第52页。

④宗白华：《中国意境之诞生》，《艺境》，北京：北京大学出版社1987年版，第155页。

⑤杨柏岭：《江顺诒词学理论评说》，《安徽师范大学学报》（人文社会科学版）2003年第4期。

⑥潘宏恩：《从江顺诒〈呰窳子〉看同光年间下层知识分子对西方现代思想的接受》，《名作欣赏》2012年第35期。

窳子》三卷在中国近代政治思想史上的学术价值。

不过，上述成果多是在江顺诒生平资料未明，著作未能得到全面整理的情况下撰写的，故只能从文本到文本，探寻其字面含义，无法做到知人论世，深入江顺诒的心灵世界，挖掘其中的内在意蕴。有鉴于此，笔者着手搜集整理江顺诒的相关文献，除了《词学集成》八卷、《读红楼梦杂记》一卷等易见资料外，经过两年多的努力，依次从上海图书馆复印到《窳翁丛稿》稿本中的部分内容，含《窳翁自撰年谱》《江秋珊先生事略》①等有关江顺诒生平的第一手资料；从北京图书馆整理出《呰窳子》三卷附《越俎卮言》二卷、《愿为明镜室词稿》九卷本；从华东师范大学图书馆查阅到《愿为明镜室词稿》二卷本；从芜湖图书馆查阅到《呰窳子集证》五卷；从华东师范大学、安徽师范大学图书馆、湖南省图书馆等查阅到《西泠消寒集》、《西泠酬倡集》（初集、二集、三集）②，辑录诗词曲210余首；从丁丙《武林坊巷志》、王国平《西湖文献集成》等著述，以及《瀛寰琐记》《词章杂志》等报刊中辑得诗文词50余篇。以此为基础，对江顺诒著述做了初步整理，重点完成了《窳翁自撰年谱》《江秋珊先生事略》校释、《词学集成》校正等工作，构成了本书的下编。

本书上编为研究性内容，分别涉及江顺诒生平行事及著述考、政论及文化思想、诗学主张及诗歌创作特色、词学理论及词的创作特色、《红楼梦》研究等方面，兹略作说明如下：

其一，江顺诒生平、交游及著述考。作为晚清知名词学家、红学家，然因其生平行事为读者不了解，学界存在不少臆测之见，亦影响了其学术思想、创作成就的传播。兹以江顺诒《窳翁自传年谱》《江秋珊先生事略》等稿本为基础，就其生卒年月、祖系与家世、求学与仕宦经历以及著述予以考证，并就“江顺诒”名字的书写错误、与胡适妻子江冬秀族谱关系、诗社活动等方面予以考辩，以期为进一步研究奠定基础。

其二，江顺诒时务研究及中西文化比较思考。在晚清“西学东渐”背景下，江顺诒撰写的《呰窳子》《越俎卮言》，以及辑录的《呰窳子集证》等系列论著，是研究晚清时局及洋务运动史的珍贵资料。江顺诒在儒教、基督教、洋

---

①按：“秋珊”，原稿为两个圈圈，兹补。

②在此特别感谢华东师范大学彭国忠教授、刘劲松博士、任聪颖博士，中南大学杨雨教授，安庆师范大学郭青林博士等，他们或帮助复印，或提供影印本，青林更是录入校对了《呰窳子》《越俎卮言》《愿为明镜室词稿（九卷本）》等。

务运动、晚清时务以及中西文化比较等方面，均发表过言论。通过研究，江顺诒的中西文化观并非人们熟悉的“反西方-超西方”的路径，而是既有“抑中而扬外”倾向，又有以“西学中源”为底色的“尊西方-超西方”意向。除此，江顺诒还提出“背古与泥古皆非”等卓见，从一名普通知识分子角度，反映出近现代中国从外在冲突走向内在超越的思想进程。

其三，江顺诒的诗学主张及诗歌创作风貌。江顺诒诗名尚局限于江浙一带，其诗风亦未进入以同光体为主的晚清诗坛，加之其诗集并无刻本，故而20世纪以来，各类诗歌选本难睹其诗作。相关诗学史著述多是在介绍同光时期杭州西泠吟社时，方能见到江顺诒之名。其实，江顺诒一生对诗歌创作充满激情，早年即与友朋倡设诗社，后来他与同宦浙西诸君子，接续杭州西湖吟事传统，组建西泠酬唱社，一时声名藉甚，被众人举荐为“执骚坛牛耳”，晚年又参加铁花吟社等活动。其诗歌抒写下层文人生活以及仕宦经历，尤其是能坦言利禄需求，彰显江顺诒这个普通知识分子的情思特色；擅长歌行体风格，追求“淋漓酣畅”的艺术风格；最可称道的是他与众社友创作《海上新乐府》，抒写“西学东渐”中的新事物、新现象，理当在近代诗史上留下一笔。

其四，传统词学体系的构筑与江顺诒词学思想评述。在词学理论史上，江顺诒不能说是自树一帜的词论家，但绝非可以忽视者。其中，《词学集成》在词学理论系统上的贡献，是新时期以来学界关注最多的话题。可以说，江顺诒反思传统词话的旧例，有意识地构建了词学理论的逻辑结构，较为全面地阐释了对词体音律、词韵、词音、词派、词境、词品等方面的认识：旁通曲证，探寻词体的音律之源；首次成规模地汇集词境诸论，推进了境界理论的发展；纵论历代词派，构筑词派视域下的词学发展史观；承继并反思前期词论中的词品观念，写苦心、标妙境，形成了独特的词品思想。

其五，才子性灵与江顺诒词的凄凉风格。百余年来，关于江顺诒词，不乏名家的关注，但均未能深入研究。江顺诒本着抒写性灵的创作精神，认为填词具有“移情而后任性”的功能。他从个人情史出发，以叙事之笔抒写自己的情感经历，袒露其多情的气质；以历代描绘名花美人丽句为题，创设情境，在拓展词体题材的同时，彰显其审美眼光；历经内忧外患之时局，咏叹落第之悲、离乱之苦及下僚之屈，抒写普通人的身世之感。可以说，在清末学人之词渐趋浓郁的词学环境下，江顺诒延续才子之词的传统，呈现出别样的艺术风貌。

其六，江顺诒《读红楼梦杂记》及“红学”史之意义。在江顺诒著作中，《读红楼梦杂记》是影响较大的一部。只是因研究者对江顺诒生平行事、思想认识、学术研究等背景信息了解不多，对《读红楼梦杂记》的研究也多是就事论事。兹在较为全面掌握江顺诒生平行事及著述的基础上，立足“红学”史，本着知人论世原则，进一步解读他对《红楼梦》的认识与思考。在“红学”研究史上，江顺诒的相关思考具有一定的开拓性。像“悟书”“解脱”说所呈现的哲学思考，“自传”“殷鉴”说所彰显的史学意识，以及艺术批评中所贯穿的道德标准、身世体验与时代精神，均给予了“新红学”家们诸多启迪。

从某种意义上说，江顺诒在学术上虽有一定造诣及影响，然绝非一流的名家、大家。多年来，我一直在追问自己，选择此话题研究，并投入精力，意义何在？记得多年前，在黄山书社组织召开的一次古籍整理出版座谈会上，我曾提出可以整理江顺诒著述的想法，“红学”研究家严云受师对此极为赞许，他说：“仅就江顺诒《读红楼梦杂记》，就可以看出此人的学术造诣。”虽如此，困惑依旧存在。既然如此，为何百余年来，几乎无人问津此人？不过，随着对江顺诒著述的整理与阅读的推进，我逐渐明白，人们所以未能深入研究，虽与整个清代文学研究深入不够的总体情形有关，但更为关键的还是因为人们对江顺诒生平行事了解不足，而非此话题本身没有研究的必要。

明乎此，本课题在研究方法上，便抓住当前学界对江顺诒生平行事未能掌握的关键点入手，从整理江顺诒《窳翁丛稿》稿本开始，在较为全面掌握江顺诒著述的基础上，对江顺诒生平行事、思想认识、文学创作与批评予以探讨。同时，在研究策略上，由“精英”路线走向普通大众，着力梳理一个普通知识分子的社会心理、情感世界及其文学空间，以此透视晚清社会的思想状况以及演变历程。在研究目标上，以江顺诒最具特色或新意的见解为轴心，将其在文化、时政、诗学、词学、红学等方面的实绩，分别置于各领域研究史上考察，客观评说他的贡献，分析其不足。至此，本课题总体上属于文学的文化社会学研究，兼顾人本与文本，以实证方法为基础，本着知人论世的原则，运用理论与实践对照、情感功能与艺术规律互参、文体学与社会学、文化学结合的表述方式，试图全面把握江顺诒生平行事、思想背景、文学创作及批评，评析其文学活动的历史成因、美学规律及人文意义。

当然，第一次较为全面研究江顺诒的学术思想及其文学活动，难以平行比较成果的质量。时有心得之处，如《江顺诒词学理论评说》刊于《安徽师范大学学报》2003年第4期，《才子性灵与江顺诒词的创作特色》刊于《淮北师范大学学报》2014年第5期；《江顺诒的〈读红楼梦杂记〉及其"红学"史地位》刊于《红楼梦研究》2014年第6期；《洋务新政时期普通士人的思想转型——以江顺诒为中心》刊于《安徽史学》2015年第1期；《江顺诒生平及著述考——以稿本〈窳翁丛稿〉为中心》刊于《文献》2015年第6期；《同光新政与江顺诒诗歌的创作风貌》刊于《安徽师范大学学报》2019年第3期……数年来对江顺诒的关注，自查能以诚问学，尽力为之，然就目前提交的成果而言，错谬之处，想必甚多。此时想来，已有不少遗憾：《窳翁丛稿》稿本以行草为主，辨认整理还需进一步完善；江顺诒诗集未见刻本，辑佚工作仍需加强；由江顺诒拓展至更多普通知识分子群体的研究，如与西泠、铁花诗社关系的研究还需加强……这些只能期待在以后研究中加以弥补。

初稿于2015年4月26日；修改于2019年1月26日

江顺诒学术研究及创作评介

第一章　生平、交游及著作考

江顺诒位卑，《清史稿》无传，相关文献虽时有涉及，然均较为简略。上海图书馆藏有江顺诒《窳翁丛稿》稿本，其中有《窳翁自撰年谱》一卷（以下称《年谱》）与《江秋珊先生事略》（以下称《事略》）一篇，可谓目前可见江顺诒生平最详尽的记载。关于自撰年谱的起因，江顺诒有云：

> 呰窳子，明年[①]六十岁，例得称翁。九月，号曰窳翁。自念生平无瑰节奇行，立德、立言、立功三者皆未能，何足以撰《年谱》？顾余生以来，际屯艰，确无功、德、言之可传，而实有其志。江都钱君子奇，交十五年矣，尝为撰诗序，叙所遭遇不甚晰，略言数端，乞君更正。今八月，子奇闻余自甬归，特袖所易之序道："吾仍有后先倒置，详究失实者。"因念子奇与余生同时宦同省，其叙余来浙以后事，尚有遗误，矧百世之下、千里以外哉？而子奇示此序后十五日已归道山，不可复易，乃作此以馈子孙，或不致数典多也。[②]

可见，江顺诒自撰《年谱》《事略》，起因是好友钱国珍在为江顺诒诗集作序时，对其经历言说"不甚晰"，但钱氏已卒，已无法请其修改更易，不得已只得自撰年谱。江顺诒自撰《年谱》止于光绪七年（1881），年59岁，故其

①手稿原为"今年"，后改为"明年"。

②江顺诒《窳翁自撰年谱·自序》，见《窳翁丛稿》稿本，上海图书馆藏。下同。

《年谱·自序》云“明年六十岁”。结合自序言“今八月，子奇闻余自甬归”，将所易之诗序交江顺诒审定，而子奇“十五日已归道山”，江顺诒于（今年）“九月，号曰窳翁”，可知其自撰年谱时间当在光绪七年九月之后。江顺诒《年谱》（约5000字）与《事略》（1000余字）对认识这位清代同光时期普通文士的生平思想，意义极大。兹以此为基础，结合其他文献，对江顺诒生平、著作及交游等事项予以考证。

一、籍贯、生卒年考

江顺诒自撰《年谱》未提及其籍贯，《事略》云其“为旌德显族”。据稿本字迹，此五字与江顺诒自书风格不同，当为他人补写。[①]与其相识者亦屡言籍贯，师友辈如谭献《复堂日记·壬申》载“江君秋珊，旌德人”[②]，友人如王韬《淞滨琐话·水仙子》云“江君秋珊……安徽旌德县人”[③]，弟子如徐珂《天苏阁笔记》云“《补词品》二十则（一则佚），则旌德江秋珊师所著”[④]，其本人已刊著作多未署籍贯，惟《愿为明镜室词稿》二卷本各卷首下均署“旌德江顺诒秋珊”，同时江顺诒参编的《西泠酬倡集》初集卷四“江顺诒”条亦云：

> 江顺诒，字子穀，号秋珊，安徽旌德县人，廪贡生，浙江（抹去4字）补用知县。

可见，江顺诒隶籍安徽旌德本无异议。不过，丁立中《先考松生府君年谱》卷二光绪四年（1878）记载铁华（亦作铁花）吟社活动，提及唱和者有“元和江秋珊丈顺诒”[⑤]，陈乃乾编《室名索引》云“愿为明镜室，清长洲江顺

①从字迹抒写大小及风格上看，《事略》稿本有两种不同字迹：大字部分抒写风格与《年谱》同，所叙时间截至光绪七年，亦与《年谱》一致，当为同时所作。小字部分抒写风格有异，同时，除了对原稿有少许补正外，又补写了光绪八年壬午（1882）、光绪十年甲申（1884）年事，并就江顺诒未刊、已刊著作，及其子嗣情况作了说明，显然为后人所补。

②谭献：《复堂日记》，范旭仑、牟晓朋整理，石家庄：河北教育出版社2001年版，第52页。

③王韬：《淞滨琐话》，刘文忠校点，济南：齐鲁书社2004年版，第140页。

④转引自张璋等编纂：《历代词话》（下），郑州：大象出版社2002年版，第1689页。

⑤丁立中：《先考松生府君年谱》，北京图书馆编《北京图书馆藏珍本年谱丛刊》第172册，北京：北京图书馆出版社1999年，第222—223页。

诒”[1]……元和、长洲，均属苏州，此说不知所出。又如，当代较早查阅过江顺诒《窳翁自撰年谱》者，在介绍该谱时说：

> 江顺诒（1823—1884），清江苏扬州人。晚号窳翁。道光二十九年宣城科试优贡，后报捐儒学训导，再捐县丞。任凤山城门稽查、衢州署文案、常防行营支应、分局总办等。[2]

将江顺诒隶属“江苏扬州”，全无根据。笔者以为，这或许是《中国年谱辞典》编撰该条者，受到《窳翁自撰年谱·自序》中“江都钱君子奇”句中江都（扬州）影响的结果；亦或许因扬州江氏也是望族而有此联想（尤其是清代咸丰年间，太平军入宣城，旌德金鳌江氏迁居扬州者众多）。

同样，因《年谱》《事略》等未能及时得到整理，江顺诒生卒年亦众说纷纭[3]。苏州长洲人潘钟瑞《香禅日记》光绪十年八月廿三日日记云：“申刻得梦薇信，附来讣闻，骇悉江秋珊大令于七月廿六日捐馆。秋珊与余同岁，而长余二日，生于癸未八月三日也……”[4]这是目前可见关于江顺诒生卒年月最直接全面的记载，以下结合相关资料予以佐证。关于其生年，《年谱》明确记载：

> 道光三年癸未。余一岁，母徐孺人。余生于皖省西门外之蟠龙巷——俗巷“谷龙巷”。

道光三年癸未（1823），江顺诒出生于安庆。据张健初说，“老安庆方位名词‘西门外’，有其特定的含义，其中的‘外’，特别区别出八卦门向西至同安门止这一城区”[5]。据《年谱》，咸丰三年癸丑（1853）江顺诒30岁前，除了赴宣城、金陵应试，主要居于安庆，后因太平军至安庆而逃亡宣城、浙江诸

---

①陈乃乾：《室名索引》，《近代中国史料丛刊》，台北：文海出版社1979年版，第239页。

②黄秀文主编：《中国年谱辞典》，上海：百家出版社1997年版，第539—540页。

③大多资料皆言不详，部分资料虽有交代，但多不一致。如，王兆鹏《词学史料学》载“江顺诒（1822—1881后）”（中华书局2004年版，第435页），朱德慈《近代词人考录》载“江顺诒（1822—1889）”（中国社会科学出版社2004年版，第84页），等等。

④潘钟瑞：《香禅日记》，苏州博物馆编《苏州博物馆藏晚清名人日记稿本丛刊》卷二，北京：文物出版社2016年版，第507页。在此特别感谢陕西临汾高水元（笔名默当）先生提供此则资料。

⑤张健初：《皖省首府老安庆》，合肥：黄山书社2005年版，第107页。

地。不过，在安庆期间，有多次迁居。如，道光六年（1826）“四岁。是年二月迁居西门外大街五巷口药房后”，道光十一年（1831）“九岁……迁居白云里”，道光十四年（1834）“十二岁……迁居城内之倒扒狮”，道光十五年（1835）“十三岁……迁居近圣街之西头”，道光十八年（1838）“十六岁。迁居近圣街之东头”，等。《年谱》未记录其出生月份，同治十一年（1872）江顺诒有《五十初度》组诗八首，其二云：

封侯少骨枉从征，不许穷经老伏生。识字冬烘徒自苦，耕田秋获又无成。空花勘破三春梦，腐草难争一代名。惟有清芬终未继，曲江八月怒涛横。（录自《西泠酬倡集初集》）

据《年谱》，同治十年（1871）五月，江顺诒委署钱塘县丞，然十一月即卸事，自此一年多“闲居无差”。《五十初度》组诗，抒发的正是自己壮志难酬的苦闷。第二首“惟有清芬终未继，曲江八月怒涛横”一联即景生情，抒写屈沉下僚甚至“闲居无差”的愤懑之情。钱塘江，本名浙江，因潮水经浙山下曲折而东入海，故名曲江。清代魏源《天台石梁雨后观瀑歌》即云：“静中疑是曲江涛，此则云垂彼海立。”此时江顺诒正闲居钱塘（杭州），故借钱塘潮涌宣泄自己的情绪。“曲江八月怒涛横”，虽符合钱塘观潮以八月为盛的事实，但从全诗创作的情境看，八月似乎也是江顺诒写诗的时间。若如此，由诗题“五十初度”，可大致推出江顺诒生辰月份，与潘钟瑞《香禅日记》所记“八月三日”大体相近。进而，据江顺诒自己相关文字记载，其生辰月份亦多与八、九月有关。如，江顺诒《年谱自序》云“明年六十岁，例得称翁。九月，号曰窳翁”，此“九月”当与自己生辰时间相近。同样，光绪辛巳（1881）秋，江顺诒创作散曲《套数》即《自寿曲》，可知其生辰当在秋天。又如，光绪八年（1882），丁丙有诗《江秋珊顺诒招赏园桂，登花隖夕阳楼，观敬亭放歌、瓮梦诸图。时秋珊正六十，并示自寿新曲》八首，其一云：“时节秋分见寿星，寿杯绿酒有余馨。闻君新制南飞曲，洗净筝琶耳试听。”[①]江顺诒召集友朋赏园桂之日，不一定就是生辰当日，但亦非相距过远。至此可以基本判定，江顺诒生于道光三年（1823）秋八九月间，潘钟瑞的记载应该可信。

①丁丙：《松梦寮诗稿》卷五，清光绪二十五年丁立中刻本。

关于江顺诒卒年，《事略》小字补写云："甲申七月，年六十二，[①]卒于省垣[②]。"由此可进一步证明《事略》稿本中小字部分（包括题名"江秋珊先生事略"），是江顺诒过世后，由后人整理的结果。关于江顺诒卒于光绪十年（1884）七月份的记载，相关资料亦能佐证之。如，丁立诚有编年诗（光绪甲申）《挽秋珊》一首。[③]又如，丁丙在《月会约》[④]末尾跋语中，谈到自己参与铁华吟社月举之事时说：

知当时尚有《月会图》也，惜无从得见耳。数年来，沈、秦、王[堃]、吴、盛五老，夏、江、宗三君，先后归道山。虽社迹未湮，好事足说，人琴之感讵能已耶？光绪丁亥清明，是约刊成，特书简后。[⑤]

此跋作于光绪十三年丁亥（1887）清明，其中之前先后归道山的"夏、江、宗三君"中"江"，即是江顺诒。又如，王韬《淞滨琐话》卷六《水仙子》载江顺诒轶事之后云：

丁亥秋间，西脊山人客春申浦上，过访余淞隐庐。酒罢茶余，剧谈往事，余援笔记其崖略如此。伤美人之已化，悲名士之云亡。黄土青山，千古抱痛，不禁使余怅触旧怀，泪为之涔涔堕也。[⑥]

丁亥，光绪十三年（1887）；秦云（1833—1890），字肤雨，号西脊山人；"悲名士之云亡"，所悲者即江顺诒。当然，上二则均未言及江顺诒具体卒年，但可作为其卒于光绪十年的佐证。由此，亦可纠正一些误判。谭献《复堂日记》同治十一年壬申（1872）曾记：

江君秋珊，旌德人，刻《愿为明镜室词》，来属论定。有婉润之致，不伧劣也。欲为删削，江君固有意重刻。词中一语曰"杨柳当门青倒垂"，七字名隽。

①手稿此处原有"月病过世"四字，后圈涂。

②手稿此处原有"寓所"二字，后圈涂。

③丁立诚：《小槐簃吟稿》，台中：文听阁图书有限公司2011年版。

④《月会约》一卷，明清之际严武顺所撰，反映明朝遗老武林觞咏故事。

⑤丁丙：《武林掌故丛编》（第十集），《丛书集成续编》（第87册）子部，上海：上海书店出版社1994年版，第810页。

⑥王韬：《淞滨琐话》，刘文忠校点，济南：齐鲁书社2004年版，第144页。

光绪十一年乙酉（1885）又补记云：

别十余年，秋珊词学大就，能求声音之原。又言词有衬字，辨相传又一体之非。有《词学集成》六卷。①

笔者曾据此推测江顺诒亡于1885年之后②，现在看来是对谭献乙酉年补记的误读。同治十一年，江顺诒因刻《愿为明镜室词》，携词集来找谭献论定，两人是见了面的。但十余年后，谭献补记的只是阅读江顺诒《词学集成》等著述而非两人见面交谈的体会。同时，谭献此时当不知悉江顺诒已亡，否则极可能会记入日记之中。

《事略》云江顺诒“卒于省垣”。江顺诒晚年置屋杭州，此省垣当指杭州。《年谱》亦曾载：光绪七年（1881）“八月，钱子奇大令病殁于省垣”，亦在杭州。又《年谱》光绪元年（1875）载，“五十三岁。置东平巷地基，计四亩零。七月，建造”。《西湖游览志》卷十三载：“秀义坊，俗称下百戏巷，内有东平王庙。”后以庙名巷。光绪二年（1876），江顺诒“五十四岁。二月，生平老屋落成。三月初三日，迁新居”。据相关记载，江顺诒对其杭州屋产颇为得意。《年谱》云：“居有楼，望湖山，诸山如列屏，楼下花木荫繁，面西，因语之曰‘花坞夕阳楼’。”花坞夕阳楼建成后，遂成为远近诗人常聚之所。《事略》记曰：“又得地于城西，偏莳种花竹，良朋萃止，饮酒赋诗，兴致勃然，不自知其耄也。”其诗《花朝日，同人集花坞夕阳楼，作冶春第一社，醉后长歌》，便是此番情形的写照：

百尺楼高花间筑，千树花围楼下屋。登楼远见湖上山，俯视群花俱在目。今年雨雪春事迟，严寒冱蕊冰凝枝。开窗暖意透帘隙，红梅万点含胭脂。良辰陡觉花朝近，开尊火急传芳信。消寒集里旧吟俦，齐向楼头相问讯。人日拟泛西湖船，阻雨移席吴山颠。孤庵老梅攀折尽，不如楼外数枝蓓蕾娇晴烟。南北峰横列屏障，夕阳欲没月在天。是时楼上寒微重，洗杯更向花间捧。谈工挥麈四座喧，饮吸长鲸百川涌。人生嗜好谁能同，万钱下箸嗤豪雄。我辈瑟缩苦吟咏，胡为五簋之约犹嫌丰。渊明饮酒得真味，湖山有美留仙尉。文癖诗癖以类从，食前方丈岂为贵。莫负花前罄一卮，

①谭献：《复堂日记》，范旭仑、牟晓朋整理，石家庄：河北教育出版社2001年版，第52页。

②杨柏岭：《江顺诒词学理论评说》，《安徽师范大学学报》（人文社会科学版）2003年第4期。

年年欢会多别离。君不见去岁花朝湖上客，添我楼中今日怀人诗。（《西泠酬倡集》二集卷四）

此次社集，其他参与者亦有记载，如钱国珍《花朝日，江秋珊招集花坞夕阳楼纪事》、梅振宗《江秋珊招饮花坞夕阳楼纪事，集香山句》、杨昌珠《江秋珊招饮花坞夕阳楼即事》等。除了西泠诗社，江顺诒光绪八年（1882）还参加了杭州的铁华诗社，亦曾招饮诗社成员至花坞夕阳楼。如前引丁丙《江秋珊顺诒招赏园桂，登花坞夕阳楼，观敬亭放歌、瓮梦诸图。时秋珊正六十，并示自寿新曲》。江顺诒卒，其友浙江典史上元杨馥（字桂峰）作挽联云："十子慨凋零，正望君海上归来，重整西泠旗鼓；双丁怜幼小，问谁重生前盟约，替筹东里箕裘。"[①]上联从西泠十子说起，比拟江顺诒在杭州西湖诗会活动中的作用；下联从江顺诒子嗣说起，表达对他们能承传父业的期待。

二、祖系、家世考

《年谱》及江顺诒著作虽有言及家世，然不够详实，此处略作考证。《事略》后人补记云江顺诒家族"为旌德显族"。胡适曾多次说过，其妻江冬秀与江顺诒是同族。如1961年2月17日记载：

> 今早在床上翻看"愿为明镜室主人"的《读红楼梦杂记》（《香艳丛书》第十四集）。此书我曾见原刻本，共廿四则，自刊于杭州。此人即旌德江顺怡（按："怡"，误写，见后），字秋珊。此一小册，刊于同治八年（1869）。他是冬秀同族人。[②]

次日，又向秘书胡颂平说："这个'愿为明镜室主人'就是旌德的江顺怡，字秋珊；是我太太的上一代的人。"[③]江冬秀是旌德县江村人，胡适如此说，只能说明江顺诒与江冬秀是同族同宗，并不能证明两人是同一支系。据《济阳江氏金鳌派宗谱》，隋末唐初第20世江韶（即江淹五世孙）迁居旌德西金鳌山，名其地曰江村，遂为江氏迁旌之始，江韶亦成为济阳江氏金鳌派始祖。随着人

①胡复君编：《古今联语汇选》，北京：西苑出版社2002年版，第291页。

②胡适：《胡适日记全集》第9册，曹伯言整理，台北：联经出版公司2004年版，第713页。

③胡适：《胡适红楼梦研究论述全编》，上海：上海古籍出版社1988年版，第372页。

丁发展，江韶后世多迁居他处，惟次子知德一支留乡，至其八世孙即江氏29世兄弟三人（从义、从厚、从政），金鳌江氏渐成“五支分流”格局。从辈行命名看，其中“从政”这一支取“六十耳顺”之义，特揭“顺”字为辈行。“顺”字以下，留居江村支采用“巨孝家声显，文思彩梦祥。同心培祖德，大启尔荣昌”。[①]据江顺诒《年谱》，其子均系“巨”字辈，由此可知其为第29世“从政”这一支。而江冬秀曾父江图焜、祖父江绍理、父江世贤、兄江泽生，按辈行则遵“洪图绍世泽，丕显振家声”谱系，属一直留守旌德江村的第29世“从厚”这一支。

关于江顺诒家世资料极为有限，《年谱》《事略》对其父母、子嗣有简略记载。如《年谱》道光三十年（1850）记：“先君六十寿，乞桐城许若秋为寿序一篇，又何伯秋先生、彭豫卿、吴仙槎、方月樵、李□[②]生诸友俱有诗。”咸丰十年（1860）八月，战乱中于衢州贺“先君七十寿，勉力为鞠扈之欢”。据此，可推算出其父生于清乾隆五十五年（1790）八月。《年谱》咸丰十一年（1861）十一月：“杭城失守，舟至桐庐，全家被难，余匿乡间。”其父即可能因遭此难而卒。关于其母徐孺人去世时间，《年谱》道光二十一年（1841）有记载：

> 十九岁。三月，又之宣城应院试。试近，先母有病，余不肯行。先母痛斥之。四月十九日，先母已逝，先君不使知。五月初二日返省，则已逝半月矣。入门痛哭一整夜。先君再三劝谕之，始止。

母亡，其父于同年十一月续弦。太平军至皖，其父及继母随江顺诒走浙江，其继母于咸丰十一年（1861）二月卒于金华。又据《年谱》，江顺诒有妹二，于道光二十六年（1846）分别适孙氏、汪氏。道光二十三（1843）十一月十六日，江顺诒娶于蓝氏（绩溪人），继娶叶氏、妾周氏，均有子：长女巨仪、长男巨麟、次男巨鳌、三男巨夔等。

从现有资料看，江顺诒家境一般，然绝非贫瘠之家。如其父60寿时，能约请多人写序，作诗，就是一证。其中，为寿序的许若秋[③]还是名人。又如，《年谱》咸丰三年（1853）曾提到的“姻丈刘元圃先生”，也是咸丰年间的名

①方光华：《陈年江村》，皖宣内准字（2001）第019号，第48—51页。

②“□”，《年谱》中此字未辨识清楚，以“□”代替。下同。

③许丙椿（1785—1876），字若秋，号农生，晚号敬园，自称垂钓先生。由郡庠生考授贡生，同治六年（1867）钦赐举人，赠五品钦衔，敕授奉直大夫。著有《易萃》《敬园诗文集》《敬园诗谈》等。

宦。《旌德县志》载：

刘成万，字元圃，旌德人。道光己丑进士，由吏部郎中授金衢严道，封禁衢属煤洞，惩办土棍，因是逋匪戢迹，捐俸重修圣裔家塾，勤课书院，士多德之。带勇御贼，三载病归，泣留者相属。年余复起，带勇巡守省垣，积劳病故，赠太仆寺卿，祀名宦祠。

据《年谱》，太平军入皖，江顺诒携家眷逃亡浙江，一度迁居衢州避险，原因之一就是此时刘氏为金衢严道，能为其家庭提供庇护。还有就是，江顺诒五应乡试不售之后，走的是报捐之路，这些均说明拥有一定的经济基础。至于《事略》曾云江顺诒因“家贫，乃弃举子业，经理家事”，极可能与太平军破皖，致使其家业丧失有关（见下文）。

三、愿为明镜生、酤窳子名号考

江顺诒所撰著述多署其字号，故有必要就其姓名及字号略作考释。江顺诒，有书成“江顺贻”或“江顺怡”者。前者主要源自宗白华《中国艺术意境之诞生》等文引用《词学集成》时的误写①，致使此名流行于中国美学研究界。后者主要出现在“红学”界，始作俑者是顾颉刚。1921年7月18日，顾颉刚复函胡适，报告寻得愿为明镜室主人著《读红楼梦杂记》一册，并考证作者“是旌德江顺怡秋珊”②。胡适进而指出这个“江顺怡”与其妻子同族，是江冬秀的“上一代的人”。此后，俞平伯、冯其庸等“红学”家多沿用此名，以至有人说“江顺诒（亦作‘怡’）”③。然从目前掌握的文献看，未见江顺诒及其友朋将“诒”书写成“贻”或“怡”的现象，兹特加指出，以免再误。

江顺诒字子縠。“诒”者，通“贻”，赠与、给与也，取“诒尔多福”（《小雅·天保》）之意。取字“子縠”，意义丰富。从与其名相关性来说，

---

①宗白华《中国艺术意境之诞生》（增订稿）初刊《书学》1944年第3期（第8页），复刊《妇女月刊》1947年第5期（第34页），继而如《艺境》（北京大学出版社1986年版，第164页）、《艺境》（商务印书馆2011年版，第188页）等均沿袭此误。另外如杜信孚、蔡鸿源编著《著者别号书录考》（南京：江苏古籍出版社2000年版，第114页）等亦书成“江顺贻”。

②胡适：《胡适日记》，沈卫威编，太原：山西教育出版社1998年版，第142页。

③张葆全主编：《中国古代诗话词话辞典》，桂林：广西师范大学出版社1992年版，第513页。

"子"者，尊称；"榖"者，《说文》曰"续也，百榖之总名"，引申为俸禄，《尔雅·释诂上》"榖，善也"，寄托品质。江顺诒号秋珊，别署愿为明镜生、愿为明镜室主人、明镜主人、明镜生等，乃源自他少年时代的情思遐想，以及后来的一段情缘故事。唐代刘希夷《公子行》云："古来容光人为羡，况复今日遥相见。愿作轻罗著细腰，愿为明镜分娇面。"江顺诒取"愿为明镜"，但有自己的故事。对此，谢章铤《赌棋山庄词话》续编卷三曾云：

秋珊少填《镜中泪传奇》，自号"愿为明镜生"，因绘为图。游白门，遇水仙子，与图中人十九仿佛。乱后，图与图中人俱化去，有《高阳台》纪之。[1]

谢氏所言，实本于江顺诒《高阳台·补绘愿为明镜图》词序：

余少填《镜中泪传奇》，自号"愿为明镜生"，因绘为图。游白门，遇水仙子，丰姿绰约，与图中人十九仿佛。出图相质，疑有夙因。未几，烽烟历乱，图与图中人俱化去。廿载天涯，久无绮梦。兹以词稿付梓，因补斯图。非冀有后缘，实深感前遇也。对凌波之姗影，能无回首凄然？

据此，号"愿为明镜生"等，源自其少填《镜中泪传奇》。上引《高阳台》词载于《愿为明镜室词稿》二卷本，该本刊成于同治十二年（1873）仲春，而此阕属最后一首，加上"补绘"信息，可知此阕亦约作于此时。由词序"廿载天涯"，可知"烽烟历乱"当指太平军进入江南之际。按照江顺诒自叙，创作《镜中泪传奇》、自号"愿为明镜生"、绘《愿为明镜图》在前，而后游白门，方遇奇缘。今人如严迪昌在《清词史》中亦转述了这个说法。[2]江顺诒《年谱》咸丰九年（1859）曾云："……名《镜中泪》，为扬州刘逸竹携去，订宫商。城破，刘君不知下落，书亦失。"但这只是说《镜中泪》于此年由刘逸竹携去而后不知所终，并非说《镜中泪》作于此年。事实上，此年前后，江顺诒忙于逃亡与谋生，既无心也无暇撰写。

不过，关于江顺诒自号"愿为明镜生"，王韬《淞滨琐话》卷六《水仙子》却叙述了另外一个版本：先有奇遇而后才有《传奇》、自号与绘图。因江顺诒

①谢章铤：《赌棋山庄词话校注》，刘荣平校注，厦门：厦门大学出版社2013年版，第332页。
②严迪昌：《清词史》，南京：江苏古籍出版社1990年版，第484页。

《镜中泪传奇》已亡佚，兹详引王韬《水仙子》有关江顺诒这段奇缘故事：

江君虽居皖境，而恒喜作近游。尝渡江而南，穷金陵、京江、毗陵、锡山诸胜。曾泛棹秦淮，寻芳莫愁，徘徊浃旬，迄无所遇。一日，偶游妙相庵，小憩于紫竹轩中。内有一黄冠，凭栏啜茗，古貌修髯，若有道者。见生入，起与为礼。生正苦无人与谈，以破寂寞，移座就之。询知黄冠为曾姓，字养云，寄居吕仙观中，足迹几遍天下，所言吐纳修养之术，生不能解。黄冠为之叹息曰："观君器宇，自是灵山会上人。惜已隔几尘，遂昧本来耳。君记取目前当有奇遇，然大劫将临，终归于水流花散，二十年后当俟君于小孤山畔，共探梅花也。"言讫别去。

旋有售古画者至，卷轴纷披，中多佳构。有一美人图幅，对镜临妆，异常妩媚。特镜外美人与镜中美人，眉目衣裾，迥不相同。生反复展玩，爱不忍释。索价甚奢，倾囊得之。归悬斋中，日夕相对，焚名香，供佳茗，冀其夜间姗姗而来，结世外缘，以谐欢好。出入必祝，如是者几半年。

时正秋高气爽，凉意袭襟裾。同事友人招作荡桨游，遂与偕去。画舫无数，容与中流。两岸红槛一桁，疏帘中，隐约云鬟斜露，粉面呈妍，箫笙歌吹之声，彻于远近。生游目骋怀，其乐无极。遥见一舟系缆垂杨树下，画鹢横排，晶窗四敞。中有二女子整襟对坐，几上瓜果杂陈，杯盘初设，从容笑话，态度闲雅。生驶舟过其旁，乍睹女容，不胜惊异，盖一女绝似图中人也。爰嘱篙工泊舟其旁。须臾，一女出玉笛吹之，其声嘹亮，响可遏云。吹毕，强彼女作歌。女意似不可，乃授以玉笛，而自引吭度曲，宛转抑扬，缠绵往复，有一字作数转者，真能令人之意也消。生倾听久之，亟赞其佳，顾末由达微波，通芳讯也。再四踌躇，计无所出。姑与舟子语，始知其住居莫愁湖畔第三家。名虽良家，而与二三知己往，可以藉通款曲者也。

闻之窃喜，回舟登岸，径诣其处。门外林树扶疏，绿阴如幄。往叩双扉，呀然自开。垂髫婢肃客入，即顷时旁侍者也。对客嫣然一笑，若知生专为女来者。须臾，女出，则已易淡妆素服矣，愈觉其静婉娟妙。瀹茗相对，默喻于无言。女询生："来此将应秋试否?"生曰："功名之心久已如死灰槁木，惟题凤情殷，求凰念切，将欲为秦淮湖中，添一段嘉话耳。"女回顾粲然，瓠犀微露，嘱小鬟设席于红疏绿媚轩，曰："君既远来，不可不一为洗尘。"生再三致谢曰："卿真妙人也，善解侬意，座无别客，尽可对坐谈心，不必作世俗侑觞恶态。"女亦曰："善。"轩建于湖心，四面荷花环绕，翠盖红蕖，掩映于清流碧沼间，觉暑气尘氛为之尽涤。肴多蔬蔌，别有风味。女饮量甚豪，偶行射覆，生多不能中，沃无算爵。女命取碧筒杯来，为生解酲。生曰："此亦蹈前人窠臼耳。"女曰："君试观之自知。"及取至，则莲叶一瓣，乃玉所制，雕镂甚工。最奇者，玉质颇软，可舒卷自如。中已贮酒，令生一吸而尽。生觉凉沁肺腑，酒气为之尽消。生曰："辨其味非酒非水，但觉如醍醐灌顶，直达丹田。果何物欤？"女曰："此名古剌水，乃荷兰国所进，非中土所有也。"于是洗盏更酌，饮至更阑。生已玉山颓倒，遂宿于女所。

翌日，生奉白金三百，为女母寿。女固却不受。生曰："如是，余不能常至此矣，不将谓予为猎食者耶！"女曰："君勿视妾与院中姊妹行等。"自是，生时诣女室，无间风雨。

秋杪冬初，西风戒寒，湖水始波，庭树微脱，生凄然生思乡之念。偻指所费缠头，已逾千金。将别，祖帐临歧，骊歌载道。酒半，女起捧觞进生而言曰："往日君谓余不歌，辄作懊恼语。今分离在即，请为君歌一曲，以媵行旌。"生连罄数觥曰："愿闻。"女乃拨琵琶，轻拢慢捻，音韵悠扬。歌声忽发，裂石惊云。弹至中间，忽作波涛澎湃之声，天风浪浪，海山苍苍，几若令人置身在高山流水之间。生静听移时，不觉为之抚几太息曰："卿真能移我情矣！"女曰："此名《水仙操》，乃妾所自制者。妾生长水涯，自号'水仙子'。十岁时，金陵髯道人授余以琵琶，谓余母曰：'汝女他日姻缘，终在水边，记取勿为媒妁所误。'今君姓江，适符前语，妾阅历风尘，情深意挚无有如君者。君去，幸即早来。妾自君别，杜门息影，不见一客。此曲即以为终身之订。"更以酒奉生，使饮其半，而以其半灌地曰："皇天后土，实闻此言。妾如有负，明神殛之。"生亦慨慷流涕而起曰："敢不如约！"

生后别营金屋于城南，以千金迎女归。倡随之乐，为闺阁中所未有。月夕花晨，无日不并出游览。或拿舟临水，或乘舆登山；游屐所至，远近之人，辄指而目之，谓为神仙中人。

不谓好事多磨，寇氛骤起。长江天堑，竟至不守。贼众遂直逼城下。生上书当事，谓城外不可不置重兵，相与作犄角势。愿率一旅，出与城外贼战。当事置弗省。生欲于家乡招募壮丁，自成一队。女曰："事急矣！"劝生即出。生仓皇泣别，留所佩玉与女诀。女曰："事不可为，当以一死报。君行矣！勿以妾为念。"生涕不能仰。女曰："大丈夫当捐躯绝脰，以上报国家，何犹恋恋儿女子，作妇人泣哉！"生遂行。

甫出而城陷。女夜起，闻甲马汹汹，登楼望之，火光上烛霄汉，遥听呼杀声震远近。叹曰:“贼已入矣！江郎虽来,何济于事？但愿其平安得达乡里,则吾愿毕矣。”旋闻勾栏中有王月仙者,以杀贼死。叹曰:“此烈女子也,不意青楼中有此杰出事。然则吾死尤不可缓矣,迟恐不得死所耳。”遂以家财散给臧获,令避至僻静所,乘间谋出。众劝其早为己谋,女曰:“此间幸未为贼所知,故可偷旦夕生。若其猝至,将求死不得耳。今日且游湖一乐,藉作消遣计。”从容妆束,上下皆易新衣,并令携酒盏茶炉,载以自随。驶至中流,女曰:“美哉水也,真为我葬身所矣!”一跃入清波中。救之不得,但闻自语曰:“今日我真为水仙子矣!”

翌日,觅其尸,得于芦苇中。顾无所得棺,乃藁葬之于湖畔。事平,生遍求女,莫知女踪迹所在,料其已死矣。旋有仆人话其自沉消息者,生闻,哭之恸。生之出也,携图与俱,及后亦不知流落何所。因绘《愿为明镜图》,以寄感慨,而求当代名流,为之题咏。吴中西脊山人秦肤雨,为谱[南南吕]一曲,以纪其事:

[懒画眉]惊鸿态度写生绡。把一幅丹青慰寂寥。将身作镜伴妖娆。日日新妆照。但此愿何时始得抛。

[步步娇]遇着勾栏人娇小,买得桃花笑。美风流似薛涛。纸上儿,依稀替写伊人照。若从此种愁苗,那晓得画图终是伤心稿。

[山坡羊]对青青蒋山秋老。舞毵毵柳丝低袅。冷清清一个秦淮,惯时时水阁停兰棹。银烛烧,缠头费几宵。向樽前最爱最爱秋娘貌,意欲藏娇。筑来屋,好招邀。弄鸳弦,鸣四条。坚牢,盼鳒盟成一朝。

[江儿水]愿化青鸾镜,妆台暮复朝。把翠眉儿照见春山扫。绛唇儿照见樱桃小,绿鬟儿照见花枝袅。照见低颦浅笑,杏脸桃腮,贪把倾城看饱。玉交枝短缘忽了,莽烽烟江南劫遭。流离各自怅鸾飘,诉不尽凄凉怀抱。花前尚想玉人箫,彩云已散罗裙杳。比新愁秋江暮潮。比新愁秋江暮潮。

[园林好]念人儿山重水遥,念人儿山重水遥,更没些儿音耗。余瘦月,似眉梢,余弱柳,似纤腰。

[侥侥令]青山名士老,红粉美人销。纵得做菱花明镜好,不见昔日丰姿绝世娇。

[尾声]空来画里真真叫,安能够破镜重圆宿愿消。好把这相思丢去了。

丁亥秋间,西脊山人客春申浦上,过访余淞隐庐。酒罢茶余,剧谈往事,余援笔记其崖略如此。伤美人之已化,悲名士之云亡。黄土青山,千古抱痛，不禁使余枨触旧怀，泪为之涔涔堕也。[①]

可见，在王韬看来，江顺诒以“明镜生”自号，即因有所眷顾，愿“将身作镜伴妖娆”之意。从叙事艺术上说，江顺诒自叙的故事更为离奇，缠夹着情缘由天定的宿命意识。王韬的叙述强调先有奇遇而后有作品、名号，虽合乎生活与艺术逻辑，但毕竟与江顺诒本人记载不合。若不纠缠《镜中泪》及名号在前还是在后，仅就“奇遇”情节本身而言，王韬所述的也有一些问题需要辨正。一方面，王韬说江顺诒因应试赴白门以及“寇氛骤起”的时间等，与《年谱》基本吻合。江顺诒分别于道光二十三年（1843）、二十四年（1844）、二十六年（1846）、二十九年（1849），咸丰元年（1851）、二年（1852）“应试金陵，荐而不售”，因此有足够时间“泛棹秦淮，寻芳莫愁”，且咸丰二年太平军已下九江，围武昌，沿江东下局势已定。这与《水仙子》中所云“寇氛骤起”氛围一致，亦与江顺诒自言“未几，烽烟历乱，图与图中人俱化去”相呼应。但另一方面，《水仙子》云江顺诒在太平军陷金陵后方离去，则与《年谱》记载不合。据《年谱》，咸丰二年十月，迫于太平军沿江东下形势，皖城（安庆）“居民迁徙一空”，江顺诒家人亦逃往宣城，“全家于岁杪登舟，余一人留皖度岁”。咸丰三年（1853），《年谱》记载较详细：

> 卅一岁。新岁，闻陆制军建瀛自孤山逃窜，扁舟东下。皖大吏皆不知兵，惊惶无措。（按：江顺诒）乃亦买舟，十四日开行，十九日抵芜湖。闻皖省于十七日已破，赶于廿一日抵宣城，赁屋暂居。二月，又闻金陵已陷。宣城去金陵百余里，亦不能居。三月，乃陆续移眷归旌德县里，暂居下洋，余仍居宣城。四月，由宣城返皖，城中无守吏。粤匪后上窜江西至皖，乃由皖归旌德。故居什物存无几，唯书尚存留，不能移。在里度夏。九月，闻浙江安堵如故，乃仝郑君赞廷、王君景潇由新安江至北三里溪，又至金华及衢州。姻丈刘元圃先生适任金衢严道。见其城小而固，西通江西，南通福建，北走徽严，东南走温、台、宁波，可以避寇，乃决意迁居。岁杪回里。次男巨鳌生。

可见，在太平军破金陵前后，江顺诒并无在金陵的行踪。王韬如此写，或许是渲染在战乱中江顺诒与“水仙子”的情深意笃，以及乱世佳人“水仙子”

①王韬：《淞滨琐话》，刘文忠校点，济南：齐鲁书社2004年版，第140—144页。

的高洁品性。

正因前有“夙因”，后有“奇遇”，江顺诒十分看重“明镜生”这个称号。其既以“愿为明镜室”命名词稿，又常以“明镜生”“愿为明镜生”“愿为明镜室主人”等为笔名（如《读红楼梦杂记》即署“愿为明镜室主人著”）；既自绘《愿为明镜图》，填《高阳台·自题愿为明镜图》以寄感慨，又“求当代名流，为之题咏”，在士林中得以广泛传播。后来因图在战乱中丢失，20年后补绘，仍寄调《高阳台》题“补绘愿为明镜图”。所谓“愿为明镜生”之“愿”本意是一种爱情愿景的诉求。因前绘图于咸丰三年前后乱中丢失，当时江顺诒交游未展，自同治十年（1871）再结诗社后，诗词唱和增多。目前，笔者辑录出十多首，均是题补绘的《愿为明镜图》，兹录如下，以补江顺诒传记之不足：

又题愿为明镜图(三首)

白骥良

妆罢犹临镜，想象颦青娥。不解心中事，无言别恨多。

画中原有宠，镜里本无花。梦好愁难觅，愁多梦转差。

几回呼负负，何处唤真真。江水无情碧，文通本恨人。(《西泠酬倡集初集》)

题江秋珊愿为明镜图

王仰曾

灵根一霎脱红尘，小劫昙花再现身。镜里分明人宛在，好从去果证来因。(《西泠酬倡集初集》)

题江秋珊愿为明镜图

汪　芑

明镜复明镜，团圞如满月。愿照画中人，月圆长不缺。吁嗟月圆那不缺，朝镜青丝暮成雪。况是文通恨本多，天涯工赋消魂别。白门杨柳蘸秦淮，瞥睹惊鸿镜里缠。碧玉年华刚拢髻，黄金声价却怜才。怜才难遇蛾眉切，怪与画图人仿佛。蛤帐初坚啮臂盟，虮灯更绾同心结。晓窗坐对奁衣卸，意态描来无匹亚。好凭镜卜愿终谐，郎未成名侬未嫁。忽惊鹣鲽各东西，一夕江干动鼓鼙。薄命漫猜花落溷，坠欢已分絮黏泥。十年西子湖边客，展卷菱花重拂拭。琵琶天远忆胡沙，疏影凄吟姜白石。破镜何时飞上

天，藕莲不断思缠绵。新词会证他生约，当作铭文镜背镌。（《西泠酬倡二集》卷一）

金缕曲·题江秋珊愿为明镜图

钱国珍

明月前身认。忆当日，啼红唾碧，镜中泪揾。薜苔无端情事触，豆蔻同心堪证。恰仿佛、眉娘妆靓。双照团圞缘不浅，怅彩云、一散逢难更。青玉案，凭谁赠。　江郎老去偏多恨。尽追寻，白下桃根，已随萍梗。摹取水仙姿绰约，一见一回愁病。只秋冰，半奁尘凝。缘卜他生期再遇，唤真真、画里声疑应。频顾影，何时并。（《西泠酬倡二集》卷五）

高阳台·题江秋珊愿为明镜图

杨昌珠

杨柳牵情，蘼芜写怨，难忘镜里因缘。记得前身，惊鸿鬓影翩翩。笔花幻出菱花样，怕花残、都化云烟。忆从前，心字焚香，卐字题笺。　画图省识春风面，认奁揩云水，明月重圆。情丝不断，三生鸳翼重联。别怀离恨知多少，任千杯、愁绪难捐。对婵娟，一度相思，一度相怜。（《西泠酬倡二集》卷五）

高阳台·江秋珊愿为明镜图

宗　山

默照禅枯，摩登劫换，梦回苦忆兰因。翻恨情天，无端一现尘根。菱花幻作昙花样，镜非台、证却前身。尽更番，怨碧啼红，莫返离魂。　相思不共烟云散，似呼之欲出，画里真真。恁地狂痴，谁怜此意酸辛。今生已矢[①]三生愿，卜他生、形影双亲。试看他，色色空空，断续相寻。（《西泠酬倡二集》卷五）

高阳台·江秋珊愿为明镜图

韩闻南

色即是空，空原是色，镜明争敌心明。月掩云遮，怜他一霎红尘。玉颜能照情难照，料团圞、更有他生。最伤心，影乍依形，影又离形。　优昙现相浑闲事，只浮光偶翳，便尔牵情。稽首菩提，和伊证此兰因。玉台

①矢，古同“誓”。

剩有消魂句，抱冰轮、谁复卿卿。余一片，秦淮水碧，何日重行。（《西泠酬倡二集》卷五）

高阳台·江秋珊愿为明镜图

宗得福

浅梦成烟，新愁如雨，一回一上心头。拍遍新词，阑干十二皆秋。当时多少轻怜惜，怎而今、语语都休。最伤心，送了人归，添了人愁。相思一一传明镜，不为郎憔悴，却为郎羞。凌波化去，分明再见无由。团圞忍铸春人影，尽沉吟、影也难留。只从今、有分相思，无分绸缪。（《西泠酬倡二集》卷五）

高阳台·江秋珊愿为明镜图

胡嗣福

浅黛眉颦，横波眼溜，风姿直恁娇妍。默对菱花，芳心也自生怜。销魂悔不曾真个，惹江郎、暗忆当年。问谁如、镜里分明，画里婵娟。　红羊劫历干戈后，早彩云散影，紫玉成烟。阅尽沧桑，空余此意缠绵。丹青再写如花貌，唤真真、自炷龙涎。又琳瑯、题遍新词，袖角裙边。（《西泠酬倡二集》卷五）

高阳台·追题江秋珊愿为明镜图

王兰隐[①]

兰佩星分，荷奁月碎，梦飞破镜何年？对舞春风，分明影里婵娟。残蟾忆照多情泪，甚无情、不照人圆。枉缠绵、画上鸳绡，写遍鸾笺。重来怕过青溪路，剩愁鸦噪雨，怨雁啼烟。多事菱波，殷勤换了芳钿。水仙一曲临风听，抵幽香、替荐寒泉。尽留连、写翠传红，旧恨新妍。（《清词玉屑》）

瑞鹤仙·题江秋珊愿为明镜图

边保枢

琐窗明月影。认画里、双文素肩慵凭。团圞照妆靓。认前身圆相，今生薄命。粉香脂凝。摹不尽、丰姿玉映。甚痴情愿作，冰奁常与，翠鬟厮

①《清词玉屑》云：王□□，字兰隐，有《蒌碧词》。“是图题词，见于诸家词集者甚多，此作在青溪寻梦之后，特录之。”郭则沄著，曲兴国点校《清词玉屑》下册，杭州：浙江古籍出版社2014年版，第349页。

并。　　漫咏秦淮旧事，草草欢悰，雨昏烟暝。残春梦醒。昙花劫，怕重省。只丹青描出，伤心眉妩，一样恹恹愁病。伴伊人花坞，填词鬓丝秋冷。（君所居曰花坞夕阳楼）（丁绍仪《清词综补·附续编》）

由边保枢词“伴伊人花坞，填词鬓丝秋冷”句及词人自注可证，所题《愿为明镜图》即是江顺诒晚年补绘之图。可以说，江顺诒的这段奇遇尤其是“明镜生”自号已成其个人的一张名片。这在友朋唱和诗词中常被道及。

除“明镜生”等自号最为显豁外，江顺诒别署“呰窳子”“呰窳生”“窳翁”亦较为频繁。“呰窳生（子）”名号，并非江顺诒所独有。明代即有以“呰窳子”辑录的《新镌名公释义全备墨庄书言故事》《新镌名公释义全备墨庄白眉故事》，清代高凤翰、戴文炳均别号“呰窳子”。《汉书·地理志下》：“果窳蠃蛤，食物常足。故呰窳偷生，而亡积聚。”颜师古注：“呰，短也。窳，弱也。言短力弱材不能勤作，故朝夕取给而无储偫也。”[①]江顺诒自号“呰窳生（子）”，当取苟且懒惰之意。江顺诒何时自号“呰窳生（子）”，据光绪壬午（1882）《呰窳子集证·自序》曰：“呰窳生作《呰窳子》三卷，出以示人，多斥其抑中而扬外，今已十余年矣。”可知《呰窳子》三卷成书当在同治末前，其自号亦在此之前。而江顺诒号窳翁，则在光绪七年（1881）九月，此年江顺诒59岁。对此，同年所作《年谱自序》云：“呰窳子，明年六十岁，例得称翁。九月，号曰窳翁。”前文已说，“明年”二字，手稿初为“今年”，后改为“明年”。同样，此年秋，他在散曲《套数·序》中亦云：“仆今年六十矣，例得称翁，自号曰窳翁。”这里“今年六十”，亦如《年谱自序》初稿，说的均是自己的虚岁。

四、举业、官禄考

关于江顺诒的举业、官禄等方面信息，各类资料均十分简单。黄秀文主编的《中国年谱辞典》稍为详细：“道光二十九年宣城科试优贡，后报捐儒学训导，再捐县丞。任凤山城门稽查、衢州署文案、常防行营支应、分局总办等。”[②]这里，结合《年谱》《事略》等稿本文献，作进一步说明。

①班固：《汉书》（简体字本），颜师古注，北京：中华书局1999年版，第1327页。

②黄秀文主编：《中国年谱辞典》，上海：百家出版社1997年版，第539—540页。

据《年谱》，江顺诒于道光九年（1829），七岁“始从塾师读”，至道光十四年（1834）十二岁，依次读毕《论语》、《大学》和《中庸》及朱熹注、《孟子·万章》、《老子》、《诗经》、《书经》、《易经》、《礼记》等。道光十五年（1835），始作试帖八韵诗、八股全篇；十六年（1836），始作七律诗；十七年（1837），初学作七古。

江顺诒求学阶段在安庆，自道光十九年（1839）十七岁应童试，至二十一年（1841）三年间，往返安庆、宣城之间。其中，《年谱》道光十九年载：“先君送余之宣城应府试。”此后两次赴宣城应院试，当是独行或与友朋结伴而行。

三年童试结束，道光二十三年（1843）始赴金陵应乡试，然“房备而未荐”。按照清朝科举制度，乡试未中者，尚须再次经童试取得资格。于是，自道光二十三年癸卯至咸丰二年壬子（1852）十年内，江顺诒便奔波于安庆、金陵、宣城之间。其中，赴金陵应秋试（乡试）的年度依次为：癸卯（1843）、甲辰（1844）、丙午（1846）、己酉（1849）、辛亥（1851）；赴宣城应试的年度依次为：甲辰（1844）、乙巳（1845）、丁未（1847）、戊申（1848）、庚戌（1850）、辛亥（1851）。期间，乙巳年，“以第二入旌德县学生”；己酉年，以一等食饩，成为廪生。

江顺诒决意放弃举业，在咸丰二年壬子年。对此，《年谱》此年记载：“应试金陵，荐而不售。会考优贡，亦不录。揭晓后，自以五次南闱皆不利……欲改应北闱试，诸戚友皆以先君已迈六旬，家无次丁，再三阻劝。时豫工之例开，乃为余报捐训导，冀博升斗。”《事略》亦曰：“年廿一始应府试……五应秋试，皆荐而不售；己酉科，以额满见遗……适粤匪破皖，举家避寇，来浙亲老。家贫乃弃举子业，经理家事。”《年谱》所言，是在举家避乱至浙之前的初步设想；《事略》说的是咸丰三年（1853）举家避乱来浙之后事。可以说，江顺诒放弃举业而走报捐之路，既有五应乡试而不售的个人原因，也有父亲年迈需要赡养的家庭原因，然太平军破皖等事件更为关键。因为这直接导致了江顺诒举家避难，乃至“家贫”的窘境，彻底浇灭了江顺诒举业之梦。

《年谱》载，咸丰三年江顺诒“由新安江至北三里溪，又至金华及衢州”。此时，“姻丈刘元圃先生适任金衢严道”，江顺诒“见其城小而固，西通江西，南通福建，北走徽、严，东南走温、台、宁波，可以避寇，乃决意迁居”。至咸丰四年（1854）七月，“迎眷来衢州，居城中西门内，旋移居三圣巷”。咸丰五年（1855）冬季，“托购田数十亩，为隐居计”。自此，为了经理家事，以及受到太平军围浙的影响，江顺诒往来衢州、苏州、徽州等地。直至咸丰八年（1858）十一月，正式“托刘蔼详亲家以赀报捐县丞”。对此，《事略》亦载：“咸丰八年，衢州又遭寇难，故业尽失。不得已，纳赀为八品官，冀以升斗博堂上欢。”自此，江顺诒由报捐入仕。兹以《年谱》为主，辅以《事略》，简述其履职情况：

咸丰九年（1859），三十七岁：“五月，来杭，寄蔼详亲家处。九月，捐函甫到，于重阳日亲列。时江南借浙闱十月乡试。查例，已捐出，虽未列省，倘乡试中式，仍斥革。余函已到，遂不敢入闱。浙省有考试佐贰之令，余列第二，为忌者抑，置第十。”

咸丰十年（1860），三十八岁：“正月，小考取，委凤山城门稽查差……二月十九日，粤匪窜浙，凤山城门即于是日午刻已闭。余因无职守，转由候潮门去城……九月，出差老徽州侦探，在直岭度岁。”

咸丰十一年（1861），三十九岁：“正月，由徽返衢，委衢防支应局文案，旋调常防行营支应差。二月，继母熊孺人卒于金华。余卸常防差，往金华……”关于此段经历，《事略》载：“时衢防为入浙重镇，江松翁观察知其才，调办支应局文案，旋出办常防行营支应局两月余。”

同治二年（1863），四十一岁：“五月，到衢州。时同乡苏介翁权浙藩。六月初一日，委左制宪（按：左宗棠）闽浙总粮台管理收支，总办为王若农观察，绍兴人。”对此，《事略》亦载：“同治元年，左军克复徽州。复由皖来衢。时苏介人观察权藩篆，左军新设闽浙总粮台，乃始为收支委名十有八月，支放银子六千余万，皆一手经理。”按：据《年谱》，同治元年，江顺诒在皖度岁，故“复由皖来衢”当在同治二年。

同治三年（1864），四十二岁：“三月，杭省光复。保举得视缺后，以知县补用。八月，服阕。时左已赴闽，全浙肃清。余因销粮台差（在台十八月，有期计经手银洋予八十余万），起服来省禀到。十二月一日到省。初三日，委塘工总局差。”

同治四年（1865），四十三岁：“正月，翁汛设分局开工，又委分局收支。三月，十二堡另设分局，余总其事。”《事略》亦载：“（同治）三年，十二月到省，时塘工甫开局，苏观察又招至翁汛工次分局收支，旋移十二堡，共一年余。四子殇，乞销差。计支放柴木一仟万，银洋十余万。”

同治五年（1866），四十四岁：“余因销塘工差回省。九月，苏介翁采办塘工柴木，又命同往。”关于此事，《事略》记载在同治四年：“四年，又随苏观察采办塘木，计支放洋廿余万。”

同治六年（1867），四十五岁：仍随采办柴木，来往梓树潭、七里泷等地。

同治八年（1869），四十七岁：六月，领襄办差役。十月，委西塘秤验柴椿。在十二堡度岁。

同治九年（1870），四十八岁：“调申防监工。余因以疾销差。七月，委署余姚县丞。十一月，卸事回省度岁。塘工柴、石、土、椿告竣，保举五品衔，部议改六品。”此年，《事略》载：“九年，委署余姚县丞，未满三月，卸事。”

同治十年（1871），四十九岁：五月，委署钱塘县丞。十一月卸事。《事略》：“十年，委署钱塘县丞。”

同治十一年（1872），五十岁：“闲居无差。十月，省城又有考试佐杂之举，余列第二。”

同治十二年（1873），五十一岁：“正月，抚院考试佐杂。余本列第一，因策中条陈实事，改第二。不数日，即委青阳酒厘局。”《事略》曰：“十二年，办青阳酒厘局，计一年。”

同治十三年（1874），五十二岁：三月，青阳酒厘局，一年期满，交卸回省。

光绪二年（1876），五十四岁：八月，秦澹如观察招入牙厘总局。《事略》记载同。

光绪四年（1878），五十六岁：仍在厘局。

光绪五年（1879），五十七岁：仍在厘局。

光绪六年（1880），五十八岁：“十月，中国与俄罗斯因还伊犁地，崇厚出使俄国，擅自应允新增条约，下崇于狱，中俄失和。浙江奉旨筹防海，宁波添设支应局。遵富阳府台宗湘文，禀调至宁波。于十月十九日起身，廿四日早到宁海防。即于是日开局。因予在闽浙粮台，即派委理收支事。经创始，既无旧人，亦无陈桑，皆余一人，循思旧迹，钩稽核算，至漏四下，始寝。厘局协西征饷，保举五品衔，部改加一级。”

光绪七年（1881），五十九岁：“曾少侯由英钦差往俄夷，反崇厚所约，俄人遵仪，中俄私如初，海撤防。六月十五日，撤局。办理报销至七月廿二日，由宁起身返省，计经手军饷六十余万元……塘工全塘告竣，保举记二大功，前后在塘工已记七大功矣。"《事略》："中俄失和，宁波设海防。宗湘文太守招往经理收支，计九阅月，支放洋六十余万元。和议成，回省。"

……

阅读江顺诒关于自己生平履历的记录，至少可以得出这么几点认识：一则尽管他由报捐入仕，且平生官职卑微，然对工作兢兢业业，尤其对自己工作能力及业绩充满自信与自豪。这实则反映出一名普通士人良好的生活态度。若结合他在《呰窳子》中屡言"报捐"为弊政的主张，可以看出其性格中的坦诚一面。亦如他在诗词中，从不掩饰自己有入仕以求功名之念一样。二则江顺诒所从事工作涉及支应、塘工、厘局等多个部门，且这些部门均与晚清时务有密切关联。这既直接丰富了他善于从普通知识分子角度关注时事政策研究的经验，也影响了他的文学创作平民化的特点。三则江顺诒可贵之处在于，作为一位普通士子，却能在古与今、中与西等时代命题中，关注晚清时务，直至思考中西文化异同，为我们深入分析晚清社会提供了一个极佳的案例。诸如此类，均能在本书相关章节得到印证。

五、社集、交游考

江顺诒平生爱好文学，多有交游，其文学声名与其热衷社集活动密不可分。《事略》曾云："读书数行并下，十三四岁即喜为诗歌，五古不读汉以下，七古专学太白，古文学《国策》，为制艺文，不甚合矩镬……读许氏书。通汉人训诂之学，于《说文》引经异同多所省明。于宋人学，独取阳明，能以功烈表见于世。"又云其性情："少聪颖，（天性惇笃），不苟言笑……初性拘谨，习功过格。卅以后，乃变为圆通，脱头巾气习。"关于江顺诒社集活动，尤以西泠酬倡最为显豁。近代名人王韬《淞滨琐话·水仙子》即云：

> 江君秋珊，名顺诒，字子穀（子谷），安徽旌德县人。由明经出为浙江知县，需次杭垣。以名士而为循吏，一时声名籍甚。上游俱器重之，侧席咨诹，待若上宾。旋同官浙西诸君子，举行西泠酬倡集，请君为之执骚坛牛耳。①

①王韬：《淞滨琐话》，刘文忠校点，济南：齐鲁书社2004年版，第140页。

其实，江顺诒社集活动远不止西泠酬倡，兹就相关文献，略考如下：

（一）倡发庚子皖城诗社

《年谱》道光二十年庚子（1840）载："十八岁。之宣城应院试。是年，与方君月樵炳奎、方君曰卿景昱、张君亦泉荫结诗社。"未署诗社名，笔者拟之"庚子皖城诗社"。

方炳奎（1825—1875前）字葆卿、元浩，号月樵，安徽怀宁人。咸丰二年（1852）恩科进士。历任河北灵寿、晋州、静海等县知县。咸丰十一年（1861）任广西平乐知府致仕。有《中隐堂诗集》八卷、《磨盾集》二卷、《中隐堂杂著》五种七卷、《退思录》一卷等。《怀宁县志》卷十八有传。方炳奎系江顺诒挚友，《年谱》多次提及。如道光二十九年（1849），与"方月樵、方曰卿同舟之金陵"应试；道光三十年（1850），江顺诒父六十寿，方炳奎有诗祝寿；咸丰元年（1851），"同许若秋先生丙椿、程蘅衫先生荃、方月樵、彭豫卿、许中良等作消寒诗"……江顺诒《呰窳子集证》征引方炳奎《磨盾集》中内容2则，之前《越俎卮言》卷一附有方炳奎《商征亩征利弊论》一文，并作跋语，陈述二人情谊志向云："观察，皖人，与余少同里闬，长共切磋，除诗文质证外，每抵掌天下事，同方同术，恨无尺寸柄。咸丰癸丑，观察通籍后，荐任广西乐平守，以道员乞养，居湖南，不通音问者十余年。光绪初，返皖，始以书问讯。函达，而观察已殁于皖。"据此，方炳奎卒于光绪初，可补相关文献之不足。

方景昱字曰卿，安庆人，生平事迹不详。江顺诒有诗《秋海棠，和胡杏孙、方曰卿》（载《西泠酬倡集二集》卷四），而方景昱为其《愿为明镜室词》九卷本作跋，落款为"同治戊辰夏，皖上方景昱曰卿"，"皖上"，即今安徽安庆之别名。该跋有云"余与秋珊交卅年矣"，且概括江顺诒遭际云"夫秋珊以名诸生，屡踬棘闱，难后屈就丞椽……"，足见两人的熟悉程度。此《跋》作于同治七年戊辰（1868），方景昱于《跋》中云其与江顺诒"交卅年"，可知《年谱》提到道光二十年庚子（1840）江顺诒与诸人结诗社，当是二人相交之始。

张荫号亦泉，生平事迹不详。

（二）倡发西泠消寒诗会及西泠诗社

西泠，乃六朝名妓苏小小魂断处。西泠诗社自宋代便有，明清时期更盛。同光时期，以一批宦浙小吏们为主的文士，再次倡发西泠消寒诗会及西泠吟社，延续了十余年，参与者近四十人。活动期间，既有群体性的社集活动，也有社友之间的交游行为，唱和以诗词为主，兼有散曲、书画，形式多样，并几近同步编辑刊行《西泠消寒集》《西泠酬倡集》等社刊，产生了一定影响。据这些社刊所收录的作品，可知同治及光绪初年的西泠吟社，除了江顺诒，参与酬唱者尚有梅振宗、白骥良、王仰曾、邓之镆、胡嗣福、韩闻南、秦缃业、沈晋蕃、严以幹、李肇增、钱国珍、方观澜、宗得福、杨昌珠、杨馥、汪昌、宗山、朱庆镛、王家琳、徐福辰、郭钟岳、汪芑、俞德懋、朱鉴章、凤藻、俞廷瑛、郎庆恩、徐振辰、沈晋蕃、江澍畇、秦云、邬铨、钱福年、徐维城、杨葆光、边保枢等。兹就上述人员生平简历略作考释，以补同光时期杭州吟坛之史料，亦为进一步讨论江顺诒在此时诗坛的作用做好铺垫。

梅振宗（？—1898后）字鹭臣，江苏上元人。浙江候补通判，同知。有《敬亭山馆诗存》十二集十五卷，《续存》五集六卷，清光绪抄本。梅振宗生卒年，相关资料多言不详。查《申报》1898年7月6日新闻“改署鄞篆”载：“宁波访事人云，镇海县毕大令前奉大宪札文兼理鄞篆，刻又奉文改为署理，所遗镇海县篆即委中西学堂提调梅鹭臣大令代理。”可知，光绪戊戌年梅振宗尚在世。

白骥良（？—1874）字少溪，河南河内人。福建补用知县，改浙江。其祖累世以武功显，曾祖父系扬州营游击将军白云上。著有《东海狎鸥吟》等。其卒年，江顺诒《西泠消寒集序》明确记载：“少溪……乃贫病缠绵……未竟，而少溪已床褥沉绵，至甲戌人日，竟不起矣。”江顺诒自撰《年谱》同治甲戌年（1874）亦言：“白少溪已故。”人日，正月初七。同年孟秋，秦缃业作《西泠消寒集二序》云：“是叙成后，少溪授诸梓，讵于今正病死杭州。”今正，即今年正月，与江顺诒等记录相符。

王仰曾（？—1874）字勉之，江苏太仓人。同治六年任海宁县吏目（典史）[1]，浙江候补知县，署诸暨县事。王氏卒年，据江顺诒《西泠消寒集序》

①《（民国）杭州府志》卷一百三。

记载："甲戌……三月，余来杭，又闻会中王君勉之亦逝。"甲戌（1874）孟秋，秦缃业作《西泠消寒集二序》，继"少溪授诸梓，讵于今正病死杭州"之后云："勉之先旋里，亦没。"

邓之镆（生卒年不详）号云泉，湖北随州人。邓之镆生平履历，相关资料言及甚少。其为西泠消寒集首批成员，亦曾招同人为销寒之集，以杭州古银杏树为题作社课。据王棻《卧虎山人日记》光绪十五年（1889）三月二十五日载"邓云泉（之镆）来拜"[①]。光绪二十年（1894），以代理知县主修《太平续志》。

胡嗣福（1825—1904）字杏孙，安徽桐城人。官浙江嘉兴府通判。有《自怡悦轩诗草》一卷、《竹榭词稿》一卷，光绪二十一年刻本。

韩闻南（？—1884后）字薰来，江苏江浦人。同治诸生，官浙江遂安县知县。其《雪鸿吟馆词》一卷，江顺诒序，同治十三年（1874）刊于杭州。关于韩氏生卒年，相关资料多言不详，其中有资料指出其卒于"1865年后"[②]，兹略作补充。杜文澜《憩园词话》曾言："韩薰来大令闻南，江浦人。官浙江遂安县，政声才誉，远布浙东西。"然《清实录·光绪朝实录》光绪九年（1883），《谕内阁陈士杰奏查明庸劣各员一摺》中说："遂安县知县韩闻南，听断欠明，才具稍差，均著以县丞降补。"光绪十年（1884）《谕刘秉璋奏特参交代案内短欠银米延不清解各员请革职分别勒追查抄一摺》，仍说到"前任遂安县知县降补县丞韩闻南……著即行革职，并将韩闻南……照例拿问，交刘秉璋提讯……"[③]可见，此时韩闻南尚在世。

秦缃业（1813—1883）字应华，号澹如，晚号虹桥老人，江苏无锡人。道光二十六年（1846）副贡。以副贡充史馆誊录，旋援例改浙江同知，积官至候补道。同治六年（1867），署理浙江盐运使。光绪二年（1876），署金衢严道。工诗文，善书画。著有《虹桥老屋文稿》四卷、《虹桥老屋诗稿》五卷、《病榻吟》一卷、《微云庵词录》等。

沈晋蕃（生卒年不详）字公衍，钱塘人。杭州府学廪膳生员，候补县丞。生平事迹，待查。

①王棻：《卧虎山人日记》8册，黄岩市图书馆藏稿本。

②卢高媛：《"西泠酬倡"考论》，《杭州电子科技大学学报》（社会科学版）2016年第5期。

③朱寿明编：《光绪朝东华录》第2册，北京：中华书局1958年版，第69页。

严以幹（？—1874）字筱南，亦作小南，湖北黄冈人。同治二年署任上虞县令。浙江候补通判。与江顺诒组织消寒诗会，亦曾在厘局工作。有《越游小草》二卷。其生卒年，相关资料多言不详。据查，同治十三年（1874），上虞县属百官厘局被盗，“拒伤委员严以幹等，劫去洋银衣物，委员因伤身故”[①]。至于严以幹因伤身故的时间，江顺诒《挽严小南》第二首“瞑目九原犹恋母，伤心三日竟无言”句，自注云：“君初十日被戕，不能言，至十三日气始绝。”（《西泠酬倡二集》卷四）可知严以幹当卒于同治十三年。

李肇增（1800？—1876后）字冰叔，号冰署，江苏甘泉人。诸生，官浙江新昌、昌化等县知县，署玉环同知。详见宣统《泰州志》卷二八、民国《甘泉县续志》卷二四。有《冰持庵词》，咸丰十年自刻《淮海秋笳集》本。朱德慈考李肇增生卒年为“1800？—1870？”[②]。据考，李肇增卒于1876年后。《民国甘泉县续志》卷二十四上《列传》第六，有李肇增与其兄肇墉合传，其云：“肇增，字冰叔，诸生，工骈体文，以参戎幕功官浙江新昌、昌化知县，署玉环同知。”[③]据查，李肇增署玉环同知在光绪二年（1876）[④]。同时，光绪二年之前数年，李肇增行迹亦有记载。同治十一年（1872），李肇增在龙泉知县任上。同治十三年（1874）正月初八，李鸿章有《复浙江候补县正堂李肇增》函[⑤]，同年三月二十四日，李鸿章又有《复署浙江新昌县李肇增》函[⑥]，等。

钱国珍（1813—1881）字子奇，号沁庵、寄庐，江苏江都（今扬州）人。道光二十九年（1849）举人，历署瑞安、余杭、缙云、永嘉、安吉等知县，有《峰青馆诗抄》等。钱氏生年多有记载，然其卒年未详。江顺诒《年谱》载，光绪七年（1881）“八月，钱子奇大令病殁于省垣”。《年谱·自序》亦云：“今八月……子奇示此序后十五日已归道山。”可知钱氏卒于光绪七年八月。

方观澜（1832—1921后）字紫庭，号方山氏，别号方山遗民，江苏仪征

①祝庆祺等编:《刑案汇览三编》(4),北京:北京古籍出版社2004年版,第582页。

②朱德慈:《近代词人考录》,北京:中国社会科学出版社2004年版,第267页。

③《中国地方志集成·江苏府县志辑》第44册,南京:江苏古籍出版社1991年版,第624页。

④浙江省玉环县编史修志委员会编纂:《玉环县志》,北京:汉语大词典出版社1994年版,第424页。

⑤顾廷龙、戴逸主编:《李鸿章全集》(31)信函三,合肥:安徽教育出版社2008年版,第5页。

⑥顾廷龙、戴逸主编:《李鸿章全集》(30)信函二,合肥:安徽教育出版社2008年版,第434页。

人。诸生，游幕直隶，后任津盐关监掣，直隶越支场盐大使，浙江三江场盐大使，办理宁波濠河厘局。著有《萑苇书屋诗钞》《方山氏纪年诗》等。关于其卒年，《方山氏纪年诗》记事至民国八年，时方氏八十八岁。民国八年己未（1919）七月，钱祥保在《方山氏纪年诗跋》中说："盖自悬弧之岁，迄今八十有八年。"辛酉年（1921）七月，周翰元继《方山氏纪年诗序》之后，又作《跋》"以申前序未尽之意"[①]，观此《跋》，尚未见方氏离世的有关信息。

宗得福（1842—1906）字载之，江苏上元人。官浙江知县、湖北知府。有《堕兰馆词存》一卷、《足可惜斋诗钞》等。关于宗得福生卒年及生平行事，研究者多言其不详。其中，朱德慈曾考其生卒年为"1841—1902后"[②]。兹查得宗得福三子鹤年所撰《清授朝议大夫封通奉大夫湖北补用知府宗府君墓志》，其中云："府君讳得福，字载之，江宁府上元县人……吾府君生于清道光壬寅，殁于光绪丙午，享年六十四。"[③]可知其生于公元1842年，卒于公元1906年。宗鹤年在《宗府君墓志》曾说及宗得福死因云："其时武进宫保（按：盛宣怀）忽以大冶铁矿售与日本商人，成约在未商鄂督之前，而鄂督主人也滋不悦，左右又从而谗之，而约不可毁，武进宫保知事难挽回，非府君无以坚鄂督之信，亟令府君总办大冶铁矿局。日人之主其事者为西泽公雄，雅重府君，稍稍就范，乃与之坚明约束，鄂督始无异议而局务底定矣。铁山濒临大江，气候甚恶，次年丙午天时炎热，府君体气丰泽，六月盛暑猝焉中风，竟殁于大冶铁矿官廨！"此说有据，光绪三十二年闰四月二十七日（1906年6月18日），宗得福《致盛宣怀函》有云："卑职自二月回冶（按：大冶），即患湿热下注，步履蹒跚者两月，本月初兼发寒热，固由春夏雨多，亦以体肥气虚所致，而应办各事不容少懈。"[④]此信是目前可查宗得福《致盛宣怀函》最后一封，结合宗鹤年《宗府君墓志》所言，宗得福当卒于此时。

杨昌珠（生卒年不详）字星莲，号也村，江苏甘泉人，任浙江富阳知县等职。蒋春霖《水云楼诗剩稿》有《杨也村妾亡述感》诗。

---

①《清代诗文集汇编》编纂委员会编：《清代诗文集汇编》(721)，上海：上海古籍出版社2010年版，第665—666页。

②朱德慈：《近代词人考录》，北京：中国社会科学出版社2004年版，第120页。

③转引自《牛哥的博客》，http://blog.sina.com.cn/s/blog_7395bb730100qrmr.html.

④陈旭麓、顾廷龙、汪熙：《盛宣怀档案资料选辑之四》，上海：上海人民出版社1986年版，第555页。

杨馥（生卒年不详）字桂峰，一字古香[1]，江苏上元（今江苏南京）人。曾任浙江典史，“以下僚仕浙，工人物山水”（张鸣珂《寒松阁谈艺琐录》卷三）。日本冈千仞《观光纪游》亦云：“……坐见朱砚臣、杨桂峰，二人以书画名。”江顺诒卒，杨馥作挽联云：“十子慨凋零，正望君海上归来，重整西泠旗鼓；双丁怜幼小，问谁重生前盟约，替筹东里箕裘。”[2]

汪昌（1826—1881）字咏之，吴县（今江苏苏州）人。初以举人官清河县训导。同治辛未（1871）进士，官德清知县，卒于任。有《退思居集》。关于汪昌卒年，资料多言不详，兹略作考释。光绪七年辛巳（1881）秋，江顺诒散曲《自题花坞夕阳楼雅集第二图》之《伴读书》云：“也不算这宦海风波起，只不过春婆梦小差池，有一个磨蝎宫中忧愁死。”自注指“汪咏之大令”。据光绪十年（1884）《谕刘秉璋奏特参交代案内短欠银米延不清解各员请革职分别勒追查抄一摺》，提及包括“前任德清县知县已故知县汪昌”在内的诸人“均著即行革职”，并对“家属究追”[3]。这或许就是江顺诒说的汪昌遭遇“磨蝎宫”之事。进而，江顺诒同时所作散曲《送杨古醖之任黄严丞》之《红芍药》有云：“散晨星落落休论，最是那灵旐孤㯳。”自注：“钱子奇、汪咏之两大令近俱归道山。”前文考证，钱国珍（子奇）卒于光绪七年（1881）八月，再结合江顺诒《自题花坞夕阳楼雅集第二图》曾言“先期而逝者一人钱子奇大令”等信息，可基本判断汪昌继钱国珍之后，卒于光绪七年（1881）秋。另外，江顺诒同时还填有散曲《汪咏之大令挽歌》，均载于《西泠酬倡集》三集。

宗山（1839？—1886），姓鲁氏，字小梧，亦作啸吾、啸梧，隶内务府镶黄旗汉军，铁岭（今属辽宁）人。早年依例纳捐为监生，官浙江候补同知，权乍浦同知。工诗词，精音律，性嗜顾曲。留意北方文献，尝覆刻《瓶水斋集》。著有《易鉴》、《啸吾遗著》四卷（内有《窥生铁斋诗》《晦生铁斋词》《希晦堂遗文》《啸吾杂著》各一卷）等。

朱庆镛（1839—1887）字友笙，江苏泰州人。同治十年（1871）辛未科进士。以书法见长。曾任松阳知县。清光绪八年（1882）三月任鄞县知县，创建郧山书院。著有《友鹿山房诗存》等。关于朱氏卒年，相关资料多云其卒于

①参见王建华：《因漏录“杨”而拣得佳制——朵云轩拍卖交易会开心拍到杨馥的山水大屏》，王建华《近代名家书画藻鉴》，上海：学林出版社2008年版，第30页。

②胡复君编：《古今联语汇选》，北京：西苑出版社2002年版，第291页。

③朱寿明编：《光绪朝东华录》第2册，北京：中华书局1958年版，第69页。

1885年[①]，不确。《申报》1887年11月24日“宁郡要录”报道：“鄞邑朱友笙大令病殁，县署昨已录报。兹悉初四日未刻大殓，道、府二宪及牙厘局宪均往守灵……”据此，可知朱庆镛卒于1887年11月23日。

王家琳（生卒年不详）字紫函，江苏江宁（今江苏南京）人。浙江补用同知。生平事迹，待查。

徐福辰（生卒年不详）字星北，江苏仪征（今江苏镇江）人。同治三年举人，官浙江候补盐大使。居杭州十年。著有《春晖堂试帖详注》四卷二集，清同治六年（1867）刻本；《春晖堂诗钞》一卷，稿本，浙江图书馆藏，等。

郭钟岳（？—1903后）字叔高（一作叔吾），号外峰，别署天倪子、讷道人。江都（今江苏扬州）人。监生。工书法，善篆刻。著有《和天倪斋诗钞》《和天倪斋词》《和天倪斋题曲》《东瓯竹枝词百咏》等。关于郭钟岳生卒年，相关资料说法不一，如“1809—1879”“1844—?”皆有，加上清乾隆年间有位福建百岁举人郭钟岳得到乾隆晋升进士的谕赏，于是部分资料张冠李戴，以讹传讹。兹略作考释，列郭氏主要履历如右：同治末年，郭钟岳以同知分发浙江，知温州司马时作《瓯江竹枝词》百首……光绪十八年（1892）署理瑞安知县[②]，十九年（1893）代理乐清知县，二十四年（1898）以温州候补同知于九柏园创办中西学堂，二十六年（1900）前后知定海直隶厅，二十七年（1901）在温州洋务委员任上因“仇视教堂，玩误教案”，得到“应于本省永不叙用”的处理[③]……光绪二十九年（1903），为位于浙江温岭泽国镇的云阳书院撰《监仓楼记》[④]，可知此时尚在世。

汪芑（1830—1889）字燕庭，一作燕亭，号茶磨山人，江苏吴县（今苏州）人。诸生。有《茶磨山人诗钞》《词稿》等。

朱鉴章（1846—?）字达夫，一作达甫，号海琴，江苏无锡人。同治九年（1870）举人，同治十三年（1874）进士。曾任浙江兰溪知县，光绪十四年（1888）任钱塘知县，光绪二十八年（1902）任金华知县等。藏书家。

俞廷瑛（1825—1898年后），字小圃、筱甫，号紫卿，江苏吴县人。官鄞

①卢高媛：《“西泠酬倡”考论》，《杭州电子科技大学学报》（社会科学版）2016年第5期。

②宋维远主编：《瑞安市志》（下），北京：中华书局2003年版，第1026页。

③商务印书馆编译所：《国际条约大全》下编卷8《会审教案》，民国十四年增订，上海：商务印书馆1914年版，第10页。

④阮法根主编：《泽国镇志》，北京：中华书局1999年版，第559页。

县县丞、浙江通判。著有《琼华集》六卷（诗集四卷、词集二卷），词集亦名《琼华阁词》等。俞氏填词，与西泠吟社活动关系密切。其《琼华阁词自序》云：“词有定律，少时不甚为之，嫌其拘也。光绪戊寅、己卯间，预西泠吟社。社中诸子以词相尚，从而效之。十年以来，积三百余首，删其二而存其一，则仁和谭君仲仪所订定也。”（《琼华阁词》二卷，光绪刻本）关于俞氏卒年，相关资料多言不详。徐珂《清稗类钞》曾记载光绪戊戌（1898），“俞筱甫以诗乞铜鼻塞”之事，可知此时尚在世。

凤藻（？—1892）号二屏，汉军正白旗人。两浙候补通判。著有《红兰吟馆诗钞》。关于凤藻卒年，光绪壬辰年（1892），三多[1]《挽世丈凤二屏藻分转》二首之二云：“珠酬玉唱杳琴声，迭送知音返太清。一副去年今日泪，红兰馆又哭先生。”并自注曰：“去岁梦薇师（按：王廷鼎）偕济川外舅结琴诗社，寻同社祝安伯太守。暨济公、梦师先后仙去，今世丈又归道山，风流歇矣。”“丈卒于十二月朔，即先外舅忌日。红兰馆，丈所居也。”

郎庆恩（？—1891）字仁圃，浙江临海人。光绪二年（1876）举人。福建候补知府。善书。

江澍畇（1830—1892），原名树云，安徽旌德邑廪生，后入江西弋阳籍，更名锺璜，易名澍畇[2]，字韵涛。同治三年举人，光绪三年进士，改庶吉士。历任翰林院编修、甘肃副考官、功臣馆纂修官、国史馆协修官、顺天乡试同考官、功臣馆提调官，致仕山东济南府知府。工书。

秦云（1833—1890），原名桢，字贞木，改字肤雨，别号秦七词孙、西脊山人、胥母山人，江苏长洲人。同治诸生。工诗词，擅制曲。有《裁云阁词》《伏鸾堂诗剩》等。

钱福年（1845—？）字耕伯，号艮斋，江苏长洲人。同治十二年（1873）拔贡第一名，钦用浙江知县。光绪元年举人。著有《读莪庐诗钞》二卷、《蛛寄窝吟草》二卷、《蛛寄庐词钞》等。[3]光绪二十八年（1902），承其父志，置

---

①三多（1871—？），钟木依氏，字六桥，号鹿樵，蒙古正白旗人。光绪举人，历官杭州知府、库伦办事大臣等。

②参见吕凤岐：《石柱山农行年录》，吕碧城著，李保民校笺：《吕碧城集》（下），上海：上海古籍出版社2015年版，第780页。又按：据江顺诒《愿为明镜室词稿》二卷本，江澍畇寄调《春从天上来》题词，署名即为“族弟钟璜韵涛”。由此，可纠相关资料只言江澍畇系江西弋阳人之误。

③鲁小俊：《清代书院课艺总集叙录》（上），武汉：武汉大学出版社2015年版，第296页。

地建钱氏竹荫义庄。

徐维城（1815—1886）字纲伯，号韵生（一作韵笙），祖籍江苏丹徒，寄籍顺天通州（今北京），道光十四年（1834）举人，官贵筑知县。著有《天韵堂诗存八卷赋钞一卷》等。王侃云其"同光间有诗名，以举人就官知县，历任贵筑边远之地。官既不达，益发愤为诗，所刻诗约八百首，类多可存"①。

郚铨，生平不详，《西冷酬倡集二集》录有其散曲《题宗小梧司马顾曲图》一套。《西冷酬倡二集》于光绪五年（1879）汇齐开雕。另外，雍正年间亦有同名郚铨，汉阳（今湖北武汉）人，雍正六年任浙江永康县知县。部分资料将此二人视为一人，然自雍正六年（1728）至光绪五年（1879）左右，年齿跨度太大，不可能是同一人。

杨葆光（1830—1912）字古醖，号苏庵，又号红豆词人，江苏娄县（今上海松江）人。诸生。曾任龙游、新昌知县。兼工书画。晚年居沪，曾任豫园书画慈善会会长、丽则吟社社长。著有《苏庵集》。

边保枢（生卒年不详）字竺潭、一作竹潭，河北任邱人。同治九年（1870年）举人，官浙江仁和场大使。编《侯鲭词》五卷，著有《剑虹庵词》等。边保枢晚年与谭献交往甚密，两人所讨论的话题，像评价丁绍仪、蒋敦复等人词话产生较大影响之外，又如谭献《复堂日记》光绪己丑（1889）载："予闻长白宗山啸梧郡丞名字，由《侯鲭词》。五家中，吴晋壬为卅年旧交。邓笏臣、俞小甫、边竺潭归里后，谈艺甚欢，而宗君已前卒。"②此"归里"，当非指边保枢归乡里，应指谭献的乡里杭州。光绪甲午（1894）暮春望日，谭献在杭州《致刘炳照》有言："献仲春之晦，自鄂归里，偃蹇杜门，随身药裹，而索居无俚，夏间仍有楚游。武林朋好如雨，啸吾、晋壬久为异物，筱圃、笏臣持檄履公，竺潭在此，亦未接襼，叔夜之懒不可治如此。"同年四月又《致刘炳照》云："昨与筱圃、竺潭清集。"③由此，可知悉边保枢晚年情形。

《西冷酬倡集三集》卷三载有江顺诒《前西冷十子歌》："少溪袖携闽海烟（白），香山乐府抄百篇。招来吟伴吴山巅，鹭臣倜傥夸少年（梅）。新诗脱笔如涌泉，惯与秋珊（江）擘吟笺。此倡彼和余十年，自此骚坛集众仙（消寒诗

①王侃等：《校辑近代诗话九种》，王培军、庄际虹辑校，上海：上海古籍出版社2013年版，第225页。

②谭献：《复堂日记》，范旭仑、牟晓朋整理，石家庄：河北教育出版社2001年版，第182页。

③杨传庆编：《词学书札萃编》，天津：南开大学出版社2015年版，第60页。

会三人倡之）。杏孙（胡）泛到西江船，欣然刻烛相周旋。勉之（王）久负笔如椽，偏师长城欲攻坚。薰来（韩）采芳撷兰荃，载途不让骐骥先。云泉（邓）才艺能兼全，余事得得挥吟鞭。筱南（严）清才何芊绵，手招黄鹤来晴川。冰叔（李）盛名海内传，偶随同调来诗筵。子奇（钱）一老殿群贤，峰青鼓出湘灵弦，牛耳交推诗中仙。”“前西泠十子”所涉及人名“以入社先后为次”，依次有白骥良、梅振宗、江顺诒、胡嗣福、王仰曾、韩闻南、邓之镁、严以干、李肇增、钱国珍等十家。又有《后西泠十子歌》：“桂峰（杨）作画追老莲，诗亦穷到秋毫颠。也村（杨）雅度何翩翩，渔洋丰韵本天然。紫亭（方）丽句清且娟，苦吟不用耸双肩。小梧（宗）酒气真无前，众中拔帜登最先。赏诗功比图凌烟，南宗（载之）似与北宗联。雄豪并辔才尤妍，外峰（郭）新诗富瑶篇。惜乎远去瓯南天，咏之（汪）锐笔穷雕镌。兴来好句如珠联，二屏（凤）家学承渊源。赌酒亦能吸百川，小甫（俞）远弹海上弦。芙蓉出水争新鲜，燕亭（汪）独作在山泉。茶磨但以山人传，人品诗品俱高骞。”“后西泠十子”是杨馥、杨昌珠、方观澜、宗山、宗得福、郭钟岳、汪昌、凤藻、俞廷瑛、汪芑等十家。

检录《西泠消寒集》《西泠酬倡集》（初、二、三集）以及上述人员相关作品集，可知江顺诒与诸社友交游频繁。仅以江顺诒作品为例，像《愿为明镜室词稿》二本卷题词11阕，属于西泠吟社的便有胡嗣福、江澍畇、梅振宗、钱国珍等4人。吟社成员宗山则是江顺诒《词学集成》的参订者，其中《词学集成》在辑录时人言论时，主要也是宗山、边保枢等西泠吟社成员。再如，对江顺诒而言，《愿为明镜图》系其情感乃至社会经历的象征性符号，像西泠吟社成员白骥良、王仰曾、汪芑、钱国珍、杨昌珠、宗山、韩闻南、宗得福、胡嗣福等均有题辞（诗或词），至于社集主题、社友交往，更是江顺诒同治辛未（1871）以后诗词曲创作的主要题材……诸如此类，拟在专论中说明，兹就江顺诒在西泠消寒及吟社中的实际作用辨析一二。

人们常说，历史的真相永远隐藏在叙述者的文字之中。譬如，关于影响晚清词坛风气的常州词派创始的叙说就是一个案例。其中，张惠言、张琦兄弟编写的《词选》是常州词派开启的标志性成果。嘉庆二年（1797）八月，金应珪在《词选后序》中便说“《词选》二卷吾师张皋文、翰风两先生之所录也”；同时张惠言撰《词选序》，落款时仅署己名，文中并未提及张琦。然时隔34

年，道光十年（1830），张琦撰写的《重刻词选序》，口吻便发生了很大的变化。在这篇不足250字的短文中，涉及《词选》署名权的字眼频繁出现，如“余与先兄”“同馆歙金氏”“乃与余”“忆余同先兄选此词”等。在貌似客观描述自己与其兄张惠言辑录《词选》的过程中，实则由“同”“与”等字眼，不断地强化自己开启常州词派的参与之功。直至“是选先兄手定者居多，今故列先兄名，而余序之”句，也没有如读者期待的那样肯定其兄的“首创”之功，而只是说其兄手定者“居多”……这些皆令人感到张琦对《词选》署名权的在意。①

考察同光时期西泠消寒及吟社的缘起及进程，相关当事人的记录同样存在话语权的各自叙说现象。

首先，关于社刊的编选、刊印的责任，各方说法比较一致，无甚分歧。刊成于同治十三年（1874）的《西泠消寒集》，系此社的最先集刊。同治十二年岁次癸酉（1873）冬，秦缃业作《西泠消寒集序》，其中谈到此集编选过程时说：

> 今年春，中州白少溪大令以辛未（1871）、壬申（1872）《西泠销寒集》示余。盖少溪与黄冈严筱南、太仓王勉之、旌德江秋珊、桐城胡杏孙、上元梅鹭臣、江浦韩薰来、随州邓云泉、钱塘沈公衍九子之所作也。在会者尚有数人不必尽能诗，亦有能诗而不及为者，故所存止此。少溪复使余抉择之，乃为汰其十之二三，共得若干首，遂几于无篇不工，而去古人不远矣。②

同年仲冬，白骥良（少溪）《西泠消寒集序》述及社集编选、刊印时，亦说：“良朋契合，觞咏流连，篇什日多，大都一时适性之作，原不足为外人道也……于是，诸君共议，按各会所作，序齿分年，次第录之，题曰《西泠消寒集》。就正于秦澹如都转，重加删汰，并蒙赉以弁言，遂付手民，以代传写。”③可见，白骥良作为《西泠消寒集》的初编者，秦缃业作为复审者并作序，乃是社中诸君共议之结果。只是白骥良在该集拟付梓前病亡，对此，秦缃

①参见杨柏岭《张惠言的治词路径及创作成就》，《安徽师范大学学报》（人文社会科学版）2013年第4期。

②白骥良辑，秦缃业选，江顺诒刻：《西泠消寒集》，清同治十二年刻本。

③白骥良辑，秦缃业选，江顺诒刻：《西泠消寒集》，清同治十二年刻本。

业于同治十三年（1874）孟秋，又《序》云：

是叙成后，少溪授诸梓，讵于今正病死杭州。勉之先旋里，亦没。后会遂不，终则且有存亡之感，不但聚散靡常而已。兹秋珊毅然竟刻之，少溪有灵，其庶几为慰乎！[①]

江顺诒主动接续《西泠消寒集》的刊印工作，这在江顺诒自己的叙述中也得到了印证。同治十三年仲夏，江顺诒撰《西泠消寒集序》，在叙述白骥良抱病编选直至病亡之后云："因求少溪所辑之《消寒集》者，乃寄存钱、李二君处。爰索回，亟登诸版，以竟少溪未竟之志。"[②]其自撰《年谱》于同治十三年记载，自青阳酒厘局职一年期满，交卸回省，此时"白少溪已故，《消寒诗》稿在钱子奇大令处。余因索回捐刻，乞秦澹如观察序"。此处，江顺诒出资刊刻的《消寒诗》，即《西泠消寒集》二卷。至此，关于《西泠消寒集》的初选者、审订者、出资者、刊刻者、求序者，均十分清楚，时人记载并无太多差异。只不过今人在介绍这个集子时，常常会忽视江顺诒的功劳，故此处特作交待。

其次，在西泠消寒社首倡者的问题上，时人记录或避而不谈，或语焉不详，或易生误导，惟有江顺诒屡屡道及。秦缃业《西泠消寒集序》开篇继追溯朋簪觞咏传统之后，接着说了自己于西湖倡发诗社之事：

同治丁卯（1867）春夏间，余偕薛慰农、王芾南、叔彝诸君结湖舫吟社，半月一叙，叙必有诗，叔彝且以刻资自任。顾不及半载，或远宦，或遄归，甚有化为异物者。而是举遂罢，诗亦不复刻。自后新交无几，旧雨不来。欲望诗社之中兴而不可得，于是益叹盛会之难常，而吾衰之已甚矣。[③]

很显然，秦缃业说的是事实，然从他早于西泠消寒社而结湖舫吟社，经湖舫吟社不振，到对杭州诗社之中兴的期待，在彰显其在杭州诗坛权威地位的同时，似亦有意弱化西泠消寒社的独立性，而将西泠消寒社纳入到杭州诗社乃至

①白骥良辑，秦缃业选，江顺诒刻：《西泠消寒集》，清同治十二年刻本。

②白骥良辑，秦缃业选，江顺诒刻：《西泠消寒集》，清同治十二年刻本。

③白骥良辑，秦缃业选，江顺诒刻：《西泠消寒集》，清同治十二年刻本。

湖舫吟社的传承之中[①]。故而，秦氏并没有提及西泠消寒社的缘起或首倡是谁的问题，而将重点放在社集编选等事务的叙述上，接着就说了西泠消寒社未来的发展："闻今冬少溪将复举是会，而秋珊、鹭臣远在嘉禾、甬东，杏孙又有津门之役，社中故友亦渐寥寥。吾知抚是编，而不能无今昔聚散之感也已。"[②]从前文"少溪大令以辛未、壬申《西泠销寒集》示余"到此处"少溪将复举是会"，字里行间均给人感觉，白骥良似乎为此社的组织者，然又没有明言白骥良就是首倡者或之一。值得注意的是，秦氏受邀作《西泠消寒集序》，本该说清楚此社的缘起，然而他不仅对此存而不论，而且专门叙述了自己曾结湖舫吟社事，个中心态颇耐寻味。

事实上，秦缃业《序》亦为后人将其视为西泠消寒社的倡发者埋下了伏笔。西泠消寒社后更名为西泠吟社（原因见后），社刊名《西泠酬倡集》。光绪五年（1879）三月，曾官浙江温处道的方鼎锐在《西泠酬倡集（初集）序》中即云："西泠酬倡，先后多人，有梁溪澹如先生为之提倡，主持坛坫，故能裒然成集，蔚为大观。"同样将西泠吟社纳入到整个杭州吟坛传统之中，且将秦缃业（号澹如）推尊为各社团之共同盟主。此序并未触及西泠吟社的具体情况，实为凿空而论。一方面，说了一番对所有文士皆适宜的话："嗟嗟！殁者多黄烟之感，存者有素食之悲。经济文章，两皆可见，诸君子岂愿以是传哉？太史公曰：'《诗三百》篇，大抵圣贤发愤之所为也。'诸君子抱瑰奇俶傥之才，穷愁抑塞，托此自遣。然啸歌赠答中，各具应世济民之隐愿。顾不能独行其志，良可慨！"另一方面，亦如秦缃业，交代自己与文学活动的关系，以及对西泠酬唱的期待："仆昔承乏瓯、括[③]，宾僚中颇有能咏吟者，暇时相与倡和，曾有《且园赓倡集》之刻。迨量移省会，得读斯集，不数年间，作者盖仅存其半，又多奉檄四方，风流顿歇。虽率长材短驭，而襟期大雅，勉为循良，他日颂声之作，当必有讴歌不置者，诸君子岂徒借是以传哉？"[④]

无论是秦缃业，还是方鼎锐，均是因名望而受邀撰序之人（当然，秦缃业

①有研究者已注意到，对比湖舫吟社与西泠消寒社及吟社的主要成员，即可发现他们属于不同的圈子——前者参与人员的官职抑或文坛名气整体上高于后者。可参见任聪颖《"西泠吟社"考》，《古代文学理论研究》第三十九辑（2014年）。

②白骥良辑，秦缃业选，江顺诒刻：《西泠消寒集》，清同治十二年刻本。

③瓯、括：指浙江温州和处州。

④《西泠酬倡集》卷首，清光绪四年刻本。

后来参与了消寒吟社部分社集活动），那么，西泠消寒社及吟社的当事人又是如何叙说西泠消寒社的缘起呢？白骥良（少溪）《西泠消寒集序》云：

> 同治辛未（1871），余由闽改官来浙，岁暮闲暇，与诸同人结吟社，迭为宾主，相得甚欢。壬申（1872）冬，复联前约，社中人有因公他往者，亦有后来入社者。良朋契合，觞咏流连，篇什日多，大都一时适性之作，原不足为外人道也。夫人生聚散何常，仕路迁移靡定，古人追述旧游，睠言胜会，今昔有同情焉。于是，诸君共议……他日境虽改，而情不殊；人或离而诗则合。展卷披吟，无异一室晤对。况于风尘奔走中，有此逸响，亦胜地朋簪之佳话也。癸酉仲冬河内白骥良识。①

可见，白骥良以自己为主线，叙说他与西泠消寒社的关系。个中关键，一则因为自己“由闽改官来浙”，同人结吟社方有可能；二则与前引秦缃业说到“少溪将复举是会”时“社中故友亦渐寥寥”的境遇略有不同，白骥良认为“复联前约”之时虽然“社中人有因公他往者”，但“亦有后来入社者”……言下之意，他既是首批组织者，又具有一定的号召力。

据目前所查阅到的资料，将西泠消寒社缘起说得最完整、最直接的还是江顺诒。他在《西泠消寒集序》中说：

> 消寒诗会者，同治辛未（1871），余与梅君鹭臣首倡之。壬申（1872），鹭臣远役，白君少溪与余复倡之。癸酉（1873）春，余亦远役。少溪遂拟举两年所得之诗汇抄付梓，乃贫病缠绵，迄半载未蒇事。是冬，少溪又邀请李君冰署、钱君子奇复倡是举。未竟，而少溪已床褥沉绵，至甲戌（1874）人日，竟不起矣。三月，余来杭，又闻会中王君勉之亦逝，既皆作诗吊之。因求少溪所辑之消寒集者，乃寄存钱、李二君处。爰索回，亟登诸版，以竟少溪未竟之志。因念人生寒暑代谢，友朋之间，死生离别，原难预定，诚不料十数日间词人并陨，有如是之速也。悲夫！刻竣，识数语于末。甲戌仲夏旌德江顺诒。②

据江顺诒此序，江顺诒、梅振宗（鹭臣）是西泠消寒社的首倡者，白骥良

①白骥良辑，秦缃业选，江顺诒刻：《西泠消寒集》，清同治十二年刻本。

②白骥良辑，秦缃业选，江顺诒刻：《西泠消寒集》，清同治十二年刻本。

是复倡者。比较之后可见，秦缃业《西泠消寒集序》未言首倡，然提到白骥良有复倡此社之举；白骥良《西泠消寒集序》显然认为自己既是首倡也是复倡者。无论如何，江顺诒此处对白骥良尊敬有加，较为详细地记录了他的贡献。数年后，江顺诒在《年谱》中却说，同治十年（1871），自己委署钱塘县丞，“始与白少溪、梅鹭臣倡发作消寒诗会”，又将白骥良纳入首倡者行列。笔者以为，《年谱》所记或是误记，因为除了上引文字，江顺诒有诗为证。《西泠酬倡集初集》卷三录其《消寒吟社举已五年，今冬之任，远游者六七人，遂不果举。适钱君子奇以〈月当头夜怀社中友作〉见寄，和此志感。即寄李冰叔、杨桂峰温州，杨也村台州，钱子奇湖州，梅鹭臣宁波，并省中诸友》曰：

昔年消寒结吟社，谁其倡者梅与江。就中白公兴尤豪，吟坛健笔喜独扛。西泠宦海建旗帜，招来国士俱无双。迄今五载相继作，裒然成集惊南邦。惜哉应刘已先逝，青峰一瑟声琤瑽。文高班马词屈宋，其艳桃李香兰茳。一旦之官远苕霅，吏雅恰称民俗庞。玉溪愁病听鼓倦，过我不闻足音跫。宛陵刺海去最早，邮筒时复传新腔。冷官闲况惟我独，围炉觅醉向南窗。吟伴三五俱迢递，寒星落落疑残釭。孤山咫尺梅正放，流水隔岸闻淙淙。其余闭门自觅句，诗成均甘作受降。盛会难继古所叹，山川间阻心摐摐。限韵未能钵同击，得句更无钟可撞。良朋可访不可聚，雪夜空买山阴艭。兰亭雅集何时再，重倾百斛春酒缸。令人惆怅感今昔，悲歌惊起深巷尨。一尊团聚竞甲乙，梦回腊鼓声韸韸。

首句提到倡设诗社的“梅与江”，即梅鹭臣与江顺诒；“就中白公兴尤豪”中的“白公”，即白骥良（字少溪）。“迄今五载相继作，裒然成集惊南邦”，指《西泠消寒集》刊刻产生的影响。“兰亭雅集何时再，重倾百斛春酒缸”，至光绪三年（1877），诗社更名为“西泠酬倡”（或西泠诗社）。究其原因，江顺诒自撰《年谱》光绪三年记载：“诗会中，宗小梧司马因消寒会有冬而无春夏秋，因倡为月一举行之会。”诗社名及集会方式改变后，诗作数量大增。其中，“不数月，积诗得四卷，改为《西泠倡酬集》。是冬开雕”，所开雕者即《西泠酬倡集初集》。光绪四年（1878）秋，此集刻成，所收诗作截至光绪三年底为止。

光绪五年（1879）冬“又收《西泠酬倡二集》，汇齐开雕”①；此后，尚有《西泠酬倡集三集》之刻。《西泠酬倡集》共计15卷（三集各4卷，各附1卷）。

可见，西泠酬倡诗社，实由江顺诒等人首倡之西泠消寒诗会发展而来。自同治十年始，活动十余年。关于诗社结束时间，江顺诒散曲《自题花坞夕阳楼雅集第二图·自序》有记载：

> 辛巳秋，自甬上归，偕宗小梧司马，招同人重集于余之花坞夕阳楼。期而至者十人，期而未至者六人，先期而逝者一人（钱子奇大令）。是日拈题分韵，拟请秦君散之绘雅集第二图。越日，秦至自吴，图成而同人诗无一作者。未几，皆云散风流，其未他往者，非贫即病，欲再如曩日之狂吟欢醉，岂可得哉！西泠倡酬，遂以是会止，因填北曲高宫一调以记之。②

可知，西泠吟社于光绪七年（1881）止。参加该社者，多为流寓杭州人士。在诗社活动过程中，江顺诒属关键人物。诚如王韬所评：“旋同宦浙西诸君子，举行西泠酬唱集，请君为之执骚坛牛耳。”③除了《年谱》，《事略》亦云江顺诒自同治初至杭州后，“恋西湖山水，未即言。旋纵情诗酒，日驰逐于六桥三竺间。交白少溪，倡消寒诗会，刻《消寒诗》二卷。旋交宗小梧司马、边竹潭鹾尹，倡为西泠诗会。春秋佳日，无时不聚，积诗成秩，已刻《西泠酬倡》初、二、三集”。关于《西泠酬倡》初、二、三集的编辑、刊刻者，任聪颖据“江顺诒处于在世同人之末席”编写体例等信息，指出“真正编定《西泠酬倡》三集者，当是江顺诒”④，颇有道理。

（三）参加皋园修禊会

同光时期，杭州诗坛比较活跃。就江顺诒来说，除了首倡西泠消寒社，积极组织西泠吟社，亦时有参与其他文人集社活动。其中，光绪二年（1876）上

①江顺诒《窳翁自撰年谱》关于“西泠酬倡集”中“酬倡”的名称，记录多有不一致之处。光绪三年、四年为“倡酬”，光绪五年为“酬倡”。

②江顺诒刻：《西泠酬倡集》三集，光绪刻本。

③王韬：《淞滨琐话》，刘文忠校点，济南：齐鲁书社2004年版，第140页。

④任聪颖：《“西泠吟社”考》，胡晓明编《中国文论的价值论与文体论——古代文学理论研究第三十九辑》，上海：华东师范大学出版社2014年版，第376页。

巳（农历三月初三，又称修禊节）皋园修禊会在当时产生过较大影响。对此，参与此会的王诒寿《皋园修禊序》云："岁在困敦，粤上斯巳。都转秦澹如先生，乃约啸侣，携芳尊，修禊于会城之皋园……会者凡十六人。"[①]秦缃业（澹如）社集所作诗题云："丙子春仲，金眉生都转来自魏塘，邀余为续禊之会。"可知，此次皋园续禊之会，乃金安清（眉生）首倡，与秦缃业共同邀集社友之举。社集地点为"会城之皋园"，所谓"会城"即省城，皋园位于杭州城东，乃名园胜境。

王诒寿《皋园修禊序》又说"会者凡十六人"，然据金安清所辑《皋园续禊诗录》16人中，汪学瀚虽有诗，但该诗注云："时薄游湖上，未及赴约。"[②]如此，与会者便少1人。据查，郭昆焘有诗《上巳日，金眉生都转、秦澹如观察邀同皋园修禊，以落花、芝盖、杨柳、春旗、茂林、修竹、流觞、曲水十六字分韵赋诗，予分得"落"字》，不仅时间、地点、人物以及社题均一致，且郭诗"佳境接清欢，名翰豁积暯"句自注："澹如观察出示皋园旧图，富崇轩太守亦出所藏书画传观。"[③]据此描述，可见诗人当时正在现场。至于《皋园续禊诗录》为何收录未及赴约的汪学瀚诗，而未录郭昆焘之作，原因不得而知。

上述17人中，秦缃业、胡嗣福、杨馥、江顺诒的介绍已见前文，兹就其余人略作绍介，以窥江顺诒的交游情况：

金安清（1816—1898）原名国琛，字眉生，一作梅生，号傥斋、销英居士、销英道人，浙江嘉善人。国子监生。为林则徐等人所识，弃科举，游幕府。历任泰州同知、海安通判、两淮盐运使、江苏按察使等职。著有《偶园诗钞》《能一编》等。

缪巩（1851—1887）字坚士，江苏濑上（今溧阳）人。光绪已卯科举人，议叙员外郎，改选知府，著有《肯华山馆诗文集》等。当代著名词学家、史学家缪钺的祖父。（参见缪钺《自传》）

王诒寿（1830—1881）字眉叔，一字眉子，浙江山阴（今绍兴）人。诸生，官候补训导。入杭州书局校书。著有《缦雅堂诗》《笙月词》《花影词》等。

①王诒寿：《缦雅堂骈体文》1—2册，北京：中华书局1985年版，第63页。

②见沈饱山辑《侯鲭新录》第三卷，上海：机器印书局，清光绪二年至三年铅印本。

③郭昆焘、郭仑焘：《郭昆焘集、郭仑焘集》，长沙：岳麓书社2011年版，第150页。

陈钟英（1824—1880）字槐亭，后改怀庭，湖南衡山人。道光二十九年举人，历任浙江富阳、安吉、兰溪等县知县。著有《知非斋诗钞》等。事迹详见陈鼎等编《怀庭府君（陈钟英）年状》。①

杨晋藩（生卒年不详）字蕉隐，江苏阳湖人。工书善画。年七十余，官梅溪。同治九年（1870）修纂《仙居县志》等。

江清骥（？—1891）字小云，号颐园，浙江钱塘（今杭州）人。道光二十年举人，官江南粮台记名道、江苏常镇道等。其生卒年，相关资料多言不详。查李鸿章《题报深州知州江槐序丁忧开缺事》（光绪十八年正月二十四日）云："该臣查得，深州直隶州知州江槐序之父江清骥迎养在署，于光绪十七年十一月十一日病故。"②由此可知其卒年。

薛福保（1840—1881）字季怀，号端季，江苏无锡人。薛福成弟。同治六年副贡，官浙江候补同知。佐阎敬铭、丁宝桢幕府，官至四川知府。著有《青萍轩文录》等。

蔡鼎昌（1830—？）又名鼎，字公重、春畴，浙江钱塘（今杭州）人。诸生。嘉兴校官，又曾入采访忠义局。

富乐贺（生卒年不详）字崇轩。杭州驻防，满洲正蓝旗人。官福建漳州知府，卒于任。有《闽游草》等。

吴廷康（1799—1873）字元生，号康父、康甫、晋斋、茹芝等，安徽桐城人。工书法，尤精篆隶，兼工画。辑有《问礼庵古今印存》《慕陶轩古砖录》等。

应宝时（1821—1890）字心易，号敏斋，浙江永嘉人。道光举人。历任苏松太道、江苏按察使、上海江海关道、苏州布政使等。著名词家蒋敦复曾入其幕，蒋氏卒后，应宝时刻其遗著。

郭昆焘（1823—1882）字仲毅，号意城，晚年自号樗叟，湖南湘阴人。郭嵩焘大弟。清道光二十四年举人。游幕府，深得器重。事迹见《清史稿》卷四百四十六《郭嵩焘传附郭昆焘传》。

汪学瀚（？—1915）改名汪洵，字子渊，号渊苏，江苏阳湖（今属常州）人。光绪十八年进馆授编修。

同治十三年（1874），秦缃业曾邀金安清、李肇增等人于湖舫举修禊会。

①熊治祁编：《湖南人物年谱》(4)，长沙：湖南人民出版社2013年版。

②顾廷龙，戴逸主编：《李鸿章全集》(20)，合肥：安徽教育出版社2008年版，第347页。

故光绪二年上巳皋园修禊，当是续禊会。此次社集，以落花、芝盖、杨柳、春旗、茂林、修竹、流觞、曲水十六字分韵赋诗。其中，得“落”字，是陈钟英、郭昆焘；得“花”字，是杨晋藩；得“芝”字，是薛福保；得“盖”字，是金安清；得“杨”字，是杨晋藩、王诒寿；得“柳”字，是缪巩；得“春”字，是杨晋藩、杨馥；得“旗”字，是陈钟英；得“茂”字，是应宝时、汪学瀚；得“林”字，是蔡鼎昌；得“修”字，是胡嗣福；得“竹”字，是富乐贺；得“流”字，是江顺诒；得“觞”字，是吴廷康；得“曲”字，是秦缃业；得“水”字，是江清骥（寄调《惜余香慢》）。[①]

（四）加入铁花吟社（亦称铁华吟社）

铁花吟社的创设者为吴兆麟（号筠轩）[②]。对此，吴庆坻[③]《蕉廊脞录》卷三云：“族伯父筠轩先生自江西告归，与里中诸老结铁华吟社，起戊寅（1878）讫乙酉（1885）。湖山踢宕，余亦常侍末坐。社集以湖上为多，因于永赖祠侧遗安室，榜曰‘铁华吟社’。先生自为跋云：‘昔章参政创西湖八社，凡南北山胜处，悉丽坛坫。吾社乃僻在一隅，隘矣！然柔橹轻舆，惟意所适，举湖山之窭廊幽邃，以供吾侪之啸咏，有日贡其奇而不竭者，是八社广而吾社未尝隘也。同社诸君抗怀往事，有内史今昔之感，谓宜署榜，以诏来兹，于是乎书。光绪十年上巳。’”[④]至于创设具体年月、参加人员及活动方式，丁立中《先考松生府君年谱》光绪四年（1878）记载：

> 二月，始结铁花吟社。（首倡者为吴筠轩丈。会无定期、定所，迭为宾主，月必一举。前后凡百集，与会者先后五十余人。与府君时相倡和者，则永康胡月樵丈凤丹、仁和沈辅之丈映钤、江夏王琳斋丈景彝、元和江秋珊丈顺诒、蒙古恺庭丈盛元，暨应敏斋姨丈、吴君子修、高君白叔、张君子虞也。兄修甫亦随侍。筠轩丈编集社诗，秦澹如观察选定四卷，未及刊

①沈饱山辑:《侯鲭新录》第三卷,上海:机器印书局,清光绪二年至三年铅印本。

②吴兆麟(1807—1885),字书瑞,号筠轩,浙江钱塘(今杭州)人。道光十二年(1832)举人,历官江西盐法道。著有《铁花山馆诗稿》八卷等。

③吴庆坻(1848—1924),字子修,又字敬疆,号补松老人,钱塘(今杭州)人。光绪十二年进士,历任四川学政,湖南提学使,政务处总办,资政院硕学通儒议员等。著有《补松庐文录》八卷、《补松庐诗录》六卷、《悔余生诗》、《蕉廊脞录》、《益州书画录续编》等。

④吴庆坻:《蕉廊脞录》,张文其、刘德麟点校,北京:中华书局1990年版,第79—80页。

而卒。[1])

取名“铁花”，与首倡者吴兆麟有关。吴氏书屋名“铁花山馆”，此处亦为诗会常聚之处，因而得名。进而，铁花吟社始创之时，正是西泠吟社的衰微之际，反映出杭州诗会绵延不绝的传承性。因而，这两个诗社中人物多有重叠，如秦缃业、宗山、江顺诒等。关于铁花吟社参加人员及活动时间，丁丙在为明清之际严武顺《月会约》一卷所作跋语中有记载：

余携侄修甫（立诚），从沈辅之（映钤）、吴筠轩（兆麟）、盛恺庭（元）、秦澹如（缃业）、王小铁（堃）、王琳斋（景彝）诸丈，应敏斋（宝时）、胡月樵（凤丹）、李黼堂（桓）、龚幼安（嘉）、戴少梅（燮元）、夏薪卿（曾传）、宗啸吾（山）、江秋珊（顺诒）、张子虞（预）、高白叔（云麟）、边竹潭（保枢）、吴子修（庆坻）诸公，月举铁花吟社，至今已六十余集……数年来，沈、秦、王（堃）、吴、盛五老，夏、江、宗三君，先后归道山。虽社迹未湮，好事足说，人琴之感讵能已耶？光绪丁亥清明，是约刊成，特书简后。松生丁丙。[2]

丁丙此跋作于光绪丁亥（1887）清明节，此时创设者吴兆麟等几位老人以及参与者江顺诒等均亡，吟事活动一度减弱。如吴庆坻《蕉廊脞录》卷四“杭州诸诗社”则即云：“咸同以后，雅集无闻。光绪戊寅，族伯父筠轩先生创铁花吟社，首尾九年！先生殁，而湖山啸咏风流阒寂矣。”[3]此处，吴庆坻显然将吴兆麟视为铁花吟社的标志，说“先生殁，而湖山啸咏风流阒寂矣”，属于比喻说法。其实，吴兆麟卒后，铁花吟社的社集活动仍在继续。

光绪八年（1882），丁丙《四月二十七日高白叔招集庞园，戴文节赴义处也，分得首字》诗有云：“况欣新雨来蹁跹，明镜团圞出素手。”且自注曰：“谓江秋珊新入社，秋珊有《愿为明镜室词》。”[4]据此，可知光绪八年四月二十七日，江顺诒首次参加铁花吟社的活动。入社之后，江顺诒参会频率较高。同年八月，江顺诒六十寿，即招诗友至其花坞夕阳楼庆寿赏桂。丁丙《江秋珊顺

①丁立中：《先考松生府君年谱》，北京图书馆编《北京图书馆藏珍本年谱丛刊》第172册，北京：北京图书馆出版社1999年，第222—223页。

②丁丙：《武林掌故丛编》第十集，扬州：广陵书社2008年版，第8a—b页。

③吴庆坻：《蕉廊脞录》，张文其、刘德麟点校，北京：中华书局1990年版，第96页。

④丁丙：《松梦寮诗稿》卷五，清光绪二十五年丁立中刻本。

诒招赏园桂，登花坞夕阳楼，观〈敬亭放歌〉、〈瓮梦〉[1]诸图。时秋珊正六十，并示自寿新曲》八首之五即云："西泠酬唱满云霞，吟社新来压铁花。如此秋光忍孤负，多君招酹木犀花。"[2]便述及江顺诒由西泠吟社新入铁花吟社之事。

同年十月二日，江顺诒曾主持过铁花吟社的社集。其诗《十月二日，邀同吴筠轩观察、王琳斋刺史、宗小梧司马、丁修甫孝廉万花红摊一诗人之屋看菊，琳翁先成长歌一首，即步其韵》。关于此次社集，王景彝[3]《江氏窳园看菊放歌》叙事诗较为完整地记录了活动过程：

秋珊爱花兼爱酒，此亦诗人所常有。难得种花酿酒外，更余挚爱及朋友。是日十月第二日，小阳春似闰重九。嘉客夙经招七人，菊花开已盈一亩。走也首至（余先至）季重继（筠丈次至），子襄来亦不迟久（修甫亦随到）。孝章竟不来，文举空搔首（谓恺丈不来，主人盼望也）。常侍竟不来，少陵谁抗乎（谓白叔不来，而余缺一酒友也）？仲容未肯随步兵，僧弥又不偕昙首（谓一叔到而侄不到，一侄到而叔不到也）。始知万事有因缘，一饮一啄真非偶。尽让我辈花悦目，可惜诸君事掣肘。幸有乘风破浪人，来开炙輠谈天口（主人见人少，补请宗小梧君，倜傥风流，大可助兴）。主人兴致最清佳，众客精神亦抖擞。菜则集山海，果则罗菱藕。钵则选定窑，杯则用中西。酒味清于百里贤，花光艳似三朝妇。只怪天公太不情，此日无端风雨吼。岂真造化妒名花，亦是鬼神欺病叟。谁知彼苍有深意，欲聚群艳娱衰朽（主人因风雨，尽纳钵中，置诸一室）。香气袭衣裳，秋光绕户牖。园作锦屏风，排成玉杵臼。绛仙导我前，红绕拥我后，紫云立我左，雪儿侍我右，满堂兮美人，艳福容消受。倘非风雨为驱迫，恐亦散芳于陵阜。安得置之几案间，咫尺与人相狎狃。回思前日固园中，寻芳毕竟劳奔走（固园菊，多散植于树根石缝间，尚费搜觅）。于今不费足力艰，到此始知天意厚。众客时已欲颓玉，主人犹嫌未空缶。献酬未终举觞政，以桃源行为关纽（是日，酒令以《桃源行》诗字轮数，分各种饮

①"瓮梦图"，一作"瓮算图"。丁立诚有诗《题江秋珊（顺诒）〈瓮算图〉》："仙吏无端几算筹，送穷迎富也风流。劳生扰扰酰鸡累，人世蘧蘧庄蝶游。五字苦吟诗格悟，一场春梦枕边求。愿君抱瓮休轻踏，新酒梨花正出笃。"（《小槐簃吟稿》）

②丁丙：《松梦寮诗稿》卷五，清光绪二十五年丁立中刻本。

③王景彝，原名之臣，字琳斋，江夏（今湖北武汉）人。咸丰己未举人，官永康知县。著有《琳斋诗稿》《宝善书屋诗稿》等。

酒法）。或以首尾分，或以偏旁剖；或藏以钩，或战以拇；或以曲水作流觞（令以得水旁者，饮三爵）；或以隐语卜窭薮（谓射覆）。诗已从一轮过十（《桃源行》已轮至十余句），时已自午直到酉。护将花事不须旛，扫尽愁怀何用帚？一年此第说看花，今日看花方不负。鲰生虽抱文园疾，当此亦能饮一斗。诗成传与四君看（谓未到者），不知对此垂涎否？①

基于此，再结合吴兆麟《秋珊道兄招集万花红摊一诗人之屋赏菊即席》，以及江顺诒等人诗，可基本判断此次社集的情况：

一则，江顺诒原本邀请七人，王景彝（琳斋）、吴兆麟（号筠轩）、丁立诚（修甫）三人先后如约而至，盛元（恺庭）、高云麟（白叔）、丁丙（松生）、吴庆坻（子修）四人未到。吴兆麟与吴庆坻、丁丙与丁立诚为叔侄关系，故王景彝诗曰“仲容未肯随步兵，僧弥又不偕昙首”，并自注曰：“谓一叔到而侄不到，一侄到而叔不到也。”对此，吴兆麟诗有云：“怀人情渺渺，讲德论难闻。”说的就是“恺庭、松生、白叔、子修四君皆不到”之事。至于宗山（小梧），乃后来补请参会者。据王景彝诗自注云，因为江顺诒作为主人，“见人少，补请宗小梧君，倜傥风流，大可助兴”。吴兆麟诗亦提及宗山加入事，其中云：“高咏晚风句，新诗定不群。”注曰：“小梧宗君来，谈及窳园被焚，奉派检书，并许入社。”②原因不一，然宗山入铁花吟社，当自此次社集始。

二则，江顺诒晚年精心营建的“窳园”（花坞夕阳楼），的确成为当时文士集会的向往之地。除了王景彝此诗比较了窳园与固园之菊花，又如光绪癸未（1883）年，丁立诚《重阳前二日，与同社诸老游飞来峰……复订九日再集饯琳斋丈归楚北之约。途中口占，用乐天诗韵，得四律》之四云：“欲约烂柯客，同觞梦笔家。”自注：“拟借秋珊花坞夕阳楼，兼约金明斋手谈③。”又，“愿随黄鹤返，芳信咏红茶。”自注：“窳园多红茶。琳斋丈有明春来杭之约。”故江顺诒卒，丁立诚编年诗（光绪甲申）《挽秋珊》云：“老去江都剧可哀，胸中块垒酒浇开。能参郡守梅苏后，谁识衙官屈宋才？客死他山鹃冷泣，神归辽海鹤

①丁丙：《武林坊巷志》第四册，杭州：浙江人民出版社1987年版，第471—472页。

②丁丙：《武林坊巷志》第四册，杭州：浙江人民出版社1987年版，第471页。

③金明斋，号弈隐，杭州人。好弈，有江南国手之誉。手谈：下围棋。

飞来。箴园半亩寻诗地，令我风前首重回。”[①]既感慨江顺诒的平生屈才，又追念江氏箴园（花坞夕阳楼）昔日社集的诗意氛围。

六、述撰、著作考

或因近现代中国学术及文学发生转型，清代学术的传承、文学的经典化历程等均遭遇历史性的暂缓阶段。同时，或因清代学术及文学资料过于丰富，致使在功利驱使中的人们，难以潜下心来。诸如此类，均影响着这段时期的学术研究，像“观念先行”的逻辑判断、“文献不足”的浅表解读等现象甚为突出。在清末民初众多名家尚未能得到深入系统研究的背景下，反而聚焦江顺诒这样一个普通文士研究，究其原因，并不仅仅因其系皖籍人士，而是因为这样一位沉沦下僚的普通知识分子撰写了大量有影响的著作。这些著作不仅涉及诗、词、文、戏曲、小说等诸多领域，而且由文学延伸至时政、报刊、文化比较与传播，具有鲜明的时代感。由江顺诒著作入手，可借助这样一位普通文士的眼光，扑捉清季道光至光绪时期文士的思想与生活真态，在一定程度上可以纠正我们对晚清历史因表面化接受而产生的一些误读印象。

关于江顺诒著作，相关资料多有介绍，比较全面的，如《西泠酬倡集》初集卷四“江顺诒”条，当系关于他的最早介绍，云其“著有《乩箴子》《词学集成》《愿为明镜词稿》《梦花草堂诗钞》《诗话》《醴陵集注》”。王韬《淞滨琐话·水仙子》所说与此基本一致，然加评价曰：“君述撰等身，著有《乩箴子》《词学集成》《愿为明镜词稿》《梦花草堂诗钞》《诗话》《醴陵集注》，皆风行于世，不胫而走。”[②]显然，这位办报人王韬的评价沾染了媒体人的宣传色彩。说江顺诒“述撰等身”尚可，然云其著作“皆风行于世，不胫而走”，显然属夸大之辞。今人黄秀文主编《中国年谱辞典》又补充云：“著有《十三经注疏》《经典说文异同》《箴翁丛稿》等。”[③]兹结合相关资料，略考如下：

①丁立诚：《小槐簃吟稿》，周膺、吴晶主编《杭州丁氏家族史料》（第9卷），北京：当代中国出版社2016年版，第71页。

②王韬：《淞滨琐话》，刘文忠校点，济南：齐鲁书社2004年版，第140页。

③黄秀文主编：《中国年谱辞典》，上海：百家出版社1997年版，第539—540页。

（一）已佚著作

《事略》补记云："所著有《弄翰集》《红豆吟》《惆怅吟》《镜中泪》《十三经注疏》《经典说文异同》，皆遭乱失去。"其中，《弄翰集》《红豆吟》《惆怅吟》为江顺诒20岁之前的诗集。对此，《年谱》记载甚确：道光十六年（1836）十四岁"始作七律诗三首"；道光十七年（1837）十五岁"初学作七古，有《郑孝子行》，仿《长恨歌》体，淋漓酣畅，见者诧之"……至道光二十二年（1842）"有《廿初度》七律十首"，且"集廿岁以前古今体约二三百首，名曰《弄翰集》，又集香奁诗《红豆吟》四卷、《惆怅吟》四卷"。其中，《事略》亦载："少丁母忧，所作多愤懑不平之语，有《弄翰集》四卷。"

同时，江顺诒曾将20—30岁间诗作删存为4部4卷。《年谱》咸丰二年（1852）载："廿至卅，十年中，得诗不下数千首，删存四箧：有《瓮梦集》二卷、《敬亭放歌集》一卷、《金陵访古集》一卷、《宣城风雨集》一卷。"对此，《事略》等资料未见记载，估计亦在乱中失去。

太平军入皖城，江顺诒携家眷辗转逃至浙江衢州。《年谱》咸丰八年载："二月，余往苏州。三月初，石匪达开由江西窜浙，围衢州。先君挈眷仓卒由山路避往徽。乡居之屋被焚，皖中之物全行失去。余有旧板书四大箱亦被焚（有《十三经注疏》一部，读书有得，皆笔于上。又有《经典说文异同》已成书，至是俱被毁，凡十余章）。"由此，可知黄秀文主编《中国年谱辞典》云江顺诒"著有《十三经注疏》"并不准确。江顺诒说的是在《十三经注疏》中所作的读书笔记。

至于《镜中泪》传奇，前文介绍"愿为明镜室"时已有说明，此处不再赘言。

（二）未刊著作

《事略》补记云："未刊者有《梦花草堂诗稿》八卷暨散文、骈文、诗话、词话等若干卷。"江顺诒诗集命名"梦花草堂"，以及《醴陵集注》，均与其先祖南朝作家江淹有关。前者源自江淹"梦笔生花"故实，后者《醴陵集》即是江淹所著。笔者多方查询，未见《梦花草堂诗稿》[1]《醴陵集注》，或亦亡佚。

上海图书馆藏有稿本《窳翁丛稿》四册。第一册封面题“起同治甲戌”，有武林叶氏藏书印。主要有《伯山志事》《词话叙》《重濬横泾河记》《吉少甫公传》《写眉后记》《荆士芗高伯七秩寿序》《梅花美人》《西湖退省庵歌》《薛庐》《阮公士敦》《浙两小吏行》《萧茂芬（江大老爷顺诒印）》《王雪香小传》《洵事考言论》《春莺曲》《黄梅》《词律失收》《读西青散记》，等。可见，此册以文、诗为主。第二册封面题“丁丑夏至庚辰秋”，主要有《岳庙门前石狮歌》《疏影》《玉京秋（秋声、秋气、秋香、秋影）》《秋花杂咏》《胆瓶（七律）》《孔凯》《玉茗花》《雪湖歌，兼怀前会中白少溪、王勉之、李冰叔诸君》《渡江云》《杨花曲》《采桑曲》《挽金眉翁》《柳阴垂钓》《东坡庵故址》《三生石歌》《高阳台·供春壶》《张骞槎》，等。此册为诗、词、曲。第三册有《词学集成》《窳翁自撰年谱（光绪八年六十岁作）》《江秋珊先生事略》等。第四册为《说文经典异同》不分卷，涉及《易经》《诗经》《书经》《礼记》《周礼》《春秋左氏传》《国语》《论语》《孟子》《尔雅》《孝经》《山海经》《老子》《韩非子》《逸书》《楚词》，等。此册为读书杂记。可见，《窳翁丛稿》中如《词学集成》等已有刊本，大部分诗词作品亦见于《西泠酬倡集》等诗社选集中。从文献价值上说，稿本中《年谱》《事略》及读书札记尤为重要。

另外，据朱子爽口述，王正元记录《旧书店旧书摊觅宝》，尚有《江君诗文集》等稿。该文说，1951年3月，南京文史馆朱子爽在上海旧书店和书摊曾买到几件残稿，“其中有同治年间安徽旌德县人江顺怡（引者按：应为‘诒’）的《訾窳子三种》五页、《江君诗文集》。惟这篇稿子未印出，内容论及太平天国很公允。朱子爽本打算写一篇论文介绍，后因故作罢。但写了一点说明，出让给安徽省图书馆，还汇来酬金”[2]。其中《訾窳子三种》五页，当指《呰窳子》三卷（已刊本，见下），《江君诗文集》当是文中所说的“未印出”的“这篇稿子”。

①案：清代韩凤翔（1794—？），字仪廷，号东园，山东章丘人。有《梦花草堂诗录》一卷（见李长蓉辑《柳堂师友诗录初编》，清同治二年序刊本），《梦花草堂诗稿》十二卷（道光二十四年刻）、八卷、五卷、四卷等多个版本。柯愈春：《清人诗文集总目提要》（下），北京：北京古籍出版社2001年版，第435页。

②南京市白下区政协文史资料工作委员会编：《白下文史》第7集，内部发行，1990年，第97—98页。

（三）已刊著作

1.《呰窳子》三卷,《越俎卮言》二卷,《呰窳子集证》五卷

孙殿起《贩书偶记》载:"《呰窳子》三卷、《越俎卮言》二卷、《呰窳子集证》五卷,旌德江顺诒撰。无刻书年月,约同治间刊。"[①]后来,王绍曾主编,程远芬编《清史稿艺文志拾遗索引》亦沿其说[②]。有研究者认为:"苏州大学图书馆藏《呰窳子》三卷附《越俎卮言》二卷,光绪刻本……《呰窳子》三卷,每卷为一篇政论文。《越俎卮言》二卷,收文十八篇,多为政论文。另有《呰窳子集证》五卷,光绪刻本……考上海图书馆、国家图书馆所藏《呰窳子》三卷、《越俎卮言》二卷、《呰窳子集证》五卷,版本皆相同。"[③]经过考证,上述说法均有不严谨之处,兹略作说明如下:

《呰窳子》三卷附《越俎卮言》二卷,为一册。其中,《呰窳子》三卷首有格雅子、卞桂生、李圭、饶云鹏评语,并非"每卷为一篇政论文",而是采用问答方式(卷一20问、卷二22问、卷三16问),系陈述时务、比较中西文化的政论性撰述。《越俎卮言》二卷共收时务、政论性文章19篇(包括方炳奎1篇),卷一有《补〈郡县论〉》《淮南盐务利弊(道光癸卯作)》《筹救钱荒(道光丁未作)》《河运海运辩》《治浙利弊(同治癸酉作)》《厘捐利弊一》《厘捐利弊二》《厘捐利弊三》《拟立厘金为税课常征议》9篇,及附录方月樵观察炳奎《商征亩征利弊论》;卷二有《柔远人论(同治甲戌)》《防倭》《浙江海防》《海防》《开垦南田说》《两浙移盐场议》《安插客民议》《禁贩人口说》《禁种莺粟说》9篇。

至于《呰窳子集证》五卷,江顺诒于卷一《自序》中有明确交待:"呰窳生作《呰窳子》三卷,出以示人,多斥其抑中而扬外,今已十余年矣。耳闻目见朝廷公卿大夫之崇论,下及草野农工商贾之私议,多有与呰窳生之说相吻合者。因援笔录之,积久成帙,乃抄与卷后以为证。庶几所言,非一人之私言

①孙殿起:《贩书偶记》,上海:上海古籍出版社1999年版,第217页。

②王绍曾主编,程远芬编:《清史稿艺文志拾遗索引》,北京:中华书局2000年版,第1040—1041页。

③潘宏恩:《从江顺诒的〈呰窳子〉看同光年间下层知识分子对西方现代思想的接受》,《名作欣赏》2012年第35期。

也。光绪壬午。”可见，《集证》为江顺诒辑录时人言论，以证自己《凿窥子》三卷所言不虚的资料性著作。据查，《凿窥子集证》五卷所辑录的内容，主要录自清末西学东渐背景下出版的新著、条陈奏折或晚清报刊文章。从中反映出晚清一名普通知识分子对时政的关注，及其政治观、文化观、媒介观等。江顺诒摘录时，多有删、改、增现象。比较而言，删改多，增添少。揣其心意，一则意在核心论点或主要事项，故对原稿部分背景性、细节性、枝节性文字予以删改；二则意在简洁，所删改处确实多比原稿文字简洁，尤其对摘自《申报》等报刊文章删改尤多；三则意在用语规范，因所摘录文字多属翻译语词（如国别名、地名、人名、器物名等），修改处多用后来通行语。原书无则数编号（为了统一，笔者按序编号），各则出处，或无或简（按：笔者一一核准了出处），兹列出各则出处表，以窥其大概。

《凿窥子集证》各则出处

卷数	则数	出处
卷一	1	光绪元年六月，总理衙门奏折《庚戌总理各国事务衙门奏》
	2	同治六年九月，曾国藩《预筹修约事宜疏》
	3	郭嵩焘《使西纪程》卷下
	4	郭嵩焘《使西纪程》卷下
	5	同治六年九月，曾国藩《预筹修约事宜疏》
	6	张自牧《瀛海论》中篇
	7	张自牧《瀛海论》下篇
	8	薛福成《庸庵文编》卷一
	9	王凯泰《奏陈有关中外交涉之见》（1874年末）
	10	张自牧《瀛海论》上篇

续表

卷数	则数	出处
卷一	11	张自牧《瀛海论》下篇
	12	曾纪泽《文法举隅序》
	13	曾纪泽《曾惠敏公使西日记》卷一(光绪四年九月初五日)
	14	曾纪泽《曾惠敏公使西日记》卷一(光绪四年九月初十一日)
	15	王韬《睦邻》(王韬《弢园文录外编》卷一)
	16	王韬《变法上》(王韬《弢园文录外编》卷一)
	17	王韬《使才》(王韬《弢园文录外编》卷二)
	18	王韬《变法下》(王韬《弢园文录外编》卷一)
卷二	19	方炳奎《磨盾集》
	20	张德彝《航海述奇》卷四
	21	张自牧《瀛海论》上篇
	22	张自牧《瀛海论》上篇
	23	郭嵩焘《使西纪程》卷上
	24	郭嵩焘《使西纪程》卷上
	25	曾纪泽《曾惠敏公使西日记》卷一(光绪四年九月初十一日)
	26	马建忠致曾袭侯函,载曾纪泽《曾惠敏公使西日记》卷一(光绪四年,九月初八日记)
	27	郭嵩焘《使西纪程》卷上
	28	张自牧《瀛海论》下篇
	29	王韬文,原载于《循环日报》1874年12月,此月报纸无存。《申报》(上海)甲戌年十一月十五日(1874年12月23日)予以了转载,名为《答西人循环日报说》

续表

卷数	则数	出处
卷二	30	徐继畬《瀛寰志略》卷二
	31	徐继畬《瀛寰志略》卷二
	32	徐继畬《瀛寰志略》卷四
	33	徐继畬《瀛寰志略》卷四
	34	徐继畬《瀛寰志略》卷五
	35	徐继畬《瀛寰志略》卷五
	36	徐继畬《瀛寰志略》卷五
	37	徐继畬《瀛寰志略》卷六
	38	徐继畬《瀛寰志略》卷七
	39	徐继畬《瀛寰志略》卷七
	40	徐继畬《瀛寰志略》卷九
	41	徐继畬《瀛寰志略》卷九
	42	徐继畬《瀛寰志略》卷十
	43	徐继畬《瀛寰志略》卷十
	44	徐继畬《瀛寰志略》卷十
卷三	45	曾纪泽《曾惠敏公使西日记》卷一（光绪四年九月初十一日）
	46	曾纪泽《曾惠敏公使西日记》卷一（光绪四年九月初十一日）
	47	郭嵩焘《使西纪程》卷上
	48	张自牧《瀛海论》中篇
	49	张自牧《瀛海论》中篇

续表

卷数	则数	出处
卷三	50	王韬《兴利》(《弢园文录外编》卷二)
	51	大清同治癸酉闰六月《申报》二十三日第三百外九号:中华执迷不悟道人《答海客谈富强论》
	52	同治甲戌四月初五日《申报》第六百三十号抱杞子《请开种鸦片烟禁论》
	53	无名氏《论中国自种(莺)罂粟》
	54	《申报》(第五百八十号)甲戌二月初六日《书论创设格致书院事后》
	55	张自牧《瀛海论》中篇
	56	无名氏《格致论》,原文出处不明。可见光绪二十七年(1901年)邵之棠辑《皇朝经世文统编》卷95
	57	同治三年十二月(1865年1月),御史陈廷经《奏绿营水师废弛请饬整顿营伍制造军火折》
	58	同治四年八月李鸿章《置办外国铁厂机器折》
	59	同治四年八月李鸿章《置办外国铁厂机器折》
	60	同治十三年丁日昌《海防条议》
卷四	61	自悟痴生《与申报馆论事第一书》,载《申报》甲戌九月十一日(1874年10月20日)
	62	吾斯未信人《疏通仕途议》,载《申报》1879年7月11日
	63	感时子《制科罪言》
	64	悟痴生《贵馆书(下)》,载《申报》同治甲戌十月初十日(11月18日)
	65	《申报》同治甲戌十月十五日(1874年11月23日)无名氏《书〈彙报〉各论后》
	66	无名氏,出处待查
	67	同治七年,张之洞《团练捐输加广学额太滥,请饬疆臣切实核减,部臣变通定章》疏

续表

卷数	则数	出处
	68	王韬《洋务上》,《弢园文录外编》卷二
	69	王韬《洋务上》,《弢园文录外编》卷二
	70	王韬《变法自强下》,《弢园文录外编》卷二
	71	王韬《原道》,《弢园文录外编》卷一
卷五	72	曾国藩《预筹修约事宜疏》
	73	郭嵩焘《使西纪程》卷上
	74	方炳奎《磨盾集》
	75	张德彝《航海述奇》卷四
	76	张自牧《瀛海论》上篇
	77	张自牧《瀛海论》中篇
	78	张自牧《瀛海论》中篇
	79	徐继畬《瀛寰志略》卷三
	80	王韬《弢园文录外编》卷三
	81	王韬《弢园文录外编》卷六

上述三书均无刻书年月，孙殿起笼统云三书“约同治间刊”显然不确。关于《辿窳子集证》五卷，江顺诒《自序》作于光绪壬午（1882），因此该书当在此年至江顺诒去世（1884）间所刊。《辿窳子》三卷附《越俎卮言》二卷一册，非一时之作。早者如《越俎卮言》所收《补〈郡县论〉》一文《自记》云“作此论时，年甫冠”，年甫冠者，二十初度也；《淮南盐务利弊》系年为道光癸卯（1843），江顺诒方21岁。《辿窳子》卷三第6则提到魏源《圣武记》时

说："今其书刊已廿余年。"《圣武记》道光二十二年（1842）初成、道光二十六年（1846）重订刊行。由此可知，江顺诒至少在同治初年即撰写《呰窳子》中文章。至于《呰窳子》《越俎卮言》的成书时间，可能在同治末抑或光绪初。江顺诒《呰窳子集证·自序》明确说："呰窳生作《呰窳子》三卷，出以示人，多斥其抑中而扬外，今已十余年矣。"由《自序》撰写时间光绪壬午上推十年，当在同治癸酉（1873）前后。同时，《呰窳子》卷二第15则提到"厘金之设已二十年"，而厘金之设起自咸丰三年（1853）；《越俎卮言》卷二所录《柔远人论》系年为同治甲戌（1874），等，均可为旁证。另外，需要辨析的是《呰窳子》卷一第1则所云："耶稣降世一千八百余年。"通常会认为这是公元1880年后。若如此，《呰窳子》三卷等定稿时间便延至光绪六年。不过，也存在另一种情况，公元纪年习惯做法采用的是叙利亚僧侣狄奥尼修斯·埃克西古关于耶稣诞生年为罗马纪元754年的推算，将此年视为基督元年。而后世的教会普遍认为耶稣降世年应为罗马纪元748年或750年，即公元前6年或4年，若如此，江顺诒所云"耶稣降世一千八百余年"，正相当于中国的同治末至光绪初年。

2.《愿为明镜室词稿》九卷、二卷本

江顺诒词集当时传播未广，以至于谢章铤《赌棋山庄词话》续编卷三云"《愿为明镜室词稿》二卷，旌德江秋珊顺诒撰。据自序谓有九卷，而余所见只此二卷"，杜文澜《憩园词话》亦云江顺诒"著有《愿为明镜室词》，惜未获见"。谢氏明言只见二卷本，杜氏坦言未见江顺诒词集，两人均据实评说，然今人却有言："同治己巳（1869）刊本《愿为明镜室词稿》为九卷，同治癸酉（1873）仲春重校梓本为二卷。二本词作未变，只是卷数不同。"①此当臆说，须加以澄清。

一则，江顺诒《愿为明镜室词稿》九卷的刊刻时间标记为"同治己巳（1869）春仲"。这或许指的是九卷本的正式刊刻时间，因为江顺诒自撰《年谱》同治七年（1868）载："是年刻词稿九卷。"同年夏，方景昱所作《跋》亦云江顺诒"今春以书来，将刻其《愿为明镜室词》九卷"。进而，《愿为明镜室词稿》二卷本的版本信息除了"同治己巳刊于武林"，还有"癸酉（1873）仲春重校梓""同治癸酉冬怀宁汪丙吉书眉"。对此，《年谱》同治十二年（1873）亦载："重刊词稿，改为两卷。"由此可知，二卷本是在九卷本基础上的修订

①刘荣平：《赌棋山庄词话校注》，厦门：厦门大学出版社2013年版，第332页。

本，亦是江顺诒词的自定本。

二则，九卷本、二卷本有江顺诒同治己巳春仲识于杭州旅次的《自序》（二本文字稍有不同，主要是二卷本有所删改）。所不同的，九卷本有卜奉箴序（同治己巳秋仲）、方景昱《跋》（同治戊辰夏）；二卷本有谭献序（同治十一年仲春），怀宁杨凤翔可凡《水调歌头》、上元童嘉梅淡村《踏莎行》、怀宁潘慎生子慎《望湘人》、德清徐士骈渠生《凤凰台上忆吹箫》、钱塘洪昌燕杏楼《貂裘换酒》、江宁潘敦俨清畏《百字令》、合肥赵贻珩子琴《满庭芳》、桐城胡嗣福杏孙《金缕曲》、族弟钟璜韵涛《春从天上来》、上元梅振宗鹭臣《百字令》、江都钱国珍子奇《高阳台》等11首题词。

三则，二卷本中卷一全部，卷二前六首《浪淘沙·焦窗听雨图》《甘州·有人赠菊》《摸鱼儿·城东看菊》《凤凰台上忆吹箫·皖城沦贼十年矣，甲子重来感而赋之》《临江仙·湖上杂作三首》《摸鱼儿·秋燕》，均分别见于九卷本之卷一、二、三、七、八、九中。九卷本各卷均有名称，卷一为《霓裳学谱》，卷二为《白门水仙操》，卷三为《吴山琴话》，卷四、五、六分别为《花底拾遗集上》《花底拾遗集中》《花底拾遗集下》，卷七为《孤山梅讯》，卷八、九均为《双鬟待唱》。其中，《花底拾遗》（上中下），又名《瑶台片玉》乙种，二卷本未收。对照九卷本，江顺诒自订二卷本时，所弃者多为艳词、情词。进而，二卷本自卷二《八声甘州·湖山策马图》以下词作均不见九卷本，当是同治癸酉（1873）仲春重校梓时补入。

3.《词学集成》八卷

《年谱》光绪七年（1881）载："是年，刊《词学集成》。"故现存光绪辛巳（1881）刊本系《词学集成》最早刻本。该著前有铁岭宗山《识》、江顺诒《凡例》。江顺诒《凡例》有言：

> 此书积之数十年，有见必录，迄未成书，亦不过"词话"之流耳，未敢出以示人。铁岭宗小梧司马山，文字之交，莫逆最久。偶论作词，以是稿就正。遂蒙激赏，谓为卞和之璞，有功于词不小。即为之条分缕析，撮其纲曰源、曰体、曰音、曰韵，衍其流曰派、曰法、曰境、曰品，分为八卷，以各则丽之，易其名曰《词学集成》。蒉桴土鼓，俨若金声而玉振矣，岂只参订云尔哉！因并列其名于卷首。

对于宗山的贡献，江顺诒以“蕢桴土鼓，俨若金声而玉振矣，岂只参订云尔哉”许之，故《词学集成》光绪辛巳刊本署“江顺诒辑，宗山参订”，实现“并列其名于卷首”的初衷。取名“集成”，乃因此书系“聚合而成”。对此，江顺诒《凡例》自言：“引证前人书，或词序、或词话，或专论词、或不专论，有与词相发明者，率皆引用，抒以论断，皆加‘诒案’以别之。”此著以历代被“征引”的文献为基础，江顺诒的“抒以论断”为延伸，宗山的“分列子目”“条分缕析”为提升……仅就“集成”之词义而言，此书既有“汇集诸家著作而成丛书”之意，也有“构成一个有机整体”的价值。故宗山在《识》语中逐一解释其所分列子目时，均冠以“集”字名，即“集《词源》第一”“集《词体》第二”“集《词音》第三”“集《词韵》第四”“集《词派》第五”“集《词法》第六”“集《词境》第七”“集《词品》第八”者是也。

比较而言，在江顺诒的述撰中，《词学集成》是影响较大的一部。其中，覆光绪本的《词话丛编》本最为普及。只是该本对江顺诒征引文献多未加细勘，加之唐圭璋先生为各则所拈之标题，常依征引的文献，忽略了江顺诒案语的观点，故而既不利于读者对原文献的阅读与使用，亦不便于把握江顺诒的词学思想，更有甚者就是误读现象的发生。兹略举二例，以证所言不虚。如卷四有云：

又云：“词韵与诗韵有别，然其源即出于诗韵，【乃以诗韵】分合之耳。【诗韵自南齐永明时，谢朓、王融、刘绘、范云之徒，盛为文章，始分平上去入为四声。汝南周子乃作《四声切韵》，梁】沈约【继之，为】《四声谱》，【此四声之始，而其书已】久失【传】。隋仁寿初，陆法言【与刘臻、颜之推、魏渊】等【八人论定是非，古今通塞，】撰《切韵》五卷，唐【仪凤时】郭知元等附益之。天宝中，孙愐【诸人复】加增补，【更】曰《唐韵》。宋祥符初，陈彭年【、邱雝】（等）重修，易名《广韵》。景德四年，戚纶【等】承诏，详定考试声韵，则名曰《礼部韵略》。景祐初，宋祁、郑戬建言，以《广韵》为繁略失当，乞别刊定，命祁、戬与贾昌朝同修，而丁度、李淑典领之，【宝元二年】书成，【诏】名曰《集韵》。【是】自《切韵》，【始】而《唐韵》，而《广韵》，而《韵略》，而《集韵》，名【虽屡】易而【其书之】体例未易。总分为二百六部，独用同用，所注了然。非特可用之于诗，即用【之】于词，亦无不可也。至【江北】平水刘渊师心变古，一切改并，省至一百七部。而元【初】黄公绍《古今韵会》因之。又有阴氏时中、时夫著《韵府群玉》，【复】并【上声之拯部，】存一百六部，字删剩八千八百余字，较【《广韵》十之四】，《集韵》仅十之二。此即今通行韵本，考之【于】古，鲜有合焉【者矣】。即以词论，灰、咍本为二韵，灰可以入支微，咍可以入皆来。元、魂、痕本【为】三韵，元可以入寒删，魂、痕可以入真文。即佳、泰、卦【三韵】于词有半通之例，其字皆以切音分类，各有经界，分合自明。乃妄为删并，纷纭淆乱，而填词者亦不知所宗矣。是书俱从旧目，以词盛于宋，用宋代之书。《广韵》《集韵》稍有异【同】，而《集韵》纂辑在后，字最该广。"

诒案：《切韵》以下数部，皆由官定。今一百六部《佩文韵府》，亦遵之，从宽也。填词家何妨从严，而因以复古乎？

此则所引出自戈载《词林正韵·发凡》，清道光元年翠薇花馆藏本。由上可知，江顺诒在征引时，对原文献多有删改，像【】中文字均系被删去的内容。研究者若仅依江顺诒所引为据，视为戈载所言，势必会忽略诸多信息。同时，此则《词话丛编》本原题为"词韵不妨从严"，然据江顺诒案语，改为"词家用韵可从宽"为宜。有人曾指出江顺诒在词韵认识上有矛盾，一方面持"四声并押"之说，主张放宽词韵，另一方面持"词韵不妨从严"的建议，故"自相抵触"[①]。其实，这正是受到《词话丛编》本误列标题影响的结果。又如卷五有云：

蔡小石宗茂《拜石词序》云："词盛于宋【代】[②]，自姜、张以格胜，苏、辛以气胜，秦、柳以情胜，而其派乃分。然幽深窅眇，语巧则纤，跌宕纵横，语粗则浅。异曲同工，要在各造其极【而已】。"

诒案：此以苏、辛、秦、柳与姜、张并论，究之格胜者，气与情不能逮。

此则所引出自蔡宗茂（小石）《（顾翰）拜石山房词钞序》[③]。《词话丛编》

①张葆全主编：《中国古代诗话词话辞典》，桂林：广西师范大学出版社1992年版，第812页。

②"盛于"，《词学集成》诸本为"胜于"，兹据《拜石山房词钞》榆园丛刻本改。

③顾翰：《拜石山房词钞》四卷，榆园丛刻本。按，江顺诒《年谱》道光二十四年载："从无锡顾蒹塘先生游。"蒹塘，顾翰之号。

本题为“宋词各造其极”，虽符合蔡宗茂的主张，然并未抓住江顺诒引用蔡氏言之后的创新处。据江顺诒案语，以“气胜、情胜不逮格胜”为宜。可以说，蔡宗茂此《序》以及江顺诒按语，在中国现代境界美学学术史上发挥过积极的作用。这是不少读者所忽视的话题，故略作分析。首先，蔡宗茂《拜石山房词钞序》围绕顾翰词“意以曲而善托，调以杳而弥深”的艺术特点，曾描述过自己阅读的体验：“始读之，则万萼春深，百色妖露，积雪缟地，余霞绮天，一境也；再读之，则烟涛澒洞，霜飚飞摇，骏马下坂，泳鳞出水，又一境也；卒读之，而皎皎明月，仙仙白云，鸿雁高翔，坠叶如雨，不知其何以冲然而淡，翛然而远也。”结合顾翰《拜石山房词》以及该篇序言，蔡氏所说的“三境界”可作如是观：始读之境界，犹如“秦、柳妍丽”；又读之境界，犹如“苏、辛豪宕”；再读之境界，犹如“姜、张清隽”。如此解释，才能契合顾翰学词“转益多师”的创作实际。蔡氏曾说顾翰“凡姜、张清隽，苏、辛豪宕，秦、柳妍丽，固已提袂而合唱，无俟改弦而更张已”，而他便在这“合唱”之中将其解构出来，真可谓“按之弥深”——虽分三层将其解构，其实并没有褒贬之意。因为这三层对顾翰词来说是“提袂而合唱”，并没有主次之分，皆是顾翰词境的有机构成；因为所谓“妍丽、豪宕及清隽”三者“各造其极”而无轩轾，在蔡氏看来这正是宋词三个流派的体现，即所谓“词盛于宋代，自姜、张以格胜，苏、辛以气胜，秦、柳以情胜，而其派乃分”者是也。看来，词境之表征可通过情、气、格之各自胜处来反映，而境界的意义生成，又必须有读者的参与，这也在蔡氏“三境界”说中得到了充分的证明。

其次，江顺诒虽然也从宋词三派“各造其极”总结了蔡氏的“三境界”，但他已经改变了蔡氏三境界平等相待的态度。不仅提出过“始境，情胜也；又境，气胜也；终境，格胜也”（《词学集成》卷七）的动态图式，而且明确指出“格胜”的重要性，认为蔡宗茂的宋词三派理论“以苏、辛、秦、柳与姜、张并论，究之格胜者，气与情不能逮”（《词学集成》卷五）。美学家宗白华先生极可能是受到江顺诒的启示，提出“艺术意境不是一个单层的平面的自然的再现，而是一个境界层深的创构”的命题，即所谓“从直观感相的模写，活跃生命的传达，到最高灵境的启示，可以有三层”的“境界层深创构”。其中，“‘情’是心灵对于印象的直接反映，‘气’是‘生气远出’的生命，‘格’是映射着人格的高尚格调。”[①]只是我们这里要说的是，宗白华先生文章中所征引的蔡宗茂《拜石山房词钞序》内容，并非该序的全部，而仅是上引的江顺诒《词学集成》中的文字。始则江顺诒有断章取义之嫌，继而宗先生未能全面阅读该序，故将江顺诒的见解视为蔡宗茂的认识。至此，我们也可以说，中国传统“诗话”“词话”类著述，虽具有“灵光乍现”之美感呈现，然亦多“望文生义”式的误读现象。尤其像《词学集成》这类征引文献加著者按语的著述，对征引文献的全面性把握至关重要。有鉴于此，本书下编专门对《词学集成》予以校勘，为进一步研究者提供方便。

《词学集成》除了刻本，据谭献《复堂日记》光绪十四年十一月朔日载：“徐仲玉来，携《乐府补题》及予手批《词学集成》去。”[②]可惜谭献手批《词学集成》今未知藏所。同时，据《事略》云：“未刊者有《梦花草堂诗稿》八卷暨散文、骈文、诗话、词话等若干卷。”其中，提到未刊者尚有《词话》，而“况周颐《历代词人考略》卷四、卷五均引《愿为明镜室词话》一书”[③]，李冰若《花间集评注》卷二亦征引过《愿为明镜室词话》，此条为：

> 韦端己、冯正中诸家词，流连光景，惆怅自怜。盖亦易飘摇于风雨者。若第论其吐属之美，又何加焉。（《愿为明镜室词话》）[④]

由于此则又见刘熙载《词概》，孙克强《清代词学》附录一曾怀疑《愿为明镜室词话》“或为《词概》别名”。对此，谭新红《清词话考述》已从江顺诒自号为愿为明镜生角度，认为“《愿为明镜室词话》或为江顺诒撰”。[⑤]其实，上引文字并非江顺诒之言，本出自刘熙载《艺概·词曲概》。之所以牵连到江顺诒，乃因为江顺诒《词学集成》卷五“词派”，鉴于“刘氏熙载《词概》论各家词，多中肯綮，汇录之于左”约17则，上引文字即在其中，后人未加审核，视为江顺诒词论了。由此，李冰若《花间集评注》卷二所征引的《愿为明镜室词话》，应该就是后来的《词学集成》，抑或是江顺诒《词话》手稿。因为《词学集成》命名与宗山参订有关，未成书前，江顺诒自认为“亦不过‘词话’

①宗白华：《中国艺术意境之诞生》，《艺境》，北京：商务印书馆2017年版，第188页。

②谭献：《复堂日记》，范旭仑、牟晓朋整理，石家庄：河北教育出版社2001年版，第332页。

③谭新红：《清词话考述》，武汉：武汉大学出版社2009年版，第394页。

④李冰若：《花间集评注》，石家庄：河北教育出版社1999年版，第49页。

⑤谭新红：《清词话考述》，武汉：武汉大学出版社2009年版，第394页。

之流”，其词集名《愿为明镜诗词稿》，而词话亦极可能拟为《愿为明镜室词话》之类。

4.《读红楼梦杂记》一卷

此著是江顺诒影响最广、版本最多的一部。目前可知最早是同治八年（1869）由江顺诒刻于杭州，署名“愿为明镜室主人”。同时，《年谱》同治十二年（1873）载，江顺诒刻卢先骆《红楼梦竹枝词》。此刻极可能指同治十三年甲戌正月（1874年3月）上海申报馆《瀛寰琐记》第十七卷收录之事（依次有愿为明镜室主人《红楼梦竹枝词序》、卢先骆《红楼梦竹枝词》、愿为明镜室主人《读红楼梦杂记》）。此后，依次有光绪二年（1876）上海翻刻本、《红楼梦丛刊》本、香艳丛书本、《红楼梦附集十二种》1936年上海仿古书店铅印本等。

5.《西泠消寒集》《西泠酬倡集》（初、二、三集）

关于《西泠消寒集》《西泠酬倡集》（初、二、三集）的刊刻情况，见前文“社集、交游考”部分。兹就江顺诒作品收录情况予以说明，《西泠消寒集》有江顺诒序，诗歌30首；《西泠酬倡集初集》卷三收江顺诒诗歌73首、词作4首；《西泠酬倡集二集》卷四收江顺诒诗歌90首、词作12首、散曲《题宗小梧司马顾曲图》一套；《西泠酬倡集三集》卷三收江顺诒诗歌64首、词作12首、散曲《套数》《送杨古醞之任黄严丞》《汪咏之大令挽歌》《自题花坞夕阳楼雅集第二图》四套。

6.其他

①《事略》补记曾云江顺诒论著已刊者尚有《自寿曲》一套，据考，此套散曲即载于《西泠酬倡集三集》中的《套数》。

②《仿元遗山论诗》20首，载《词章杂志》第4卷。

③《王雪香小传》，刊于《四溟琐纪》第十二卷（1876年1月），此文亦见于《窳翁丛稿》。

④《吉芗畦公家传》，见于吉钟颖[①]《含薰室诗集二卷文集五卷附录一卷》，清同治六年刻本，此文载于附录一卷中。另，此文亦见于《窳翁丛稿》。

①吉钟颖（1767—1852），字秋丞，号芗畦，丹阳人。乾隆五十九年（1794）顺天举人，嘉庆十年（1805）进士。任湖北南漳县知县，擢鹤峰州知州，调四川会理州。《含薰室文集》附录江顺诒《吉芗畦公家传》有云：钟颖于“天文、地理、奇门、六壬、河洛，星数，靡不贯通，所著《三才一贯》廿四卷，毕业精力悉萃于斯”。

⑤据香港大学图书馆藏本信息，江顺诒还刻有清代吟香阁主人订《羊城竹枝词》2卷2册，清光绪三年（1877）愿为明镜室刻本（港大851.880）。

（四）勘误

1. 杜信孚，蔡鸿源著《著者别号书录考》载：“《书言故事》六卷，题清呰窳子撰，清刊本。”[①]案：此处有误，此《书言故事》当是明代“呰窳子”辑《新镌名公释义全备墨庄书言故事》。

2.《窳翁文钞》四卷，陆懋修撰，光绪二十三年刻本。陆懋修（1818—1886），字九芝，号江左下工、林屋山人，江苏元和（今苏州）人。有视此集为江顺诒著，误。

3. 陈玉堂编著《中国近现代人物名号大辞典（续编）》云：江顺诒“又撰有《三家词品》［民国十五年（1926）朱景彝辑入《宝彝室集刊》］。”[②]此说不确，所谓《三家词品》，指郭麐《词品十二则》、杨夔生《续词品十二则》、江顺诒《补词品二十则》（实有十九则），均见于《词学集成》卷八。据考证，较早将郭麟《词品》、杨夔生《续词品》汇集的是吴衡昭《莲子居词话》，江顺诒延续并撰写了《补词品》，然有《三家词品》梓行想法的是徐珂，刊刻者乃徐珂妻弟朱景彝。朱景彝《重刊〈三家词品〉序》说得十分清楚：“《词品》之作，仿《诗品》也。《诗品》三作者，为梁之钟嵘，唐之司空图，清之袁枚。《词品》亦三，为郭频伽先生麟，杨伯夔先生夔生，江秋珊先生顺诒所撰。光绪中叶，姊婿徐仲可中翰侍其尊甫印香先生于余姚学舍，与邑人士讨论词学，尝以《三家词品》授谢苇舟上舍，使梓行之。数十年来，人事代谢，印本且散佚殆尽。今予以有集刊之辑，点检旧藏，见是帙，亟贻书告仲可，仲可亦茫然不复省记，乃以之附入集刊。藉先哲之品题，示后进以矩矱，当亦风雅好事者所闻而许之者欤！虽然，当此黄钟毁弃，瓦釜雷鸣之日，而吾辈犹沾沾于此，庋时之讥，知不免矣。工竣，因述其缘起如右。乙丑八月，杭县朱景彝剑芝序于宝彝室。”[③]

①杜信孚、蔡鸿源：《著者别号书录考》，南京：江苏古籍出版社1986年版，第146页。

②陈玉堂编著：《中国近现代人物名号大辞典（续编）》，杭州：浙江古籍出版社2001年版，第12页。

③张璋等，编纂：《历代词话》（下），郑州：大象出版社2002年版，第1689页。

第二章　究心时务：中外文化的比较与传播

长时间以来，在晚清时局研究上，人们多关注“国家”与“民间”的长期互动中形成的精英“话语”背景，不太留意普通大众的反映。近年来，历史学者提倡“眼光向下”走向历史现场，主张重视普通人群的思想情感、生活经验①。在此思想指引下，笔者以为皖籍文人江顺诒是个值得重视的人物。在晚清“西学东渐”背景下，江顺诒所撰《呰窳子》《越俎卮言》，所辑《呰窳子集证》等系列论著，是研究晚清时局及洋务运动思想史的珍贵资料。通过对他有关基督教、晚清时务、中西文化比较、文化传播等方面研究，认为他的中西文化观并非人们熟悉的“反西方-超西方”的路径，而是既有“抑中而扬外”倾向，又有“西学中源”底色的“尊西方-超西方”的路径。从普通知识分子视角出发，指出江顺诒的思考是近现代中国从外在冲突走向内在超越的历史进程中的重要一环，也为进一步研究江顺诒文学主张及创作提供了思想基础。

一、“西学东渐”背景下文化建设与传播的角色选择

与其他古代士子一样，江顺诒早年走的是科举之路，接受的是“四书五经”教育与时文训练。据《窳翁自撰年谱》载，江顺诒于道光九年（1829）7

①常建华：《社会史研究的最新发展趋势》，《安徽师范大学学报》（人文社会科学版）2014年第1期。

岁“始从塾师读”，至道光十四年（1834）12岁，依次读过《论语》《大学》《中庸》《孟子》《老子》《诗经》《书经》《易经》《礼记》等。道光十五年（1835）13岁始作试帖八韵诗、八股全篇。此后，亦如其他学子，在奋进科举、奔波生计中悉心问学。于经学，曾自言有《十三经注疏》笔记十多章在太平军战火中被焚，但在上海图书馆藏《窳翁丛稿》中仍可见到他的研习札记，依次涉及《易经》《诗经》《书经》《礼记》《周礼》《春秋左氏传》《国语》《论语》《孟子》《尔雅》《孝经》《山海经》《老子》《韩非子》《逸书》《楚辞》等众多经典。于文字学，著有《经典说文异同》，据《窳翁自撰年谱》载，此著已成书，然亦在太平军战火中遭焚。目前《窳翁丛稿》尚存部分，疑是后来补撰。于文学，江顺诒更是广涉诗、文、词、散曲、传奇、小说等诸多门类，且兼擅理论与实践。尽管江顺诒平生屈居下僚，位卑人轻，文名亦未能彰显，但且不论其广博兴趣，仅就《词学集成》《读红楼梦札记》等著述的价值，已足以令论者尊之。

进而尤令人感喟的，则是江顺诒撰有《呰窳子》三卷、《越俎卮言》二卷，辑有《呰窳子集证》五卷等著作，集中陈述他对晚清时务的思考以及有关中西文化比较的研究，从中可见其文化传播的自觉意识。这些著作因传播未广，至今少有学者注意。笔者细读后认为，江顺诒上述论著可谓研究晚清时政尤其是洋务运动史的宝贵资料。多年来，关于晚清时务，人们多着眼于部分精英人物的言行，很少留意“新学”及一些革新政策、措施的社会效果及大众反映。而江顺诒这样一位普通知识分子的思考，正可以弥补这方面的缺憾。那么，江顺诒何以会用心于时务、新学等方面的思考？这除了鸦片战争以来“西学东渐”的背景及“洋务运动”的氛围这样的大环境，还有就是江顺诒自身的原因。其《越俎卮言》卷一附有方炳奎《商征亩征利弊论》一文，文后江顺诒案语有云：方炳奎“与余少同里闬，长共切磋，除诗文质证外，每抵掌天下事，同方同术，恨无尺寸柄”。“每抵掌天下事”，这即是少年江顺诒的胸襟气度。虽说江顺诒五应乡试未中，科举之路严重受挫，终以捐纳走上仕途，但谋取职位仍需参加策论等考试，故其必须留意时务，以备策论之资[①]。而更为关键的则是江

①《年谱》便有多次记载，如咸丰九年(1859)十二月“浙省有考试佐贰之佥，余列第二，为忌者抑，置第十”，咸丰十年(1860)“正月，小考取，委凤山城门稽查差”，同治十一年(1872)十月“省城又有考试佐杂之举，余列第二”，同治十二年(1873)正月“抚院考试佐杂。余本列第一，因策中条陈实事，改第二”。

顺诒后来所从事的多是需要对时务政策、措施熟悉的具体差役，如杭州凤山城门稽查、衢防支应局文案、常防行营支应、左制宪闽浙总粮台管理收支、杭州塘工总局差、翁汛分局收支、十二堡分局收支、西塘秤验、申防监工、余姚县丞、钱塘县丞、青阳酒厘局、牙厘总局……江顺诒平生官职卑微，然所从事工作涉及支应、塘工、厘局、牙局等多个部门。这直接丰富了他善于从普通知识分子关注时事政策研究的经验。事实亦如此，从《龀窳子》《越俎卮言》中讨论的时务主要话题来看，多与江顺诒从事的工作相关。

虽如此，但江顺诒讨论晚清时务时所呈现出的改革意识，尤其在阐述中西文化异同时展示出的开放心态，对一个饱受旧学熏染、从事具体工作的基层小吏而言，确实给人不一般的感觉，从中读出的是“西学东渐”背景下，一名普通知识分子由旧趋新的转型诉求。对此，《江秋珊先生事略》便透露出这种心迹：

> 少聪颖，天性惇笃，不苟言笑。读书数行并下，十三四岁即喜为诗歌，五古不读汉以下，七古专学太白，古文学《国策》，为制艺文，不甚合矩镬。少丁母忧，所作多愤懑不平之语，有《弄翰集》四卷……五应秋试，皆荐而不售；己酉科，以额满见遗。入学后，从怀宁李博斋先生游，遂读许氏书。通汉人训诂之学，于《说文》引经异同多所省明。于宋人学，独取阳明，能以功烈表见于世。初性拘谨，习功过格。卅以后，乃变为圆通，脱头巾气习……

由幼时“天性惇笃”“初性拘谨”到“卅以后，乃变为圆通，脱头巾气习”的处世方式变化，以及由少年“所作多愤懑不平之语”到“于宋人学，独取阳明，能以功烈表见于世”，均指出其走向时务、注重实践的变化。《明史》赞曰：“王守仁始以直节著。比任疆事，提弱卒，从诸书生扫积年逋寇，平定孽藩。终明之世，文臣用兵制胜，未有如守仁者也。当危疑之际，神明愈定。智虑无遗，虽由天资高，其亦有得于中者欤？矜其创获，标异儒先，卒为学者讥。”[①]江顺诒独心醉阳明，正是因为王阳明平生能于九死一生的遭际中建卓著事功、创不世之学。阳明曾自称“某于此良知之说，从百死千难中得来”[②]，

①张廷玉：《明史》卷一百九十五，长沙：岳麓书社1996年版，第2836页。

②王守仁：《王阳明全集》，吴光等编校，上海：上海古籍出版社2006年版，第1295页。

充溢着书生事功的英雄情结。

若结合晚清乱局，可以深入地理解江顺诒“以功烈表见于世”的志向。江顺诒在《呰窳子》卷二第18则便指出，像三江两浙文教昌盛之地，秀才众多，只是一方面“其人不工、不商、不农，黠者武断乡曲，包揽词讼，不如少之为愈也”，另一方面“即使皓首穷经，而时务不通，事权不达，正昔人所谓米虫耳”，于是，他对读书人提出了忠告：“吾愿天下之读书者，万勿为一衿所误也。”“一衿”即指秀才。江顺诒本人科举不第，或许正是与他不想成为皓首穷经却时务不通的米虫有关。由此，我们便理解了江顺诒在《窳翁自撰年谱》《江秋珊先生事略》中多自表业绩的原因。诸如，《窳翁自撰年谱》同治三年（1864）记载，在总粮台差“计经手银洋八十余万”；同治十三年（1874）在“青阳酒厘局，一年期满，交卸回省。计一年收数，钱一万二千余串。前任一万串，后任七千串”；光绪六年（1880）中俄失和，奉命参与宁波海防事，对此更是大书特书：

> 十月，中国与俄罗斯因还伊犁地，崇厚出使俄国，擅自应允新增条约，下崇于狱，中俄失和。浙江奉旨筹防海，宁波添设支应局。遵富阳府台宗湘文，禀调至宁波。于十月十九日起身，廿四日早到宁海防。即于是日开局。因予在闽浙粮台，即派委理收支事。经创始，既无旧人，亦无陈桑，皆余一人，循思旧迹，钩稽核算，至漏四下，始寝。厘局协西征饷，保举五品衔，部改加一级。

同时，事功精神也是江顺诒撰写系列时政论著的内在原因。其中，《呰窳子》三卷主体部分大约成书于同治末、光绪初，一问一答（卷一20问、卷二22问、卷三16问），均关涉时务，犹如“西学东渐”下的洋务运动观念、政策及措施的解读本。《越俎卮言》二卷附《呰窳子》后刊行，共收政论文19篇（包括方炳奎1篇），卷一有《补〈郡县论〉》《淮南盐务利弊（道光癸卯作）》《筹救钱荒（道光丁未作）》《河运海运辩》《治浙利弊（同治癸酉作）》《厘捐利弊一》《厘捐利弊二》《厘捐利弊三》《拟立厘金为税课常征议》；卷二有《柔远人论（同治甲戌）》《防倭》《浙江海防》《海防》《开垦南田说》《两浙移盐场议》《安插客民议》《禁贩人口说》《禁种莺粟说》。《呰窳子集证》五卷刊于光绪八年（1882）至光绪十年（1884）间，为江顺诒辑录时人言论（共82

则），以证十年前所著《呰窳子》所言不虚的资料集。从《呰窳子集证》五卷所征引的资料来看，江顺诒广泛阅读了“西学东渐”背景下的书刊资料。当然，据笔者考证，《呰窳子》三卷主体部分成稿约在同治末、光绪初，《呰窳子集证》五卷乃是《呰窳子》成书之后十余年间所辑，旨在证明自己之前认识在随后的社会舆论中得到了验证，并为自己的思想具有前瞻性而自豪，故所引文献多是光绪朝初期出版的，而并非江顺诒撰写《呰窳子》三卷、《越俎卮言》二卷时的主要信息来源。

鸦片战争前后，“西学东渐”氛围渐浓，近代中国知识分子亦踏上了转型征程。江顺诒即是在此背景下，撰写《呰窳子》等著述。多年来，有关“西学东渐”与近代士子的关系，人们从信息文化传播角度给予充分研究。首先，西方教会组织翻译出版西学报刊书籍。如1843年英国传教士麦都思在上海创立墨海书馆，翻译出版了《新约全书》《博物新编》《大美联邦志略》等一大批西学著作，1857年又出版中文期刊《六合丛谈》，1862年英国耶稣会士在上海创办《中西杂述》，1868年美国教士林乐知在上海创刊《中国教会新报》（1874年改名《万国公报》），1872年英国商人美查创刊《申报》，等等。其次，国人的自我反省与努力。之前，除了思想家龚自珍的振臂一呼，之后像自1840年起，林则徐便组织人员翻译西洋书报杂志，开启“讲求外国情形”①之风，刊行《华事夷言》，并以此为基础，撰成《四洲志》《海事夷言》，魏源又在《四洲志》基础上纂成《海国图志》（1842）。同样以“知彼虚实”“筹海防夷”为目的，梁廷枏自1844年至1846年合《耶稣教难入中国说》《合省国说》《兰仑偶说》《粤道贡国说》为《海国四说》；1845年，姚莹著成《康辅纪行》；1849年，徐继畬撰成《瀛环志略》……同时，鸦片战争以后，国人自行出洋或因洋务运动推行官派出洋者渐趋增多，前者如商人林鍼所著《西海纪游草》经左宗棠等人阅过后于1849年刊行，文化政治界名人王韬1870年亦出版了《法国志略》《普法战纪》等书；后者如1866年斌椿等人出版了考察欧洲之著《乘槎笔记》，1872年志刚出版了考察欧洲、美国之著《初使泰西记》，而先随斌椿出使，后随志刚出使的张德彝则著有《航海述奇》七部。除此，洋务运动时期，清廷自设的翻译机构或部分制造局下设翻译馆（如上海江南制造局、北京

①康有为：《京师保国会第一次集会演说》（1898年4月17日），《康有为全集》第四集，姜义华、张荣华编校，北京：中国人民大学出版社2007年版，第57页。

同文馆、福州船政局、天津机器局、上海广方言馆、广州同文馆等）亦有大量译著出版。

诸如此类，均是江顺诒能言当世之务的舆论渊源。其中《呰窳子集证》中征引徐继畬《瀛环志略》、张德彝《航海述奇》等书的次数比例极高，或许亦能说明它们对江顺诒的影响。不过，与上述著作多述介西学历史不同，在《呰窳子》《越俎卮言》著述中，作为同光时期一个普通知识分子，江顺诒却以解答者、实践者身份回应了时人面对宗教、中外文化异同、内政改革等一系列热点话题，表明了自己的主张，彰显其面对时代新变时的角色选择意识，确立新的历史时期知识分子的文化建设与传播的担当。

二、“抑中而扬外”的传播偏向辨析

鸦片战争后，国门被迫打开，然充斥国人脑中的仍多是“华尊夷卑”“天朝上国”观念。故而道光咸丰间部分觉醒之士虽深感中西差距，但或为了达到劝谕国人求学西方的效果，或因自己亦未能彻底摆脱华夏独尊意识，所构建的则是不离国本，以“中体西用”为纲领的中西文化观。其中如魏源在《海国图志·叙》中回答写作此书目的曰：“为以夷攻夷而作，为以夷款夷而作，为师夷长技以制夷而作。”①“以夷攻夷”“以夷款夷”系中国处理夷务的传统外交策略与手段，而后者“师夷长技以制夷”则体现了近代中国夷务政策的新主张。从希望鼓励持有“华尊夷卑”观念的国人向西方学习的角度说，魏源的主张充分考虑了国人接受的心理底线。一则“师夷”如同“以夷攻夷”“以夷款夷”一样均是手段，而最终目的在于“制夷”，由此可泄鸦片战争失败带给国人的愤怒。二则必须消解国人对“夷”的传统认识——那个中国周边未被“王化”的“夷”是不足以让华夏人学习的。于是，魏源明确告诫国人，此“夷”非彼“夷”，这批“远客”之中“有明礼行义、上通天象、下察地理、旁彻物情、贯串古今者，是瀛寰之奇士、域外之良友，尚可称之为夷狄乎？”②此“夷之长技三：一战舰，二火器，三养兵练兵之法”③尤为值得学习。

①魏源：《海国图志》，郑州：中州古籍出版社1999年版，第67页。

②魏源：《海国图志》，郑州：中州古籍出版社1999年版，第423页。

③魏源：《海国图志》，郑州：中州古籍出版社1999年版，第99页。

魏源“师夷长技以制夷”之主张几成后来清廷洋务运动的行动纲领。这种主张虽守护着“中体西用”的文化观，但实际上已内含着“抑中而扬外”的倾向，至少也是“技不如人”。随着“西学东渐”的影响由器物向制度、文化转变的程度加深，至同治光绪年间，人们在中西异同上的认识也发生了变化。江顺诒《呰窳子》三卷主体内容就是围绕中西异同关系展开的，涉及中西宗教、语言、制度、文化等诸多层面。光绪八年（1882），江顺诒在《呰窳子集证·序》中自言道：

呰窳生作《呰窳子》三卷，出以示人，多斥其抑中而扬外，今已十余年矣。耳闻目见朝廷公卿大夫之崇论，下及草野农工商贾之私议，多有与呰窳生之说相吻合者。因援笔录之，积久成帙，乃抄与卷后以为证。庶几所言，非一人之私言也。光绪壬午。

此处，江顺诒说时人“多斥其抑中而扬外”，似乎给人感觉有“西化”倾向，乃至背离“中体西用”观的印象，然笔者读后认为，江顺诒骨子里仍未脱离“中体西用”，但较之典型的“中体西用”者，在中西差异比较上，无论内涵还是外延，江顺诒均有摆脱“夏夷之防”的观念，从而更为理性与清醒。兹分述如下：

（一）“孔子加耶稣”的宗教主张及其传播观

西方宗教传入中土是“西学东渐”的一大内容，然华夏民族文化理性思维成熟较早，宗教意识相对淡薄，士大夫心中主要以儒家思想为精神支柱。因此，鸦片战争后，以基督教为代表的西方宗教在中国发展迟缓，传播受阻乃至受到排斥。这不仅因为来自政治上的对抗，更关键的是源自华夏民族文化心理尤其是士大夫阶层的敌意抵触。对此，西方传教士有着切肤之痛：“在中国，传教工作的一个极大障碍是官僚、士绅和知识界对基督教的敌意。”[①]江顺诒《呰窳子》卷二第4则亦云：“即以行教论，洋人亦可谓殚心竭力，欲民之从矣。乃以财服者十之九，以心服者什之一。”随着历史的发展，这场以基督教传播为话题的中西文化间的对话与交流，并不因为传播受阻或拒绝接受而停息，而是相反，无论是传教士还是中国士大夫们都必须做出回应，走向理性更

①李提摩太：《在华传教手册》，上海1896年版，第307页。

是成为双方共同的选择。

从传教士角度说，他们必须从基督教一元论中走出，寻觅与中国道统的结合点，以期赢得中国士大夫的理解；从中国士大夫来说，也只有从认为西洋宗教“生于末学”“支离荒诞”“皆委巷所谈，君子勿道”[①]的简单回避态度，以及“就是跟孔子下地狱，也不会随耶稣上天堂”[②]的情绪化态度中走出，以理性的学术态度认清基督教的实质，而后或排斥，或包容，或消化……于是，在晚清基督教传播史上，逐渐形成了如耶稣与孔子等关涉基督教地位及影响，创世纪说、原罪说等基督教教义的解读歧义，以及基督教传统与中国道统之异同等一系列共同论争话题。而尤为值得注意的是，江顺诒《呰窳子》所涉及的宗教命题正是上述话题的浓缩，足见江顺诒所涉及的问题绝非简单例举，而是有针对性思考的结果。其中卷一前三则讨论的正是宗教问题，可见江顺诒的重视程度：

或问于呰窳生曰：“今耶稣之教行于中国，设吾夫子能化之乎？”曰：“不能也。”“孟子能拒之乎？”曰：“不能也。”“地球九万里，行其教者三之二。吾教不及三之一，而佛又分之。吾儒之教，仅与佛抗。稣耶贤乎哉？”曰：“不然也。耶稣降世一千八百余年，叛天主，而与之水火。其始，一浑噩之世耳，一苗蛮未化之区耳。有唐虞而羲皇之世远，有禹汤文武而尧舜之治遥，有孔孟而三代之规模渐，即于沦胥事，变之未至，虽圣人亦无权。舟车未通之始，圣教之所不及，其中有智者，盖民先之于所入也。今西士穷天地之升降，及日月五星之远近，确有所得。而耶稣造成天地之说，不辨而知其谬。彼教之人亦有贤于耶稣者，何必以孔孟与较也。”（第1则）

或曰：“耶稣之不足信者，惟造成天地及代罪之说为荒谬耳。其躬行实践之善，则固可征，而其教宜存。”曰：“然。孔孟之所存者，亦惟躬行实践之事，立人道之极耳。以耶稣荒谬之说傲孔孟，孔孟或有所不知；以躬行实践之事典型万世，则又孔孟为优；安知彼教中人，弃空虚而讲伦常，有贤者出，不为吾教所化乎？然此则在数十百年后，非吾之力所可争，亦非彼之力所可拒。势运流极，顺天地之自然耳。”（第2则）

或曰：“中华之地不万里，惟儒教耳。佛则生于西方，以今言之，乃中国

①魏源：《海国图志》，郑州：中州古籍出版社1999年版，第240页。

②保罗·科恩：《中国与基督教：传教运动与中国排外情绪的增长》，坎布里奇：哈佛大学出版社1963年版，第80页。

之西南，而教能行于中国，然以渐而及，犹参天之树根蟠于地。若道教之行，则墙头薜荔，水上萍藻，无根而蔓延，其力较大。”曰：“否。凡教之尊，皆藉帝之权。秦汉好长生，唐人尊老子为祖，而张道陵裔世袭其爵，至今不替，故得与儒释并称。”（第3则）

其一，耶稣与孔子之间的较量，本质上是基督宗教传统和中国文化道统之间的交锋。对此，西方传教士亦十分困惑，或是持“耶稣或孔子”这种二元对立的思维模式，极端的如德国传教士安保罗所言：“儒教、孔子，人也；耶稣，上帝之子也。救世教之真光迥异于儒教之士……当时之孔子若再生于中国，必愿为耶稣之徒也。”[①]或是“耶稣加孔子”这种二元结合的传教方式，典型的如美国传教士林乐知说的：“吾教中人教曰：耶稣心合孔孟者也，请略言之，俾使众知以消后变。儒教之所重者五伦，而吾教亦重五伦，证以《圣经》。”[②]尽管基督教士的认识总体上呈现由二元对立向二元结合的发展，但实则上述观点始终贯穿于中西文化的交流传播史上。中国知识阶层的认识亦是如此，只是更多的是反过来思考的：面对传教士“孔孟为耶稣之徒”之论，则是国人基于“王化”观念下的“孔孟化耶稣”；面对西方传教士的“耶稣加孔孟”，国人则是“孔孟加耶稣”。在此种氛围下，面对“耶稣之教行于中国”的形势，江顺诒的回答极为干脆：不仅孔孟不能“化”耶稣，而且“彼教之人亦有贤于耶稣者，何必以孔孟与较也”。由此可见江顺诒的超越之见及其进步意义。那么，江顺诒何以会得出如此结论？

其二，江顺诒充分吸收了时人关于基督教教义内在悖谬及其与西方科技文明冲突的思考，作为自己理性判断的基础。《呰窳子》第二问明确说：“耶稣之不足信者，惟造成天地及代罪之说为荒谬耳。”其中“代罪之说”，江顺诒并未多解释，因为这不仅与儒家尤其是性本善的道统相违背，而且“原罪的前提本身就是难以自圆其说的亚当之罪”[③]，对此中国士大夫已多有批评，无需赘言。于是，他重点批评了上帝创世说：“耶稣造成天地之说，不辩而知其谬。”《呰窳子》卷一第16则云：“耶稣教不立祖庙，不立祀主，谓人死为归，于身后毫无顾恋，并不知春露秋霜。”可见，基督教义不仅因为与中国人宇宙天地创生

①安保罗撰，沈少坪笔述：《救世教成全儒教说》，上海：美华书馆1915年版，第10—11页。

②林乐知：《消变明教论》，载《教会新报》1869年12月4日至1870年1月8日五期连载。

③陶飞亚：《冲突的解释》，桂林：广西师范大学出版社2011年版，第101页。

说相左，如《礼记·郊特牲》云“万物本乎天，人本乎祖，此所以配上帝也”[①]，《孝经·开宗明义》云“身、体、发、肤，受之父母，不敢毁伤，孝之始也”[②]，朱熹《中庸章句》开篇阐释“天命之谓性”所言“天以阴阳五行化生万物，气以成形，而理亦赋焉，犹命令也”[③]……进而，又与“今西士穷天地之升降，及日月五星之远近，确有所得”的科学精神自相矛盾。故而，耶稣并非西方最贤圣者，无须与孔孟比较贤愚。

其三，无论如何指责基督教相关教义之荒谬，其传播面之广超过包括儒教在内所有教派则是事实。对此，江顺诒的回答颇为巧妙。他不是从教义优劣层面理论，而是从破解基督教独尊及传播的角度给予说明的。一则，即便是“圣人”也非万能的，面对历史的发展，“即于沧胥事，变之未至，虽圣人亦无权”，既无法左右前代，也无权干预未来，何况耶稣很难说是真正的“圣人”。二则，面对儒教传播未广，且受佛教抗衡的窘境，江顺诒从基督教的历史出发予以了澄清——耶稣创教及其历史亦是如此。《呰窳子》卷一继第1则指出其“叛天主，而与之水火”后，又专设一问予以说明：

> 或曰：“天主、耶稣教本同源，今判若水火，何也？”曰：“此操同室之戈也。圣人之设教也，期于至中至正而已。大醇无小疵，非必以彼之非，形我之是；非必屈彼之是，是我之是始尊；亦非立一说以为教，驾古人上，而欲人尊我。朱、陆尚有异同，况天主、耶稣耶？”（第15则）

此处，江顺诒以一种包容的态度指出了历史上各种思想观念存在的合理性，明显带有庄子“大道不称，大辩不言”（《庄子·齐物论》）的齐物论态度，消解了传教士们那种以基督教为至尊之教的狂妄之见。三则基督教之所以传播甚广，除了从江顺诒所言“舟车未通之始，圣教之所不及”中，得出舟车之通等科技文明及媒介化为其传播起到了推动作用，还有就是卷一第3则说的“凡教之尊，皆藉帝之权”句所蕴含的政治军事力量的支撑作用。

当然，第3则重在比较佛教与道教，这也是一种中外宗教的比较研究。从中可以看出，在中国士大夫阶层，并非抵触一切外来宗教，像佛教就“能行于

①阮元：《十三经注疏·礼记》卷二六“郊特牲”，北京：中华书局影印本1980年版，第1453页。

②赵缺：《孝经正译》，长沙：岳麓书社2014年版，第3页。

③朱熹：《四书章句集注》（上），上海：上海古籍出版社2006年版，第24页。

中国”，尽管有个“以渐而及”的发展过程，但如今“犹参天之树根蟠于地”。同时，也不是本土所有文化都是值得肯定的。因此，针对“若道教之行，则墙头薜荔，水上萍藻，无根而蔓延，其力较大”的判断，江顺诒认为道教之行，乃至于“至今不替，故得与儒释并称”，关键在于中国部分朝代帝王的尊重，而并非“其力较大”。这里，江顺诒实则触及了一个十分有价值的问题，即佛教本系外来，然如今却植根中土；道教原系本土文化，然如今犹如外来，反而“无根而蔓延”。江顺诒所说的中国道教这种靠外力而非凭借内理存在的现象，其实针对的还是基督教的教义。

对此，晚清士子亦多有讨论。一方面自儒家道统而言，中国始终存在辟佛老的传统，至晚清再次掀起一股热潮。像江顺诒曾阅读过的张自牧《瀛海论》即言：“夫杨墨乱道，祸中于师儒；佛老妨政，权达乎君相。数百年后，犹有尼、翟并称者，有戎服听讲者，有舍身持斋者。辞而辟之，宜也。”[①]在这个意义上，诸如“彼佛、老浮游之论，天方天主荒唐牵强之辞，何足与我中土之圣道王言互相比拟”[②]之说，成为晚清反教思想的主流态度。江顺诒《呰窳子》卷一第4则云：西人“奉耶稣教者，信之笃，斯守之严，如佞佛媚道。以孔孟诱之不能易，西人不为二氏动，如是而已矣”。另一方面，随着佛教的中国化尤其是晚清佛教的社会化革新，佛老分流、崇佛抑道现象加剧。在这个层面上，尽管基督教与道教差异甚大，但前者的上帝观念、救赎主张及灵魂不灭等教义，亦被士大夫等同于本为“中国异端”的道教，卫道之士犹深恶之。如，咸丰十一年（1861），来自四川的《讨西洋教匪檄文》便说“洋人所供之天主，历代史书无所考，五经三传未曾闻，诸子百家亦不载”，“惟无凭之神仙鉴”[③]。

其四，与那种情绪化、简单化的排斥基督教态度不同，江顺诒在批评其“造成天地及代罪之说为荒谬”后，第2则明确表态他完全赞成“其躬行实践之善，则固可征，而其教宜存”的观点。结合林乐知“耶稣加孔子”的传教思路，可知江顺诒此论实则代表着中国士大夫的一种回应。但不同的是，林乐知是在宗教视域下寻找与儒教的切合点——重人道躬行实践之善的五伦，最终是要“证以《圣经》”；而江顺诒是在儒家道统视域下寻找与基督教的契合点，

①张自牧：《瀛海论》，葛士浚辑《清经世文续编》卷一百七洋务七，台北：文海出版社1966年版，第2858页。

②郑观应：《训俗》，夏东元编《郑观应集》，上海：上海人民出版社1982年版，第491页。

③王明伦：《反洋教书文揭帖选》，济南：齐鲁书社1984年版，第79页。

本质上为“孔子加耶稣”，最终证以孔孟之道。一旦确立了“立人道之极”的“躬行实践之善”这个基本点，江顺诒一改第1则所言孔孟之道不能“王化”基督教的观念，而认为“以耶稣荒谬之说傲孔孟，孔孟或有所不知；以躬行实践之事典型万世，则又孔孟为优”。由此，江顺诒中西宗教比较观，本质上仍以儒教为本。当然，他清晰认识到儒教文化的传播及感化世界，绝非短时间内所能实现，“非吾之力所可争，亦非彼之力所可拒”；其所自信在儒教之义理，而不自信之处则在当时中西势力之差距。这在那些愚昧而又盲目自信者眼中，或许正是一种“抑中而扬外”的表现吧！

（二）华夏为源的西方文明及其传播观

在一定意义上，晚清时期的“西学东渐”本质上是西方殖民主义扩张的历史。这个扩张甚或入侵的过程带来了中西文明间的碰撞。这其中，如何认识西洋文明的历史与特点、中西文明强弱优劣以及西洋文明的扩展目的等话题，则直接关涉到国人关于西方文明传播尤其是殖民主义的认识水平。阅读《呰窳子》三卷，我们深刻感受到中西对比是江顺诒最典型的思考方式与写作思路，从中可以看到同治时期一名普通知识分子，面对西方文明的传播，渴望了解西方的开放心态，祈求中国富强的民族意识。其中，尽管对西方文明有所肯定，但正如《呰窳子》卷一第16则所云：“然而西人苟读中国之书，则木本水源之说，必有动其心者。安知数十年后，不以肯堂肯构为美谈，而修百世不祧之仪乎？”江顺诒总会为其找到中国文明古老之源尤其是三代文化的依据，其所谓的“抑中而扬外”，仍以华夏文明为本。这也是他身处西方文化传播氛围却又能坦然处之，直至能适度肯定西方文明优势所拥有的深层文化心理。

其一，认为西方殖民主义因经济需求而起，也以经济贸易与掠夺为主要手段。晚清人士正是在此环境中强化了对西方商业文明特点的把握，与此相对的则是对中国农业文明性质的认识。与那种持“华夷之辨”观念的人视西方为蛮夷不同，随着洋务运动的推进，国人渐次认识到并肯定了西方的文明化水平。不仅对西方文明认识如此，江顺诒甚至还预测，之前尚处屯蒙，“未启教化，未兴文明之义”的南洋诸岛，随着英国等对其文明的开发，“衣冠文物必有与中华媲美者，非仅殊俗于夷狄也”（《呰窳子》卷一第17则）。就西方文明而言，《呰窳子》卷一第4则云：

或曰："西人之饮食起居与中国异。究其伦常日用之事，则亦尽美尽善，虽异而实不异。然既不惑于报应轮回之妄，亦不淆于长生不朽之愚，是其人之聪明材力有过吾中国者乎？"曰："否。西人以货税为国赋，即如中国以田土为国赋，而商贾之公司即三代之井田，权在上不在下。民之安于贸迁，愚者多而智者少。一艺必数代而始精，则亦汉儒之墨守师承也。奉耶稣教者信之笃，斯守之严，如佞佛媚道。以孔孟诱之不能易，西人不为二氏动，如是而已矣。而谓吾儒之孳孳矻矻，或为异教所移乎？"

很显然，江顺诒并未否定西人"伦常日用之事，则亦尽美尽善"，也未否定西人"既不惑于报应轮回之妄，亦不淆于长生不朽之愚"的哲学观。前者与中国虽异而实同，后者却是中国"佞佛媚道"者所持有。江顺诒之所以不赞成说西人聪明材力有过中国人的论调，是因为在他看来，"西人以货税为国赋"的商业文明、"一艺必数代而始精"的艺术传统、"奉耶稣教者信之笃，斯守之严"的宗教文化，在中国传统文化中均能找到依据。可见，江顺诒只是从形似的角度把握中西文明的异同，既以中国"以田土为国赋""三代之井田"比附西方商业活动，以"佞佛媚道"比附基督教信仰，又以农耕文明前的狩猎活动与商业活动比附，得出"民之安于贸迁，愚者多而智者少"的结论，骨子里固守的仍是中国农业文明的思维方式。不过，正是基于这种对比以及对西人文明进步的认可，江顺诒并不敌视西人的商业活动，反而能以一种较为宽容的态度面对之。诚如《呰窳子》卷一第7则所云："譬民之谋生，农、工、商贾皆自食其力。西人之官商，垄断耳。就利言利，无害也。"

除了西人的商业文明，江顺诒还对西方政治文明发表了看法。或因同治时期及之前，美国不像英法等国那样以坚船利炮直接施压清廷，而常以"调停""中立"身份间接获取利益。于是，未能看破美之伎俩的国人有时便认为美国并无以天下为渔利之心，而与之友善。江顺诒在《呰窳子》卷一第9则回答"美国华盛顿何如"时，便坦言华盛顿为"今之圣人也"，虽对美国"政令教化不得其详"，但从"开国之规模正大、立国之计虑深长，并无利天下之心"以及"迄今来中国，亦美之人最良"的观察，判断美之善政"匪惟外洋所无，亦开辟来所仅见"。卷一第20则面对"美国四年一更总统，有君之尊，无君之名。民固视君如置棋，君亦视国如传舍，安望其治"的话题，江顺诒对美国总统遴选制度可谓称赞有加："美已立国百年，其中有废置之君否？盖其人并非自田间来，数十年立德立功，始跻大位……夫伪可以欺一人，而不可以欺天下，岂有正心修身之士，一旦临富贵而丧其所守哉？”[①]卷一第10则，通过与俄、英、法等国比较后，更是预言：“能久远者，其仍美国乎！吾恐数百年后，地球之北半皆为其有，而欧罗巴、亚细亚如不改为民主，皆将为其属国矣。”

诸如此类，似乎都明显呈现出江顺诒“抑中而扬外”的价值导向，但事实上江顺诒“华夏为源”的意识更为坚固，这也是他的中西文化传播观的思想基石。如认为“今之圣人也”的华盛顿仅是“汤、武征诛，尧、舜揖让，三代以下无闻焉”，“华之起兵合众，及有国而定四年一更总统之制，是以汤、武征诛而行尧、舜揖让之事”（《呰窳子》卷一第9则）；美之遴选出的总统“非以圣贤之心，行尧舜之事，安能历试艰虞而不败？”（《呰窳子》卷一第20则）……透过江顺诒这些复杂的观念，可见他总是在华夏尤其以三代文明为源头的框架中，内藏着当下中弱外强的“抑中而扬外”倾向。而他对民主之国的思考，也是近代士人民主认识史中的重要一环。《呰窳子》卷二第21则，针对“今外洋有民主之国，有君主之国。夫尊莫尊于君，而进退民主之，则君而不尊矣，何乐乎为君”的发问，答曰：“此揖让征诛之变局。民视、民听，孟子已言之。不谓数千年后，竟有民主之名也。”同卷第22则再次专论“民主之国”问题，并标举三代禅让政治文明的独特性与典范性。说其独特性，是因三代政治领袖的选拔“虽非民主之，而大位屡更，篡夺之事少”，其国家治理“虽无民主之名，亦异君主之专”；说其典范性，是因为目前“外洋之民主，亦若是而已矣”，至于说“外洋民主之国，未可恃为百世不变者也”，并非批驳西方民主之国，而是一种对未来发展的担忧。因为在他看来，像中国清明的三代政治亦非百世不变，“迨后人心渐漓，化官为私，而君始专。君专则民不得而主之”，故而西洋之民主政治亦同样存此危险。通过对中国三代政治的想象，江顺诒彰显其对“民主”治国的呼唤，此正可谓戊戌变法时期康有为“托古改

①江顺诒对美国总统选举制度的赞赏还有一例。《补〈郡县论〉》自记云：“作此论时，年甫冠，尚未及见海外诸书。举令一条，竟与美利坚国选举总统暗合，可谓试行而已，睹其效矣。”其中举令一条有云：“是以尧与舜之行，而望之后世之县令矣。其举子若弟也，不分嫡庶，不分长幼，当由令以下在官之人，及各乡之衿耆共举。其举之也，设柜于郡守之门，令其本乡之人投名于中。非素有贤声，不能强一县之人皆归之。其举他人，亦必令以下在官之人，知其贤而举之，又试之平日，失之者鲜矣。”所谓“其举之也，设柜于郡守之门，令其本乡之人投名于中”，的确带有现代投票选举的特点。（见《越俎卮言》卷一）

制”的先导。

其二，中西强弱论亦是晚清知识分子无可回避的重要话题。对此，江顺诒亦多有论述。其中，《呰窳子》卷二第5则专门针对“中国究与外洋孰强孰弱”之问给予回答：

> 中国之强弱，当合数千百年而论。秦人始以力强，秦虽亡，而继秦者即有秦之强。元人再以力强，元虽亡，而继元者即有元之强。至我朝不夸强盛，而幅员之广过于元，新疆、西藏皆入版图，非仅以兵力羁縻之也。俄、美、英、法皆有秦之强耳，元之强耳。立国或数十年，或百余年，不知立德以厚其基，而惟利是务。合众国之于英人，其前车矣，安足与中国较强弱哉？

可以说，这是典型的强弱相对论的论调。一则凭借“阴阳倚伏之理”分析“天下之治乱之机”（《呰窳子》卷二第9则）。正如《老子·第七十六章》所云“坚强者死之徒，柔弱者生之徒”，不仅中国历史证明强弱是相互转换的，而且“各国之中，亦自有强弱”（《呰窳子》卷二第3则），比较国与国之间的强弱，当立足于各国的历史。二则，强弱比较亦有参照系之别，若“谓洋人之强者，其炮利，其船坚，其机器巧，其算学精，中国不能师其长而习其技，故弱”（《呰窳子》卷二第3则），但时下“皆有秦之强耳，元之强”的俄、美、英、法等国，“立国或数十年，或百余年，不知立德以厚其基，而惟利是务”，亦有立国之基“德薄”的弱处。若从列强之间来看，如“以汤、武征诛而行尧、舜揖让之事”的美利坚合众国从英人手里独立，并臻至强盛，就是“前车之鉴”的例子。由此，江顺诒提出了他有关中西强弱论的核心观点：“外洋以富强立国，所不足者仁义；中国以王道治天下，所不足者富强。”（《呰窳子》卷三第10则）进而，为“为洋人计，当休兵息民，先培其元气，次厚其风俗，以中国之事亲为法，不必勤远略也。辍奇技淫巧之赏，薄珍宝玩好之观，以仁义为富强，斯富莫与敌矣”（《呰窳子》卷二第12则）。三则，江顺诒此论显然并未超出洋务运动时期的中西文明比较的主流意见，但江顺诒在与西洋强弱的并时横向比较中，进一步破解仅以德化民而御彼外侮的固陋之见，构筑了溯“以汤、武征诛而行尧、舜揖让”民主政治之源、固王道治天下之基、以富强为急务的时务建设方略。于是，《呰窳子》卷三第10则针对“中国以王道治天下”而如今贫弱的问题，激动之情溢于言表：“王霸之说，此汉以前圣人息争宁民之意。井田、学校久废，虽圣人生此时，亦不能不以富强为急务。盖风气所开，地宇日拓，今且隔重洋十万里，合地球而盟会皆通。若仅以德化民，岂能御彼外侮？烈山泽而焚益，岂竟无爱物之仁心？中国自汉以后，每见欺于强邻敌国，非柔弱之明证乎？”由此可见，鸦片战争以来，清廷屡见欺于强敌的现实带给国人的屈辱感。

其三，在中外文化碰撞与对抗中，如何认识西方势力来华的意图，直接关涉近代中国知识分子的觉醒程度，也是认识其文化传播观的深度反映。对此，江顺诒对西方列国对外扩张的历史与时势发表了一系列看法，主要主张有：一则西方列强开辟他域乃唯利是图，“熙熙攘攘为利往来，争者争此利耳”（《呰窳子》卷二第9则），商业活动既是手段也是目的，应无觊覦土地之心。对此，《呰窳子》卷一第8则从中西文明相异点出发，分析认为“西人以货税为国赋，赋之所在即国之所在”，且商业活动需依靠水运，故西人“以水为国”，属于海洋文明，因而“不必争一城，据一邑，私为我有，始获享其利”。也就是说，西人只需在他国设租界、通商口岸等征收赋税即可获利；而“若中国之赋在田，非有其地，治其民则利无从入，是以土为国也”，由此“西人岂有觊覦土地之心哉”？卷二第10则再次直接讨论了这个问题。或曰：“洋人之国赋在商，故无占据土地之事，然未必无觊覦之心也。”江顺诒对此亦予以了否定回答，并结合鸦片战争之后诸多和约签订重在赔款、打开国门经商等现象，指出“洋人如有占据之心，则于议和之时，各海口埠头请割数十里地建造屋宇，中国当曲从其请”。此论在其《防倭》一文中也有类似的说明：

> 我国威德覃敷，濠镜（引者按：澳门）一隅，西人数世长养其间，从无窥伺之意。即英国偶尔梗约，而和议既定，贡市亦通。西人志在货财，而不在土地，可知矣。不然，和约初立，请海滩荒地数十里，建造房屋为互市，亦何惮而不为，而必铢积寸累，买之民间乎？（《越俎卮言》卷二）

此处，江顺诒显然漠视诸多不平等条约“割地赔款”的事实，更未能认识到西方殖民主义通过经济活动达到政治占据、文化侵略的野心。不过，与其他殖民地不同，晚清中国主权并未完全丧失，处在半殖民地半封建社会，这也是江顺诒未能识破西方殖民主义用心的客观原因。

二则，西人开辟殖民地，只适合那些文教未开之地，且即便占领亦难以长守。在江顺诒看来，西人之所以不出觊觎中国土地之计，“复费百万金钱铢积寸累而买之于民”，除了“洋人之国赋在商”的经济目的，还有就是“其亦知中华沃壤不可以强夺”（《瓻窳子》卷二第10则）的“自信”。因为与那些文教未开的海外荒地不同，“中国之文物，洋人固知之，中国之强悍岂不知之？彼亦知得之不能守，民心未服也。建一教堂，而毁拆者屡矣。况治我土地、臣我人民哉？此则顽悍之众毁伤和约，国法所不宥。而奋我国威，拒彼外侮，慑洋人之胆于不觉，其关系不綦重乎？”（《瓻窳子》卷二第11则）不过，即便那些海外荒地，如澳大利亚虽“经营而后得”，但能否长有亦是疑问，因为“该岛亦有土番，特文教未开，英人遂能有之，则固不敢必也”，并预言：“有心者尚其留意焉，视为海外之扶余，可乎？”（《瓻窳子》卷一第11则）将殖民地视为遥远的与世隔绝的异国他乡。既然英人占领之而又鞭长莫及，且“英本三小岛，今为五大洲最强之国，而犹恋恋蕞尔之区，不迁其都”，是否为无远志之表征？对此，江顺诒予以否定回答，并以中国“辽、金、元皆起漠北，一有中原，遂弃其故都，其迁之速者，亡亦速。缘已入中国，不能仍其啮雪餐毡之旧”为例，指出：“今各洲皆有英属地，一迁其国，不能不因其俗。英人其亦鉴于迁地。”（《瓻窳子》卷二第12则）面对西方殖民主义掠夺扩张的历史大势，江顺诒不仅从经济上思考，而且也从文明冲突与变化上予以观察。

三则，正因为有了对西人无觊觎中国土地之心及中华沃壤不可以强夺之识的判断，江顺诒对殖民主义的一些文化现象有着自己的体会，较之于那些固陋人士，多了一种融通眼光与开放心态。譬如，针对“西人习中国语言文字，果何心乎”的质问，江顺诒答曰：“此西人之通权达变也。西人来中国有年，并以教其子弟，是已中国之人矣。歌斯哭斯，尚得以西人目之哉？观其受中国之爵，薙发易服，西人不以为叛民，何其豁达大度哉！”（《瓻窳子》卷一第18则）又如，关于通商口岸的问题，他说：“腐儒谓为前古未有，恐以创始，贻后世讥。试问五口通商，重洋毕达，火轮之载，电气之行，前古亦有之乎？”（《瓻窳子》卷三第3则）“五口各以数千万设立公司，即如盐之认课，商必踊跃以从，非万世之利哉？”（《瓻窳子》卷二第14则）《浙江海防》一文更是乐观地高估了五口通商后的清廷实力：“自来筹海防者，以明之防倭为成法，而不知五口通商之后，形势有不同者矣。舟，则由火轮而铁甲；炮，则由子母而后膛。敌之技日以精，我之防日以密。敌有之长，我既备者求其精，我未精者善为购。”（《越俎卮言》卷二）再如，关于和约，江顺诒针对“洋人之技，中国娴习尚需时日。一旦有变，将奈何”的困惑，答曰：因为有和约在，“洋人之炮之船之机器、算学，固具在也。一旦有事，皆可为我用”“今或一国有变，是违和约矣”（《呰窳子》卷二第7则）。

至此，在西方殖民主义向中国扩张的时代背景下，江顺诒表现出一名传统的普通知识分子的积极学习态度，主动迎合并思考了“洋务运动”求学西方的精神。诸如基督教的“躬行实践之善”、西方政治尤其美国民主政治的“以圣贤之心，行尧舜之事”、国家“以富强立国”等均值得学习。他在对西方殖民文化“两重性”的认识基础上，似乎更少言破坏，而多言建设，如西人学习中国语言的“豁达大度”、租界与通商口岸带给国人的科技文明、洋务运动相关改革需参考西方的思路……诸如此类，在腐儒眼中，的确存在“抑中而扬外”的明显倾向。不过，江顺诒缺少西方文化的系统学习训练，其思想之根固守在中国文化尤其是儒家道统之上，本质上仍是一种“中体西用”，尽管与那种只停留在器物层面的“西用”者已大有不同。即便如此，江顺诒对西方殖民主义的本质认识尚不够深入，殖民主义在中国设租界、要求开通商口岸、开办实业，并非为中国人服务，江顺诒忽视了这其中的主权问题。当然，这是一种苛求批评，但从中足以看出近代中国知识分子发展的艰难历程。更何况，江顺诒这样一名普通知识分子的思考并未结束，他对清朝时政制度改革的认识同样值得总结。

三、“泥古背古皆非”的文化承传之思

在西方殖民主义扩张带来的文化冲击下，近代中国知识分子遭遇了文化适应的问题，随之进入分流的轨道。其中，那些放眼世界、敢于直面现实者，深刻体会到中国须富强的必要性。一种新的时代责任感迫使他们需要以思想家或时务者的身份出现。江顺诒便是这样一位自觉的践行者。前文已讨论了他对中外关系的认识，这里重点分析他对古今之变的思考。

《呰窳子》卷三第11则提出了一个关于文化承传的颇具深度的时代问题：“古今异势，泥古者非，背古者亦非，当如何？”一般学者论及近代中国古今之

变时，多简单地将近代知识分子分为“泥古”与“背古”（“求新”）两派，其实在遭遇“千年未有之变局”时代氛围中，“泥古者非，背古者亦非”更符合传统知识分子当时的思想纠结状态。对此，江顺诒答曰：

> 木棉自元始通行中国，今则衣被苍生矣。有丝麻而无棉，不得谓古人之不智，亦不得谓今人衣棉御寒之非古。今地球五大洲，与中国立和约者十余国，此外千百十国皆能以富强林立海澨。其和好也，如春秋之玉帛冠裳；其相争也，即战国之吞并。我中国既未树秦人之威，又难享渔人之利，合纵连横，安得不为周室之鼎哉？此富强之谋不可缓也。

可见，江顺诒并未直接讨论“古与今”那缠夹的理论问题，而是通过古人用丝麻、元以后衣棉御寒的例子告诉人们：拘泥“古与今”孰是孰非的观念毫无意义，只要能达到御寒的目的即可，足见江顺诒以时务为要，处理文化碰撞之难题的务实态度。其中，当时最重要的时务便是要思考“既未树秦人之威，又难享渔人之利”的中国“富强之谋不可缓”的问题。江顺诒明确指出，惟有跻身世界强国，方能有资格通过“合纵连横”，重塑“周室之鼎”的尊荣，在跨文化交流与传播中真正拥有自己的文化自信与自豪。

“富强之谋不可缓”之呼声，乃系晚清敌强我弱之时局的反映。于是，在“今古异形，中外异理”（《呰窳子》卷三第9则）的背景下，那种“柔远人则四方归之，怀诸侯则天下畏之”（《礼记·中庸》）的“用夏变夷”传统外交策略，自然就不合时宜。尤其是经历如鸦片战争、天津教案等耻辱，部分国人便主张，太平军既灭之后，中国应当卧薪尝胆，效仿太王事獯鬻、勾践事吴之例，以求挽回尊严。然江顺诒并不十分赞同这一情绪化做法，一则“太王、勾践之事，苟一不幸，即东晋、南宋也”（《呰窳子》卷三第9则），此法过于冒险，乃不合时宜之论；二则“中外之事，贵因势而利导之”，既然“外洋以通商为要图”，中国亦可“载货而往”（《呰窳子》卷三第9则），畅通贸易，避免战乱；三则“时未至也”，无须急于卧薪尝胆，因俄、法、英、美诸国“亦自有强弱”，且法德之战正在进行，存在“互相吞并”的可能，若如此，此数国者“或受制于中国，俱未可逆料也”（《呰窳子》卷二第3则）[①]；四则至为关键的在于“惜我无远志，既无以为自强之谋，又无以窥敌国之心”（《呰窳子》卷二第3则），如何卧薪尝胆？由此，透过江顺诒“富强之谋不可缓”这一晚清时局最急切的呼唤，实则看到他的真正想法，即破闭关锁国之心，主开放通商之议，驳委曲求全之策，觅自强窥敌之谋……由此可知，时人“斥其抑中而扬外”，确实未能读懂其初心。

既然“富强之谋不可缓”，那么探出中国积弱的原因及表现就尤为重要。对此，江顺诒在强弱相对论的基础上，还是看到了“今彼此相敌，中国非弱小”（《呰窳子》卷三第8则）的清廷时下的衰败与不足。于是，在“中国以王道治天下，所不足者富强”（《呰窳子》卷三第10则）总框架下，江顺诒重点关注“富强之谋”中人才匮乏问题。《呰窳子》卷三第1则云：

> 或问于呰窳生曰：“天下才之有无，吏部操其权。天下财之有无，户部操其权。岂犹不能跻治平乎？”曰：“兵兴以来，吏部除铨选外，有能荐拔一人以平寇盗者乎？户部除捐纳外，有能经营一策以裕国帑者乎？吏部惟知以资格为伯乐、方皋，户部惟知以新例为铜山、金穴。”

跻治平、与外敌抗衡最关键的军事、经济两类人才极度匮乏，何谈富强之谋？就军事人才来说，江顺诒《海防》一文云：“今日之务，莫先于知敌情；知敌情，莫先于识人才。吾人之才莫患于自视太高，亦莫患于自视太卑。必以敌为犬羊之性，而绝之过甚，固非；必以敌为神妙之技，而貌之惟肖，亦非。”（《越俎卮言》卷二）《浙江海防》一文有更为具体的陈述：“修筑炮台，训练士卒，此常谈也。尤宜以培植人才为最要。欲师敌人之长，非通算学、化学诸书，不可以制器；非用电线、水雷诸法，不可以应敌；非上之人振作之，则人皆鄙夷而不屑。至于篙师、舵工、贩夫、渔户，习风云沙线，识岛澳潮汐，皆将才也。筹海防者，其留意焉。”（《越俎卮言》卷二）当然，上述言论实为洋务运动期间习见之论，也是清廷遇强敌屡遭溃败后积极反思的结果。不过，需要说明的是，江顺诒对军务并不陌生，上述言论实有他个人的工作经验。据

①江顺诒如此说，并非毫无根据。从1864年太平军灭亡到1884年中法战争爆发的20年间，清王朝也确实比前20余年“太平”了一些。“外患”因美国刚结束南北战争、欧洲列强之间的相互厮杀、日本开始明治维新等原因而大大削减；“内忧”因长达十数年的太平军终将退出历史舞台、西北边疆等地的骚乱被平定等原因而渐趋平稳。

《窳翁自撰年谱》，自咸丰十一年（1861）后，江顺诒便先后在衢防、常防行营、左宗棠闽浙总粮台、宁波海防等处应差，在他卸常防支应差后，同人甚至有劝其从军之举。

不过，与军务相较，江顺诒更为熟悉的还是经济事务。早在道光癸卯（1843），江顺诒在21岁所作《淮南盐务利弊》（《越俎卮言》卷一）中，便陈述了通过制度使盐商纳税的意愿。在他看来，清廷盐务之弊主要在于管理盐商的官吏接受贿赂，致使盐商纳国税不足，甚至希望免除国税，而官吏更是欲壑难填，最终使盐商公私两溃。因此，治理盐务之法亦在于加大对官吏的管理，通过"商有逋，不追商而追官"等重治措施，既可以使官吏"平日不敢私受"，又可以通过票盐改革，避免画地为牢的束缚，使商业流通。随着江顺诒通过捐纳入仕，一方面在军务部门所做的多是与经费筹措有关的文案、支应等差事，另一方面长时间在塘工、厘局等部门工作，故其对中国经商意识不足、税务管理不善、经济管理实用人才匮乏等方面的体会更为深刻。如《海防》一文在陈述"海防之先务"须军事人才之后，特加补充云："若夫选权变之才以充使，通商贾之税以裕饷，亦防务之不可缓者，当事早筹之熟矣。"（《越俎卮言》卷二）《防倭》一文亦清晰指出："夫今日之势，非即因通商而有互市之获又安哉？"（《越俎卮言》卷二）《呰窳子》亦屡屡言及须加强"我中国贸易外洋"之急务的建设。既然西人能涉重洋至中国设租界、口岸等，通过"买自百姓，而国课则百姓自纳也"方式谋利，那么中国"当亦如此例矣"（《呰窳子》卷一第19则），效仿西人通商之法。由此，江顺诒既以"茶马互市，古本有之"破解中国并无对外通商交易事之谬论（《呰窳子》卷二第14则），以及中国"绳以孔孟不言利"之观念，直言"西人之官商，垄断耳。就利言利，无害也"（《呰窳子》卷一第7则），《呰窳子》卷三第5则又在谋划"今所必不行而后世必行者，如洋人之公司"者。但诸如此类，江顺诒所感喟的是"非常之事，待非常之人，吾恐工制艺者未之能也"，时下所缺乏的正是这类通时务、达事权、晓通商的经济大才。

"吾恐工制艺者未之能"，足见江顺诒对清廷在时务人才培植上的不满。前文已说，江顺诒因科举不第时感愤懑，但又因未成为"时务不通，事权不达"的"米虫"而庆幸。于是，他由个人成长经历出发，将矛头指向了"制艺"（八股文）取士的科举制度。《呰窳子》卷三第12则便直言"中国之弱误于八股取士”的制度：

> 君子不以言举人，不以人废言。国家之治乱、人才之贤否，究非言所能赅彼。诗赋中犹有国士，外洋一技一艺亦登仕版，何况文章特专取八股，未免为文章所误耳。名公钜卿薄洋人之“艺成而下”，孰知算学一途，吾中国之通儒硕学有殚心力为之而未精者。

《易》曰：“道（德）成而上，艺成而下。”这种重“道”（德、精神、理论、本体）轻“艺”（器、物质、实用、功效）的人才培植观念及方式，可以说使中国与近现代工业文明失之交臂，也使中国遭西方殖民主义蹂躏百余年。江顺诒的痛彻之论甚至直指当朝权贵，《呰窳子》卷三第7则云：

> 或曰：“今之疆吏，古之诸侯也。今何遂不如古？”曰：“承平既久，读书者工揣摩。凡无益于八股之业，概不入目，惧纷其志也。幸而获隽，或膺钱谷，或困簿书，又专其心于营谋钻刺，以其余力计货财、究声色，遑言政事哉？彼督抚藩臬六部九卿，亦多以诗赋中一二句偶工，遂受特达之知，出任封圻，入赞纶扉，为宇宙间不可少之人。赫赫岩岩，饴痈舐痔者，其门如市，孰叩其胸中之抱负哉？”

此番关于八股之业对于士风与仕风影响的批评不可谓不尖锐、痛切。当然，江顺诒批评的目的在于建设性思考，所持仍是洋务运动的呵护者、宣传者的基本立场，对太平军被灭后的同治时代更是充满了自信。于是，当有人说同治朝“无周室犬戎之祸，不可谓之中兴”，江顺诒答曰：

> 否。同治以来，乃古今一大枢纽。事势之变，开辟未闻。仅谓之中兴，未足以尽之。曰立通商局，曰设厘金卡，若夫舞干羽而颂垂帘之圣，铭钟鼎而勒书生之勋，漕转靖东海之扬波，黄河复北流之故道，非尤千古仅见者哉？（《呰窳子》卷二第8则）

西周末，西夷犬戎祸乱西周，陷都城镐京，杀周幽王，西周亡，继位者周平王东迁至雒邑，为东周，史称中兴。于是，有人认为太平军非“夷”，亦未陷落京师，清廷帝王更替亦属自然传位，故云同治以来“中兴”，与概念不合。对此，江顺诒不仅予以否定，而且进一步说“同治以来，乃古今一大枢纽”

“仅谓之中兴，未足以尽之”，因为此时“事势之变，开辟未闻”。从其例举的“千古仅见”几件大事件来看，除了“舞干羽而颂垂帘之圣”“铭钟鼎而勒书生之勋”分别礼赞东西两宫垂帘听政、清廷为灭太平军有功文士加官进爵，未见江顺诒再有专论，其余数事均系江顺诒热衷讨论的新政或新气象。如“漕转靖东海之扬波，黄河复北流之故道”，早在同治初年，江顺诒便撰有《河运海运辩》一文[①]。此文写作背景有三：一是针对自元都燕五百年以来，“输东南之粟，以供天庾，河运定为常，经海运则屡行屡废”的历史；二是针对咸丰年间因黄河“丰北决口，发逆肆扰，道途梗塞，吴越疆臣倡行海运”“十余年来，履险如夷”，且西人五口通商口岸多用火轮海运以及闽省船政局、上海机器局等造火轮的现状；三是针对“部臣犹狃故习，欲复河运之旧”这种胶执鲜通的议论。为此，江顺诒反对盲目的“政必由旧”，希望顺应“今昔势殊”之变化，“痛除积习”，指出了河运不便者五，而漕运之便四，极力主张海运。河运、海运之争屡见于晚清文献，江顺诒之见亦无太多新意，但其审时度势之眼光，顺应科技发展之态度，确实值得肯定。事实亦如此，同治以后，海运逐渐占据上风，故江顺诒将其列为同治以来古今变化枢纽之一，是完全有道理的。

至于“曰立通商局，曰设厘金卡”，自然也是晚清在经济制度建设上重要举措。通商局前文已讨论，此处以厘金为例具体说明江顺诒在实务上的思考与见解。据《窳翁自撰年谱》，自同治十二年（1873）春至光绪六年（1880），江顺诒先后入青阳酒厘局、杭州牙厘总局应差。厘局差可谓江顺诒平生从事最久的工作，而厘金也是他讨论最多的话题。其中，《訾窳子》专论厘金就有8则，《越俎卮言》卷一收录厘金专论就有4篇（《厘捐利弊一》《厘捐利弊二》《厘捐利弊三》《拟立厘金为税课常征议》）[②]。厘金之设是晚清税收制度上的一大

---

①《河运海运辩》(《越俎卮言》卷一)未署系年。此文有云:“自丰北决口以来,发逆肆扰,道途梗塞,吴越疆臣倡行海运,封雇沙卫等船,十余年来,履险如夷。”丰北决口:咸丰元年(1851)七月,黄河在江苏丰北蟠龙集决口。又云“十余年来”,“捻焰冰消”,可知此文大体写于同治初年。

②此组文章撰写时间不明,但据《拟立厘金为税课常征议》一文云“既详列利弊为论说,复条其章程如左”,可知《厘捐利弊一》等3篇在前。《拟立厘金为税课常征议》又云:“厘金之入各省与地丁等,其外省则有溢于地丁者。军兴以来,行之十余年。”雷以諴实施厘金措施始于咸丰三年(1853),那么十余年后,当在同治十二年(1873)江顺诒进入厘局之前。由此,江顺诒关于厘金制度的思考早于他至厘局工作。或许,正因江顺诒有此方面的思考,方被秦澹如观察等招入厘局(参见《窳翁自撰年谱》)。

改变，起因是咸丰初年，国库虚空，加之太平军兴起，以及各地抗捐税斗争频发，原本通过捐税、关税等方式提高税额的做法已不可行，进而为镇压太平军，军饷筹措更是迫在眉睫。此时，江南文人钱江向江北大营军务大臣雷以诚提出了征收“厘捐”（即商业税）的建议。先是在扬州按地亩肥瘠及业田多寡，按地丁银数分别抽捐。此举得到咸丰帝首肯，便逐渐推广，捐厘行业亦渐次遍及百货。至同治十三年，除黑龙江（光绪十一年设）外，已遍行各地。对此，江顺诒有着清醒的认识，诸如《厘捐利弊一》云“咸丰以来，军饷浩繁。雷侍郎以诚，奏设厘捐者，开千古之利源”，《厘捐利弊二》云“军兴以来，厘金之设，诚创举矣”。

不过，关税等制度毕竟实施多年，必有其合理性，而厘金之设尚属新生事物，体制有待完善，故江顺诒连续撰写三文陈述关税与厘捐各自利弊。通过比较，他在“夫有利必有弊者，古今之通病也。利大而弊小不可谓之弊，利久而弊暂亦不可谓之弊”（《厘捐利弊二》）的思想指导下，认为厘金之设乃系解决时务的最佳方式，理应推广。而尤为值得注意的，江顺诒所以推重厘金，除了现实之需以及实施后的效果，更为重要的是他从西洋税收制度中找到了富强之谋的依据。《厘捐利弊一》即云：“今之泰西各国，以货税为赋，皆能立国，以夸富强，未闻变计。故愚以为厘捐者，取于民之第一善政也。”《呰窳子》卷二第13则亦“就洋人谋利之事，择其可行者，以补中国之不足，可乎？”答曰：“厘捐之事近于洋人之官商，宜扩而充之。”有鉴于此，江顺诒认为“捐纳为第一弊政，厘金则取利于民之善政也”（《呰窳子》卷二第15则）。同时，他于厘金制度，亦未停留在一般意义的议论上，而是进行了专业性研究。在既详列利弊为论说之后，复条其章程为《拟立厘金为税课常征议》，拟厘金实施办法21款，均有一定的针对性与操作性。如其中一款曰：“拟改捐为税，裁去两起验名目，均于首卡捐足。”厘金制度初实施，一般分坐厘、行厘两种。坐厘抽之于坐商，为交易税，征于产地或销地。行厘抽之于行商，征于转运的货物，遇卡纳税，既征于起运地，又征于转运中，即两起两验之法。两起两验之法致使征税环节增多，税务人员增多，亦不利于税收管理，更易滋生腐败。为此，江顺诒建议裁去两起验，于首卡捐足，即改为一次征收制。可以说，这是比较有眼光的意见。事实上，晚清各地已多有此番改革。

至此，江顺诒在思考中外文化交流与传播、古今文化承传与发展时，主要就是通过时局变化、时势实务等具体话题展开的。不过，每讨论一个问题，他总是在古今之变中晓之以理，明其利弊，足见一名普通士子以社会、国家、文化为重的拳拳之心。

四、“腐儒俗吏骇愧汗下”的传播效果

当然，正如前文已多次指出的，江顺诒在中外文化比较、时局思考等方面的认识，其时代的局限性在所难免，这里再说一二。如，认为中国“以土为国”而西人“以水为国”，虽看出了中西之间存在大陆文明与海洋文明、农业文明与商业文明的区别，但论及中西文明互相制约时，却说“土能制水，我不制彼，彼已受制，其昭然矣”（《呰窳子》卷一第8则），便机械运用了中国五行相克理论。又如，他对“西学东渐”的后果并不太担忧，亦坚信西人并无觊觎中国土地之心。究其原因，除了前文所说的，鉴于他对西洋商业文明以营利为目的、中国尚未成为西洋殖民地的现状以及中国文明悠久博大的认识，还有就是“己所不欲勿施于人”的儒家士子传统思维在起作用。

再如，他对鸦片之禁弛的认识亦值得商榷。尽管他清楚地认识到“鸦片之行遍天下，吸食者形消骨废，不数年而至于死”[①]“吸食鸦片之害，民穷国弱”[②]的危害，但并不主张禁种鸦片，因为虽然“禁种莺粟所以绝其源”，但“孰不知烟土来自外洋，岁耗中国金钱数千万而不返”。与其如此，不如自种罂粟，化私为官，而后“十倍其税，海关亦然”，令贫者不得食，富者力不支，“行之久，吸食者稀”，关键是“目前之税，可以充国用”，最后达到“不禁之禁”。[③]基于此，他认为道光朝一度禁烟“亦时势使然”，那种认为因鸦片“开边衅，为林文忠遗憾者”的论调，“亦腐儒之论耳”（《呰窳子》卷二第20则）。当然，自道光朝始，在鸦片问题上，严禁派与弛禁派一直争论不休，江顺诒显然属于后者。

还有江顺诒后期对捐纳的评议，明显存在维护自己的身份与利益的现象。道光癸卯（1843）作《淮南盐务利弊》还云“盐务之官悉捐纳，安知廉耻之所在?”道光丁未（1847）作《筹救钱荒》亦云“止捐输”，认为捐纳只是弥补

①江顺诒:《筹救钱荒》,载《越俎卮言》卷一。

②江顺诒:《禁种莺粟说》,载《越俎卮言》卷二。

③江顺诒:《筹救钱荒》,载《越俎卮言》卷一。

“国用不足，而为一时权宜之计”，但“一时不足之患小，后日贪污之患大”，需要从长计议。但后来自己也是捐纳为官，其态度便发生转变。《岂窳子》卷二第19则便直言“捐纳中亦有才士”：“洋人以商为官，中国之捐纳则官如商”，并非有钱者均能捐纳，“特为朝廷惜此名器耳”，“亦如捐教职者，必在学之人使天下后世尚知读书之可贵”。

从某种意义上说，江顺诒并非近代中国社会的时代弄潮儿，《岂窳子》《越俎卮言》等书所发表意见只是他在阅读海外诸书及国人新学基础上的回应，但这是一名普通知识分子的一种积极的回应。《岂窳子》卷首题跋4则，兹摘录于下，以助对其价值及传播效果的理解：

(一)语类石破天惊，其实平易近理，仅知有左行文字者，不可与读。格雅子记。

(二)统古今，合遐迩，参观而并论之，不失絫黍，方得谓之通人，大著近之矣。中于西教，尤能探其本源，持论不偏不倚，为中华三百兆人中所仅见。读竟，能不五体投地耶？弟卞桂生。

(三)大著成一家言。其谓民主之国为揖让征诛之变，道人所未道。谓中国富强之谋不容缓，若仅以德化民，岂能御彼外侮？谓不开五金矿为因噎废食，则先得我心。其说政治则尤大声疾呼，见得到，说得出。先生默处一室，博闻强记，乃尔洵具著作才中之有心人。弟李圭。

(四)第一卷全据理为说，故不为奇巧机械所夺，能令举世都知其义，则亦视之平平矣。第二卷阅历深透，措置裕如，能将中外之事视之如无事，岂惟可以治天下，虽治万世可也。第三卷正襟危坐，侃侃而谈，有措天下于泰山之安然，腐儒俗吏骇愧汗下。弟饶云鹏。

上述评论虽不无过誉之嫌，但如卞桂生云江顺诒评议基督教“尤能探其本源，持论不偏不倚”，李圭云“其谓民主之国为揖让征诛之变，道人所未道”以及“谓中国富强之谋不容缓，若仅以德化民，岂能御彼外侮”，饶云鹏云其“能将中外之事视之如无事”等，均能抓住《岂窳子》的主旨及创新之处。在此四人中，李圭（1842—1903，字小池，江苏江宁人，曾任海宁知府）本人就是一位通时务、晓洋务者。他曾有感于太平军之乱，辑有《金陵兵事汇略》，同治末又作为商界代表赴美，继而考察欧洲，回来后著有《环游地球新录》，故其评价尤为中肯，也具有一定的说服力。

同样放眼看世界的近代名人王韬在《水仙子》一文，亦称赞江顺诒在杭州期间，“以名士而为循吏，一时声名藉甚。上游俱器重之，侧席咨诹，待若上宾。”①江顺诒此番影响可能不仅仅是因为身为循吏的办事能力，也应与身为名士的学识见解有关。当然，晚清知识分子遭遇“千年未有之变局”，转型中呈现出十分复杂的状况。正如江顺诒所言，其《呰窳子》三卷“出以示人，多斥其抑中而扬外”。民国十四年《婺源县志》卷三十五《人物·文苑·朱文玉传》即记载：

朱文玉，字小琴，罗田人。为文胎息《史》《汉》。为母老思捧檄，以盐运司经历需次浙江，日游湖山，偕陈烺、江顺诒诸文士，啸傲联吟……友人著《呰窳子》一书，言当世之务，请披阅，玉逐节辨论，作《商榷篇》。②

可惜，笔者未能查阅到朱文玉的《呰窳子商榷》，否则通过两人的交锋，更利于挖掘同光间普通知识分子的思想状况，尤其在中西文化关系思索上的艰难进程。不过，从朱文玉披阅《呰窳子》“逐节辨论”的做法可以想象出，在当时大众知识分子尚处于“茫然未知西学”，以及洋务运动主流派尚持“中体西用”文化观的舆论环境中，江顺诒“抑中而扬外”的倾向受到诟病、斥责当属正常现象。光绪十年（1884），日本汉学家冈千仞来中国，遍交当时名士达官，其日记曾云：

……船窗观梦薇所饯《呰窳子》，安徽人江顺诒所著。曲陈时病，谠言正议，不少忌讳。中土固不乏忧世之士也。唯曰阿片已不可禁，不若许民种罂粟，以防外至，此殆月攘一鸡者。后闻之，山西、四川诸省盛种罂粟。③

王廷鼎（1840—1892），字梦薇，江苏震泽人，俞樾（曲园）高弟子。据说曾中太平天国年间天试元甲探花，后于同治四年考中浙江乡试举人，出任浙江县丞，一度长住杭州。因此，接触到江顺诒《呰窳子》等书可能性极大。以

①王韬：《淞滨琐话》，刘文忠校点，济南：齐鲁书社2004年版，第140页。

②转引自中华书局编辑部编《文史》第24辑，北京：中华书局1985年版，第264—265页。

③冈千仞：《观光纪游 观光续纪 观光游草》，张明杰整理，北京：中华书局2009年版，第64页。

上，除了对江顺诒关于罂粟治理的意见不赞同，冈千仞对《呰窳子》以及江顺诒给予了高度评价。秋冬，近代著名的实业家、政治家盛宣怀接待了冈千仞等人，进行了两次笔谈，其中第二次访谈便涉及江顺诒，两人对话颇有趣味：

(冈)先生读《訾窳子》(引者按:《呰窳子》)一书乎?

(盛宣怀)未读过。

(冈)王梦薇归,发饯弟以此书,弟今忘其人。此外有《越俎危言》(引者按:《越俎卮言》)。《訾窳子》证二卷,极为痛切。梦薇曲园社中,先生知其人?

(盛宣怀)梦薇未识其人。《訾窳子》二卷,刻本乎? 钞本乎? 吾将急求读之。①

在上述谈话中，王廷鼎向冈千仞等人推荐江顺诒《呰窳子》等书，冈千仞又介绍给盛宣怀，且下了所言“极为痛切”的评语，致使盛宣怀亦表示“吾将急求读之”。可见，江顺诒《呰窳子》等“言当世之务”之论，虽未产生轰动效应，但已在当时部分精英知识分子圈子中得到了反响。笔者试作研读，亦深切体会到，《呰窳子》等书不仅是全面认识江顺诒思想的重要资料，对解读他的文学创作及批评意义极大，而且也是了解同光时期尤其是洋务运动在普通知识分子中反应，探求他们在中西文化碰撞中，谋求富强心路的宝贵资料。

①参见《盛宣怀与冈千仞、冈千濯笔谈》，吴伦霓霞，王尔敏《清季外交因应函电资料》，香港中文大学中国文化研究所1993年版，第506—507页。又见夏东元编著《盛宣怀年谱长编》(上)，上海交通大学出版社2004年版，第220页。

第三章　生活诗学:缘事而作的诗歌创作风貌

在20世纪诗学研究史论著中，惟有在介绍同光时期杭州西泠吟社时，方能见到江顺诒之名，各类诗歌选本亦难睹其诗作。所以如此，既因江顺诒诗名尚局限于江浙一带，也因江顺诒诗歌私人生活化创作走向，难入晚清同光体之主流，更因其诗集堙没而无法传播的原因。由此，目前可见江顺诒诗作乃系其晚年在杭州参与诗社活动时作品。事实亦如此，据《窳翁自撰年谱》等记载，江顺诒目前可见的诗歌亦多见于各类诗社活动，呈现出明显的唱和吟诵特点。当然，兹首次尝试论析江顺诒诗歌，不仅基于全面认识江顺诒文学活动及思想倾向的需要，而且也因其在同光诗坛的努力与成绩。这除了他与同宦浙西诸君子，接续杭州西湖吟事之传统，举行西泠酬唱，一时声名藉甚，其亦被众人举荐为“执骚坛牛耳”[①]，还有这么几点理由：抒写下层文人生活以及仕宦经历，能彰显江顺诒这个普通知识分子特色；擅长歌行体风格，亦是他一贯的特点，而最可称道的就是他与众社友创作《海上新乐府》，抒写“西学东渐”中的新事物、新现象，理当在近代诗史上留下一笔。

一、学诗经历与诗学追求

江顺诒在《杭州杂作》九首之三中有云：“十五学诗歌，狂言凌太白。二

①王韬:《淞滨琐话》,刘文忠校点,济南:齐鲁书社2004年版,第140页。

十穷经术，思夺汉人席。眼底薄千秋，升沉何足惜。”这其中洋溢着少年的憧憬与豪气，但绝非江顺诒的虚妄之言。据《窳翁自撰年谱》，其9岁读毕《诗经》，13岁作试帖“八韵诗”，14岁始作七律诗三首，15岁“初学作七古，有《郑孝子行》，仿《长恨歌》体，淋漓酣畅，见者诧之”。《江秋珊先生事略》说其“少聪颖，天性惇笃，不苟言笑。读书数行并下，十三四岁即喜为诗歌，五古不读汉以下，七古专学太白”。可见《杭州杂作》自言“十五学诗歌”，是此年因初学作七古，令“见者诧之”，乃是平生展示诗才的一种深刻记忆。自此，江顺诒作诗一发而不可收。20岁前，便有《弄翰集》古今体约二三百首、香奁诗《红豆吟》四卷及《惆怅吟》四卷；20岁至30岁又得诗不下数千首，删存为《瓮梦集》二卷、《敬亭放歌集》一卷、《金陵访古集》一卷、《宣城风雨集》一卷。可惜的是，上述诗集或毁于太平军战火，或不知去向[①]。后又有《梦花草堂诗钞》及《诗话》，因生前未刊，今也不知去向。虽如此，但足以证明江顺诒嗜好诗歌及其旺盛的创作激情。江顺诒平生爱诗而未见诗集传世，亦如其自少心怀天下事[②]却五应乡试而不第，仅通过捐纳入仕而一生屈居下僚，充满着悲剧意味。

江顺诒“喜为诗歌”还表现在组织或参与诗社活动上。据《窳翁自撰年谱》，道光二十年（1840），江顺诒18岁，即与方炳奎（月樵）、方景昱（曰卿）、张荫（亦泉）等诸友结诗社。咸丰元年（1851），与许丙椿（若秋）、程荃（蘅衫）、方月樵、彭豫卿、许中良等诸诗友作消寒诗。同治十年（1871），委署钱塘县丞的江顺诒与梅振宗（鹭臣）、白骥良（少溪）等倡发西泠消寒诗会，入会者多为同宦浙西文人，即所谓“西泠宦海建旗帜，招来国士俱无双”[③]。至光绪三年（1877），由宗山（小梧）提议“因消寒会有冬而无春夏秋，因倡为月一举行之会”，诗社名更名为“西泠酬倡”或“西泠诗社”，大约至光绪七年（1881）止。另据考，光绪八年（1882），江顺诒又加入吴兆麟创设的铁花吟社，且参与社事频繁，直至去世。[④]至此，目前可见的江顺诒诗歌

①详细情况可参阅本书第一章“六、著作考”部分。

②方炳奎《商征亩征利弊论》之江顺诒案语，见江顺诒《越俎卮言》卷一。

③江顺诒《消寒吟社举已五年，今冬之任，远游者六七人，遂不果举。适钱君子奇以〈月当头夜怀社中友〉作见寄，和此志感。即寄李冰叔、杨桂峰温州，杨也村台州，钱子奇湖州，梅鹭臣宁波，并省中诸友》诗。

④详细情况可参阅本书稿第一章“五、社集、交游考”部分。

主要就是在杭州参与西泠消寒社、西泠酬倡社及铁花吟社的社集作品，分别见于《西泠消寒集》、《西泠酬倡》初集、二集、三集，以及丁丙《武林坊巷志》、王国平《西湖文献集成》等资料中。

因未见江顺诒所著《诗话》，无法全面掌握其诗学思想。兹以《词学集成》及部分论诗诗为据，略加整理，以补不足。首先，在诗体源流问题上，江顺诒持“诗与词本同一源”[①]而异流之说。乍看，这是宋代以后诗论、词论史上的一种共识，但江顺诒侧重于乐歌体式演变的角度讨论了诗的源流，抓住了中国诗歌的本质属性。自源头而论，江顺诒有云：“《三百篇》入乐，乃以音就字，以‘上四工尺’之音，就‘平上去入’之字，其节奏无考，其格调难寻，即所谓‘听古乐而恐卧’者。”[②]当然，此处有一些观点需要辨析。清初毛先舒《填词名说》云：“古歌皆作者随意造之，歌者寻变入节，传之以声而歌，故乐有谱而歌无谱。”其中，“古之雅乐，惟用五正声而间以二变，谓之七音”[③]，江顺诒说的“上四工尺”之音，基本合乎实际。只是据《南史》卷四十八载，“平上去入”四声是在齐梁之际经沈约等人方始定，并“以此制韵”，在此之前并无成熟定型的字之四声可以依准，故《诗三百》“以音就字”的歌唱，惟有歌者“寻变入节”方能完成。至于《礼记·乐记》载，魏文侯问于子夏曰：“吾端冕而听古乐，则唯恐卧；听郑卫之音，则不知倦；敢问古乐之如彼何也？新乐之如此何也？”本意在区分古乐、郑卫之音之间的雅俗之别，前者“和正以广”，乃系“道古”的“德音”；后者“奸声以滥”，乃系“不可以道古”的“溺音”；“听古乐而恐卧”并无江顺诒从纯粹艺术性上说的“其节奏无考，其格调难寻”之听不懂的意思。

江顺诒所言虽有上述学理上的问题，但像“《三百篇》入乐，乃以音就字”的主张还是合乎《诗经》研究史上有关入乐问题的主流意见的，以“乐”论诗的视角，不仅强化了他“一代有一代之乐”的音乐发展史观，而且对诗歌等韵文的体式演变有了较为清晰的判断。如云：

谓长短句发源于诗，可也；谓今之长短句即古之诗，不可也。今之诗尚

---

①江顺诒：《词学集成》卷一。因《词学集成》通行本之《词话丛编》本存在诸多问题，笔者已对此予以校勘，并附录本书之中，故本书稿有关《词学集成》文献仅注释到卷数。下同。

②江顺诒：《词学集成》卷一。

③康熙：《庭训格言》，郑州：中州古籍出版社2010年版，第120页。

非古之诗，何况于词。引孔氏《正义》谓诗有一二字及八九字，即词所本，究之诗中之一二字八九字甚少，而一代有一代之乐，正后人之善变，非墨守磨驴陈迹也。①

溯词于乐府，则词为大宗。而古近体诗，乃乐府之变调，不能叶律之乐府耳。诗自唐以后无歌者，词自宋以后无歌者，元曲出而古乐亡。如黄河南徙，今且夺淮入海之路。古近体诗，黄夺淮也，谓之黄而不谓之淮。词则碣石黄河之故道，其踪迹，知之者鲜矣。②

“长短句”是从句式这个外在特点上说的，因诗中有此句式，古云“长短句”发源于诗是可以的，但不可说“今之长短句”即古之诗，因“今之长短句”指词，虽外在形式上仍是长短句，但内在结构上归属于音乐。各类歌词艺术所以有异，原因即在“一代有一代之乐”。诗歌原本亦入乐，如《诗三百》就是由“以音就字”方式入乐，但诗歌后来沿着与音乐脱离的方向发展，故云“古近体诗，乃乐府之变调，不能叶律之乐府耳”。此处所谓“叶律”，说的是叶音律。尤为值得注意的，江顺诒在“一代有一代之乐”的视域下，进而认识到诗乐离合之循环演变规律，如诗、词、曲都有与一代之乐结合与分离的历史，且每一次离合均会创生或改变一种艺术样式。正是从与音乐离合的角度，江顺诒说“不能叶律”的古今体诗因不能合乐而歌，犹如黄河改道，夺淮河入海之路，而重新合乐可歌的词，则似回到了黄河入海的故道。文辞的音乐性除了表现为与音乐结合而可歌，还表现在与音乐脱离后内化为语言的节奏。对此，他又说：

古人文字有二，一曰无韵之文，一曰有韵之文，俱不限字，不限格。然有韵以后即有格矣，有格而字之或长或短，即有不入格者矣。有韵而无格，则韵不叶，有格而字或长或短，则格不整，而韵亦不齐。古诗而变为近体，皆因韵而生也。格限以五古、七古、五律、七律、五绝、七绝，字限以四言、五言、六言、七言，有韵之文，于是乎一变，遂与骚赋分途。而骈文且有格而无韵，与无格无韵之文争长。至词乃既限格、既限字，后之别制非未限格、未限字前之先声也。③

①江顺诒：《词学集成》卷一。

②江顺诒：《词学集成》卷一。

③江顺诒：《词学集成》卷一。

关于中国文体分类及其演变的规律，江顺诒此处提出了“一点两线”的观点。所谓“一点”指的是“不限字，不限格”，所谓“两线”指的是“无韵之文”与“有韵之文”。关于“无韵之文”，后代主要在有格而无韵的骈文与无格无韵之文争长；至于“有韵之文”就复杂得多，诸如有韵无格的骚赋、有韵有格的古今体诗、限格限字的词等。江顺诒此处所说大多尚属常识，但像“有韵以后即有格”之言，既明确强调了音乐性对中国韵文的制约，也暗含着因方块字、单音节的汉字特点导致韵文格式规范化这种必然性的认知。所谓“有韵而无格，则韵不叶；有格而字或长或短，则格不整，而韵亦不齐”就是这个意思，而“古诗而变为近体，皆因韵而生也”也是这个原因。又如，“至词乃既限格、既限字，后之别制非未限格、未限字前之先声也”，也值得辨析。诗歌由古体变为近体，乃是语音系统内的“有韵以后即有格”的演变，故“格更整”“韵更齐”，而“既限格、既限字”的词，乃是音乐系统内的规范化现象，故非“整齐”而是“限定”。至于“后之别制非未限格、未限字前之先声也”之论，批评的是《词苑丛谈》引《药园闲话》所说的《三百篇》、屈骚等为后人填词协律之源的观念，强调了词体的特点。

历史进入现代以来，尤其是在西方文学观念进入中国，以及白话文运动中，为了彰显新旧时代之别，我们论及中国文学传统尤重有韵之文，有韵之文中尤重限格限字之韵文，尽管这易于凸显中国为诗歌大国的形象，但并不能揭示中国文辞的历史本相。因为除了有韵之文，还有无韵之文，且无论有韵还是无韵，我们均有不限字限格的书写传统。对此，钱锺书也有类似看法：“在中国旧传统里，‘文以载道’和‘诗以言志’主要是规定个别文体的职能，并非概括‘文学’的界说。”在中国古代，“这些文体就像梯级或台阶，是平行而不平等的，‘文’的等次最高”，但“西方文艺理论常识输入以后，我们很容易把‘文’一律理解为广义的‘文学’，把‘诗’认为文学创作精华的同义词”。[①]江顺诒关于中国文体在形式发展上的“一点两线”之论，及其并无褒贬的态度，对我们认识中国文学的特点是有启示意义的。

其次，在诗学宗尚上，江顺诒亦如大多数读者一样，颇重“风骚”及唐诗。或从诗歌创作及功能上说，“诗道性情，古人言之详矣。今谓词亦道性情，

①钱锺书：《中国诗与中国画》，见《七缀集》，上海：上海古籍出版社1994年版，第4页。

即上薄风骚之意，作者勿认为闺帏儿女之情”[①]；或从诗歌艺术性上说，“夫至千曲万折以赴，固诗与文所不能造之境，亦诗与文所不能变之体，则仍一骚人之遗而已矣”[②]……这些均如江顺诒所自言的“古人言之详矣”，无甚新意。进而，关于推尊唐诗之说，江顺诒在延续传统看法的同时，有些主张却有着他个人的体会。如《词学集成》卷一曰：“盖诗与词本同一源，诗盛于唐，词盛于宋，亦‘物莫能两大’之理。”“物莫能两大”，语出《左传·庄公二十二年》，指两种对立力量不可能同时称雄，亦意味着两者此消彼长，相互转化的规律。关于文学“代胜”主张，现代以来多接续王国维“一代有一代之文学”之论，且认为王国维从进化论理论阐释了文体演变规律。卒于光绪十年（1884）的江顺诒当然未读到严复翻译的《天演论》，他的“物莫能两大”表面上有以生存竞争、适者生存为精髓的进化论意识，但实质是他所信奉的中国古代传统的“阴阳倚伏之理”[③]。不过，若联系《词学集成》卷一说的“一代有一代之乐”，以及《词学集成》卷四说的“盖一代有一代之方言，一隅有一隅之方音”等说法，江顺诒的“代胜”意识还是比较强烈的。

自初、盛、中、晚唐诗论出，词家时有以此喻说词史者，然多以时代先后为模式予以套用。如尤侗《词苑丛谈序》限于宋代，认为：“唐之诗由六朝乐府而变，宋之词由五代长短句而变；约而次之，小山、安陆，其词之初乎；淮海、清真，其词之盛乎；石帚、梦窗，似得其中；碧山、玉田，风斯晚矣。”又如刘体仁《七颂堂词绎》虽云“词亦有初盛中晚，不以代也”，但他说的是不限于某朝代之意，故云：“牛峤、和凝、张泌、欧阳炯、韩偓、鹿虔扆辈，不离唐绝句，如唐之初，不脱隋调也，然皆小令耳。至宋则极盛，周、张、康、柳，蔚然大家。至姜白石、史邦卿，则如唐之中，而明初比晚唐。”实则依旧是以时代先后而论，只是跳出宋代，着眼于更大的词史而已。对此，江顺诒说：

> 比词于诗，原可以初盛中晚论，而不可以时代后先分。如南唐二主似唐之初，秦、柳之琐屑，周、张之纤靡，已近于晚。北宋惟李易安差强人意。至南宋白石、玉田，始称极盛，而为词家之正轨。以辛拟太白，以苏

①江顺诒：《词学集成》卷一。

②江顺诒：《词学集成》卷五。

③江顺诒：《酤瘾子》卷二，第9则。

拟少陵，尚属闰统。竹山、竹屋、梅溪、碧山、梦窗、草窗，则似中唐退之、香山、昌谷、玉溪之各臻其极。晚唐之诗，未可厚非，元明之词不足道。本朝朱、厉步武姜、张，各有真气，非明七子之貌袭。其能自树一帜者，其惟《饮水》一编乎。尤《序》固非探源之论，《词绎》所云亦未得其要领。[①]

与尤侗、刘体仁等人先有唐诗"初盛中晚"之论，而后按照时间顺序寻找词史上对应的代表不同，江顺诒此处先有他的词学宗尚，而后冠以"初盛中晚"之名。江顺诒《词学集成》延续了张炎《词源》的治词门径，尤重南宋风雅词派，故而对姜夔、张炎以及清代朱彝尊、厉鹗等极为青睐，视为词之正轨，亦即词之"盛唐"。此番阐发思路，倒也给了我们诸多启示。如江顺诒说"比词于诗，原可以初盛中晚论，而不可以时代后先分"，在诗史、词史各有体式规范、风格宗尚等意思外，又告诉我们：作为唐诗学史上重要论题的"初盛中晚"之说，犹如生命由弱而强、由强而衰、由衰而亡的自然消长史，实为兼有时代演进与诗学宗尚变化双重意义的论断。考之于中西文学史，这种在时代先后中彰显民族欣赏习惯及价值判断的文学走向，颇具中国文化的特色。

江顺诒有多组论诗诗，可窥见他的诗学旨趣。《西泠消寒集》载江顺诒《（西泠消寒社）第四集以书味、画意、诗情、剑气命题，各赋七言律四首》，其中第三首云："捻断吟髭定几茎，果然名士悦倾城。水流花谢春常在，地老天荒恨未平。涕泣何妨成七步，缠绵休自误三生。性灵语岂抄书得？江上峰青子细评。（诗情）"除了表明作诗之难、严谨态度，以及与诗歌相伴一生的兴趣，还彰显其力主"性灵"的诗学主张。其组诗《仿元遗山论诗》20首绝句[②]，依次评点了施闰章（愚山）、朱彝尊（竹垞）、吴伟业（梅村）、龚鼎孳（芝麓）、钱澄之（田间）、王士祯（渔洋）、宋荦（绵津）、赵执信（秋谷）、姜宸英（西溟）、梅庚（耦长）、查为仁（莲坡）、查慎行（初白）、顾嗣立（侠君）、沈德潜（归愚）、袁枚（子才）、黄景仁（仲则）、张问陶（船山）、舒位（铁云）、吴嵩梁（兰雪）、陈文述（云伯）与刘开（孟涂）等21位清代著名诗人。其中，最后一首为二人合论，余则一人一首。虽云仿元好问论诗诗，然元氏《论诗三十首》多为有独到见解的诗歌理论的阐发，而江顺诒则多就事论

①江顺诒：《词学集成》卷一。

②江顺诒：《仿元遗山论诗》，载《西泠酬倡集三集》卷三，又载《词章杂志》第4卷，第22—23页。

事，以诗人生平经历、诗歌风格及业绩为主要内容，缺乏诗学观点的提炼与标举，可见二人之差距。像第三首论吴伟业“凄凉故国剧酸辛，乐府香山句句新。千载桃花同一哭，无言几个息夫人”，第四首论龚鼎孳“沧桑往事总休论，坛坫宏开北海樽。长水新城树双帜，合将芝麓敌梅村”，第十四首论黄景仁“半世穷愁意气消，修文早赴玉楼招。聋丞醉尉休相笑，一卷诗能冠本朝”，等等，甚至可以说就是人物小传之品赞。

当然，若深入分析，亦可窥江顺诒诗学兴趣之所在。如第一首论施闰章云：“扁舟江上使君还，商略兴亡出处间。敢把衣冠荣故里，遗民尚有沈姑山。”此诗前两联写康熙六年（1667），因清廷裁撤道使，施闰章于江西布政司参议任上被罢之事；后两联写其归乡后，“无意仕途，每遇朝廷征召，称病不就”的一段经历，称赞其眷恋旧朝的人格情怀。可见，此诗完全着眼于诗人经历与品德，并未言及诗学（包括施闰章于清诗史上创设“宣城体”事），亦未道及罢官后居乡的施闰章终究抵不住劝说，仍北上入仕的经历。不过，从江顺诒彰显其乡贤重乡情、讲骨气的角度看，似乎亦含有“人品决定诗品”的潜在主张。又如，第二首论朱彝尊云：“斯才岂合老穷经，自有名山俎豆馨。只此风怀二百韵，令人低首曝书亭。”时人曾将朱氏与王士祯比较，“谓王才高，而学足以副之；朱学博，而才足以运之”（《清史列传·朱彝尊传》），在学识与才气并举中更看重朱氏之学识。江顺诒显然针对斯言，而推尊朱氏之才情，并特举朱氏《风怀二百韵》为例予以证明。此番主张，与江顺诒个人写诗重才情，以及其词多写情史等现象颇为吻合，但并不能说明重才轻识就是他的论诗主张。譬如第十四首论沈德潜曰：“尚器名望选堂开，模范千秋有别裁。闻到诗人论气节，始知学识重于才。”沈氏前期得到乾隆青睐而获名望，并编撰《唐诗别裁》《明诗别裁》《清诗别裁》等著作，但后来因《国朝诗别裁》（即《清诗别裁》）以钱谦益为冠，令乾隆大为恼火，因谕：“谦益诸人为明朝达官，而复事本朝，草昧缔构，一时权宜。要其人不得为忠孝，其诗自在，听之可也。选以冠本朝诸人则不可。钱名世者，皇考所谓‘名教罪人’，更不宜入选。慎郡王，朕之叔父也，朕尚不忍名之。德潜岂宜直书其名？至世次前后倒置，益不可枚举。”[①]由此，便知江顺诒“学识重于才”之所本。

①赵尔巽等撰：《清史稿·沈德潜传》卷226—卷307，长春：吉林人民出版社1995年版，第8233页。

江顺诒以诗论诗，尤重诗人生平行事，甚至渗透个人身世之感，还见于其他一些诗作中。如《和鹭臣论诗》四首云：

卅年诗境历艰辛，老去瞢腾眼不真。敢以冗庸操月旦，记曾赏识在风尘。一官未达名难显，千载迟生迹已陈。文字何须论遭际，杜陵不幸作诗人。

万丈光芒让两当，半生低首爇心香。欲除匣底纵横气，化尽人间铁石肠。兰雪才华近哀艳，梅村格调太苍凉。文心静细谁能喻，花落空庭草自芳。

珠光剑气要平分，继起骚坛尚待君。花草三春新雨沐，楼台七宝异香薰。垂天有翼空抟海，出岫无心不算云。可惜扬州好明月，鬓丝催老杜司勋。

不信方千一第难，转因亲在重微官。登龙谁许增声价，舞鹤徒闻铩羽翰。乞食未从陶令醉，苦吟岂学孟郊寒。惭余一例羁尘鞅，辜负青溪旧钓竿。

与其说是论诗，不如说言志抒怀。这组诗主要是在描述自己科举不第，屈处微官，官未达、名难显的境遇，诉说心存纵横之气以及“垂天有翼空抟海”的壮志未酬之慨。但是与某些文人身在魏阙而诉说心在江湖的“虚情”不同，也与遭际坎坷而一心向往逃避山林的退隐情怀不同，江顺诒则极其坦诚地表达另一番心曲：有心为宦，“不信方千一第难”，甚至乡试未中，不得已由捐纳获得的“微官”身份，如今亦十分重视。第三首“出岫无心不算云”句，更是反用陶潜《归去来兮辞》“云无心以出岫”句意，表明自己无法达到陶渊明的精神境界。江顺诒所以这么说，乃是他生活状况的真实反映。《江秋珊先生事略》明确记载曰：“五应秋试，皆荐而不售……适粤匪破皖，举家避寇，来浙亲老。家贫乃弃举子业，经理家事。”迫于生计压力，不得已而“转因亲在重微官”。正因为如此，他说“文字何须论遭际，杜陵不幸作诗人”①，因为杜甫亦本应有报效之心，原并非以诗为志业，但仍亦诗名，故可谓“不幸”；“兰雪才华近哀艳，梅村格调太苍凉”，因为才华横溢的吴嵩梁未除去心底纵横气，而屈节

①清代赵翼《淮阴钓台》二首之二：“胯下谁怜早不群，布衣忽漫得风云。登坛何减《隆中对》，背水宁同灞上军。贱日流离艰一饭，时来功业陋三分。英雄也自论遭际，敢叹寒酸尚卖文。”前四句感慨能受胯下之辱的韩信，后四句感叹自己谋生之艰辛，所抒之情与江顺诒类似。

仕清又自愧为“误尽平生”之憾事的吴伟业亦未化尽心底铁石肠；“可惜扬州好明月，鬓丝催老杜司勋”，至情而落魄江湖的杜牧，“十年一觉扬州梦”，而只“赢得青楼薄幸名”[①]，可惜了扬州美丽风景；“乞食未从陶令醉，苦吟岂学孟郊寒”，因为“惭余一例羁尘鞅”，故从未跟从陶潜去体会那自然淡泊的醉意，自己“卅年诗境历艰辛”[②]，但即便“苦吟”，也不会学孟郊落落寡合的“孤寒”。

此番基于生活体验而生发出来的诗学思考，在《严筱南赠诗，用集中韵即和》二首之二中也有突出表现：“杜老悲哀强自持，梁陈风格岂堪师？红羊历劫兰成赋，黄鹤登楼太白诗。笔有千秋能拔俗，才非百里始称奇。天涯漫洒穷途泪，黍谷春回定可期。”首联表明自己的诗学旨趣，如杜甫诗之悲哀可以赞同，然绝不能以绮靡的“梁陈风格”为师；颔联云文学创作的环境与际遇，庾信因经历战乱而有名篇《哀江南赋》，李白因登上黄鹤楼方激发豪迈诗情；颈联是对文学才能、治理之才的看法，唯有史家之胸襟，作品方能拔俗而雅，唯有“非百里才”如庞士元者，方可始称奇才；尾联是对未来生活的憧憬，字里行间仍透露出“穷途”之困。

由此，均可听见江顺诒这样普通文人的心灵真实之音，尤其是“垂天有翼空抟海，出岫无心不算云”句，前句为人所常道，以此抒写怀才不遇之感，而后句在文人追慕山林隐逸的文化传统中尤为“刺眼”，从江顺诒“乞食未从陶令醉”生活状态自我抒写中，足见其性格坦诚的一面。也正因为如此，其诗歌始终有“我”在，诗境亦呈现出“有我之境”，甚至带有“去无我之境”的倾向。以下依次述之，以证此言不虚。

二、有心为宦的小吏境遇、情志的彰显

目前可见的江顺诒诗歌，主要作于后来他到杭州时期，尤以参与消寒诗社、西泠吟社及铁华吟社等社集作品居多。同光时期，杭州诗坛承继前代遗风，诗社活动仍较繁盛。因太平军战事等原因，这个时期流寓杭州文人增多，因此，上述诗社成员除当地士绅外，主要是宦浙官员，尤以微官小吏居多。于是，他们在相互吟唱中感叹生存不易、仕宦艰难，一时成为风尚。而“一官未

①杜牧《遣怀》:“落魄江湖载酒行,楚腰纤细掌中轻。十年一觉扬州梦,赢得青楼薄幸名。”

②“卅年诗境”,据“十五学诗歌”,30年后,约为同治六年(1867)前后。

达名难显，千载迟生迹已陈”“不信方千一第难，转因亲在重微官”（《和鹭臣论诗》之二、三）的江顺诒更是如此。他平生官职卑微，且多是一线的繁琐差役。据《窳翁自撰年谱》，咸丰八年（1858）十一月，江顺诒正式以赀报捐，自咸丰十年（1860）先后应杭州凤山城门稽查、衢防支应局文案、常防行营支应、左制宪闽浙总粮台管理收支、杭州塘工总局差、翁汛分局收支、十二堡分局收支、西塘秤验、申防监工、余姚县丞、钱塘县丞，后又入青阳酒厘局、（杭州）牙厘总局……江顺诒此番人生阅历直接反映在他诗歌的主题上，即围绕俗、雅之间的思想斗争，通过那不得不为谋生而奔波的艰辛、怀才不遇的愤懑、与俗务周旋的痛楚等，刻画一名小吏纠结于现实与理想的心理活动与精神状态。

此类代表性作品有《杭州杂作》组诗九首、《五十初度》组诗八首、《浙两小吏行，柬梅鹭臣》等。如《杭州杂作》之一云：“勿以八斗才，而轻五斗米。但须一折腰，何如负百里？斗米不可乞，折腰良足耻。东海未能蹈，东方饥欲死。叩门拙言辞，谁能味斯旨？”以“乞米”为喻，写既不能轻之，又不甘为此而折腰；不仅没有如鲁仲连以死赴节之魄力，反而只能像早年东方朔那样徒有怀才不遇之怨气……鲜明地揭示出一名小吏因谋生艰难而不得不叩门乞米的境遇，以及作为一名士子难以放下面子的矛盾。很显然，江顺诒这首诗模仿了陶潜的《乞食》诗，像“斗米不可乞，折腰良足耻”的骨气以及“叩门拙言辞”的木讷窘态，更是直接吸收了陶诗主题与句子，但与陶潜“云无心以出岫，鸟倦飞而知还”（《归去来兮辞》）所刻画的无心为官的归隐境界不同，江顺诒《和鹭臣论诗》之三明确表示：“垂天有翼空抟海，出岫无心不算云。”同样是“云”，但因使用者生存境遇及思想诉求不同，所赋予的意义及诠释的路径自然有别。因此，江顺诒《和鹭臣论诗》之四亦曾坦言：“乞食未从陶令醉。”陶潜“乞食”的结果是“主人解余意，遗赠岂虚来？谈谐终日夕，觞至辄倾杯”，在朴拙的田家风味中走向了纯真与自然，而江顺诒只能在“叩门拙言辞，谁能味斯旨”中体会着那份无奈的酸楚。

或许可以说，同样是对贫困生活的客观叙说，但陶潜“乞食”在辞官之后，其意在反衬自己无心为宦的气节；而江顺诒“乞米”则在为宦之中，其意在诉说小吏谋生之难，内中有诸多不得已。于是，为谋生而入仕，身为小吏的生存之艰、处世之难，便是江顺诒频繁咏叹的主题。如《杭州杂作》之五曰：

"此身何所求，宁复有远志。不愿希世用，聊为托钵计。顺时志可移，入世骨难媚。巧宦有捷径，吾业未尝肄。业亦不能精，休怨当道弃。"在这首小吏生存咏叹调中，不愿迎合世俗，但与迫于生计不得不入仕；时势环境变化可以改变人生目标，但难以改变自己不愿媚俗的秉性；科举是入仕捷径，但自己此业不精……尽管处于矛盾漩涡之中，但"入世骨难媚"以及"休怨当道弃"的表白，不仅揭示出像江顺诒这样小吏的生存感受，而且反映出他们的一种精神气度。

江顺诒屡屡抒写他这种"俗"中求"雅"的生活感受与精神诉求。又如《杭州杂作》之七曰："立品期谐俗，本无轻世心。衣冠共周旋，相知何能深。以兹傀儡场，伐木空好音。烟云夸供养，魑魅苦相侵。吾宁择而交，勿侈朋盍簪。"士人立品不能脱离世俗，但身处魑魅相侵、真假难辨的世间傀儡场，择友要慎。《五十初度》之七云："言情司马最工愁，哀怨灵均托楚脩。不肯因人缘倔强，胡为入世任沉浮。残英堕溷经千劫，飞絮沾泥胜一筹。落拓江湖多俗骨，梅花尚待几生修。"感叹自己倔强的性格在落拓江湖后的变化，并向自己提出了忠告。《严筱南赠诗，用集中韵即和》二首之一："竟从万古仰云霄，蓑笠烟波品最超。何用千金燕市骨，枉夸一捻楚宫腰。晴川芳草才人老，孤屿梅花客路遥。文字因缘洵夙世，晦明风雨感潇潇。"作为一名小吏，既无须如"燕王千金买骨"那样重视自己，也不会因功名利禄而迎合他人，理想与现实的距离令江顺诒徒感生活之难。再如《橄榄》二首之二："久将风味比名臣，入世无奇但率真。有骨稜稜疑倔强，匪躬蹇蹇阅艰辛。忠言多逆谁先喻，天意能回始觉春。我记读书同此志，拟占贞吉待幽人。"总之，出于谋生需要，立品而不轻世，但傀儡官场，魑魅相侵，致使"尘羁俗控未能脱"（《怀人行，和鹭臣韵》）、"落拓江湖多俗骨"。然正因如此，"讵逐俗吏困风尘，独抱清琴弹古调"（《叠韵再和子奇大令》），带着"倔强"之性格于"沉浮""艰辛"之浑浊俗务中修养自己尤为关键。一言以概之，江顺诒位卑而嗜雅。在此类作品中，歌行体《浙两小吏行，柬梅鹭臣》一首最为全面，亦极为形象：

浙江群吏千八百，小吏作诗成大国。齐晋迭主诸侯盟，两吏同是江南客。狂歌响彻两峰巅，俯视群吏如虮虱。一吏孤露困风尘，抱关击柝时为贫，出言早夺青莲席，何况碌碌尘中人。一吏乱离不称意，乞食偶以官为戏，全家寥落剩一身，诗成字字英雄泪；一吏未老心已灰，悔不早上黄金台，金陵贼踞常避地，赀郎小屈相如才。一吏龙钟已白首，十载饥驱牛马走，但论官阶不论才，经济文章值杯酒；一吏忽大喜，岁岁承欢供菽水，谀墓或攫吕黎金，赋都倘贵落（洛）阳纸，笔底自信有千秋，人间卿相如敝屣；一吏忽大哭，日暮渐忧生计蹙，如此沉沦肮脏中，何似穷经埋白屋，不乞京师权要书，那有陶朱致富术。两吏踪迹各飘篷：一吏三载居甬东，一吏作诗遥相慰；赠答一月三邮筒，且排万虑寄天上，何者得丧何穷通；一吏爱诗兼爱饮，一吏苦吟常独醒。两吏诗癖两浙无，项下争夺骊龙珠。两吏倡和谁肯应，梅花只有孤山近。吁嗟乎，天下纷纷俗吏多，举笔奈此两吏何？一丁不识可以膺上考，安用腐迂两吏空吟哦。

此诗采用合、分、合的结构，前“合”着眼两吏（诗人自己与梅振宗）之同，以夸饰两人在浙江共倡诗社的功绩，以及他们诗名冠群吏的地位；中间“分”说两人经历、志趣等方面的差别；后“合”再次回到两人之同，如同有“诗癖”等，照应开篇共倡诗社之举。而贯穿全诗的则是小吏们超俗致雅的人生品味，其中结尾“一丁”二句以揶揄口吻指斥官场风气不正，抒写小吏们怀才不遇之感。在诗中，江顺诒通过第一吏刻画了自己的经历，袒露了自己的精神风貌。首先，他以“孤露困风尘”自喻，位卑而贫，又心怀成就诗名的雄心。据《窳翁自撰年谱》，江顺诒通过捐纳，于咸丰十年（1860）正月，小考取，委杭州凤山城门稽查差。此处，江顺诒用“抱关击柝”[①]典故，似与此有关。“出言早夺青莲席”亦与《江秋珊先生事略》“七古专学太白”等处的记载相符。其次，“一吏未老心已灰”四句感喟自己科举之路不顺，说自己因避太平军战乱而由皖至浙，亦丧失了科第入仕的机会，不得已只能捐纳入仕。这些均与《窳翁自撰年谱》等记载吻合。《史记 · 司马相如列传》云：“以赀为郎，事孝景帝，为武骑常侍，非其好也。”“赀郎”，原指因家富资财而被朝廷任为郎官，后即称出钱捐官者。再次，“一吏忽大喜”六句，说自己虽清贫但子女孝顺，且颇具文名，自信著述能传世。王韬《水仙子》曾说江顺诒在杭州期间，“以名士而为循吏，一时声名藉甚。上游俱器重之，侧席咨诹，待若上宾”[②]。看来，江顺诒所言不虚，但亦有自诩之嫌。

与江顺诒这种早年科第不顺，但晚年安闲、能以文养家的重文之路形成鲜

①“抱关击柝”，典出《荀子·荣辱》，原指守关巡夜之人，比喻职位卑下。

②王韬：《淞滨琐话》，刘文忠校点，济南：齐鲁书社2004年版，第140页。

明对比的，则是梅鹭臣所选择的重官之路。梅氏早年较为得意，然晚年穷苦，原因便在于官场不能自控，即所谓“不乞京师权要书，那有陶朱致富术”。江顺诒刻意对比“文”与“官”两条人生道路，实则反映出他“屈在衙官，素称风雅”[1]的生活态度。事实亦如此，江顺诒诗常以文人日常生活为题材，或赋“濡笔生芒水生骨，一炙已热回春和”（《炙砚》）、“肉阵屏风都谢却，苦吟抱膝成孤酌”（《拥炉》）的笔墨生活，或咏“一卷自钞陆羽经，围炉不假松烟青”（《烹茗》）、“宿火预教红袖添，一气氤氲香满屋”（《焚香》）的闲雅情调。当然，多年来，我们多以思想的“厚重大”为标准审视诗歌的经典性，像江顺诒这样的普通文人及其这类描写私人化生活的作品难以受到读者的重视。不过，话又说回来，在素称诗歌国都的中国，无论是“言志”“缘情”，还是“缘事而发”，以诗赋取士，除了发挥诗歌的社会功用，一个很大特点就是作诗、品诗本身就是中国文人的生活，发挥着诗歌慰藉精神的作用。这就是钟嵘《诗品序》中所说的“使穷残易安，幽居靡闷，莫尚于诗矣”。因此，像江顺诒这样通过诗歌刻画个人生活的现象在中国传统社会里，绝非个案。由此，亦可窥普通我国传统知识分子的情调与精神风貌。

进而，位卑而嗜雅的江顺诒，又非那种酸腐的小资文人，相反，其精神世界里始终有一种平民化的取向。《呰窳子》卷三第6则有云，或问：“读《圣武记》，谓国计之穷在八旗之生齿日繁，请弛其籍，或使之屯田，或任其谋生。今其书刊已廿余年，大人先生未必无阅之者，何竟漠不关心也？”江顺诒答曰：“有其志而无其位者，作纸上之空谈。其言实有益于国计民生，其以用无位之言为耻耶？抑念切民瘼不如无位者耶？”所谓“民瘼”，即指民众的疾苦。此处，江顺诒一方面评价魏源《圣武记》只是“有其志而无其位者，作纸上之空谈”之举，反映其一贯的为人做事的务实风格，另一方面又肯定了魏源之言实有益于国计民生的价值，尤其是“念切民瘼不如无位者”之论，在褒扬魏源的同时，更是在赞许自己。江顺诒认为，有位者顾念既得利益，贪图享乐，无位者反而能体察下情。这在其《铁泪图歌》中有直接反映：

君不见昔日流民图，监民痛哭陈章疏。又不见今日铁泪图，善士痛哭求赈助。凶荒千里隔东南，饿殍百万连晋豫。有泪闻之不忍挥，图成传观

①杜文澜：《憩园词话》卷六，唐圭璋编《词话丛编》（三），北京：中华书局1986年版，第2985页。

如告语。见图如见灾区民，不愁世有铁石人。但恐此图传未遍，虽有痛哭疑不真。吁嗟乎，人有心铁无泪，铁人有心心亦碎。歌成字字声呜咽，图中有泪皆成血。悭囊尽解见人情，谁道民心顽似铁。

同治年间，戏曲家余治（1809—1874）便曾绘有《江南铁泪图》对抗太平军。《铁泪图》，古人多用于募款。江顺诒此诗亦满怀深情，赞许《铁泪图》为“善士痛哭求赈助”的壮举。这种心系灾民，关注民生的情愫，与前文所说的他对“岁岁承欢供菽水”晚年安闲幸福生活的标榜，对“人间卿相如敝屣”的批评，均可见江顺诒虽然心存功名之念，但其目的并不在追逐那种看似高贵实则低俗的秾华浮艳生活。譬如，其《棉花》组诗云：

别占繁华第一春，桑麻而外样翻新。深秋早下孤寒泪，大度如逢蕴藉人。落不因风征厚泽，开缘本色见天真。谁知衣被苍生质，未及流传上古民。

移根海外认仙葩，温厚和平福孔嘉。佂种兰因成絮果，转从秋实见春花。幺弦弹罢月无色，独茧缫来夜有车。罗绮纵夸新样好，终输抱布野人家。

四野金风夕照黄，儿童趁暖拾盈筐。不经摇落殊凡卉，欲把温柔恋此乡。冰雪一衣怜孝子，婆娑双鬓笑秋娘。轻装只倩兜罗手，那羡春来满路香。

往事缠绵且漫论，好从玉软话香温。因缘飞絮原无定，身世浮云尚有根。只许单寒怜翠袖，不矜颜色向朱门。生涯薄海应同利，扫尽泥沙旧日痕。

那能寒士尽披裘，一握春回近市求。爱日共倾黄袄厚，仙乡只许白云留。千金有药传龟手，万古同功祀马头。最是秾华易销歇，等闲桃李莫轻投。

…………

江顺诒《牸窳子》卷三第11则在回答“古今异势，泥古者非，背古者亦非，当如何”之问时，曾举例云：“木棉自元始通行中国，今则衣被苍生矣。有丝麻而无棉，不得谓古人之不智，亦不得谓今人衣棉御寒之非古。”此处，江顺诒所谓“木棉”说的就是棉花。我国棉种引自印度或阿拉伯等地，起初多在边疆种植，至宋末元初传入内地，并逐渐推广开去，走进日常百姓家。第一首“谁知衣被苍生质，未及流传上古民”两句说的就是这层意思。在这组诗中，江顺诒高度评价了这个从海外移根而来的“仙葩”的品质及价值。一则从棉花生长于秋冬之季来说，诗人以春花的秾华短暂对比，称赞棉花“别占繁华第一春，桑麻而外样翻新”，“俨种兰因成絮果，转从秋实见春花”，悟出“最是秾华易销歇，等闲桃李莫轻投”之人生哲理。二则从棉花朴素无华的外形体悟其“衣被苍生”的美德。如“深秋早下孤寒泪，大度如逢蕴藉人”，“落不因风征厚泽，开缘本色见天真”，“移根海外认仙葩，温厚和平福孔嘉”，等。三则从桑麻至棉花古今地位演变的角度，美誉棉花惠及平民百姓的价值。如“罗绮纵夸新样好，终输抱布野人家”，“轻装只倩兜罗手，那羡春来满路香”，“只许单寒怜翠袖，不矜颜色向朱门”，等。而上述态度，均源自诗人自我的寒士体验，所谓“那能寒士尽披裘，一握春回近市求”即是。

三、“放眼望世界”与《海上新乐府》的时务情怀

江顺诒自少年时便喜与友人“抵掌天下事”[①]，其“初性拘谨”，“卅以后，乃变为圆通，脱头巾气习”，“于宋人学，独取阳明，能以功烈表见于世”[②]。自道光二十三年始，五赴金陵应乡试均未中。咸丰二年，因避太平军战事等原因，决意放弃举业。后来，通过捐纳而入仕。既因科举受挫，又因入仕后从事文案、支应差、县丞等事务工作，反而增强了他的经世致用的实务意识。他曾批评那些“不工、不商、不农”的秀才，“即使皓首穷经，而时务不通，事权不达，正昔人所谓米虫耳”，并告诫云：“吾愿天下之读书者，万勿为一衿所误也。”[③]他关注时政，广读海外诸书，撰有《呰窳子》三卷、《越俎卮言》二卷、《呰窳子集证》五卷等政论性著述，在中西文化比较的视野下，记录了他对晚清时务的思考，体现了洋务运动时期普通知识分子呼应时代需求的自觉意识。

在诗中，江顺诒屡屡袒露其以实务为要的襟抱。如《五十初度》八首之二云：“封侯少骨枉从征，不许穷经老伏生。识字冬烘徒自苦，耕田秋获又无成。空花勘破三春梦，腐草难争一代名。惟有清芬终未继，曲江八月怒涛横。”据

①江顺诒《越俎卮言》卷一附方炳奎《商征亩征利弊论》文后江顺诒案语。

②参见《江秋珊先生事略》，《窳翁丛稿》，上海图书馆藏。

③江顺诒：《呰窳子》卷二。

《窳翁自撰年谱》记载，江顺诒逃太平军战事，由安庆至浙江，虽通过捐纳入仕，然均是小吏，且差事时有时无，但“同人每劝以《墨经》从军者”，他并未应允。此诗首句即交待了其中的原因：尽管心存封侯之念，但因“少骨”（缺少军人骨气），从征也是枉然。进而，即便不适合走获军功之路，但也不会学皓首穷经的汉代经学家伏生、迂腐的冬烘先生以及五谷不分的书呆子，因为这些均是“空花”“腐草”，既虚夸又迂腐。此诗尾联之意，亦见于《叠韵再和子奇大令》一首：“讵逐俗吏困风尘，独抱清琴弹古调。”“我自烽烟伤满地，二十年来不称意。高阁竟束腹中书，罪言敢陈天下事。热肠久已薄功名，结习尚未忘文字。”所谓“惟有清芬终未继”中的“清芬”，既指“已薄功名”的品格，也指“未忘文字”的意识。此处，江顺诒似乎清楚地认识到文字具有干预时事的力量，故而他在科举不第、军功不取之后，通过文字将其“热肠”转换为一种知识分子的责任。

如果说像《呰窳子》等以直接思考时务的政论性著述，展示其“罪言敢陈天下事”的见识，那么如《海上新乐府》等就是以缘事而发的诗歌，倾泻其“曲江八月怒涛横”的激情。关于《海上新乐府》，清代邹弢《三借庐赘谭》卷四有记载：

> 乐府之体，宜以藏锋露颖之笔，搴入深出显之思。其音节长短，句调转换，纯是天然。非寝馈十年，不能语此。江都郭外峰少府钟岳……诗笔力追汉魏，官浙江，与上元宗载之大令得福、旌德江秋珊顺诒、仪征方芷亭观澜两大尹等，兴西泠诗社，尝以“海上新乐府”命题……[①]

按邹弢所说，“海上新乐府”是同光时期西泠诗社的社题，参与者主要有郭钟岳[②]、宗得福、江顺诒、方观澜等一批宦浙官员。西泠诗社首倡“海上新乐府”诗题之后，直至民国期间，此题多被歌咏。不过，与后来“海上新乐府”所歌咏的多专指沪上事[③]不同，江顺诒等西泠诗社成员所说的“海上”，当

①《笔记小说大观》(第26、27册合订本)，南京：江苏广陵古籍刻印社1984年版，第336页。

②郭钟岳(字叔高，号外峰，江苏扬州人)既精篆籀学，又擅作诗填词，除《和天倪斋诗钞》《和天倪斋词》《和天倪斋题曲》等作品集，同治期间曾任温州司马三年，期间尝采风问俗，著有《东瓯竹枝词百咏》，刻画温州(东瓯)民俗景观、新事新风，故而提出“海上新乐府”之题，亦有可能。

③如，风厂《海上新乐府》(《鬓边花》《新诗人》《共和卡》《新角荒》《三日刊》《大减价》等，载《新上海》1925年第4期)，即专咏沪上事。

取“从海上来”之意，显然与晚清“西风东进”的时代背景有关。唐代白居易、元稹等人倡导新乐府运动，在延续汉乐府诗“缘事而发”创作原则的基础上，进一步突出“文章合为时而著，歌诗合为事而作”的创作精神，以新题写时事。据考证，同光时期西泠诗社成员多为宦浙文人，因活动地点主要在杭州，故而接触外界信息的机会较多，有感而发，而有斯题。这些作品多载于《西泠酬倡集》等相关资料中。从题材上看，“海上新乐府”为总题，除了像《新闻纸》《禁猪仔》《半税单》等为众人所共咏，各成员又有各自选题。可以说，以诗歌社团群体方式，抒写晚清“千年未有之变局”中的新事物，这在近代文学史上是个值得关注的现象。兹以江顺诒《海上新乐府》组诗为例，以窥一斑。

(1)《立和约》:“立和约，所争非地土。但求有岸可通商，岂欲穷兵与黩武。中国利入惟赋税，西国富藏在商贾。和约既立旅客安，利市三倍西人取。公司之权归朝廷，利薮穷搜为治谱。此后鼠牙雀角争，中国必先治内而后御外侮。”此诗围绕中西和约的价值，所讨论的关涉中西文化间的诸多话题，在其《呰窳子》三卷中几乎都有思考，而此诗所说的，则犹如《呰窳子》中相关问题的观点摘要。如《呰窳子》卷二第9则，针对“和约十年一换，长治久安之道，果可恃乎”之问，江顺诒答曰:“外洋、中国语言文字不同，而‘和’之一字则同。盖彼此交涉必有争，有争必有和，此阴阳倚伏之理，而即天下之治乱之机也。熙熙攘攘为利往来，争者争此利耳。中国以土地为宝，外洋不甚涎之；外洋以商贾为官，中国不甚重之。洋人亦有父子君臣，亦知孝弟忠信，非冥顽不可化。中国文德诞敷，立于不败之地。彼其人居中国久，皆能读中国书，自足化其桀骜不驯之气。中外一家，何不可久安长治乎?”由此，一方面可以看出江顺诒在中西文化比较中，确乎存在“抑中而扬外”[1]的倾向，另一方面说明他在“和约”文化的认识上，还未识破西洋殖民主义的本质。不过，通过中西文化异同的比较思考，我们也不可否认江顺诒已放眼望世界。就近代中国而言，像江顺诒这样的普通知识分子能有此行为，当是一种值得肯定的进步。

(2)《五大洲》:“海外九洲本虚闻，今之大洲乃有六(近增新金山为六)。一土不必皆相连，大地一周无断续。同在日月光明中，开辟胡为判西东?水中

①江顺诒:《呰窳子集证·自序》,《呰窳子集证》五卷,清光绪刻本。

之洲有涨亦有坍，此土毋乃非鸿濛？有土即能有生聚，彼何其懞此何聪？不相往来历万劫，忽然一旦舟楫通。开创近在百年内，吾欲稽古将何从？”近代中国人放眼望世界，一个重要的内容就是对世界地理空间的认识。在这首诗中，诗人从批评中国传统的世界地理概念入手，而后用一连串的发问展示自己所捕获的“新知”。今天看来，这些“新知”或许有浅表化、愚陋化的印象，但历史地看，这是当时普通知识分子跳出闭关锁国观念的束缚，走向科学看世界的重要佐证。诗中一连串“发问”流露的是惊讶，是惊喜，也是渴求。这种心境在《呰窳子集证》五卷中得到了最直接的反映。在该书所辑录的资料中，有关地球地理以及国别历史的知识占据了最大的比重。

（3）《禁猪仔》：“海外有金山，海外有地狱。小民食力贪金钱，秘鲁用人如用畜。驱豚入笠加鞭扑，脔割苦甚砧上肉。一朝义愤动邻邦，十万蝼蚁齐痛哭。猪仔虽可禁，秘鲁不可灭。穷民难返隔重洋，领事之官亦可设。异地为民谋生计，异国定应成乐园。”关于清末中国人被拐贩到国外做苦工之事，晚清诗文多有反映。其中李锺珏《禁猪仔议》一文就被郑振铎收入《晚清文选》。该文云：“南方以物之稚者曰仔。猪仔者，犹言小猪也。”“同治初年，泰西英、荷诸国，开辟荒岛，乏人垦治，以重赀诱往作工，遂有贩卖猪仔之事。当时闽之厦门，粤之香港、澳门，公然设馆。被拐者驱入舟中，絷其手足，如载群豕，其苦难言，及至外洋，更遭惨酷，十必死五。”至于江顺诒诗中专门提到的秘鲁国，傅云龙《游历秘鲁图径·族类》记载：“华人之至秘鲁国，自道光十八年始，光绪元年已十一万有奇，然生存者五万九千耳。”[①]可见，在揭示苦工如猪仔般痛不欲生的生活状态上，江顺诒与李锺珏等是一致的，然不同于李锺珏批评清廷在拐贩行径上“禁令不行”而主张严禁不同，江顺诒反而主张通过在国外设领事馆，“异地为民谋生计”，进一步管理苦工。究其原因，李锺珏等针对的是控制再被拐贩，江顺诒针对的是那些已经在外的苦工。由此正可看出江顺诒一贯地注重实务的思考问题态度。与此类似的，在鸦片问题上，虽然江顺诒清楚地认识到“吸食鸦片之害，民穷国弱”[②]的危害，但他并不主张“禁种”鸦片，而是主张“弛禁”。因为与其“烟土来自外洋，岁耗中国金钱数千万而不返”，不如自种莺粟，化私为官，而后“十倍其税，海关亦然”。这一

①傅云龙：《游历秘鲁图径》四卷，光绪二十八年自刊石印本。

②江顺诒：《禁种莺粟说》，载《越俎卮言》卷二。

方面“目前之税，可以充国用”，另一方面令贫者不得食，富者力不支，“行之久，吸食者稀”，最后达到“不禁之禁”。[①]

（4）《新闻纸》：“纸上何所云，中外皆同文。不愁天下无异事，但恐耳目一隅无见闻。新闻事，只一纸，朝朝传印遍寰区。何碍稗官与野史，朝政得失时议之。窃恐中国不如此，若使国以民主论，此纸即为议政始。”“新闻纸”，是英语“newspaper”的仿译词，指报纸、杂志。19世纪后，先是传教士开始在中国办刊，进而中国人亦参与其中，自然是海外新事物。从《啙窳子集证》五卷可以看出，江顺诒颇注意阅读当时报刊，并从《申报》等报刊摘录多则资料，其所撰《红楼梦竹枝词序》、所刻卢先骆《红楼梦竹枝词》以及所著《读红楼梦杂记》均载于同治十三年甲戌正月（1874年3月）上海申报馆《瀛寰琐记》第十七卷中。江顺诒借《新闻纸》诗梳理了对“新闻纸”的认识，如新闻纸记载中外信息，满足人们了解见闻之需求，传播速度快、传播范围广，可以及时议论朝政等。然而至此，话锋一转，说之前所言新闻纸这些优势在当时中国是行不通的，因为新闻纸这些特点仅适合民主之国。言下之意，新闻言论的自由性与当时清廷的集权统治相冲突。在《啙窳子》中，尽管江顺诒认为像美国等民主之国的政治体制，实则源自中国三代的揖让制度，但依旧对总统四年一替的民主选举做法予以美誉。由此，可进一步解读他对新闻纸不宜于在中国推广的观点。

（5）《乘槎记》：“张骞凿空探河源，天上岂真有神仙？十洲神异各奇境，乘槎所记疑续编。日夜舟车行千里，追风蹑影何后先。衣冠礼乐殊唐汉，言语饮食杂羶鲜。日月寒暑递代已异象，何怪蓬莱方丈无千年。”“乘槎记”本事，如《博物志》《拾遗记》《荆楚岁时记》等均有记载，写汉武帝遣使张骞寻河源，乘槎至天河，见织女、牛郎，得支机石的故事。此传说后代多有演绎，侧重点各有不同。近代以来，在“西学东渐”的背景下，国人在放眼望世界之时，亦渐次走出国门，于是便强化了“乘槎记”中张骞开通外域的价值指向。如斌椿自同治五年（1866）正月出使考察，历经十余国，十月归国，出版了《乘槎笔记》。江顺诒这首《乘槎记》亦是从张骞开通外域说起，接着据“十洲神异各奇境，乘槎所记疑续编”句，似乎指的就是斌椿《乘槎笔记》这类出使他国所记录的书籍。同时，从后文对乘槎至他国的想象中，可以看出江顺诒对

①江顺诒：《筹救钱荒》，载《越俎卮言》卷一。

外界的向往之情。进而，全诗在张骞与今人开通的对比中，足见江顺诒充满理性的思考，即张骞开通遇见神仙，纯属虚妄；今人开通西国，方是时务；世界变化日新月异，并无国人心中永恒不变的仙境。

（6）《领事馆》：“如茑之附物，是桑之寄生。异哉泰西设官职，寓土旅舍列纵横。强宾一怒息争战，行商万里通经营。吁嗟领事官，领此市侩乎？竞者锥刀，较者锱铢，但期交易利吾国，苟失信义亦非夫。吁嗟领事兼晓事，岂夸大事不糊涂？”江顺诒基于所见，认为西方领事馆的性质无非是中国的附着物、寄生物；其作用在于息争战、通经营；其表现在于唯利是图，为争夺小事、小利而可超越信义底线。据《宋史·吕端传》载，宋太宗评吕端“小事糊涂，大事不糊涂”。此诗云西人领事馆在处理事务时，逢小利必争，却又自夸大事不糊涂。按照中国人不拘小节为人准则的逻辑，此番差异实则想要表明西人小事精明，大事必然糊涂的意思。江顺诒在《呰窳子》中多次说过，“洋人之国赋在商”，故至中国开通商口岸，设领事馆，只求利益，并无觊觎土地之心。这首《领事馆》尾联就是以看似幽默的语气，再次陈述他的这一看法。因此，这首诗在反映他“抑中而扬外”倾向的同时，也说明其认识的局限性。

（7）《新金山》：“新金山，修广八千里，一岛孤悬落漈东。开辟今编甲子始，旧山已旧新山新，此中之利利无垠。海外有旷土，中国多游民。十年生聚成蕃庶，扶余立国岂无人？噫嘻新金山，昔名鹦䳇地。但见火光流，乃是金银气。”阙名《新金山记》曰：“东南洋海中有大岛曰澳大利亚，即粤人所呼为‘新金山’也。”[①]具体地说，“新金山”指澳洲的墨尔本。1851年，此处发现金矿，华人竞相涌入。于是，便将美国西海岸的圣弗朗西斯科称为“旧金山”，这便是江顺诒“旧山已旧新山新”诗句的由来。与《禁猪仔》反映华人被拐贩至秘鲁做苦工以及“金山亦是地狱”的意识不同，这首《新金山》反映的是华工海外淘金谋利以及“金山即是金银”的美好前景，但在“海外有旷土，中国多游民”的问题上，则是一样的。这确是19世纪中叶以后中国社会日渐凸显的现象，也是华侨文化史重要的一环。在《禁猪仔》中，江顺诒针对已在秘鲁的华工，希望朝廷设领事馆，于“异地为民谋生计”，且相信“异国定应成乐园”；在《新金山》中，亦在畅想“十年生聚成蕃庶，扶余立国岂无人”，走出去的中国流民繁衍生息，足可于海外旷土中成立新国，且结尾更以充满诱惑力

①王大海：《海岛逸志》，清光绪小方壶斋舆地丛钞本。

的金银气召唤之。这种主张华人开辟海外疆土的想法，并非江顺诒一时之念。在《訾窳子》中，他屡次陈述既然西洋可远赴重洋至中土通商，那么我国亦可效仿之。如云："彼争中国之海口，以为埠头；彼国之海口，我有公司亦将往其地而贸迁焉。彼将拒我乎？抑任我而交易得所乎？必任我也。惜我无远志，既无以为自强之谋，又无以窥敌国之心。"从某种意义上说，相对于农业文明下的故土难离的封闭意识，江顺诒这种意识似乎呈现出某种近代化转型的特色。

（8）《同文馆》："文同字不同，字异音乃异。重译久来朝，语言非一类。总理署为通商开，鸿文馆启招贤才。上穷历算下匠作，各学俱从文字来。君不见西人喜通中国事，史书得失皆能记。礼乐可以化桀骜，大同今古惟文字。""同文"，此处指"通文""通译文字"的意思。1862年，京师同文馆设立，是晚清"夷务"的必然结果，而直接原因就是《天津条约》《北京条约》等特别条款规定的"自今以后，遇有文词辩论之处，总以英文作为正义"[①]。由此，熟悉英文等西洋语言文字成为清末社会发展中的重大事项。于是，江顺诒这首《同文馆》诗亦以"文字"为轴心话题。"文同字不同，字异音乃异。"虽说人类文字以象形、表意最为原始，表音文字略滞后出现，但江顺诒如此说，其"文""字"之涵义的依据主要源自许慎《说文解字·叙》所说："仓颉之初作书，盖依类象形，故谓之文；其后形声相益，即谓之字。文者，物象之本；字者，言孳乳而浸多也。"进而，江顺诒充分认识到文字在中西文化交通中的特殊作用，如"上穷历算下匠作，各学俱从文字来""礼乐可以化桀骜，大同今古惟文字"。

（9）《耶稣教》："治民有术富兼教，毕雨箕风从各好。门户水火且灭亡，异党何能争学校？泰西政治尚古朴，权独下移光他耀。父兄妄称等儿戏，天帝有恩更元妙。造物本无造物主，一气溟濛谁所告？恒星行星镜分明，惟有虚空窥不到。文字既同理更同，应悔荒唐十字窔。"诗的前四句表明自己以致富兼教化、普施仁政为宗旨的治民方略。若如此，宗派相争自然灭亡，异党诱惑亦无法与学校教育相抗衡。此处，江顺诒暗指耶稣教史上的教派内部之争。在《訾窳子》中，江顺诒多次提及天主、耶稣教本同源，今判若水火，操同室之

①王铁崖编：《中外旧约章汇编》第1册，北京：三联书店1957年版，第102页。

戈的话题[1]。耶稣教传进中土，国人中的反对者常抓住其发展中的宗派之争，批驳该教非圣人之教。江顺诒亦认为“圣人之设教也，期于至中至正而已”，“大醇无小疵”，像那种“非必以彼之非，形我之是”，“非必屈彼之是，是我之是始尊”，“非立一说以为教，驾古人上，而欲人尊我”等[2]，均非圣人设教的初衷。“泰西”二句称赞西洋民主政治崇尚古朴，权独下移而尊重民众。这看似推崇西洋政治文明，实则是因为他从中看到了中国古代的禅让痕迹：“此揖让征诛之变局。民视、民听，孟子已言之。不谓数千年后，竟有民主之名也。”[3]正因为有了华夏民族优秀的文明之源，于是“父兄”四句对耶稣教教义予以批评，认为耶稣教士以兄弟姊妹互称，违背了血缘人伦之尊卑长幼秩序；认为耶稣教主张天帝万能而造成天地等说法，与近代科学精神相冲突，等。当然，这些批评属于当时人反驳耶稣教的普遍态度。对此，江顺诒亦说过“耶稣造成天地之说，不辩而知其谬”，“耶稣之不足信者，惟造成天地及代罪之说为荒谬耳”[4]。诗的最后四句，继续通过揭示西洋文化的自相矛盾来证耶稣教之伪。既然“今西士穷天地之升降，及日月五星之远近，确有所得”[5]，而为何惟独看不到那本不存在的“上帝”的“虚空”性？既然同为表音文字，那么价值观念应该一样，为何耶稣还被钉死在十字架上？“应悔荒唐十字窔”句当有所指，因耶稣死前在十字架上曾质问：“我的神，你为什么抛弃我？”江顺诒这组《海上新乐府》在比较中西文明时，对耶稣教批评最尖锐。究其原因，就是宗教问题涉及国人的价值判断底线。这一倾向与江顺诒《啙窳子》的态度完全一致。

（10）《半税单》：“各关有税本无厘，税轻厘重裕度支。中国厘即泰西税，入口完半因其宜。尚余半税名落地，此中影射多分歧。此装彼卸善偷漏，桃僵李代狐假威。君不见半元买得单一纸，华商之货谁敢指？税既不完洋人笑，半税之弊乃如此。”江顺诒对晚清厘金制度有过专门研究，除了见之于《啙窳子》三卷，文集《越俎卮言》二卷中尚有《厘捐利弊一》《厘捐利弊二》《厘捐利弊三》《拟立厘金为税课常征议》等多篇文章。这里，江顺诒以“半税单”为题，

①江顺诒:《啙窳子》卷一。

②江顺诒:《啙窳子》卷一。

③江顺诒:《啙窳子》卷二。

④江顺诒:《啙窳子》卷一。

⑤江顺诒:《啙窳子》卷一。

再次申说厘金制度实施中的不完善之处。半税单又称子口税单，系鸦片战争后出现的新事物，指外商进口洋货入关时所交税的税单以及从海关领取的购买土货的报单。依据相关条约，外商只要有了这个税单，那么赴中国内地销售洋货，或从内地购买土货，均无须再交纳厘金税，故称“半税单”。此权利惟外商拥有，故竞争之下，中国商人备感压力。不仅如此，外商与中国商人为谋利，相互勾结，买卖半税单，致使“半税单畅行，厘收渐绌”的现象亦日渐突出。江顺诒这首诗揭示的就是这个问题。

至此，江顺诒这组《海上新乐府》的确体现了新乐府以新题写时事，“观风俗，知薄厚”的创作原则，所涉及的10个话题颇能概括西方殖民主义给中国带来的新事物。他的这种概括能力也反映在《呰窳子》三卷中。此著犹如时事百科问答，较为全面地总结了洋务运动时期国人所面临的时务问题。同时，他的《词学集成》八卷也似词学概论，从词源、词音、词律、词韵，到词派、词法、词境、词品，构筑了传统“词学”体系的概念。进而，与白居易、元稹等倡导的新乐府运动略有不同，元白新乐府议论中贯串情感主线，重在“感于哀乐”，属于抒情性议论，而江顺诒这组《海上新乐府》则几近议论文，重在“缘事而发”，可谓句句有评论，篇篇有主张。所以如此，元白面临的是传统文化内的现实问题，而江顺诒思考的是中西文化冲撞后的话题。前者迫于政治体制的宗法性约束，多将理性认识内化为情感态度，而后者鉴于中西冲突的激烈，则宜于将情感体验提升为理性的认识。

四、西湖情结的诗意抒写

据《窳翁自撰年谱》《江秋珊先生事略》等资料，江顺诒出生与受教均在安庆，自道光己丑年（1839）至咸丰壬子年（1852），因应童试、乡试而往来安庆、宣城、南京三地。咸丰壬子年十月，太平军沿江东下，逼近安庆，江顺诒家人逃往宣城。次年年初，江顺诒亦买舟东下，与家人由宣城至浙江。此后数年，既因避乱又因谋生，往来浙江衢州与杭州、江苏苏州、安徽徽州等地。咸丰戊午年（1858）以赀报捐，次年来杭。此后，江顺诒因差事所遣，移动频繁，然多属浙江之地，且以杭州为轴心。光绪元年（1875），于杭州城西东平巷，购地建房，语之曰花坞夕阳楼。至光绪甲申（1884），卒于杭州，前后在浙江（主要是杭州）生活30年。

江顺诒在浙时，或因谋生，或因应差，奔走浙江多处，他的诗中亦时有反映。如于乐清雁湖所作之《西塍怀张伯雨》，于嘉兴南湖所作之《殁湖绝句》三首，于桐庐富春江北岸所作之《九里洲梅花歌》等。其中，自同治辛未（1871）江顺诒委署钱塘县丞，与白少溪、梅鹭臣倡发西泠消寒诗会。数年后，此诗社更名西泠诗社。再数年，西泠诗社衰落，江顺诒又参加杭州的铁华吟社。由此，他的诗歌创作有两大特点，一则多与诗社活动有关，二则以浙江尤其是杭州景致为主。这恰如他在《雪湖歌，兼怀前会中白少溪、王勉之、李冰叔诸君》诗中说的："消寒诗会集良朋，一丘一壑穷搜讨。"因诗社活动以杭州尤其是西湖为轴心，"旋纵情诗酒，日驰逐于六桥三竺间"[①]，故其诗中有一种杭州尤其是西湖情结。事实亦如此，西湖本为江顺诒的心仪之地。如《杭州杂咏》之二云："平生慕西湖，常愿结庐隐。惜无买山资，寸心徒耿耿。历碌尘网中，应为山灵屏。烟霞愧结契，声华负彪炳。愿借湖水清，一洗热肠冷。"之五云："日恒觅佳酿，颇得酒中趣。日买湖上棹，走入云深处。杖头钱易尽，酒醒还独步。高歌风雨夕，漫写断肠句。除却酒杯外，湖山堪与语。"《五十初度》组诗之三有云："年来解恋西湖好，有买山钱便结庐。"后来他于杭州东平巷购地置屋，名其居曰花坞夕阳楼，即离西湖不远。其《花朝日同人集花坞夕阳楼，作冶春第一社，醉后长歌》便有"登楼远见湖上山，俯视群花俱在目"，"人日拟泛西湖船，阻雨移席吴山颠"，"君不见去岁花朝湖上客，添我楼中今日怀人诗"等句。除此，他还有《西湖冶春词》专咏西湖云：

西湖春色依然在，有客年年逐队来。借问六桥堤上柳，今朝青眼为谁开。

买醉何愁乏主人，一壶一榼足寻春。莺花任尔骄年少，且喜当杯酒入唇。

湖心亭子水当中，两岸夭桃相映红。才过花朝又寒食，一年花事太匆匆。

湖山一角画难成，芳草芊绵陌上生。有酒但浇苏小墓，冶游群屐太多情。

春水方生新雨后，满湖愁涨没人知。绿杨阴里呢喃语，似向东风怨

①《江秋珊先生事略》，载《窳翁丛稿》（稿本），上海图书馆藏。

别离。

香车宝马出芳城，一路箫吹尽卖饧。共说踏青天气好，上坟人又值清明。

外湖十景尽知名，里湖水浅葑草生。一道长堤游客少，寻芳莫向里湖行。

浓洗铅华淡洗脂，湖波潋滟照芳姿。愁心荡漾春无着，肠断西泠旧柳枝。

退省庵留客是仙，蒋祠新建祔名贤。红羊劫里人民换，只有双峰似昔年。

一棹空明眼便开，旧题诗处长新苔。廿年消受湖山胜，醉过西泠第几回。

高歌遮莫负尊前，白袷青衫忆少年。风片雨丝无赖甚，最愁人是养花天。

妍词赌酒翻新样，画舫摇春荡夕烟。莫向段家桥畔过，绿波吹皱正堪怜。

这12首绝句以“冶春”为题，着眼点在西湖的自然人文景致。像众多歌咏西湖诗篇一样，江顺诒亦谱写着在西湖游玩中的见闻感受、历史怀思，不过正如诗人所云“廿年消受湖山胜，醉过西泠第几回”，作为长期居住杭州的异乡人，与那种抒写空泛情绪的“旅游”诗作不同，这组诗字里行间始终流溢着诗人那切实丰富的生活体验。读来清新自然，而无矫揉造作之感。因与西湖断断续续相伴30年，江顺诒留下与西湖有关的诗作比较丰富。除上引组诗中提到的诸多西湖名胜，他还有专门赋咏的作品，如《苏小小墓》《龙泓洞怀丁翰之》《孤山怀林君复》《石帚精舍怀姜白石》《鹤田券歌》《薜庐》《南屏山吊张忠烈公墓》《桃花潭水歌，赠汪咏之大令》《展重阳日，李冰叔大令约同姚镜海枢部登吴山顶观潮》《铁花吟社诸君偕游西湖，获登文澜阁观藏书敬作》，等等。

值得注意的是，除了西湖古迹与历史传说，江顺诒还关注了与西湖有关的新生事物与新建景致。这其中有些与清廷平定太平军的事件有关，从中可以读出江顺诒诗中另一个突出主题，即有关遭际太平军之乱的回忆及态度。可以说，太平军起事对江顺诒的影响是巨大的，不仅中断了他的科举之业，而且迫使他走向了避乱逃亡之路；不仅割断了他在南京的情缘，而且致使逃亡中全家多人被难，其早年诗集、文稿、读书笔记等作品遭毁。因此，他在《窳翁自撰年谱》中对这段避乱经历记载极为详细，可谓惊心动魄。而太平军被破后，其诗词中亦屡屡回忆之，抒写其刻骨铭心之感。如《杭州杂作》九首之三："十五学诗歌，狂言凌太白。二十穷经术，思夺汉人席。眼底薄千秋，升沉何足惜。三十弃功名，绝意盟泉石。讵料遭乱离，驱作浮家客。入山非不深，良木竟难择。身外付劫灰，所存惟悸魄。间一回首思，恍然世如隔。"第八首："昔我有书癖，南面百城拥。楚人惊一炬，只字无遗种。十载事奔驰，枵腹难言勇。一鸥无可借，百足僵犹动。自笑豕头白，人云马背肿。"两首均以叙说口吻回忆人生经历，抒写理想怀抱，然诸如"讵料遭乱离，驱作浮家客""楚人惊一炬，只字无遗种"，无不将人生转折、理想破灭归因于太平军之乱。

由此，当他观览那些为平定太平军的"功臣名将"而建的景致时，心中伤感自然便化为诗情，喷涌而出。如《西湖冶春词》第九首提到的退省庵、蒋祠，他便分别作有《西湖退省庵歌》《蒋公祠》诗：

出山十载为名将，还山依旧书生样。天教赐与镜湖间（成句），养疴岁岁来湖上。梅花一幅诗百篇，人识山中真宰相。湖上因留退省庵，故山猿鹤同无恙。昔日勋名任有无，报国仍留未死躯。古来血性奇男子，行藏要与凡人殊。周旋世故那能耐，傥来富贵胡为乎。泉石烟霞原素志，寤寐难忘天下事。思鲈不必为秋风，骑驴未许忘名字。别有怀抱人不知，伤心一掬英雄泪。且借湖山卧暂时，选胜登临醉不辞。进退自能知难易，出处无奈系安危。归岫云间飞鸟倦，青史红尘皆不恋。竭来明月印三潭，谁信将军曾百战。君不见天矫变化如神龙，扁舟万里何从容。古人功成不受赏，奚必远游从赤松。

共拜青溪蒋子文，湖波十里净尘氛。英雄一代留奇骨，庙貌千秋表战勋。鼙鼓有声思绛灌，文章无用误机云。闲吟漫作骑驴感，且读丰碑向岳坟。（公建岳庙碑，三同四异，自比武穆。窃谓："金华之役非严州先破不能奏功，杭州之役非苏州先破不能走敌。"此论浙人未及知，然而于杭州则有功矣。）

西湖退省庵是清末水师统帅、湘军首领，与曾国藩、左宗棠并称"大清三杰”，人称雪帅的彭玉麟（1817—1890）的居处。彭氏为人谨慎，善于自省。郭嵩焘《彭刚直公墓志铭》云其“以诸生为营将，自誓不私财，不受官”，因克复太平军有功，清廷屡授高位，直至授两江总督，转兵部尚书，然“每授一官，必再辞，始终以兵事自效，不就官职”，“天子知公深，亦不强以命公，而不欲使就闲退，令岁一巡阅水师”①。彭氏亦号退省庵主人，于军事之余，工诗精画，尤擅长画梅。其《自题西湖小瀛洲退省庵》联云“尽此一寸心，与点缀湖光山色；收拾数间屋，尽勾留墨客骚人”，《又题西湖退省庵》四联为“水得闲情，山多画意；门无俗客，楼有赐书”，“浮生若梦谁非寄，到处能安即是家”，“万里戎机，百年心事；两朝恩眷，一个头陀”，“大地少人间，谁能作风月嘉宾、湖山贤主；六桥多胜迹，我爱此荷花世界、鸥鸟家乡”。②江顺诒这首《西湖退省庵歌》正是抓住彭氏这种集名将与书生于一身的人生轨迹，以及“进退”自省的人格魅力，歌颂彭氏“古来血性奇男子，行藏要与凡人殊”的人生境界。江顺诒所以能把握如此准确细致，且给予褒扬，其实与他本身亦有“泉石烟霞原素志，寤寐难忘天下事”的心境有直接关系。屈居下僚的小吏江顺诒与彭氏社会地位相比差距极大，难以达到像彭氏那样“进退自能知难易，出处无奈系安危”的境界，但作为一个普通知识分子，传统士子精神始终在其内心深层涌动，思考着时代所赋予的责任。

《蒋公祠》写的是蒋益澧（1833—1875），字芗泉，湖南湘乡人。咸丰初年，蒋氏投戎，渐成湘军悍将，于同治元年调任浙江布政使，在巡抚左宗棠麾下，参与征伐太平军，先后至衢州、取寿昌、败太平军李世贤部于裘家堰，并克汤溪、富阳、平湖、乍浦、海盐、杭州、余杭等城。同治三年，左宗棠调离，蒋氏继为浙江巡抚，遂致力杭州重建，平复兵乱创伤，功绩卓著。西湖蒋公祠原祠内有古婺登陴、雄师入浙、凤城凯唱、雁泽骧胪、圣湖薙葑、泮水培芹、琐院翘材、银塘射弩、苕霅澄清、颓龛飞渡、征停关市和志纂河渠等12块图文石碑记录蒋氏功绩。江顺诒这首《蒋公祠》首联将其比作南京“钟山之神”蒋子文③，以彰显其率部肃清杭州等地的战绩。颔联褒奖其为一代英雄，

①彭玉麟：《彭玉麟集》（下），梁绍辉等整理，长沙：岳麓书社2003年版，第527页。

②彭玉麟：《彭玉麟集》（中），梁绍辉等整理，长沙：岳麓书社2003年版，第221页。

③干宝《搜神记》卷五：“蒋子文，广陵人也。嗜酒好色，挑达无度。常自谓己骨清，死当为神。汉末为秣陵尉，逐贼至钟山下。贼击伤额，因解绶缚之，有顷遂死……于是使使者封子文为中都侯……为立庙堂。转号钟山为蒋山，今建康东北蒋山是也。”

故立祠以备千秋万世瞻仰。所谓庙貌，即庙宇及神像[①]。颈联先是借《礼记·乐记》“君子听鼓鼙之声，则思将帅之臣”之意，以起自布衣，佐汉高祖定天下的绛侯周勃、颍阴侯灌婴比喻蒋氏，以示其顺时请缨之经历。接着以“文才特异，时称二陆”的晋代陆机、陆云兄弟事说蒋氏晚年之不顺。陆机曾官拜河北大都督，因兵败遭谗被杀，陆云亦同时遇害，而蒋氏早年投戎，即屡遭挫折，同治五年擢为广东巡抚后，亦屡遭排挤、弹劾，次年便遭降级降职使用，以病回籍。同治十三年，清廷迫于日本窥伺台湾之局势，召包括蒋益澧在内的一帮赋闲旧将赴京议策，拟重用，然蒋氏至京不久便病卒。虽与二陆遭杀不同，但以军功报国，壮志未酬身先死的结局则同。于是，尾联进而表示要从蒋氏以岳飞为范的人生追求中，推敲体会这位英雄的内心世界与时代命运。据相关史料，蒋氏代理浙江巡抚，曾重修岳庙，重铸四奸跪像，以彰显其志。梁刘峻《自序》中叙及平生，以为比迹东汉冯衍（字敬通）有“三同四异”，后世文人常诵其言而悲之。此处，江顺诒借助蒋氏于杭州“建岳庙碑，三同四异，自比武穆”，强化了蒋氏人生的悲剧意味。

若再细读此诗，可见江顺诒文心细密，内敛深思。如所例举的历史人物多与蒋氏身份、性格、经历吻合。在褒扬蒋氏功绩的总基调中，如蒋子文早年“嗜酒好色，挑达无度”“绛、灌”二人的“鄙朴无文”以及“二陆”轻文重武的人生选择，与《清史稿·蒋益澧传》记载蒋氏“少不羁，不谐于乡里，客游四方”，“年少戆急，曾国藩、胡林翼素不满之，而左宗棠特器重”等经历极为相似。如果说蒋氏选择了轻文重武的人生道路，那么江顺诒就是轻武重文。前文已说过，太平军东下浙江期间，“同人每劝以《墨经》从军者”，然江顺诒并未听从。故而，江顺诒借评价蒋益澧，内敛着对轻文重武之人生选择的怀疑，至“文章无用误机云”句，则臻至其人生感喟的顶点。此诗的尾联意味亦极为丰富。对于浙境肃清的军事分析，江顺诒颇为自信，提出了“金华之役非严州先破不能奏功，杭州之役非苏州先破不能走敌”的论点，并且认为“此论浙人未及知”（《呰窳子》卷二）。依此自注，可知“闲吟漫作骑驴感”句肯定了左宗棠、蒋益澧等人的战功。《清史稿·蒋益澧传》载：同治二年，“宗棠进屯严州，规富阳，援贼麕至，益澧渡江筑垒新桥，分三路迎击，大败之”。至于

①《诗·周颂·清庙序》郑玄笺：“庙之言貌也，死者精神不可得而见，但以生时之居，立宫室象貌为之耳。”

"且读丰碑向岳坟"句，江顺诒在《䓞窳子》卷二第2则亦有陈述。或曰："九帅围金陵，季帅下杭州，能遂克否?"江顺诒曰："未也。逆自杨、石丧后，二李最强，俱以苏为巢穴。腹心破，首尾不能相顾。文正之行师，敌人亦知之。今鼓角从天而下，所谓出以奇，非出以正也。故吾谓灭发逆之功，以破苏州为第一。"江顺诒明言，李鸿章的淮军破苏州是季帅（左宗棠）能攻下杭州的关键条件。而在杭州之役中，蒋益澧即是重要的将领。虽如此，江顺诒仍然说蒋氏"于杭州则有功矣"（《䓞窳子》卷二），亦可见江顺诒的辩证态度。

陆机《文赋》云"遵四时以叹逝，瞻万物而思纷"，道出历来才士抒写诗情最普遍的方式。对江顺诒而言，其后半生之叹逝、思纷，多由遵杭州之四时、瞻杭州之万物而呈现。这其中尤能见江顺诒诗情、风格的，当属《望湖楼歌》《雪后登吴山大观台址，望越中诸山歌》等诗，依次转录如下：

楼上湖光翠接天，楼前湖水绿如烟。日日望湖楼上望，湖中春色最堪怜。阿侬生小湖边住，打桨西泠朝复暮。楼台兴废几经年，春风又换湖边路。高楼侧近梵王家，缓缓春开陌上花。君王多情偏好佛，繙经先诵妙莲花。唐家末造藩篱坏，锦绣临安新世界。开门节度任横行，大梁天子真无赖。登楼不肯望中原，衣带一条成两戒。九百年来旧迹寻，高楼依旧爽登临。宋嫂鱼腥馋客少，先生鳣集讲堂深（楼近在诂经经舍）。楼前十丈湖波碧，曾照当年湖上客。题诗坡老趁微醺，参禅佛子更新额（楼本名看经）。我记承平几度来，忽从楼上感兴衰。荒凉寺塔留完壁（圣因寺石刻佛像尚存），寂寞宫墙长废苔。买酒登楼曾觅句，仕女酣嬉花柳妒。冶紫妖红萃一时，雕阑十二无凭处。鬓影衫痕满路香，忽然化作劫灰场。幸留百尺依经舍，不许游人吊夕阳。双堤无限新栽柳，重来不怨刘郎后。一湖春水本无情，昔日楼中人在否。

海门一线涛头直，阅尽兴亡天水碧。越山依旧隔江青，伤心又向吴山立。吴山顶上大观台，故址犹存劫后灰。况值漫漫风雪大，琉璃世界烂银堆。树头日出铜钲掛，片片琼瑶都踏坏。云低如墨朔风严，浓皴泼出襄阳画。一角湖山兵燹经，闾阎生聚半凋零。万骨有坟埋血碧，六陵无树问冬青。锦绣繁华盛歌舞，可怜一炬皆焦土。登临曾记廿年前，踏雪寻诗最高处。避兵又买剡溪舟，天姥峰高镜里游。回望凤皇山十里，烟尘惨淡不胜愁。天河雨洗兵戈净，莺花那似当时盛。沙痕已涨渡头冰，访戴未鼓山阴兴。眼界重开万仞颠，西兴林树隔苍烟。茫茫身世多陈迹，何处江山不可怜。

望湖楼又名看经楼、先得楼，吴越王钱俶所建。此楼傍湖而建，登楼望湖，西湖景致一览无余。故历代文人多有歌咏，尤以苏轼《望湖楼醉书》最为著名，望湖楼亦因坡诗而扬名。江顺诒此诗除了开头数句描绘望湖楼景致，主要部分则是“忽从楼上感兴衰”，借题咏史。如果说《望湖楼歌》是登楼望湖，那么《雪后登吴山大观台址，望越中诸山歌》则是登台眺山。《湖山便览》卷十二曰：“大观台在七宝山绝顶，石面砥平，明胡宗宪尝建亭其上，寻圮。郡人以其基方广有类平台，可畅登眺，遂以大观台呼之，实无台也。”与前首一样，此首亦是登高抒怀之作，在咏叹历史兴亡之感的同时，更是将诗人身世之感融入其中。两诗均采用歌行体，在一定程度上体现了江顺诒诗歌创作的特点及艺术造诣。

五、“专学太白”与以歌行体为主的艺术特色

中国是诗歌国都，不同体式、风格更迭演变，绵延数千年。因此，想在中国诗史中占据一席之地，确非易事。但即便如此，华夏民族爱好诗歌的传统一直延续着。从某种意义上说，参与诗歌活动本身就是中国文人精神生命的一部分。就中国文人为诗的心理活动特点而言，或出自抒情言志的精神需求，或源自借诗交游的实用目的，或迫于诗赋取士的政治制度，或鉴于留名诗史的立言愿景……无论何种动机，悠远而丰富的诗歌资源，在为后继者提供学习门径的同时，亦为他们制造了超越的障碍。正因为如此，沿革问题成为中国诗学批评诸多标准中的内在思维范式：“沿”者重在传统，“革”者重在创新。于是，历代评鉴者界说诗人诗作，只“沿”无“革”者难跻大家之位，不“沿”仅“革”者又遭异端之斥，惟有既能入乎传统之内，又能出乎传统之外，方不失为诗学之正途。处理好“沿革”模式，接下来才是考量所“沿”的是何种“传统”，所“革”的是何种内容又有何种取向，而这其中又有路径、层次之别。故而，中国诗史之派别林林总总，主张之纷繁杂乱，旨趣之千姿百态，均可以“沿革”之眼查探。

清代诗坛可谓继唐宋之后又一兴盛时代，明末清初的易代之变既给诗人们

带来了人生抉择的痛楚，也唤起他们的诗情，或殉节、或失节、或遗民，涌现出一批重量级诗人。继而是“清初六大家”，尤其是以王士祯为代表“神韵”派影响为巨。接着，诸如沈德潜“格调派”、厉鹗的“浙派”、翁方纲的“肌理派”等诗派林立诗坛。稍后，以袁枚、赵翼为代表，不满此前重“沿”的模拟路线，倡导自写“性灵”，主张革新。此风左右着清中期诗坛，甚至波及龚自珍、黄遵宪等晚清大家。然与此同时，以姚鼐等为代表的部分诗人又持保守态度。此条学诗路径影响了清后期的宋诗派以及“同光体”。就江顺诒作诗的诗风时代环境而言，便是在这种以张扬个性而革新与延续传统而复古的共存氛围中。因江顺诒早年诗作多已遭毁或失传，但从他后来回顾自己学诗经历与宗旨的文字中可以看出，江顺诒追求的是张扬个性洒脱的诗风。《江秋珊先生事略》明确记载：“十三四岁即喜为诗歌，五古不读汉以下，七古专学太白。”前者走向了素朴，后者走向了自由，而共同点则是通俗畅达。故而《窳翁自撰年谱》自云15岁“初学作七古，有《郑孝子行》，仿《长恨歌》体，淋漓酣畅，见者诧之”。可以说，其自言诗风“淋漓酣畅”正可谓其后期诗歌的主体特征。

江顺诒早年接受教育主要在安庆，后来问学之师亦多有怀宁、桐城等籍人士，如道光二十三年，从怀宁汉学家李时溥游。江顺诒在《年谱》记载：他以诗词呈，先生曰“此小技也”，固示以汉人训诂学。先生曰“读书要识字，自小学始”，乃读许氏书。[①]这虽激起其研习汉学兴趣，以致《江秋珊先生事略》云其“通汉人训诂之学，于说文引经异同多所省明”，且撰有《说文经典异同》书稿（焚于战火），但汉学似乎并未禁锢他的性灵，亦未令他陷入掉书袋式的文学创作陷阱。因为此后江顺诒的兴趣又移向了宋学，且“于宋人学，独取阳明，能以功烈表见于世”[②]。在袒露其事功情怀的同时，亦指出其主张性灵的一面。不过，言及学宋，并不是说江顺诒诗歌走向了宋诗派。江顺诒曾说“五古不读汉以下，七古专学太白”[③]，此诗论与晚清盛极一时的“同光体”诗学主张有所不同。陈衍曾言，同光体是“同、光以来不墨守盛唐者”，以学宋诗为主，兼以学唐，但又以中唐韩愈、孟郊、柳宗元等为重，而非盛唐之李杜。当然，“同光体”诗歌真正成熟还是在光绪中期以后。江顺诒卒于光绪十年

①江顺诒：《窳翁自撰年谱》，《窳翁丛稿》稿本，上海图书馆藏。

②《江秋珊先生事略》，《窳翁丛稿》稿本，上海图书馆藏。

③《江秋珊先生事略》，《窳翁丛稿》稿本，上海图书馆藏。

(1884)，同光体那种“搜取枯瘠无华者，用以矜其识力”[①]的诗风并未影响到他。江顺诒诗歌除了前文所述几个突出题材，也创作了不少咏古、传说等历史题材的诗作。如《苏武吞毡》《邓禹杖策》《刘琨舞剑》《蕲王骑驴》《秦弄玉箫》《蔡文姬胡笳》《商妇琵琶》《梁夫人桴鼓》等。这些题材本身便是源自学问，但总体上说，江顺诒诗歌并未学那种生涩粗劲、味同嚼蜡般的学问诗、理学诗。除了前文已分析的多首作品，如《商妇琵琶》云：“枫叶芦花老大羞，空江弹出四弦秋。天涯谪宦同沦落，人世浮云等去留。湿到青衫先有泪，看来白发可无愁。教坊第一谁能识，掩面残妆上客舟。”《梁夫人桴鼓》云：“娘子军催士气豪，金焦齐拥浪花高。阵云十里沉残甲，战血千军响怒涛。直使金人惊破胆，偏教玉女赋同袍。雷轰电吼真无敌，铭鼎宜书阃内劳。”诸如此类，略识故实的读者均能从江顺诒这几近口语化的形象诗句中，品读其情感与判断。

江顺诒诗，诸如五古、七古、近体、乐府各体均有，然最具特色的还是其歌行体。除了前文评析的《浙两小吏行，柬梅鹭臣》《西湖退省庵歌》《望湖楼歌》《雪后登吴山大观台址，望越中诸山歌》等，还有多首均可以称得上“淋漓酣畅”之篇。如《题严小南越游草》云：

> 我昔皖公山下住，廿载读书犹未遇。乘舟屡借马当风，文章倏忽嗟迟暮。今日逢君已白头，各寄愁心长短句。君诗声壮我声哀，忌君才大天应妒。君昔意气何昂藏，题诗黄鹤高三唐。滕阁作序不称意，观潮掷笔来钱塘。烽烟历乱亲故散，小人有母怜空囊。负米不惜折腰苦，莺鸠决起小榆枋。一官微末何足计，消尽元龙湖海气。杀贼空随燕颔奇，上书依旧貂裘敝。有时慷慨歌淋漓，如意敲断珊瑚枝。目中岂复有卿相，笔底直欲拿蛟螭。浮沉人海嘶奔竞，焦桐未入中郎听。纵然卖赋值兼金，已得微名同堕甑。呕心囊出送穷文，打头叶败催租兴。拔剑我起为君歌，抑塞磊落君何多。布衣牧豕晚亦遇，郁轮已足掇巍科。胡为落落自高咏，使我读之涕滂沱。我亦悲歌强作达，有酒不饮君奈何。

又如《钱子奇大令题赠拙稿长歌一首，依韵奉答》：

> 海波万顷何汪洋，雄才八斗何琳琅。广陵之涛枚乘笔俱挟，磅礴一气

①林纾：《畏庐小品》，林薇选编，北京：北京出版社1998年版，第98页。

直达无低昂。昔之王孙今词客，卅年驰逐老名场。三千甲士供驱策，射潮八月来钱塘。手挟扬州二分月，珠玉咳唾锦绣肠。奇峰摇天扶不得，明星堕地疑生芒。曲江兮，曲江不在吴与越，乃在才人笔底天风吹浪浪。吴山顶上一登眺，雁宕峰头几吟啸。回首黄金台上尘，曾拓心胸赅众妙。剥肤炼气神液存，江上峰青成绝调（君诗名峰青馆）。昆明池底飞劫灰，出死入生良可哀。高翔远举殊凡众，仕宦亦许住蓬莱。诗伴酒徒几零落，六桥烟柳悲重来。两鬓虽霜兴犹在，君宁不为谪世之仙才。嗟我浙游怜避地，雨泣烟愁不得意。入山那许性命全，伤心莫话流离事。尺水无波源久枯，敢向尊前论文字。忽诵长歌意气豪，陡挽衰颓生壮志。并世先期第一流，欢然相见海东头。援袖自知非善舞，负薪且漫笑披裘。讵知一片团圞影，早费吴刚玉斧修（君先题余《明镜词稿》）。既已投我七襄天孙之锦缎，又欲饮我百尺谪仙之酒楼。一篇夺取李杜之赤帜，一卷消尽今古之烦忧。我诗堪博君一笑，须知人生富贵浮云浮。有酒我更兴蓬勃，会能追逐三岛凌十洲，便可从君觅奇句，使我当空皓月毋许渣滓留。

《叠韵再和子奇大令》云：

君诗古歌，其气惊汪洋，君诗近体，其字珍球琅。才既磅礴识尤巨，宜乎千仞万仞，首向天外昂。贱子涂抹百不就，也学傀儡强登场。乃蒙长歌相赠答，毋乃不以江海小陂塘。镜中粉黛亦题及，梅花中有铁石肠。秾艳秀夺春花色，幽隽高摘寒星芒。镂尘吹影工且致，翻然一变大笔之淋浪。溯君平山恣游眺，红桥绿水舒吟啸。书生誉本擅多才，幼妇词原推绝妙。讵逐俗吏困风尘，独抱清琴弹古调。千里繁华剩劫灰，江南忆到信堪哀。玉钩烟冷飞萤火，珠帘月黑没蒿莱。强从宦海浮家去，漫为芜城作赋来。故乡亲友凋零尽，寥落天涯老霸才。我自烽烟伤满地，二十年来不称意。高阁竟束腹中书，罪言敢陈天下事。热肠久已薄功名，结习尚未忘文字。宦途词赋几名流，此日逢君已白头。斗韵不量蚍蜉力，买醉愿质鹔鹴裘。琴尾散材爨下出，箫谱新声月底修。一曲误邀周郎顾，百尺难上元龙楼。惜哉昔会君未与，今去令我生离忧（将之任安吉）。邮筒迢递那可必，人生聚散如萍浮。贡之珊瑚入铁网，赠以杜若怀芳洲。趁墨更写诗百幅，君今曷不为我须臾留。

这三首长歌写法亦如《浙两小吏行，柬梅鹭臣》，以对比甚或是对话方式，诗意地展示了诗人与友朋之间人生经历、性格、志趣、遭际等方面的异同，尽显他们的深厚友谊以及时代感喟。而通过朴素通俗的语言，自然跌宕的节奏，诗人之性情亦得以尽情挥洒，力践“诗中有我”之旨趣。这与那种借香草美人，抑或以晦涩典故“春秋笔法”传递“微言大义”的诗篇趣味完全不同。明代徐师曾《诗体明辨序说》有云：“放情长言，杂而无方者曰‘歌’；步骤驰骋，疏而不滞者曰‘行’；兼之者曰‘歌行’。”[①]歌行体篇幅可长可短，句式灵活，声律、韵律亦较为自由；有乐府叙事特点，且融合议论、抒情等方法。这些在江顺诒诗中有突出的反映。溯其源，一则与他“专学太白”有莫大关系。这一点带给他无尽的自信，如《浙两小吏行，柬梅鹭臣》便云“出言早夺青莲席，何况碌碌尘中人”，以至于他常以李白自诩，如《雪湖歌，兼怀前会中白少溪、王勉之、李冰叔诸君》云：“香山摩诘俱豪吟，更有青莲富才藻。”如果说将白少溪、王勉之分别比作白香山、王摩诘，主要由姓氏联想所致，而以“更有”递进式转折语气，将自己视为李白，则完全在于诗学旨趣。二则江顺诒艺兼多体，但尤偏向叙事、通俗类文体，如乐府、传奇、词曲等。三则与他位居下僚的处境以及平民化的生活意识有关系。

当然，江顺诒于晚清诗坛，虽非无名之辈，但确实难登名家之列。尤其是其晚年作诗多为社课之笔，酬应无聊之作亦屡见之。兹尝试作论，用意主要有：一则一个普通知识分子能以诗歌谱写如《海上新乐府》之类咏叹新生事物之篇，且能有“放眼看世界”的胸襟，足令人感叹其不凡；二则屈居小吏之位而不掩饰求宦之心，为谋生入尘俗而又不失求雅品位，尊雅但又居平民情怀，令人感叹其真诚的同时又足令人同情其不易；三则生在诗国，作诗原为常态，然屡入诗社，虽不免酬应之作，但始终能彰显“诗中有我”之创作路径，足令人尊其诗心之不俗。

①徐师曾：《文体明辨序说》，北京：人民文学出版社1982年版，第104页。

第四章 词学集成：传统词学体系的构筑

在中国词学理论史上，江顺诒不能说是自树一帜的词论家，但绝非可以忽视者。晚清时期，江顺诒词学影响所及除了以杭州为轴心的西泠消寒社、西泠吟社、铁华吟社等成员，亦得到了如谭献等晚清名家的赏识与认可。据《复堂日记》记载，同治十一年（1873）江顺诒为刻《愿为明镜室词》，来请谭献论定。谭献阅后，认为“有婉润之致，不伧劣也”[①]，并为其词集撰序（谭序载《愿为明镜室词稿》二卷本）。光绪十一年（1885）补注云：“别十余年，秋珊词学大就，能求声音之原；又言词有衬字，辨相传又一体之非，有《词学集成》六卷。”[②]此“六卷”当为“八卷”。谭献对《词学集成》的重视与肯定，当非虚言。据《复堂日记》光绪十四年十一月朔日又载：“徐仲玉来，携《乐府补题》及予手批《词学集成》去。”[③]可惜谭献手批《词学集成》今未知藏所。另外，像谢章铤《赌棋山庄词话》续编卷三、杜文澜《憩园词话》等亦评点过江顺诒的词，不过未见他们对《词学集成》的评价。

民国期间，阅读并征引《词学集成》所辑录资料者大有人在。自唐圭璋《词话丛编》将《词学集成》收入后，江顺诒因此著与其《读红楼梦杂记》而为人熟知。当然，江顺诒上述著述只是处于被频繁引用之中，专门研究者甚

①谭献：《复堂日记》，范旭仑、牟晓朋整理，石家庄：河北教育出版社2001年版，第52页。

②谭献：《复堂日记》，范旭仑、牟晓朋整理，石家庄：河北教育出版社2001年版，第52页。

③谭献：《复堂日记》，范旭仑、牟晓朋整理，石家庄：河北教育出版社2001年版，第332页。

少。新时期以来，人们逐渐认识到江顺诒《词学集成》的价值。如霍松林主编的《中国历代诗词曲论专著提要》有云："此书确有其特色，也有其所成，但宗山以'集成'命名，则有虚美过誉之嫌。"[①]陈良运主编的《中国历代词学论著选》云：江顺诒的《词学集成》"其实大量称引了前人的论词之语，他所做的是阐释、补充或订正的工作，当然，其中也时有独到之见"[②]。蔡镇楚说，《词学集成》八卷"从渊源、体制、音韵、派别，到方法、境界、品藻，清代词学的理论体系与方法论体系已囊括殆尽，不啻是清代词学的集成之作"[③]。孙克强说："江顺诒的评论文字如果辑录出来，可以成为原创类词话。更有意义的是，江顺诒是针对词论而发的评论，与一般词话针对词作的评论不同，可视为词论研究、词论史研究著作的滥觞。"[④]诸如此类，均肯定了江顺诒论词时有新见、《词学集成》富有词学理论及方法论体系、重词论研究等特点，但同时因缺少对江顺诒词学本身的深入研究，所说多表面之言，部分观点实难服众。这其中，笔者早年撰有《江顺诒词学理论评说》[⑤]一文，首次较为全面评价江顺诒的词学理论，后来又指导研究生任建撰写《江顺诒词学理论研究》，除此，至今尚未见有其他专论。此次以全面校勘《词学集成》为前提，在广泛占有江顺诒著述资料的基础上，对早年的思考予以丰富与充实，进一步评说江顺诒词学理论的特点及其在词学史上的贡献与地位。

一、"词话"旧例的反思与"词学"系统的构筑

就江顺诒词学研究而言，关于《词学集成》在词学理论系统上的贡献，是新时期以来学者们关注最多的话题。宗山将江顺诒所撰《词话》取名"集成"，乃因此书系"聚合而成"，既有汇聚诸说之意，又有构建词学理论有机整体的用心，并非一般意义上的"集大成"。就构建有机整体之意来说，江顺诒《凡

①霍松林主编，张连第，林珂，梅运生，漆绪邦著：《中国历代诗词曲论专著提要》，北京：北京师范学院出版社1991年版，第635页。

②陈良运主编：《中国历代词学论著选》，南昌：百花洲文艺出版社1998年版，第607页。

③蔡镇楚：《中国文学批评史》，北京：中华书局2005年版，第400页。

④孙克强：《词话考论》，南开大学文学院《文学与文化》编委会编著《文学与文化》（第10辑），天津：南开大学出版社2010年版，第375页。

⑤杨柏岭：《江顺诒词学理论评说》，《安徽师范大学学报》（人文社会科学版）2003年第4期。

例》说宗山为之“条分缕析，撮其纲，曰源，曰体，曰音，曰韵；衍其流，曰派，曰法，曰境，曰品。分为八卷，以各则丽之”。刘扬忠据此，较早明确指出了《词学集成》具有词学学科体系的构筑意图，认为“编著者是把‘词学’作为一门学问来对待的。学科名称的初步明确，自然意味着这项研究事业开始从混沌状态逐渐走向独立”[①]。关于《词学集成》这一贡献，笔者早年在《江顺诒词学理论评说》一文中给予了论证与申说。此后，如彭玉平提出了“古典形态的词学应以江顺诒辑、宗山参订的《词学集成》为标志”的鲜明主张，并进一步评论道：“对各分目的安排，既有全局的权衡，也有具体分目的斟酌，其对词学的系统考量超越了此前任何一部著作，值得我们关注。”“只是江顺诒、宗山等的理论‘话语’建设尚显滞后，初步建构的词学体系不仅不完整，而且还不具备自己的面目。”[②]

正如上文说的，《词学集成》词学体系得以明晰化、逻辑化，宗山功不可没。江顺诒有幸相遇的宗山也是一位深于词者。宗山（? —1886），姓鲁氏，字小梧，亦作啸吾、啸梧，隶内务府镶黄旗汉军，铁岭（今属辽宁）人。早年依例纳捐为监生，官浙江候补同知，权乍浦同知，有《啸吾遗著》四卷（内有《窥生铁斋诗》《晦生铁斋词》《希晦堂遗文》《啸吾杂著》各一卷）等。在浙江期间，宗山积极参与江顺诒等人组织的诗社活动，其中将西泠消寒社改为西泠吟社的建议，就是他提出来的。江顺诒《窳翁自撰年谱》光绪三年（1877）记载：“诗会中，宗小梧司马因消寒会有冬而无春夏秋，因倡为月一举行之会。”[③]宗山不仅工诗文词，而且识曲，擅长传奇杂剧。江顺诒便有套曲《南北双调合套·题宗小梧司马顾曲图》[④]等作品，同时，阳湖陈烺潜《蜀锦袍》杂剧即经宗山校正、作序刊行。可见，宗山文学兴趣之广，涉猎领域之宽，均与江顺诒同，他对江顺诒“词话”初稿的解读和提炼，当是专家之举。这从宗山为《词学集成》写的识语以及《词学集成》录其词论数则中亦可看出。更何况，正如江顺诒在《词学集成·凡例》中称道，他与宗山是“文字之交，莫逆

①刘扬忠：《词学》，中华孔子学会编辑委员会组编《国学通览》，北京：群众出版社1996年版，第656页。

②彭玉平：《词学的古典与现代——词学学科体系与学术源流初探》，《中山大学学报》（社会科学版）2006年第1期。

③江顺诒：《窳翁自撰年谱》，《窳翁丛书》稿本，上海图书馆藏。

④江顺诒等编：《西泠酬倡二集》，光绪五年刻本。

最久”“唱和往还，多所指授”，既“有同好”也有共同的论词旨趣，彼此熟知对方的词学渊源。由宗山参订校雠，进而为之条分缕析，自然是江顺诒之幸。因此，江顺诒由衷而叹，宗山此举简直就是“蒉桴土鼓，俨若金声而玉振矣，岂只参订云尔哉?”

据江顺诒《词学集成·凡例》说，“此书积之数十年，有见必录，迄未成书，亦不过‘词话’之流耳”，经宗山为之条分缕析，撮其纲为词源、词体、词音、词韵，衍其流曰词派、曰词法、曰词境、曰词品，搭建了比较完整的词学研究系统。宗山在《词学集成序》中亦云：“山校雠既竣，分列子目，成书八卷，名曰《词学集成》，怂其付梓，以公同志。”不过需要说明的是，宗山的校雠与编排并非肆意为之，而是遵循江顺诒所思考的结果。可以说，江、宗二人从内外包装了《词学集成》的理论框架，源于他们都有建构词学研究系统的动机。宗山《词学集成·识》曾说：“窃念词之为道，自李唐沿及两宋，滥觞厥制，渐至纷纭歧出，有江河日下之慨。”而面对这种词学现状，“先生忧之，为之寻源竟委，审律考音，取诸说之异同得失，旁通曲证，折衷一是。所以存前人之正轨，示后进之准则”。江顺诒忧患前代词学抑或是“词话”写作旧例，反思所得的内容，便具体表现在宗山的条分缕析之中。为此，宗山特谨缀数言，并撰序目如下：

析津沿支，每况愈下。正畀闰统，祧紊鼻祖。循乃故辙，溯厥本根。为民祈祀，必先追源。集《词源》第一。

辞尚体要，无体不立。正变剖分，大小次第。物不可遗，声亦如味。爰稽其属，总有十二。集《词体》第二。

六律克谐，八风宣畅。应节角徵，调钟唇吭。已无伶伦，矧乃夔旷。如缕袅袅，谁其继响。集《词音》第三。

彦伦切韵，李登声类。差积累黍，五音几废。益则减半，损则加倍。如礼已止，竞守绵蕞。集《词韵》第四。

滚滚词源，横拥其派。泛涉者疏，专攻者隘。风归丽则，语芟荑稗。南北江河，入海而会。集《词派》第五。

法立文成，旋周旋折。异曲异诗，非庄非谑。变必归宗，反而能缩。一气转圜，是谓中则。集《词法》第六。

不离乎情，不泥乎境。托逍遥游，辟町畦径。寓目皆春，水流不竞。香象羚羊，乃臻上乘。集《词境》第七。

盈廷之官，各司其司。八珍之味，各宜其宜。析缕分条，抒以论断。希迹名流，则吾何敢。集《词品》第八。

集《词源》第一，因为中国词学史的发展犹如渡口之水沿支流分崩离析，每况愈下，亦如政治上的正统给予闰统，宗庙紊乱。因此，研究词学当如“为民祈祀，必先追源”，首先要遵循词体故辙，追溯其本根之所在。

集《词体》第二，是因为《尚书·周书·毕命》已云“政贵有恒，辞尚体要，弗唯好异”[①]，言辞只有崇尚简约纯粹之体，避免芜杂好异，方可谓“无体不立”。刘勰《文心雕龙·序志篇》亦持这种文体意识，认为只有规范文体，纠正浮诡，方可论文：“盖《周书》论辞，贵乎体要；尼父陈训，恶乎异端。辞训之异，宜体于要。于是搦笔和墨，乃始论文。”[②]唯有对词体正本清源，方能鉴明后代繁芜的词体，剖分其中的正变、大小、次第；进而就能做到众体无有遗漏，欣赏词体那如五味调和而成的美味一样的声音之美[③]。结合《词学集成》卷二，可知宗山此处针对的主要就是万树《词律》将“又一体”视为词的体制的繁芜做法。在江顺诒、宗山看来，尽管后代词体繁杂，但只要剖分正变等，便可“体要”。于是，宗山最后以佛教用十二门论解释大乘空观为喻，指出辨析词体须有开通无滞之门、穷源尽理的方法。

集《词音》第三，因为词本是合乐可歌之体，它既有六律克谐之美，宣畅八风之用，也有“应节角徵，调钟唇吭”之难。这里，宗山变《尚书·尧典》“诗言志，歌永言，声依永，律和声，八音克谐，天相夺伦，神人以合”中“八音克谐”为“六律克谐”，实则指出了词须按音律而填的独特性。至于“八风宣畅”的表述，源自《诗·大雅·崧高》“四方于宣”。对此，汉代郑玄笺曰“四方恩泽不至，则往宣畅之”，强调诗歌具有向四方宣传王道恩泽的教化功能。宗山变“四方”为“八风”[④]，其意似亦有转向，指词体具有传播民俗之大用。虽如此，然可惜的是宋以后词的唱法失传，如今已无乐人可识，更不用

①陈戊国点校：《四书五经》（上），长沙：岳麓书社2014年版，第274页。

②刘勰：《文心雕龙》，上海：上海古籍出版社2015年版，第286页。

③“声亦如味”出自《左传·昭公二十年》晏子讨论味、声之“和”的话。

④《吕氏春秋·有始》：“何谓八风？东北曰炎风，东方曰滔风，东南曰熏风，南方曰巨风，西南曰凄风，西方曰飂风，西北曰厉风，北方曰寒风。”

说等待如夔、师旷这样乐师的出现了。不过，正因为现状可哀，更要去探寻词的音律之所在。此处，宗山实则肯定江顺诒研究词学的路径，视之为继响词体之源的代表性人物，亦暗示此卷的重要性。

集《词韵》第四，是因为自南齐周颙（字彦伦）“始置四声切韵行于时”[①]，三国李登著《声类》以宫、商、角、徵、羽五声区别字音，由四声、五声求乐律的做法不断累积，致使“五音几废”，仅知韵而不知音。宗山此论是有针对性的，《词学集成》卷二曾征引其言云：“红友开辟榛芜，示人矩矱。然不究五音，不谐宫调，徒辨韵之平仄，字之增减，毋乃舍本求末，自昧其途。仆惜其孤诣苦心，不能尽如人意。”这与江顺诒的观点基本一致：“韵与音异，夫平上去入谓之韵，喉舌唇齿牙谓之音。由喉舌唇齿牙之音，可以配合宫商；由平上去入之韵，不能配合宫商。”（《词学集成》卷三）他们共同的宗旨便在遵循词体须“先审音后论韵”的规范。那么如何“审音”？宗山此处云，可以由古代“三分损益法”来实现。最后借用汉初叔孙通“绵蕞习仪”的典故，其目的就是在强调“韵生于音”就是词体的一种典章制度。

集《词派》第五，是因为词史演变为纵，而派别涌现为横，“词派”研究极为重要，但词史上泛涉众派者多粗疏，专攻某派者又狭隘，惟有以“风归丽则，语芟荑稗”为则，明确品第，统摄各家词派之优长，方可探寻出词学“百川入海”之气象。

集《词法》第六，是因为“法立文成”，无法则文不成方圆，更何况词体具有“异曲异诗，非庄非谑”的独特性，因此研究词法尤为重要。其实，从文体笔法生成来说，正如元代郝经《答友人论文法书》所言“古之为文，法在文成之后”[②]，亦如清代章学诚《文史通义·古文十弊》指出的“古人文成法立，未尝有定格也”[③]。宗山强调“法立文成”，既因词的创作须按谱填词，情感关在形式的笼子里，又因后代填词偏离了词的正体而亟待规范化，词法研究甚为迫切。于是，宗山主张后代填词既要“变必归宗，反而能缩”，又要“一气转圜，是谓中则”，回到传统的中庸思维上。

---

①宋代姚宽《西溪丛语》卷下引《高氏小史》语。姚宽、陆游撰，孔凡礼点校：《西溪丛语 家世旧闻》，北京：中华书局1993年版，第91页。

②郝经：《郝文忠公陵川文集》，秦雪清点校，太原：山西人民出版社，山西古籍出版社2006年版，第334页。

③章学诚：《文史通义》，上海：上海古籍出版社2015年版，第176页。

与其他条目诠释略有不同，集《词境》第七、《词品》第八，宗山并没有过多揭示词史之不足，而重在强调词境、词品的特征与实现的要求。至此，在《词学集成》之前，虽也有少数《词话》有意识地尝试系统设计，但无一过之。如，沈雄《古今词话》分为词话、词品、词评各二卷，且《凡例》交待云："《词话》者，旧有《古今词话》一书……兹仍旧名。""《词品》者，杨用修先生曾有四卷。兹以向无分类，而略为分类。""《词评》向无是书，错杂见于古今论列新旧刻本，因其表见者节取之，以昭历代人文，以鼓后来学者。"[①]词话、词品、词评，虽均涉及词学的概念系统，但不仅数量少，关键是沈雄等人并非从构筑词学系统的角度上运用的，而只是在考虑著作的名称。又如，徐釚所辑《词苑丛谈》共十二卷，内分七条：体制、音韵、品藻、纪事、辨证、谐谑、外编，且在《凡例》中对各条收录宗旨或标准均有说明。后来，冯金伯辑《词苑萃编》二十四卷，内分九条：体制、旨趣、品藻、指摘、纪事、音韵、辩证、谐谑、余编，便是在《词苑丛谈》基础上的改进结果。对此，冯金伯在《识》语中有过说明：

予向读兹书，更惜其序次错综，屡欲重加排纂……原书分体制、音韵、品藻、纪事、辨证、谐谑、外编七部，予于体制下增"旨趣"一部，一以溯其渊源，一以穷其阃奥也；于"品藻"外增"指摘"一部，一以见欣赏之情，一以寓别裁之意也；至"音韵"则移于"纪事"后；"外编"原载神仙鬼怪之事，但大半已散见于"纪事"门中，兹惟就各部难于附丽及可附丽而偶尔失载者，改为"余编"二卷。[②]

需要说明的，江顺诒对《词苑丛谈》体例有过评论："前人词话本少，此编比诗话而略变其例，然搜采多而论断少。其体制一卷，泛而不当；音韵一卷，粗而不精；品藻以下十卷，则仍诗话之例矣。"（《词学集成》卷一）可见，在江顺诒看来，诸如《词苑丛谈》在体例上只是"比诗话而略变其例"，并非真正的词学系统。于是，他保留该书中的体制、音韵两条，变为"词体""词音""词韵"三条，且力避"泛而不当""粗而不精"之弊；同时，对"品藻以下十卷，则仍诗话之例"的内容略而不谈，却新增了源、派、法、境、品

①沈雄：《古今词话·凡例》，唐圭璋编《词话丛编》，北京：中华书局1986年版，第730页。

②冯金伯：《词苑萃编·凡例》，唐圭璋编《词话丛编》，北京：中华书局1986年版，第1702页。

等内容；进而，为了避免"搜采多而论断少"的问题，写作时"引证前人书"后往往"抒以论断，皆加诒案以别之"，"间有已论，自成一则者，皆不书名，以省烦渎"（《词学集成·凡例》）。

可见，江顺诒、宗山有着极为鲜明的突破词话写作旧体例的意识，而江顺诒那种严分"率皆引用"和"抒以论断""间有已论""以清眉目"的做法，确实改变了前期部分《词话》内容上鱼龙混杂的现象，也更易于词学理论建构的纯粹化和逻辑化。至此，宗山条目设计比较清晰地实现了江顺诒"存前人之正轨，示后进之准则"的论词意图。从建构词学系统方面说，"存前人之正轨"，意在彰显张炎《词源》上、下卷内容的"纲"举"流"张的思路，沿袭音律、词章兼顾的词学传统。"示后进之准则"，也确实启迪了部分现代词学家的词学研究，如龙榆生就认为词学研究的范围有图谱之学、词乐之学、词韵之学、词史之学、校勘之学、声调之学、批评之学、目录之学等八项内容[①]。比较而言，除校勘、目录外，其余与《词学集成》或完全相同，或名不同而内容相近，足见《词学集成》审视"词学"系统的深度、广度及力度。

从某种意义上说，《词学集成》也折射了"同光新政"时期词学研究的风气。道、咸期间，词学著作尤以谢章铤《赌棋山庄词话》、丁绍仪《听秋声馆词话》最为典型：融入词家身世之感，采用"或因词及事，或因事及词"编写体例，形成具有历史笔记性质的鸿篇巨制。这种词话写作的激发，便来源当时危及社会稳定、民族存亡，动荡变幻甚为激烈的现实刺激场。同光新政期间，因国内外形势的变化，曾有一段归复旧物、自强求富的中兴幻象时期。词学研究便在这个氛围下达到了清代词学研究的一个丰收期。此阶段词学研究特征有三：一是像刘熙载、陈廷焯、谭献等人论词或标举品第名教，或宣扬温柔敦厚，或主张折衷柔厚，以传统诗教精神力挽词学之弊，深深烙刻了同、光时期"以儒术治天下"的学术复古趋向。二是像江顺诒等人构筑概论式的词学系统，参究杳渺难闻的远古之音，此番心平气和的写作心态，便是时代心理的一种折射。三是浙、常二派趋于融合，这犹如经学领域的学术趋向，以为汉学、宋学都有以儒术治天下的微言大义，关键是如何从复古中汲取去弊图治的良方。[②]当然，浙、常二派融合的情形因人而异，江顺诒走了继承、反思及尤重清空雅

①龙榆生:《研究词学之商榷》,《词学季刊》第1卷4号,上海:上海民智书局1934年版。

②朱维铮:《求索真文明:晚清学术史论》,上海:上海古籍出版社1997年版,第178页。

正的路子。说继承，他对浙、常二派都有旗帜鲜明地肯定，如卷五、卷六多次提到姜、张“独有千古”，卷一则赞扬张惠言《词选序》词论“高出流辈，发前人所未发”；说反思，他对两派论词都有言辞激烈的批驳，如卷一云“朱、厉二公，清真雅洁，似犹不足为正声”，卷五则云“常州词派近为词家正宗，然专尊美成。今取美成词读之，未能造斯境也”；说尤重清空雅正，他论词特重张炎，从词学体系构成、音律与词章兼顾到论词旨趣皆可看出“后人论词不出《词源》范围”的特点，甚至说“词尚清空，本无流弊，而后之作者多隐约语，此又不善学之病也”（《词学集成》卷六），在反思浙派流弊中，又指明自己追寻清空雅正的论词倾向。

二、旁通曲证与词体音律系统的构筑

宋代之后，填词因创作上难以求合宫商，故一部分词家严守格律，以期维护词体的规范性；又因音律之于词体诞生的特殊意义，故一部分词家多着眼于词体的原生态，强化音律对于词体体性的决定性意义。江顺诒属于后一种。前文曾说过，同治十一年（1872），他曾携《愿为明镜室词》请谭献论定，谭献以“婉润之致，不伧劣矣”判之，并为之作序，但也有“欲为删削”之念。然光绪十一年（1885）谭献便感慨而言：“别十余年，秋珊词学大就，能求声音之原。”[①]正如谭献所云，宗山整理《词学集成》“撮其纲曰源、曰体、曰音、曰韵”，轴心就是由“审律考音”寻觅宫商门径，探求“词皆可歌之源”。宗山在《识》语里曾用鼻祖、故辙、本根之类词语解释“词源”卷的“追源”用意。此“源”意义颇丰，如“溯源于乐府”、诗词皆关性情而“上薄风骚”等，但要义在词体的音律之源，如入乐、可歌、入调、合五音而非四声、分析宫调正变而非字句平仄等。“词体”“词音”“词韵”卷则从不同维度构筑着“追源”意图。“词体”卷从“审律定音”出发，提出“欲正词体，则不能不推求合律”“以宫调论词则无又一体”等观点。“词音”卷围绕“既欲填词，不能不辨词体；欲辨词体，不能不严音律”，讨论了音与韵、自度腔、起结防止犯他调、过腔等问题。“词韵”卷遵循“韵生于音”原则，提出了“韵与律相表里”“协律在宫商，而不在平仄”等观点。这样，合音律、可入调、能播之弦管等，便

---

①谭献：《复堂日记》，范旭仑、牟晓朋整理，石家庄：河北教育出版社2001年版，第52页。

成为江顺诒面对“词体之多，芜杂实甚”而“正其误，删其复”的终极标准。

词体之“踪迹，知之者鲜矣”，犹如“碣石黄河之故道”。然，知律吕者当知“入乐”为词生成的根本条件。明乎此，便知“盖自诗变为乐府，词与曲本不分，无不可入乐之词”（《词学集成》卷一），以及“韵与音异。平上去入谓之韵，喉舌唇齿牙谓之音；由喉舌唇齿牙之音，可以配合宫商；由平上去入之韵，不能配合宫商”（《词学集成》卷三）等道理。此处，“江氏之所谓韵与音，似即田氏（引者按：田同之）之所谓声与歌。我国之专门术语，多未经过共同审定以求划一之工作，比辞差异，在所不免，且勿具论。但江氏所谓喉舌唇齿牙可以配合宫商，而平上去入乃不能配合宫商，未免令人迷惑。独惜江氏并未进一步示人以能不能之方，不无遗憾”①。虽如此，江顺诒还是自圆其说地找到了探求词体声音之源的学理依据。刘熙载《词概》说：“曲之名古矣……未有曲时，词即是曲。既有曲时，曲可悟词。苟曲理未明，恐词亦难独善矣。”江顺诒征引后加案语说：“此论亦先得我心，于词之源流，了然豁然。”（《词学集成》卷一）既然“词与曲本不分”，则“溯词于乐府，则词为大宗”，强调了音律之于词体的本体态势。于是，追寻词之声调的“六律克谐，八风宣畅”的古乐遗风及“应节角徵，调钟唇吭”的本色美韵，便成为江顺诒研究词学的神往之境。而宗山《词学集成·识》评词音卷时曾说的“已无伶伦，矧乃夔旷。如缕袅袅，谁其继响”，哀婉叹息之余，赞赏了包括江顺诒在内的诸多词家探求词之音律的用心。

有了“词与曲本不分”及“一代有一代之乐”的认识，江顺诒进而说：“夫宫商虽失传，尚有门径可寻。”此门径主要就是“旁通曲证”，以“曲可悟词”的声音经验，理清“先审音后论韵”：“审音既定，工尺无讹，然后就一音之中，审其宜上宜去，而抑扬以判”，否则“若未审音，而先论韵，是分眇者之黑白，听哑者之雌黄矣”（《词学集成》卷三）。这是因为“以喉舌唇齿牙之音，可以配合宫商；由平上去入之韵，不能配合宫商”。具体地说，“五音四声，其理实一”，但“韵之与音，一经一纬，不可强而合”“韵生于音，非音生韵也”。既然韵与音“尚隔一层”且不能强合，也不必说由韵而通达宫商了。何况“今虽音理失传，而喉舌唇齿牙之音未失也”（《词学集成》卷三），因此，摆正音与韵的经纬关系，以五音配宫商才是正途。这在他评论张炎《词

①梁启勋：《曼殊室随笔·词论》（上册），上海：正中书局1948年版，第25—26页。

源》时有过较为详细的阐述：

> 张氏玉田《词源》二卷，其上卷曰五音相生，曰阳律阴吕合声图，曰律吕隔八相生图，【曰律吕隔八相生，】曰律生八十四调，曰古今谱字，曰四宫清声，曰五音宫调配属图，曰十二律吕，曰管色应指字谱，曰宫调应指谱，曰律吕四犯，曰结字正讹，曰讴曲旨要。其于音律之学，至详且悉，按谱求之，自无不得。何以自宋至今，俱云音律失传也？盖《词源》所列者，成词后之音律也。作者当未成调之时，必先以字求音，何字为宫，何字为商，此无定也。工字应宫，尺字应商，此有定也。由工尺而配宫商，诸谱具在，由宫商而求何字为宫，何字为商，则古人未之言也。即宋之深明音律者，亦不过宫调熟悉，以天籁得之耳。必成词后，先歌以审之，复管笛以参之，不合者改字以协之。如玉田云："'琐窗深'，'深'字不协，改为'幽'字，又不协，再改为'明'字，歌之始协。"此三字皆平声，胡为如是？盖五音有喉舌唇齿牙，所以有轻清重浊之分。张氏苟知何字为宫，何字为商，即'深'字误用，一改而得'明'字，即不用'明'字，亦必用唇音之字矣。何以改'幽'字不协，而始改'明'字，足见以喉舌唇齿分清浊，古人知之；以喉舌唇齿配宫商，古人未言也。余初以喉舌唇齿为字之音，平上去入为字之韵，自以为创，读张氏之论，实非创也。张氏所为鼻音，即牙音。（《词学集成》卷三，版本依据笔者校勘本）

在上引文字中，江顺诒思考了词学史上一个颇有意义的话题：既然张炎《词源》"其于音律之学，至详且悉，按谱求之，自无不得"，然而"何以自宋至今，俱云音律失传也？"对此，江顺诒的回答甚为深刻："盖《词源》所列者，成词后之音律也。"也就是说，张炎《词源》卷上所总结的词体音律之学，只是词成之后所固化的"有定"层面，故而虽存犹亡。接下来，江顺诒从"字""音""工尺""宫商"等填词合乐的一组概念出发，予以了解释。从词史上看，所谓"由工尺而配宫商，诸谱具在"，说的就是以音乐符号记录的音谱（乐谱）；所谓"以喉舌唇齿分清浊"，说的就是标记平仄清浊的格律谱（词谱）……这些皆属"有定"的部分，故古人能知之。唯独"由宫商而求何字为宫，何字为商""以喉舌唇齿配宫商"，古人未能言，因为"此无定也"。正因为如此，深明音律者因为熟悉宫调，且“必成词后，先歌以审之，复管笛以参之，不合者改字以协之”，从而达到了用字（音）配宫商的效果。可见，词可歌时已如此，至不可歌时，则可想而知。于是，江顺诒批评道：“凡后世词谱，有能求制谱之始，而定其字之清浊乎？判其词之宫商乎？”“今之填词，正以讹传讹，徒费思索耳。即讲求声律者，究不闻别有真传，而求用字之宫商。”“协律家以起字、结字并论，词中论字，第论其协与不协而已。应平应仄固不言，应宫应商，亦未及之。”（《词学集成》卷三）

按照江顺诒的思路，填词中用字配宫商，抑或说“求用字之宫商”，至少经过两个关键环节：一是选声入律，接近江顺诒所谓“由工尺而配宫商”之意，亦所谓“声则判宫商，一调有一调之律”（《词学集成》卷三）之意；二是审音用字，即江顺诒所谓“词则分清浊，一字有一定之音”（《词学集成》卷三）。可见，江顺诒始终站在词为乐歌的立场，指出词人按音谱填词，“易词而不能易谱，易字而不能易音”（《词学集成》卷三），而歌者按律而歌，亦须关注以“音”（字）配“声”（宫商）的问题。且不管江顺诒所论是否合理，但可以肯定其心中追求的是词可歌状态中的视听效果。北宋晏殊《浣溪沙》（杨柳阴中驻彩旌）曾记录自己的听词经验：“小词流入管弦声。”这正如苏珊·朗格所说的：“歌词配上了音乐以后，再不是散文或诗歌了，而是音乐的组成要素。”[①]当然，臻至此境界，对词人而言，尤其是用字配宫商，无疑是件极难之事。即便如制作才子的周邦彦，张炎《词源》卷下亦说他“负一代词名，所作之词，浑厚和雅，善于融化诗句。而于音谱且间未谐，可见其难矣”。对此，江顺诒亦感慨云：“其所谓未谐者，以余揣之，非选声之不克入律，实用字之未能审音也。”（《词学集成》卷三）也就是说，对美成来说，问题不出在选声入律的有定层面，而是出在“以喉舌唇齿配宫商”的审音用字的无定层面。

当然，江顺诒所畅言的探寻词体可歌的路径，其实也只是一种研究思路，抑或是词体可歌的一种学理形态。不过，江顺诒自己不这么认为。虽然“余初以喉舌唇齿为字之音，平上去入为字之韵，自以为创，读张氏之论，实非创也”，但对自己由“工尺而配宫商”的有定层面走向“何字为宫，何字为商”的无定层面，寻找到了探源词之音律的门径充满着信心：“音律之所以失传者，

①（美）苏珊·朗格：《情感与形式》，刘大基，傅志强，周发祥译，北京：中国社会科学出版社1986年版，第172页。

不在八十四调之繁多，而在字之音不知分隶何宫。夫古人之词具在，择其无错误者，先辨其清浊，次别其为喉音、舌音、唇音、齿音、牙音、半齿、半舌音，而立一格。填词时喉格用喉，舌格用舌，苟歌之而合律，则复古不难矣。”（《词学集成》卷三）他认为只要解决“字之音分隶何宫商”，复古就不难了。只是他没有想到，既然字音与宫商之间是“无定”的，那仅仅凭借既成词作总结出其中的配合规律，不也是一种“成词后之音律”吗？这不重蹈他批评张炎《词源》的覆辙吗？

可以说，江顺诒尤重《词学集成》“撮其纲曰源、曰体、曰音、曰韵”部分，在他看来，这是在纠正万树《词律》之误，更是对词学发展的一大贡献。时至晚清，批驳万树《词律》者不在少数，但江顺诒当属最尖锐、最明确且富有体系的。为此，他在《词学集成·凡例》中特作了说明：“或谓此书诋讥万氏太甚，余曰不然。古今事变，各有其时。孔子作《春秋》，孟子距杨墨，易地皆然。使余生万氏之时，亦只为万氏之《词律》，以辟《啸余》之谬。使万氏生今之时，亦能因韵以求音，因音以求体，亦能知繁声增字之所以然，余此书可以不作。”可见，江顺诒虽有并非厚薄前贤之心，但由“……余此书可以不作”一语可知，他想借助批驳《词律》之误，从而构建自己的词之声调思想，则是不争的事实。在他看来，万树加速了宫调古意遗失的进程，因为《词律》“虽校勘功深”，但“实未探乎词皆可歌之源”，不明宫调而昧于词体音律之源；同时，“仅知四声而不知五音”，未能知“因韵以求音，因音以求体”以及“繁声增字之所以然”等可歌之词的独特性；进而，于不可歌之词，斤斤计较上去平仄的不可误、不可移，提出“又一体”之说，致使词体芜杂繁多。对此，他在《词学集成》卷二云：

> 词体之多，芜杂实甚，其始误于传写，其继误于妄作。其一调而同时或增减一二字，别为一体者，大约皆增字。后人误以旁行列正，因群相仿效。（如吴梦窗《唐多令》“纵芭蕉不雨也飕飕”，“纵”字非如曲之旁行增字乎？）又或不知句读，有字数同而句异者，皆后人之误也。惟有删之一法。余拟将各调之正者审定，以古之七音十二律之宫调为经，以今之四上工尺为纬，正其误，删其复，庶榛芜之途一辟。此愿其何日偿也。

《词学集成·凡例》又云：“是书论‘又一体’之非，仅证之一二词之增字，殊不足为确据。拟博考群书，凡一调而有数体者，悉为之删繁去复，以正体列于前，以异、同各体低一格列于后。俟书成后，再为续刻。”除了在理论上澄清万树之误，还有删繁去复，纯粹词体的下一步治学方向，可惜未见他撰成此书。尽管如此，江顺诒对此充满自信，《词学集成》卷二云：

> 词体丛杂，各家词谱皆少探源之论，自别名为曲，而词遂不歌。非不歌，实多不合律，不能歌耳。歌有缠声，曲多增字，而词本亦可歌，何以无缠声、增字。始悟词之字句，一调而多寡不同，且至数体者，皆增字不旁行之误也。然宋至今无明言，一人之臆说，岂足凭乎？今阅《词麈》所论，多与余合，喜前人之先得我心。方氏于音律得其奥窔，溯源于十二均八十四调，凡诸窒碍，无不迎刃而解。今之填词者，不能悉知音律，而于四声五音之理，亦可以稍留意焉，而不为古人所欺，由是而考订词谱不难矣。故余采方氏之说最多。

此则即属江顺诒《词学集成·凡例》第四则所说的“间有已论，自成一则者，皆不书名，以省烦渎”者。面对词体丛杂现象，江顺诒认为增字、衬字是造成词体丛杂的主要原因。于是，他以曲证词，《词学集成》卷一从可歌的角度指出：“在音则为衬声、缠声，在乐则为散声、赠板，在词、曲则为加衬字，为旁行增字。”从歌词本为曲的角度说，同调之词尽管字数多寡不一，但均属一体。对于这个发现，江顺诒颇为自豪，认为除了方培成《香研居词麈》在他之前“于音律得其奥窔，溯源于十二均八十四调”，其余“各家词谱皆少探源之论”，甚至“宋至今无明言”。《词学集成》卷二曾征引宗山（小梧）之言云：“红友开辟榛芜，示人矩矱。然不究五音，不谐宫调，徒辨韵之平仄，字之增减，毋乃舍本求末，自昧其途。仆惜其孤诣苦心，不能尽如人意。”又引边葆枢（竹潭）之言云：“词有衬字之说，最确。万氏于另体多一二字者，注曰误，多游移其辞，且戒人不宜从。如知为衬字，则无是说矣。”不过，江顺诒于此二则后加案语云：“以宫调论词，驳万氏又一体之非，小梧、竹潭俱以为然。窃喜一知半解，天下后世，必有同心也。”由此语气可知，宗山、边葆枢等友朋在驳万树“又一体”的问题上，显然只是江顺诒他自己的附和者。或许江顺诒的窃喜确实源自其个人所悟而至，但笔者以为江顺诒此处又是一种盲目自信。因为词史上始终存在由音律定词体与由字数定词体的两种路数，尽管江顺诒所论更接近词为乐章的本质，但绝非如他所说，这个问题是他首次提出，抑或是真正发现的。且不说江顺诒自己提到的方培成，单说与他同时且稍早的蒋敦复便屡屡批评万树《词律》未明宫调而至词体繁杂的弊病。何况江顺诒于此还停留在“一知半解”的理论思考阶段，而蒋氏却著有《宫调谱》三卷，已付诸实施。

当然，从入调可歌作为审视词体的一种终极目标而言，江顺诒对万树《词律》的批评不无道理。只是就词学研究来说，四声平仄的格律研究毕竟有一定程度的可操作性，而茫昧杳渺的宫调、音律之学只能是对可歌之词的一种回味和想象，存在着可行性及价值性的疑虑。对此，江顺诒似乎也有所认识，《词学集成》卷二便说过：“万氏有功于词学，杜氏又为万氏之功臣。虽其书知声而不知音，然舍此别无可遵之谱，则《校勘记》之不可少也，明矣。”但接着又回到他的方向中：“然‘律’之一字，究非音律之律，亦非律例之律，不过如诗之五七律之律耳，不如仍名为谱之确也。”这里，江顺诒指出词律之“律”有“音律”“律例”“诗律”三义，认为万树《词律》、杜文澜《词律校勘记》中“词律”实则“诗律”，命名当以“词谱”为宜，足见他维护词律本为音律的执着信念。不过，同样批驳过万树《词律》的谢章铤对此就比江顺诒灵活了许多。他认为“声音之道，随时变异”，今人词与宋人词有着各自的独特性。今人“即使引商刻羽”，也很难“果复大晟之遗”。词之宫商固然不能不言，但“言宫调者，亦沿流溯源，知其意存其说焉可矣”，而不必违背“声音之道，随时变异”的规律①，漠视词之宫调难以复原的客观事实，刻意去做无用之功。

除了指责万树，江顺诒亦不完全赞成戈载“曲韵非词韵”的主张。戈载《词林正韵·发凡》论词韵，认为曲韵非词韵，因“制曲用韵，可以平、上、去通押，且无入声”，“而词则明明有必须用入之调，断不能缺”，“惟入声作三声，词家亦多承用”。对此，江顺诒以为不然：“夫平、上、去、入，韵也，非音也。歌者但求叶乎宫商，不必合乎平仄。平、上、去、入中，皆有喉、舌、唇、齿、牙之音，如歌者词中一字，必喉音始叶工尺，平声中之喉音可，即上、去、入中之喉音，皆可也。元人之曲，长套多四声兼押，短调数韵则鲜，词亦不过十数韵而止。总之，四声并押，曲可，词亦可，期于叶律而已，不必

①谢章铤:《赌棋山庄词话》续编四，唐圭璋编《词话丛编》，北京：中华书局1986年版，第3551页。

以少证多也。又闻北人无入声，皆读作平，或作上、去者，此字随音变谓之方音，不得谓之作某声，以开后人通押四声之渐。”又说：“《切韵》以下数部，皆由官定。今一百六部《佩文韵府》，亦遵之，从宽也。填词家何妨从严，而因以复古乎?”“以求词之源，则词皆可歌，词韵与曲韵何必分？词之用平上去入，何必与曲异?”（《词学集成》卷四）……诸如此类，正如前文已说，江顺诒探寻词体音乐之源，基于他对词须合宫调的基本观点，走的是“曲可悟词”的路线，因此在用韵问题上，他提出“四声并押”，宜放宽词韵。①

同时，江顺诒因过于强调“乐”的本源地位，主张“以喉舌唇齿牙之音，可以配合宫商”，而反对“由平上去入之韵，不能配合宫商”，致使其相关论述亦难合人意。《词学集成》卷一曾征引毛先舒《鸾情词话》中一段话：“南曲将开，填词先之，《花间》《草堂》是也。北曲将开，弦索【调】先之，董解元《西厢记》是也，《西厢》即【是】北人填词【也】。然填词盛于宋，至元末明初，始有南曲，其接续也甚遥。弦索调生于金，而入元即有北曲，其接续也相踵。斯又声音气运之微，殆有不可以臆测者。”江顺诒按语云：“填词入律，苟无弦索之变，北曲词至今亦可不变南曲。盖词即乐府，庙廷用之，又何曲之变哉?”如果说，此处毛先舒先是从风格上言及词有开南曲、北曲的痕迹，继而从词、曲各自系统讨论词与南北之异，尚能令人尊重历史，那么江顺诒的案语就明显忽视了词、曲各自系统的历史规定性，而仅凭“曲可悟词”的经验，抽象地思考词可歌的音乐根据了。对此，梁启勋有过细致的解析与批评，兹录如下，以为此节结语：

江氏又曰：“填词入律，苟无弦索之变，北曲词至今亦可不变南曲。”原来江氏之音律学问乃如此，无怪其谓四声不能配合宫商矣。案：北曲之兴，正以当日之入主中夏者乃漠北民族，发音之缓急轻重，词不能按，乃制北曲。然而北方无入声，四声阙一，不适用于南方，乃生南曲。假令如

①有研究者曾指出江顺诒在词韵认识上有矛盾：一方面持“四声并押”之说，主张放宽词韵，另一方面持“词韵不妨从严”的建议，故“自相抵触”（张葆全主编《中国古代诗话词话辞典》，广西师范大学出版社1992年版，第812页）。其实，这是受到《词话丛编》误列标题的结果。《词学集成》卷四有一则江顺诒案语：“《切韵》以下数部，皆由官定。今一百六部《佩文韵府》，亦遵之，从宽也。填词家何妨从严，而因以复古乎?”唐圭璋先生标为“词韵不妨从严”，误解了江顺诒之意，宜改为“词家用韵可从宽”。

江氏所言，四声与宫商无关，则古人亦何必不惮烦而委曲迁就也。至于“苟无弦索之变”一语，尤为大奇。歌曲随弦索乎，抑弦索随歌曲乎？主从不辨，其蔽也愚。江氏又曰：“词即乐府，庙廷用之，又何曲之变哉。”案：词虽亦称乐府，但庙廷上所用之乐府，决非如两宋之词。平调、清调、瑟调、鼓吹横吹，及郊庙宴飨等乐歌，虽与后世之词有几许因缘，但小令引慢等靡靡之音，定非用以奏诸庙堂者也。至于词曲之转变，全出于娱乐之需要，与朝廷制礼作乐之动机，曾无关系。东涂西抹，貌为渊博以吓人，殊非学者态度。总而言之，江氏抹煞四声阴阳而侈言音律，无论如何，恐亦不能自完其说。①

三、“词派”论与词学发展史的认识

《词学集成》八卷是宗山在江顺诒“词话”基础上的一种重新编排与整理。尽管江顺诒亦惊叹宗山所拈各则是对其词话的“丽之”，然宗山的“条分缕析”实则难以做到如盐溶于水般的自然无痕，相反各卷内容之间多存在随意归属或交错等粗糙现象。因此，笔者综合分析了《词学集成》的“撮其纲”部分，以求整体把握江顺诒关于词体音律的认识。这种互有交叉、粗糙联系的现象在“衍其流”四卷亦同样存在，故而以下分论词派、词境、词品等内容，则是以各卷所录内容为主，而又兼及他卷，再次对江顺诒词学“丽之”，以淬其精华。

文学艺术流派有自觉集合体与非自觉集合体之分，前者多有较为明确的主张与相对规范的组织形式，后者多为后人总结的结果。就中国词学史上众多词派而言，早期多为非自觉的，明季以后自觉意义上的词派方屡屡出现，著名的如云间词派、西泠词派、柳州词派、阳羡词派、浙西词派、常州词派等等。就非自觉的词派来说，自宋代始，诸如“当行”“别派”“自是一家”“别是一家”之类，说的虽是词体的作法及艺术旨趣，但已包含不同词人群体的分化，以及诸如婉约、豪放、雅正等不同风格的词派批评意识。自明代张綖《诗余图谱》明确提出“少游多婉约，东坡多豪放，故东坡称少游为今之词手，大概以婉约为正”之后，词派这个概念便进一步得以强化。像明代王骥德《曲律》卷四云“吾越故有词派”，清初王士祯《花草蒙拾》云“张南湖论词派有二：一曰婉

①梁启勋：《曼殊室随笔》(上册)，南京：正中书局1948年版，第26页。

约，一曰豪放”……加之清代之后自觉意义上的词派层出不穷，以及词学研究中对非自觉词派的不断冠名，至清末，“词派”俨然成为词家观照词史发展的重要视角，故而宗山于词学系统“衍其流”部分首拈“词派”，当属自然现象。

关于为何集词派第五，宗山在《词学集成·识》中云：“滚滚词源，横拥其派。泛涉者疏，专攻者隘。风归丽则，语芟荑稗。南北江河，入海而会。”此处，宗山充分肯定了词派在词史构筑上的重要地位，指出了历代词家泛涉和专攻的消极作用，以及规范词派引领词史的标准与方法。检读《词学集成》，江顺诒考察了词史上多个流派，亦辑录了诸多有关词派的评论，“非欲较其短长也，持是以读诸家之词，可以知所去取矣。以所得证古人之是非，而己之是非亦见”（《词学集成》卷五），而其目的是实现“存前人之正轨，示后进之准则”（宗山《词学集成·识》）的学术苦心和理想。其中，江顺诒关于词学史上诸词派的批评，亦确实贯彻了宗山所说的“风归丽则，语芟荑稗”的标准。其实，这个标准源自刘勰《文心雕龙·诠赋》“风归丽则，辞剪荑稗”之语，而刘勰又沿袭了扬雄《法言·吾子》“诗人之赋丽以则，辞人之赋丽以淫”之要求。宗山借评赋之语而论词，主要就是因为这个主张宜于也利于拯救词风。“丽”者，可谓词体的文体标志，如内容上多“绮情”，意象上多“香草美人”，语言上多讲究“绮丽”，但随着推尊词体的需要，词史上主张汲取“风骚精神”的呼声亦随之彰显，希望“体物写志”，以求“风轨”，这便是“则”。

首先，“香奁本非词格”。这是江顺诒颇为得意的主张，《词学集成》卷五首则即云：“山谷艳词，已有法秀泥犁之呵。香奁本非词格，后生小子，矜其一得，竞为秾亵之语，岂大雅所屑道哉？”至此卷最后一则征引宗山之语云：“香奁格非词之正宗，可使大千世界迷人同登觉路，吾欲比于洙泗正乐之功。”需要说明的，由宗山“香奁格非词之正宗”到江顺诒“香奁本非词格”，可以说“风归丽则”之规范程度明显增强。中国词学批评史上，词家使用“词格”既有词体体制规范上的意思，也有词体格调、品格上的要求。自李清照以来谈词格之“雅”，一直到清代中后期词品说的兴盛，称词体都是品格说的前提：“当着眼格式时，可不必晋升到品格，但若有品格意思时，则总是或隐或显地要以格式为前提。在他们看来，能合律、用字、炼句，讲片段、离合、色泽音节，即是入格；既成格调后，词作才有了品第或品类的可能。”[①]综合而言，江

①杨柏岭：《晚清民初词学思想建构》，合肥：安徽大学出版社2004年版，第186页。

顺诒使用的“词格”术语，内含着词的本原、本色和本然等多层意思，所以他的一个“本非”，不仅抹杀了香奁体在词史上的合理存在，而且也使艳词在“风骚之义”本原下失去了自救的可能性。“探源”可谓江顺诒论词一大取向，与“香奁本非词格”表述一致的，如《词学集成》卷一云：“诗道性情，古人言之详矣。今谓词亦道性情，即上薄风骚之意，作者勿认为闺帏儿女之情。”卷五云：“夫至千曲万折以赴，固诗与文所不能造之境，亦诗与文所不能变之体，则乃一骚人之遗而已矣。”

不过，尤令读者困惑的，在词派格调上，江顺诒探源所得并非《诗》《骚》本义，而是“经学化”的《诗》《骚》的阐释义理；而在词体体制上，江顺诒探源所得并非业已诗歌格律化的填词现实，而是茫昧杳渺的宫调、音律之学。其中的冲突，笔者多年前曾尝试分析过，兹转录于此：“客观地说，江、宗二人对艳词的态度，对确实是淫亵词作的批评当然有他们的合理性。但问题是，他们已成为‘稍涉香奁，一概芟薙’的矫枉过正者，既不顾词体的原生形态以及呈现的多样性，也不曾细析艳词的多层次性。而是惟以诗教的教条理念一以概之，信守‘作艳词当坠力舌地狱’的戒规，纯粹从一己的接受层面构建了词体的正变品第观念，几乎彻底否定了艳词存在的合理性……然而，他们又并非词学的门外汉，他们对词体体性的认识多有独到处……只是一旦涉及到词作主旨及体性品第等问题时，他们便远离了词体的独特性，回到儒家伦理设定的普遍性理念之中，要求词作有‘风归丽则，语芟夷稗’之力。这种对立思维，像江顺诒等人是无法认识清楚的，因为大雅君子之类的人格价值观，已成为他们生命的一部分，已是天经地义的合理存在。”①

其次，“以清空为圭臬”。与“香奁本非词格”主张一致的，是江顺诒对词尚“清空”的肯定，二者均指向了尊雅避俗的艺术旨趣。其实，《词学集成》除了“撮其纲”“衍其流”这个关乎词学系统构建的做法，具有承传张炎《词源》卷上论音律、卷下论辞章的词学研究思路，还有“撮其纲”部分赞许张炎《词源》以工尺合宫商追求音律的路径，“衍其流”部分亦充分肯定了沈伯时《乐府指迷》、张炎《词源》所倡之“清空”观。由此，江顺诒评述了词史上众多词家或派别。

其一，批评与“清空”之雅正标准相对的“淫靡”。如征引宗山“香奁格

①杨柏岭：《晚清民初词学思想建构》，合肥：安徽大学出版社2004年版，第136页。

非词之正宗”之论后，江顺诒云：“词章之学，汉宋诸儒所不屑道。淫词艳语，有害于人心风俗不少，未始非秦七、黄九阶之厉，此姜、张所以独有千古也。”（《词学集成》卷五）又如，清代陶元藻《香影词自序》曾云：“倚声之作，莫盛于宋，亦莫衰于宋。尝惜秦、黄、周、柳之才，徒以绮语柔情，竞夸艳冶。从而效之者加厉焉。遂使郑卫之音，泛滥于六七百年，而雅奏几乎绝矣。”对此，江顺诒说：“词之坏，坏于秦、黄、周、柳之淫靡，非有巨识，孰敢议宋人耶？”（《词学集成》卷五）其实，陶元藻主要是为秦、黄、周、柳等人有才，“徒以绮语柔情，竞夸艳冶”，助长郑卫之音泛滥而惋惜，并没有说词之“淫靡”自秦、黄、周、柳方出现。不过，江顺诒改变这个意思，其言下之意，秦、黄、周、柳等人之前的词似乎没有淫靡之风，这显然不合乎词史实际。与“香奁本非词格”一样，这种极端之言反映出江顺诒某种一贯倾向。

其二，批评与“清空”之古雅峭拔标准相对的“质实”“豪气”等。江顺诒曾征引张炎《词源》卷下“词要清空，不要质实。清空则古雅峭拔，质实则凝涩晦昧”之论，以及有关秦少游、晁无咎、辛稼轩、刘改之、康与之、柳屯田等人词评语后，云：“以梦窗之才，尚不免质实之弊，后之尚词藻者，可知矣。扬秦而抑柳，辛刘为别派，自是确论。”（《词学集成》卷五）江顺诒对梦窗的态度，与张炎十分接近，他们并非彻底否定梦窗词，而主要是批评其中的“质实”方面。同样，与张炎虽指责“质实”但更反对“俗”一样，江顺诒则明确反对“淫靡”。进而，张炎所谓“雅词”，兼有格式、品格的双重要求。像他认为“辛稼轩、刘改之作豪气词，非雅词也。于文章余暇，戏弄笔墨为长短之句耳”，就是因为所谓的“豪气词”，既指品格上的粗豪等现象，也指格式上的不合音律等问题。因为“非雅词”，而被视为“别派”，江顺诒“辛刘为别派”之论，正延续了张炎的主张。至于“扬秦而抑柳”之论，尤其是“扬秦”与前文已说的“词之坏，坏于秦、黄、周、柳之淫靡”的说法并不一致。究其原因，笔者以为这是江顺诒因阅读陶元藻、张炎二人论述引发的自相矛盾之说，同时亦反映出《词学集成》尚存在不够严谨的现象。

其三，批评后代词家不善学“清空”之病。江顺诒曾引丁绍仪《听秋声馆词话》卷十五转述郭麐《灵芬馆诗话》之语云：“谓近日倚声家，莫不宗法雅词，厌弃浮艳。然多为可解不可解语，令人求其意旨而不可得，【此何为哉？】足为【专】学浙派者他山之错。”对此，他加案语曰：“词尚清空，本无流弊，而后之作者多隐约语，此又不善学之病也。”（《词学集成》卷五）又引戈载语云：“词以空灵为主，而不入于粗豪；以婉约为宗，而不流于柔曼；意旨绵邈，章节和谐，乐府之正轨也。不善学之，则循其声调，袭其皮毛：笔不能转，则意浅，浅则薄；笔不能炼，则意卑，卑则靡。”且加案语曰：“此为学玉田者针砭。”（《词学集成》卷五）又引吴衡照《莲子居词话》卷一云：“词忌堆积，堆积近缛，缛则伤意。词忌雕琢，雕琢近涩，涩则伤气。”加案语曰：“南宋以后诸家，率多此弊。此白石、玉田所以独有千古也。”（《词学集成》卷六）诸如此类，江顺诒所批评的主要是浙派后期词学的陋习，打着学习“清空雅正”的幌子，然或“多隐约语”，或“循其声调，袭其皮毛”，或“堆积近缛”，或“琱琢近涩”，暴露出诸多不善学之病。

其四，明确提出“以清空为圭臬”的论词旨趣。江顺诒屡驳“清空”之对立面，实已彰显其论词的宗旨。除此，《词学集成》还有多处正面揭示“清空”的地位。沈伯时《乐府指迷》云：“词之作难于诗。盖音律欲其协，不协则成长短句【之诗】。下字欲其雅，不雅则近乎缠令之体。用字不可太露，露则直突而无深长之味。发意不可太高，高则狂怪而失柔婉之意。思此则知所以为难。”江顺诒征引后云：“宋人论作词，已以清空为圭臬矣。”（《词学集成》卷五）乍读此案语，令人费解。词史上明确主张“清空”之论，自宋末张炎始，此处何必刻意强调“宋人”？然细思之后，江顺诒似乎是说，张炎论词倡“清空”只是对宋代以清空作词的总结。如上文所引沈伯时总结的作词方法，虽未见“清空”之词，但如他关于协律、求雅、深长、柔婉等要求，与江顺诒对“清空之词”的体会基本一致。同时，江顺诒征引上引沈伯时之语时，将“用字”改为“用意”，“直突”改为“直实”，“发意”改为“发议”，似有意为之，从填词本身而言，亦更为准确、贴切。进而，江顺诒始终标举“清空”批评标准，纵议宋词诸派。如云：“酸腐者，道学语也。怪诞者，荒唐语也。至粗莽，则苏、辛之流弊，犯之甚易。若险丽而无镂刻痕，则仍梦窗一派，而未臻姜、张之绝诣也。”（《词学集成》卷六）又如，针对蔡宗茂《拜石词序》“词盛于宋代，自姜、张以格胜，苏、辛以气胜，秦、柳以情胜，而其派乃分”，有云“以苏、辛、秦、柳与姜、张并论，究之格胜者，气与情不能逮”（《词学集成》卷五）。再如，“梅溪、竹屋，去姜、张一间耳”（《词学集成》卷五）……诸如此类，彰显“清空”词派的意图已极为明显。

需要补充的，江顺诒在《词学集成》卷六一方面指出“后之论词与作者皆不能出《词源》所论之范围”，充分肯定张炎词学的地位，为自己词论张目，另一方面依据秦恩复《词源跋》所载，《词源》一书“元明收藏家均未著录”，故见者少，虽“陈眉公《秘笈》【只】载半卷，【误】以为《乐府指迷》；又以陆辅之《词旨》为《【乐府】指迷》之下卷。【至本朝云间姚氏，又易名为沈伯时，】承讹袭谬”，指出：张炎《词源》在传承中“几乎佚逸。万氏红友、朱氏竹垞，俱未言及，其未见此书可知”。这里，江顺诒提出了一个极其重要的话题：清代朱彝尊、厉鹗等浙西词派论词彰显“清空”旨趣，这显然是延续张炎《词源》词学主张的结果。尤其是朱彝尊，词学界几成如此共识：“在词学理论的继承上，姜派词人之中惟有张炎的《词源》以理论形式系统地阐述过词学主张。因此，朱彝尊不独在创作上引姜派词人为同调，而且在理论上也与《词源》产生共响。”从词学主张上看，朱彝尊等浙西词家倡“雅正”“清空”，以姜夔词为尊等主张，张炎《词源》均有系统论述，且朱彝尊自题其词云：“不师秦七，不师黄九，倚新声、玉田差近。”不过，这里说的是填词旨趣，就词学研究而言，江顺诒指出朱彝尊等人未见张炎《词源》一书，的确值得重视。

对此，我们也很难理解朱彝尊未见张炎《词源》，而论词又明显承接其脉络的现象。然读《词综·发凡》等论著，可见其提及沈义父《乐府指迷》、陆辅之《词旨》等，确未睹其言及《词源》一书。当然，这么说，并不能说朱彝尊不知《词源》中有关尊白石，倡清空、骚雅等内容。只是从《词源》版本源流上看，尽管有明抄本《词源》二册[①]，但此本传播范围极其有限。相反，在清代初期传播较为广的是因陈继儒《续秘笈》中《乐府指迷》上卷所录《词源》卷下内容（署张炎《乐府指迷》，明宝颜堂秘籍本）。清康熙四十四年（1705），孙致弥辑、楼俨补订《词鹄初编》十五卷刻成，《词源》附于卷首，书名《乐府指迷》题张炎撰。此刻亦只收《词源》下卷，当从陈继儒《续秘笈》本。此本朱彝尊应当读过，其《群雅集序》有云：“姚江楼上舍俨若工于词，囊留京师，辑《词鹄》一书，业开雕槅，行既而悔之……上舍请易书名，予名之曰《群雅集》。”[②]由此可知，楼俨补订此书时，遵朱彝尊之意，更名为

①冀淑英辑：《自庄严堪善本书目》，天津：天津古籍出版社版1985年，题近人周叔弢藏。

②朱彝尊：《曝书亭集》（上），上海：国学整理社1937年版，第492页。

《群雅集》。而有意思的是，在《词综·发凡》中，朱彝尊明确将《乐府指迷》署名权归为沈义父，而非张炎。进而，若比较张炎《词源》与朱彝尊《词综》及相关论述，在对待寿词等具体问题以及相关词人评价上，也存在诸多不一致的地方。换句话说，“清空”“雅正”之论以及推尊白石等倾向，在元代陆辅之《词旨》中也有直接的反映。据《词综·发凡》，朱彝尊曾明确言及此书（尽管此书理论上又源自张炎《词源》），是否可以说朱彝尊有关“清空”“雅正”主张，或许源自于此，不得而知。至此，就目前资料而言，说张炎《词源》对朱彝尊有直接影响，抑或说朱彝尊阅读张炎《词源》而深受启迪，均需要有进一步的佐证材料。

第三，词史发展观以及其他词派评价。词史观是考量词家词学宗旨倾向及词学成就的重要内容。前文已说，由宗山《识》中“滚滚词源，横拥其派”句可知，江顺诒、宗山是在词史发展中思考词派的。关于词史演进，江顺诒在《词学集成》卷一有过相对全面的集中交待：

> 比词于诗，原可以初盛中晚论，而不可以时代后先分。如南唐二主似唐之初，秦、柳之琐屑，周、张之纤靡，已近于晚。北宋惟李易安差强人意。至南宋白石、玉田，始称极盛，而为词家之正轨。以辛拟太白，以苏拟少陵，尚属闰统。竹山、竹屋、梅溪、碧山、梦窗、草窗，则似中唐退之、香山、昌谷、玉溪之各臻其极。晚唐之诗，未可厚非，元明之词不足道。本朝朱、厉步武姜、张，各有真气，非明七子之貌袭。其能自树一帜者，其惟《饮水》一编乎。尤《序》固非探源之论，《词绎》所云亦未得其要领。

其一，赞誉南唐词。除了上引文字中将南唐二主词誉为诗之初唐，《词学集成》卷五又云“词自太白创始，至南唐而极盛，温润绮丽，后鲜其伦”，将南唐词抬得更高。当然，前文已指出江顺诒论词存在不能自圆其说的矛盾现象，好在此处所谓“至南唐而极盛”之论，并不影响他推尊南唐词的用心。同时，除了南唐，还有温、韦为代表的五代词。对此，或许要遵循“香奁体本非词格”之观念的要求，江顺诒在案语中涉及不多。其中值得注意的是《词学集成》卷一有云：“词在五季，正如诗在初唐，有陈、隋之绮靡，故变为各体之宏大。有晚唐之纤薄，故变为小令之秾厚。此亦时势使然，与兴亡之国势不相涉。”江顺诒此则是在阅读徐师曾所言“厥后行卫尉少卿赵崇祚辑为《花间集》，凡五百阕，此【近代倚声】填词之祖也”，及其所引陆游所论“诗至晚唐五季，气格卑陋，千人一律；而长短句独精巧奇丽，后世莫及。此事之不可晓者”之后的案语，故他所说的“五季”主要指花间词。尽管将南唐、花间词同喻为诗之初唐，但南唐词“温润绮丽”与花间词“绮靡”“纤薄”还是有差别的，故前者有“极盛”“后鲜其伦”之赞，而后者只是后来词史“各体之宏大”“小令之秾厚”的前期准备。不过，江顺诒以“此亦时势使然，与兴亡之国势不相涉”，解释陆游对晚唐五季诗词发展之异的困惑，虽不免抽象玄虚，但确实对反思文学发展的社会决定论有积极意义。

其二，抑北宋而尊南宋。江顺诒虽有词史之“南北二宋，其文中之八家乎”（《词学集成》卷五）之叹，但其两宋词之辨的意识甚为显著。其中，“北宋惟李易安差强人意”，其余或如黄庭坚、秦观、柳永、周邦彦、张先等人词涉及琐屑、纤靡，则是“词之坏”的始作俑者，故屡遭江顺诒的讥贬；或如苏轼等人词涉及不合宫调抑或粗豪（“至粗莽，则苏、辛之流弊”）等问题，也被他视为“雅词”之外的另类。对此，前文在讨论“清空”词论时已有分析。补充一点，江顺诒除了批评“以辛拟太白，以苏拟少陵”之喻“尚属闰统”之见，又针对黄庭坚评东坡《卜算子》（缺月挂疏桐）“语意高妙，似非吃烟火食人语。非胸中有数万卷书，笔下无一点尘俗气，孰能至此”之言，评曰：“此非抬高词人身分，实古人‘狮子搏兔，亦用全力’，非同后人浮光掠影也。”（《词学集成》卷七）可见，他对苏轼词及其影响的评价，褒贬兼有。至于南宋词，江顺诒大体分为三种情况，一是“词家之正轨”的姜、张词，是词史“极盛”的代表；一是“辛刘为别派”，乃系“闰统”；一是如竹山、竹屋、梅溪、碧山、梦窗、草窗等人，各臻其极，但“未臻姜、张之绝诣”，犹如诗之中唐。尽管南宋词情况也比较复杂，但相对于北宋词，词体之“正轨”在南宋，词史之“极盛”也在南宋。

其三，“元、明之词不足道”。立足于“一代有一代之乐”以及“乐”对诗词的规范性的认识，江顺诒对包括词体在内的文体演变规律，亦有着自己的体会与认识。《词学集成》卷一曾针对徐釚《水云楼词序》“元人杂以俳优，明人决裂阡陌”二语感叹道：

词之坏于明，而实坏于元。俳优窜而大雅之正音已失，阡陌开而井田之旧迹难寻。夫词变为曲，犹诗变为词，非制曲之过，乃填词之过。然曲之粗鄙，制曲者取悦于俗耳，则元人不得辞其责矣。

在江顺诒看来，词之所以“坏于明，而实坏于元”，并非因为“曲兴而词亡”之俗见。尽管元人制曲难辞其责——因为曲之粗鄙致使词“取悦于俗”，但关键“乃填词之过”。此论不乏新意，《词学集成》卷一又云：“乐府亡而词作，词亡而曲作。非亡也，盖变也。本有所不足，变一格以求胜，而本遂亡。”既云“非亡”又云“亡”，貌似颠倒错乱，实又体现了江顺诒的思考。说“非亡也，盖变也”，是因为乐府、词、曲皆系歌词之不同“格”式，“格”变而“本”依在，故不云“亡”，只能云“变”。说“本有所不足，变一格以求胜，而本遂亡”，是歌词形态均有其各自的音乐体系规定性——“调”，即所谓某歌词形态之“本”。当“本有所不足”时，先是“变一格以求胜”，此“变”往往改变的就是歌词音乐的规定性。于是，量变而至质变，故又说“本遂亡”。由此，江顺诒所谓“本”，既有广义的音乐性，又有狭义的各个歌词的音乐体系等含义。前者只有“变化”、量变，后者则会有“亡”、质变。

元明词所以不足道，除了词体音律之“本遂亡”，还有此时词风的不雅及论词之粗陋等现象。清代吴衡照《莲子居词话》卷四有云：“词至南宋，始极其工，秀水创此论，为明季人孟浪言词者示救病刀圭，意非不足。夫北宋也，苏之大，张之秀，柳之艳，秦之韵，周之圆融，南宋诸老，何以尚兹。”对此，江顺诒颇为不满，认为：“明人之孟浪，即北宋之粗疏，何必以南宋压倒明人乎?”（《词学集成》卷五）江顺诒不满北宋词已见前文分析，此处进而将明代词与北宋词等同，认为根本上无力与南宋词比较。此论确系“新见”，但如此“酷评”又是江顺诒词评的特色之一。朱彝尊《黑蝶斋词序》曾谈到“词莫善于姜夔”，然后缕述宗之者直至明代的杨基，且云“基之后，得其门者，或寡矣”。对此，江顺诒案曰：“先生论词，未尝菲薄明人。”细揣此句，江顺诒并非从承接清空论的朱彝尊那里汲取自我反思的营养，反而是对朱彝尊提及明代词感到诧异，甚至是遗憾。

其四，清代浙派、常州词派。关于清代词，江顺诒论述不多。概括而言，略有三端：一是“本朝朱、厉步武姜、张，各有真气，非明七子之貌袭”。此端当是江顺诒一贯尊奉的路径，此路径即在“清空”“雅洁”。不过，江顺诒看出了朱彝尊、厉鹗等人各自的时代与个性的选择，所谓“各有真气”，值得重视。二是“其能自树一帜者，其惟《饮水》一编乎”。对此，江顺诒解释不多。只是《词学集成》卷五引顾梁汾云“容若词一种凄婉处，令人不忍卒读。人言愁我始欲愁”，陈其年云“饮水词，哀感顽艳，得南唐二主之遗”，依此，大体可知江顺诒赞誉纳兰性德词之缘由。三是“常州派近为词家正宗，然专尊美成。今取美成词读之，未能造斯境也”（《词学集成》卷五）。因张惠言并没有“专尊美成”的明确倾向，而周济提出的宋四家门径则主张“以还清真之浑化”，故《词学集成》虽未提及周济，但依此可知江顺诒其实已从整体上解读了常州词派。至于江顺诒为何对周邦彦不满，前文已说，不再赘说。关于常州词派开创者张惠言，《词学集成》卷五曾全文征引过张氏《词选序》，认为“常州张皋文先生校录唐宋词凡四十四家，仅一百十六首，可谓严矣”，又云“此论高出流辈，发前人所未发。然如朱、厉二公，清真雅洁，似犹不足为正声”，在肯定张惠言论词之开拓性的同时，从“然”这个转折语气中，实则又可看出他并不赞同张惠言对姜、张及其清空风格之词的态度。因此，江顺诒尽管认识到“常州派近为词家正宗”，但并未沿袭他们的论词路径，仍执着于“清空”词趣。于是，他在评价金应珪《词选后序》“近世为词，厥有三蔽”论断时，便说：“此皆词人之通病，即诗人何尝不蹈此弊，作词者当废然返矣。”（《词学集成》卷六）虽有肯定，但并未认为这是常州词派的独特见解。

至此，江顺诒通过对词派的评价，基本上陈述了自己关于词史发展的认识。其中不乏新颖之见，但总体上说，江顺诒之论因执着“风归丽则，语芟荑稗”，畅言“清空”，所论仍多有偏激之嫌。这其中与江顺诒仅就历代词论而评述的做法有莫大关系。从某种意义上说，江顺诒多是“观念层面”的评述，缺少对词的创作全面而切实的考察，故而往往会陷入观念先行的误区。

四、“词境”诸论首次汇集与词境理论的阐释

从以境评词的观念史来说，江顺诒的词境观无疑是一个重要的阶段。可惜，学界对此并未给予足够的重视，即便有学者提及也未作系统分析，个别观点还有待商榷。《词学集成》之前，以境评词主要作为审视词与其他文体离合关系的一个参照点。如刘体仁《七颂堂词绎》说“温柔敦厚，诗教也；陡然一

惊，正是词中妙境”，可知词体富有反叛诗教的独特性，以及“词中境界，有非诗之所能至者，体限之也”的道理。江顺诒也曾说过“诗词曲三者之意境各不相同”（《词学集成》卷七））之类的话，但《词学集成》在有构筑词学理论体系的显豁意识下，列出“词境”一卷，且能成规模地汇集词境诸论，抒以论断，间有己见，这在词学史上还属于首次。接着，陈廷焯区分诗境与词境之后又追逐“诗词一理”，梁启超把“新意境”看作贯彻他文艺功利观的突出层面，况周颐把“词境”当作他词学艺术观的一个必不可少的环节，到了王国维便把“境界”推上了词学思想的轴心地位，成为词体独特性的本体性存在。江顺诒标举词境另一个突出贡献便是对词境的阐释。我们认为宗山《词学集成·识》介绍“词境卷”时，说的“不离乎情，不泥乎境。托逍遥游，辟町畦迳。寓目皆春，水流不竞。香象羚羊，乃臻上乘”，基本上代表了江顺诒的思想。故，以下结合江顺诒的论说，试作分析：

词境之生成须以“不离乎情，不泥乎境”为前提条件。此论鲜明指出词境艺术时空与人间世相之间不即不离的关系。吴縠人《红豆词序》曾说像“驻枫烟而听雁，舣葭水而寻渔”等，“此其境与词宜”；像“金迷纸醉之娱，管语丝哇之奏”等，“此其情与词宜”。从表述语气上，吴縠人已经在极力寻觅词家情境的个性，但江顺诒还是认为“此序长言之未足也”。在他看来，“诗与文，不外情、境二字”，但是“词家之情境，尤有所宜”（《词学集成》卷七），吴縠人的不足就在于未能说清尤有所宜的词家情境。究其原因，江顺诒在评点杨文荪《洛州唱和序》时有过说明：“词之言情，乃诗之赋体也”，“比兴二体，不外体物、赋景二事”，但是词不能作赋体，“词一作赋体，则直陈其事，有是词乎?”填词多用“比兴”，体物、赋景易于渲染情感，离形得似，情思转折及节奏变换方显得更为丰富；若仅用赋笔，因直陈其事而过泥于境，桎梏于形似，传达情思的力度丧失，难以彰显词体的言情特征。可见，“不泥乎境”的目的是“不离乎情”，“情”才是词境更为本质的要素。

词境之获得须“托逍遥游，辟町畦迳”的想象和创造。江顺诒认为，苏轼之所以写出像《卜算子》（缺月挂疏桐）的“语意高妙，似非吃烟火食人语”（黄庭坚语）的妙境，乃“实古人狮子搏兔，亦用全力”的结果，而“非同后人浮光掠影也”（《词学集成》卷七）。有了词人固有的超越品格，主体心神的全力投注，自然情境超越的实现，就可能言情则绮而不靡，体物则离貌追神，赋景则典而不滞。赵庆熺《花帘词序》曾云“不处愁境，不能言愁；必处愁境，何暇言愁?”该序借助“愁”字，既清楚地说明了“不离乎情，不泥乎境”的辩证关系，也生动地描绘了“托逍遥游，辟町畦迳”那一次次主动性的用心过程，其中渗透着审美距离、移情等美学思想。而江顺诒称其“此专言愁，固作词者之妙境，而即读词者之佳话也”，说明他既肯定了词境中直根身世之感而流动着的生命意识[①]，也反映出他认识到了词境化育须超越自然情境，启动想象和创造的艺术规律。

词境之特征以“寓目皆春，水流不竞”的清新典雅为高。这是宗山从词作风格角度解读江顺诒词境观的结果。应该说，江顺诒心中的词境风格类型并不单一，但总体倾向是清空雅正。如《词学集成》卷七征引潘功甫评闰生词的“如踏雪孤岭，落花空潭，口香莓苔，食冷烟火”，钱筱南评白坡词的“婉约清空，缠绵深致，无纷然杂出之语，有往复不已之思”等。这里，值得一议的是他的三境界说。蔡宗茂《拜石山房词序》记载他阅读顾翰词的体验有：

> 始读之，则万萼春深，百色妖露，积雪缟地，余霞绮天，此一境也。再读之，则烟涛澒洞，霜飙飞摇，骏马下坂，泳鳞出水，又一境也。卒读之，而皎皎明月，仙仙白云，鸿雁高翔，坠叶如雨，不知其何以冲然而淡，翛然而远也。

宗白华十分重视上述引文以及江顺诒“始境，情胜也；又境，气胜也；终境，格胜也”的案语，并以此说明他的“境界层深创构”思想：认为“‘情’是心灵对于印象的直接反映，‘气’是‘生气远出’的生命，‘格’是映射着人格的高尚格调”，如此蔡、江三境界就是“从直观感相的模写，活跃生命的传达，到最高灵境的启示”。[②]笔者十分同意宗先生的“境界层深创构”理论，也承认蔡宗茂三境界有在“按之弥深”的阅读进程中，把接受体验分为三层传达的意思。但关键是，若完整阅读了《拜石山房词序》，可知蔡氏三境界当作如是观：始读之境界是“秦、柳妍丽”，再读之境界是“苏、辛豪宕”，又读之境

①谭献《愿为明镜室词稿序》曾说江顺诒“感士不遇，憔悴婉笃而无由自见于世”，说其词作“是亦离骚小雅之意，而出之劳人思妇之口”。而江顺诒在《词学集成》卷七又说曹稼山《玉壶买春词序》“颇得词之三昧”，因为词序阐述的便是“天下伤心之致多矣……故欲曲折达意，庶几倚声能之”之意。

②宗白华：《中国艺术意境之诞生》，《艺境》，北京：北京大学出版社1987年版，第155页。

界是“姜、张清隽”。如此解释，才能契合顾翰学词“转益多师”，“凡姜、张清隽，苏、辛豪宕，秦、柳妍丽，固已提袂而合唱，无俟改弦而更张已”的创作实际。这三者“各造其极”而无轩轾，各宜其宜地有机构筑着顾翰词境，并无主次褒贬之分，正是“词盛于宋代，自姜、张以格胜，苏、辛以气胜，秦、柳以情胜，而其派乃分”的体现，只是在读者重构中具有了动态层深创构的性质。江顺诒也是从宋词三派“各造其极”的角度，提出他三境界主张的。不过，他已由蔡氏三境界的平等相待，发展到更为重视“格胜”。《词学集成》卷五曾说“以苏、辛、秦、柳与姜、张并论，究之格胜者，气与情不能逮”，体现出他尤重清隽雅正的审美趣味。宗白华可能是由于受到江顺诒的影响而误读了蔡宗茂的三境界说。

词境由“香象羚羊”“而臻上乘”。如冠久《心庵词序》云：“是故词之为境也，空潭印月，上下一澈，屏智识也；清磬出尘，妙香远闻，参净因也；鸟鸣珠箔，群花自落，超圆觉也。”以禅喻词，从屏智识的虚静、参净因的腾越到超圆觉的浑然，分三层创构了词境的动态体验。对此，江顺诒评价道，“以禅喻词，又为词家辟一途。羚羊挂角，香象渡河，知不仅为诗喻矣”（《词学集成》卷七），肯定了词境与诗境在终极艺术极诣上的共通性。而面对词境化育的多层超越以及香象羚羊极诣的实现，江顺诒又有着丰富的感受。他曾说，“诗词曲三者意境各不同，岂在字句之末？”（《词学集成》卷七）不同文体意境的规定性，并不在作品字句的外在迹象上，譬如《会真记》的“碧云天，黄花地”非即范仲淹《苏幕遮》“碧云天，红叶地”乎？《词学集成》卷七曾专门摘录过《词概》“词之妙莫妙于以不言言之”等条则，并有“得词家三昧”之类的案语。意在说明词境不在字句之末，但并非不言，而是不离言语而又不泥语言的“寄言”。毛大可《鹤门词序》有言，“大抵词必有意、有调、有声、有色，人人知之。若别有气味，在声色之外，则人罕知者”。江顺诒征引后云，“此固词之妙境，而亦文之妙境”（《词学集成》卷七），词境如同文境，极境的最终实现不在“辨其何意、何调、何声、何色”的支离解读，而在众多因素整合后的“别有气味”，是对味外之味的整体观照。如此，才是“香象羚羊，而臻上乘”。

五、类化、序化与写苦心：词品说的系统思考

江顺诒之前，王昶、郭麐、杨夔生、刘熙载等人已对词品观念作了开拓、深化及提升。因此《词学集成》列出“词品”一卷并不算新奇。不过，江顺诒在沿袭刘熙载词品观念的同时，着重探索了词品的类化审美；在承继郭、杨二人词品类化审美的同时，又着重开拓了词学领域的“写苦心”词品思想；在用事实反驳了谢章铤“词不能品”的同时，由“写苦心”而“称词体”，完成了词学史上独具个性的词品观，这又是一个不能不谈的论题。

“品”原本就有等级、品第之意，晚清词家论词又极好参正变、辨门径、讲雅俗、原本末，故论词求“品第”在词坛呈蔓延之势有着内合之理。江顺诒在《词学集成》卷八附录前的识语里也说：“填词小技，固不必以言举人，亦不必以人废言。然此中亦自有品在。”于是他摘录四则，紧扣序化品第观念极重人格的特点，以人品与文品合一为旨归，阐释他人文互重的思想。所谓“稼轩仙才，亦霸才也”，故其词悲歌慷慨，笔无点尘，激昂排宕；所谓“文有因人而存者，人有因文而存者”，故陈子龙《湘真集》“固因其词而重其人，又实因其人而亦重其词也”。又如，江顺诒受到周在浚（字雪客，号梨庄）《借荆堂词话》“余意所谓情者，人之性情也”“古无无性情之诗词，亦无舍性情之外，别有可为诗词者”等观点的启发，指出：“诗道性情，古人言之详矣。今谓词亦道性情，即上薄风骚之意，作者勿认为闺帏儿女之情。”（《词学集成》卷一）再如，《词学集成》卷五曾征引过许宗彦《莲子居词话序》，并由其中的“命意幽远，用情温厚，上也；词旨儇薄，冶荡而忘反，醨其性命之理，则君子弗为也”，进而提出“香奁本非词格”的命题，说明他的“品之纯驳”思想。此命题未免有些绝对，也与多香奁、闺帏之作的词史实际相离，但理论主张本身便表明了论者的倾向性。

与以人之性情德性为底色的序化品第观念相比，从某种意义上说，像《二十四诗品》以“比物取象”方式分类辨识诗歌艺术风格，并冠以“品”字，走的是类化审美的诗品观念。受到《二十四诗品》的启迪，后来不同艺术门类都曾出现过拟作、续作。这又有两种情况：一是仍如《二十四诗品》那样“只标妙境”，作艺术风格上的分类描述。如郭麐的《词品十二则》、杨夔生的《续词品十二则》

以及黄钺的《二十四画品》等。江顺诒也有此类现象。如《词学集成》卷七虽名“词境”，然此则多有言及词品，近似传统词品说的类化审美方式。如说姚燮《（潘星斋）小鸥波馆词序》五节“可拟词品之五”（柔腻、疏秀、明润、俊逸、绵远），姚燮《张次柳词序》“云有登临之作，有游宴之作，有投赠怀感之作，亦可补词品之未及”，姜垵（汝长）评毛奇龄词之论“可入词之绵邈品”，杜范《跋翁处静词》与董国华《二白词序》“当入词之清逸品”等。二是由“写苦心”而“标妙境”，对“为文之用心”作“比物取象”式的描述。如袁枚的《补诗品》、江顺诒的《补词品二十则》等。袁枚《续诗品三十二首有序》曰：“余爱司空表圣《诗品》，而惜其只标妙境，未写苦心，为若干首续之。陆士龙云：虽随手之妙，良难以词谕，要所能言者，尽于是耳。”[①]此三十二品目为：崇意、精思、博习、相题、选材、用笔、理气、布格、择韵、尚识、振采、结响、取径、知难、葆真、安雅、空行、固存、辨微、澄滓、斋心、矜严、藏拙、神悟、即景、勇改、著我、戒偏、割忍、求友、拔萃、灭迹。

据江顺诒弟子徐珂回忆，江顺诒《补词品》（亦名《续词品》）二十则（仅存十九则）极可能是他的绝笔之作[②]，其中的品目多受袁枚《补诗品》（亦名《续诗品》）的影响。其中，崇意、用笔、尚识、辨微、取径、振采、结响、著我八品全同，布局、敛气、押韵、戒亵、聚材、善改、去暇、行空、妙悟八品，略变袁枚《续诗品》中布格、理气、择韵、戒偏（亦综合“安雅”等品）、选材、勇改、澄滓、空行、神悟等品目而来，唯考谱、言情等品堪为江顺诒自创，以合词品之意。江顺诒曾明确交代：“昔随园补诗品三十二首，谓前人只标妙境，未写苦心，特为续之。诒于词品，亦同此论，因仿其意得二十首。”可见他深化词品观念的意图十分明晰。与序化品第观念不同，这些品目无等差纯驳之别，诚如宗山《词学集成·识》所说的“盈廷之官，各司其司。八珍之味，各宜其宜”。因此，我们不能按先后次序分出轻重缓急，甚至由此提出与江顺诒整个词学理论相矛盾的观点：《词学集成》以“撮其纲”“衍其

①刘衍文、刘永翔注：《袁枚续诗品详注》，上海：上海书店出版社1993年版，第1页。

②徐珂：“江秋珊师撰《补词品》，自谓仿袁随园之《补诗品》，得二十首。宗小梧师激赏之，谓：‘《补词品》二十则为化工之笔。’是固皆言二十则也。珂得是稿，乃仅十九。谭复堂师昔亦云然，深致慨惜。岂稿有脱简？秋珊师未及复。按：遂谢宾客，而以十九则流布人间欤？原题标二十，今曰十九，纪实也。乙丑中秋，杭县徐珂仲可谨识，于上海寓庐之天苏阁。”（见朱景彝《三家词品》）案：据徐珂所言，《补词品》十九则极可能为江顺诒绝笔之作。

流”组阁他的词论框架，意在重视词体音律，但《补词品二十则》却首开“崇意”，把应属“撮其纲”部分的考谱、押韵之类却置于后端。当然，即便承认《补词品二十则》各品目无等差纯驳之分，也还有个问题。即，卷一意在“循乃故辙，溯厥本根”而尤重音律，但《崇意》品也说“七宝楼台，炫人耳目。叩厥本原，毫无归宿”而尤重含蓄。两者开头皆要“必先追源”，岂不冲突？其实，“声文谐会，乃为佳制”，音律与词章相共振，是词学史的一个优秀传统，各有各的本原，并不矛盾。江顺诒也不例外。

江顺诒词品观念也是对郭麐、杨夔生《词品》的反思。虽说郭、杨二人都曾极力寻觅词体独特性，一些品目也确实吻合于词，但总体而言，所分条目拘牵《二十四诗品》而更多雷同，以至遭到谢章铤“胶柱鼓瑟，可笑孰甚”，“是固（词）不必品，且亦不能品”[①]的指责。而江顺诒选择以写苦心标妙境的路径，使得在“称词体”问题上有了重大的突破。可以说，他的十九则词品实质就是填词用心方法的总论，其中不乏经验之谈和词学传统思想的积淀。他能拓展这样的词品观念，与他词学思想的一贯追求密切相关。《词学集成》“纲”谈音律，“流”说词章，明显染有晚清词坛“峻词体”和“畅词趣”两派的痕迹，也昭示着他在兼顾之中又倾向“峻词体”派的特色，求合词体体性是他词论的核心。刘熙载《诗概》云：“诗格，一为品格之格，如人之有智、愚、贤、不肖也；一为格式之格，如人之贫、富、贵、贱也。”[②]前文已说，晚清词家使用“格”类术语时，有个普遍的规律，即当谈格式之格时，可以不必晋升到品格之格；当谈品格之格时，则必须首先以格式之格为前提。江顺诒尤为重视格式之格，这是词格晋升到词品，富有词体本色的前提。通过写填词苦心，用事实回答了“词亦可以品”。写苦心，江顺诒是通过“比物取象”和“抒以论断”相互关联的方式，予以落实的。二者或交错出现，或相互镶嵌，给人以耳目一新之感。若惟以“比物取象”形容出词体的“引刻幽眇”，确非易事，也易让人产生与诗品雷同的印象。而用“抒以论断”辅助，填词苦心就宜于呈现，在“称词体”的基础上，也增添了词品观念的理论色彩。不过，总体说来，“比物取象”还是基础，个别品目如《布局》《敛气》《取径》《结响》《行空》等，更

①谢章铤：《赌棋山庄词话》卷十二，唐圭璋编《词话丛编》，北京：中华书局1986年版，第3467页。

②刘熙载：《刘熙载集》，刘立人，陈文和点校，上海：华东师范大学出版社1993年版，第114页。

是以此为主导。故而宗山才有“他日拟请善画者，以灵飞经小楷书之，泐之贞珉，拓出以诒同好”的愿望。

对江顺诒词学思想而言，《补词品二十则》既是重要的补充，也是一次提炼和汇总，具有独立性的品格。其中《崇意》品的“词贵含蓄”成为统帅各条目的核心。《崇意》本身便强调所崇之意当是貌如花后的味，力避“一览无余”；《用笔》则主张“得缩字诀，是谓之词”，力避“雄而且健”；《布局》要求“千岩万壑，尺幅见之”，力避“刻舟无剑”……直至《妙悟》的“一转秋波，十分春到”，从填词苦心各个层面，践诺了“词贵含蓄”的本原。进而，江顺诒融合并反思浙、常二派，且更视清空雅正为重的词学思想，也尽见其中。如《崇意》品已明确说过“七宝楼台，炫人耳目。叩厥本原，毫无归宿”，《著我》品则树立了“玉田公子，白石神仙”的标准。而《尚识》品则以“风雅之调，离骚之篇”为准的，发挥“美人香草，十九寓言”的常州词派比兴寄托观。直至《著我》品在树立张炎、姜夔标准后，接着又明确强调“已有千古，岂无后贤”追逐清空雅正并非模拟的结果，而是源于个人性情的著我。再者，江顺诒并未停留在填词的经验感受及技巧层面，而是借助“比物取象”方式，对词体艺术作了深层观照，提升到对艺术时空的本体关注。如《考谱》品云“天籁人籁，长吟短吟。自在流出，杳不可寻”，《辨微》品说“辨之几希，得之窈渺。一息纷缊，一丝袅娜”，而《行空》《妙悟》二品更是一种以词体为契机的艺术境界哲学的形象描绘。如此，方能说读懂《补词品二十则》写苦心标妙境的真正目的。

至此，江顺诒在《词学集成》卷七曾言：“艺必专而后精，不独词为然。而古人之为词，则专心致志，非仅以余力及之也。”①联系宗山《词学集成·识》中所云“江先生秋珊，宏才绩学，尤工倚声。折肱于此，垂三十年”，当可深刻感受江顺诒企慕古人专心治词的深意。以上我们从五个方面评说了江顺诒词学理论，在强调他与宗山对“词学”的系统建构的同时，着重指出了他们对词体音律、词派、词境与词品较为全面的思考，其中卷六“词法”因创新之见偏少而未专论。尽管江顺诒不少说法值得商榷，有的更属偏见，但就以上所论，足以证明《词学集成》独具个性的价值。

---

①前人释“以余力及之”，或从精力、时间分配上言，或从对对象的重视程度上说，江顺诒此则从艺之“专”“精”上分辨，不失为对“诗余”说的一种新解。像其他艺术一样，唯有“艺必专而后精”，与精力分配、重视程度无必然关系。

第五章　才子性灵:词的创作特色

同治八年（1869）春仲，江顺诒刊行《愿为明镜室词稿》九卷，同治十二年（1873）仲春又刊行二卷本，两本均自刻于杭州。与九卷本对照，二卷本属于修订本，一则有删改，所删主要是九卷本中的情词、艳词，包括《花底拾遗集》三卷；二则有增补，像卷二《八声甘州·湖山策马图》之后词作，均系重新校梓时补入的。除了九卷本、二卷本，据笔者所见，秦缃业等辑《西泠酬倡集》初集、二集、三集录有江顺诒词作29首，其中三集中有7首亦载于民国期间《词章杂志》第4卷；杜文澜《憩园词话》录有3首，其中第2首《甘州·芦雪》亦见于《西泠酬倡集》初集5卷；另外，陈烺潜《燕子楼传奇》卷上录有1首、王韬《海陬冶游附录》卷中录有1首、《申报》光绪丙子五月十七日（1876年6月18日）刊载2首等，均未载于《愿为明镜室词稿》。①

百余年来，关于江顺诒词，不乏名家的关注。谭献同治十一年（1872）记曰：江顺诒“刻《愿为明镜室词》，来属论定。有婉润之致，不伧劣也。欲为删削，江君固有意重刻”②。据此可知，谭献此时读到的是江顺诒词稿九卷本，故而他所撰写的序言刻在江顺诒重刻词集二卷本中。又如，谢章铤《赌棋山庄

①笔者对江顺诒词集予以了整理，将九卷本命名《愿为明镜室词稿》（与二卷本重复者以二卷本为主），二卷本卷二《八声甘州·湖山策马图》以下词作为《续》集，其余辑得者为《补》集，故下文例举词作不再一一注明原刊信息。

②谭献：《复堂日记》，范旭仑、牟晓朋整理，石家庄：河北教育出版社2001年版，第52页。

词话》续编卷三载，他曾读过江顺诒词集二卷本，并针对江顺诒词集自序所云，认为他并非“短于情者”[①]，可谓抓住了江顺诒词的特点。再如，今人严迪昌《清词史》尽管批评江顺诒词在反映太平天国起义方面存在缺陷，但仍然认为他的“词很有名，又著有《读红楼梦杂记》，编过《词学集成》，为世人熟知”[②]。虽如此，至今江顺诒词并未得到系统研究，故笔者尝试评析，以求方家指正。

一、填词动因：移性、移情到任性

江顺诒平生重文，涉猎诗、文、词、曲、传奇、小说等诸多文体。中年捐纳入仕后，更是以“屈在衙官”身份积极组织或参与社集活动，赢得论者“素称风雅”之誉[③]。不过，江顺诒所作诗、曲，所撰《诗话》，未见结集刊行，或散见于他著，或已不知去向；散文曾刊行过政论文《越俎卮言》二卷，余则未见结集付梓；小说有《读红楼梦杂记》行世，至于颇受时人关注的《镜中泪传奇》又因亡佚而无传；惟有词，无论是词话《词学集成》，还是词集《愿为明镜室词稿》，均刊刻于生前，且得以传世。

其实，江顺诒习诗作文早于填词。如《江秋珊先生事略》即云其“十三四岁即喜为诗歌”，《窳翁自撰年谱》记载更为详尽：9岁读毕《诗经》，13岁作“八韵诗”，14岁始作七律诗，15岁“初学作七古”……在清军平复太平军之前，已有多部诗集达数千首诗，可惜的是这些作品均遭战火而焚毁。至于江顺诒问津词学的时间，其友宗山在《词学集成・识》中曾言：“江先生秋珊，宏才绩学，尤工倚声。折肱于此，垂三十年，著有《明镜词》。”宗山此《识》落款未署时间，按常理当与《词学集成》刊刻时间相近。据《窳翁自撰年谱》光绪七年（1881）“是年，刊《词学集成》”的记载，上推“垂（接近）三十年”，那么江顺诒习词大约在咸丰元年（1851），正近而立之年。

值得注意的是，这个时期正是江顺诒性格及人生观发生改变的重要阶段。

①谢章铤：《赌棋山庄词话》续编卷三，唐圭璋编《词话丛编》（四），北京：中华书局1986年版，第3532页。

②严迪昌：《清词史》，南京：江苏古籍出版社1990年版，第484页。

③杜文澜：《憩园词话》卷六，唐圭璋编《词话丛编》（三），北京：中华书局1986年版，第2985页。

据《江秋珊先生事略》载，江顺诒“少聪颖，天性惇笃，不苟言笑”，“初性拘谨”，而“卅以后，乃变为圆通，脱头巾气习”。江顺诒此番由收到放的性格变化，在其后来所作的《愿为明镜室词稿自序》（1869）中也有反映：

余性刚而词贵柔，余性直而词贵曲，余性拙而词贵巧，余性脱略而词贵缜密，余性质实而词贵清空，余性浅率而词贵蕴蓄。以余为词，不几南辕北辙乎？顾阅历世途，动辄得咎，未尝不悔。悔而终不能改，非不欲改也。先事无定力，临事无忍心，事后则翻然不及矣。乃学为词，冀以移我性也，然后移我情矣。性则如故，今落拓半生，不复有所建白。惟思觅湖山一角，结庐作归老计。因先取旧所为词，删得九卷付之手民，词之不工，诚自知之。柳堤梅屿间，徜徉啸傲，或夕阳半落，或明月当空，四无人声。持此卷而长吟，复取短笛以相和，庶几世虑俱忘，将不仅移我情，而可以任吾性乎？同治己巳春仲识于杭州旅次。①

在这篇自序中，江顺诒首先提出了一个重要的词学理论命题，即词人性格与词体特性的关系问题。其中，他除了对自己的性格特征有交待，还就词体的审美特征提出了“六贵”观——贵柔、贵曲、贵巧、贵缜密、贵清空、贵蕴蓄。同时，此段论述极易让读者联想到中国古代文论中“人文合一”的命题。譬如，谢章铤便针对江顺诒所云而发挥道：

余谓此秋珊謦言，以写其不平耳。夫人文合一，理所固然。究之人自有人之性，文自有文之体，凡秋珊之所言者，其故在不深于情耳。深于情则刚无不柔，直无不曲。当于性中求情之用，若徒求柔求曲，则词格未工，而心术或先病矣。②

接着，又举例指出“然则秋珊，岂短于情者耶?”故而证明江顺诒所言性格与词体不合，乃是其“謦言”，目的在“写其不平耳”。谢章铤确实看出了江

①江顺诒《愿为明镜室词稿自序》九卷本、二卷本略有不同，二卷本当为修改稿，兹引九卷本，以保存原貌。其中“非不欲改也。先事无定力，临事无忍心，事后则翻然不及矣”句，二卷本无此段；“然后移我情矣”句中“然后”，二卷本为“然而”；“删得九卷”，二卷本无；“春仲”，二卷本为“仲春”。

②谢章铤：《赌棋山庄词话》续编卷三，唐圭璋《词话丛编》（四），北京：中华书局1986年版，第3532页。

顺诒位居下僚，而又“不肯因人缘倔强，胡为入世任沉浮”（江顺诒《五十初度》之七），抒写不平之气的一面；同时，谢氏批评那种不能“于性中求情之用”，而一味求合某种文体中某种审美趣味的做法，也是有道理的。虽如此，但笔者以为，谢章铤并未完全识破江顺诒此篇序言之所指。结合上文关于江顺诒性格变化的说明，诸如序中所说的刚、直、拙、脱略、质实、浅率等特征，实则指自己早年的性格，即“初性拘谨”时期的诸种表现。而正因为这种性格在处世中动辄得咎，于是“乃学为词，冀以移我性也，然后移我情矣”。这就是说，他想通过填词活动改变自己的性格，慰藉自己的精神。此番关于填词动因的说明，可谓与众不同。虽说经过数十年的填词活动，“性则如故”，并未彻底改变自己的性格，但持词集而长吟，“庶几世虑俱忘，将不仅移我情，而可以任吾性”。至此，江顺诒通过填词活动，完成了原先性拘谨，试图移性、移情而后任性的螺旋式上升的历程，以期达到“人文合一”的境界。

回观江顺诒所云“卅以后，乃变为圆通，脱头巾气习”的性格变化，当主要指处世方法、行为方式的变化，而不只是词人性情气质的改变。同时，笔者注意到，江顺诒在自序中谈到希望通过填词“移我性”“移我情”，而最终达到“任吾性”时，除了由“移”到“任”这个动词的变化呈现出超越桎梏的自由诉求，实现文艺疏导人们情思的美育功能，还有就是人称代词由“我”到“吾”的变化。这令笔者联想到了庄子一个著名的命题——吾丧我。《庄子·齐物论》开头云：

> 南郭子綦隐机而坐，仰天而嘘，荅焉似丧其耦。颜成子游立侍乎前，曰：“何居乎？形固可使如槁木，而心固可使如死灰乎？今之隐机者，非昔之隐机者也。”子綦曰：“偃，不亦善乎，而问之也？今者吾丧我，汝知之乎？女闻人籁，而未闻地籁，女闻地籁而未闻天籁夫！”

关于“荅焉似丧其耦”，陈鼓应注释云：“按‘耦’作‘偶’，即匹配；通常解释为精神与肉体为偶，或物与我为偶。‘似丧其耦’，即意指心灵活动不为形躯所牵制，亦即意指精神活动超越于匹对的关系而达到独立自由的境界。”[1]庄子所谓“丧我”即是“丧其耦”也，即消除人与我、物与我、灵与肉之间的对待关系。因此，这个“我”代表处在诸种对待关系中的意识主体——一种偏

①陈鼓应：《庄子今注今释》，北京：中华书局1991年版，第34页。

执的“我”，而“吾”则是消除我见，屏弃我执，消解自我中心之后的纯粹主体。关于古汉语中“吾”与“我”用法，元代赵德《四书笺义》曾曰：“‘吾’‘我’二字，学者多以为一义，殊不知就己而言则曰‘吾’，因人而言则曰‘我’。”[①]从今天文法来说，“吾”与“我”的区别在于主位（就己而言）、受位（就人而言）。可见，庄子云“吾丧我”，不是要丧失身体或意志，而是要摒弃我见，丧失“成心”，回到自然的、本真的我。联系《愿为明镜室词稿自序》所云，尤其是江顺诒晚年“惟思觅湖山一角，结庐作归老计”，于“柳堤梅屿间，徜徉啸傲，或夕阳半落，或明月当空，四无人声。持此卷而长吟，复取短笛以相和，庶几世虑俱忘，将不仅移我情，而可以任吾性乎？”可知江顺诒也是从“世虑俱忘”的角度，指出吟诵自己所填词，不仅“移我情”而且可以“任吾性”，承继的正是庄子“丧我”“坐忘”的思想，他对“我”与“吾”的使用亦似有意而为之。

江顺诒这种“任吾性”填词、读词态度，与其诗学追求是一致的。清代嘉庆以后的诗风环境，是一种以张扬个性而革新、延续传统而复古的共存氛围。据江顺诒后来回顾自己学诗经历与诗学宗旨的文字记载，可知他尤为青睐那种张扬个性的洒脱诗风。如《杭州杂作》九首之三即言“十五学诗歌，狂言凌太白”，《江秋珊先生事略》又明确记载“十三四岁即喜为诗歌，五古不读汉以下，七古专学太白”，五古以素朴自然为美，七古以自由洒脱为归。若从文学思想史角度说，江顺诒作诗填词，承继的是明代李贽“童心”说、公安派三袁“独抒性灵”、清代袁枚“性灵”说、龚自珍“童心”说等文艺思想传统。因资料有限，未见江顺诒在此方面的过多论述。不过，从江顺诒《补词品》深受袁枚《补诗品》影响的现象来看，他对袁枚是有研究的。如袁枚《续诗品三十二首有序》曰：“余爱司空表圣《诗品》，而惜其只标妙境，未写苦心，为若干首续之。陆士龙云：虽随手之妙，良难以词谕，要所能言者，尽于是耳。”[②]而江顺诒《补词品》自识中亦说：“昔随园《补诗品》三十二首，谓前人只标妙境，未写苦心，特为续之。诒于词品，亦同此论，因仿其意得二十首。”

若进一步分析，江顺诒不仅在《补词品》写作意图上延续袁枚《补诗品》的精神，而且半数以上的品目亦源自袁枚。此处以《著我》品为例，袁枚《补

①赵德：《四书笺义》补遗，清守山阁丛书本。

②刘衍文，刘永翔注：《袁枚续诗品详注》，上海：上海书店出版社1993年版，第1页。

诗品·著我》曰："不学古人，法无一可。竟似古人，何处著我。字字古有，言言古无。吐故吸新，其庶几乎。孟学孔子，孔学周公。三人文章，颇不相同。"江顺诒《补词品·著我》曰："玉田公子，白石神仙。已有千古，岂无后贤。空谷之兰，渌水之莲。各占其候，各擅其妍。冰魂濯月，瘦影含烟。寒香冷翠，跂脚高眠。"虽一说诗，一说词，但从袁枚"竟似古人，何处著我"到江顺诒"各占其候，各擅其妍"，所强调的都是"性灵"说要求的抒写个性，注重创新的要义。于是，与江顺诒诗歌一样，其词亦多以个人生活为轴心，多是自我精神的诗意描绘，通过私人化、日常化的题材实现求真求自然的艺术旨趣。在清代后期学人之词主导的词坛风尚中，江顺诒词凭借"移我性—移我情—任吾性"的创作倾向，呈现出另一番活色生香。

二、江顺诒的情史与情词

江顺诒《愿为明镜室词稿》九卷，各卷名称依次为《霓裳学谱》、《白门水仙操》、《吴山琴话》、《花底拾遗集》（上中下）、《孤山梅讯》、《双鬟待唱》（二卷）。可以说，其词风亦如卷名，以情词或闺襜之作居多，流溢出浓郁的香艳气息。不过与此相对的，他论词时似乎别是一番面孔，他一本"风归丽则"的标准，批评秦观、黄庭坚等人词之淫靡，尊崇姜夔、张炎等人词之"清空""雅正"，《词学集成》卷五认为："词之坏，坏于秦、黄、周、柳之淫靡，非有巨识，孰敢议宋人耶？""山谷艳词，已有法秀泥犁之呵。香奁本非词格，后生小子，矜其一得，竞为秽亵之语，岂大雅所屑道者哉？""词章之学，汉宋诸儒所不屑道。淫词艳语，有害于人心风俗不少，未始非秦七、黄九阶之厉，此姜、张所以独有千古也。"

由此，读者心中不免生疑，江顺诒词论与创作岂非矛盾？诚然，但须先弄清写闺襜之词的复杂性。对此，谢章铤有过辨析："纯写闺襜，不独词格之卑，抑亦靡薄无味，可厌之甚也。然其中却有毫厘之辨。作情语勿作绮语，绮语设为淫思，坏人心术；情语则热血所钟，缠绵恻悱，而即近知远，即微知著，其人一生大节，可于此得其端况。"[①]江顺诒所谓"香奁体"或许指的就是谢章铤说的"绮语"。但即便如此，因为在宋代秦、柳以情胜，苏、辛以气胜，姜、

①谢章铤：《赌棋山庄词话》卷四，唐圭璋编《词话丛编》（四），北京：中华书局1986年版，第3366页。

张以格胜三派中，他明确指出“以苏、辛、秦、柳与姜、张并论，究之格胜者，气与情不能逮”（《词学集成》卷五）。何况，通过下文分析，读者自然能分辨出，江顺诒所填情词虽不能全部归入“香奁体”，但亦绝非他所期待的“大雅”品第。因此，理论与实践之冲突在江顺诒词学活动中仍然存在。只不过从创作角度说，他频繁刻画自己的情感经历，实乃“移我性”“移我情”乃至“任吾性”的创作态度的反映。

江顺诒实乃多情之人，平生情史已构成其私人生活的重要组成部分。述及江顺诒情史，首先当关注他的金陵情缘。据《窳翁自撰年谱》，自道光二十三（1843）至咸丰二年（1852），江顺诒五赴金陵应试，期间留下了“泛棹秦淮，寻芳莫愁”的香艳故事。其中，与金陵歌妓水仙子的情缘尤令其刻骨铭心，也是当时江南文坛广为传播的一段文人轶事。对此，20年后，江顺诒还在《高阳台·补绘愿为明镜图》词序中回忆道：

> 余少填《镜中泪传奇》，自号“愿为明镜生”，因绘为图。游白门，遇水仙子，丰姿绰约，与图中人十九仿佛。出图相质，疑有夙因。未几，烽烟历乱，图与图中人俱化去。廿载天涯，久无绮梦。兹以词稿付梓，因补斯图。非冀有后缘，实深感前遇也。对凌波之姗影，能无回首凄然？

围绕江顺诒这段金陵情缘，近代名人王韬曾专门撰写《水仙子》文①予以进一步演绎。无论是江顺诒自己，还是王韬，均渲染了这段情事的传奇性：（1）两人相遇虽系偶见，但似有夙因；（2）因图中人与现实中人相似，而添两人缘分；（3）图与图中人俱化去，乃因战乱所致（王韬《水仙子》更是将“水仙子”塑造成投江而死的贞节之女）。或许可以说，两人情史实为一种乱世传奇情缘，“水仙子”即是江顺诒心中的乱世佳人。这无疑激发了词人的创作欲望。《愿为明镜室词稿》九卷之二，名《白门水仙操》。白门，即金陵；《水仙操》源于春秋时期伯牙学琴故事。其中，清代蒋文勋《二香琴谱》载：“伯牙学琴于成连先生，三年而不成。成连云：‘我师方子春在东海中，能移人情。’乃与俱至海上，成连刺船而去，旬时不返。伯牙延望无人，但闻海水汹涌，林岫杳冥，萃鸟啁啾。悄然而悲曰：‘先生移我情哉！’援琴而作《水仙》之曲，

①王韬：《淞滨琐话》，刘文忠校点，济南：齐鲁书社2004年版，第140—144页。

遂为天下妙。”[1]值得注意的是，王韬《水仙子》在叙及江顺诒金陵情缘时有一段描绘：

……女乃拨琵琶，轻拢漫捻，音韵悠扬。歌声忽发，裂石惊云。弹至中间，忽作波涛澎湃之声，天风浪浪，海山苍苍，几若令人置身在高山流水之间。生静听移时，不觉为之抚几太息，曰：“卿真能移我情矣！”女曰：“此名《水仙操》，乃妾所自制者。妾生长水涯，自号‘水仙子’……”[2]

古琴曲《水仙操》乃借学琴比喻“精神寂寞，情之专一”的态度，由此尤其是从“移人情”“移我情”等语词中，亦可看出与江顺诒《愿为明镜室词稿自序》所述填词主张一脉相承之处。《白门水仙操》之命名，当与他在金陵那段情史有关。此卷开头有《金缕曲》咏水仙花四首。名“花”配“美人”，这是中国诗歌传统的意象构筑方式，但更是江顺诒填词最为典型的一种构思方式。若联系他的金陵情人“水仙子”之名，可知这组词当非一般意义上的咏物之篇。细读之，这组词在亦花亦人中，更是借“水仙花”美化了其心中“水仙子”之品貌。如第一首云：

冷守青皇令，笑群芳，香闲梁园，色枯陶径。不借东风吹煦力，寒破嫩芽齐迸。更叶叶、青排翠并。选石安根泥尽浣，女儿身，出世原清净。尘莫污，护明镜。　海天旧事宜重省，忆一曲，瑶琴罢弄，谁怜孤影？缥缈迎来舟一叶，粉色波光相映。衬玉佩、湘环齐整。比似冬山酣睡了，倩南檐、晒得螺鬟醒。冰不冻，素心冷。

此阕上片在与群芳对比中，说水仙花与众不同，她的洁净出身更是寄托着词人怜香惜玉的呵护之思；下片在演绎水仙花为尧帝女儿娥皇、女英化身的传说的同时，结合水仙在阳光沐浴下出叶绽放之事，寄寓着词人的深情厚谊。就咏物而言，此阕可谓尽显水仙之纯洁、孤冷的风貌。值得注意的，上片刻意强调水仙“女儿身，出世原清净”，下片“海天”数句又隐约含有“水仙子”身为歌妓的信息，这种看似矛盾的表述正是词人对“水仙子”态度的真实反映。

①范煜梅编：《历代琴学资料选》，成都：四川教育出版社2013年版，第25页。

②王韬：《淞滨琐话》，刘文忠校点，济南：齐鲁书社2004年版，第142页。

这组《金缕曲》其余三首各有侧重，但思路相近：或借水仙花生长过程，表明其幽静高洁的品貌。如第二首与梅花比较，云“窗外梅花香易散，算黄昏、一水同清浅”；第三首尊之为“瑶品”，并与各类名花比较，上片云“瑶品超凡草，忆蓬壶，镂雪栽迟，耕烟种早。别具风姿尘以外，不比看诗脱帽。更不似，装成妖袅。高致翛然风露冷，只疏香，压得名花倒。来月下，袂全缟”等。或将之拟人化，表达水仙花需要用情呵护之意，如第二首云“可惜瓷瓯春不到，少了蜂依蝶恋。只一种、幽芬谁管？”第四首云“冬闺遥想垂帘幕，任无情，为谁憔悴，不教吹落。自擘衍波笺一幅，谁伴吟炉高阁？”或是从词人用情的角度，抒写词人面对水仙花的复杂心情。如第三首云“罗袜凌波珊影瘦，只宜他，檀几晶盘好。相对坐，被花恼”，借用黄庭坚名句“坐对真成被花恼”，说水仙花品貌气息撩人，欲静而不达，抒写词人爱之太甚反而致怨的心绪。第四首云“笑陌路，赠将勺药。底把明珠容易失，到而今，枉悔当时错。疑结了，他生约”，对早年未珍惜而如今追悔的伤感。

如果说上述《金缕曲》组词在揭示词人情事上，是通过“花中有人”“亦花亦人”的方式含蓄地表达，那么《白门水仙操》卷其余作品则多为直言情事之篇，有的甚至可以说是十分露骨。如《丑奴儿》六首云：

一场好梦分明在，不分西风。吹响帘栊，总觉模糊忆煞侬。　也知不放匆匆过，细把娇容。铸入双瞳，别后何曾到眼中。

风流绝世无人并，竟得相逢。但得相逢，也算书生福分浓。　脂痕粉影遥相映，月在长空。磨出青铜，不信情天路不通。

依依相见偏无语，款曲相同。欲说还慵，作个生疏不敢通。　低头缓把齐纨拂，袖底微风。衫影朦胧，微露抹胸一点红。

堂前倩影相逢熟，耳语防娘。隔座何妨，移过湘妃椅一张。　象牙烟管刚三尺，纤手亲装。香口亲尝，不避傍人递与郎。

画堂帘子朝来卷，苦恨斜阳。没个商量，燕子催归又一双。　可怜私语无人处，不是西厢。不是东墙，小犬金铃也要防。

为谁早起留真样，粉褪残妆。发腻余香，约略宵来梦一场。　迟眠不为眠难稳，恨不空房。学赋鸳鸯，写得新诗没处藏。

或因词人自己亦感到这组词过于艳俗，因此在重梓校勘词集二卷本时，只选录了其中相对典雅的第五首。这组词以叙事口吻，记述了与某女子由思慕、相见到结合的全过程。其中两人相处的情节、线索，乃至细节都极为清楚，全然为书生狎妓之作，也符合江顺诒赴金陵应试与歌妓“水仙子”相处的经历。当然，该组词中的女子形象与《金缕曲·水仙花》中的幽静典雅的水仙花形象迥然有别，如“脂痕粉影遥相映”“衫影朦胧，微露抹胸一点红”“为谁早起留真样，粉褪残妆”等女子装束，以及“象牙烟管刚三尺，纤手亲装”“画堂帘子朝来卷”等环境刻画，更接近歌妓的身份及其生活状态。除此，《白门水仙操》卷中还有《生查子》（不是个中人）、《眼儿媚》（亲簪花朵鬓云边）等也是写与某女子交往的情事。当然，此卷频繁叙说的是与某女子分别之作，如《玉阑干》（别时意）、《满江红》（一夜西风）、《卜算子》（秋水送郎来）、《点绛唇》（一片清光）、《唐多令》（春到怕春残）、《八宝妆》（翠阁笼香）等，足见此别离事对词人的影响。试读《满江红》一首：

一夜西风，蓦吹起，相思成病。道去也，纵欲留侬，作何安顿。百计寻思无可说，几番回首如含恨。数登程，重取宪书看，期难定。　肩许倚，曾窥镜。花解赠，曾拈韵，但不成好梦。书生薄命，执手缘深休说浅，伤心人远何时近。拚征衫、忍作负情侬，霜添鬓。

此阕上片写自己对该女子的一片深情，“纵欲留侬，作何安顿”，故不忍别去，无奈而别，又几番回首，思虑着返回的日期。下片由回忆两人相处的温馨时刻反衬不得已别离的伤痛，故只能叹息自己命薄，忍心作一回负心汉。这首词上下片各有一个“侬”字，前者为第二人称，代指该女子；后者“负情侬”指“负心汉”，典源明代宋懋澄《负情侬传》（明代冯梦龙依此而作《杜十娘怒沉百宝箱》），由此似暗指该女子如杜十娘一样是一名歌妓。很明显，词人刻意强化了与该女子分别的被迫感，似乎有一种无法抗拒的外力在迫使词人离开。这与江顺诒记载的他与水仙子分开乃因“烽烟历乱”，抑或王韬《水仙子》记载的“贼众遂直逼城下”的氛围颇为吻合。至此，《白门水仙操》卷较为完整地记述了词人在金陵期间与某女子由相遇到分别的全过程。由此卷首阕《金缕曲·水仙花》组词以水仙花暗示“水仙子”，到如《满江红》等词抒发别离的无奈感，可大体判断此卷中的女子就是“水仙子”。

如果说《白门水仙操》卷重在金陵情史，那么《吴山琴话》卷则重在浙江情事。对此，其弟子徐珂《清稗类钞·娼妓类》有过一段记录：

光绪初，秦淮有校书曰凤仙者，色艺可人。以忤当道，避难出奔，辗转至杭州，江秋珊、杨桂峰、张初白、汪兰生、朱砚臣诸名流皆眷之。每宴集，辄招以侑酒。癸未十二月十九日为东坡生日，砚臣招同人集于其居之乐山草堂，作消寒第五集，凤仙与焉。秋珊、桂峰与谈秦淮旧事，娓娓不倦，大有天宝宫人之感。秋珊因作三绝句以赠之，诗云："已过当筵酒十分，忽闻兰麝吐清芬。好花先献东坡佛，不是朝云即暮云。""风前弱柳斗腰肢，正值盈盈十五时。妾是桐花郎是凤，江东罗隐漫题诗。""何处乌衣认画梁，一双幺鸟喜收香。坐中尚有江南客，曾识当年哈意娘。"哈意珠为咸丰时秦淮妓院八仙之一，秋珊、桂峰皆曾见之。秋珊旗德人，桂峰上元人，故曰江南客也。[①]

当然，仅依据此则，无法证明《吴山琴话》卷中情词皆为校书凤仙而作。其实，也无需考证，因为此卷所记录的几乎全是词人的狎妓情史。只是与《白门水仙操》卷情词多着眼于情事本身略有不同，《吴山琴话》卷中情词多渗透着词人的身世之感，明显带有词人因太平军起义，而不得已放弃科举之业，为避乱、谋生而逃亡奔波，乃至通过捐纳入仕，屈居下僚的生活痕迹。兹以《浪淘沙》四首为例：

竟体说兰芳，软玉温香，我来认作杜秋娘。扫却铅华称淡雅，倍觉苍凉。　结客少年场，青鬓愁霜，可怜身世阅沧桑。锦瑟华年成逝水，憔悴冬郎。

好梦绮罗丛，付与秋风，醒来残醉酒杯空。底用龙泉频起舞，吐气如虹。　末路耻英雄，薄命相同，怪卿花貌太颜红。雨打风摧须护惜，莫任天公。

丝竹换中年，愁损樊川，消磨十载竟烽烟。休问绮情何处着，沽酒须钱。　相见亦相怜，天上书仙，风流愧不似从前。纵使临风频属意，意总凄然。

春竟为花留，人在楼头，夕阳红上玉双钩。隔个帘儿禁不得，花替人愁。　春去恐难留，双泪凝眸，漫天风雨促孤舟。后约前期无恙否，人替花愁。

①杨家骆主编：《中国音乐史料》（第6册），台北：鼎文书局1982年版，第2640页。

这组词在构思上始终围绕歌妓与文人的关系展开，但与《白门水仙操》卷中那种近似“绣幌佳人”与“绮艳公子”的关系不同，此组词中那原本温香的“佳人”走向了苍凉，那本来豪侠的“公子”亦走向了憔悴、落魄。究其原因，如第一首云“可怜身世阅沧桑”“锦瑟华年成逝水”，第二首云“末路耻英雄，薄命相同”，第三首云“丝竹换中年，愁损樊川，消磨十载竟烽烟”……江顺诒此时的狎妓词明显带有白居易《琵琶行》“同是天涯沦落人，相逢何必曾相识”的抒情模式，即所谓“相见亦相怜”“纵使临风频属意，意总凄然”，既“花替人愁”又“人替花愁”，侧面反映出江顺诒多情而又屈居下僚的生存环境。

除了上述两卷专咏情事，其余各卷（包括二卷本补充作品）也时有情词。其中，有几首涉及到了具体对象。如卷八《双鬟待唱》之《高阳台·悼伎玉娘》（按：二卷本中此词无“悼伎玉娘”四字）一首：

絮影胶空，花魂依梦，春风那许长留？一面天涯，奈何竟付东流。人间俊眼知何限，怎垂青、翻在青楼。惨离魂，今日残春，昨日中秋。　青衫久被缁尘涴，况半生潦倒，万事都休。卷帘人瘦，好分一半新愁。美人一霎成黄土，问白杨、何处荒丘？料输他，苏小坟前，过客来游。

江顺诒词集二卷本中有《高阳台》（缺月销魂）（鹏赋招魂）二首，词序云：“咸丰乙卯，有悼伎玉娘词，示黄琴川。”据此，可知上引这首悼伎玉娘词作于咸丰五年（1855）。又据《窳翁自撰年谱》，江顺诒此时因避太平军乱，逃亡在浙江衢州一带。有此身世之戚，加之写悼亡主题，故此词弥漫着浓郁的感伤情调。词人在追悼玉娘命如絮影、花魂不可长留，死后又不知荒丘何处，更不会有过客留念的同时，亦在感慨自己垂青青楼的多情，以及半生潦倒的身世遭际。细读之，这个名叫玉娘的伎人似带有“水仙子”的影子。据江顺诒《高阳台·补绘愿为明镜图》词序及王韬《水仙子》一文记载，水仙子约卒于太平军攻克南京期间（1853年3月）。此时江顺诒正在避乱逃亡途中，故两年后得到“水仙子”去世消息而撰追悼词，合乎情理。同时，词云“惨离魂，今日残春，昨日中秋”，也符合江顺诒与水仙子由热恋（“昨日中秋”）到被迫突然别离（“今日残春”）的情史。其实，江顺诒后期情词有不少似乎都与“水仙子”有关，只是迷离难定罢了。可以确定的，如《高阳台·自题愿为明镜图》云：

搁泪盈盈，横波脉脉，幻成心里楼台。红闺深处，谁知眼底天涯。青铜未必身能化，恼碧翁、辜负生才。破虚空。铸几时圆，尘几时揩。　相逢蓦地多回避，只此中把晤，了不惊猜。欲待妆成，好教日照千回。妍媸个里应先别，未知心奁许轻开。但休教、一寸玲珑，容易成灰。

虽是摹写图中人，但所历情事难以忘记。词人面对图中人留恋回忆，故全词以“镜子”意象为中介写自己的情史。这既是与镜中人交心，又是与自己的心灵交流。所谓图中人“幻成心里楼台”“青铜未必身能化”“破虚空”等，既印证“明镜”，又契合“心境”，虚中呈幻，而幻中有真，足见词人的一往情深。后来因图在战乱中丢失，20年后补绘，仍寄调《高阳台》云：

飞絮黏泥，空花过眼，曾留一片光明。此愿难谐，开奁忽忆前尘。团栾月现团栾样，一霎时、了却三生。最伤心，梦不留痕，影更忘形。　廿年往事萦怀抱，纵殷勤拂拭，尚有尘侵。试问离魂，可能记得兰因？白头剩我重相对，返生香、何处寻卿？只披图，月尚依稀，泪已纵横。

上片叙“出图相质，疑有夙因”，下片述“非冀有后缘，实深感前遇也”。与前首重“幻”不同，此首重“真”，几近悼亡之作。这说明因年龄阅历的变化，与水仙子的金陵情事才是词人抹不去的一段伤感情怀。他在《拜星月慢·感事，用存审轩韵》词中曾云“愿为花，合受风轮劫。心如镜，合染风尘迹”，解释了其自号“愿为明镜室”的涵义。至此可见，江顺诒所谓“愿为明镜生”之“愿”本意当是一种爱情愿景的诉求。

既因江顺诒位卑，又因其与伎人频繁交往，故其能对这群人物投以深情的理解。晚清有伎名王雪香者，王韬《淞滨琐话》《后聊斋志异》以及《海陬冶游》等书均有记载，江顺诒亦撰有《王雪香小传》（署名明镜生，刊于《四溟琐纪》第十二卷，1876年1月）。结合上述资料可知：王雪香，小字阿湘，浙江慈溪人。本为良家女，少时为浪蝶狂蜂所诱，遂堕风尘。年十三，入甬上教坊。瑰姿粹质，艳丽罕伦，然性傲，不善酬接，人多忌嫉之。先避祸镇海，复回甬上，后徙于沪，居兆富里，名噪甚，一度被称“申江十美”之一。未几，滇镇某以重金胁取去，非所愿也。归舟至某处，以偶拂其意，遂杀之，弃尸江中。对此凄惨结局，江顺诒曾作《高阳台》词以吊之云：

碧海移根，红尘换劫，伤心再见何年？绿未成阴，还期好梦重圆。青衫替揾临行泪，溯香盟，啮臂依然。陡罡风，心未成灰，玉已成烟。　星星血溅鸳鸯剑，拚兰摧蕙折，不负从前。知心难得，游丝未必轻牵。凭君莫泛申江棹，怕樊川、肠断当筵。悔寻春，负了惊鸿，苦了啼鹃。①

在此词中，江顺诒在痛悼王雪香悲剧命运的同时，充分肯定了王氏“拚兰摧蕙折，不负从前”的忠贞品格。对此，王韬评价云：“或传姬别有所属，故见杀。明镜生独谓不然，词中特为之辨，是真姬之知心也。呜呼！士生今日，以才傲世，非有奇穷，必有奇祸，姬既遇人不淑，顾犹以傲侮玩之，其不得于死也宜哉。”②

三、名花美人与《花底拾遗集》

中国古代有一类士人，常通过怜惜、呵护、品评名花美人寄托才情，彰显性灵。此风自明代中后期愈演愈烈，渐而形成一种传统。如明末清初黎遂球（1602—1646，字美周，号迦陵，广东番禺板桥人）著有《花底拾遗》一卷，汇集名花，品评美人，刻画女子置身花中之种种情趣，其自序云：“花事如罗虬、张翊，简举无遗矣。然而生香解语，顾影相怜，深院曲房，别绕佳致。道人读书之暇，聊为谱之。不必溺其文情，聊堪裁作诗骨。”③清代顺治、康熙年间，张潮（字山来、心斋，安徽歙县人）仿厥体裁，补黎遂球缺略为《补花底拾遗》，评曰：“岭南黎美周先生著《花底拾遗》百五十余则，约束芬芳，平章佳丽，现美人身而说法，入名花队以藏身，真令人艳动心魂，香生齿颊。窃效

①此阕不见江顺诒词集，摘自王韬《海陬冶游附录》卷中，虫天子编《中国香艳全书》第1册，北京：团结出版社2005年版，第2477页。

②王韬：《海陬冶游附录》卷中，虫天子编《中国香艳全书》第1册，北京：团结出版社2005年版，第2477页。

③黎遂球：《花底拾遗自序》，虫天子编《中国香艳全书》第1册，北京：团结出版社2005年版，第7页。

颦于西子，同避世之东方，补其缺略。”[①]并撰《花底拾遗·小引》曰：

花者，美人之小影。美人者，花之真身。若无美人，则花徒虚设耳。然花则常有，而美人不常有。使既有花而复有美人，吾知美人之于花，必且休戚相关、好恶相合，殆所谓我与我周旋耳。其可与相往还者，在人则有三，在物则有五。曰郎、曰小婢、曰邻姬，皆人之属也。曰蝶、曰蜂、曰莺、曰鸳鸯、曰鹦鹉，皆物之属也。此外一切尘俗，安可使阑入耶？第思开辟之初，造物者欲生百花以泄其华英之秘，不知费几许经营而始各臻其妙。于色，则有浅深浓淡之不同；于香，则有清浊重轻之各别；于形状，则有尖圆单复之各极其致。而且妖娆其态，艳冶其容，即下至须之多寡短长，叶之大小奇正，莫不皆有可观。而且不病于雷同，不伤于怪诞。造物一番苦心，使非有美人焉为之领略而鉴赏之，不几虚费之无用之地哉？吾辈须眉丈夫，亦未尝不与名花为友。然终是以人爱花，固不若以花爱花之更为亲切而有味也。则花之受爱于人，又何如受爱于美人之为浃洽而无间耶！[②]

张潮此番评述，可堪为士人品评名花美人之总纲：一则名花与美人休戚相关、好恶相合，有着共同的审美标准；二则品评名花美人，当以审美态度观其色、香、形状，感受天地造化之奇妙；三则品评方式当由“以人爱花”变为“以花爱花”，如此方能避免人之道理闻见，从而能以平等眼光观名花美人，真正尊重之。不难发现，这种品赏名花美人的风气，承继了老庄“以物观物”的齐物论，以自然之眼观物，追求真实自然的思想传统。对此，清代袁枚的性灵说、龚自珍的尊情思想等均予以了丰富的阐释。江顺诒也是一位注重由名花美人寄托其性灵思想者。如通过其记载情史的情词，便可看出他能以平等态度描述他与伎人的交往，抒写自己刻骨铭心的情感，以致得到了王韬“是真姬之知心也”的评价。不仅如此，江顺诒对女性的关注及其表现出来的性灵思想，还

①张潮：《补花底拾遗》，虫天子编《中国香艳全书》第1册，北京：团结出版社2005年版，第9页。

②张潮：《花底拾遗·小引》，虫天子编《中国香艳全书》第1册，北京：团结出版社2005年版，第7页。

集中体现在他的词集《花底拾遗集》（上中下）三卷[①]中。对此，他在《花底拾遗集》卷上有小序曰：“粤黎美周《花底拾遗》，新安张山来补之。弄笔之暇，摘其语之尤香艳者，辄填小令一阕。”卷下又有小序曰：“黎、张二公撰，得词若干阕。觉有未备，爰广为搜讨，取见之记载者，复得词若干阕。”可知，江顺诒《花底拾遗集》卷上、卷中所咏话题，来自黎美周《花底拾遗》以及张潮《补花底拾遗》，而卷下所赋话题则是江顺诒自己广为搜讨的结果。为了便于全面了解，兹将江顺诒《花底拾遗集》三卷基本信息列表如下：

序号	卷次	词作	话题出处
1	上卷	双调南歌子·春朝姊妹为嫩蕊乞晴	黎遂球《花底拾遗》
2		甘州子·金笼悬鹦鹉作花监	黎遂球《花底拾遗》
3		诉衷情·薛涛笺榜种花事宜	黎遂球《花底拾遗》， 原为“薛涛笺榜移种事宜”
4		双调连理枝·花朝慵病强起	黎遂球《花底拾遗》
5		江城梅花引·花时深闭小阁，怕触香烟	黎遂球《花底拾遗》
6		相见欢·碧纱窗下，摹疏影作刺绣谱	黎遂球《花底拾遗》
7		长相思·寒食后，写落花诗寄人	黎遂球《花底拾遗》
8		醉太平·佩忘忧草，羞人唤作宜男	黎遂球《花底拾遗》
9		愁倚栏令·拈凤仙染甲弹筝	黎遂球《花底拾遗》
10		蝴蝶儿·晏起知有夜雨步出芳阶	黎遂球《花底拾遗》

①需要说明的是，江顺诒《花底拾遗集》三卷亦名《瑶台片玉乙种》。《瑶台片玉》，系明代施绍莘所著的南北曲套。上海图书馆藏江顺诒手稿《窳翁丛稿》存有《瑶台片玉乙种》，可见，此番命名疑为江顺诒本人所为。故东海黄公辑入香艳丛书时，将施绍莘所著命名《瑶台片玉甲种》，将江顺诒所著名为《瑶台片玉乙种》。不过，《香艳丛书》五集卷三东海黄公辑录时，署“江诒秋珊著”。其中，“江诒”间空格，少“顺”字。于是，上海图书馆编《中国丛书综录·总目》（上海古籍出版社1982年，第773页）、《子目》（第1713页）著录时均署“《瑶台片玉乙种》（一名《花底拾遗集》）三卷，（□）江诒撰”。同时，因无法知悉“江诒”所属年代，故以“□”阙存。张雪庵《古书同名异称举要》（山东人民出版社1980年，第111页）亦云：“花底拾遗集（江诒撰，朝代未详）（瑶台片玉乙种）。”

续表

序号	卷次	词作	话题出处
11	上卷	生查子·采相思豆	黎遂球《花底拾遗》
12		醉花间·踏青拜花田古冢	黎遂球《花底拾遗》
13		点绛唇·罨绣阁閼兰	黎遂球《花底拾遗》, 原为“罨绣榭閼兰”
14		浣溪沙·折荷花罥藕丝缠臂	黎遂球《花底拾遗》
15		伤春怨·乱风时一声娇怨	黎遂球《花底拾遗》
16		丑奴儿·扫槛外待邻姬践约	黎遂球《花底拾遗》
17		散余霞·七夕悬素心灯乞巧	黎遂球《花底拾遗》
18		更漏子·胭脂径上纵横小屐迹	黎遂球《花底拾遗》
19		忆少年·绿荷池自放鸳鸯	黎遂球《花底拾遗》
20		金蕉叶·伫立柳絮风前	黎遂球《花底拾遗》
21		忆秦娥·怨枝上啼莺,却惜花不敢惊起	黎遂球《花底拾遗》
22		清平乐·斗草湿罗裙	黎遂球《花底拾遗》
23	中卷	相思儿令·玉兰片学写春词	黎遂球《花底拾遗》
24		画堂春·挝小鼓催花作酒政, 为意中人缓急	黎遂球《花底拾遗》
25		阮郎归·插寒梅檀口轻呵	黎遂球《花底拾遗》
26		锦堂春·观落红有悟皈依空王	黎遂球《花底拾遗》
27		朝中措·明月绿阴长叹	黎遂球《花底拾遗》
28		醉花阴·消渴吸香露	黎遂球《花底拾遗》
29		极相思·侍儿分部司栽灌	黎遂球《花底拾遗》
30		太常引·上秋千飞红如雨	黎遂球《花底拾遗》
31		梁州令·拣古今名姬与花名合,编作列传	黎遂球《花底拾遗》

续表

序号	卷次	词作	话题出处
32	中卷	西江月·芙蓉水醮笔自写春容	黎遂球《花底拾遗》
33		江月晃重山·堕马急挽垂杨	黎遂球《花底拾遗》
34		满宫花·就流红送老蚕蛾称是薄幸事	黎遂球《花底拾遗》
35		月中行·百花生日，约邻姬共祝	张潮《补花底拾遗》
36		忆故人·自绣梅花帐	张潮《补花底拾遗》
37		滴滴金·数花须	张潮《补花底拾遗》
38		怨三三·梧叶落取制炉灰	张潮《补花底拾遗》
39		竹香子·翦桐叶作弓鞋样	张潮《补花底拾遗》
40		玉蝴蝶·折柳作同心结	张潮《补花底拾遗》， 原为“折垂柳作同心结”
41		太平时·洗桐	张潮《补花底拾遗》
42		摊破浣溪沙·纫五色纱囊贮花种	张潮《补花底拾遗》
43		清商怨·掷花蕊赚金鱼	张潮《补花底拾遗》
44		促拍丑奴儿·灯下位置花影	张潮《补花底拾遗》
45		华清引·喷水润莓苔	张潮《补花底拾遗》
46	下卷	望江东·观浮萍羡杨花再世	清代蒋春霖《虞美人·金陵失，秦淮女子高蕊陷贼中数月，今春见于东陶，愁蛾蓬鬓，不似旧时矣》：“风前忽堕惊飞燕。鬓影春云乱。而今翻说羡杨花。纵解飘零犹不到天涯。”
47		入塞·夜听芭蕉叶上雨	陆游《雨夕焚香》：“芭蕉叶上雨催凉，蟋蟀声中夜渐长。翻十二经真太漫，与君共此一炉香。”
48		双雁儿·簪桃花销恨	明代陈继儒《小窗幽寄》：“梅花索笑客，桃花销恨客，杏花倚云客，水仙凌波客，牡丹酣酒客……”

续表

序号	卷次	词作	话题出处
49	下卷	倾杯令·枇杷花里闭门	唐代王建《寄蜀中薛涛校书》诗:"万里桥边女校书,枇杷花里闭门居。"
50		红窗睡·烧红烛照海棠睡起	苏轼《海棠》:"东风袅袅泛崇光,香雾空蒙月转廊。只恐夜深花睡去,故烧高烛照红妆。"
51		东坡引·将离赠勺药	《诗·郑风·溱洧》:"维士与女,伊其相谑,赠之以勺药。"
52		于中好·蔷薇露盥手,诵郎诗	唐代冯贽《云仙杂记·大雅之文》:"柳宗元得韩愈所寄诗,先以蔷薇露灌手,薰玉蕤香后发读,曰:'大雅之文,正当如是。'"
53		临江仙·赠同心人栀子	梁代女诗人刘令娴有《摘同心栀子赠谢娘,因附此诗》:"两叶谁为赠,交情永未因。同心何处恨,栀子最关人。"
54		杏花天·谷雨前采茶	谚云:"谷雨谷雨,采茶对雨。"
55		惜分钗·对菱花镜	元代张玉娘《兰雪集·瑶琴怨》:"抱琴晓对菱花镜,重恨风从手上吹。"
56		鹧鸪天·留得枯荷听雨声	李商隐《宿骆氏亭寄怀崔雍崔衮》诗句
57		思帝乡·香桃如瘦骨	李商隐《海上谣》诗句
58		杏园芳·吹叶嚼蕊	李商隐《柳枝》诗序
59		风衔杯·病容扶起种菱丝	李贺《南园》十三首之十诗句
60		长命女·手牵苔絮长莼花	李贺《南园》十三首之十一诗句
61		小重山·鬓湿杏花烟	李贺《冯小怜》诗句
62		琴调相思引·玉罂汲水桐花井	李贺《染丝上春机》诗句

续表

序号	卷次	词作	话题出处
63	下卷	河满子·下阶自折樱桃花	李贺《美人梳头歌》诗句
64		眉峰碧·天寒翠袖倚修竹	杜甫《佳人》诗:"天寒翠袖薄,日暮倚修竹。"
65		唐多令·帘卷西风,人比黄花瘦	李清照《醉花阴》词句
66		虞美人·摘叶喂蚕	宋之问《江南曲》:"妾住越城南,离居不自堪。采花惊曙鸟,摘叶喂春蚕……"

由上表可知，在《花底拾遗集》三卷66首词中，所赋咏的话题出自黎遂球《花底拾遗》的34首，出自张潮《补花底拾遗》的11首，江顺诒自己搜集的21首。江顺诒著述颇有创新意识，如《呰窳子》三卷以问答形式阐述时政；《词学集成》八卷反思词话旧例而试图构筑词学系统，其中又在袁枚《续诗品》开拓写作诗苦心的启发下，撰写《补词品》……此处，江顺诒以词的形式演绎历代名花美人成句，也是一种拓展。

与《白门水仙操》《吴山琴话》等卷的情词叙述情史时重视写实不同，《花底拾遗集》中这类"摘其语之尤香艳者，辄填小令一阕"，则是面对名花美人成句的一种再创造，需要丰富的想象力，故而尤重造景、造境之美。如《更漏子·胭脂径上纵横小屐迹》云：

宿雨霁时红狼籍，弓弓小印成行。为因花里捉迷藏，闲踏碎群芳。花径窄软谁量？苔痕绿到鞋帮。湿泥满径迹犹香，衔教燕子忙。

围绕胭脂径、纵横小屐迹等关键词，词人既为之营造了宿雨霁时的气候环境以及"红狼籍"的氛围，设置了美人花里捉迷藏的活动细节，又联想出满径屐迹香气犹存，令燕子忙碌的景象，全然一幅完整的美人花里嬉闹的连环画。这种将瞬间景象予以动态化、过程化的处理，还表现在对某行为之形成原因的形象化构筑上。如《金蕉叶·伫立柳絮风前》云：

悔教开向春前落。而今是，随风飘泊。南北东西，天涯何处浮生托？

不信春情恁薄。　蓦然往事思量着。枉痴心，误了盟约。看他落向谁边，尽恨当时错。立损苔阶一角。

所赋咏之题只反映在歇拍，之前全然在想象美人何以“伫立柳絮风前”。于是，词人设想了一个情感忠贞却被人抛弃，身如柳絮、命如残春的美人故事。由此，这个“立损苔阶一角”的美人是个钟情而为情所困的沉思者形象。进而，又有先入赋题，而后联想美人心境之法。如《倾杯令·枇杷花里闭门》云：

暖阁熏愁，重帘胶影，门闭深深寒昼。笔底冻云呵透，枝上梅魂犹瘦。模糊三径苔封就，自围炉萧闲时候。春风管领谁识？自抱琵琶僝僽。

此阕开头数句便将“枇杷花里闭门”之情境具体化，而后先由内而外，想象门外环境，接着又由外而内，刻画美人的心理活动与行为。由此，由外在环境的冷寂，到美人内心的孤苦，形象传递了这位枇杷花里闭门的美女的内心世界。

与叙说自己情事，彰显有我之境不同，在《花底拾遗集》这类品赏名花美人的作品中，词人并未将自己嵌入其中，而是以旁观者的欣赏眼光，通过想象构筑一幅幅名花美人图卷，营造一个个无我之境。当然，这里所谓“无我之境”并非那种无情、无欲之境，相反则是情意浓浓之篇。词人写作的方式，主要是通过模拟女性口吻，刻画女性活动与心理，来传递那浓浓的怜香惜玉之情。从某种意义上说，这也是一种代言体。兹再举数例，如《浣溪沙·折荷花罥藕丝缠臂》云：

未到相怜意已痴，折来佳藕早相思。为郎续命戏缠丝。　啮臂香留红一角，苦心凉蹙翠双眉。问郎刚道莫相宜。

上片由藕丝联想到相思，下片由藕丝缠臂延伸到男女啮臂以示婚嫁之盟，均是女想男的构思方式。女子折“荷花罥藕丝缠臂”本是一种动作，但词人深挖该女子的内心活动，抒写了女子为情而思的真挚情怀。又如《惜分钗·对菱花镜》云：

深闺面。无人见。菱花自认空中艳。镜中颜。阿谁怜。花底相逢，不似从前。年年。　　鬓云乱。啼妆换。新来怕作离魂倩。尽无言。泪如泉。尽日临妆，瞅损香奁。恹恹。

这完全是一个无人怜爱，顾影自怜的女子幽怨情怀的自诉之篇。又如《锦堂春·观落红有悟，皈依空王》云：

剩粉零星易散，残香委地都消。繁华纵好旋零落，魂倩阿谁招？
碧海三生不返，朱颜一霎终凋。虚空打破浮生梦，寂寞度芳朝。

这是别样的一幅名花美人图。由观落红而悟出繁华终零落、朱颜终凋零的人世间道理，从而弃置世俗欲望，皈依佛门。虽如此，此词字里行间仍因一个“情”字，故歇拍云虽悟出人间虚空，但此时只能“寂寞度芳朝”。

正如张潮《花底拾遗·小引》所云：“花者，美人之小影。美人者，花之真身。”“美人之于花，必且休戚相关、好恶相合，殆所谓我与我周旋耳。”因此，江顺诒填词演绎花底拾遗故事，在构思上亦始终围绕名花与美人关系，抑或是采用亦花亦人的方式。像如下数词，就更为明显：

来花里，去花里，愿向花间死。春梦几时醒，一冢土花紫。　　湔裙过上巳，浇酒酬花使。花魂倘返香，枝发须连理。(《醉花间·踏青拜花田古冢》)

花是人儿影，人是名花真本。美人情重合司花，名花谁把人儿并。　　美人易老名花损，拈出闲来品。龙门合传差近，嗤侬费却闲脂粉。(《梁州令·拣古今名姬与花名合编作列传》)

秋鬓怯蓬松，秋花冷处浓。透帘栊几阵西风。才上轻衫凉到骨，惊暗里，换秋容。　　花影澹于浓，花魂傲不同。卷真珠问讯篱东。试取尊前憔悴态，花较与，阿谁工？(《唐多令·帘卷西风人比黄花瘦》)

至此，百余年来，人们在构筑近代词史上的经典之篇时，或着眼于常州词派“比兴寄托”说词模式，追求词作之微言大义；或沿着周济“词史”理论，探寻关怀社会时代之作，尤其是与近代历史事件攸关的“拈大题目，出大意义”之作；或标榜唐宋词家门径，以某家某派为规范，承继清代以来的学人之词的传统，视用典、议论、学理等为经典的标准……这些确实构成了近代词史的时代特征，于是像江顺诒这类亦名花美人为题材的作品，自然就会被划入香艳、轻倩之列，而抛出在近代词史主流圈之外。事实上，赋咏名花美人在中国自有传统，更是彰显了词史的本色性趣味。时至晚清，如思想家龚自珍笔下便青睐于女性世界，而且有着较为明显的两性文化观念，在他看来，“男性世界已经工具化，失去了生气，于是他的批判对象主要是男性世界，而乐于通过描绘女性世界承载他的人性启蒙信息”，如由母性教育强化童心体验、由美女形象谱写爱恋体验、由女性气质张扬自由价值，直至借助女性安顿失落情绪，等。①稍后的江顺诒这类品赏名花美人之作，虽未能达到龚自珍此类题材抒写人性解放意识的思想高度，但他延续“独抒性灵”，不修饰，不做作，求真求美的文学精神，同样值得研究者注意。

四、英雄末路与身世遭际之叹

江顺诒青少年时期随家人在安庆读书。17岁始赴宣城应试，此后往返安庆、宣城、金陵之间，五应乡试而不第。咸丰初年，太平军进入长江流域，兵戈满地，江顺诒亦举家避乱逃亡至浙江。自此，不得已放弃举业，于36岁以赀报捐入仕，历任数职，但多是品低位卑的佐贰之类。观其一生，诚如他在《愿为明镜室词稿自序》中所言“落拓半生，不复有所建白”，故当其诗词中涉及自我时，笔端便常带有伤感情绪、悲剧意识。如卜奉箴《愿为明镜室词稿序》即云“秋珊以名诸生试棘围，屡荐不售，俯而就丞掾”，谭献《愿为明镜室词稿序》亦云“旌德江君，赋士不遇，乃隐于簿尉，憔悴婉笃，而无由自见于世”，方景昱《愿为明镜室词稿跋》说得更直接：

> 夫秋珊以名诸生，屡踬棘围，难后屈就丞掾，宜其焚弃笔砚，不复屑毛锥子，顾犹以词见，夫岂结习之未忘哉？抑将于酒酣耳热，藉其以鸣其不平耳。奔走之散吏不足见知于当代，风月之浮词讵能见赏于宗工？英雄末路，是可悲已。

综上所述，从传统文士价值取向上看，江顺诒以名诸生而屡踬棘围，此为一悲；不得已而为奔走之散吏，不足见知于当代，此又一悲；藉填词作诗以鸣其不平，然所谓作品又难以见赏于宗工，此再一悲；加之后世读者多关注那些名位显赫者的作品，致使像江顺诒这位无由自见于世者就愈加冷落，真可谓

①杨柏岭：《龚自珍笔下的女性世界》，《学术界》2006年第3期。

“英雄末路，是可悲已”。如《永遇乐·咸丰辛亥闰中秋，用樊榭先生韵》一首云：

一霎西风，百年明月，好秋难驻。月不常圆，人偏易老，况值连朝雨。身比黄杨，易逢厄运，料又今番虚度。只匆匆，良宵负了，可识嫦娥心苦。　浮云漾漭，举头难问，那得清光相遇。十载天涯，三更好梦，回首伤心处。一声玉笛，清寒偏涩，岂少霓裳新谱。只凉飙，夜深拂拂，傍人不去。

在此阕中，词人在闰中秋深夜月色笼罩的环境下，通过向月倾诉的方式，抒写了自己的命运不济之感。此词作于咸丰辛亥年（1851），据《窳翁自撰年谱》，此年词人29岁，不仅“长男周岁殇”，而且“应试金陵，荐而不售”。自道光己亥年（1839），江顺诒在父亲护送下之宣城应府试，道光癸卯年（1843）“一应试金陵”，至辛亥年正是十年前后。这十年来，词人奔走于安庆、宣城、金陵之间，然屡试屡败，伴随着希望出发，却带着失望而归，故而下片感叹“十载天涯，三更好梦，回首伤心处”。因黄杨生长缓慢，古代甚至有黄杨逢闰年不长，甚至萎缩之说，此次应试年正逢闰八月，故此词上片云“身比黄杨，易逢厄运，料又今番虚度”，才子命运不济之痛甚为浓烈。这种感喟在《甘州》词中已上升至对人生幻灭感的质问：“问苍苍都是有情天，秋士讵无情？”所以如此，只因“甚凄风苦雨，半填恨海，半入愁城”“十载枉抛处，赢得酸心”。

太平军起，江顺诒举家避乱，由安庆经宣城至浙江，辗转多地，频遭家难，其辛酸经历屡见于《窳翁自撰年谱》中。当然，《年谱》是后来所记，正如其现存诗词中描绘离乱图景的作品大多为后来追忆之篇（这与战乱中作品散失有关），然悲悯之味依旧令人酸楚。如《甘州·友人赠菊》云：

莽天涯，戎马苦倥偬，风雨又重阳。记东篱载酒，秋风三径，浪醉千觞。鞞鼓一声江上，惨作劫灰场。欲见黄花面，何处柴桑？　破我客秋愁梦，有陶公风雅，数本分将，看秋容依旧。瘦骨傲凌霜，悔曾费廿年。心力尽题诗，都付与秋娘。尊前供，莫匆匆去，负了寒香。

此词借友人于重阳赠菊，勾起自己的回忆，感慨太平军战乱改变了自己的情缘与命运。从上片“记东篱”三句到下片“心力”二句，可以看出词人所追忆的当与金陵情缘有关。词人赴金陵应试多在秋季，“记东篱”三句既指同道应试者把酒畅想之景，也可能写与金陵情人“水仙子”的游玩之况。唐代歌妓杜秋娘即为金陵人，江顺诒云“心力尽题诗，都付与秋娘”，即是追思“水仙子”之一证。与此阕类似的，又有《摸鱼儿·城东看菊》一首：

杳空山，十年埋迹，烟花避却人世。无端烽火惊残梦，飘泊西湖重至。风景异，更没处、堪容傲世陶公醉。欲提往事。听鼓角声哀，秋风三径，赢得壮心碎。　城东角，休认东篱旧地。故园此日何似。似从白发谈天宝，剩有英雄血泪。谁把臂，只市上、狂歌痛饮如人意。浮生若寄。莫再向斜阳，为花留恋，他日更憔悴。

开头似说科举应试的十年，屡荐不售，故云“埋迹”，在金陵遇情缘，故说“烟花避却人世”。“无端”二句，说自己因避太平军与清军战火，放弃举业，割断金陵情缘，逃亡至浙江西湖。在此词中，“菊”亦如上阕，既代表着过去奋斗的生活，也代表着瘦骨傲霜的性格，然这些皆因时局变化而离词人远去，如今徒有英雄血泪以及浮生若寄的生命感喟。

在反映战乱对江顺诒生活的影响上，最典型的当属《凤凰台上忆吹箫》一阕。该词有序云：“皖城沦贼十年矣，已失燕云，难寻鸿雪。甲子重来，感而填此。”词云：

埋玉怜烟，碾珠吊月，昙花竟是空花。惨渔场鼙鼓，惊散天涯。多事仙人跨鹤，觅残阳、红认谁家？尽一片，颓垣断井，冷噪栖鸦。　嗟嗟。蜉蝣身世，竟过客迷津，沧海浮槎。有千行血泪，两鬓霜华。几处遗营故垒，剩深宵、画角悲笳。休凭吊，干戈未休，何处烟霞？

皖城（安庆）素称“万里长江此咽喉，吴楚封疆第一州”，因此在太平军起义时期，饱受战火。咸丰三年（1853），太平军自武昌沿江东进，于正月十七日攻克安庆。二月占领南京后，分兵北伐，进行西征和东征，西征军于五月四日再次攻占安庆。因安庆特殊战略位置，遂以此为西征军大本营。咸丰十一年（1861），一年零四个月的安庆保卫战最后以湘军胜而太平军败结束。同治三年（1864），洪秀全病逝，天京陷落。关于这段历史，江顺诒《窳翁自撰年谱》从个人角度记载甚详。据《年谱》，咸丰二年十月，迫于太平军沿江东下形势，皖城（安庆）“居民迁徙一空”，江顺诒“全家于岁杪登舟”，逃往宣城，“余一人留皖度岁”。咸丰三年正月，江顺诒亦买舟，十四日开行，由芜湖至宣城。四月，一度由宣城返安庆，因“城中无守吏”，又因“粤匪后上窜江西至皖，乃由皖归旌德”，遂至金华及衢州，开始避乱逃亡生涯，直至同治三年太平军亡，方重来安庆。历经十年战火，安庆之状可以想见。而这首《凤凰台上忆吹箫》词更是从个人身历角度，直寻而得，其情其感令人唏嘘不已。全词围绕“已失燕云，难寻鸿雪”这一充溢着身世沧桑之感的主题，上片仍从因战乱割断其情缘写起，然读之，惆怅尤甚。所谓“埋玉”“碾珠”等，似皆指因“渔场鼙鼓，惊散天涯”乃至亡卒的情人“水仙子”，而“昙花竟是空花”句，更是将两人短暂的情缘提升至人生虚无悲凉的感喟。因为战火已毁灭了旧事的痕迹，眼前惟有“颓垣断井，冷噪栖鸦”。下片进而从自己低微、飘泊的身世出发，由眼前的“遗营故垒”景象，抒写自己惊魂未散的感受。歇拍不仅在写自己对太平军余势未消的担忧，更是在强化这场战争带给自己永恒的伤痛。这种伤痛是并非因战事结束而能销声匿迹的！

于是，感慨这场战争对自己命运的改变，便成为江顺诒后期词较为突出的主题。如《浪淘沙》云：

> 苦尽说甘来，依旧庸材。廿年辛苦等蒿莱，淡食粗衣，休最好，莫要疑猜。　历劫总成灰，孰免轮回。上清沦谪亦仙才。方丈蓬莱何处觅，且倒尊罍。

此阕约作于同治三年①，此年杭州光复。上片落笔显然是针对太平军失败而说的，战事虽过，但因战争破灭的理想无从复燃，故依旧庸材一个。“廿年”二句蕴含着科举不第的人生感慨以及谋生之艰难，抒写自己士不遇的愤懑。下片进一步抒写心中之困惑，虽屈居下僚，但自诩才人，因此即便命运坎坷，沉

①关于此词写作时间，极可能作于同治三年(1864)前后。一则据《愿为明镜室词稿》二卷本，此词排在《摸鱼儿·城东看菊》《凤凰台上忆吹箫·皖城沦贼十年矣，已失燕云，难寻鸿雪。甲子重来，感而填此》之后，而后两首均作于同治三年。二则，从此词抒写的情感来说，此词中“廿年”应当从自己应试求功名算起。查江顺诒词作，如《甘州·友人赠菊》“瘦骨傲凌霜，悔曾费廿年”即是如此。另外，《高阳台·补绘愿为明镜图》云“廿年往事萦怀抱，纵殷勤拂拭，尚有尘侵”，很显然这是从与水仙子接触算起。据江顺诒行踪，江顺诒于道光癸卯年(1843)“一应试金陵”，他与水仙子情缘最早起于同治二年(1862)前后。

沦底层，但不能由此而低估自己的价值。只是虽有此认识，但目标渺茫，惟有借酒慰藉。

江顺诒乃是被迫放弃举业，据《窳翁自撰年谱》咸丰二年载，此年五四赴南京应乡试皆不利，一度“欲改应北闱试”，然“诸戚友皆以先君已迈六旬，家无次丁，再三阻劝。时豫工之例开，乃为余报捐训导，冀博升斗”，《江秋珊先生事略》又载“适粤匪破皖，举家避寇，来浙亲老”，由是“家贫乃弃举子业，经理家事”。因此，江顺诒诗词感喟科举未第时，常与太平军兵事、家贫等联系起来。随后，江顺诒报捐亦经数年而成，既成之后，所应均是底层差役，如杭州凤山城门稽查、衢防支应局文案、常防行营支应、左制宪闽浙总粮台管理收支、杭州塘工总局差、翁汛分局收支、十二堡分局收支、西塘秤验、申防监工、余姚县丞、钱塘县丞、办青阳酒厘局、入牙厘总局……由是谋生之苦、下僚履职之艰亦时时流露笔端。如《临江仙·湖上杂作》三首之一云：

翻为饥驱同浪迹，一年几度杭州。半生积得许多愁。买来湖棹，都付与闲鸥。　指点两峰深处路，此中定有仙游。有花看处莫登楼。不平世事，湖水亦东流。

此阕在九卷本中卷九的倒数第五首，在同治甲子年所作《凤凰台上忆吹箫》词之后。据《窳翁自撰年谱》同治七年（1868）记载“是年刻词稿九卷”，可大体判断这组《临江仙》词创作时间。在此期间，正如词人所云“翻为饥驱同浪迹，一年几度杭州”，词人迫于生计，频繁往返于别地与杭州之间。如同治四年“正月，翁汛设分局开工，又委分局收支。三月，十二堡另设分局，余总其事”；同治五年“余因消塘工差回省。九月，苏介翁采办塘工柴木，又命同往”；同治六年“仍随采办柴木，来往梓树潭、七里泷”……虽说上片试图将人生之愁托付于西湖景致，但下片又借助西湖景致抒写人生之不畅，尤其是歇拍尽显词人人微言轻，无力改变世事的窘境。

位卑，须为谋生而应差的奔波，除了让词人有“浪迹”体验，还有就是浓郁的“乞食”感受。江顺诒在《杭州杂作》组诗九首、《五十初度》组诗八首、《浙两小吏行，柬梅鹭臣》等代表性诗歌中，便常将自己与陶潜相比。一则他不能像陶潜那样，放弃差事而回归田园，因为家贫之人只能是“勿以八斗才，而轻五斗米”（《杭州杂作》）；二则他无法做到陶潜“云无心以出岫，鸟倦飞而知还”（《归去来兮辞》）那样可以在自然中找到人生归宿，因为被迫放弃举业的他“垂天有翼空抟海，出岫无心不算云”（《和鹭臣论诗》四首之三），始终心存名宦之念。虽说也有陶潜般的骨气，但因为没有彻底放弃的决心，故其自感“乞食未从陶令醉”（《和鹭臣论诗》四首之四）。当然，江顺诒亦会在借酒消愁、花月烟霞中有另一番体验。譬如大约也是作于同治五年前后的《唐多令》组词五首，在“三十功名尘与土（成句），为底事，苦淹留”“喜脱身，满地干戈。襟上酒痕依旧在，且重醉，懒云窝”等人生感慨之后，第五首云：

沧海尽无边，风波煞可怜。算蓬莱，小谪神仙，历劫罡风原太恶，抽身快，莫留连。　月缺易重圆，浮生值几钱。且商量，爱惜残年。乞食陶公饥不死，饱风月，岂无缘。

上片以沧海风波象征乱世之险恶，喻说自己劫难逃生。罡风似指太平军，谪仙人乃自指。下片感慨难后谋生、保全性命之不易。歇拍意味深长，陶潜《乞食》云“饥来驱我去”，而结果是“主人解余意，遗赠岂虚来？谈谐终日夕，觞至辄倾杯”，在朴拙的田家风味中走向了纯真与自然。而江顺诒只是将有缘风月视为目标，显然是在反衬时下的生活窘境。

至此，正如《虞美人》词所云：“十年听尽孤灯雨，绮恨轻抛处。十年戎马苦仓皇，剩水残山赢得恁凄凉。　十年重入邯郸道，误打残棋稿。不防两鬓已星星，卅年一霎真悔负今生。”从应试落第、避乱逃亡、捐纳入仕三个阶段，对自己人生予以了小结，一言以概之，即“真悔负今生”的伤感。

五、才人之词的凄清婉约词风

谭献《愿为明镜室词稿序》曾论及江顺诒词的艺术追求及词学门径，其中云：“前代湘真，百年饮水，皆其师也。由是则求梅溪、竹山之遗，则生气润乎丹青，余芬袭乎巾带，抑亦极才人之致矣。”此处，谭献给予了江顺诒词高度评价。在谭献看来，“有明以来，词家断推《湘真》第一，《饮水》次之”[①]。在目前所辑录的江顺诒词中，就明确说明用韵或模拟信息而言，其中用宋代姜夔词韵3首、高观国词韵2首、史达祖词韵3首、吴文英词韵1首、周密词韵1

①谭献：《复堂日记》，范旭仑、牟晓朋整理，石家庄：河北教育出版社2001年版，第37页。

首、王沂孙词韵3首，明代陈子龙词韵3首，清代朱彝尊词韵1首及《解佩令》“读竹垞词”3首、厉鹗词韵1首、纳兰性德词韵3首及《金缕曲》“读饮水词”1首、王策词韵1首、吴锡麒词韵1首、周济词韵1首、赵庆熺词韵3首、仿王鉻（1811—1891）词“最难将息是深秋”句4首，等。可见，谭献指出江顺诒学习明代陈子龙、清代纳兰性德、宋代史达祖等人词，大体合乎实际，而江顺诒在转益多师中，明显倾向于浙西词派的填词路数，这与其词论也是一致的。

值得注意的是，谭献云江顺诒填词“极才人之致”，将其词列入“才人之词”类型。从词家身份及其作品呈现的艺术人格划分词作风格类型，由来已久，至清代王士禛《倚声初集序》分出“诗人”“文人”“词人”及“英雄”之词四类，对后代产生了较大影响。如刘熙载《词曲概》曾提到过“君子之词”“才子之词”“豪杰之词”等，谭献便说过王士禛、钱芳标一流“为才人之词”，张琦、周济一派“为学人之词”，惟纳兰容若、项莲生、蒋春霖三家“是词人之词”。[①]在这些分类中，“才人之词”与“词人之词”有时很难分别，如在谭献眼中，他曾说“词自南宋之季，几成绝响。元之张仲举，稍存比兴。明则卧子直接唐人，为天才”[②]，显然将陈子龙归为才人系列，纳兰性德词则是“词人之词”的代表，而两位又都是“极才人之致”的江顺诒词学之师。不过，从谭献的评价中可以大体把握江顺诒词的风格类型。这就是在清代中后期，“学人之词”日渐突出之际，江顺诒秉承“移我情”“任吾性”的抒写性灵的创作精神，走的是才人之词、词人之词的路径，不失为同光词坛的另一道风景。

从某种意义上说，“才人之词”主要表现为词家多才情的气质及其抒写性灵的呈现方式等。故而，“才人”填词，在题材选择及主题表达上尤重才情、性灵，而极力回避诸如“识”“学”“理”等方面的内容。如被谭献视为“天才”的陈子龙词，叶嘉莹曾从题材角度，将陈子龙《湘真词》分为“纯写柔情之作”“虽写柔情然而却富于感发之远韵之作”“具有忧患意识之作”三类[③]。对比之下，这三类也正是江顺诒词在题材、主题上的特点。除了将一己情史、身世之感流露于词中，像《花底拾遗集》三卷更是通过怜惜、呵护、品评名花美人寄托才情，彰显性灵。“美人香草”是才人作品的常见意象，然“多寓意

①谭献辑：《清词一千首（箧中词）》，杭州：西泠印社出版社2007年版，第185—186页。

②谭献：《复堂日记》，范旭仑、牟晓朋整理，石家庄：河北教育出版社2001年版，第54页。

③叶嘉莹：《从一个新的理论角度谈令词之潜能与陈子龙词之成就》，《四川大学学报》（哲学社会科学版）1990年第1期。

之文”的诗歌多以情理关系为抒情结构，本色的才人之词则以多情与寡情、有情与无情关系为内在结构，充分体现了“无物似情浓”的词体言情特点。江顺诒虽亦有寄托之作，但像那种以真率之笔叙说自己情史、以直觉之心品赏名花美人，则表现出一种超越闻见道理的纯美追求。同时，需要补充的，从艺术技巧上说，江顺诒亦力避“学”“识”“理”等带来的晦涩，而常用白描，擅用比喻，虽时有浅露浮滑之现象，但总体上表现为才人之词情文互称、圆美灵巧、自然生新的特点，妙处更是在淡淡着笔中尤显情味自饶之魅力。江顺诒词集九卷本首阕为《解佩令·读竹垞词》三首，虽题为读朱彝尊词，但实则为“有我之篇”。这三首如下：

有才如此，布衣恁老，把豪情、回首都销尽。拚作词人，且屏去、闲愁枉恨。莫轻教、新霜点鬓。　欲笑无因，欲歌无调，学风怀、香奁差近。消遣应难，最怜是残脂剩粉。作鸳鸯早知无分。

孤灯廿载，读书万卷，把人间、恶习都除尽。剩有清狂，删却了、艰难苦恨。可常教、少年绿鬓。　不甘殉酒，不甘吹剑，慰书生、红颜愿近。落拓而今，且浪墨、搓酥滴粉。料黄金、贮娇无分。

化为彩蝶，愿为明镜，笑平生、幻想何时尽。那有闲情，说好事、替人传恨。怕他时、欲搔无鬓。　饮茶也好，焚香也好，莽生涯、风流略近。无梦封侯，去纷华洗来脂粉。幸双睛、看花有分。

此组词模仿朱彝尊《解佩令·自题词集》（十年磨剑）一阕，第一首说自己有才但只能填词，填词“学风怀香奁差近”；第二首说自己有性格，但“落拓而今，且浪墨、搓酥滴粉”；第三首说自己有闲情幻想，且十分钟情，“莽生涯、风流略近”……从风情、风流、才情概括了自己“才人”气质。

当然，江顺诒还是个“落魄”才人，谭献在《愿为明镜室词稿序》中有云：“旌德江君，赋士不遇，乃隐于簿尉，憔悴婉笃，而无由自见于世。于是玲珑其声，有所不敢放；屈曲其旨，有所不敢章；为长短言数卷，退然不欲附于著作之林，而无靡曼奋末之病。”此后如郭则沄《清词玉屑》谓江顺诒“词极凄婉”，且举《凤凰台上忆吹箫》首句“埋玉怜烟，碾珠吊月，昙花竟是空花”，云“读者为之惆怅”。严迪昌从关涉太平天国战事内容有缺陷的角度，将江顺诒词视为三种情况之一：“第三种表现是心灰意懒，纸上一片幻灭感。词人们处在迷乱茫然状态，深陷于个人的不幸中，因此难以从他们的作品中看到‘鸿题巨制’……他的词常常表现出‘好梦如烟烟更杳’（《蝶恋花》句）的情绪，或者是‘误我蚕丝空自缚’（《浣溪沙》句）和‘心儿一寸不堪灰’的心态。”[①]可以说，严迪昌所论深得江顺诒词的创作要领。与其作诗基本一致，江顺诒填词亦有一种自我关切的特点。他在《词学集成》中曾征引赵庆熺（秋舲）《（吴藻）花帘词序》，其中有云：

无岁而无落花也，无处而无芳草也，无日而无夕阳、明月也。然而，古今之能言落花、芳草者几人？古今之能言夕阳、明月者几人？则甚矣写物之难，写愁之难也。花帘主人，工愁者也，词则善写愁者。不处愁境，不能言愁。必处愁境，何暇言愁？栩栩然，荒荒然，幽然，悄然，无端而愁，即无端其词。落花也，芳草也，夕阳、明月也，皆不必愁者也。不必愁而愁，斯视天下无非可愁之物，斯主人之所以能愁，主人之词所以能工。

江顺诒读了这篇序言加案语云：“此专言愁，固作词者之妙境，而即读词者之佳话也。”（《词学集成》卷七）若结合江顺诒词，此案语似有夫子自道的特点。从现存作品来看，江顺诒曾用“花帘词韵”填过四首词。试读《酷相思·用花帘词韵》一阕：“不画修蛾愁正锁，只倩影，娇无那。任雨鬓如蓬双袖嚲。明镜也，谁梳裹？孤灯也，谁梳裹？　单枕寒衾容独卧，恁永夜，能担荷？悔好景，偏教容易过。当初也，多情我。而今也，多情我。”可以说，他最擅长的便是借助落魄才子与多情佳人的模式抒写自己的似水柔情，以及通过漂泊文人与多难社会的模式抒写了自己的身世之戚，而这些正是才子之词的传统抒写模式。

刘熙载《词曲概》有言：“白石，才子之词；稼轩，豪杰之词。”[②]虽说才子与豪杰并非完全对立，但在才子与豪杰对举中所反映出的文柔、武刚风格之别，实为人们的一种传统认识。譬如，结合刘熙载对姜夔词的评价，我们可基本总结出归为“才子之词”的姜夔词具有无欲、脱俗、至情等品格，呈现为幽

①严迪昌：《清词史》，南京：江苏古籍出版社1990年版，第484页。

②刘熙载：《刘熙载集》，刘立人、陈文和点校，上海：华东师范大学出版社1993年版，第136页。

韵冷香、仙骨珊珊等偏向婉约的风格特征。又如，被谭献视为天才的陈子龙词，王士禛即认为“陈大樽诗，首尾温丽，《湘真词》亦然”[①]，“陈卧子《湘真词》，如香草金栊，流连阡陌，转令人思草头一点之乐”[②]。而江顺诒词亦大体上沿袭了婉约温丽、清空神韵之一脉。谭献《复堂日记》壬申年（1872）即评价江顺诒词“有婉润之致，不伧劣也”，且评点《浣溪沙》首句“杨柳当门青倒垂”云“七字名隽”[③]。江顺诒《满江红·禾中张君玉珊，再用拙制惜别词韵，凄清婉约，荡气回肠，叠韵奉和》，其中“凄清婉约，荡气回肠”不失为自道词风之作，兹录如下：

老去词场，问漂泊、谁怜同病？任抛却、脂奁粉碓，无从安顿。万缕蚕丝空自缚，一编蠹简谁传恨？况匆匆、小劫历红羊，惊魂定。　眉待画，羞开镜。花纵好，愁拈韵。有明珠百琲，文禽并命。借酒偶然浇磊块，瓣香合有人亲近。愿他时、杯酒絜西泠，相看鬓。

至此，通过对江顺诒词的解读，可进一步认识晚清普通知识分子的情感世界，把握在晚清学人之词主流风气下江顺诒词的才子气息，窥探同治至光绪初期杭州词坛风气。清末词家江顺诒本着抒写性灵的创作精神，认为填词具有移性、移情而后任性的功能。他从个人情史出发，能以叙事之笔抒写自己的情感经历，袒露其多情气质；以历代描绘名花美人丽句为题，创设情境，在拓展词体题材的同时，彰显其审美眼光；基于时代氛围，咏叹落第之悲、离乱之苦及下僚之屈，抒写普通人的身世之感。在清末学者之词渐趋浓郁的词学环境下，他延续才子之词的传统，呈现出别样的风貌。

①王士禛：《花草蒙拾》，唐圭璋编《词话丛编》，北京：中华书局1986年版，第684页。

②王士禛：《分甘余话》，张世林点校，北京：中华书局1989年版，第28页。

③谭献：《复堂日记》，范旭仑、牟晓朋整理，石家庄：河北教育出版社2001年版，第52页。

第六章　红楼杂记:“红学”探索及其意义

在江顺诒众多著述中,《读红楼梦杂记》一卷26则是关注度最高的一部。同治八年(1869)自刻于杭州,同治十三年正月(1874年3月)复刊于上海申报馆《瀛寰琐记》第十七卷[①],光绪二年(1876)上海翻刻(即“红楼梦评赞”本),八年内重刻三次,足见该书所受欢迎的程度。此后,又入“红楼梦丛刊”清刊本、宣统二年(1910)《香艳丛书》本等。民国期间,又入《红楼梦附集十二种》1936年上海仿古书店铅印本等,而《文学研究社社刊》(1924第16期)、《双星》(1915年第4期)、《新民声》(1944年第5、9期)等杂志均有摘录。新中国成立后,诸如《古典文学研究资料汇编·红楼梦》(一粟编,1958年古典文学出版社出版,1963年中华书局再版)、《红楼梦考评六种》(人民中国出版社1992影印本)等均收录;1989—1991年台北新文丰出版公司《丛书集成续编》(199,文学类)亦有影印《香艳丛书》本。

同治光绪年间,文人学士好《红楼梦》,一时成为风尚。“士夫爱玩鼓掌”[②],“士大夫几于家有《红楼梦》一书”[③],至“光绪初,京师士大夫尤喜

①依次有愿为明镜室主人《红楼梦竹枝词序》、卢先骆《红楼梦竹枝词》、愿为明镜室主人《读红楼梦杂记》。江顺诒《窳翁自撰年谱》同治十二年(1873)载“刻《红楼梦竹枝词》”,当指此事。

②毛庆臻:《一亭考古杂记》(节录),朱一玄编《红楼梦资料汇编》,天津:南开大学出版社2001年版,第30页。

③吴云:《从心录题词》,一粟编《红楼梦书录》,上海:古典文学出版社1958年版,第264页。

读之，自相矜为红学”[1]。江顺诒研究《红楼梦》亦是此风气的反映。20世纪以来，“红学”研究者颇为重视《读红楼梦杂记》。该书署名“愿为明镜室主人”，部分学者不知撰者为何人。顾颉刚据《愿为明镜室词稿》书名及著者名，较早指出著者为江顺诒，但书写成“江顺怡”，于是像胡适、俞平伯、阿英、郭豫适、白盾等一批红学家均未检审而沿袭这个错误，以至于出现了“江顺诒，又名江顺怡”这样的笑谈[2]。同时，因这批研究者对江顺诒生平履历、思想认识、学术研究等相关信息了解不多，于是他们对《读红楼梦杂记》的研究也只停留在文本的表层把握上，而无法做到知人论世、以意逆志，深入分析江顺诒在《红楼梦》研究上的主张见解。

其实，在“红学”研究史上，江顺诒《读红楼梦杂记》的相关思考具有一定的开拓性。像“悟书”“解脱”说所呈现的哲学思考，“自传”“殷鉴”说所彰显的史学意识，以及艺术批评中所贯穿的道德标准、身世体验与时代精神，均给予了“新红学”家们诸多启迪。基于《窳翁自撰年谱》等稿本，结合江顺诒生平资料，梳理其有关“红学”的思考，当是《红楼梦》研究史的重要一环。鉴于此，在较为全面整理江顺诒著述基础上，立足“红学”史，本着知人论世原则，进一步解读他对《红楼梦》的见解。

一、悟书与解脱：《红楼梦》主题的哲学分析

清代道光以后，有关《红楼梦》的评点、评论、题咏等十分活跃。在此氛围中，江顺诒亦较早接触了《红楼梦》。江顺诒曾刊刻庐先骆《红楼梦竹枝词》，同治己巳（1869）于西泠旅次作序云：

《红楼梦竹枝词》百首，合肥庐先骆撰。道光丙午抄自友人，喜其使事之工，措语之雅，置之箧中廿余年，屡经兵燹，而此册无恙，岂非作者之精神有以呵护之耶？窃尝论《红楼》一书，思深旨远，读者未易窥其涯涘。竹枝百绝，有画龙点睛之妙，王雪香刻本取各评赞列诸卷首，独不见此诗。渔古轩改刻大板，余曾以此诗寄刻，工甫竣而“寇”至，板遂毁。

①李放：《八旗画录》后编卷中，朱一玄编《红楼梦资料汇编》，天津：南开大学出版社2001年版，第37页。

②笔者发现，将江顺诒写成江顺怡，只在“红学”研究领域，而且极为普遍，原因就是顾颉刚、胡适等一批首先重视《读红楼梦杂记》价值的研究者所致。

惜哉！所望后之刻者附入之，幸甚。[①]

道光丙午（1846），江顺诒24岁。据《窳翁自撰年谱》，此年“应金陵试”“荐而不售”，故极可能是在金陵见到并抄录《红楼梦竹枝词》。同时，此时江顺诒当已熟知《红楼梦》，否则就不能以“喜其使事之工”之语评价《红楼梦竹枝词》。进而又云“窃尝论《红楼》一书，思深旨远，读者未易窥其涯涘”，在赞叹《红楼梦》主题深刻的同时，亦透露出其对《红楼梦》有过研究，研究所得极可能就是《读红楼梦杂记》。正因为《红楼梦》“思深旨远，读者未易窥其涯涘”，故有关《红楼梦》的主题性质便成为江顺诒重点讨论的对象，而且也多采用驳而后立的写作方法。

《红楼梦》的主旨究竟是宥情的“情书”还是忏情的“悟书”，确实令读者难窥其真谛。像二知道人（蔡家琬）《红楼梦说梦》便表达过这样的困惑：“览过《红楼梦》后，萦念其珠围翠绕者，钝根人也。览过《红楼梦》后，顿悟其色即是空者，解脱人也。宝玉，顽石也，僧道三度之而后去，何点头之晚乎？”“汤临川先生云：‘梦了为觉，情了为佛。’宝玉悬崖撒手，宝玉之梦觉矣，宝玉之情了矣。吾不知其情了之后，为佛耶？为石耶？为神瑛侍者耶？抑仍返灵河崖上浇灌其绛珠仙草耶？迷离惝恍，信乎欲辨已忘言矣。”[②]读者所以有这样的困惑，原因在于《红楼梦》本身审美意象体系的丰富性。一方面，《红楼梦》“别开出一情色世界”，一个“有情有爱的世界”。故在《红楼梦》写作过程中，脂砚斋评本批语便云《红楼梦》“又曰《风月宝鉴》，是戒妄动风月之情”（“甲戌本”凡例），而花月痴人《红楼幻梦自序》针对同人默庵“《红楼梦》何书也”之问，答曰“情书也”“作是书者，盖生于情，发于情；钟于情，笃于情；深于情，恋于情；纵于情，囿于情；癖于情，痴于情；乐于情，苦于情；失于情，断于情；至极乎情，终不能忘乎情。惟不忘乎情，凡一言一事，一举一动，无在而不用其情”[③]。另一方面，《红楼梦》充实着道教的梦幻现象和佛教的色空话语。这正如江顺诒《读红楼梦杂记》首则所云：

《红楼梦》，小说也，正人君子所弗屑道。或以为好色不淫，得《国风》

①江顺诒：《红楼梦竹枝词·序》，雷梦水等编《中华竹枝词》，北京：北京古籍出版社1997年版，第4008页。

②二知道人：《红楼梦说梦》，嘉庆十七年解红轩刊本。

③花月痴人：《红楼幻梦自序》，清道光二十三年疏影斋刊本卷首。

之旨，言情者宗之。明镜主人曰：《红楼梦》，悟书也。其所遇之人皆阅历之人，其所叙之事皆阅历之事，其所写之情与景皆阅历之情与景。正如白发宫人涕泣而谈天宝，不知者徒艳其纷华靡丽，有心人视之皆缕缕血痕也。人生数十寒暑，虽圣哲上智，不以升沉得失萦诸怀抱，而盛衰之境，离合之悰，亦所时有。岂能心如木石，漠然无所动哉？缠绵悱恻于始，涕泣悲歌于后，至无可奈何之时，安得不悟？谓之“梦”，即一切有为法作如是观也。非悟而能解脱，如是乎？①

在江顺诒看来，主张“情书”说者只看到了《红楼梦》外在迹象，而未能领会文本的内在结构，故“徒艳其纷华靡丽”而未识其内蕴的“缕缕血痕”；只关注故事的起始而未深究其终，未能领会《红楼梦》“缠绵悱恻于始，涕泣悲歌于后”至“无可奈何之时”这个走向觉悟的叙事逻辑。《金刚经》有言：“一切有为法，如梦幻泡影，如露亦如电，应作如是观。”江顺诒借此诠释“红楼梦”之“梦”，构筑了《红楼梦》内涵禅宗体验之“繁华之迷—阅历之味—觉悟之醒—解脱之达”的意象系统及文本主旨模式。这即是江顺诒《金缕曲》和吴藻评《红楼梦》词所说的“打破繁华归大觉，醒到红楼好梦”。

其实，“情书”说与“悟书”说之所以成为相互对立的判断，根本原因在于“情能迷人”的传统观点，更何况《红楼梦》“所刻画的情痴、所描写的喜笑悲哀和贪求思慕，才是真正动人的地方”②。然而，就《红楼梦》意象特点及题旨而言，纯粹的“情书”说或“悟书”说因忽略对方而均有不足。于是，有学者折中为“以情悟道”说。在“贾宝玉神游太虚幻境”一回中，警幻仙子对正走向迷津的贾宝玉说道：“尔今偶游至此，如堕落其中，则深负我以前一番以情悟道、守理衷情之言。”脂砚斋批曰：“以情悟道”“四字是作者一生得力处。人能悟此，庶不为情所迷。”只是“以情悟道”虽折中“情书”“悟书”二说，但最终还是指向“悟书”说，亦抬高了作品梦幻模式的作用。作为小说，梦幻模式、禅悟体验本非《红楼梦》之主体，而只是叙事言情的手段。过于扩大它们的作用，与作品主体意象不合。值得注意的，警幻仙子所言是“以

①江顺诒：《读红楼梦杂记》，一粟编《古典文学研究资料汇编·红楼梦》卷三，北京：中华书局1963年版，第205—209页。本文所引江顺诒关于《红楼梦》之语未说明的，均出自该书。

②龚鹏程：《红楼猜梦》，载《文化、文学与美学》，台北：时报文化出版企业有限公司1988年版，第194页。

情悟道、守理衷情”八个字，前者是方式，后者是目的。甲戌本脂砚斋在绛珠神瑛一段有眉批曰：“全用幻。情之至莫如此，今采来压卷，其后可知。以顽石草木为偶，实历尽风月波澜，尝遍情缘滋味，至无可如何，始结此木石因果，以泄胸中悒郁。”后来，乐钧也说：“《红楼梦》悟书也，非也，而实情书。其悟也，乃情之穷极而无所复之，至于死而不可已，无可奈何而姑托于悟，而愈见其情真而至。放其言情，乃妙绝今古。”[①]也就是说，“宝玉之悟，非道悟，非禅悟，实乃情悟。宝玉之‘出家’，非遁入空门，乃托身空门。宝玉对至情至性的追求和向往，至死靡它，无可奈何姑托于悟”[②]。

前人论及江顺诒，因其明确提出“《红楼梦》，悟书也”的主张，加之旧红学始终存在“情书”与“悟书”二说的对立现象，于是便想当然地认为他反对“情书”说。其实，江顺诒提出“悟书”说之前，只是说“或以为好色不淫，得《国风》之旨，言情者宗之”，或有针对“情书”说的一面，但未表露明确反对的态度。不仅如此，他在《读红楼梦杂记》还直接说过“《红楼》以言情为宗，自以宝玉、黛玉作主，余皆陪衬物”，视宝黛爱情为作品的主线。仔细揣摩，江顺诒所反对的只是以“好色而不淫”解释《红楼梦》主旨的儒家诗教模式。因为这个“发乎情，止乎礼义”的模式是将情欲纳入世俗生活的伦理秩序，与宝玉后来托身空门的“不淫”并非一回事。《红楼梦》第五回警幻仙子有言：“古来轻薄，皆以‘好色不淫’为解，又以‘情而不淫’为案，此皆饰非掩丑之语。好色即淫，知情更淫。”对此，江顺诒说：

> 如此论情，如此论淫，借口《国风》者，吾知其伪矣！今之为香奁者，欲饰其非而非不免，欲掩其丑而丑弥彰，所谓“无伊尹之志，则篡也”。若寓言八九，只可依托香草，不能附会好逑，作者其知之。

孟子《孟子·尽心上》有云“有伊尹之志，则可。无伊尹之志，则篡也”，江顺诒借此强调作者言情以真实自然之心为准的，不必以“《国风》好色而不淫”矫饰其价值，因为自然真情固有可贵之处，也不是“诗教”理念所能掩饰的。同时，就寓言之作，江顺诒认为只能通过香草意象象征情志，不宜以“君子好逑”的男女情感比附寄托。诸如此类，均强调了“色”“情”至真至性的

①乐钧：《耳食录》二编，一粟编《红楼梦卷》，北京：中华书局1963年版，第347页。

②汪裕雄：《审美意象学》，沈阳：辽宁教育出版社1993年版，第249页。

观念。江顺诒填词亦是如此，他不仅多以叙述口吻谱写自己的情事，而且《花底拾遗集》三卷以自然之眼品赏名花美人，以审美态度构筑其色、香、形状，充分体现了如警幻仙子所说的“既悦其色，复恋其情”（《红楼梦》第五回）的欣赏态度。江顺诒又说：

> 宝玉因画蔷而见龄官之娇、贾蔷之痴，深悟各人眼泪还各人债。此等觉悟，真能放下一切。若小红，因见妒而另识贾芸，则逼之使然，未为达也。

可以说，龄官画蔷之举令宝玉对“情”大彻大悟，他对黛玉和袭人说：“我昨晚上的话竟说错了，怪道老爷说我是‘管窥蠡测’。昨夜说你们的眼泪单葬了我，这就错了。我竟不能全得了。从此只是各人各得眼泪罢了。”宝玉由原先认为所有女子眼泪为他而流，转变为“各人眼泪还各人债”，这种“真能放下一切”而专注情缘的觉悟，正是一种源自内心的“达”。由此，江顺诒的“悟书”说，兼有“以情悟道”“以情悟情”，终“因悟而解脱”。此说虽非江顺诒创举，但其较为全面的分析无疑在旧红学史上具有拓展性的意义，亦开启了后来王国维说《红楼梦》价值在于写出了“人生之苦痛与其解脱之道”之先河。

由此，江顺诒的“悟书”说，兼有“以情悟道”“以情悟情”之意，终“因悟而解脱”。“悟书”“解脱”说可谓红学史的重要论题之一，从某种意义上说，如此解读《红楼梦》实则体现了中国文化心理结构特点。围绕“情与悟”这个被研究者称之为“《红楼梦》的诠释路向中两大路线之争”[①]，后代红学家关于《红楼梦》主题分析基本呈现出三种价值取向：一是“悟”本体说，或是自色悟空、以情悟道，强调《红楼梦》尊道宗佛的文化特征，甚至认为小说的“哲学要旨就在于看破色相”“从色中看到空，从身外之物中看到无价值，便是大彻大悟”[②]；或是如王国维进而从叔本华悲观主义人生观出发，提出《红楼梦》本旨在“描写人生之苦痛与其解脱之道”[③]，发展了旧红学的“悟

①龚鹏程：《红楼丛谈》，济南：山东画报出版社2012年版，第86页。

②刘再复：《〈红楼梦〉阅读》，载《独语天涯：一千零一夜不连贯的思索》，上海：上海文艺出版社2001年版，第62页。

③王国维：《〈红楼梦〉评论》，周锡山编校《王国维集》（第1册），北京：中国社会科学出版社2008年版，第9页。

空”说。二是“情”本体说，或是持老庄自然与周孔名教相对抗，本着“以情抗礼”“任情而废礼”之思路，认为《红楼梦》存在情与礼两个世界，作者“所向往的‘情’的世界在‘礼’的世界的重重包围之中，在真实的人间是绝不可能存在的”，故“大观园之终归于太虚幻境便早已是一个预定了的必然结局”[①]；或是本着“以情悟情”之路经，认为曹雪芹“从未以讲佛为宗旨，是以小说形体来向人提倡以‘情’做人，以‘情’度世”，小说本旨不是“万境归空”，而是“万境归情”，此时“情”已有了“本体性”[②]。第三便是“情悟双行”的诠释模式，认为“《红楼梦》既说万境归空、浮生聚散，也说福善祸淫，就使它整部书既谈空又说有；既要超情悟道，又要深入情海”[③]。至此，江顺诒并非《红楼梦》“悟书”“解脱”说的首创者，后人亦未能全面认识其“悟书”说的含义，但通过上述关于《红楼梦》主题性质的历时分析，可见江顺诒不仅较早开启了“情悟双行”的路径，而且也较早提出了“解脱”说，与王国维“亦可谓心有灵犀”[④]……这些均足以说明江顺诒在红学史上理当有一席之地。

二、自传与殷鉴：《红楼梦》创作意图的史学意识

中国史学素有“春秋笔法”“微言大义”的传统，故一部描绘“败国亡家”小说《红楼梦》面世后，很快即被披上“影射文学”的外衣，经“索引派”强化，至今不衰。对此，江顺诒明确断定《红楼梦》不是影射小说，而是“作者自道其生平”的自传小说：

> 或谓《红楼梦》为明珠相国作，宝玉对明珠而言，即容若也。窃案《饮水》一集，其才十倍宝玉。苟以宝玉代明珠，是以子代父矣。况《饮水词》中欢语少而愁语多，与宝玉性情不类。盖《红楼梦》所记之事，皆作者自道其生平，非有所指。如《金瓶》等书，意在报仇泄愤也。数十年之阅历，悔过不暇，自怨自艾，自忏自悔，而暇及人乎哉？所谓宝玉者，即顽石耳。
>
> 又有满洲巨公谓《红楼梦》为毁谤旗人之书，亟欲焚其版。余不觉哑然

---

①余英时：《红楼梦的两个世界》，上海：上海社会科学院出版社2006年版，第195页。

②周汝昌：《红楼十二层》，太原：书海出版社2005年版，第36页。

③龚鹏程：《红楼丛谈》，济南：山东画报出版社2012年版，第86页。

④王志良：《红楼梦评论选》（上），北京：中国社会科学出版社1998年版，第151页。

失笑。无论所纪非违律犯法之事，伤风败俗之行，即以获罪论，亦只以贿酿人命为最大，然实出于妇人女子之手。较当代诸公，身膺疆寄，贿赂公行，苞苴不禁，冤死穷民无告者不知几人。设有人笔之于书，则又奈何！且笔之于书，以儆将来，视已犯法而明正典刑者，又何如也！《红楼》所纪，皆闺房儿女之语，所谓有甚于画眉者，何所谓毁？何所谓谤？

《红楼梦》“为明珠家事”说在乾隆时期已出现。梁恭辰《北东园笔录》卷四云：“《红楼梦》一书，诲淫之甚者也……相传为演说故相明珠家事。以宝玉隐明珠之名，以甄（真）宝玉、贾（假）宝玉乱其绪。”关于《红楼梦》影射、毁谤旗人之说，梁恭辰《北东园笔录》卷四曾记载满洲人玉麟尝语其家大人之言：“《红楼梦》一书，我满洲无识者流，每以为奇宝，往往向人夸耀，以为助我铺张……其稍有识者，无不以此书为诬蔑我满人，可耻可恨。若果尤而效之，岂但《书》所云‘骄奢淫佚，将由恶终’者哉！我做安徽学政时，曾经出示严禁，而力量不能及远，徒唤奈何。有一庠士，颇擅才笔，私撰《红楼梦节要》一书，已付书坊剞劂，经我访出，曾褫其衿，焚其板。一时观听，颇为肃然。”《北东园笔录》（初刊于同治五年）刊刻在《读红楼梦杂记》之前，江顺诒所言似乎因此而出，尤其是批评《红楼梦》为“毁谤旗人之书”，针对的就是梁恭辰《北东园笔录》记载的玉麟（1766—1833）之言，及其在安徽学政任（1805—1809）上的行为。

针对“为明珠家事”说“以宝玉隐明珠之名”、以贾宝玉之才比附明珠子纳兰性德等相关主张，江顺诒均一一提出反证，总体而言具有一定的说服力。针对“毁谤旗人”说，江顺诒以“《红楼》所纪，皆闺房儿女之语，所谓‘有甚于画眉者’”，以及小说中妇人女子之罪不及“当代诸公”之恶劣等为据，认为《红楼梦》并非毁谤旗人之书。否则，就“当代诸公”之恶行，完全“笔之于书”，无须托闺房儿女之语。虽说江顺诒否定“毁谤旗人之书”的意见是正确的，也看出了《红楼梦》多闺房儿女的形象特点，且认为“若寓言八九，只可依托香草，不能附会好逑，作者其知之”，但说服力并不强。一则《红楼梦》所写多与旗人生活有关，二则假闺房写男子既是古代寄托之手法，也是有人对《红楼梦》创作方法的一种解读。对此，江顺诒均缺乏有效的阐释。

不过，江顺诒针对“影射”说所作出的反驳，目的在强调“非有所指”的“作者自道其生平”说。关于《红楼梦》属作者自传，早在脂砚斋批语中即有所暗示，然至江顺诒方明确揭示。当然，江顺诒并未指出作者为何人，证明“自传”说的实证材料也不足，但正如俞平伯所说：“在举世附会的‘红学’盛行之时，他能独树一帜，开正当研究《红楼梦》底先路。他屏去一切的传说，从本书上着眼，汇观其大义；虽寥寥的几页书，已使我们十分敬佩了。”①当然，从江顺诒的“作者自道其生平”到胡适的“作者的自叙传”，均给人在强调《红楼梦》为史传体、自然主义文学的印象。由上引文可以看出，“阅历”是江顺诒理解《红楼梦》的重要关键词：因作者有“数十年之阅历”“其所遇之人皆阅历之人，其所叙之事皆阅历之事，其所写之情与景皆阅历之情与景”，故而在“自道其生平”的基础上，基于“悔过不暇，自怨自艾，自忏自悔”的生命体认，方能创作出启迪人生“解脱”的“悟书”来。“所谓宝玉者，即顽石耳”，既在强调《红楼梦》系“作者自道其生平，非有所指”，也是尊重小说形象体系的解读结果。在小说中，顽石“幻形入世”而为“通灵宝玉”，伴随贾宝玉“缠绵悱恻于始，涕泣悲歌于后，至无可奈何之时，安得不悟”的人世间的“阅历”体验，仍化为顽石，回归到青埂峰下。在此虚幻传奇的演绎中，由“作者自道其生平”、觉悟到解脱，反映了江顺诒对自传体小说艺术真实性的一种解读。

江顺诒在作者“自道其生平”，描绘其“阅历”的基础上，进而强调了《红楼梦》具有反映社会情状、启迪人生、发挥教化功能的价值。这除了前文分析的“悟书”说、“解脱”说已暗含此意，江顺诒还明确指出，自古以来类似《红楼梦》作者之阅历者多矣，然大多停留在自我的追悔感受中，很少能像《红楼梦》作者那样“作为文章，劝来世而赎前愆”的责任。言下之意，《红楼梦》乃是作者“能感之”“能写之”“能教之”的伟大作品。值得注意的是，江顺诒也有“小说也，正人君子所弗屑道”的传统观点，但在《红楼梦》批评中，与部分读者持有的游戏娱乐态度不同，他强化了小说的史鉴价值，彰显了中国传统小说批评的史学意识。如说：“赖大是贾家总管，其子竟蒙捐而选知县。承平之世，流品已如此，亦必当时实有其人，故详细书之以寓讽，亦国法所不容者。”按照清朝会典律例，凡名列贱籍（含契买之奴仆），若未经主人放出等过程，是不能应考出仕的。又如《红楼梦》第105回“锦衣军查抄宁国府”一节，邢夫人那边人嚷道：“多多少少穿靴带帽的强盗来了，翻箱倒笼拿

①俞平伯：《红楼梦辨》，北京：商务印书馆2010年版，第222页。

东西。”江顺诒评曰：“强盗而竟‘穿靴带帽’，奇文！虽‘穿靴带帽’而拿东西，实凶于强盗，文外微旨。”又如：“古今奸邪柄政，如卢杞、严嵩，皆受参劾于生前，独凤姐擅权，虽其夫亦受节制，至已败国亡家，而太夫人犹不悔，非秦之赵高乎？况太夫人并非二世庸碌之主。能道其奸者，惟一赵姨娘。而凤姐卒受冥诛，似亦为警世起见。”这里，江顺诒完全以历史诠释《红楼梦》的人物命运，渗透着浓郁的惩恶扬善的道德观念。再如：“世禄之家，鲜克由礼。《红楼》所记，独一奢侈之罪，然已受抄检之辱，军台之苦，其警戒为何如！今之缙绅阀阅之家，岂仅奢侈一端而已哉？不仅此奢侈一端，其幸逃法网，曷若《红楼》之堪为殷鉴耶？”现实之执法尚不如小说之严厉，故江顺诒发出“《红楼》之堪为殷鉴”之叹。

在中国古代，“史学”不仅影响了小说观念与批评观念的生成，也影响了小说批评思想与艺术标准的确立，“在批评目的上，古代小说批评家重视小说的社会实用价值，要求小说服务于社会政治，有益于人伦教化”①。如王希廉《红楼梦批序》便云“语有大小，非道有大小也”，他在《红楼梦》批本中，便反复言及小说“祸福自召，劝惩示儆”的功能②。王希廉评点对江顺诒有着直接的影响，《读红楼梦杂记》在王希廉的基础上，由“文外微旨”“寓讽”“警世”“警戒”至“殷鉴”，强化了《红楼梦》具有史鉴的教化功能。这在我国小说批评与史学“结缘”的传统中，原不足为奇，但江顺诒在《红楼梦》创作意图解读中，能驳斥“影射”说，明确提出“作者自道其生平”说，正可谓灵活运用史学意识的一大表现。20世纪以后，随着学界对曹雪芹家世资料的研究深入，像胡适等人进一步强调了《红楼梦》为作者“自叙传”说的创作意图，指出这是“一部隐去真事的自叙：里面的甄贾两宝玉，即是曹雪芹自己的化身；甄贾两府即是当日曹家的影子”③。但正如王志良认为的，《读红楼梦杂记》“属目前已见最早主‘自传说’之红学著作”，江顺诒“为提出《红楼梦》乃作者‘自道其生平’之第一人”④。阿英指出江顺诒“作者自道其生平”说，

①谭帆：《传统文艺思想的现代阐释》，上海：上海社会科学院出版社1995年版，第110页。

②王希廉：《新评绣像红楼梦全传》卷首，清道光十二年双清仙馆刊本。

③胡适：《红楼梦考证》（改定稿），《胡适文集》（5），北京：人民文学出版社1998年版，第325页。

④王志良：《红楼梦评论选》（上），注释②，北京：中国社会科学出版社1998年版，第151页。

"实为后来胡适说之张本"[①]，郭豫适亦认为："后来胡适的《红楼梦考证》以及俞平伯关于《红楼梦》的思想感情的评论，不论他们是否承认，其评论的历史的认识根源，也可说是这里的看法的继承与发挥，甚至某些新红学家好用的语汇，如所谓'自怨自艾，自忏自悔'，'宝玉即顽石'之类，也未必不是受了这些说法的影响。"[②]

三、情理与伦常：《红楼梦》艺术批评的道德标准

江顺诒《红楼梦竹枝词序》"尝论《红楼》一书，思深旨远"，在《读红楼梦杂记》中亦坦言"余读《红楼》尤三复焉，而涕泪从之"，足见其对《红楼梦》的嗜喜程度。事实亦如此，无论是"悟书""解脱"说，还是"自传""殷鉴"说，江顺诒均给予《红楼梦》高度赞誉，而且这些主张在红学史上亦占有一席之地。只是与对小说"思深旨远"意旨的解读略有不同，江顺诒在阅读《红楼梦》而倍加感动之时，对小说的艺术性却多有微词，部分主张更显示出以儒教伦理为核心标准的批评特色。个中缘由，颇值得分析。

"假作真时真亦假，无为有处有还无"，是《红楼梦》第一、五回两度出现"太虚幻境"牌坊的对联。可以说，这既是对小说关涉社会人生主题的哲学表达，也是对小说叙事方式的艺术提炼。对此，脂砚斋的评语说："叠用真假有无字，妙。"王希廉（字雪香）《红楼梦总评》亦说："《石头记》一书，全部最要关键是'真假'二字。读者须知真即是假，假即是真；真中有假，假中有真；真不是真，假不是假。明此数意，则甄宝玉、贾宝玉，是一是二，便心目了然，不为作者齿冷，亦知作者匠心。"然而，江顺诒对此并不赞赏：

> 真假二字，幻出甄贾二姓，已落痕迹。又必说一甄宝玉以形贾宝玉，一而二，二而一，互相发明，人孰不解？比较处，尤落小说家俗套。

王希廉《红楼梦总评》附在其评点刊刻的《新评绣像红楼梦全传》卷首（道光十二年刊行）。据前文考略，江顺诒"真假"之说便是针对王希廉评语而论，对此俞平伯曾加以维护说：

①阿英：《小说闲谈四种·小说四谈》，上海：上海古籍出版社1985年版，第26页。

②郭豫适：《红楼研究小史稿（清乾隆至民初）》，上海：上海文艺出版社1980年版，第78—79页。

此书叙甄家之事，原甚不可解；以我们看去，大可全删。江君所评，切极。但在一方面说是人孰不解，他方面想，实在是人都不解。因为这实在是文章底赘疣，毫无意思，且亦毫无风趣。至于他所谓，“比较处落俗套”；这实在骂的是高鹗。在八十回中，写甄宝玉完全和贾宝玉一样，只可以说“一而二，二而一”，却讲不到比较。真正的比较，在第一百十五回方见。江君既说俗套，想也不赞成高氏底补笔了。[①]

笔者不赞成这种说法，从某种意义上说，人物真假对立、有无对照确实是中国戏曲小说常见艺术构思方式，诸如真假太子、真假悟空、真假李逵、真假宋江、真假包公、真假牡丹……然而这些真假故事只是作品中的某一情节，而且本质上是一种“以假乱真”或“以假冒真”的叙事方式，以达到戏剧性的艺术效果，而最终则是“真就是真，假就是假”的真相大白结局。而在《红楼梦》中，正如王希廉指出的，“全部最要关键是‘真假’二字”，将真事隐去而假语村言，成为这部小说的总体构思模式。其目的也不在求得戏剧情节的趣味性以及以假衬真的艺术效果，而是通过真假、有无相生的宇宙人生之规律，洞察“一切有为法，如梦幻泡影，如露亦如电，应作如是观”之真谛。同时，也是对《红楼梦》从生活原型到艺术创造，塑造艺术典型的辩证方法的交待。因此，《红楼梦》中的真假关系，近似庄周梦蝶中“不知周之梦为胡蝶与，胡蝶之梦为周与”（《庄子·齐物论》）的虚实相生关系。

江顺诒之误不在未见《红楼梦》真假“互相发明”的特点，而在误判中国传统戏曲小说中的“以假乱真”的真假对立故事。由此亦影响了他对《红楼梦》为“悟书”说的深刻性把握。究其根源，则是他基于史学意识的解读方式，刻意于“真”，而影响他对小说中“假语村言”以及“梦幻”表达的艺术虚构性的认识。于是，江顺诒又说：“《西游记》托名元人，而书中有明代官爵。今《红楼梦》书中有兰台寺大夫，及九省统制、节度使等官，又杂出本朝各官，殊嫌芜杂。”当然，像江顺诒这样的评点并非孤立现象，与其同时的张文虎（1808—1885）在《儒林外史》二十六回有评语曰：“明时布政司有左右参政、左右参议，按察司有副使、佥事，皆即今之道员。既托名明官，不当径称今制，此亦疏忽之过。”其实，关于《红楼梦》官爵问题，脂砚斋在第二回写到林如海“乃是前科的探花，今已升至兰台寺大夫”处有批语曰：“官制半

①俞平伯：《红楼梦辨》，北京：商务印书馆2010年版，第223页。

遵古名亦好。余最喜此等半有半无，半古半今，事之所无，理之必有，极幻极玄，荒唐不经之处。”（甲戌本）已认识到小说遵循“事之所无，理之必有”，辩证处理真假、有无关系，塑造典型形象的特点，然而对主张“作者自道其生平”，几近以史传体“实录”标准解读《红楼梦》的江顺诒来说，则错过了对小说想象、虚构艺术的欣赏。于是，稍后的平步青（1832—1895）在《小栖霞说稗》中针对小说中官爵名杂出的现象便说：“此等皆稗官家故谬其辞，使人知为非明事。亦如《西游记》演唐事，托名元人，而有銮仪卫明代官制；《红楼梦》演国朝事，而有兰台寺大夫、九省总制节度使、锦衣卫也。江秋珊杂记嫌其芜杂，亦未识此。此评可删。”①

不仅如此，江顺诒基于小说的史学阐释，也对《红楼梦》部分情节的设置发出了不同意见，如云：“李纨、探春代凤姐管事，理所应当。兼请宝钗，实出情理之外。”在他看来，在凤姐因劳累不慎小产之后，王夫人令荣府嫡脉孙媳贾珠之妻李纨、宝玉庶出妹妹探春替代凤姐管理家事，均是名正言顺，合乎家族制度、习惯秩序的“情理”，而兼请“客卿”身份的宝钗协同管理，则是“实出情理之外”。其实，就小说情节的安排而言，王夫人兼请宝钗的安排原因很多，但实则为宝玉择媳埋下伏笔，是一种人事安排上的铺垫。从小说的构思而言，这非但不是出乎情理之外，反而是合情合理的妙笔。

小说批评中的史学意识还表现在将人物角色与历代人物比附的评点方式。如护花人（涂瀛）《红楼梦问答》便认为：宝玉似武陵源百姓，黛玉似贾长沙，宝钗似汉高祖，湘云似虬髯公，探春似太原公子，宝琴似藐姑公子，平儿似国大夫，紫鹃似李令伯，妙玉似阮始平，晴雯似杨德祖，刘姥姥似冯驩，凤姐似曹瞒，袭人似吕雉。江顺诒对这种做法也乐此不疲，而且他在征引上段文字②之后提出了不同看法：

> 宝玉似唐明皇，黛玉似李广、又似唐衢，宝钗似王莽，湘云似李太白，探春似汉文帝，宝琴似张绪，平儿似陈平，紫鹃似豫让，妙玉似倪云林，晴雯似祢衡，刘姥姥似柳敬亭，凤姐似严嵩，袭人似魏藻德。

①平步青：《霞外攟屑》卷九，民国六年刻香雪崦丛书本。

②因护花人（涂瀛）《红楼梦问答》附在王希廉（雪香）评点刊刻的《新评绣像红楼梦全传》卷首，致使江顺诒《读红楼梦杂记》误将这段文字署名为王雪香《红楼问答》。

这种评点从某种意义上说带有游戏性质，历史人物与小说角色毕竟不是一回事，但比附本身反映了批评者的一种接受观，在引人联想中对解读小说人物形象有着积极意义。在《读红楼梦杂记》中，江顺诒评论较多的是贾宝玉、刘姥姥、凤姐、袭人等人物形象，兹结合相关评点，分析他对红楼人物的理解。

涂瀛说“宝玉似武陵源百姓”，看出了宝玉天性纯然的一面，而江顺诒认为“宝玉似唐明皇”，既非凭空想象，也指出了宝玉性格的复杂性。《红楼梦》第二回借贾雨村之语，依据“正邪二气赋人”理论，认为宝玉属于除了应运而生的大仁者、应劫而生的大恶者之外的第三类人。这种人既有“聪俊灵秀之气”，又有“乖僻邪谬不近人情之态”“上则不能为仁人为君子，下亦不能为大凶大恶”“若生于公侯富贵之家，则为情痴情种”。贾雨村接着例举了一些历史人物，其中便有陈后主、唐明皇、宋徽宗等帝王。而江顺诒关于贾宝玉“爱博而情不专”的评价，印证的正是正气邪气缠夹而成的这第三种人格理论。尽管江顺诒曾肯定过龄官画蔷行为令宝玉对“情”大彻大悟，有一种“真能放下一切”，领悟“各人眼泪还各人债”的真情，但正如江顺诒所言：“尤三姐惜宝玉之多情，可谓宝玉知己。然意不在宝玉，而在湘莲。岂湘莲果胜于宝玉？不知宝玉爱博而情不专，及至黛玉死而宝玉不死，三姐死而湘莲立断尘缘，始信三姐之知人。设而不死，其专于一人，必不同于宝玉。惜乎三姐知宝玉，宝玉不知三姐。以一言启湘莲之疑，死者死而遁者遁，非宝玉之咎乎？”通过黛玉死而宝玉未死的情节，尤其是小说中面对湘莲关于尤三姐被贾珍践踏的疑问，原本可以正面开导的宝玉在回答时，不仅极其含糊而且话里有话，反而加重了湘莲的疑虑，致使尤三姐死、湘莲出家……诸如此类，无不说明宝玉在道德观、爱情观乃至婚姻观上存在着不足与邪气。

涂瀛说“刘姥姥似冯驩”，虽看出刘姥姥落魄穷困的一面，但显然又将其志其才拔高。江顺诒修正为“似柳敬亭”，既有文本依据，也给予了刘姥姥大俗大雅的美誉。小说第39回有云：“那刘姥姥……坐在贾母榻前，又搜寻些话出来说。彼时宝玉姊妹们也都在这里坐着。他们何曾听见过这些话，自觉比那些瞽目先生说的书还好听。”第119回写巧姐被迫卖于外藩，众人无措之际，刘姥姥出现听说事情原委之后，忽然对平儿笑道：“你这样一个伶俐姑娘，没听见过鼓儿词么，这上头的方法多着呢。这有什么难的。”“一个人也不叫他们知道，扔崩一走，就完了事了。”当然，江顺诒对刘姥姥的兴趣，不仅因她有俚言博笑的艺术才能、取自戏曲评书的生活智慧，而且她为归结巧姐之人。王希廉《红楼梦总评》曾云："若云家运衰落，平日之爱子娇妻、美婢歌童，以及亲朋族党、幕宾门客、豪奴健仆，无不云散风流，惟剩者老妪收拾残棋败局。"江顺诒征引后云："读至此，不独孟尝、平原徒夸食客，凡豪门势宦皆可为之痛哭矣。"尽管仍就以历史、现实人物比附评价，但足以看出刘姥姥这个人物形象在江顺诒心中之位置。

涂瀛说"凤姐似曹瞒"，江顺诒修正为"似严嵩"，均无非在批评她潜窃威柄，实为贾府奸佞之尤。除此，江顺诒又说像历史上"古今奸邪柄政""皆受参劾于生前"，而"独凤姐擅权""至已败国亡家，而太夫人犹不悔"，"能道其奸者，惟一赵姨娘"，故既认为凤姐"若龙之珠，狮之球"，价值千金，若想捕获，必冒风险，又将凤姐喻为恃宠而骄，独揽大权，结党营私直至亡国的"秦之赵高"。这种在历史的比附中践行着浓郁的道德标准的批评，同样反映在对袭人的认识上。涂瀛说"袭人似吕雉"，指出袭人温柔其表而恶毒其内的特点，江顺诒进而将袭人比作蒙受主恩，却卖主求荣，不得善终的明末魏藻德。魏藻德（1605—1644）得崇祯帝赏识，擢状元，参与国政，后为首辅，然面对乱局毫无方略，只令百官助饷。李自成称帝，魏率百官朝贺，叩首变节。继而在刘宗敏面前骂崇祯无道，输万金，然义军"以为少，酷刑五日夜，脑裂而死"。之所以将袭人比作蒙受主恩，却卖主求荣，不得善终的人物，根源在于袭人最后弃宝玉而去，改嫁蒋玉菡之事。为此，江顺诒不惜严厉措辞云："《红楼》之金闺硕彦，皆出乎情而守乎礼，即荡检逾闲如司棋等，亦矢志不移。其淫荡无耻者，皆不足数之人。惟袭人可恨，然亦天下常有之事，而已贬之不遗余力，屡告阅者以申明之。苟非袭人，使金谷园中皆从绿珠坠楼乎？"进而又谴责"袭人之不死，则明斥其非曰：孤臣孽子，义夫节妇，'不得已'三字，不是一概推诿得的"，而"宝玉之不死，则以'不知谁何之人'示以伦常至重，而不可死。非真有人示之也，实欲死时之转念耳"，但是"古今忠臣孝子，义夫烈妇，其慷慨捐生，则只有初念而并无转念。失此一时，抱恨千秋，作者非不知也"。将"殉节"视为"义夫烈妇"歌颂，足见江顺诒在道德伦理上的顽固性。

与其对袭人之仇视形成鲜明对照的是对贾政的礼赞。王希廉《红楼梦》第33回评点有云："马婆魇魔，衅起生彩霞，宝玉几死于鬼；贾环搬舌，祸由死金钏，宝玉几死于打。其实皆赵姨所致，是后来结果案据。”江顺诒征引后感慨曰：“昔人谓尹吉甫一代贤者，伯奇有履霜之操，不知妇人女子之毒，实出人情之外。政老品学，迥出流俗，乃见欺于不宠之妾。骊姬、申生之事，何代无之，不必为吉甫辩也。”此段虽是批评赵姨娘之阴险狡诈，乃至上升到整个“妇人女子之毒”，并借助周宣王时重臣尹吉甫听信后妻谗言陷害其子伯奇、春秋时晋献公妃骊姬陷害齐姜之子申生等历史故事予以证明，但同时褒奖了贾政之“品学”。关于贾政屡遭小人算计，江顺诒又说：“《红楼梦》李十儿骗贾政一节，君子仁人，孰不愿为贾政，孰不为李十儿所骗？试取此书细读之，倘亦知家人舞弊，而绝其信任之心乎？然而知之者伊谁！”这实际上是为贾政“失察属员，重征粮米，苛虐百姓”的罪名辩诬。

至此，与史学意识一样，道德批评也是中国小说批评的重要特征，两者均对批评主体提出了高要求。在道德批评上，由上文对江顺诒对红楼人物的分析可知，诚如郭豫适所揭示的，“这位评论家自谓与小说作者‘同病相怜’，可惜他的思想见识却大不如小说作者，所以《读红楼梦杂记》评论小说中的人物，常有浅薄迂腐之论”，像其论贾政“这些见解何等庸俗浅薄”，又常强调“妇人女子之毒”，“且通卷《杂记》之中，但责凤姐、袭人等辈，却未见有点名批判贾赦、贾琏之流者。这都说明，这位评论家头脑中有‘女人祸水’之类的封建腐朽观念在作怪”。[①]其实，江顺诒并非迂腐固陋之人，受到洋务新政的时代精神感染，他以通时务、达事权为人生目标，撰写过《呰窳子》三卷、《越俎卮言》二卷等政论著述，试图睁眼看世界，对西洋商业文明、政治制度等多持肯定态度，甚至给人“抑中而扬外”[②]的印象。但是他的中西文明观始终以“西学中源”为底色，尤其是涉及到道德问题时，像“以躬行实践之事典型万世，则又孔孟为优”[③]之论，便成为他判断中西文明的底线标准。同样，他对词体体性的认识多有独到处，但只要涉及到词作主旨及体性品第等问题，便回到儒家伦理设定的普遍性理念之中。如《词学集成》卷五甚至说“山谷艳词，已有法秀泥犁之呵。香奁本非词格，后生小子，矜其一得，竞为秾亵之语，岂大雅

①郭豫适：《红楼研究小史稿（清乾隆至民初）》，上海：上海文艺出版社1980年版，第79—80页。

②江顺诒：《呰窳子集证·自序》，清光绪自刊本。

③江顺诒：《呰窳子》卷一，清光绪自刊本。

所屑道哉?”[①]“这种对立思维，像江顺诒等人是无法认识清楚的，因为大雅君子之类的人格价值观，已成为他们生命的一部分，已是天经地义的合理存在。”[②]如此，我们便不难理解他为何识破不了曹雪芹塑造贾政“假道学”形象的意图，而认为“政老品学，迥出流俗”，甚至说“君子仁人，孰不愿为贾政”了!

四、辛酸之外，别无他味：读《红楼梦》的身世之感

梁启超《论小说与群治之关系》有言：“小说之以赏心乐事为目的者固多，然此等顾不甚为世所重；其最受欢迎者，则必其可惊、可愕、可悲、可感，读之而生出无量噩梦，抹出无量眼泪者也。”[③]江顺诒研读《红楼梦》亦是如此，时时将自己的身世体验、人生阅历带入其中。多年来，因人们对江顺诒生平履历不甚清楚，故对他的研究多未能深入。笔者访得上海图书馆藏江顺诒手稿本《窳翁丛书》，其中有《窳翁自撰年谱》《江秋珊先生事略》等资料。兹结合这些资料，进一步分析《读红楼梦杂记》中的相关评点，以期更为全面深入把握江顺诒研读《红楼梦》的收获。江顺诒说：

> “风尘碌碌，一事无成。”“已往所赖之天恩祖德，锦衣纨袴之时，饫甘餍肥之日，背父母教育之恩，负师友规训之德，以致半生潦倒，罪不可逭。”此数语古往今来，人人蹈之，而悔不可追者，孰能作为文章，劝来世而赎前愆乎?同病相怜，余读《红楼》尤三复焉，而涕泪从之。

前引数语关于出生富贵之家，然平生“一事无成”“半生潦倒”的负疚之叹，出自《红楼梦》第一回作者自云。所谓“同病相怜”之感，既有史学意识介入阅读的特点，也是文学鉴赏的一种“同情的理解”，读者在与小说世界及其作者生活的异质同构中丰富着阅读体验。一则祖系显赫而家道中落。《江秋珊先生事略》曾云其家“为旌德显族”，胡适亦说江顺诒“是我太太的上一代

①唐圭璋编:《词话丛编》(第四册),北京:中华书局1986年版,第3226—3227、3264页。

②杨柏岭:《晚清词家对艳词体性的文化诠释》,《安徽师范大学学报》(人文社会科学版)2004年第4期。

③梁启超:《论小说与群治之关系》,《新小说》1902年第1号。

的人”[1]。不过，至少到江顺诒这一代，尤其是逃太平军难之后，家庭并不富裕。《事略》有言“家贫，乃弃举子业，经理家事”[2]，“家贫亲老，渐开门七件唠叨”[3]。二则半生潦倒的追悔负疚之感。江顺诒“年廿一始应府试”，然“五应秋试，皆荐而不售”[4]，不得已通过捐纳获“微官”身份，然所事均为下僚差役，如杭州凤山城门稽查、衢防支应局文案、常防行营支应、左制宪闽浙总粮台管理收支、杭州塘工总局差、翁汛分局收支、十二堡分局收支、西塘秤验、申防监工、余姚县丞、钱塘县丞，后又入青阳酒厘局、牙厘总局等。亦如《红楼梦》作者借小说叙写人生之不顺，“劝来世而赎前愆”，江顺诒在诗词曲等作品中亦屡述自己“半生潦倒”的经历。诗歌如《和鹭臣论诗》之一云“一官未达名难显，千载迟生迹已陈”，词如《高阳台·悼伎玉娘》云“青衫久被缁尘涴，况半生潦倒，万事都休”，曲如《自寿曲》即是人生之小结，如其中一首《解三酲》云：“学不上滑稽志傲，学不上玩世名高。学不上眉黛投时好，学不上混迹渔樵。只合山中射虎残年了，早已海上骑鲸壮志消。侏儒饱，马牛任唤，鸥鹭难邀。”

江顺诒虽不及曹雪芹于后代之盛名远播，然其从平常人生所云“余读《红楼》尤三复焉，而涕泪从之”，则是真诚之言。故而面对《红楼梦》缘起诗“满纸荒唐言，一把辛酸泪。都云作者痴，谁解其中味”，他极其自信道：“言中有泪，何至荒唐？含泪而言，但觉辛酸矣。作者痴，读者与之俱痴。读者未尝不解其中味也。辛酸之外，别无他味，我亦解人。”然正如江顺诒在《（庐先骆）红楼梦竹枝词·序》中所言：“《红楼》一书，思深旨远，读者未易窥其涯涘。”此处所谓“解人”，更多的则是“同病相怜”的人生感受。由此，我们便理解了他下文的一段评论：

> （王希廉）又《贾兰赞》云：“乳臭未脱，即以八股为务，是于下下乘觅立足地。仕宦中多一热人，性灵中少一韵人。”明镜主人曰：贾兰之才，正以见宝玉之不才。在作书者原以半生自误，不能为贾兰而为宝玉，愿天下后世之人

①胡适《胡适红楼梦研究论述全编》，上海：上海古籍出版社1988年版，第372页。经考证，江顺诒与江冬秀虽同族，但不是同一支系。

②江顺诒：《江秋珊先生事略》，载《窳翁丛稿》手稿本，上海图书馆藏。

③江顺诒六十岁时撰散曲套数《自寿曲》之《玉山供》。载《愿为明镜室词稿》九卷本附录。

④江顺诒：《江秋珊先生事略》，载《窳翁丛稿》手稿本，上海图书馆藏。

皆勿为宝玉而为贾兰。然而吾读《红楼》，仍欲为宝玉而不为贾兰，吾之甘为不才也。天下后世之读《红楼》者，于意云何耶？

《红楼》所载，闺房琐屑，儿女私情。然才之屈伸，可通于国家用人之理。如黛玉之孤僻，汲黯之戆直也。骨鲠之臣，见弃于圣明，彼圆通世故者，不群以为相度乎？英明之主，且以此为腹心，何况昏庸！长沙吊屈，吾读《红楼》，为古今人才痛哭而不能已。

江顺诒对科举的态度颇为复杂，他所谓“仍欲为宝玉而不为贾兰，吾之甘为不才也”乃是其后期的态度。江顺诒弃举业，除了“家贫”而须“经理家事”，还因“适粤匪破皖，举家避寇”[①]的时代原因。因此，《窳翁自撰年谱》咸丰二年载，在五应金陵秋试失败后，还曾一度“欲改应北闱试”，只是“诸戚友皆以先君已迈六旬，家无次丁，再三阻劝”，又“时豫工之例开，乃为余报捐训导，冀博升斗”。于是，他对放弃举业始终心存遗憾。与陶潜“云无心以出岫，鸟倦飞而知还”（《归去来兮辞》）的归隐田园的境界不同，他是“垂天有翼空抟海，出岫无心不算云”（《和鹭臣论诗》之三），从不回避自己祈求入仕之心。只是在一番努力而仍旧沉沦下僚之后，源自早年“抵掌天下事”[②]的经世致用意识得以强化，进而在“洋务新政”的氛围中，他主动学习，深入比较过中西文明的异同，故而反思了科举于人才培育之弊端，为自己的人生道路正名。

如他在《呰窳子》卷二谈到秀才时，明确说：“其人不工、不商、不农，黠者武断乡曲，包揽词讼，不如少之为愈也。即使皓首穷经，而时务不通，事权不达，正昔人所谓米虫耳。吾愿天下之读书者，万勿为一衿所误也。”卷三论及“今之疆吏，古之诸侯也。今何遂不如古”的问题时，便将矛头指向八股之业：“承平既久，读书者工揣摩。凡无益于八股之业，概不入目，惧纷其志也。幸而获售，或膺钱谷，或困薄书，又专其心于营谋钻刺，以其余力计货财、究声色，遑言政事哉？彼督抚藩臬六部九卿，亦多以诗赋中一二句偶工，遂受特达之知，出任封圻，入赞纶扉，为宇宙间不可少之人。赫赫岩岩，餂痈舐痔者，其门如市，孰叩其胸中之抱负哉？”识见如此，卷三接着与西洋取士比较后便直言：“中国之弱，误于八股取士。”“君子不以言举人，不以人废言。

①江顺诒：《江秋珊先生事略》，载《窳翁丛稿》手稿本，上海图书馆藏。

②江顺诒《越俎卮言》卷一附录方炳奎《商征亩征利弊论》文后江氏案语。

国家之治乱、人才之贤否，究非言所能赅彼。诗赋中犹有国士，外洋一技一艺亦登仕版，何况文章特专取八股，未免为文章所误耳。名公钜卿薄洋人之艺成而下，孰知算学一途，吾中国之通儒硕学有殚心力为之而未精者。”

由此，江顺诒认为，与“在作书者原以半生自误，不能为贾兰而为宝玉，愿天下后世之人皆勿为宝玉而为贾兰”不同，所谓“贾兰之才”乃系“为一衿所误”的米虫，“宝玉之不才”正是认识到八股无益之大才，而“黛玉之孤僻”，则是经世致用之才无人赏识的证明。当然，正如俞平伯所说的：“他既不羡慕贾兰之为人，当然也不以宝玉中举为必要的。他如知道后四十回是高氏补的，在这点上，也必定要加攻击，和现在我们底态度一样了。”[①]江顺诒将高鹗对贾兰、贾宝玉的人生选择安排，视为“作书者原以半生自误”之后的自救行为，或许是对曹雪芹本意的曲解，也缺少对《红楼梦》版本学方面的研究，但此番评论足见江顺诒这样一位普通知识分子的不平凡的襟抱。

至此，在“红学”研究史上，江顺诒虽只是一名普通研究者，然其思考多具开拓性。像“悟书”“解脱”说所呈现的哲学思考，“自传”“殷鉴”说所彰显的史学意识，以及艺术批评中所贯穿的道德标准、读者身世体验，即给予了后代研究者的诸多启迪。这在“红学”研究已极为深入的背景下，当能为“红学”研究史增添些许思考。

①俞平伯：《红楼梦辨》，北京：商务印书馆2010年版，第147页。

主要参考文献

（江顺诒著述置前，余则按论著名音序排列）

江顺诒：《窳翁丛稿》，稿本，上海图书馆藏。

江顺诒：《窳翁自撰年谱》一卷，《窳翁丛稿》，稿本，上海图书馆藏。

江顺诒：《江秋珊先生事略》，《窳翁丛稿》，稿本，上海图书馆藏。

江顺诒：《呰窳子》三卷附《越俎卮言》二卷，光绪刻本。

江顺诒：《呰窳子集证》五卷，光绪刻本。

江顺诒：《愿为明镜室词稿》九卷，同治己巳春仲刻本。

江顺诒：《愿为明镜室词稿》二卷，同治癸酉仲春重校梓。

江顺诒：《瑶台片玉乙种》，《香艳全书》五集卷三。（按：原署“江诒秋珊著”）

江顺诒辑，宗山参订：《词学集成》八卷，光绪七年刻本。

江顺诒辑，宗山参订：《词学集成》八卷，《词话丛编》本。

江顺诒辑，宗山参订：《词学集成》八卷，《续修四库全书》（据光绪刻本影印）本。

江顺诒：《读红楼梦杂记》一卷，同治八年杭州刻本。

江顺诒：《读红楼梦杂记》一卷，光绪二年上海翻刻本。

江顺诒：《读红楼梦杂记》一卷，《红楼梦丛刊》本。

江顺诒：《读红楼梦杂记》一卷，香艳丛书本。

江顺诒：《读红楼梦杂记》一卷，《红楼梦附集十二种》1936年上海仿古书店铅印本。

江顺诒：《红楼梦竹枝词序》，上海申报馆《瀛寰琐记》第十七卷，同治十三年正月。

白躔良辑，秦缃业选，江顺诒刻《西泠消寒集》，同治十二年刻本。

江顺诒等：《西泠酬倡集》初集，光绪四年刻本。

江顺诒等：《西泠酬倡集》二集，光绪五年刻本。

江顺诒等：《西泠酬倡集》三集，光绪九年刻本。

江顺诒：《仿元遗山论诗》20首，载《词章杂志》第4卷。

张潮：《补花底拾遗》，虫天子编《中国香艳全书》第1册，北京：团结出版社2005年版。

唐圭璋：《词话丛编》（1—5册），北京：中华书局1986年版。

王兆鹏：《词学史料学》，北京：中华书局2004年版。

洛地：《词乐曲唱》，北京：人民音乐出版社1995年版。

陶飞亚：《冲突的解释》，桂林：广西师范大学出版社2011年版。

谭帆：《传统文艺思想的现代阐释》，上海：上海社会科学院出版社1995年版。

王明伦：《反洋教书文揭帖选》，济南：齐鲁书社1984年版。

谭献：《复堂日记》，范旭仑、牟晓朋整理，石家庄：河北教育出版社2001年版。

钱锺书：《管锥编》，北京：中华书局1991年版。

魏源：《海国图志》，郑州：中州古籍出版社1999年版。

胡适著，沈卫威编：《胡适日记》，太原：山西教育出版社1998年版。

黎遂球：《花底拾遗》，虫天子编《中国香艳全书》第1册，北京：团结出版社2005年版。

龚鹏程：《红楼丛谈》，济南：山东画报出版社2012年版。

俞平伯：《红楼梦辨》，北京：商务印书馆2010年版。

余英时：《红楼梦的两个世界》，上海：上海社会科学院出版社2006年版。

周汝昌：《红楼十二层》，太原：书海出版社2005年版。

王志良：《红楼梦评论选》，北京：中国社会科学出版社1998年版。

一粟：《红楼梦书录》，上海：古典文学出版社1958年版。

朱一玄：《红楼梦资料汇编》，天津：南开大学出版社2001年版。

郭豫适：《红楼研究小史稿（清乾隆至民初）》，上海：上海文艺出版社1980年版。

朱德慈：《近代词人考录》，北京：中国社会科学出版社2004年版。

黄霖：《近代文学批评史》，上海：上海古籍出版社1993年版。

康有为：《康有为全集》，姜义华，张荣华编校，北京：中国人民大学出版社2007年版。

张璋等：《历代词话》，郑州：大象出版社2002年版。

龙榆生：《龙榆生词学论文集》，上海：上海古籍出版社1997年版。

梁启勋：《曼殊室随笔》，上海：正中书局1948年版。

钱锺书：《七缀集》，上海：上海古籍出版社1994年8月第2版。

谭新红：《清词话考述》，武汉：武汉大学出版社2009年版。

严迪昌：《清词史》，南京：江苏古籍出版社1990年版。

谭献辑：《清词一千首（箧中词）》，杭州：西泠印社出版社2007年版。

丁绍仪：《清词综补》，北京：中华书局1986年版。

苏珊·朗格：《情感与形式》，北京：中国社会科学出版社1986年版。

柯愈春：《清人诗文集总目提要》，北京：北京古籍出版社2001年版。

朱维铮：《求索真文明：晚清学术史论》，上海：上海古籍出版社1997年版。

汪裕雄：《审美意象学》，沈阳：辽宁教育出版社1993年版。

王韬：《淞滨琐话》，刘文忠校点，济南：齐鲁书社2004年版。

丁丙：《松梦寮诗稿》，清光绪二十五年丁立中刻本。

夏东元：《盛宣怀年谱长编》，上海：上海交通大学出版社2004年版。

杨柏岭：《晚清民初词学思想建构》，合肥：安徽大学出版社2004年版。

张健初：《皖省首府老安庆》，合肥：黄山书社2005年版。

周锡山编校：《王国维集》，北京：中国社会科学出版社2008年版。

丁丙：《武林坊巷志》，杭州：浙江人民出版社1987年版。

丁立中：《先考松生府君年谱》，北京图书馆编《北京图书馆藏珍本年谱丛刊》第172册，北京：北京图书馆出版社1999年版。

宗白华：《艺境》，北京：北京大学出版社1986年版。

刘衍文、刘永翔：《袁枚续诗品详注》，上海：上海书店出版社1993年版。

陈鼓应：《庄子今注今释》，北京：中华书局1991年版。

方智范、邓乔彬、高建中、周圣伟：《中国词学批评史》，北京：中国社会科学出版社1994年版。

郭延礼：《中国近代文学发展史》，济南：山东教育出版社1995年版。

陈良运主编：《中国历代词学论著选》，南昌：百花洲文艺出版社1998年版。

黄秀文主编：《中国年谱辞典》，上海：百家出版社1997年版。

胡晓明：《中国诗学之精神》，南昌：江西人民出版社2001年版。

蔡镇楚：《中国文学批评史》，北京：中华书局2005年版。

蒲震元：《中国艺术意境论》，北京：北京大学出版社2000年版。

杨家骆主编：《中国音乐史料》，台北：鼎文书局1982年版。

江顺诒作品集校辑

窳翁自撰年谱

江顺诒　著　　杨柏岭　校释

呰窳子，明年[1]六十岁，例得称翁。九月，号曰窳翁。自念生平无瑰节奇行，立德、立言、立功三者皆未能，何足以撰《年谱》？顾余生以来，际屯艰，确无功、德、言之可传，而实有其志。江都钱君子奇，交十五年矣，尝为撰诗序，叙所遭遇不甚晰，略言数端，乞君更正。今八月，子奇闻余自甬归，特袖所易之序道："吾仍有后先倒置，详究失实者。"因念子奇与余生同时宦同省，其叙余来浙以后事，尚有遗误，矧百世之下、千里以外哉？而子奇示此序后十五日已归道山，不可复易，乃作此以馈子孙，或不致数典多也。

①手稿原为"今年"，后涂改为"明年"。按：江顺诒《窳翁自撰年谱》及《江秋珊先生事略》手稿，行草各半，部分内容模糊不清，辨认极为困难。在校录过程，得到专家帮助甚众。除以下已注明所请教专家，还有书法家李光华、黄圣炯。特别需要说明的是笔者中师同学方乐，他多年来习书不辍，功力甚厚，每遇拿不准之处，便拍照求助，两周内，往来微信信息百余条。

道光三年，癸未

余一岁，母徐孺人。余生于皖省西门外之蟠龙巷（俗巷“谷龙巷”）[①]。

四年，甲申

二岁

五年，乙酉

三岁

六年，丙戌

四岁。是年二月，迁居西门外大街五巷口药房后。迁居之夕，长妹生。

---

①“蟠龙巷(俗巷谷龙巷)”，原稿字迹难辨，在安庆师范大学文学院方锡球教授的帮助下，经安庆历史文化名城保护中心主任查建、皖江文化研究学者张健初辨认考证，方有结果。诸位进一步指出：“出正观门(八卦门)三个门洞后，出城到西门外，面前五条街道，正中是西门外大街，左边依次是沟儿口、下壕，右边依次是谷龙巷、上壕。”“谷龙巷房屋高大，一般都是官宦有钱人家。”查建主任提供了民国时期安庆历史地图。

七年，丁亥

五岁

八年，戊子

六岁。十一月，次妹生。

九年，己丑

七岁。始从塾师读。九月，师馆。《论语》读毕。

十年，庚寅

八岁。易塾师，读《学》《庸》并朱注。又读《孟子·万章》毕。十月，疮疾，即罢读。

十一年，辛卯

九岁。易塾师读。五月，疮疾愈，始入馆。是年，读《老子》，并《诗经》毕。迁居白云里。

十二年，壬辰

十岁。易塾师读。《书经》《易经》读毕。

十三年，癸卯

十一岁。易塾师读。四月至九月，馆中大水，仅读《曲礼》《檀弓》。

十四年，甲午

十二岁。易塾师读。迁居城内之倒扒狮。始作破承题。《礼记》读毕。

十五年，乙未

十三岁。始延丁伯傭师于家。五月，作试帖“八韵诗”。七月，作八股全篇。迁居近圣街之西头。

十六年，丙申

十四岁。始作七律诗三首。

十七年，丁酉

十五岁。初学作七古，有《郑孝子行》，仿《长恨歌》体，淋漓酣畅，见者诧之。

十八年，戊戌

十六岁。迁居近圣街之东头。

十九年，己亥

十七岁。先君送余之宣城应府试。

廿年，庚子

十八岁。之宣城应院试。是年，与方君月樵炳奎、方君曰卿景昱、张君亦泉荫结诗社。

廿一年，辛丑

十九岁。三月，又之宣城应院试。试近，先母有病，余不肯行。先母痛斥之。四月十九日，先母已逝，先君不使知。至五月初二日返省，则已逝半月矣。入门痛哭一昼夜。先君再三劝谕之，始止。十一月，先君续弦，系太湖人。

廿二年，壬寅

廿岁。是年，有《廿初度》七律十首。集廿岁以前古今体约二三百首，名曰《弄翰集》。又集香奁诗《红豆吟》四卷，《惆怅吟》四卷。

廿三年，癸卯

廿一岁。六月，先母服阕。七月，例监①，应试金陵，房（中）备而未荐。十一月十六日，毕姻，娶于蓝氏，绩溪人。有《和香奁诗》一卷。是年，从皖李博斋先生②游，以诗词呈。先生曰：“此小技也。”固示以汉人训诂学。先生曰：“读书要识字，自小学始。”乃读许氏书。

廿四年，甲辰

廿二岁。从桐城何伯秋先生③攻制艺。又应试金陵。长女巨仪生。是年，从无锡顾蒹塘先生④游。之宣城小试，与太平王君□□、同邑汪君荣曾订交。

廿五年，乙巳

廿三岁。七月，复之宣城应小试。府首为上杭邓介槎瀛先生⑤。首场取第五，次场第八，三场第一，余场亦第一。八月，院试，使试为季仙九先生⑥，

①例监：科举制度中监生名目之一。明、清制度，有普通身份捐纳取得监生资格的成为例监。

②李时溥（生卒年不详）字博斋，怀宁人。道光二年（1822）举人。官寿州学正。擅长天文、算学、经学。按：手稿李博斋中“博”字，经安徽师范大学文学院储泰松教授辨认确认。

③何承熙（生卒年不详）字伯秋，号橘洲，安徽桐城人。道光二十三年举人。撰有《碧杉草堂诗集》十九卷等。

④顾翰（1783—1860）字木天，号蒹塘。江苏无锡人。清嘉庆庚午（1810）举人，官宣城知县。有《拜石山房集》等。

⑤邓瀛（1803—1862）字登三，号介槎，福建上杭人。清道光年间进士，历任翰林院编修、武英殿协修、山东正考官、浙江道监察御史、金华知府（因病未赴任）、安徽宁国知府等。其中，自道光二十二年（1842）至咸丰九年（1859）主要在宣城任上，先后三任徽宁池太广兵备道道台，两任宁国知府。

⑥季芝昌（1791—1861）字云书，号仙九。江苏江阴人。道光探花，授编修。擢内阁学士，历任礼部侍郎、山西巡抚、礼部右侍郎、户部左侍郎、左都御史、闽浙总督兼署福州将军。

以第二入旌德县学生。和介槎先生《敬亭山顶放歌》[①]，乃作《敬亭放歌图》，作《放歌》三首。

廿六年，丙午

廿四岁。应金陵试。作□□□□三卷。荐而不售。长妹适孙氏，次妹适汪氏。

廿七年，丁未

廿五岁。之宣城应岁试。学使罗椒生惇衍[②]，取经古第一，正场一等二名。

廿八年，戊申

廿六岁。之宣城应科试。经古第一，正场第三，拔贡场第一，优贡场亦录取。拔贡覆试以年家子入选，余屏不录。

廿九年，己酉

廿七岁。是年，大水，乡试改十月。同考官归安陆彧曾[③]先生力荐而不售。

①邓瀛《敬亭山顶放歌》:"胜游何处挟飞仙，登山径须凌峰巅;川原苍翠俯视渺，无际天光一片、荡入空濛烟。敬亭横绝西北郭，我与山灵有成约;养成白鹿已堪骑，乘兴飘然扫寥廓。东风吹放春空晴，群山晓对一山明;山花殷红不成艳，万竹阴霭森寒青。云生冉冉扶人上，身轻未觉劳攀仰;却怜二客不能从，绝壑修地二千丈。振衣轩豁壮观开，海气泱莽从东来;长江微萦如一线，更论宛句二水坳堂杯。绛芬隐隐鸿濛剖，百里天都落吾肘;轩台元鹤啸声声，三十六峰乱招手。此山开径自元晖，从前但觉榛莽青衣徽;云根片石可与语，青莲气势浩浩蛟龙飞。齐唐已叹不相待，况我迟来更千载;东山窈窕问麻姑，搔痒须臾变沧海。惊人奇句携袖中，问天何必落雁峰;一杯呼起锦袍客，与接天语乘天风。天风入松海涛起，惜少悬崖飞瀑水;许借庐山两白龙，便执芙蕖跨飞鲤;陵阳子明吾之师，岘山求名亦已痴;世人有情从堕泪，那用山头水底留残碑。古来诗人犹泯没，何况功名易销歇;长与青山阅岁年，惟有山头古时月。月出照山头，山空月似秋;俯悉城郭中，尘埃侵衣裘。暝烟霏霏薜萝舞，千岁啼猿答人语;更吹铁笛散岩云，去作千山万山雨。"转引自韶关暨各省市合作编委会编《邓族联谱》修订本，2013年，第547页。

②按:"惇衍"，江顺诒手稿原书写"敦衍"。罗惇衍(1814—1874)，字星斋，又字兆蕃，号椒生。顺德人，清道光十五年(1835)进士，点庶吉士，授编修。由学官累升至吏部右侍郎、都察院左都御史、户部尚书、工部尚书兼武英殿总裁。

③陆彧曾，不详，抑或辨字有误。"彧"，疑为"或""成""盛"等。

揭晓后，加批云。方月樵[1]、方曰卿同舟之金陵。是年年终始食饩。

卅年，庚戌

廿八岁。长男巨麟生。先君六十寿，乞桐城许若秋[2]为寿序一篇。又，何伯秋先生、彭豫卿、吴仙槎、方月樵、李口生诸友俱有诗。粤乱，稿俱失去。岁试宣城一等。

咸丰元年，辛亥

廿九岁。长男周岁殇。同许若秋先生丙椿、程蘅衫先生荃[3]、方月樵、彭豫卿、许中良等作消寒诗。应试金陵，荐而不售。岁试宣城一等，待取优行。

二年，壬子

卅岁。廿至卅，十年中，得诗不下数千首，删存四箧，有《瓮梦集》二卷、《敬亭放歌集》一卷、《金陵访古集》一卷、《宣城风雨集》一卷。

应试金陵，荐而不售。会考优贡，亦不录。揭晓后，自以五次南闱皆不利察，命也。先君欲改应北闱试，诸戚友皆以先君已迈六旬，家无次丁，再三阻劝，时豫工之例[4]开，乃为余报捐训导，冀博升斗。

十月，闻粤匪已围长沙，旋闻下九江，围武昌。皖当下游，居民迁徙一空。先避于北乡之大龙泾金家，先慈榇柩亦由城隅并迁于是。后闻人言，皖城不如长沙，破则近城四十里内无孑遗，乃改迁宣城。全家于岁杪登舟，余一人留皖度岁。

---

①方炳奎，介绍见本书第一章第五节“社集、交游考”。

②许丙椿(1785—1876)字若秋，号农生，晚号敬园，自称垂钓先生。安徽桐城人。由郡庠生考授贡生，同治六年(1867)钦赐举人，赠五品钦衔，敕授奉直大夫。著有《易萃》《敬园诗文集》《敬园诗谈》等。

③程荃(生卒年不详)字蘅衫，一号兰佩，别名方山樵长，江苏仪征人。寓安庆后，入怀宁籍。能画，工篆刻。邓石如弟子。

④豫工例：清代捐官章程之一。为兴办工程之需，允低级官吏、富民通过捐纳钱、粮，获得相应官职。

三年，癸丑

卅一岁。新岁，闻陆制军建瀛自孤山逃窜，扁舟东下。皖大吏皆不知兵，惊惶无措。（按：江顺诒）乃亦买舟，十四日开行，十九日抵芜湖。闻皖省于十七日已破，赶于廿一日抵宣城，赁屋暂居。二月，又闻金陵已陷。宣城去金陵百余里，亦不能居。三月，乃陆续移眷归旌德县里，暂居下洋，余仍居宣城。四月，由宣城返皖，城中无守吏。粤匪后上窜江西至皖，乃由皖归旌德。故居什物存无几，唯书尚存留，不能移。

在里度夏。九月，闻浙江安堵如故，乃仝[①]郑君赞廷、王君景潇由新安江至北三里溪，又至金华及衢州。姻丈刘元圃先生[②]适任金衢严道。见其城小而固，西通江西，南通福建，北走徽、严，东南走温、台、宁波，可以避寇，乃决意迁居。岁杪回里。次男巨鳌生。

四年，甲寅

卅二岁。先君闻皖为贼抚乡，闻民耕凿如常，欲返皖。余婉力阻止。四月，始来衢州。七月，乃迎眷来衢。居城中西门内，旋移居三圣巷。

五年，乙卯

卅三岁。二月，粤匪犯广信[③]，衢州戒严。乃出西门廿五里，至夏村。得龙头[④]卜居，高其民风淳朴。交武孝廉吴吕，一名廷鳌，为赁宅。冬季，托购田数十亩，为隐居计。

六年，丙辰

卅四岁。家眷居乡。余仍居衢城。三月，往华埠。五月，至苏州。七月，返衢。岳母舒孺人随余避寇亦来衢。冬，以病卒。乃为卜墓于龙头村后之后垅坡。三男巨夔生。

---

①仝，“同”的古字。

②刘成万字元圃，安徽旌德人。道光九年(1829)己丑科进士。擅长书法，有名于时。

③广信府位于闽、浙、赣三省通衢要冲，辖有上饶、玉山、弋阳、贵溪、铅山、广丰、兴安七县。

④“龙头”，指龙头村。

七年，（丁巳）[①]

卅五岁。家眷仍居乡，余居衢城。

八年，（戊午）

卅六岁。二月，余往苏州。三月初，石匪达开[②]由江西窜浙，围衢州。先君挈眷仓卒由山路避往徽。乡居之屋被焚，皖中之物全行失去。余有旧板书四大箱亦被焚（有《十三经注疏》一部，读书有得，皆笔于上。又有《经典说文异同》已成书，至是俱被毁，凡十余章）。在苏闻信，是夜回浙。至兰溪，道路已不通。乃由龙游山中间道之黄土坳，去夏村五十里。家眷去已数日，仍由山中间道至徽，凡十余日，足重茧矣。至徽，乃赁居府城东门。六月，闻围浙寇已亡，乃星夜往衢，理旧业。十月，往杭，旋返衢。是年十一月，托刘蔼详亲家以赀报捐县丞。

九年，（己未）

卅七岁[③]。五月，来杭，寄蔼详亲家处。九月，捐函甫到，于重阳日亲列。时江南借浙闱，十月乡试。查例，已捐者，虽未列省，倘乡试中式，仍斥革。余函已到，遂不敢入闱。十二月，浙省有考试佐贰之令，余列第二，为忌者抑，置第十。有少填留存二十八出，名《镜中泪》，为扬州刘逸竹携去订宫商。城破，刘君不知下落，书亦失。

十年，（庚申）

卅八岁。正月，小考取，委凤山城门[④]稽查差，移寄草鞋岭[⑤]客舍。二月十九日，粤匪窜浙，凤山城门即于是日午刻已闭。余因无职守，转由候潮门去城。廿一日，登舟开行。廿九日，城破，余幸免于难。三月初十，仍来杭。四

①丁巳，原稿缺，按例补，以括号括之。下同。

②“达开”，原稿为“大开”。

③“卅七岁”，原稿为“三七”。

④凤山城门，原稿为“风山城门”。

⑤草鞋岭，指杭州五圣巷。杭州街道命名有“六岭”之说，六个街道冠以“岭”名，实无岭。

月十五日，为衢守江松翁[①]禀请至衢。八月，先君七十寿，勉力为鞠皛之欢。九月，出差[②]老徽州侦探，在直岭度岁。家眷在衢，闻警已移金华。

十一年，辛酉

卅九岁。正月，由徽返衢，委衢防支应局文案，旋调常防行营支应差。二月，继母熊孺人卒于金华。余卸常防差，往金华。同人每劝以《墨经》从军者，余不可撷。迎家君等回衢。三月十五日，家眷已抵衢，去城十五里，闻常山警，仍返金华。余星夜赶至金华，则兰溪水路戒严，不得已遂由义乌至东阳之烙沩山[③]峰，居月余。金华已破，乃由旱路至百□官，附同乡伴至俗之义桥，居三月。九月，由义桥登舟，闻徽港可行，至富阳泊两月。杭城失守，舟至桐庐，全家被难，余匿乡间。十年、十一年，诗稿约四卷失去。

同治元年，（壬戌）

四十岁。余间道至苏之常熟白茆。八月，乃渡江至牛洪港，居月余。九月，附盐船至安庆。（大轮船拖行，时南京未复。）十一月初一日到安庆，居妹丈汪紫若家。妹及外甥二皆同余家眷在桐庐死。余在皖度岁。

二年，（癸亥）

四十一岁。四月，由皖至九江，又至□城，换船至玉山。五月，到衢州。时同乡苏介翁[④]权浙藩。六月初一日，委左制宪[⑤]闽浙总粮台管理收支，总办为王若农[⑥]观察，绍兴人。

---

①江允康，号竹圃。安徽歙县人，时任衢州知府。

②“差”，原稿字难辨，此据形、意而为。

③“烙沩山”，不详，抑或辨字有误。

④苏式敬(1819—1867)字周钦，号介堂，太平(今属黄山)人。

⑤左制宪，指左宗棠。

⑥王加敏，字若农。为左宗棠办理粮台局务。左宗棠有言，与其“相知廿余年，相从于湘、鄂、江西、皖、越、八闽”，保举江苏淮扬道、护漕运总督等职。相关资料多言其籍贯不详，或言“浙江会稽人”，江顺诒此处言其“绍兴人”。

三年，（甲子）

四十二岁。三月，杭省光复。保举得视缺后，以知县补用。八月，服阕。时左[1]已赴闽，全浙肃清。余因销粮台差（在台十八月，有期计经手银洋，予八十余万），起服来省禀到。十二月一日到省。初三日，委塘工总局差。

四年，（乙丑）

四十三岁。正月，翁汛[2]设分局开工，又委分局收支。三月，十二堡另设分局，余总其事。九月，子福海生，妾叶氏出。度岁十二堡。

五年，（丙寅）

四十四岁。六月，子福海殇。余因销塘工差回省。九月，苏介翁采办塘工柴木，又命同往。

六年，（丁卯）

四十五岁。仍随采办柴木，来往梓树潭、七里泷。七月，苏介翁卒于七里泷之马家。九月□□□□□□木。正办为赵子□大令，丰与九司马……余不经手银钱报销。

七年，（戊辰）

四十六岁。是年，刻《词稿》九卷。

八年，（己巳）

四十七岁。六月，领襄办差役。十月，委西塘秤验柴椿。在十二堡度岁。

九年，（庚午）

四十八岁。调申防监工。余因以疾销差。七月，委署余姚县丞。十一月，卸事回省度岁。塘工柴、石、土、椿告竣，保举五品衔，部议改六品。

---

①左，指左宗棠。

②翁汛：疑即浙江海宁翁家埠汛。

十年，（辛未）

四十九岁。五月，委署钱塘县丞[①]。十一月卸事。是年，始与白少溪[②]、梅鹭臣[③]倡发作消寒诗会。

十一年，（壬申）

五十岁。闲居无差。十月，省城又有考试佐杂之举，余列第二。

十二年，（癸酉）

五十一岁。正月，抚院考试佐杂。余本列第一，因策中条陈实事，改第二。不数日，即委青阳酒厘局。重刊词稿，改为两卷。又刻《红楼梦竹枝词》。

十三年，（甲戌）

五十二岁。三月，青阳酒厘局，一年期满，交卸回省。计一年收数，钱一万二千余串。前任一万串，后任七千串。白少溪已故，《消寒诗》稿在钱子奇[④]大令处。余因索回捐刻，乞秦澹如[⑤]观察序。

光绪元年，（乙亥）

五十三岁。置东平巷地基，计四亩零。七月，建造。

二年，（丙子）

五十四岁。二月，生平老屋落成。三月初三日，迁新居。计费钱四千余串。长夏无事，有仿剑南体十二首。居有楼，望湖山，诸山如列屏，楼下花木

①《（民国）杭州府志》（民国十一年本）卷120“县丞”：“江顺诒，（同治）十年六月署。”

②白骥良，可见本书第一章第五节“社集、交游考”。

③梅振宗，可见本书第一章第五节“社集、交游考”。

④钱国珍（1813—1881）字子奇，号沁庵、寄庐，江苏江都（今扬州）人，道光二十九年己酉（1849）举人，历署瑞安、余杭、缙云、永嘉、安吉等知县，有《峰青馆诗抄》等。卒年依据江顺诒《年谱·自序》。

⑤秦缃业，可见本书第一章第五节“社集、交游考”。

荫繁，面西，因语之曰“花坞夕阳楼”。汪次南[①]为匾额，钱子奇作记。八月，秦澹如观察招入牙厘总局。

三年，（丁丑）

五十五岁。诗会中，宗小梧[②]司马因消寒会有冬而无春夏秋，因倡为月一举行之会。不数月，积诗得四卷，改为《西泠倡酬集》。是冬开雕。

四年，（戊寅）

五十六岁。仍在厘局。秋，《西泠倡酬初集》刻成，截至三年[③]底为止。九月，在省赈捐局补缴三班银两[④]，并捐离任及免试用。去不提三百捐金，部以新例，留须捐三班。

五年，（己卯）

五十七岁。仍在厘局。是冬，又收《西泠酬倡》二集。汇齐开雕。

六年，（庚辰）

五十八岁。夏，上集[⑤]刊成。十月，中国与俄罗斯因还伊犁地，崇厚出使俄国，擅自应允新增条约，下崇于狱，中俄失和。浙江奉旨筹防海，宁波添设支应局。遵富阳府台宗湘文[⑥]，禀调至宁波。于十月十九日起身，廿四日早到

---

①汪丙吉字次南，安徽怀宁人。书法北魏，又善花卉。

②宗山（？—1886），姓鲁氏，字小梧，亦作啸吾、啸梧，隶内务府镶黄旗汉军，铁岭（今属辽宁）人。早年依例纳捐为监生，官浙江候补同知，权乍浦同知，有《啸吾遗著》四卷（内有《窥生铁斋诗》《晦生铁斋词》《希晦堂遗文》《啸吾杂著》各一卷）等。

③三年，指光绪三年。

④三班银两："班"，班次。清代后期选官按一应补、一委用、一捐纳三班轮流补用。"三班"，即"捐班"。除了捐升、改捐、降捐，还有捐选补某项班次。即，按捐银多寡、时间等决定铨选班次。

⑤上集：指《西泠酬倡集》初集。

⑥宗源瀚（1834—1897）字湘文，江苏上元（今南京）人。监生，早年累佐戎幕，荐保知府，历官浙江衢州、严州、嘉兴、湖州、温州等地知府。中法战争时，曾严备海防。光绪二十年（1894）授浙江温处兵备道。优于文学，尤精舆地，绘有《浙江舆图》等。

宁海防。即于是日开局。因予在闽浙粮台，即派委理收支事。经创始，既无旧人，亦无陈桑，皆余一人，循思旧迹，钩稽核算，至漏四下，始寝。厘局协西征饷，保举五品衔，部改加一级。

七年，（辛巳）

五十九岁。曾少侯由英钦差往俄夷，反崇厚所约，俄人遵仪，中俄私如初，海撤防。六月十五日，撤局。办理报销至七月廿二日，由宁起身返省，计经手军饷六十余万元。八月，钱子奇大令病殁于省垣。塘工全塘告竣，保举记二大功，前后在塘工已记七大功矣。是冬，拓老屋东道，地基计四亩。是年，刊《词学集成》。

继娶叶氏，生子二，曰巨海、曰巨鳌。妾周氏，生子一，曰巨夔，存者惟巨鳌一人而已。……其大略如此。嗣又与浙中诸耆旧相往还，入铁华吟社。如为吴筠轩、盛恺庭、高白叔、丁松生……诸君子皆当时社友也。[①]

（载《窳翁丛稿》，上海图书馆藏）

①“继娶”一段，当系后人补写。

江秋珊[①]先生事略

公讳（诒）[②]，字（子毅）。秋珊，其知言也。（为旌德显族。）少聪颖，（天性惇笃），不苟言笑。读书数行并下，十三四岁即喜为诗歌，五古不读汉以下，七古专学太白，古文学《国策》，为制艺文，不甚合矩镬。少丁母忧，所作多愤懑不平之语，有《弄翰集》四卷。

年廿一始应府试，冠年受知于上杭邓介槎先生，岁试为罗椒生先生，以一等食饩。次年应拔萃科，罗以年家子入选。举优行，又以无请托见遗。五应秋试，皆荐而不售；己酉科，以额满见遗。

入学后，从怀宁李博斋先生游，遂读许氏书。通汉人训诂之学，于《说文》引经异同多所省明。于宋人学，独取阳明，能以功烈表见于世。初性拘谨，习功过格。卅以后，乃变为圆通，脱头巾气习。

适粤匪破皖，举家避寇，来浙亲老。家贫乃弃举子业，经理家事。咸丰八年，衢州又遭寇难，故业尽失。不得已，纳赀为八品官，冀以升斗，博堂上欢。时衢防为入浙重镇，江松翁观察知其才，调办支应局文案，旋出办常防行营支应局两月余。丁继母忧。十一年十一月，杭亦陷，全家殉难桐庐舟次。阻于寇，不得入，乃由宁波航海至江北，附轮船返皖。

同治元年，左军克复徽州，复由皖来衢。时苏介人观察权藩篆，左军新设

①“秋珊”二字，原稿为两个圆圈，笔者补入。

②括号内文字，与《江秋珊先生事略》主体内容的字体不同，当系后人补写。下同。

闽浙总粮台，乃始为收支，委名十有八月，支放银子八千余万，皆一手经理。以起服销差到省，获保补缺后，以知县开。三年十二月到省，时塘工甫开局，苏观察又招至翁汛工次分局收支，旋移十二堡，共一年余。四子殇，乞销差。计支放柴木一仟万，银洋十余万。四年，又随苏观察采办塘木，计支放洋廿余万。九年，委署余姚县丞，未满三月，卸事。十年，委署钱塘县丞，又六阅月，皆不在一域。十二年，办青阳酒厘局，计一年。

光绪二年，秦澹如观察招入牙厘总局办稽核。七年[1]，中俄失和，宁波设海防。宗湘文太守招往经理收支，计九阅月，支放洋六十余万元。和议成，回省。计自同治三年至省，恋西湖山水，未即言。旋纵情诗酒，日驰逐于六桥三竺间，交白少溪，倡消寒诗会，刻《消寒诗》二卷。旋交宗小梧司马、边竹潭鹾尹，倡为西泠诗会。春秋佳日，无时不聚，积诗成秩，已刻《西泠倡酬》初、二、三集十二卷。……迄今为年□□春秋，佳日无多。又得地于城西，偏莳种花竹，良朋萃止，饮酒赋诗，兴致勃然，不自知其耄也。[2]

壬午六十生辰，谱《自寿曲》一套，令□□当筵按板，远近诗人，一时云集，亦盛为也。甲申七月，年六十二[3]，卒于省垣。所著有《弄翰集》《红豆吟》《惆怅吟》《镜中泪》《十三经注疏》《经典说文异同》，皆遭乱失去。已刊者有《愿为明镜室词稿》二卷、《词学集成》八卷、《呰窳子》四卷、《自寿曲》一套。未刊者有《梦花草堂诗稿》八卷暨散文、骈文、诗话、词话等若干卷。娶于蓝氏，生子三……[4]

（载《窳翁丛稿》，上海图书馆藏）

①按：《窳翁自撰年谱》云“中俄失和，宁波设海防”事，在光绪六年。

②按：此段以上《江秋珊先生事略》的主体内容字体抒写与《窳翁自传年谱》同，当是同时所作。其中，括号内文字书写风格与主体不同。

③按：此处原有“月病过世”四字，后圈涂。

④按：此段文字与《江秋珊先生事略》主体内容书写风格不同，又据涉及江顺诒卒年等信息，当是江氏卒后由后人补写。

《呰窳子》三卷

江顺诒　著　　杨柏岭　校释

校勘说明

一、《呰窳子》三卷附《越俎卮言》二卷，光绪刻本。“呰窳”，苟且懒惰之意。《汉书·地理志下》：“果窳蠃蛤，食物常足。故呰窳偷生，而亡积聚。”颜师古注：“呰，短也。窳，弱也。言短力弱材不能勤作，故朝夕取给而无储偫也。”清代孙嘉淦《南游记》云：“其人率呰窳庞杂而难治。”由此，可见江顺诒自号呰窳子、窳翁之意。

二、光绪壬午（1882），江顺诒《呰窳子集证·自序》曰：“呰窳生作《呰窳子》三卷，出以示人，多斥其抑中而扬外，今已十余年矣。”《呰窳子》卷二第35则云：“厘金之设已二十年。”厘金之设始于咸丰三年（1853），至此可知《呰窳子》三卷成书于同治年间。

三、《呰窳子》采用问答体例，乍读之，犹如百科知识读本。然所涉及话题，均系西学东渐背景下近代中国人所面对的重大、热点、前沿问题。后来，康有为《中国以何方救危论》，亦采用问答体例。

四、《呰窳子》原稿无序号，兹统一编号。

评语

（一）

语类石破天惊，其实平易近理，仅知有左行文字者[①]，不可与读。格雅子[②]记。

（二）

统古今，合遐迩，参观而并论之，不失絫黍，方得谓之通人，大著近之矣。中于西教，尤能探其本源，持论不偏不倚，为中华三百兆人中所仅见。读竟，能不五体投地耶？弟卞桂生。

（三）

大著成一家言。其谓民主之国为揖让征诛之变，道人所未道。谓中国富强之谋不容缓，若仅以德化民，岂能御彼外侮？谓不开五金矿为因噎废食，则先得我心。其说政治则尤大声疾呼，见得到，说得出。先生默处一室，博闻强记，乃尔洵具著作才中之有心人。弟李圭[③]。

（四）

第一卷全据理为说，故不为奇巧机械所夺，能令举世都知其义，则亦视之

①左行文字：文字自右而左，横写、横排的形式。此特指西学或受西学影响的人。冯平《梦萝浮馆词集序》："慨自欧风东渐以来，文人学士，咸从事左行文字，心醉白伦（拜伦）之诗、莎士比亚之歌、福禄特儿（伏尔泰）之词曲，以谓吾祖国莫有比伦者……"（载《南社丛刻》第二十一集）

②格雅子：胡义赞（1831—1898）字叔襄，号石查，一作石槎，晚号烟视翁。河南光山人。同治十二年（1873）举人。长金石考证之学，系甲骨文之较早发现及研究者。其所藏《六舟礼佛图》题跋末署："光绪五年四月十五日在家和尚格雅子记。"（莞城美术馆编著《传神阿堵 明清人物画精品展》，广西美术出版社2011年版，第126页）胡义赞曾官浙江知县，署海宁知州，时间、空间上与江顺诒均有交集之可能。据相关资料记载，胡义赞与江顺诒好友宗源瀚等人多有交往。故此"格雅子"，当是胡义赞。

③李圭（1842—1903）字小池，江苏江宁（今南京）人。曾任海宁知府等。清末著名史学家、洋务活动家，见证1876年的费城世界博览会。著有《环游地球新录》等。

平平矣。第二卷阅历深透，措置裕如，能将中外之事视之如无事，岂惟可以治天下，虽治万世可也。第三卷正襟危坐，侃侃而谈，有措天下于泰山之安然，腐儒俗吏骇愧汗下。弟饶云鹏[①]。

卷一

1

或问于呰窳生曰："今耶稣之教行于中国，设吾夫子能化之乎？"曰："不能也。"

"孟子能拒之乎？"曰："不能也。"

"地球九万里，行其教者三之二。吾教不及三之一，而佛又分之。吾儒之教，仅与佛抗。稣耶贤乎哉？"曰："不然也。耶稣降世一千八百余年，叛天主，而与之水火。其始，一浑噩之世耳，一苗蛮未化之区耳。有唐虞而羲皇之世远，有禹汤文武而尧舜之治遥，有孔孟而三代之规模渐，即于沦胥事，变之未至，虽圣人亦无权。舟车未通之始，圣教之所不及，其中有智者，盖民先之于所入也。今西士穷天地之升降，及日月五星之远近，确有所得。而耶稣造成天地之说，不辩而知其谬。彼教之人亦有贤于耶稣者，何必以孔孟与较也。"

2

或曰："耶稣之不足信者，惟造成天地及代罪之说为荒谬耳。其躬行实践之善，则固可征，而其教宜存。"

曰："然。孔孟之所存者，亦惟躬行实践之事，立人道之极耳。以耶稣荒谬之说傲孔孟，孔孟或有所不知；以躬行实践之事典型万世，则又孔孟为优；安知彼教中人，弃空虚而讲伦常，有贤者出，不为吾教所化乎？然此则在数十百年后，非吾之力所可争，亦非彼之力所可拒。势运流极，顺天地之自然耳。"

①饶云鹏字少岳，号列辰，湖北广济人。咸丰辛亥举人，官浙江知县。

3

或曰："中华之地不万里，惟儒教耳。佛则生于西方，以今言之，乃中国之西南，而教能行于中国，然以渐而及，犹参天之树根蟠于地。若道教之行，则墙头薜荔，水上萍藻，无根而蔓延，其力较大。"

曰："否。凡教之尊，皆藉帝之权。秦汉好长生，唐人尊老子为祖，而张道陵裔世袭其爵，至今不替，故得与儒释并称。"

4

或曰："西人之饮食起居与中国异。究其伦常日用之事，则亦尽美尽善，虽异而实不异。然既不惑于报应轮回之妄，亦不淆于长生不朽之愚，是其人之聪明材力有过吾中国者乎？"

曰："否。西人以货税为国赋，即如中国以田土为国赋，而商贾之公司即三代之井田，权在上不在下。民之安于贸迁，愚者多而智者少。一艺必数代而始精，则亦汉儒之墨守师承也。奉耶稣教者信之笃，斯守之严，如佞佛媚道。以孔孟诱之不能易，西人不为二氏动，如是而已矣。而谓吾儒之孳孳矻矻，或为异教所移乎？"

5

或曰："西人于通商之地，虽曰租界，不过如桑之寄生，而居室之谋若万年可保，不亦愚之甚乎？"

曰："西人在中国，商也。《书》不云乎？'从之者，如归市。'吾中国商人之为市，不亦犹是乎？"

6

或曰："西人公司，国总之。有治理之官，即有保卫之兵，财之所聚亦寇之所涎。未闻有一城垣之筑，有一堡寨之防，何所恃而无丧亡之患乎？"

曰："西人一码头之货，百之一耳。人乘其隙而得其一，将百共仇之，得不偿失。此绝寇盗窥伺之心也。"

7

或曰："西人官商即管仲、商鞅富强之术，中国曷仿而行之？"

曰："杂霸之说，吾儒羞称。改弦更辙，必在分崩之际，而非治世所宜言。况今中国之贫，不在财之无源，而在用之不节。若绳以孔孟不言利，则害政之大者，莫过于开捐例。譬民之谋生，农、工、商贾皆自食其力。西人之官商，垄断耳。就利言利，无害也。"

8

或曰："蒙古有居国，有行国。今英人所居之都不过弹丸，而货税之埠头遍九万里，居国乎？行国乎？"

曰："西人以货税为国赋，赋之所在即国之所在。然必有舟可通，乃始有埠头，则是以水为国也。故不必争一城，据一邑，私为我有，始获享其利。若中国之赋在田，非有其地，治其民则利无从入，是以土为国也。西人岂有觊觎土地之心哉？盖增一埠头，货税之入较一邑之赋，不啻倍蓰。中国所珠玉宝之者，彼直弁髦轻之也。况土能制水，我不制彼，彼已受制，其昭然矣。"

9

或曰："美国华盛顿，何如？"

曰："今之圣人也。汤、武征诛，尧、舜揖让，三代以下无闻焉。华之起兵合众，及有国，而定四年一更总统之制，是以汤、武征诛而行尧、舜揖让之事。虽政令教化不得其详，而开国之规模正大，立国之计虑深长，并无利天下之心。匪惟外洋所无，亦开辟来所仅见。迄今来中国，亦美之人最良，不可想其郅治之隆哉！"

10

或曰："俄、英、法，何如？"

曰："俄国幅员之广，东西数万里。其东向也，地寒民瘠。其西向也，争土耳其不可得。乃南向而争五印度以通南洋，而又不可得。徒思竞英、法货税之利，然尾大不掉，稍失人心，恐非其有。英与法则一发千均，势如垒卵，自以为安我，实危之法，即前车也。能久远者，其仍美国乎！吾恐数百年后，地球之北半皆为其有，而欧罗巴、亚细亚如不改为民主，皆将为其属国矣。”

11

或曰：“澳大利亚岛修广七八千里，昔谓之鹦鹉地，今英开辟之，其能长有乎？”

曰：“该岛亦有土番，特文教未开，英人遂能有之，则固不敢必也。有心者尚其留意焉，视为海外之扶余，可乎？”

12

或曰：“英本三小岛，今为五大洲最强之国，而犹恋恋蕞尔之区，不迁其都，识者讥其无远志。”

曰：“否。辽、金、元皆起漠北，一有中原，遂弃其故都，其迁之速者，亡亦速。缘已入中国，不能仍其啮雪餐毡之旧。今各洲皆有英属地，一迁其国，不能不因其俗。英人其亦鉴于迁地，弗能为良之说乎？”

13

或曰：“英人征五印度，灭其国，有其地。何德之灭法也？既灭之后，复使立国，法其异乎？”

曰：“燕之灭齐也，吴之灭楚也，亦尝迁其钟鼎，夷其宗庙，而齐与楚不旋踵而复。东汉，其最盛者也；东晋、南宋，则偏安矣，一蹶不振。去留系乎人心，有国者能无惧乎？”

14

或曰：“地球三万里，一土相联。火轮车之行，不啻五丁之凿[①]，其皆可通乎？”

曰：“天山以东，水东流，天山以西，水西流，此亦天所以限东西也。俄人经营东三省，英、法经营缅甸、安南，夫固志不在葱岭之崔巍矣。”

①五丁之凿：古有五丁开山通道传说。五丁：神话传说中的五个力士。

15

或曰："天主、耶稣教本同源，今判若水火，何也？"

曰："此操同室之戈也。圣人之设教也，期于至中至正而已。大醇无小疵，非必以彼之非，形我之是；非必屈彼之是，是我之是，始尊；亦非立一说以为教，驾古人上，而欲人尊我。朱、陆尚有异同，况天主、耶稣耶？"

16

或曰："男女并承父业财帛，之事原末，英人以女继男，复以女继女，三代而三易姓，其亦有说乎？"

曰："闻英无子而有侄，侄不肖而立侄女。此亦官天下之意，非为似续[①]。谋其例，不自英始。若绳以七世立庙，亦将有若敖馁而[②]之嗟，而贻以牛易马[③]之诮矣。耶稣教不立祖庙，不立祀主，谓人死为归，于身后毫无顾恋，并不知春露秋霜。后人有伤心陨涕之时，男为后，可也；女为后，亦可也。古有不封之墓，其滥觞乎？然而西人苟读中国之书，则木本水源之说，必有动其心者，安知数十年后，不以肯堂肯构[④]为美谈，而修百世不祧之仪乎？"

17

或曰："环地一周九万里，独南面屯蒙，未启教化，未兴文明之义，谓何？"

曰："南洋万岛星罗，且多腴壤。英人现有印度，而舟出南洋，苏彝士河已通火轮，英人必盛于此，而开南国之文明，或其国南迁，或代英而盛。衣冠文物必有与中华媲美者，非仅殊俗于夷狄也。东西两洋之互市，亦必聚于此，而道里维均。"

---

①"似续"同"嗣续"。

② 若敖馁而：《左传》鲁宣公四年，楚王尽灭若敖氏，子文泣曰："鬼犹求食，若敖氏之鬼，不其馁而！"后因以"若敖鬼馁"或"若敖氏之鬼"，比喻绝嗣。若敖：指春秋时楚国的若敖氏。馁：饿。

③ 以牛易马：指立异姓之子为嗣者。

④肯堂肯构：肯：愿意。堂：立堂基。构：造房屋。比喻子能继承父业。语本《书·大诰》："若考作室，既厎法，厥子乃弗肯堂，矧肯构？"孔安国传："以作室喻政治也，父已致法，子乃不肯为堂基，况肯构立屋乎？"

18

或曰："西人习中国语言文字，果何心乎？"

曰："此西人之通权达变也。西人来中国有年，并以教其子弟，是已中国之人矣。歌斯哭斯，尚得以西人目之哉？观其受中国之爵，薙发易服，西人不以为叛民，何其豁达大度哉！"

19

或曰："中华至西洋数万里，沿途皆有各国之埠头，皆非其本有，以力取者居多，未有名租界者，外洋尊中国亦至矣。"

曰："各埠俱有土人，今则强宾夺主矣。中国之五口[①]，非仅土人也，故不能夺，而美其名曰租界，实则买自百姓，而国课则百姓自纳也。我中国贸易外洋，当亦如此例矣。"

20

或曰："美国四年一更总统，有君之尊，无君之名。民固视君如置棋，君亦视国如传舍，安望其治？"

曰："美已立国百年，其中有废置之君否？盖其人并非自田间来，数十年立德立功，始跻大位，非以圣贤之心，行尧舜之事，安能历试艰虞而不败？夫伪可以欺一人，而不可以欺天下，岂有正心修身之士，一旦临富贵而丧其所守哉？"

卷二

21

或问于呰窳生曰："发逆之乱，前何兴之勃，后何灭之易？"

①中国之五口：道光二十二年(1842)，中、英《南京条约》要求中国开放广州、厦门、福州、宁波、上海五处为通商口岸，实行自由贸易。

曰："此时也，亦机也。罗、李[1]之韬钤未必不如曾、左[2]，向、张[3]之英勇未必不如罗、李，而陈（玉成）、李（秀成）二逆则实不及杨（秀清）、石（达[4]开）。时未至，江忠愍[5]殉合肥之难；机可乘，李肃毅[6]振上海之师。昔曾文正[7]《复庞侍郎[8]书》以师救吴，不过曲从其请，初不料复苏、常，克嘉、湖。如是之丰功伟业，用兵于绝地而得之也。"

22

或曰："九帅[9]围金陵，季帅[10]下杭州，能遂克否？"

曰："未也。逆自杨、石[11]丧后，二李[12]最强，俱以苏为巢穴。腹心破，首尾不能相顾。文正之行师，敌人亦知之。今鼓角从天而下，所谓出以奇，非出以正也。故吾谓灭发逆之功，以破苏州为第一。"

23

或曰："天津之役，中国之耻也。发逆既灭，不当卧薪尝胆而效越之勾践乎？"

曰："时未至也。凡谓敌之强者，皆我无以制之。方发逆之始乱，其强与洋人等。迨我能制之，而敌失其强矣。谓洋人之强者，其炮利，其船坚，其机

①罗、李：疑指湘军名将罗泽南（1807—1856）、李续宾（1818—1858），曾国藩多次称二人"罗、李"。

②曾、左：曾国藩、左宗棠。

③向、张：前者当指清末清军将领向荣（约1788或1792—1856），字欣然，四川大宁（今重庆巫溪）人。后者疑指清末清军将领张敬修（1824－1864），字德圃，亦作德父，广东东莞县人。另，与太平军作战的清军将领还有张国梁、张亮基、张翊国、张积功等张姓将领。

④"达"，原稿为"大"。

⑤江忠源（1812—1854），字常孺，号岷樵，赐谥忠愍，湖南新宁人，晚清湘军初期统帅。

⑥李肃毅：李鸿章。

⑦曾文正：曾国藩。

⑧庞侍郎：庞钟璐（？—1876）字宝生，江苏常熟人。道光进士。初为京官，后在原籍受命督办江南团练。

⑨九帅：曾国藩的九弟曾国荃。

⑩季帅：左宗棠。

⑪杨、石：杨秀清、石达开。

⑫二李：李秀成、李世贤。

器巧，其算学精，中国不能师其长而习其技，故弱。彼洋人中，俄、法、英、美孰国之炮不利，船不坚，机器不巧，算学不精乎？而各国之中，亦自有强弱。而法且一旦见灭于德，此数国者，或互相吞并，或受制于中国，俱未可逆料也。”

24

或曰：“中国方师洋人，而子以为不在技得，毋阻其向往之心乎？”

曰：“否。民之愿习其技也，帝王之力不能禁。民之不愿习其技也，帝王之力不能劝。耳濡目染，久当与之俱化耳。即以行教论，洋人亦可谓殚心竭力，欲民之从矣。乃以财服者十之九，以心服者什之一。至民之欲师其技，苟心诚求之，洋人未尝秘而不宣也。”

25

或曰：“中国究与外洋孰强孰弱？”

曰：“中国之强弱，当合数千百年而论。秦人始以力强，秦虽亡，而继秦者即有秦之强。元人再以力强，元虽亡，而继元者即有元之强。至我朝不夸强盛，而幅员之广过于元，新疆、西藏皆入版图，非仅以兵力羁縻之也。俄、美、英、法皆有秦之强耳，元之强耳。立国或数十年，或百余年，不知立德以厚其基，而惟利是务。合众国之于英人，其前车矣，安足与中国较强弱哉？”

26

或曰：“强邻压境，一之已甚。况如秦、如元之暴虐有数国在，将奈之何？”

曰：“东援吴而敌魏，则后汉可延。北乞金以灭辽，而南宋先墟。观于发逆之扰，洋人不乘机而享渔人利，苏、杭之复尚资其力，事势亦可知矣。而必抱厝火积薪之忧于未萌，不且见笑于杞人哉？”

27

或曰：“洋人之技，中国娴习尚需时日。一旦有变，将奈何？”

曰：“洋人之炮之船之机器、算学，固具在也。一旦有事，皆可为我用。

道光辛壬之岁，为难者英人耳，而美国愿效驰驱。当日无习夷事者，故坐昧事机，亦其时未至。今或一国有变，是违和约矣。我征其师，劳尺一之书[①]耳。诏一镇之兵，行无其速；立一军之帅，师无其精。既不烦平日之饷糈，即可得临时之劲旅，势有必然，事同操券。”

28

或曰：“无周室犬戎之祸[②]，不可谓之中兴。”

曰：“否。同治以来，乃古今一大枢纽。事势之变，开辟未闻。仅谓之中兴，未足以尽之。曰立通商局，曰设厘金卡，若夫舞干羽而颂垂帘之圣，铭钟鼎而勒书生之勋，漕转靖东海之扬波[③]，黄河复北流之故道[④]，非尤千古仅见者哉？”

29

或曰：“和约十年一换，长治久安之道，果可恃乎？”

曰：“外洋、中国语言文字不同，而‘和’之一字则同。盖彼此交涉必有争，有争必有和，此阴阳倚伏之理，而即天下之治乱之机也。熙熙攘攘为利往来，争者争此利耳。中国以土地为宝，外洋不甚涎之；外洋以商贾为官，中国不甚重之。洋人亦有父子君臣，亦知孝悌忠信，非冥顽不可化。中国文德诞敷，立于不败之地。彼其人居中国久，皆能读中国书，自足化其桀骜不驯之气。中外一家，何不可久安长治乎？”

---

①尺一之书：指诏书。汉制，皇帝诏书写在一尺一寸长的木板上，亦称诏板。

②犬戎之祸：公元前771年，西夷犬戎进攻西周，致使周幽王遭杀，都城镐京被毁。此系西周与东周的历史分界事件。

③漕转靖东海之扬波：指漕运由河漕向海漕的转变。明朝弘历年间，有人即持此建议。道光时期，魏源鉴于河漕运道不畅、运输量限制等问题，提出强化海运的建议。道光六年，海运试办成功，然此后实施并不顺利。直至咸丰五年(1855)，铜瓦厢(今河南兰考县西北黄河边)黄河决堤后，才逐渐改变。

④黄河复北流之故道：元代至正九年(1349)，监察御史余阙建议黄河入海，若选择“北流之故道”，“则国家将无水患千余年”(《元史新编》卷七十七《河渠志》)。至清代，魏源《筹河篇》(1842)力赞余阙之论，主张治理黄河“宜改复北流故道”。然这些主张未被采纳。至咸丰五年，铜瓦厢决堤，黄河复北流改道由大清河入海。

30

或曰："洋人之国赋在商，故无占据土地之事，然未必无觊觎之心也。"

曰："不然。洋人如有占据之心，则于议和之时，各海口埠头请割数十里地建造屋宇，中国当曲从其请。乃计不出此，而复费百万金钱铢积寸累而买之于民，其亦知中华沃壤不可以强夺。英人如此，他国亦无异说。苟同心协力，各以求地为请，中国将奈之何哉？"

31

或曰："洋人于海外荒地，不惮数十年心力，徙罪人以开辟之。如亚墨利加[①]、澳大利亚皆经营而后得，岂独视中土之腴壤而毫无歆羡乎？"

曰："否。中国之文物，洋人固知之，中国之强悍岂不知之？彼亦知得之不能守，民心未服也。建一教堂，而毁拆者屡矣。况治我土地、臣我人民哉？此则顽悍之众毁伤和约，国法所不宥。而奋我国威，拒彼外侮，慑洋人之胆于不觉，其关系不綦重乎？"

32

或曰："洋人岂无善政可取耶？"

曰："有之。官禄厚而兵饷丰，故事无不举。此则礼义生于富足，惜无善教以继之。为洋人计，当休兵息民，先培其元气，次厚其风俗，以中国之事亲为法，不必勤远略也。辍奇技淫巧之赏，薄珍宝玩好之观，以仁义为富强，斯富莫与敌矣。"

33

或曰："就洋人谋利之事，择其可行者，以补中国之不足，可乎？"

曰："厘捐之事近于洋人之官商，宜扩而充之。至开五金之矿，实中国自然之利。乾隆以前，国富民足。嘉道以来，锢蔽于明之陋说。地不爱宝[②]，其在斯时乎？"

①亚墨利加：美洲。

②《礼记·礼运》："故天不爱其道，地不爱其宝，人不爱其情。"爱：吝惜。

34

或曰："通商衙门，中国并无官商，亦无交易事，名不称实。其谓之何？"

曰："此即机之先见者也。茶马互市，古本有之，况轮船已有官局装载漕粮。方今海宇荡平，国用充足，五口各以数千万设立公司。即如盐之认课，商必踊跃以从，非万世之利哉？"

35

或曰："厘金之局，果可久乎？"

曰："捐纳为第一弊政。厘金则取利于民之善政也。钱粮之劵有加至一倍者矣，关税之额有加至数倍者矣。厘金之设已二十年，有于票外浮收苛索者乎？有于票内横征暴敛者乎？窃以为宜推广其意，密者裁，疏者增，有票之卡皆设以官，不使假司巡之手。大吏慎选其人，卓异之条首重廉洁，使列于计典。朝廷无蠲租、发账之烦，小民无征比、敲朴之苦，岁入之数不减于赋，农夫之力或可以稍抒，而年岁之丰歉不与焉。"

36

或曰："厘金之弊异于关税钱粮者，果何道乎？"

曰："自周以后，无世官而有世吏。藩抚之吏，有承值一县而价及数千者，则部院可知。海关之吏且逾万，今厘卡无吏无役，文告少而科条简，无律例之引证，无处分之规避，而薪水厚于廉俸。一卡所入数万，不过岁用十余人，非如关税钱粮侵蚀者多也，而縻费开销无论矣。"

37

或曰："筹饷例开，已二十年而未停止，所入之数得毋与厘金等？"

曰："否。今各省佐杂人员约万人，人约三百金，共计三百万。州县以上如其数，京官杂职如其数，虚衔封典如其数，统计亦只一千二百万，而苏浙之厘金，一二年已如其额。盖有因以为利，故未议停。如造粮艘，复关税，皆私也。为国计，岂当如是？漕督、河督之未裁，兵额、学额之议增，岂通权达变之才哉？"

38

或曰："学额之广，亦非乎？"

曰："荒僻之区，文教未昌，故宜广其学额。如三江两浙，方以兵燹，人民稀少，秀才之多，何足为一县之荣？其人不工、不商、不农，黠者武断乡曲，包揽词讼，不如少之为愈也。即使皓首穷经，而时务不通，事权不达，正昔人所谓'米虫'耳。吾愿天下之读书者，万勿为一衿所误也。"

39

或曰："捐纳中亦有才士。"

曰："洋人以商为官，中国之捐纳则官如商。今夫一市之中，其赀[①]本大者，则局势宏敞，俨然搢绅之列。若夫货酒市肉以及百工技艺之俦，有数百金即可列肆而居。今之佐贰，非数百金而列肆者乎，倏而数千金则亦搢绅之列矣。非其人不足取，特为朝廷惜此名器耳。曷亦如捐教职者必在学之人，使天下后世尚知读书之可贵。"

40

或曰："洋药一捐，而鸦片之禁弛。揆之道光新例，有出尔反尔之讥。"

曰："此厘金之功。非厘金之捐洋药，曷敢弛此禁？在道光之禁，亦时势使然。彼以'开边衅，为林文忠遗憾者'，亦腐儒之论耳。方今云南、四川土行于西北，台州、象山土行于东南，正化私为官之机。"

41

或曰："今外洋有民主之国，有君主之国。夫尊莫尊于君，而进退民主之，则君而不尊矣，何乐乎为君？"

曰："此揖让征诛之变局。民视、民听，孟子已言之。不谓数千年后，竟有民主之名也。"

①"赀"，同"资"。

42

或曰："长治久安，其民主之国乎？"

曰："否。上古之世，人心浑噩，视有天下为苦，而不以为乐。其举也，虽非民主之，而大位屡更，篡夺之事少。虽无民主之名，亦异君主之专。外洋之民主，亦若是而已矣。迨后人心渐漓，化官为私，而君始专。君专则民不得而主之，外洋民主之国，未可恃为百世不变者也。"

卷三

43

或问于呰窳生曰："天下才之有无，吏部操其权。天下财之有无，户部操其权。岂犹不能跻治平乎？"

曰："兵兴以来，吏部除铨选外，有能荐拔一人以平寇盗者乎？户部除捐纳外，有能经营一策以裕国帑者乎？吏部惟知以资格为伯乐、方皋，户部惟知以新例为铜山、金穴。"

44

或曰："纳粟之例，自古有之。二百年来，亦无大害。何今日而忽变也？"

曰："道光末，捐价骤减，渐至十仅二三，遂使贵列簪缨贱同厮养。田舍翁多收十斛麦，皆有跻廊庙、临民社之心，幸已肃清，亟宜停闭。在户部，亦尝统计而权其得失乎？"

45

或曰："厘金之设，外省督抚因度支匮乏，就关税而推广之，非创也。"

曰："厘金收数与钱粮正供相埒，天下之民，士、农、工、商耳。农最多，商次之，士最少。取于农者，因田之丰歉；取于商者，因货之有无。何所爱谓取商独不可为常赋乎？腐儒谓为前古未有，恐以创始，贻后世讥。试问五口通商，重洋毕达，火轮之载，电气之行，前古亦有之乎？”

46

或曰：“当今之世为更张，计当如何？”

曰：“今各省厘金宜添一税课司，如盐之运使。外府各设分司，每局各设局员，如盐之运同、运判、运副、提举、大使等官。其局之有分卡者用佐贰，分司局员必用正途[①]。合计天下，亦如盐之有课。岁之所入，当十倍于盐。国家生财之道，孰有大于此者？恋恋于捐纳，而谓厘金为万不得已之举，岂定论哉？”

47

或曰：“厘金之外，别有更张者乎？”

曰：“有。今所必不行而后世必行者，如洋人之公司。今拟五口各设公司局，而统于通商衙门。以各省厘金所入解五口公司，计十年可得一万万。作公司行本，商人领本缴课，或如盐法而变通之，或定其息额，或以盈亏为升降。非常之事，待非常之人，吾恐工制艺者未之能也。”

48

或曰：“读《圣武记》，谓国计之穷在八旗之生齿日繁，请弛其籍，或使之屯田，或任其谋生。今其书刊已廿余年，大人先生未必无阅之者，何竟漠不关心也？”

曰：“有其志而无其位者，作纸上之空谈。其言实有益于国计民生，其以用无位之言为耻耶？抑念切民瘼不如无位者耶？”

49

或曰：“今之疆吏，古之诸侯也。今何遂不如古？”

曰：“承平既久，读书者工揣摩。凡无益于八股之业，概不入目，惧纷其志也。幸而获隽，或膺钱谷，或困簿书，又专其心于营谋钻刺，以其余力计货

①正途：指科甲出身的进士、举人、贡监生、荫生，以及有特权的旗人和朝廷大员保举的人员。而通过科考以外考试途径的吏员、生员以及捐纳、军功途径的为“异途”。

财、究声色，遑言政事哉？彼督抚藩臬六部九卿，亦多以诗赋中一二句偶工，遂受特达之知，出任封圻，入赞纶扉，为宇宙间不可少之人。赫赫岩岩，饬痈舐痔者，其门如市，孰叩其胸中之抱负哉？”

50

或曰：“今之为治者，多言文网日密，动辄得咎，然乎？”

曰：“否。律之外有例，此规矩准绳，视乎匠人之用之也。谓例密者，欲逃于法之外也。试观军兴以来，阃以外，将军制之[①]。虽有格于部议之条，究未尝不肆行其志，特不使奸吏上下其手耳。总之，封疆行事，苟光明正大，一秉至公，法虽密而亦疏。若迂彼就此，喜怒以私，已自入荆棘之途，又何怪吏议之严乎？”

51

或曰：“今中国之势，律以柔远人、怀诸侯，今古异形，中外异理，恐不相宜。律以太王事獯鬻、勾践事吴，可乎？”

曰：“否。太王、勾践之事，苟一不幸，即东晋、南宋也。今彼此相敌，中国非弱小也。中外之事，贵因势而利导之。外洋以通商为要图，来而不往，不可谓之通；官而不贾，不可谓之商。彼以为政，我亦以为政，非好言利也。彼争中国之海口，以为埠头；彼国之海口，我有公司亦将往其地而贸迁焉。彼将拒我乎？抑任我而交易得所乎？必任我也。惜我无远志，既无以为自强之谋，又无以窥敌国之心。且夫彼之洋货、鸦片皆非土产也，亦各就各海口居奇而垄断焉。我中国湖丝、茶叶并毋须贩之他国，苟载货而往，利权不在我乎？”

52

或曰：“中国以王道治天下，何以外洋之富强亦能立国？”

曰：“王霸之说，此汉以前圣人息争宁民之意。井田、学校久废，虽圣人生此时，亦不能不以富强为急务。盖风气所开，地宇日拓，今且隔重洋十万里，合地球而盟会皆通。若仅以德化民，岂能御彼外侮？烈山泽而焚益，岂竟无爱物之仁心？中国自汉以后，每见欺于强邻敌国，非柔弱之明证乎？豺狼满

①《史记·张释之冯唐列传》：“阃以内者，寡人制之；阃以外者，将军制之。”

道，蛇蝎当前，圣人能以德化之否？外洋以富强立国，所不足者仁义，中国以王道治天下，所不足者富强。今之外洋，昔之单于、回纥也。以魏绛为长城，燕安酖毒？英、美、俄、法之外，有豪杰起，孰不垂涎沃壤乎？”

53

或曰：“古今异势，泥古者非，背古者亦非，当如何？”

曰：“木棉自元始通行中国，今则衣被苍生矣。有丝麻而无棉，不得谓古人之不智，亦不得谓今人衣棉御寒之非古。今地球五大洲，与中国立和约者十余国，此外千百十国皆能以富强林立海澨。其和好也，如春秋之玉帛冠裳；其相争也，即战国之吞并。我中国既未树秦人之威，又难享渔人之利，合纵连横，安得不为周室之鼎哉？此富强之谋不可缓也。”

54

或曰：“中国之弱，误于八股取士。”

曰：“君子不以言举人，不以人废言。国家之治乱、人才之贤否，究非言所能赅彼。诗赋中犹有国士，外洋一技一艺亦登仕版，何况文章特专取八股，未免为文章所误耳。名公钜卿薄洋人之‘艺成而下’[①]，孰知算学一途，吾中国之通儒硕学有殚心力为之而未精者。”

55

或曰：“洋人谓中国兵饷薄，故不能养兵，然乎？”

曰：“兵饷之薄，固无强兵，然承平日久，禄糈虽厚，英雄无用武之地，兵不足食，兼习他业，一旦有事，尚可另招。故寇盗蜂起，不能骤灭，必待乡勇精练，而后可冀成功也。此其弊，不在饷之厚薄。其禄薄而有其害者，则惟官与吏。官之禄不足以养廉，故官贪；吏之禄不足以代耕，故吏污。官贫，或有自爱者，若吏既无升迁之想，又无褒美之荣，第使之枵腹从公，而欲其不敢舞文弄法，是以圣贤之品望今之胥吏矣。”

①《易》：“道（德）成而上，艺成而下。”

56

或曰："吏胥之设已非一日，法岂有善于此者乎？"

曰："今天下之事，有明知其害而惮于更张者。立法之初非不善也，如县之有佐。其始，丞分治钱谷，典史分治刑名，后捐者日众，佐贰多不守官箴，遂革其权。然革其权，即应裁其官，而犹留此饩羊之供，廉俸所入不过数十金，苟非取于民，何以自给？况县官已知其无权，必不分润。佐贰之不廉，上之人有以使之，即欲从严，亦劾不胜劾，以暴易暴，何道以处此？若吏胥之不可裁撤，明知其舞文弄法而无以赡其身家，则其污也，亦上之人使之，有心世道者能恝然乎？"

57

或曰："方今捐纳之未停，佐贰官何能议裁？亦惟厚其禄糈耳。"

曰："佐贰官不过数百金，即得缺未免失之优。不厚其禄，而又驱之贪赃枉法，不亦伤百姓而失国体乎？计莫若裁之善，否则，如唐之丞尉用正途而速其升迁。至吏，莫善于明之用士人。"

58

或曰："开矿之事，今何以不行？"

曰："惩明季之乱也。不知明之乱，皆由于用寺人，且即使聚众亦害小而利大。究之不开矿，未必无聚众之事。昔之白莲教，今之发逆，非因开矿也。因噎废食，何其拘执哉？"

《越组卮言》二卷

江顺诒　著　　杨柏岭　校释

卷一

补《郡县论》

顾亭林先生为《郡县论》九篇，百世以下必有从之者。窃尝读之，而补其所未备。

谓“三四县或五六县为郡，郡设一太守”。汉郡多至廿余县，少亦十余县。今之设郡，当以卅县为率，少亦必廿县。盖太多，则文告达于京师者太繁，御史巡方亦甚众，而弊易丛生。其郡之同知、通判亦宜罢去。

谓“任是职者，用千里以内习其风土之人”。然亦宜五百里外始，免亲故之干求，而少瓜李之嫌。

谓“老疾乞休者，举子若弟代，不举子若弟，举他人者听”。然子若弟之不贤，他人知之而已。不知，其自视子若弟未有不贤者也。即使不贤，安肯以世及之业，畀之他人？是以尧与舜之行，而望之后世之县令矣。其举子若弟也，不分嫡庶，不分长幼，当由令以下在官之人，及各乡之衿耆共举。其举之也，设柜于郡守之门，令其本乡之人投名于中。非素有贤声，不能强一县之人皆归之。其举他人，亦必令以下在官之人，知其贤而举之，又试之平日，失之者鲜矣。

谓“令以下设一丞，吏部选拔。丞任九年以上，得补令”。丞之贤否，令得而知之，太守得而举之，其品宜下县二级。其补也，宜先署，试其可否。

作此论时，年甫冠，尚未及见海外诸书。举令一条，竟与美利坚国选举总统暗合，可谓试行而已，睹其效矣。自记。

淮南盐务利弊（道光癸卯作[①]）

盐政之坏，不坏于商，而坏于治商之官。救盐之政，不在革商之业，而在苏商之困。商之负国课[②]也，岂商之所愿哉？请就其始言之。

天下之能奢者，莫如富。天下之利之厚者，又莫如盐。彼以富而为商，其奢也，何足异？治商之官，见其富而艳羡之，遂百计以诈其赢余。斯时之商，业处有余，以不甚爱惜之金钱，笑置之而已。迨其后，利日薄而费日重，然其力犹足以完国课也。有黠者出，诱以完百万之课于国，不如完十万之课于治商之官。而国课可以拖延、积欠，以冀幸免。日积月累，罄商之私不足满欲壑，而商之公、私两溃矣，悔亦晚哉！

盐务之官悉捐纳，安知廉耻之所在？然则，治之之法，宜重治治商之官之罪。商有逋[③]，不追商而追官，则平日不敢私受矣。若票盐之改章，国课虽不致有欠，而额消亦虞多滞。民之踊跃，视利之有无，而其事不可久。畅于前，必壅于后；畅于此，必壅于彼。况又限以所消，越境以私论；货至所消之地，而物价壅滞，进退不能，势必丧其赀本[④]，未来者裹足。则欲使额消之不缺，必先使畛域之不分。廉敏之吏在上，商人之来者无稽留，又何国课之不足哉？

【注释】

①道光癸卯：公元1843年。

②负：欠债；辜负。国课：朝廷赋税。

③逋：拖欠，欠税。

④赀本：本钱。

筹救钱荒（道光丁未作）

古今治财之道，大抵“清其源，节其流”而已。所以清源者二，所以节流者四。

一曰弛私铸。银不足，由于钱不足。银之用，始于元，不过民间简便，利于行远。未用银以前，非无国用不足之时。钱铸于官，侵蚀多而工本大；钱铸于民，措施简而裕用顺。官有定式，听民之采买鼓铸，则钱日渐多。或曰：“钱不利远行。”然不甚关系之物，此有彼无，商贾且辇致焉，而况于财乎？行之久，则国家出入，皆以钱可也。一曰止捐输。捐输者，国用不足，而为一时权宜之计。不知此辈日多，则吏治日坏。一时不足之患小，后日贪污之患大。民之不堪几何，不穷且病也。国家建树，已非一日，何今日而忽不足？水旱偏灾，亦所时有，何今日而忽无余？不可不求其故也。此清其源也。

一曰禁奢侈。民间服用，拟于王侯，奇技淫巧，陈列市肆，良由天下一家，享承平之福。惮耕凿之劳，而财用之不足，实基于此。或曰：“贫者仰给富者，使富者皆俭，则贫者益无所得。”不知富者能俭，则益富；贫者能俭，则不贫。使杂业之民皆力田，谷可胜食乎？一曰斥游民。生齿日繁，民之无业者多，况有业而不治乎？大抵吸食鸦片，皆不能治业之人。然未有鸦片之先，亦有游民。盖膏粱子弟，以是为消闲。久之，家业凋零，流为匪类。诚能重其刑罚于纨裤吸烟之辈，彼亦当惧而改图也。一曰汰冗员。国家设官原属万全，然官多而民益扰，虚糜廪俸而已。官有正必有佐，以为可以相制。然朋比之奸，更甚于独断。相制适以相资，有统必有属。然治民之官，奔走逢迎，日不暇晷，安有余力相辖，适以相妨？冗员去，而百姓养无限之脂膏，国家少无穷之钱粟，岂不善哉？一曰开烟禁。鸦片之行遍天下，吸食者形消骨瘦，不数年而至于死。即其人自知，亦甘心待毙，而悔者卒鲜。刑罚之不能禁，理也，亦势也。计惟有听中国之自种，而十倍其税，海关亦然。则民之贫者，不得食；而富者，亦力不支矣。行之久，吸食者稀。目前之税，可以充国用，是不禁之禁也。

【题解】

道光丁未：公元1847年。鸦片战争前后，清廷“银荒”严重，国用不足。此乃本篇写作的背景。

河运海运辩

自元都燕，于今五百年矣。输东南之粟，以供天庾[1]，河运定为常经，海运则屡行屡废。古人岂不知海运之费省，而故为此迂曲之途哉？诚以水道不明，帆樯不利，漂没之患多也。夫天下事，穷而变，变则通。自丰北决口以来，发逆肆扰，道途梗塞，吴越疆臣倡行海运，封雇沙卫等船[2]，十余年来，履险如夷。兹者五口通商，泰西火轮一船，可抵十余船之用。闽省设船政局，上海设机器局，泰西秘制无不精通。将来全以轮船载粟，可免封雇沙卫之难。而部臣犹狃故习，欲复河运之旧，其亦胶执鲜通矣。运河多湮，开既需费，以黄济清，势必使趋北之河，复趋于南，此河之不便者一。楚南北皖豫诸省，已改征折色，民情甚乐，今复征本，此河之不便者二。筹救黄、运二河，费既不赀，而岁修之费，漏卮难塞，此河之不便者三。粮船水手，率皆亡命数千里，受其涂毒。今幸捻焰[3]冰消，化顽梗为良善，乃复招而聚之，是为乱萌，此河之不便者四。粮艘自春徂秋七八月之久，米为水气蒸郁朽腐，多不堪食。以数倍之费，而等诸无用，此河之不便者五。若夫制造之费，催趱之劳，人夫挽运之苦，闸坝启闭之艰，尤其显焉者矣。

昔之行海者，或刘河放洋，或登莱起剥[4]，船既不坚，海尤不习。今则风潮沙线，不爽毫厘，涉汹涌若坦途，计水[5]更若邮递，此一便也。昔之论海运者，或慑波涛之险，或畏抢劫之虞，皆缘海禁未开，商舶短少。今则西南诸洋，喁喁向化，未闻有溺舟劫米之事，此二便也。昔之论海运者，多庙堂之空议，拘迂之腐谈，卤莽尝试。今则招商有局，捩舵者精髀算之文，主船者通测量之术，讲求既指授有人，招募亦无远不至。火轮不敷，或买或雇，不患商船之不继，此三便也。昔之计海运者，谓漂之数多于河运之费。今则苏浙两省，全漕约二百万石，每石运费银八钱，河运每石需银四两。实需银二两外，即运费已省二百余万两。而况保险有费，漂失必赔，此四便也。

夫海之便如此，河之不便如彼，犹谓政必由旧，何哉？旗丁失其世业，胥役失其兑费。齐鲁之交，小民之生计艰难，蠹吏莠民，私相煽惑，冀河运或行，则河工必开。岂知今昔势殊，即使贾鲁、刘大夏[6]，今日设有专官，亦必痛除积习，而涓滴归公矣。

【题解】

此文云："自丰北决口以来，发逆肆扰，道途梗塞，吴越疆臣倡行海运，封雇沙卫等船，十余年来，履险如夷。"咸丰元年（1851）七月，黄河在江苏丰北蟠龙集决口，又据"十余年来""捻焰冰消"等信息，可知此文约写于同治初年。

【注释】

①天庾：国家仓廪。清代魏源《筹漕篇》（下）："内河之贡道，天庾之正供，其不能全归于海运明矣。"

②封雇：征用，雇用。沙卫船：商号名。

③捻焰：捻军气焰。捻：淮北方言，意即一股一伙。

④刘河：刘家河，即古娄江。登莱：登州、莱州。

⑤计水：按更计算船行里程。

⑥贾鲁（1297—1353）字友恒，元末河东高平（今山西高平县）人，精通水利。刘大夏（1436—1516）字时雍，号东山，华容（今属湖南）人，弘治六年（1493）治理黄河有功。

治浙利弊（同治癸酉作[①]）

东南富庶，吴越为最，而两浙东西，鱼盐之美，蚕桑之利，尤甲于天下。自经兵燹，渐即凋夷。生计之艰迫，田地之荒芜，非数十年不能复故。且夫浙之民情，非必皆浇薄也；浙之风俗，非必皆奢靡也。士大夫尚仪文，宦家子弟多染习俗，有不期其奢靡，而闾阎争效法；省会五方杂处，我诈尔虞，有不期其浇薄，而市井相习成风。虽良有司多方劝惩，未能骤革者，亦势也。然必因其地而治之，如金、衢、严、温处数属，民多俭朴，自宜寓抚字于催科[②]，而民乃登衽席[③]。台属民俗强悍，非严刑峻法，不足以惩。宁属中外通商，俗多趋利，自宜绳之以礼。杭、嘉、湖、绍数属，人文蒸蔚，则又患其虚而不实，而敦礼义、爱廉耻，则必自荐绅阀阅之家始。

自左中丞[④]，减漕粮卅余万石，而民不困于野矣。马中丞[⑤]除坐贾，而民不困于市矣。至厘金岁入，以丝、茶为大宗，取之外商，而浙民无损也。迄今休养生息，又六七年，岁稔时和，民康物阜。游其宇者，几忘前此兵戈之患。谓非选吏之得其人，曷克臻此。然窃有进者，下之所向，视乎上之所求；后之所效，视乎前之所留。浙省克复，今兹十年，良法美意，悉臻上理。苟以好事喜功，谓镇静之不足；苟以诛求刻核[6]，谓优养之非宜是。岂知政治之要，莫先于休养生息乎？顾或者谓奢靡之习、浇薄之风，吴与越同。昔汤文正[7]公治吴，亦不过率下以诚，示民以俭而已。今之浙，毋乃类是。而不知浙当残破之余，抚恤之，招徕之，廉吏不足也，必贵有能吏；能吏不足也，必贵有循吏。泮奂优游，固不必期速效也。

今之治浙，实难于昔之治吴。策其利之未行者五，策其弊之未除者四。

曰修塘堰：上游山田，每多塘堰，倾圮不修，开垦不广。有司请款，则帑不足；筹捐，则民多穷，是宜修。曰恤流民：外来开垦，有似流民，奸宄混迹，戎或以兴，非流民皆盗贼也。去其蟊贼，分别善良，是宜恤。曰行晒盐：余岱晒盐，觔值一二文。自然之利，天地所生。曰竈曰场，火煎乃成。禁贱销贵，成法宜更。曰弛米税：皖米济浙，已历有年。过苏有税，商息遂微。宜免其税，请之邻省。曰开志局：一代文献，志书实存，况经兵火，数典易忘，亟宜重修，观政之成。此利也。

曰毁淫祀：吴越民俗，类多淫祀，劳力伤财，实妨农功，毁其庙宇，不禁自止。曰禁白役[8]：一役十副，如虎而翼，讼无胜负，差费破家，权不在官，杭、绍尤害。曰诛土盗：台属蠹民，以劫为业，农功已毕，剽剠四出，破案时有，虽死不惧。曰严烟种：台郡腴地，专种罂粟，其利倍谷，官禁不畏，名曰台浆，行之远近。此弊也。

【注释】

①同治癸酉：同治十二年，即公元1873年。

②寓抚字于催科：韩愈《顺宗实录四》："（阳城）出为道州刺史……一不以簿书介意，赋税不登，观察使数诮让。上考功第，城自署第曰：'抚字心劳，征科政拙，考下下。'"后以"抚字催科"指地方官吏的治政。

③登衽席：此借指太平安居的生活。

④左中丞：左宗棠，咸丰十一年（1861）任浙江巡抚，同治二年（1863）任闽浙总督，同治五年（1866）调任陕甘总督。

⑤马中丞：马新贻（1821—1870），同治三年九月初四日内阁奉上谕："浙江巡抚著马新贻补授，未到任以前，仍著左宗棠兼署。"

⑥诛求刻核：强制征收；苛刻。

⑦汤文正：汤斌（1627—1689），字孔伯，河南睢州（今睢县）人。谥文正。

⑧白役：官署之定额以外之差役。

厘捐利弊一

咸丰以来，军饷浩繁。雷侍郎以诚，奏设厘捐者，开千古之利源，革关税朘削之酷，非创也。夫古今事变所乘，非人力所能主，圣人亦惟因势而利导之。

厘金所入，每岁几与正供相埒。乃论者因其偶有弊端，辄以为万不得已之举，而议裁撤，抑何陋哉！民有四，农与商皆赤子也。取于农者，因岁之丰歉；取于商者，因货之有无；安见取于商者，独为病民哉？况今之泰西各国，以货税为赋，皆能立国，以夸富强，未闻变计。故愚以为厘捐者，取于民之第一善政也。钱粮之券，有加至数倍者矣。而厘捐之票，既无浮收苛索，亦无横征暴敛。行之久，而轻徭薄赋，农夫之力亦可稍纾矣。

至今之所谓弊，则司巡之卖放，行家之偷漏。又谓商旅之阻滞，比较之盈缺，苟委员能得其人，皆不难因事而补救。惟浙西一带，汊港纷歧，百弊从出，其实皆由于分卡之司巡，而头卡[②]之分卡为尤甚。委员之耳目，难周其分卡。起捐之船，必由次卡补验，始能遂其偷漏。补捐之例一开，而倍罚之货鲜矣。苟移腹卡之委员，分驻头卡之分卡，本境转运之税则从宽，总局巡查之船则从严。虽有不肖之员，安所肆其贪私乎？又明知其弊，而未能去者，则在所用之司巡。司或以熟习为名，而各卡恣其盘踞；或以权要推荐，而委员受其挟制。巡或积滑[③]之家丁，敢于讹索商旅；或刁顽之水手，惯于串通商船。委员苟克精勤，当闻风稍敛，若一懈弛，则伎俩毕张矣。

总之，弊以利生，法因人治。上之功过既明，下之赏罚亦肃。夫弊之生，岂厘捐之法未善欤？廉贾三之，贪贾五之，亦在各委员之自爱耳。

【注释】

雷以諴（1806—1884）字鹤皋。陕西咸宁人。道光三年进士，历任刑部主事、郎中、内阁侍读学士、左副都御史、刑部侍郎。咸丰三年（1853），随琦善至江北大营帮办军务，在江南文人钱江建议下，创办厘捐，筹措军饷，后推行各省。咸丰六年（1856），被撤职，充军新疆。赦后授陕西按察使、布政使、光禄寺卿。著有《大学解》《读经传杂记》《雨香书屋诗文集》《藿郊诗存》，编有《咸宁县志》等。

②头卡：指货物通过的头道关卡。《清会典事例·户部·厘税》："浙西地方，一起一验，由经过之头卡并收，余均验票放行。"江顺诒《拟立厘金为税课常征议》："百货入本省境，大路第一卡为首卡，小路第一卡为分卡，其腹内之卡概行裁撤。"

③积滑：犹言素不安分。

厘捐利弊二

且天下事，有有利而有弊者，有有弊而无利者，有利在上而弊在下者，有利在下而弊在上者，君子皆不取也。军兴以来，厘金之设，诚创举矣。孰不谓其利小而弊大？孰不谓上之获利甚长，而下之作弊甚钜乎？又孰不谓利在一时，而弊在百世乎？而吾独以为不然。

夫有利必有弊者，古今之通病也。利大而弊小不可谓之弊，利久而弊暂亦不可谓之弊。三代以来，以田为赋，皆取于农。而一遇灾荒，则蠲免频仍，度支匮乏，司农恒束手而无策。今抽厘之货，不皆因岁之丰歉，而在上已无催科、账恤之烦，在下已无追呼、敲扑之苦。夫以农与商较，商富而农贫，商逸而农劳，商乐而农苦。厘之加于商者，商仍加之于货，而于商无损也。

且人生百物之需，盐米为最要。米既正供，盐亦官运，百货之利弊，又何足津津哉？况乎其利在上，而下无弊也。至以书役与司巡较，则书役之无弊不作，而司巡其偶耳。不计其大小，而以有弊病，厘非因噎废食哉？

今商所患，皆昔之关之害，欲诉而不得，欲禁而不能，与今之厘卡毫不干涉。重征加赋之说，亦所时闻。苟厘卡之员，勤慎奉公，则局之司巡，较县之书役，耳目较近，人数亦少，事务亦简，案牍亦稀。明以察之，严以惩之，有利必涓滴归公，弊云乎哉？

厘捐利弊三

昔之关税，有弊而无利。今之厘卡，有利而无弊。谓关与卡同者，非也。昔之关，用吏用役，甚至用家丁。今之卡用绅，并不闻奸蠹。

然则谓卡同于关者，亦有因。军兴以来，关税久停。今日之商，且不知关之酷矣。今日之厘，且不知税之重矣。徒见夫遇县而有卡，以为稽迟，昔之守候已忘矣。徒见夫征钱而纳洋，以为浮收，昔之倍加已忘矣。徒见夫经卡而挂号，以为滋扰，昔之搜查已忘矣。徒见夫匿货之有罚，以为苛刻，昔之讹索已忘矣。

今之大吏于局员，赏罚甚严。有一虐商之局员，则大吏必撤参矣；有一讹商之巡丁，则局员必惩办矣。非如昔之关，无从控告也。

今之厘，有货之船，亦无掯留；昔之关，无货之客，亦受荼毒。局无文告之繁，市无差役之扰，取民莫善于此矣。至于司事、巡丁，或因委员之颟顸而弄权，或因奸商之偷漏而受贿，苟委员之得其人，苟大吏之慎其选，又何弊之有乎？

拟立厘金为税课常征议

厘金之入各省与地丁等，其外省则有溢于地丁者。军兴以来，行之十余年。国用赖以裕，而当局每以为不得已，而欲议停，吾甚惜！夫谋国计者之非也。拟欲定为常经，以济司农之乏。天下后世，必有以为是，而踊跃以从者。第未知焦头烂额者之属何人耳？既详列利弊为论说，复条其章程如左：

——拟省设税课司一员，其品宜与盐运司，皆升一级。秩与臬司同，其下经历库使各一。

——拟各府设一税课分司，总一府之成，品与知府同。

——拟各卡设一税课大使，专收厘税收数大者。品与直州知州同，次散州知州，次知县。

——拟各分卡设一税课分使，品与县丞、巡检同。其无税者，辖于总卡；其有税者，或径达分司。

——拟百货入本省境，大路第一卡为首卡，小路第一卡为分卡，其腹内之卡概行裁撤。

——拟改捐为税，裁去两起验名目[①]，均于首卡捐足。

——拟各府分司额设巡船若干只，但凭各票验货，截去验单，加验戳而不收税。其巡船设查验大使一员，品如批验大使，其有货票不符者照例罚。

——拟各大使如有卖放等弊，一经犯出，除革职外，十千以上即从重议罪。

——拟各大使如有浮收等弊，一经犯出，与卖放同。

——拟客家及行家偷漏议罚悉照厘金。

——拟各卡收数收逾三年即可统计，并未设新卡前五年统计。两相比较，减二成作为定额。如各关之例，由委员认解，盈者升，黯者赔。各员以三年为任满。

——拟各卡所用司事、巡丁，不准有书差名目。前任之司事、巡丁，不准移交后任；不准用亲戚为司事，用家人为巡丁。违者革职。

——拟各卡委员薪水视盐大使，仅三百两，未免太少，拟照繁简州县酌为增减。

——拟司事、巡丁每月工食，仍照厘金例开支，其人数亦然。

——拟各卡每卡驻护商炮船一只，府分司巡船，每船以一炮船随行，其有盗贼出没之区，虽无卡亦宜酌添护商炮船。

——拟司巡或犯有卖放措留商船等弊委员，不先将司巡送交府分司者，即以通同论；业已交司巡，有应得之罪委员，但以失察论。

——拟官自大使以上，皆用正途。其大使以下，亦必在学之人，始准报捐。

——拟丝茶棉花出省之货，准视年岁如钱粮之例，然亦随征随解，不能额定分数。

——拟商船被盗，炮船之武员及巡船之员，皆与地方官一例议处，而炮船加一等，其偷走小路者不问。

——拟各卡税课按月扫数，批解府分司，仍照厘金章程，不得过初五日。府局批解省城，不得过十五日。其有向用期票者，不过一二处，总以扫数为定章。

——拟各省既以税课为常赋，所有各省向设之关，必须全行裁撤。如杭州之南北二新，江南之龙江、浒墅，安徽之芜湖、凤阳，江西之九江、赣州之类。其海关另有新章，或征出征入之不同，洋货土货之各异，不在此数。

【注释】

①两起验名目：厘金制度初始之措施。即针对行商的遇卡纳税、一起一验。针对征于转运之货物，既于起运地征，又于转运中征课。除了行厘，还有针对坐商的在产地或销地征收的坐厘。

附录　商征亩征利弊论

方月樵观察（炳奎）[①]

事有古今异宜者，非变通无以尽利，今日之赋税是也。建言者多谓今日军务稍靖，亟宜复田赋、停厘捐以苏民之困。然吾谓厘捐之裕国，倍于田赋；田赋之困民，倍于厘捐；是田赋存虚名，而厘捐得实用也。则与其停厘捐，不如蠲田赋。请试言之。

古者关议而不征，而田赋则自夏贡，殷助周彻，无非什一而取。春秋以后，法渐坏。后世井田虽废，而计亩征赋，迄于今无异。夫天下承平日久，生齿日繁，而田地不加多，则贫在民。国家百废俱兴，事事仰给于上，而田赋有常额，则贫在国。欲济田赋之穷，则关市之征，不容已固也。天下大利，必归商。官山府海，致富之道，自古已然。今则九州之内，四海之外，舟车所至，靡不交通，而国帑转形支绌，何也？则以征课犹循田赋之旧，而未尝稍易变通也。

间尝参稽夷志，盖自中土而外，率皆征商而不征农。初犹以为外夷之制，不可行于华夏也。乃自各省军务繁兴，乃于商贾辐辏之区，添设关卡加抽厘税。十余年来，饷需转运赖以无匮，而商民亦相安无事，此其明效可睹也。又尝就粤西一省而论，以边隅瘠苦之区，地处凋弊之余，左右两江、云贵各省，道犹梗阻，田赋所入，岁不逾数万，而厘税所得，岁百数十万，已逾赋额十倍。推之他省，四通八达，物产饶裕者，其丰富当不可胜计。故欲求变通，莫如改赋而征税。就已设之关卡，斟酌损益，著为定例，颁示天下。而悉蠲除农田粮赋，以此之赢偿彼之绌，民免催科之困，国有倍充之帑，虽一时补救，实万世无穷之利。

尝比而论之，亩征之害三，而商征之利五。凡一邑之中，大户无几，其余零星小户，所输升斗锱铢，岁稍歉薄，则称贷无从，终岁受追呼之苦。即三江素号财赋之邦，而有力之家，竟以田地为累，贫民无论矣。漕规运费，虽浮收勒折逾数倍，犹不敷用。州县往往因催征被议，视为畏途。是田税之流弊久已，官民交困，其害一也。国家量入为出，岁有常经，乃粮赋虽有定额，而水旱偏灾去其一，官亏民欠去其一，蠲豁账济动逾数百万，犹复损上益下。是有名无实，庶政因而掣肘，时时须另筹补苴，其害二也。一邑之大，下隘高原，既不能时时丈量荒田逋赋，又不能一一清理，或吏胥侵隐，或顽民刁抗，或劣衿包揽，或黠民地多而粮少，或贫民地尽而粮存，弊窦丛生，法不能杜，其害三也。

至若商征之利，古者各君其国，地广人稀，民多务本，故取之于农，而无不足。后世天下一家，货物流通，民多逐末，故取之于商，而常有余。且见货纳税，初无积欠，偏灾之可虞，其利一。田家终岁作苦，获利甚微。而商贾居奇，获利甚厚，虽多取亦不为虐。今但就其大宗货物，权其销售之畅否而定其科，则不过取其十分之二三而止，既不病商亦不妨民。即如盐课一宗，若改定，就灶征课，逢关纳税，无官无私，无额无引，则纲商[②]无用，不与民争利而国课自裕，官吏之规费自革，亏课之积弊自除，枭贩之刁风自息，其利二。关卡之设，取之于通都大邑，不取之于穷乡僻壤；取之于富商大贾，不取之于肩挑背负。且五谷非贩运出境，既无粮可纳，又无税可征，谷价必贱。其出境者，税抽于商，而不抽于农，非有厚利，则商必不贩运，实隐寓贵农重本、藏富于民之意，其利三。就各省岁入常赋，纳归各省。现抽厘税之中，斟酌损益，著为定额，责成各有司按季征解，短则著赔，一如各关旧例。如此，则年清年款，无灾无蠲，既可省勾稽之烦，又可免侵蚀捏欠之弊，其利四。自添设厘税以来，积十余年，虽各省军需，浩繁动逾千百万，犹资赡给。若天下无事，则入多出少，国家帑藏日益充，而田赋不征，即民间盖藏亦日厚，君民俱足，其利五。

或虑粮赋不征，则京仓无由实，然可以捐纳采买招徕，而漕运之縻费以节。或虑粮赋不征，则州县无耗羡，办公无资，然以房地杂税为津贴，而浮收之积弊以除。非不知田赋为古法，而欲永远蠲免；厘税为暂设，而欲永远为定制。其说似创，征赋则岁入常不足，而停税之惠在商贾；征税则岁入有常经，而蠲赋之惠在农民。后世之民，非贫不力农，非富不经商，权其本末、轻重，宜无不可行也。且天下事，惟虑难于谋始。今商征已有端倪之可循，一转移间，可坐收富国强兵之实效。非创也，实因也。因亩征之疲，而废之；因商之旺，而推行之。此事之贵，因时变通者也。

观察，皖人，与余少同里闬，长共切磋，除诗文质证外，每抵掌天下事，同方同术，恨无尺寸柄。咸丰癸丑，观察通籍后，荐任广西乐平守，以道员乞养，居湖南，不通音问者十余年。光绪初，返皖，始以书问讯。函达，而观察已殁于皖。读其遗编，有《商征亩征论》一篇，喜其先得我心。惟欲停亩征而专商征，则窒碍难行。盖商征未定之数不可必，而亩征已定之数则先失，司筦算[3]者断不以为然也。惟一利一害之相形，坐视而不救，有足痛哭流涕者，亟录之以证吾说。

【注释】

①方炳奎，介绍见本书第一章第五节“社集、交游考”。
②纲商：盐商。
③司筦算：主管会计工作。

卷二

柔远人论（同治甲戌[1]）

昔太王事獯鬻[2]，珠玉皮币，皆所不惜，此务德而不欲与远人争者。至晋之和戎，汉之和亲，则非势不敌，而转以远人为怀矣。吾闻王者不勤远略，不尚武功，不劳师以伤财，不开边以启衅，修文德则远人来，讲礼让则远人服。噢咻之[3]，覆翼之，虽禽兽亦知驯服，而况于人乎？

且夫柔之者，非示弱也，亦非德所不能化，而威有所不能慑也。今使强邻压境，敌国相侵，昔之同盟、会通、聘问者，一旦兵连祸结，即衅自我开。尚克乞盟，而复修旧好。若夫蛮夷之长，朝贡之邦，忽狡焉思逞[4]，其锋非必不可与争也。第彼苟非有所挟而相要，亦必有所恃而不恐。能骤服其人，不能骤服其心，亦安用此较胜角力为乎？

然而最难度者，远人之情也；最难化者，远人之性也。三代以后，干羽之舞，衣裳之会，不可几矣。兵可不用，不可不备。折冲之事，魏绛任之；长城之恃，魏绛不任也。觊觎土地之心不敢有，窥伺动静之心未必无。吾知远人之能怀吾德，正非易易。所以柔之者，寓德于威之中。送往迎来，似仪文之末；嘉善而矜不能，似法网之宽。而礼貌之殷勤，体恤之周致，有威不用，而专以德，远人有不输诚悦服者乎？

方今五口通商，立和约者十数国，即远隔重洋，未尝不知其国之大小，兵之强弱，而一视同仁，跻远人而等之。邻国或且疑为宽而生玩，而不知正德之深，有以化其强暴也。夫今之所与立和约者，虽皆挟甲兵之利，类能慕文明之盛，循伦理之常，而岂回纥、匈奴知威而不知德者？况懋迁有无，兵衅开，货财必不通，一不率教，而群起攻之。我之不为戎首，实有合于柔远人之旨焉。

【注释】

①同治甲戌：公元1874年。

②太王事獯鬻：《孟子·梁惠王下》："惟智者为能以小事大，故太王事獯鬻，勾践事吴。"太王：周部族首领，即周文王的祖父古公亶父。獯鬻：夏朝君主（桀）之子，亦指匈奴民族。乐彦《括地谱》："夏桀无道，汤放之鸣条，三年而死。其子獯粥（另作獯鬻）妻桀之众妾，避居北野，随畜移徙。中国谓之匈奴。"

③噢咻：谓抚慰病痛，安抚，笼络。

④狡焉思逞：指怀贪诈之心图谋侵人之国。

防倭

明自嘉靖以来，内地奸民，勾结外洋，亡命以倭为名，而其实不尽倭也。防倭之策，以无片板出洋为善；而其衅则由于绝互市。夫今日之势，非即因通商而有互市之获又安哉？倭在今日，较之和约诸国，实形弱小。其人民赋税，既未能遍五大洲之口岸；其轮船机器，不过窃西南洋之绪余。通商各口，断不敢以一旅起衅，而犯万国之公法。狡焉思逞，不过于口岸未开之处，间时窃发。若海外岛屿，以台湾为最大，外有鲲身之障，内有鹿耳之险，足以自守。无险可守，惟定海一厅[①]，而实浙之最要。明人有弃舟山之议，次则玉环新设[②]，亦所觊觎。况夫声东击西，避实捣虚，倭人之故智。窃谓今日之防倭，不必其已至之境，不在我有兵之处。就东南而论，明人设三十六卫，其城皆今日所宜修复者也。至于轮船机器，倭人购之泰西者，我亦能购之，何足为寇重哉？我国威德覃敷，濠镜[③]一隅，西人数世长养其间，从无窥伺之意。即英国偶尔梗约，而和议既定，贡市亦通。西人志在货财，而不在土地，可知矣。不然，和约初立，请海滩荒地数十里，建造房屋为互市，亦何惮而不为，而必铢积寸累，买之民间乎？而谓蕞尔倭人，竟有觊觎之心，吾知其不敢矣。

【题解】

此篇重在分析和约诸国、日本是否有觊觎中国之心，而非防倭的具体措施。作者所持乃其一贯之主张，即认为西方列强跨海而至中国，目的在通商赢利，而非占据土地；认为日本乃蕞尔小国，不敢有侵略中国之心。事实证明此论之不确。对此，时人已有“抑中而扬外”之评。这一方面反映出中日甲午战争之前中国士人普遍的认知水平，另一方面对江顺诒而言，又有其以“西学中源”底色的“尊西方-超西方”的意向。故当辩证而观。

【注释】

①定海一厅：今舟山群岛。

②玉环：岛屿，位乐清湾东侧，北接楚门半岛。玉环地处滨海，隶属不一，雍正五年（1727）新设“玉环厅”。

③濠镜：今澳门。

浙江海防

浙江为滨海之区，宁波之定海，温州之玉环，皆浙之屏障。昔之欲弃舟山者，自撤其藩篱也。玉环设厅在先，定海升为厅，在道光辛壬时，正欲尊为重镇而固守之。明之三十六卫故城具在，皆海舟可以登岸之处，似宜择要修复，以防敌之乘虚而入。且闻有备无患者，谋国之远虑也。酌古准今者，救时之至计也。自来筹海防者，以明之防倭为成法，而不知五口通商之后，形势有不同者矣。舟，则由火轮而铁甲；炮，则由子母而后膛。敌之技日以精，我之防日以密。敌所有之长，我既备者求其精，我未精者善为购。然此犹非筹海防者之所不能筹。

今日之要务，莫善于知敌情。和，固不可恃；战，尤不可恃。敌之所利者财帛，我不宜以货贿诱之；敌之所重者信义，我正宜以礼让化之。夫孟子欲以仁义挞秦楚之坚甲利兵，今之敌人并非虎狼之不可驯服。我既知敌，敌亦知我。苟德威能豫于平时，即小有龃龉，亦威可畏而德可感矣。顾又非置筹防而勿讲也。修筑炮台，训练士卒，此常谈也。尤宜以培植人才为最要。欲师敌人之长，非通算学、化学诸书，不可以制器；非用电线、水雷诸法，不可以应敌；非上之人振作之，则人皆鄙夷而不屑。至于篙师、舵工、贩夫、渔户，习风云沙线，识岛澳潮汐，皆将才也。筹海防者，其留意焉。

海防

自海禁开而五口通商，海疆多事。中国滨海六省，船政、机器之制造，皆因敌制敌，非泥古法——防岸而不防水，以闭关却敌为至计也。且夫识时务者，因时为变通；知敌情者，攻心为上乘。口岸数十百处，辐辏之区，重兵所驻，亦各国财赋所萃，断不敢狡焉思逞，以细故而犯万国公法。一旦有事，其所尝试者，必未经开辟之岛屿。其所深入者，必先有勾通之奸民。声威可通者，能防之；教化未及者，不能防也。然则购枪炮，制电气，轮船铁甲必自造，化学算学必能通，吾谓其犹后矣。

今日之务，莫先于知敌情。知敌情，莫先于识人才。吾人之才，莫患于自视太高，亦莫患于自视太卑。必以敌为犬羊之性，而绝之过甚，固非；必以敌为神妙之技，而貌之惟肖，亦非。其言语风俗不同也，其伦常日用无异也。礼让之繁可靖其枭悍，文物之美可化其粗豪。因其利而导之，取其长而用之，进蛮貊而衣冠，化干戈而玉帛，泽货贿以诗书，进淫邪以礼乐，此不防之防，而即海防之先务也。若夫选权变之才以充使，通商贾之税以裕饷，亦防务之不可缓者，当事早筹之熟矣。

开垦南田说

南田一山[①]，自明季顽民梗命肃清后，封禁其山，使民不得往垦。非惟弃其人，亦弃其地。复设石浦一厅以教化之，迄于今二百年矣。山内之地甚广，可为良田者，不下数十万顷。良民虽未往，而莠民私垦者，未尝无之。且逼近海隅，一旦有事，又为盗贼逋逃薮。此议开垦者，以南田为不可缓也。

顾或谓兵燹后，两浙东西田之荒芜者十三四。招民开垦尚不暇，而乃议及封禁之区，得毋急其所缓耶？而不知非也？南田肘腋宁、台二郡，成熟已多，苟不建城设邑，必有涎之者矣。况夫山内之民皆吾赤子，不烦一矢，不劳一兵，计丁授亩，计亩升科，一良有司之事耳。非如台湾山后荒远，土人凶悍，而必劳疆臣驻节，海舶兴师。昔苍水[②]抗顺，由舟山而南田，匿迹悬岙，恃南田为接济，故张既正法，山亦永封。乾隆中叶，悯其狂吠之志，褒其投海之诚，予谥忠烈。南田之禁，疆吏请不得开草莱，以至于今，亦可惜哉。南田既开，增域内维正之供，其利小；绝海外觊觎之念，其功鉅。夫台湾后山之险峻异于南田，生番凶蠢亦异于南田，而时事相乘，有不能不收入版图者。老兵縻饷亦非所惜，诚以抚我黎庶，即卫我篱藩。筹海者，其计及之。

【注释】

①南田：浙江象山县东南沿海的岛屿，四面悬海，周环百余里，山名大佛头。

②苍水：张煌言（1620—1664）字玄著，号苍水，鄞（今浙江宁波市）人。明崇祯十五年（1642）举人。清顺治二年（1645），苍水拥立鲁王朱以海抗清，在康熙三年（1664）被清朝处死。著有《张苍水集》。

两浙移盐场议

两浙私盐充斥，官商交病，不思有以救之，将终任其困乎？非仅补苴罅漏已也。祖宗成法，不可擅变。明知改律易度，外见骇于鄙夫，内见格于部议，然其说不可不存于天壤之间，以待后之君子帝王富强之业，其在兹乎？于是作移盐场议。

——岱山、余姚两处，平滩浅水，潮退晒卤，即可成盐，不待煎熬。此天地自然之利，每斤成本甚微。民间私晒，随地可售。始而设卤局，毁晒板，继而商人重价收买，搭消各引地[①]，而究不敢变易旧章。不知聚两浙三十六场[②]，终年煎熬之所出，不敌岱、余两地一月之所晒。计惟有移之一法，移温、台、宁之场于岱山，移杭、嘉、绍之场于余姚，移苏、松、镇、常、太之场于松江。令其各就引地之大小，划疆分界，商人即于该场所画之区，捆盐分销本认之引地。课虽不减，而成本则十减其七八矣。

——两浙三十六场，多有沙地，业已成熟，海岸陡绝，并无卤可取。有买卤用船运至场而烧盐者，迫于无地可迁也。此等灶户，移之甚易。即有卤者，亦必买运柴草，始能煎熬。以买柴草之本，制造晒本，亦已有余。迁移之始，或有贫者，酌借移费。

——各场定界之后，以灶户之板为老板，以民间之板为新板，稍为区别，以示体恤。

——老板、新板皆由场造。盖烙火印，三年一易，缴旧领新。灶户以始定之数为额，以后不准增添。民间之板以百板为小户，千板为中户，万板为大户。大户同于灶户，不准零星私造板片。积数小户为中户，积数中户为大户。久之，私板皆为官板矣。

——板价，灶户只准照工本缴纳，不准增索丝毫。小户加五成，中户加三成，大户加一成。易换新板，亦照此例。惟定额后，报万板大户，不加一成。

——温处引地，久为闽私所占，骤然绝之，必生事端。惟入内地后，沿路抽厘，乃抽之浙贩，并不抽之闽人。今拟于入口之先，抽之于闽，如内地之数。若不愿完厘，即为私盐。温处所移之场，仍归老商认运。如无老商或票运，其厘则照闽抽数，起验照章，成本与闽等，则卖价亦等矣。闽不禁而自绝。

——场官各署，既移驻于所分之地。其二分司，及四批验所，皆应量移总汇之处。及入口之港，或添设一分司。盖距省窎远，非分司无以总其成也。其各场之有钱粮者，或归改分防之员征收。如绍兴沙地之钱粮，归绍同知征收例。

——各板户俱贫民，三板五板不能成百成千。或另立板总，每百板千板为一总。一切领板、缴板，晒盐、售盐皆归板总经理，以免贫民奔走，论板提厘，以资办公。

——盐价，民间私售不过一二文，其成本仅一文左右。兹拟每斤定为二文，永远不准加价。

——各场灶户或不愿迁移，如能易煎为晒，应准其照旧搭消，商人愿捆者听，价则与余、岱等。

以上各条，不过言其大略。其迁场分地，一切章程，临时酌定。而各场分地尤为至要，非亲勘其地，不能折衷至当也。谨议。

谨案：立此议时，仅有岱山、余姚，现松江亦有晒盐，不减二处。海沙涨坍靡常，恐可以晒盐者，尚不止此。应详细履勘，随时移置，或酌留出卤之处，令其改煎为晒，而先迁其无卤之场。

【注释】

①引地：即“引岸”，浙盐销岸名称之一。

②两浙三十六场：两浙都转运盐司于杭州，明代洪武初下设三十六场盐课司。

安插客民议

客民，非盗贼也。其未为客也，本吾民也。乃土、客恒不相洽者，何哉？诚无以安插之也。谨拟其议如左：

——客民入境之初，未能先编保甲，详稽丁户。此遗误于初，以致奸宄混迹，去来任便，然未始不可补救于后也。浙省编查客民，虽在入境之后，未尝不详且慎。顾今日查之，明日弃之，查与未查等。似宜遴选妥员，就已查之册，核现在之民是否相符，伪者正，缺者补。岁必查一次，以为常，不得等诸具文。

——客为垦荒而来，其所垦之田，皆无主之产也。即宜开列户口，给与执照，俾为世业，使不肯轻弃。其国课即由垦者完纳。即使误耕有主之田，本主弃已多年，自应备还历年欠缴之国课、开荒之人力工本。争田之人与买田值等，自不争矣。

——弱肉强食，民情之常。浙省之严、衢处及杭之于潜、昌化等县，种山棚民聚之亦数千，不闻滋事者，土民风俗淳朴，有无相通也。嘉、湖民情浮动，刁而且悍。观其旱岁求雨，挟制官长，蛮蠢无理，预为灾赈地步，即可知其鱼肉客民矣。是安插之难，不在客而在土。

——田之荒也，借客民之力以垦之。及其既熟，乃诡称业主而欲夺其田，且欲其承佃。近今宣城，酿成事端，已褫绅士俞职。若嘉兴之事出意外，则客少土多，天下皆以为有主使之人也。

——湖属垦荒之民有多于土者，久已相安。然倚众恃强，未尝无之。安客民，即以安土民。编保甲外，自应立甲长、社长，以专责成子弟之秀者，准其入籍考试，化土、客之迹，自相安于不觉矣。

——富而无教，不可谓富。连岁丰亨，民有盖藏，然能读书者卒鲜。似宜就乡村繁盛处创立义学，俾客民子弟入塾读书。苟稍知文字，自渐臻礼让矣。

——民之自视，为土为客，判然秦楚，而自上视之，则无分畛域也。官斯土者断不宜畸轻畸重。凡土、客不相安者，未必不由分土分客，而先有成见也。是宜于客民之区，慎简贤良，宁拙于催科，而勤于抚字，斯为允矣。

——本有游民以垦荒为名，春来秋去，忽此忽彼，最宜严禁。编查之时，如无家眷，必须有保结人，方准容留。然此皆本省之民，道路窎远，断不出此。

以上所拟，不能拘执。业已开垦多年，客、土相安，勿惊勿扰，即臻上理。其有蠢动者，当以宣城为鉴也。谨议。

禁贩人口说

晋、豫灾荒，饥民远之四方。卖儿鬻女者，相属于道。办赈诸善士博施济众，可谓尧舜其心矣。乃忽倡禁贩人口之议，谓被贩皆搢绅阀阅之裔，迁徙东南，必流为妓。因设局淮北，截留而养活之。贩者置之重典，封疆吏无敢违。愚窃以为误矣。沪上妓不过数百家，家添一二人，亦千余人而止。而晋、豫之灾民，则数十百千万人，活一人一家之命可延数月。今询沪上之妓，未皆晋、豫产也。即灾荒以前，未必无清白之人，误落风尘者。发逆之乱，皖以南十室九空，非百金外不可得妇。晋、豫之荒，天所以补东南之缺陷，亦所以存西北之孑遗。而诸善士必欲禁之，何也？贩者不敢贩，则卖者无人买。已买者截留不过十之一，未买者尚十之九，诸善士能悉就其室而活之否？多寡之数，曷不一权衡之也。当其时，若议其非，不惟名教所不容，亦国法所不贷。今事过境迁，回忆之，惨有不忍言者。此后倘遇灾荒，尚望仁人君子，勿蹈此覆辙也。

禁种莺粟说

天下事有务虚名而贾实祸者，禁种莺粟是已。吸食鸦片之害，民穷国弱。禁种莺粟，所以绝其源也。孰不知烟土来自外洋，岁耗中国金钱数千万而不返。幸而近年中国自种之土日多，数十年后或不需购自外洋，此亦天时人事一转机。乃不能禁外洋之不来，而第禁中国之自种。何厚于外洋，何仇于中国？必使国中之金钱悉输于外洋，谋国者当别有深心矣。印度之售烟日多，英人之税课日益，英人不能使烟土之畅消，必赖中国之禁自种而始畅，是中国代英人为垄断之谋者，诚忠矣。而英之有识之士，且欲设禁烟之会，其不自为谋而为中国谋者，何其相反也。中国亦不自为谋，其以是报英乎？然而利害判然矣，吁异哉！

【题记】

江顺诒主张驰禁罂粟，此论确非明智之举。然清廷虽禁种罂粟，却未杜绝外洋烟土，未能完全禁烟，个中问题确实值得深思。

梦花草堂诗钞

江顺诒　著　　杨柏岭　校辑

辑录说明

一、据江顺诒《窳翁自撰年谱》，其早年有诗集多部，均在太平军起事中毁于战火。后有诗集《梦花草堂诗钞》八卷，未见刊本。按，清代韩凤翔有《梦花草堂诗稿》《梦花草堂诗录》刻本。

二、同治十年（1871），江顺诒署钱塘县丞，“以名士而为循吏，一时声名藉甚。上游俱器重之，侧席咨诹，待若上宾。旋同宦浙西诸君子，举行西泠酬倡集，请君为之执骚坛牛耳”（王韬《淞滨琐话》卷六）。西泠酬倡者，除江顺诒，尚有梅振宗、白骥良、王仰曾、邓之镆、胡嗣福、韩闻南、秦缃业、沈晋蕃、严以幹、李肇增、钱国珍、方观澜、宗得福、杨昌珠、杨馥、汪昌、宗山、朱庆镛、王家琳、徐福辰、郭钟岳、汪芑、俞德懋、朱鉴章、凤藻、俞廷瑛、郎庆恩、徐振辰、沈晋蕃、江澍畇、秦云、邬铨、钱福年、徐维城、杨葆光、边保枢等。社事吟唱由社员轮流作东主持，后有白骥良辑、秦缃业选《西泠消寒集》（同治十三年刊行），江顺诒等辑《西泠酬倡集》初集、二集、三集刻成刊行。其中，《西泠消寒集》收江顺诒诗30首，《西泠酬倡》初集卷三有诗73首、二集卷四90首、三集64首。《西泠酬倡集》初集卷四“江顺诒”条云：“江顺诒，字子縠，号秋珊，安徽旌德县人，廪贡生，浙江（抹去4字）补用知县。著有《呰窳子》《词学集成》《愿为明镜词稿》《梦花草堂诗钞》《诗话》

《醴陵集注》。”

三、江顺诒晚年参与铁花吟社，《铁花吟社诗存》中保留其诗作多首。除此，上海申报馆《瀛寰琐记》《窳翁丛稿》（手稿，上海图书馆藏）等，亦有部分诗作。

（同治辛未）第一集，长至后一日，饮江氏梦花草堂即事

雪意冷压山巃嵸，冰花脆玉吹玲珑。高吟满座声隆隆，德星烛霄光如虹。寒梅信到诗思发，居然鼎鼎来诸公。云梦八九吞心胸，手攀扶桑日再中。天地无色妙手空，笔底春夺造化功。东海宦迹漂萍蓬，阳生一夕来春风。草堂阒处伤孤鸿，何期空谷足音跫。剧谈高论旷发矇，使我才尽回龙钟。

【注】

第一集，指西泠消寒社第一集。

寒鸡

霜梦惊回欲断魂，孤灯漏永闭柴门。纸窗谈罢夜无伴，茅店声高月有痕。几辈寒酸空起舞，三家零落自成村。深宵风雨人何处，催箭传筹事莫论。

寒鸦

吴宫秋老又啼霜，几阵低飞掠野塘。灭没片帆迷故国，凄凉团扇度空箱。雪堆翠鬓怜为客，月冷乌衣忆姓王。万缕垂杨终古在，夜栖休近永丰坊。

寒雁

音书未到况寒衣，万里关山是也非。卒岁稻粱随分易，惊天文字解人稀。长途木叶经霜瘦，晓梦芦花带雪飞。省识向阳枝最好，孤征偏与素心违。

寒鹰

纵饥岂肯受人怜，攫影随风上野烟。玉爪金眸才卓荦，黄沙白草恨缠绵。盘空冻羽超凡辈，出塞尖风忆少年。狐兔纵横霜满野，养成精锐好筹边。

第四集，以书味、画意、诗情、剑气命题，各赋七言律四首

万卷撑肠拄腹奇，此中甘苦几人知。列单下箸庚陈日，读史添肴卯饮时。红袖香中多秀色，青灯影里最相思。英华只许含咀得，嚼蜡何如没字碑。（书味）

声诗谁继右丞风，水墨横陈自不同。几曲溪流蹊径外，万重山色有无中。将军金碧开生面，高士文章夺化工。好向此间参妙谛，渊微禅理许相通。（画意）

捻断吟髭定几茎，果然名士悦倾城。水流花谢春常在，地老天荒恨未平。涕泣何妨成七步，缠绵休自误三生。性灵语岂抄书得？江上峰青子细评。（诗情）

凄凉风雨郁难伸，电掣风驰未肯驯。万丈长虹腾碧落，两条秋水跃延津。恩仇血但酬知己，生死心堪托故人。有志干霄谁识得？古今同恨总埋尘。（剑气）

第五集，分韵咏雪影，限五言长律二十韵，得十三覃

琉璃开世界，冷眼旧曾谙。岂有形神问，居然色相参。似穿珠一一，早失径三三。杯喜斟新绿，天疑隔蔚蓝。蝶魂依远砌，鹤梦醒空潭。生白留参照，横青抹晚岚。朔风来塞北，霁色忆终南。剪水明波活，揩云皎镜涵。寒栖迷鸟拣，冷啖误鱼贪。光晓凝书幌，灯残对佛龛。泥痕归雁失，诗思蹇驴担。渔火孤舟认，龙眠妙笔惭。访梅人独往，飘絮我何堪。映树仍吹玉，开花亦现昙。避烟茶正熟，邀月酒方酣。柳往怀征骑，芦飞觅野庵。帆从遥浦没，香隔断桥探。闭户琼谁报，围炉屑共谈。冰心虽可鉴，疏鬓不胜簪。盼到阳回暖，瑶情脉脉含。

第八集，拟古，拟李义山烧香曲

花雾溟濛隔湘水，主人延客骄不起。银蒜齐挂劳春葱，万种氤氲入怀里。

美人初见颜如花，春风豆蔻娇含葩。鹊尾新红沉水冻，欲吐未吐双烟重。余霞散绮月昏黄，寸心徒热空徬徨。秋霜欺鬓换残绿，憔脂悴粉华年促。芬芳已尽念俱灰，委地红消寻坠玉。

【注释】

邹弢《三借庐赘谭》卷十（清光绪申报馆丛书余集本）之《消寒社》亦云：“辛未冬，浙江消寒诗社开，寓公需次，事暇联吟，极一时之韵事。第八期拟古四题，为分录其三：旌德江秋珊得李义山烧香曲云……”按：辛未年，即同治十年（1871）。

前题，拟王仲初镜听词

新红尺八桃符换，芳年欲尽今宵半。黄金泻水未分明，自将青镜重摩玩。装入盘龙古锦囊，灶前再拜爇心香。不愿衔书降青鸟，且从司命献黄羊。六街更鼓喜寂静，好语一声闻吉祥。得来佳兆归家疾，生怕人知翻秘密。天上芝草瑞当门，怀内菱花光照室。

前题，拟张文昌吴宫怨

姑苏台上孤月白，老乌夜啼声凄恻。苎萝新进浣纱人，一时花草无颜色。六宫目断盼羊车，西施正醉娇无力。采香径里红豆生，英雄天子更多情。茱萸垂紫芙蓉瘦，鼙鼓南来隔岸惊。三千粉黛愁如水，乱离几个桃源里。一舸鸱夷向五湖，茏葱山色青犹峙。殿陛荆榛麋鹿游，倾城倾国甘心死。

前题，拟温飞卿晓仙谣

银汉倒泻挂檐角，海水摇星不肯落。铜钲突出东方东，赤霞碎晕琉璃薄。瑶宫传药奏钧天，双袖翩跹拂紫烟。千骑模糊凤皇叫，抱玉惊起嫦娥眠。珮环压背青鸾重，掷珠狡狯先承宠。下视人寰缥缈间，芳心一朵红雪捧。

第九集，苏东坡先生生日用雪斋韵

七百年前生锦里，时值群蛙吠井底。年年此日拜先生，手把一尊浮绿蚁。图传笠屐悬当中，前有宋公（锦津）后毕公（灵岩）。诗人群集各俯首，有如万笏朝嵩峰。我辈萍蓬聚吴越，举杯仍见当时月。提倡风雅今谁人，瓣香但荧峨嵋雪。

第十集，赋新春迎神曲

摩空忽竖花旛绿，明镜一方甦冻玉。乘虬骖鸾来东方，新年欢唱迎神曲。春人乐兮春风和，芳郊酾酒金叵罗。椒花晋铭辛夷笑，神欣且醉朱颜酡。水仙凌波娇不起，仙袂轻飘霞佩紫。人间万户喜更新，天上安知有甲子。花信吹来第几番，翩翩彩胜忽当门。青皇不老年依旧，绿鬓惊霜人断魂。

（同治壬申）第一集，消寒十子歌，仿杜子美“饮中八仙歌”体

香山一老诗中仙，咳唾珠玉落九天。消寒招客开琼筵，旧侣摩诘才无前，翡翠兰苕相新鲜。诗成豪饮吸百川，邓禹笑人不少年，有艺皆精才独全。珊瑚照海珠烛渊，更有多情沈下贤，乌衣门第何翩跹。昔饮骄我今乞怜，童君申君骑联翩，能诗不作逃画禅。严公新来笔如椽，睥睨浣花追青莲。冬郎绮思夸芊绵，美人起舞月娟娟。我欲从之挥朱弦，胡公西江驻吟鞭。忽指孤山泊画船，雄文健笔凌云烟。光彩远耀南峰巅，笑我贪饮醉欲眠，彩笔渐秃花不妍。安能高歌继前贤，妄思附骥诗名传。

第二集，雪晴孤山看梅，限五言古，以“前村深雪里，昨夜一枝开”分韵，分得“深”字，用五平体

逋翁仙风遥，梅花无知音。荒碑孤山巅，寒香空沉沉。高枝仍横斜，朝晴开层阴。孤芳如招余，冲寒来相寻。崇峦痴云遮，空亭苍烟深。风号鸣悲笳，冰澌张弦琴。疏花呈微妍，如窥幽人心。何当携壶觞，招邀联清吟。欣看阳春回，寻诗重登临。

第三集，咏古，西施石

馆娃何处吊婵娟，旧迹重寻溪上烟。铸范深心金早订，沼吴遗恨海难填。采香径冷娇无语，捧病人来瘦可怜。恩怨未分流不尽，苔痕春水涨年年。

第四集，分韵咏唐花，限五言长律二十韵，得十三覃

活火添生意，芳心喜熟谙。化工凭巧夺，消息隔年参。宠预东皇借，功惟热客贪。舞空方戏玉，现影漫疑昙。钻纸蝇犹响，空梁燕不喃。术能兼七七，景若届三三。帘闭风愁北，檐低日向南。根蟠仙李旧，露浥妙莲甘。冻破魂苏蝶，冰消茧脱蚕。护宜添锦障，采未许筠篮。初盛诗兼写，温柔境别探。薰笼仍贮暖，羯鼓任催酣。岂待吹嘘早，居然色相涵。留香春满室，索笑佛同龛。隋彩悬灯俗，吴绫著笔憨。幻劳天女散，冷缓美人簪。奇艳群争赏，冬烘我自惭。功名羞躁进，文字误空谈。深雪高枝出，严霜秀色含。嗤他开太早，憔悴竟何堪。

第五集，咏古乐府，拟杨铁崖、李西崖体，季札剑

古人结交贵知心，今人结交重黄金。黄金可磨心不改，死生一诺终无悔。昨登徐君堂，今归徐君亡。腰中宝剑许相赠，挥泪吊君来北邙。君不见高风季子酬知己，坟前三尺悬秋水。

第六集，咏物，古书

锦轴牙签列，如环认蠹鱼。青箱先世业，黄卷古人书。读已秦烧后，传从鲁壁余。撑肠原未化，莫笑腹空虚。

前题，古画

象形闻制字，作绘缅垂裳。猷首留遗法，因之采色彰。文章周匠作，金石汉祠堂。绢素何堪久，传神为底忙。

前题，古琴

本从弦外赏，况乃是无弦。当世知音少，空山不计年。独弹千载上，相抱一尊前。焦尾谁能识，材应爨下怜。

前题，古剑

埋没风尘久，干霄志不磨。锋铓经剥蚀，岁月几摩挲。生死交情见，恩仇往事多。血痕苔绣尽，斫地莫高歌。

第七集，各赋岁暮书怀，不拘体韵

风雪残冬逼，茫茫百恨生。曾逢青眼客，懒作黑头乡。苍狗云多幻，红羊劫屡更。华年逢锦瑟，壮志负长缨。回首营巢燕，伤心出谷莺。家山余堕甑，身世落枯枰。东海真宜蹈，南阳未许耕。九州寻净土，四野未休兵。漏网鱼虽活，悬弓鸟最惊。野燐悲骨肉，敝屣薄功名。渐觉狼烟靖，方知马革荣。春愁甘冷淡，秋病又凄清。鹏罢冲霄翼，驹忘伏枥鸣。折腰求五斗，放胆醉千觥。丝竹删豪气，文章少宦情。瓮穷羞再算，镜破悔空明。与俗浮沉好，因时去就轻。十年重入梦，一事竟无成。北宋添新制，西湖溯昔盟。酒徒狂毕卓，门卒老侯嬴。梅鹤缘堪结，莼鲈味细评。日高初觉梦，鬓断旧吟茎。有愿开三径，无才赋两京。负薪希富贵，被锦愧牺牲。潘岳闲居咏，刘伶荷锸行。几回伤往事，抚剑泪纵横。

第八集，咏腊梅（二首）

招到冰魂欲化难，游蜂冻老蜜痕干。寻诗古径余双屐，挂月高枝剩一丸。照去妆都添淡雅，嚼来味总带寒酸。依然傲骨增声价，岂为黄金色耐看。

江南消息滞东风，一样冲寒傲化工。弹泪无痕清梦觉，递春有信暗香通。横虬枝冷烟凝绿，偎鹤宵深影不红。独抱素心人未识，昏黄依旧月朦胧。

第九集，题童松君画梅

冻雨作冰风剪碎，古香阒寂不成翠。童君笔底艳生花，悬空徒见横枝媚。怒风十日阴云埋，举酒拨寒寒不开。枝枝萼萼有春意，冰霜历炼成仙才。我辈骨傲诗亦傲，共向孤山结同调。拓地难移邓尉根，索图争展逋仙貌。尚有留题半幅空，各将爪迹记征鸿。趁墨更请写十纸，一诗一纸如酬庸。五出六出任消谢，此帧峭洁含春风。

挽白少溪大令

白也诗豪迈，三年此倡酬。短书劳再寄，暂别已千秋。但有穷愁迫，因之老病休。伤心论宦况，莫问曙星留。

（以上录自《西冷消寒集》）

杭州杂作（九首）

勿以八斗才，而轻五斗米。但须一折腰，何如负百里。斗米不可乞，折腰良足耻。东海未能蹈，东方饥欲死。叩门拙言辞，谁能味斯旨。

平生慕西湖，常愿结庐隐。惜无买山资，寸心徒耿耿。历碌尘网中，应为山灵屏。烟霞愧结契，声华负彪炳。愿借湖水清，一洗热肠冷。

十五学诗歌，狂言凌太白。二十穷经术，思夺汉人席。眼底薄千秋，升沉何足惜。三十弃功名，绝意盟泉石。讵料遭乱离，驱作浮家客。入山非不深，良木竟难择。身外付劫灰，所存惟悸魄。间一回首思，恍然世如隔。

此身何所求，宁复有远志。不愿希世用，聊为托钵计。顺时志可移，入世骨难媚。巧宦有捷径，吾业未尝肄。业亦不能精，休怨当道弃。

日恒觅佳酿，颇得酒中趣。日买湖上棹，走入云深处。杖头钱易尽，酒醒还独步。高歌风雨夕，漫写断肠句。除却酒杯外，湖山堪与语。

朔风岁云暮，游子未能返。官衙鼓任催，所幸容吾懒。冻云压天低，湖上游踪断。出门恒怅怅，欲饮不择伴。敝裘如可质，敢负尊中满。

立品期谐俗，本无轻世心。衣冠共周旋，相知何能深。以兹傀儡场，伐木空好音。烟云夸供养，魑魅苦相侵。吾宁择而交，勿侈朋盍簪。

昔我有书癖，南面百城拥。楚人惊一炬，只字无遗种。十载事奔驰，枵腹难言勇。一鸱无可借，百足僵犹动。自笑豕头白，人云马背肿。

吴山峰最好，兴来时一登。钱塘江上湖，冬尽犹奔腾。隔江暗陵树，古渡辨西兴。清泉喜堪酌，危栏差可凭。千声语竞杂，万屋瓦崚嶒。怀古发幽响，搔首发鬅鬙。

严筱南赠诗，用集中韵即和

竟从万古仰云霄，蓑笠烟波品最超。何用千金燕市骨，枉夸一搦楚宫腰。晴川芳草才人老，孤屿梅花客路遥。文字因缘洵夙世，晦明风雨感潇潇。

杜老悲哀强自持，梁陈风格岂堪师。红羊历劫兰成赋，黄鹤登楼太白诗。笔有千秋能拔俗，才非百里始称奇。天涯漫洒穷途泪，黍谷春回定可期。

【注释】

严筱南，即严以幹。参见本书第一章第五节“社集、交游考”。

题严小南《越游草》

我昔皖公山下住，廿载读书犹未遇。乘舟屡借马当风，文章倏忽嗟迟暮。今日逢君已白头，各寄愁心长短句。君诗声壮我声哀，忌君才大天应妒。君昔意气何昂藏，题诗黄鹤高三唐。滕阁作序不称意，观潮掷笔来钱塘。烽烟历乱亲故散，小人有母怜空囊。负米不惜折腰苦，莺鸠决起小榆枋。一官微末何足计，消尽元龙湖海气。杀贼空随燕颔奇，上书依旧貂裘敝。有时慷慨歌淋漓，如意敲断珊瑚枝。目中岂复有卿相，笔底直欲拿蛟螭。浮沉人海惭奔竞，焦桐未入中郎听。纵然卖赋值兼金，已得微名同堕甑。呕心囊出送穷文，打头叶败催租兴。拔剑我起为君歌，抑塞磊落君何多。布衣牧豕晚亦遇，郁轮已足掇巍科。胡为落落自高咏，使我读之涕滂沱。我亦悲歌强作达，有酒不饮君奈何。

【注释】

皖公山：一名皖山，亦称皖岳，在今安徽潜山县境内。与潜山、天柱山相连，为长淮之轩蔽。

叠韵和梅鹭臣见怀（二首）

风尘今绿鬓，门巷旧乌衣。逐队何人识，斯才海内稀。偶因留短句，遂尔款重扉。天使乔松托，芳情幸不违。

名场嗟阅历，老我泪沾衣。尚有伤时作，除君识者稀。吾徒久奔走，几辈竟纶扉。努力千秋志，期君愿莫违。

【注释】

梅鹭臣，即梅振宗，介绍可见本书第一章第五节“社集、交游考”。

拟宋之问《明河》篇

西风萧瑟明星烂，银河迢递隔天半。流波滟滟本无声，相望盈盈疑有岸。长安万里隔千城，入夜长河分外明。四面流云素罗薄，一弯新月长眉横。新月流云原约略，编桥尚待人间鹊。织锦天孙报七襄，飞渡横波夜未央。但遣支机赠远客，莫教法曲窃霓裳。天边消息谁参悟，乘槎不怕牵牛妒。画屏银烛不成眠，激箭铜壶凉暗度。明河微渺渐无痕，露冷霜寒夜已昏。寄声凿空寻源客，巧拙而今总莫论。

五十初度（八首）

曾夸杜默是真狂，五十平头气不扬。伯玉年华归忏悔，相如文字付仓皇。添来白发悲残劫，赚得青衫老异乡。建树毫无空七尺，也随竿木乱登场。

封侯少骨枉从征，不许穷经老伏生。识字冬烘徒自苦，耕田秋获又无成。空花勘破三春梦，腐草难争一代名。惟有清芬终未继，曲江八月怒涛横。

宰相宁容再上书，生涯何托渺愁予。辛勤作计搬蘁鼠，锋镝余生漏网鱼。柳下和风仍带傲，花间艳语不嫌虚。年来解恋西湖好，有买山钱便结庐。

半生惟与梦商量，五角相逢又六张。空未能空僧退院，误而又误妓从良。招人猿鹤频传檄，转粪蜣螂别有香。乱世英雄多得志，惭余一枕熟黄粱。

甘苦亲尝已卅年，金丹九转未能仙。苍凉鲍照芜城句，平淡渊明止酒篇。沉海珊瑚难脱网，探源星宿或窥天。长门作赋无人买，十万牵牛有聘钱。

前路茫茫已暮途，天涯寥落此情孤。不从蓬峤寻方士，谁识高阳是酒徒。见嫉蛾眉知老大，结交燕市剩屠沽。壮心久已消千里，尚有人间结习无。

言情司马最工愁，哀怨灵均托楚脩。不肯因人缘倔强，胡为入世任沉浮。残英堕溷经千劫，飞絮沾泥胜一筹。落拓江湖多俗骨，梅花尚待几生修。

对客犹能尽一杯，豪情逸兴未全颓。观书脉望环中得，夺句骊龙项下来。岁月悔教辜少日，风尘岂必郁奇才。行吟莫认朱翁子，离乱身经万念灰。

舠湖绝句

湖上舠央竟有无，湖中烟雨认模糊。鸳央飞去不知处，烟雨依然入画图。

春风入抱正盈盈，一水萦回觉有情。漫道舠央无界限，菱田画罫正分明。

双宿双飞傍水涯，一舟曾此载西施。舠央湖上舠央梦，不信人间有别离。

【注释】

舠湖：即今嘉兴南湖。

怀人行，和鹭臣韵

西风窣幕兰缸冷，客夜秋深银漏永。轻衾薄醉不成眠，素女窥窗淡孤影。空谷忽忆幽人幽，新诗重寄路阻修。诗伴酒伴久分散，无情沟水东西流。怀佳人兮思君子，投之以桃报以李。流云荡漾吐明珠，别恨萦回托江水。双丸跳逐苦匆忙，转瞬鬓发惊苍苍。尘羁俗控未能脱，著书日短愁何长。昔薄微名躭杯酒，老我五十风尘走。盖世才华值几钱，车载不胜量论斗。一匏久系东海隅，不梦廊庙梦江湖。羡君英年胜衰朽，铁网自贡真珊瑚。功名可共惟吾徒，吁嗟乎，陆机世情本绝倒，相如杂作混傭保。经霜漫惜杀幽兰，出山不成为小草。人海空教泥忆云，纵有伯乐难空群。期君雕鹗秋风迥，倘许空山猿鹤闻。

钱子奇大令题赠拙稿长歌一首，依韵奉答

海波万顷何汪洋，雄才八斗何琳琅。广陵之涛枚乘笔俱挟，磅礴一气直达无低昂。昔之王孙今词客，卅年驰逐老名场。三千甲士供驱策，射潮八月来钱塘。手挟扬州二分月，珠玉咳唾锦绣肠。奇峰摇天扶不得，明星堕地疑生芒。曲江兮，曲江不在吴与越，乃在才人笔底天风吹浪浪。吴山顶上一登眺，雁宕峰头几吟啸。回首黄金台上尘，曾拓心胸赅众妙。剥肤炼气神液存，江上峰青成绝调（君诗名峰青馆）。昆明池底飞劫灰，出死入生良可哀。高翔远举殊凡众，仕宦亦许住蓬莱。诗伴酒徒几零落，六桥烟柳悲重来。两鬓虽霜兴犹在，君宁不为谪世之仙才。嗟我浙游怜避地，雨泣烟愁不得意。入山那许性命全，伤心莫话流离事。尺水无波源久枯，敢向尊前论文字。忽诵长歌意气豪，陡挽哀颓生壮志。并世先期第一流，欢然相见海东头。援袖自知非善舞，负薪且漫

笑披裘。讵知一片团圞影，早费吴刚玉斧修（君先题余《明镜词稿》）。既已投我七襄天孙之锦缎，又欲饮我百尺谪仙之酒楼。一篇夺取李杜之赤帜，一卷消尽今古之烦忧。我诗堪博君一笑，须知人生富贵浮云浮。有酒我更兴蓬勃，会能追逐三岛凌十洲，便可从君觅奇句，使我当空皓月毋许渣滓留。

【注释】

钱子奇，即钱国珍，可见本书第一章第五节“社集、交游考”。

叠韵再和子奇大令

君诗古歌，其气惊汪洋，君诗近体，其字珍球琊。才既磅礴识尤巨，宜乎千仞万仞，首向天外昂。贱子涂抹百不就，也学傀儡强登场。乃蒙长歌相赠答，毋乃不以江海小陂塘。镜中粉黛亦题及，梅花中有铁石肠。秾艳秀夺春花色，幽隽高摘寒星芒。镂尘吹影工且致，翻然一变大笔之淋浪。溯君平山恣游眺，红桥绿水舒吟啸。书生誉本擅多才，幼妇词原推绝妙。讵逐俗吏困风尘，独抱清琴弹古调。千里繁华剩劫灰，江南忆到信堪哀。玉钩烟冷飞萤火，珠帘月黑没蒿莱。强从宦海浮家去，漫为芜城作赋来。故乡亲友凋零尽，寥落天涯老霸才。我自烽烟伤满地，二十年来不称意。高阁竟束腹中书，罪言敢陈天下事。热肠久已薄功名，结习尚未忘文字。宦途词赋几名流，此日逢君已白头。斗韵不量蚍蜉力，买醉愿质鹔鹴裘。琴尾散材爨下出，箫谱新声月底修。一曲误邀周郎顾，百尺难上元龙楼。惜哉昔会君未与，今去令我生离忧（将之任安吉）。邮筒迢递那可必，人生聚散如萍浮。贡之珊瑚入铁网，赠以杜若怀芳洲。趁墨更写诗百幅，君今曷不为我须臾留。

和鹭臣论诗（四首）

卅年诗境历艰辛，老去瞢腾眼不真。敢以冗庸操月旦，记曾赏识在风尘。一官未达名难显，千载迟生迹已陈。文字何须论遭际，杜陵不幸作诗人。

万丈光芒让两当，半生低首爇心香。欲除匣底纵横气，化尽人间铁石肠。兰雪才华近哀艳，梅村格调太苍凉。文心静细谁能喻，花落空庭草自芳。

珠光剑气要平分，继起骚坛尚待君。花草三春新雨沐，楼台七宝异香薰。垂天有翼空抟海，出岫无心不算云。可惜扬州好明月，鬓丝催老杜司勋。

不信方千一第难，转因亲在重微官。登龙谁许增声价，舞鹤徒闻铩羽翰。乞食未从陶令醉，苦吟岂学孟郊寒。惭余一例羁尘鞅，辜负青溪旧钓竿。

浙两小吏行，柬梅鹭臣

浙江群吏千八百，小吏作诗成大国。齐晋迭主诸侯盟，两吏同是江南客。狂歌响彻两峰巅，俯视群吏如虮虱。一吏孤露困风尘，抱关击柝时为贫。出言早夺青莲席，何况碌碌尘中人。一吏乱离不称意，乞食偶以官为戏。全家寥落剩一身，诗成字字英雄泪。一吏未老心已灰，悔不早上黄金台。金陵贼踞常避地，赀郎小屈相如才。一吏龙钟已白首，十载饥驱牛马走。但论官阶不论才，经济文章值杯酒。一吏忽大喜，岁岁承欢供菽水，谀墓或攫昌黎金，赋都倘贵落（洛）阳纸，笔底自信有千秋，人间卿相如敝屣。一吏忽大哭，日暮渐忧生计蹙，如此沉沦肮脏中，何似穷经埋白屋，不乞京师权要书，那有陶朱致富术。两吏踪迹各飘篷，一吏三载居甬东，一吏作诗遥相慰。赠答一月三邮筒，且排万虑寄天上，何者得丧何穷通。一吏爱诗兼爱饮，一吏苦吟常独醒。两吏诗癖两浙无，项下争夺骊龙珠。两吏倡和谁肯应，梅花只有孤山近。吁嗟乎，天下纷纷俗吏多，举笔奈此两吏何。一丁不识可以膺上考，安用腐迂两吏空吟哦。

西湖退省庵歌

出山十载为名将，还山依旧书生样。天教赐与镜湖间（成句），养疴岁岁来湖上。梅花一幅诗百篇，人识山中真宰相。湖上因留退省庵，故山猿鹤同无恙。昔日勋名任有无，报国仍留未死躯。古来血性奇男子，行藏要与凡人殊。周旋世故那能耐，傥来富贵胡为乎。泉石烟霞原素志，寤寐难忘天下事。思鲈不必为秋风，骑驴未许忘名字。别有怀抱人不知，伤心一掬英雄泪。且借湖山卧暂时，选胜登临醉不辞。进退自能知难易，出处无奈系安危。归岫云间飞鸟倦，青史红尘皆不恋。竭来明月印三潭，谁信将军曾百战。君不见夭矫变化如神龙，扁舟万里何从容。古人功成不受赏，奚必远游从赤松。

【注释】

退省庵：清末水师统帅、湘军首领彭玉麟（1817—1890）居所。

薛庐（二首）

吾庐何必爱，遗爱薛公庐。名为诗歌掩，恩留劫火余。一官真脱屣，十载赋闲居。咏到秦淮柳，年来恐不如。

数椽寻古寺，一棹近西泠。高树秋何早，残钟梦久醒。湖波倒山绿，人语乱烟青。此地游踪少，谁来忆客星。

【注释】

薛庐：薛时雨（1818—1885）别业，在栖霞岭下原凤林寺后。薛时雨，字慰农，又字澍生，号桑根老人，安徽全椒人。清咸丰进士，做过嘉兴、嘉善知县和杭州知府。后主讲杭州崇文书院、江宁尊经书院和惜阴书院。著有《藤香馆诗删》等。

橄榄（二首）

薰风吹透荔枝香，又备晶盘待客尝。青箬裹疑绒豆蔻，红潮醉莫误槟榔。波罗蜜小青金重，木笔芽尖碧玉光。一种酸咸余味外，有人咀嚼正含芳。

久将风味比名臣，入世无奇但率真。有骨稜稜疑倔强，匪躬蹇蹇阅艰辛。忠言多逆谁先喻，天意能回始觉春。我记读书同此志，拟占贞吉待幽人。

展重阳日，李冰叔大令约同姚镜海枢部登吴山顶观潮

谪仙之人居蓬莱，秋风忽自江南来。名园尊酒快相遇，轩轩我知非凡才。主人亦负杖乘笔，再约登临趁佳日。观潮适值展重阳，绝顶吴山夸第一。是时水落天已霜，破空远气生苍芒。忽惊涛头一线白，划破万丈之沧浪。远不闻声波陡立，岸曲沙回潮不直。东西互合势难容，竟使乾坤愁逼窄。人生境遇亦何殊，天荆地棘成坦途。万马奔驰逆流上，一蹶不振胡为乎。两君文章妙天下，浩气欲从东海借。韩苏以后竟何人，要与神龙争变化。我忆扬州梦久醒，风波

阅历已忘形。望洋咋舌灵胥怒，铁弩三千恐不灵。

【注释】

李冰叔，即李肇增。参见本书第一章第五节“社集、交游考”。姚镜海：不详。

消寒吟社举已五年，今冬之任，远游者六七人，遂不果举。适钱君子奇以《月当头夜怀社中友作》见寄，和此志感。即寄李冰叔、杨桂峰温州，杨也村台州，钱子奇湖州，梅鹭臣宁波，并省中诸友

昔年消寒结吟社，谁其倡者梅与江。就中白公兴尤豪，吟坛健笔喜独扛。西泠宦海建旗帜，招来国士俱无双。迄今五载相继作，裒然成集惊南邦。惜哉应刘已先逝，青峰一瑟声琤琮。文高班马词屈宋，其艳桃李香兰茳。一旦之官远苕霅，吏雅恰称民俗庞。玉溪愁病听鼓倦，过我不闻足音跫。宛陵刺海去最早，邮筒时复传新腔。冷官闲况惟我独，围炉觅醉向南窗。吟伴三五俱迢递，寒星落落疑残釭。孤山咫尺梅正放，流水隔岸闻淙淙。其余闭门自觅句，诗成均甘作受降。盛会难继古所叹，山川间阻心摐摐。限韵未能钵同击，得句更无钟可撞。良朋可访不可聚，雪夜空买山阴艭。兰亭雅集何时再，重倾百斛春酒缸。令人惆怅感今昔，悲歌惊起深巷尨。一尊团聚竞甲乙，梦回腊鼓声韸韸。

【注释】

钱子奇，即钱国珍。李冰叔：李肇增。杨桂峰，即杨馥。杨也村，即杨昌珠。梅鹭臣，即梅振宗。白公，即白少溪。均可见本书第一章第五节“社集、交游考”。

金眉翁招游皋亭和韵

早起晴云杂雨云，半山一面露朝曛。贞魂遗庙空千载，春色平畴已十分。诗酒东皋随杖履，兴亡南渡异传闻。皋亭几度经征战，我欲重披吊古文。

【注释】

金眉翁：金安清（1816？—1880？）字眉生（或梅生），号傥斋，浙江嘉善人。监生，曾任江苏宿南通判。咸丰初，佐周天爵办粮台。后官湖北督粮道，两淮盐运使，官至记名按察使。著有《六幸翁文稿》等。金安清久官江南，于古今掌故及盐漕河务较为熟悉。皋亭：山名。在今浙江省杭州市北郊。

重阳日钱子奇大令招饮吴山，和秦澹翁韵

西湖山远楼疑近，北海樽开酒不空。会有安车征国士，漫邀洛社比衰翁。惊人诗句来天外，历劫亭台似梦中。席散人归湖不至，隔江遥射夕阳红。

【注释】

秦澹翁，即秦缃业，可见本书第一章第五节“社集、交游考”。

秦澹翁观察招饮湖上，步眉生都转韵（二首）

春风春雨最魂销，一盏春醪喜见招。幸侍名流叨末座，敢将佳约负花朝。柯亭自愧如椽笛，吴市休吹乞食箫。只有湖山堪托迹，诛茅拟傍段家桥。

愁来未肯共春销，湖上春风又见招。有酒不妨醉今日，卖花何用说明朝。点金术妙囊中药，吹玉人怀月底箫。十载唾壶敲欲碎，乱红飞梦过溪桥。

炙砚

熏炉一片紫云割，女娲炼之五色夺。冷风开匣琉璃光，鹳鸽眼双烘欲活。何必馄饨汤注宫嫔呵，铁不可穿石可磨。濡笔生芒水生骨，一炙已热回春和。

拥炉

肉阵屏风都谢却，苦吟抱膝成孤酌。兰缸焰冷酒不温，雪打氊帷声正恶。闭门独坐学袁安，夜深榾柮烧更残。十年宰相业在此，冰心谁可共岁寒。

烹茗

一卷自钞陆羽经，围炉不假松烟青。有符可调虎跑水，鱼眼蟹眼子细听。不试火候试汤候，预储龙井春前秀。梅花枝上雪未消，斟向冰瓯烦翠袖。

焚香

纤风不动猩红幕，灰暖博山沉水足。宿火预教红袖添，一气氤氲香满屋。难热还将心字烧，千结回环篆未消。峭寒微犯荀令座，百和浓熏更换貂。

海上新乐府（十首）

立和约

立和约，所争非地土。但求有岸可通商，岂欲穷兵与黩武。中国利入惟赋税，西国富藏在商贾。和约既立旅客安，利市三倍西人取。公司之权归朝廷，利薮穷搜为治谱。此后鼠牙雀角争，中国必先治内而后御外侮。

五大洲

海外九洲本虚闻，今之大洲乃有六（近增新金山为六）。一土不必皆相连，大地一周无断续。同在日月光明中，开辟胡为判西东？水中之洲有涨亦有坍，此土毋乃非鸿濛？有土即能有生聚，彼何其懞此何聪？不相往来历万劫，忽然一旦舟楫通。开创近在百年内，吾欲稽古将何从？

禁猪仔

海外有金山，海外有地狱。小民食力贪金钱，秘鲁用人如用畜。驱豚入苙加鞭扑，脔割苦甚砧上肉。一朝义愤动邻邦，十万蝼蚁齐痛哭。猪仔虽可禁，秘鲁不可灭。穷民难返隔重洋，领事之官亦可设。异地为民谋生计，异国定应成乐园。

新闻纸

纸上何所云，中外皆同文。不愁天下无异事，但恐耳目一隅无见闻。新闻事，只一纸，朝朝传印遍寰区。何碍稗官与野史，朝政得失时议之。窃恐中国不如此，若使国以民主论，此纸即为议政始。

乘槎记

张骞凿空探河源，天上岂真有神仙。十洲神异各奇境，乘槎所记疑续编。日夜舟车行千里，追风蹑影何后先。衣冠礼乐殊唐汉，言语饮食杂羶鲜。日月寒暑递代已异象，何怪蓬莱方丈无千年。

领事馆

如苔之附物，是桑之寄生。异哉泰西设官职，寓土旅舍列纵横。强宾一怒息争战，行商万里通经营。吁嗟领事官，领此市侩乎。竞者锥刀，较者锱铢，但期交易利吾国，苟失信义亦非夫。吁嗟领事兼晓事，岂夸大事不糊涂。

新金山

新金山，修广八千里，一岛孤悬落漈东。开辟今编甲子始，旧山已旧新山新，此中之利利无垠。海外有旷土，中国多游民。十年生聚成蕃庶，扶余立国岂无人？噫嘻新金山，昔名鹦鹉地。但见火光流，乃是金银气。

同文馆

文同字不同，字异音乃异。重译久来朝，语言非一类。总理署为通商开，鸿文馆启招贤才。上穷历算下匠作，各学俱从文字来。君不见西人喜通中国事，史书得失皆能记。礼乐可以化桀骜，大同今古惟文字。

耶稣教

治民有术富兼教，毕雨箕风从各好。门户水火且灭亡，异党何能争学校？泰西政治尚古朴，权独下移光他耀。父兄妄称等儿戏，天帝有恩更元妙。造物本无造物主，一气溟濛谁所告？恒星行星镜分明，惟有虚空窥不到。文字既同理更同，应悔荒唐十字窔。

半税单

各关有税本无厘，税轻厘重裕度支。中国厘即泰西税，入口完半因其宜。尚余半税名落地，此中影射多纷歧。此装彼卸善偷漏，桃僵李代狐假威。君不见半元买得单一纸，华商之货谁敢指？税既不完洋人笑，半税之弊乃如此。

苏武吞毡

雪窖冰天总断魂，孤臣万里望君门。首阳地远薇歌绝，大漠人稀草色昏。刻骨不忘天使节，食毛仍感汉家恩。功名亦画凌烟阁，廿载穷荒事莫论。

邓禹杖策

少年竟是不凡材，望气先能杖策来。帷幄运筹同借箸，星辰罗列其登台。扶持一代中兴业，领袖群英大将才。白发风尘应笑我，封侯无骨壮心灰。

刘琨舞剑

尚留一剑舞婆娑，未许英雄唤奈何。纵使澄清违素志，不须划守笑黄河。

中原事仗回天力，五夜心灰斫地歌。王业偏安安不得，几人挥到鲁阳戈。

蕲王骑驴

耳后风涛阵鼓声，湖边得得自闲行。岂因蹇尾寻新句，尚有雄心忆故情。鸥鹭盟添烟水阔，虎罴梦醒战场平。翠微亭下频来往，嘶马犹疑向远征。

望雪（用尖叉韵）（二首）

且喜宵沉月不纤，寒威入夜定加严。待搓弱影濛濛絮，预拟新题昔昔盐。我愿兆丰先北地（今年北省甚荒），人偏纳日向南檐。晓来一院霜铺白，莫揭重帷冻指尖。

泼墨云堆拥暮鸦，蹇驴应胜独轮车。寻诗待踏寒梅影，醅酒先吟冷树花。闭户尚迟高士梦，占年定卜野人家。几回引领天山隔，冻笔频呵手尚叉。

林尉墓

出山本是神仙尉，身后还依处士家。旧雨伤心迷宿草（尉旧识，同治戊辰迁葬湖上，有长歌吊之，梓入祠墓志，今将十稔），西风吹墓冷梅花。万民痛哭军全墨，一吏衣冠血渍沙。记得频年奠杯酒，满湖春水咽悲笳。（每岁二月二十七日同人醵资公祭祠墓）

【注释】

林尉：名汝霖（？—1861），字小岩，福建上杭人。咸丰间官仁和县典史。杭州城破，全家俱死，以其与林逋同姓，被葬于孤山。事迹亦见江顺诒《孤山吊林少尉墓并序》（载《瀛寰琐记》1974年第27期）。

蒋公祠

共拜青溪蒋子文，湖波十里净尘氛。英雄一代留奇骨，庙貌千秋表战勋。鼙鼓有声思绛灌，文章无用误机云。闲吟漫作骑驴感，且读丰碑向岳坟。（公建岳庙碑，三同四异，自比武穆，窃谓金华之役非严州先破不能奏功，杭州之役非苏州先破不能走敌。此论浙人未及知，然而于杭州则有功矣。）

【注释】

蒋公祠：在杭州西湖，祀蒋益澧。蒋益澧（1833—1875），字芗泉，湖南湘乡碧溪里人。清朝湘军将领，参与征讨太平天国战事，任浙江巡抚、广东巡抚等。

冬柳，用渔洋《秋柳》韵（四首）

长途风雪正消魂，往事依依记白门。远岸千丝舒腊意，冻云一抹敛眉痕。江空鱼没虚垂钓，日落鸦啼定有村。十尺柔条苦攀折，离愁别恨总休论。

刁萧万绿早经霜，十里严寒沍野塘。莫度玉关闻怨笛，抛残金缕剩空箱。漂摇北伐桓司马，凄绝南朝顾野王。昔日风流今白发，岂宜重问永丰坊。

流莺已去冷金衣，梭掷光阴早觉非。寂寂翠楼香梦杳，荒荒驿路客书稀。山如相伴眠难起，雪任漫空絮不飞。凄怆江潭偏岁暮，争春愿与素心违。

柔枝萧瑟总堪怜，一带荒堤曳冻烟。画意写来都冷淡，离情触处总缠绵。拚开冷眼逢知己，悔折贫腰误少年。黯尽黄金好颜色，渡江春已到梅边。

望湖楼歌

楼上湖光翠接天，楼前湖水绿如烟。日日望湖楼上望，湖中春色最堪怜。阿侬生小湖边住，打桨西泠朝复暮。楼台兴废几经年，春风又换湖边路。高楼侧近梵王家，缓缓春开陌上花。君王多情偏好佛，缮经先诵妙莲花。唐家末造藩篱坏，锦绣临安新世界。开门节度任横行，大梁天子真无赖。登楼不肯望中原，衣带一条成两戒。九百年来旧迹寻，高楼依旧爽登临。宋嫂鱼腥馋客少，先生鳣集讲堂深（楼近在诂经经舍）。楼前十丈湖波碧，曾照当年湖上客。题诗坡老趁微醺，参禅佛子更新额（楼本名看经）。我记承平几度来，忽从楼上感兴衰。荒凉寺塔留完壁（圣因寺石刻佛像尚存），寂寞宫墙长废苔。买酒登楼曾觅句，仕女酣嬉花柳妒。冶紫妖红萃一时，雕阑十二无凭处。鬓影衫痕满路香，忽然化作劫灰场。幸留百尺依经舍，不许游人吊夕阳。双堤无限新栽柳，重来不怨刘郎后。一湖春水本无情，昔日楼中人在否？

喜雪，用六一翁禁体韵

朔风似箭久穿窗，剪水为花新破萼。晓起欣看比户封，夜深但觉重衾薄。丰年共喜有同心，岂独诗人夸近作。三农慰足预欢忻，四野天低正寥廓。卖珠倚门翠袖单，酾酒围炉红泥烁。指僵漫按玉参差，声响尚兼珠错落。何人车马度卢龙，几处羔羊拥狐貉。乘兴棹学子猷回，号寒金许刘叉攫。但见云翻阵噪鸦，何当日暖绵披雀。惊梦缟袂忆罗浮，寻诗蹇尾代芒屩。巢居应让逋翁孤，闭门更有袁安乐。撒来深院盐任堆，扫入铜缾茗可瀹。几处亭台映水晶，一片玻璃隔沙漠。磨屑成璧复成圭，飞花舞剑兼舞槊。瑞兆先占皆喜欢，巴曲待和供谐噱。

（以上辑自《西泠酬倡初集》卷三）

春莺曲

垂杨二尺新丝短，一桁春风声睍睆。牙牙脆舌乍调簧，呖呖娇喉初破管。嬉春人正立花前，嫩语微闻春意懒。记得朝来晓梦惊，开窗翻恨歌声软。封侯夫婿几时归，天涯疑近音书远。梭掷光阴容易抛，不及红襟飞缓缓。

苏小小墓

三尺西泠土，人犹道姓苏。落花怜瘗玉，深柳忆藏珠。茗琬文双写，璇玑锦续图。结邻梅影瘦，题碣藓痕枯。过客同乡问，芳魂隔代呼。无情剩松柏，旧梦冷蘼芜。碧已埋香久，金能买骨无。留仙春化蝶，吊月夜啼乌。浇酒人俱往，怜才事岂诬。艳名联北里，疑冢又南湖。黄土空知己，青骢自有夫。一年秋迅速（长吉诗“钱塘苏小小，又值一年秋”），六代粉模糊。作伴应留草，抛钱可种榆。画桥惆怅望，残照黯亭隅。

蚕词（四首）

屈指清明近，春衣正脱绵。心香一齐发，蚕子贴胸前。

蚕老妾未老，蚕眠妾不眠。不觉春深浅，但觉丝缠绵。

千丝复万丝，莫笑蚕自缚。待得羽翼成，始信今非昨。

缫丝已成束，双蛾喜无恙。试画妾眉长，倩郎看新样。

新蚕豆（四首）

带荚垂垂缀几枝，厨开樱笋赋将离。客来夜雨登盘早，人话春风上箔迟。鲜翠剥疑新浴后，流莺打趁乍眠时。绿肥依旧相思在，瘦尽残红尚不知。

嫩筠吹暖到窗纱，小圃阴浓绿半遮。凤羽花才开飐飐，马头神已祀家家。黄金蕊细新垂柳，碧玉年轻未破瓜。风味同时谁得似，红丁满甕正收茶。

采来绿甲已盈筐，缓缓歌闻陌上桑。鹳眼偷窥双晕活，蛾眉待画一弯长。秦家茧许同功剖，石氏珠都论斗量。莫怪诗人感迟暮，成阴容易负春光。

飞絮漫漫果尚存，关心时候说寒温。东风满地原无种，南国初生已断魂。一顷香吹齐入馔，三春叶老不同根。疏棚更听秋来雨，那忌残灯照夜昏。

挽李冰叔

白也文章一代雄，华年泡幻竟匆匆。令狐记室留遗草，走马名场类断蓬。谁与生花编集定，我曾瀹茗论诗工。残春已尽惊传耗，旅榇凄凉驿路中。

岳王庙石狮歌

坟前铁人屈双膝，道傍石兽森然立。更有两狮蹲当门，云是明季奄祠物。当年建庙表精忠，岂无兀峙双猊雄。铜驼未必埋荆棘，或疑汨没湖波中。魏奄生祠遍天下，转眼冰消无片瓦。是狮弃置曳者谁，回头便坍东林社。冥顽忠奸两不知，过客肃拜森南枝。庙门下马未遽入，傍石摩挲如断碑。石不能言狮努目，蹲伏当入幸存录。二百余年尚壮观，偏以衰荣逃斧辱。人生托足宜清高，富贵繁华总幻泡。势焰熏天争谄媚，茄花委鬼空雄豪。黄龙终古留遗恸，来往精灵盛驺从。倘教祈祷等于公，狰狞定入英雄梦。（戏用吴六奇事）

秦弄玉箫

何须洞口引刘郎，但筑高台待凤皇。廿四红桥留夜月，一双白璧赐琼浆。而今跨鹤疑仙侣，当日乘龙本壻乡。嘉耦招来人似玉，清声度出向朝阳。

蔡文姬胡笳

抛得湘弦出塞行，苍凉悲壮换笳声。牧羊有客何年返，边马无情动地鸣。青草未埋空远嫁，黄金肯赎算余生。至今十八传哀拍，惭愧蛾眉识姓名。

商妇琵琶

枫叶芦花老大羞，空江弹出四弦秋。天涯谪宦同沦落，人世浮云等去留。湿到青衫先有泪，看来白发可无愁。教坊第一谁能识，掩面残妆上客舟。

梁夫人桴鼓

娘子军催士气豪，金焦齐拥浪花高。阵云十里沉残甲，战血千军响怒涛。直使金人惊破胆，偏教玉女赋同袍。雷轰电吼真无敌，铭鼎宜书阃内劳。

钱武肃王银简歌

铁弩三千如破敌，龙灵効顺鲸波息。湖神讵比海神尊，银简胡为乞神力。谓威既慑感以诚，百七十字镌历历。民福已寿俱可祈，誓水文疑传羽檄。吾闻吴越一十有四州，四十年无锋镝忧。万民福自朝廷赐，君王之寿将何求。半生开门节度使，昔日横行今老矣。不从汉武学神仙，自古英雄难免死。何不乞取子孙贤，守我铁券传千年。镌石沉水功不朽，将使三万六千顷波成桑田。

【注释】

钱武肃王：钱镠（852—932）字具美，一作巨美，小字婆留，杭州临安人。五代吴越国创建者。

龙泓洞怀丁翰之

天外飞来尚有峰，漫云洞口白云封。千年风雨疑归鹤（乾隆初，丁敬号龙泓山人，亦高士也），一井荒寒欲化龙（墓在龙井）。夜半鸣琴无客听，山深觅句少人逢。养生道在身心内，不访仙踪访隐踪。

孤山怀林君复

只有梅花识得君，西泠深处剩孤坟。欲争巢许千秋业，独占湖山一片云。华表不须来旧鹤，茂陵何事访遗文。亭前春色凭谁赏，开到寒香已十分。

石帚精舍怀姜白石

上下湖分水急流，居民石帚寓公留。孤云野鹤寻无迹，山色湖光卧可游。万籁清空传妙句，一声激越响高秋。小红已逝箫音歇，南渡词人更孰俦。

西塍怀张伯雨

句曲仙留旧隐栖，万花深处夕阳西。买山费省菌留阁，采药人归春满畦。此日闲云孤鹤泪，当年逐电玉骢嘶。高风怅望谁相继，瓦砾荆榛路总迷。

【注释】

西塍，即西马塍，在杭州钱塘门西北。

张伯雨：名雨（1283—1350），字伯雨，号贞居子、句曲外史，钱塘（今浙江杭州）人。年二十余弃家为道士，往来华阳云石间。从虞集受学。博学多闻，善谈名理。画家。

鹤田券歌

山人栖隐南屏角，不种梅花只养鹤。竟教西子改湖名，岂为巢居构杰阁。高士名高鹤亦仙，往来南北两峰巅。输将羽客终年粟，割得湖干二亩田。无情不受樊笼控，有时鹤转因人重。富贵乘轩未足荣，天地虽宽究何用。空仓那咏雀苦饥，附郭不同颜屡空。但愁败兴遇催租，岂待分廉留薄俸。吁嗟乎，求田问舍本迂图，卖田更笑子孙愚。为鹤书券计亦拙，千载归来田有无。氄毷莫向扬州去，十万腰缠等朝露。纵有钱王铁券书，何如平子归田赋。清唳依然振九皋，沧桑已改湖边路。

【注释】

鹤田券：明代乌程闵元衢《欧余漫录》孙太初“鹤田券”：“太初寓武林南屏山，尝蓄一鹤自随。与许给谏杞泉子善，许为置田三亩，岁输粟于万峰深处，以充鹤粮，而作券予之曰：‘太白山人鹤田……’”

南屏山吊张忠烈公墓（四首）

蹈海人原异鲁连，壮心激越尚中年（公临难时年四十五）。称顽民幸多遗孽，未死灰犹待复然。偏有红毛留弃地（郑成功贪台湾而弃漳泉，公力阻之），遂教赤手误擎天。西风惨淡临柴市（公以九月七日赴市），重读文山正气篇。

困鹿隍中梦践妖（公遭风，梦神赠一鹿，被执先梦神招之，计十九年矣），暗来奏谍夜鸣枭（故校已为僧，夜半出山背，暗中执公）。搜穷海上田横岛，愤作江头伍相潮。玉带尚容镌血泪（公诗文刻之断砚中），珠厓未肯弃天朝（公答安抚使书，有“珠厓虽弃”之语）。鲁王薨后成功死，合同零丁赋大招。几从板荡历艰辛，悬岙孤存异代臣。一卷编诗留甲子，百年降岳纪庚申（公生于万历庚申）。冤禽东海赍长恨，禁网南田吊逸民（南田至今封禁未开）。鼎峙岳于完夙愿（公尝赋诗欲葬湖上岳忠武于忠肃二墓之间），丰碑历劫总常新。

楼船横海太飙驰，归向空阬再誓师。干净中原无片土，徘徊两岛是残棋。八千军异楚歌散（壬寅鲁王薨于台，癸卯遣使祭告，甲辰遂散军，居南田之悬岙），十九年殊汉使羁。遥望凤皇山色好，此时挺立是男儿（公挺立受刃）。

尚留宋玉与招魂，更树冬青记墓门（公门人未死，乡人为立碑墓）。埋骨定归千载鹤，断肠曾听一声猿（公蓄双猿以觇动静，舟在十里外，则猿鸣木杪）。吉光空剩奇零集（公有《奇零》《水槎》《枕戈》等集），荣谥何伤雨露恩（乾隆中赐谥忠烈）。青草南屏山下路，晚钟冷咽又黄昏。

【注释】

张忠烈公墓：位于西湖南屏山荔枝峰下。张煌言（1620—1664）字玄著，号苍水。浙江鄞县人。明崇祯举人，文学家。南明弘光元年（1645），与钱肃乐等起兵抗清，奉鲁王监国，据守浙江沿海。官至兵部尚书。永历十三年（1659）与郑成功合兵进入长江，攻南京。抗清坚持19年。清康熙三年（1664）兵败，隐居南田悬岙岛（今象山县南），不久遭捕，被害于杭州弼教坊，葬于西湖南屏山麓荔枝峰下。乾隆四十一年（1776）赐谥忠烈。墓呈圆形，砖砌，两侧为同时殉难的罗子木、杨冠玉及舟子墓。墓道两侧有石马、石羊、石狮等。墓左前方有张苍水祠堂。

拟东坡先生《谪居三适》（三首）

旦起理发

五更晨光微，衣冠促我起。匆匆事早朝，有发不暇理。一旦获解组，高卧日移晷。独坐仍无事，从容任梳洗。不逐长安尘，且濯沧浪水。种种已堪怜，萧萧竟如此。异彼闺中才，不栉称进士。

午窗坐睡

午后常偃卧，摊饭亦云懒。匪特体不和，恐致神易散。今我借蒲团，睡乡通悃款。闭目真自存，曲肱寒亦暖。禅比老衲参，梦笑槐安短。鸟声忽惊觉，花砖移缓缓。不闻剥啄声，窃幸人迹罕。

夜卧濯足

穷居寡人事，严寒常独卧。衾纵冷如铁，晚饱幸免饿。夜深足苦冻，门外风雪大。池少汤泉浴，歌漫临流和。瓦盎注温水，冷暖自功课。托知权门非，插厌红尘涴。睡醒任屈伸，已踏菜园破。

以诗代柬汪燕亭为消寒之集即送返吴

有花已负重阳约，有酒不疗文园渴（叶）。诗人一病太缠绵，秋风久困支离鹤。酒龙诗虎何徜徉，痛饮狂歌容有托。胡为竟使二监侵，坐无车公俱不乐。频年有客例消寒，旗鼓登坛待君角。我诗读不愈头风，我酒饮或胜良药。三径未足驻车马，一斗曷勿相斟酌。高楼月让冻云遮，疏梅雪剩残冰薄。明朝买棹返吴中，且把酒痕襟上着。

【注释】

汪燕亭，即汪芑。参见本书第一章第五节“社集、交游考”。

分咏得胆瓶

案头清供配炉香，斗室寒轻冻早防。得剑身先宜玉裹，吟诗腹定有珠藏。惊心莫使花同落，守口应怜苦共尝。汲取井华春意盎，数枝斜插正含芳。

九里洲梅花歌

画眉声里扁舟急，柔橹轻分桐水碧。九里洲前万树梅，山深却少游人迹。我欲移家向此间，平生最有看花癖。逋仙高卧不言贫，何事风尘走衣食。居人种花当种田，一望花开万顷连。罗浮枉引人间梦，邓尉徒夸境是仙。终日低徊不忍别，十里花飞香作雪。疏枝密蕊碍人行，临去欲折不胜折。孤山老树久为薪，远驿谁寄江南春。西溪劫火僧庐毁，境僻溪回孰问津。归来城市夸奇妙，疑假疑真同一笑。明月三更有梦来，朔风一径无同调。记得莲花博士吴（兰雪先生自称莲花博士），维舟几度曾亲到。作诗拟买阳羡田，画图更为梅写照。老住长安恋一官，鹤不能归猿独啸。六十年来岁月移，绝无过客解题诗。花开花落春常在，输与寻春杜牧之。

【注释】

九里洲：在浙江省桐庐县东北十余里之桐江中。洲长九里，土地肥沃，有大村落。

玉茗花（四首）

雨前叶嫩雪前花，莫认庐家与陆家。照澈琼瑶同不夜，未经雕琢本无瑕。先开向暖风生幕，晚采凝香月有华。助我诗情邀客赏，南窗也倩绿阴遮。

未寒先透一分春，积雪攒珠孰主宾。把臂只宜来处士，呈身真个似佳人。深情采采难盈掬，皓质皑皑不染尘。才子堂前开最好，此花可与梦相亲。

流馥含芳试一吟，不须摘翠趁春阴。填词树底抛红豆，移种人间觅素心。久渴未消花影淡，新愁净洗月痕深。兼来高士神仙品，乞取松烟沍绿琴。

嫩寒帘幕软红轻，遥和瓶笙百沸声。一砚霜痕才中酒，满身雪影又残檠。

清谈罢战仍霏屑，扫叶留烹有碎琼。十里山行香不断，漫从流水认前生。

一品锅

大烹非小养，贵足拟当朝。餗不三公覆，锅看一品超。生尘殊铁铸，买醉比金销。式已盘盂别，才真鼎鼐调。鸡原千跖选，鲭学五侯骄。论俸宜支鹤，披衣许赐貂。洞天留异味，山海集同僚。方丈陈前列，团圞艳绮宵。爵从围坐序，客本合欢邀。铄釜侯封显，和羹相业昭。尊应怀紫绶，匙待进红绡。名集含咀永，磨烟脍炙消。头衔严簠簋，肉食异箪瓢。特馈征寅谊，佳名锡九霄。

雪湖歌，兼怀前会中白少溪、王勉之、李冰叔诸君

晴湖雨湖无不好，浓抹淡妆留画稿。一朝六出忽缤纷，又见美人眉淡扫。廿年湖上记游踪，世界琉璃堪绝倒。消寒诗会集良朋，一丘一壑穷搜讨。一棹湖天泛雪来，飞鸿何处留残爪。香山摩诘俱豪吟，更有青莲富才藻。梅花同探向孤山，转眼荒坟堆宿草。今年重作雪湖歌，昔日朱颜变苍老。粉装玉琢境依然，剩怜西子衣裳缟。况兼两鬓各星星，空思旧迹伤怀抱。满地琼瑶欲赠谁，夕阳无语霜钟早。

【注释】

王勉之，即王仰曾。参见本书第一章第五节“社集、交友考”。

消寒第六集，俞筱甫招饮集事

门外雪花飞六出，正作消寒第六集。主人诗酒俱霸才，拟欲连横与之敌。齐楚会师远不至，遂使秦人有骄色。大斗拇战不相下，高吟师已间道出。纵使张仪舌尚存，城下之盟洗不得。朔风满天云色低，客因怯敌来者稀。蜡屐破冻冰路滑，酒酣诗笔何淋漓。主人大笑客俱醉，号寒如凤亦苦饥（谓二屏）。貂裘拟为书十上，且待九合分雄雌。屈指残年岁已逼，函关严闭请罢师。

【注释】

俞筱甫，即俞廷瑛。二屏，即凤藻。参见本书第一章第五节“社集、交游考”。

太虚楼小集，分韵得同字

一尊少长冠裳集，千古文章臭味同。赋雪寒才消北陆，迎春人又聚东风。高楼尽揽湖山美，首座应推齿德崇。邗上题襟重继轨，西泠提倡有坡翁。

【注释】

太虚楼：在杭州吴山大观台侧。

买灯词

锦绣繁华上元夜，火树银花开不谢。明朝最怕落灯风，良宵如此真无价。三十万贯金钱输，展灯两夜留佳话。吴越当年帅府开，临安楼阁胜蓬莱。况值金吾全不禁，从知玉漏罢相催。香车宝马迟芳醼，传更始见嫦娥面。当空不似昨宵圆，九华依旧生光焰。普照恩辉十四州，愿教夜夜春常留。堕舄遗钿人再拾，南油西漆库重搜。曲按霓裳歌欲散，月到中天露未收。东南想见升平乐，金凫银雁纷交错。仕女休贪不夜游，观潮更订中秋约。

花朝日，同人集花坞夕阳楼，作冶春第一社，醉后长歌

百尺楼高花间筑，千树花围楼下屋。登楼远见湖上山，俯视群花俱在目。今年雨雪春事迟，严寒沍蕊冰凝枝。开窗暖意透帘隙，红梅万点含胭脂。良辰陡觉花朝近，开尊火急传芳信。消寒集里旧吟俦，齐向楼头相问讯。人日拟泛西湖船，阻雨移席吴山颠。孤庵老梅攀折尽，不如楼外数枝蓓蕾娇晴烟。南北峰横列屏障，夕阳欲没月在天。是时楼上寒微重，洗杯更向花间捧。谈工挥麈四座喧，饮吸长鲸百川涌。人生嗜好谁能同，万钱下箸嗤豪雄。我辈瑟缩苦吟咏，胡为五簋之约犹嫌丰。渊明饮酒得真味，湖山有美留仙尉。文癖诗癖以类从，食前方丈岂为贵。莫负花前罄一卮，年年欢会多别离。君不见去岁花朝湖上客，添我楼中今日怀人诗。

【注释】

花坞夕阳楼：江顺诒室名，居所在杭州东平巷。

西湖冶春词（十二首）

西湖春色依然在，有客年年逐队来。借问六桥堤上柳，今朝青眼为谁开。

买醉何愁乏主人，一壶一榼足寻春。莺花任尔骄年少，且喜当杯酒入唇。

湖心亭子水当中，两岸夭桃相映红。才过花朝又寒食，一年花事太匆匆。

湖山一角画难成，芳草芊绵陌上生。有酒但浇苏小墓，冶游群屐太多情。

春水方生新雨后，满湖愁涨没人知。绿杨阴里呢喃语，似向东风怨别离。

香车宝马出芳城，一路箫吹尽卖饧。共说踏青天气好，上坟人又值清明。

外湖十景尽知名，里湖水浅葑草生。一道长堤游客少，寻芳莫向里湖行。

浓洗铅华淡洗脂，湖波潋滟照芳姿。愁心荡漾春无着，肠断西泠旧柳枝。

退省庵留客是仙，蒋祠新建祔名贤。红羊劫里人民换，只有双峰似昔年。

一棹空明眼便开，旧题诗处长新苔。廿年消受湖山胜，醉过西泠第几回。

高歌遮莫负尊前，白袷青衫忆少年。风片雨丝无赖甚，最愁人是养花天。

妍词赌酒翻新样，画舫摇春荡夕烟。莫向段家桥畔过，绿波吹皱正堪怜。

杨花曲

暖风炙翠春云热，满路杨花飞似雪。高卷晴空万点轻，远逐征尘千里别。春光老去惜残红，堕溷飘茵敢怨风。共道浮萍能再世，怕谈往事已成空。浮生往事皆如梦，愁根已是春前种。流水潆洄若有情，游丝牵惹真无用。谁家绣幔卷流霞，何处雕棂掩碧纱。唤雨鸠声才入听，衔泥燕子欲还家。霏霏雨作濛濛絮，帽影鞭丝迷客路。何须飘泊感萍踪，一任轻烟与薄雾。

桃花潭水歌，赠汪咏之大令

桃花潭上飞劫灰，相逢海外俱仙才。桃花潭近东风隔，重来同作西湖客。

乍相见兮忽相离，我有相思潭水知。长堤万树垂杨碧，苦忆天桃花发时。识面当年何草草，戎马仓皇难自保。缟纻才联异地欢，金兰也署同心稿。二十年来鲤信疏，浮沉宦海朱颜槁。乍见当筵两不知，依然文字同倾倒。升沉一境判云烟，沧海桑田屡变迁。爨材又入中郎听，萍水曾经范叔怜。六桥三竺春风暖，盈盈一水江南远。谁言卅里圣湖宽，持比桃潭情尚浅。绿波荡漾总生愁，买棹同登湖上楼。尊前剪烛还惆怅，可惜江郎已白头。

【注释】

汪咏之，即汪昌。参见本书第一章第五节“社集、交游考”。

挽严小南（四首）

鸿毛匪重泰山轻，枉死无端了此生。宿孽三更狂吠猘，洪波万丈误骑鲸。梁间喷血如虹气，屋角惊雷骂贼声。记得苍凉诵佳句，胸中芒角太纵横。

萑符何怨亦何恩，隔境应知祸有根（先是余姚厘局亦被劫，伤人案未破）。瞑目九原犹恋母，伤心三日竟无言（君初十日被戕，不能言，至十三日气始绝）。红羊易避频年劫，黄鹤难招异地魂。几度湖山同啸傲，新篇今后共谁论。

薄宦栖迟久异乡，屡持榷算尚空囊。哀时杜老余诗卷，投笔班生枉战场。儿解读书珍手泽，女先绝粒断柔肠。从军纵炼英雄胆，谈笑何能却虎狼。

锦囊珍重拾遗编，抑塞奇才莫问天。生死何关名自寿，文章有用世终传。知音琴散空千古，把臂骚坛近十年。遇变独怜君最惨，五更风雨咽啼鹃。

【注释】

严小南，即严以幹。参见本书第一章第五节“社集、交游考”。

秋海棠，和胡杏孙、方曰卿（四首）

秋来何事断人肠，觅到空阶泪几行。倩女离魂犹有影，宓妃遗佩不闻香。浅疑绀袖凝残唾，轻晕红霞罢晓妆。一桁帘栊低不卷，伶俜弱态倚斜阳。

合欢不种种愁根，满地胭脂溅有痕。待月阑干浑寂寞，无人庭院易黄昏。绮罗梦杳寻偏冷，金粉香残洗尚温。最是西风感摇落，三生絮果向谁论。

漫抛铅豆说相思，最苦人间是别离。化碧三年心不转，断红双脸露初垂。空帘窣地娇无语，短砌欹风瘦可知。一种芬芳好颜色，也应比咏到蛾眉。

莫言堕溷与飘茵，惨绿愁红不是春。蛱蝶双飞留断梦，珍珠一斛忆前身。折枝空染猩屏色，睡态难传蜡炬神。纵使多情解怜惜，墙阴屋角总含颦。

【注释】

胡杏孙，即胡嗣福。方曰卿，即方景昱。参见本书第一章第五节“社集、交游考”。

题《昭阳保卫图》，为张云衢明府作

寇来何猖狂，寇去何仓皇。民有信乃能立，民有勇且知方。广陵花月窟，已作百战场。弹丸一小邑，屹立森严强。呜呼昭阳兮，唐之睢阳（一解）。苦者李弃道傍，甘者棠荫一方。今有三年蓄，昔无隔宿粮。不恃万人敌，但恃百夫防。粒我蒸民兮，固我金汤（二解）。城以众志成，身与城存亡。明明虎口兮，乃驱群羊；辚辚车在前兮，乃螳臂之敢当（三解）。男儿生丁乱，种花向河阳。手无尺寸柄，延颈死疆场。吁嗟乎，何水无蛟鳄兮，何野无豺狼。惟为民父母兮，乃能转危而为安，易弱而为强。邗江之水兮，一苇可杭。使君之德兮，百世不能忘（四解）。

潘母蒋太孺人孝妇诗

有子能文知报母，母蒋之女潘之妇。妇身誓与姑存亡，寡鹄离鸾六年久。母来九年父已无，儿生八月儿已孤。不独母抚儿，实以妇事姑。俯仰一身兼，母独集于枯。妇病缠绵妇力瘁，姑病一朝妇心碎。未亡人勉为姑留，姑亡养姑志已慰。七十五日泪血交，地下相逢笑相对。儿今成立母久亡，孝行家乘言之详。妇能代子孝益彰，为求当代能文章，一珠一字腾芬芳。吁嗟母孝门楣光，百年风木儿断肠。

挽金眉翁（四首）

维扬一角固金汤，左右江淮作战场。八载饷糈劳擘画，半生功罪任平章。饥军已不虞哗溃，王道应知薄富强。倘使李严身未死，岂终废弃老江乡。

万金珍重赎锾书，薄海流传劫火余。国士自然感知遇，端人原不藉吹嘘（公见知于林文忠、周文忠、李文恭，见嫉于吴、袁两漕督）。文章有道神先合，肝胆论交侠未除。一册偶然归故物，春风崴崴到吾庐。（公醵金为林文忠赎罪，文忠辞书装演成册，名流题者殆遍。余得之市，因归是册见公，遂往来唱和）

是翁岂合迟衡门，位置名园记偶存。海外十洲惊远略，人间九鼎重危言。文成倚马千篇富，楼让元龙百尺尊。毁誉恩仇遍天下，平心试向盖棺论。

湖山尊酒才相约，痛绝人琴遽一时。剑匣不平空有恨，斧柯欲假竟无期。西风断梦唐衢泪，落月伤心买傅祠。挥手游仙何太速，春秋佳日剧相思。

题俞劲叔大雷《归隐图》

我闻莫厘缥缈七十有二峰，乃在三万六千顷之波涛中。居民烟火十万户，鳞次栉比竟与廛市同。惟有大雷小雷，相对峙隔六十里，青螺一发分西东。就中大雷更幽绝，细石凌乱，上无行人踪。山高十丈一庙古，但有闲鸥野鹭朝夕来相从。世间屐齿不曾到，无乃待君剪除榛莽开鸿濛。此间纵无田可种，不闻巢由饮水洗耳忧贫穷。请君树梅十万本，便可放鹤招鹤高卧如逋翁。夕阳门外但许渔舟泊，风帆来往勿与人世通。不着羊裘着蓑笠，大笑严陵垂钓非英雄。他日我定拏舟一相访，但恐烟水迷漫引还来天风。

【注释】

俞劲叔：名刚，字劲叔，号大雷，归安（今湖州）人。读书好古，有才子名，然仅以廪贡终。有《大雷山房稿》十卷。与陆心源、姚宗堪、戴望、施补华、王竹侣、凌霞并称“苕上七才子”。

琴砖歌，为严英仲大令作

宽尺有半长四尺，此砖非玉亦非石。弹琴得此声为清，高咫中空出埏埴。畸人岂假瓦缶鸣，良工已汰泥沙迹。郭公制造自何年，斑驳廻纹土花湿。劫火不到扁舟轻，千里载送羊裘客。客因爱琴兼爱砖，终日摩挲不忍释。客欲铭砖先铭琴，由琴及砖同此癖。七弦幽涩韵转高，瓦当碑头何足惜。琴台一似钓台平，让君独据横琴席。

【注释】

严英仲：名耆孙，字英仲，号嚼菘，江苏淮阴人。光绪初，历署浙江余杭、桐庐等县。后浮海登普陀，礼大士。著有《僧家竹枝词》《西方乐四十八咏》《极乐歌注释便蒙》各一卷等。事见《普陀洛迦新志》卷六《禅德》。

题许榴仙大令《蓉湖归棹图》

先生雅有山水癖，虽少宦情多宦迹。大明湖与圣明湖，若比蓉湖皆作客。蓉湖烟水最苍茫，少小嬉游记故乡。别来廿载邯郸道，梦绕菰芦夜正长。改官忽买余杭酒，春风喜折苏堤柳。路近家园忍迳过，暂住归帆原不久。殷勤写入画图中，载向天涯觅短篷。正有新诗傲元九，莼鲈且慢忆秋风。

【注释】

许樾身，字荫庭，别字榴仙，号息安，仁和人。江苏候补同知。生平笃好内典，年六十六而卒。

黄烈女歌

黄烈女，千里同贼行，一夕同贼死。金石虽可穿，清白不可滓，非力所能智如此。彼官中兵克城喜，不及受赏归田里。得女如得宝，爱女如爱妓。女生贼中不知贼，掳我直须当贼视。题壁以诗留名氏，醉贼以酖如甘醴。昔之费宫人，今之烈女是。君不见逆旅湘潭市，毙二勇夫一女子。

【注释】

黄烈女：黄淑华，字婉梨，江南上元县（今南京市）人。事迹见《湘乡县志》等。

汪咏翁惠盆兰，即以二字限韵同赋（二首）

槛鹤笼猿旧性存，严阿毕竟胜林园。几人肯向空山佩，把酒先招楚客魂。幸以诗歌投永好，莫随流俗易孤根。岁寒盟恰同心订，又值当头月满盆。

重帷珍重护严寒，莫作春花一例看。丑乏琼瑶报桃李，敢夸臭味比芝兰。交从冷淡联原易，心厌繁华素更难。解识东君酬赠意，良朋耐久足盘桓。

【注释】

汪咏翁：即汪昌。参见本书第一章第五节“社集、交游考”。

铁泪图歌

君不见昔日流民图，监民痛哭陈章疏。又不见今日铁泪图，善士痛哭求赈助。凶荒千里隔东南，饿殍百万连晋豫。有泪闻之不忍挥，图成传观如告语。见图如见灾区民，不愁世有铁石人。但恐此图传未遍，虽有痛哭疑不真。吁嗟乎，人有心铁无泪，铁人有心心亦碎。歌成字字声呜咽，图中有泪皆成血。悭囊尽解见人情，谁道民心顽似铁。

【注释】

铁泪图：多用于募款、劝赈。余治（1809—1874），字翼廷，号莲村。太平军进据南京、江阴等地，绘制《江南铁泪图》以“劝导”，对抗太平军。

雪后登吴山大观台址，望越中诸山歌

海门一线涛头直，阅尽兴亡天水碧。越山依旧隔江青，伤心又向吴山立。吴山顶上大观台，故址犹存劫后灰。况值漫漫风雪大，琉璃世界烂银堆。树头日出铜钲掛，片片琼瑶都踏坏。云低如墨朔风严，浓皴泼出襄阳画。一角湖山兵燹经，闾阎生聚半凋零。万骨有坟埋血碧，六陵无树问冬青。锦绣繁华盛歌舞，可怜一炬皆焦土。登临曾记廿年前，踏雪寻诗最高处。避兵又买剡溪舟，天姥峰高镜里游。回望凤皇山十里，烟尘惨淡不胜愁。天河雨洗兵戈净，莺花那似当时盛。沙痕已涨渡头冰，访戴未鼓山阴兴。眼界重开万仞颠，西兴林树隔苍烟。茫茫身世多陈迹，何处江山不可怜。

棉花（八首）

别占繁华第一春，桑麻而外样翻新。深秋早下孤寒泪，大度如逢蕴藉人。落不因风征厚泽，开缘本色见天真。谁知衣被苍生质，未及流传上古民。

移根海外认仙葩，温厚和平福孔嘉。俨种兰因成絮果，转从秋实见春花。幺弦弹罢月无色，独茧缫来夜有车。罗绮纵夸新样好，终输抱布野人家。

四野金风夕照黄，儿童趁暖拾盈筐。不经摇落殊凡卉，欲把温柔恋此乡。冰雪一衣怜孝子，婆娑双鬓笑秋娘。轻装只倩兜罗手，那羡春来满路香。

往事缠绵且漫论，好从玉软话香温。因缘飞絮原无定，身世浮云尚有根。只许单寒怜翠袖，不矜颜色向朱门。生涯薄海应同利，扫尽泥沙旧日痕。

那能寒士尽披裘，一握春回近市求。爱日共倾黄袄厚，仙乡只许白云留。千金有药传龟手，万古同功祀马头。最是秾华易销歇，等闲桃李莫轻投。

轻如荑弱软如脂，不数春蚕万缕丝。成匹机同劳织女，浣纱石尚意西施。帖摹晴雪宜添字，图继豳风合补诗。高卧袁安谁作伴，羡他拥絮闭门时。

辟寒无计柰寒何，安乐原来别有窝。万种情原深缱绻，四时气独占中和。寻春锅任金销尽，得宝田还玉种多。抱得冬心不憔悴，好从纥缦续赓歌。

锦绣丛中出色难，百般红紫任人看。颠狂成性终无用，娇艳争春不耐寒。远岫云迟知意懒，敲砧月冷觉衣单。笑他伴食中书客，一任乌台御史弹。

十二月十九日消寒六集，梅鹭臣招集为东坡作生日，用集中生日次刘景文韵

疾风扫冻云，晴湖气寥廓。冷泉漫招猿，孤山欲访鹤。嘉辰怀坡翁，千载感零落。及此娱岁暮，觅句拟豳籥。宦途多崄巇，曷不返林壑。汪汪黄叔度，

鄙吝望尘却。崧岳非偶然，名位悭台阁。祝以南山篇，雅集殊不恶。良友几人存，追思忽惊愕（辛未消寒，用雪斋韵。今会多不在省，惟鹭臣、云泉及诒三人）。德星聚本难，况又天涯各。黜陟未可凭，吾辈将焉讬。喜其倒金尊，何须縻好爵。文字自千秋，功名羞卫霍。

（以上辑自《西泠酬倡二集》卷四）

拟张船山太史观物诗（四首）

汉武秦皇亦可怜，茫茫世岂有神仙。借来尸解图穷后，炼得丹成梦觉先。蝉蜕纵教能再世，鹤归倏已阅千年。是谁乞得长生药，百岁同登极乐天。（仙）

果然鳞甲露之而，变化风云任尔为。把剑横腰惊异物，有珠夺项是新诗。神虽不测人犹好，性本难驯佛亦知。有用偏占爻勿用，待他破壁竟何时。（龙）

如花含露草栖尘，姑妄言之莫当真。那有神灵真不死，可怜扰攘亦如人。残灯破屋三更影，黑月荒郊数点燐。世事沧桑多变幻，烦冤说故又翻新。（鬼）

惊醒南华梦不成，寻芳撷艳最多情。六朝金粉留双影，三月莺花过一生。罗扇风微人力倦，香尘日暖马蹄轻。莺啼燕语空惆怅，转使秦宫浪得名。（蝶）

张忆娘簪花图

图绘于康熙己卯。至乾隆己卯，蒋君之孙又出图征诗。沈归愚尚书在座，时年八十有七。前绘图时，沈年廿七，已有旬矣。图至今存，宗载之鹾尹摹副本出示同人，适又逢今年己卯，盖百八十年矣。因作歌纪之。

美人名士俱黄土，一幅生绡竟千古。锦瑟华年弹指过，唤起真真花欲语。甲子周流第几回，一时坛坫又邹枚。香尘散尽春留影，韵事流传劫剩灰。蒋侯当日多情甚，写出名花兼写韵。开元大历盛才人，裙边袖角留名姓。居然山谷有诗孙，一样征题手泽存。坐中白发休文在，淡墨残脂认旧痕。粉本重描添妩媚，己卯今年逢第四。敢夸胜会压名流，且托闲情伤往事。前辈风流最擅场，衫痕鬓影费商量。却留半面销魂照，断尽诗人铁石肠。

盛青嵝山人诗集

岫里闲云任卷舒，又从蜀道赋归欤。一编自有千秋业，骥尾何劳沈尚书。

正月十三日，同人公宴澹如都转于淑园，次澹翁韵

一尊喜向名园借，且共登临及岁新。阅古漫寻难渡梦，题诗好寄草堂春。蝦蟆更尽犹昏夜，蟋蟀秋深少替人。已把兰亭除旧额，平原花木自精神。

方正学先生九子乌图

飘摇风雨鸱鸮鸣，燕子飞入金陵城。靖难兵起残骨肉，老臣虽死死犹生。忆昔年少登甲第，意气文章俱盖世。老我才须二十年，投闲置散先王赐。却将书画寄闲情，生来百项招人忌。集枯早痛孤臣心，巢幕徒看庙堂计。夕阳惨淡枯树枯，饥栖逐队惊相呼。金川门外阵云黑，乱啄人肉血模糊。烈火飞腾逃一衲，绕枝痛哭空三匝。十族真教鱼并殃，九子何能乌再合。正气空随尺幅传，几经赤火夜流天。舌血未干殿前石，白头归竟是何年。

三月五日湖舫宴集次澹翁韵

湖山催老著书身，修禊才过上巳辰。百卉争芳延寿客，一时载酒尽诗人。名园宾主曾三度，湖上烟波又几巡。欲傍双堤筑吟社，年年觞咏驻长春。

仿元遗山论诗（二十首）

扁舟江上使君还，商略兴亡出处间。敢把衣冠荣故里，遗民尚有沈姑山。（施愚山）

斯才岂合老穷经，自有名山俎豆馨。只此风怀二百韵，今人低首曝书亭。（朱竹垞）

凄凉故国剧酸辛，乐府香山句句新。千载桃花同一哭，无言几个息夫人。（吴梅村）

沧桑往事总休论，坛坫宏开北海樽。长水新城树双帜，合将芝麓敌梅村。（龚芝麓）

青山无恙白云间，五柳先生自往还。桃李风华蔬笋味，何曾烟火食人间。（钱田间）

一生爱好任人知，一代风骚竟主持。绝世丰神摹不得，也应压倒性灵诗。（王渔洋）

西陂一老继渔洋，三舍应知未敢当。自有姓名光史册，何须啸咏傲壶觞。（宋绵津）

不须依傍列门墙，年少登科意气扬。一卷谈龙谈未罢，姓名早已挂弹章。（赵秋谷）

人抱荆山玉一编，千秋而后竟谁传。韩非老子偏同列，名姓牵连恐未然。（姜西溟）

自悔从官一度回，郑家三绝老奇才。别来亲友供诗料，才说长吟枕便推。（梅耦长）

花影庵中酒满樽，有才无命不须论。黄金结客夸年少，岂独佯狂唐解元。（查莲坡）

开辟荆榛有坦途，新城而外孰齐驱。玉堂学士知多少，不及烟波一钓徒。（查初白）

唐宋而还又有元，百年肉骨感诗魂。遗编古器都零落，酒社谁寻秀野园。（顾侠君）

尚器名望选堂开，模范千秋有别裁。闻道诗人论气节，始知学识重于才。（沈归愚）

尘寰一谪懒登场，装点山林有别肠。不信穷愁工著作，诗人福并郭汾阳。（袁子才）

半世穷愁意气消，修文早赴玉楼招。聋丞醉尉休相笑，一卷诗能冠本朝。（黄仲则）

自有新诗敌两当，疑仙疑鬼总荒唐。玉堂人物文章伯，谁识先生是酒狂。（张船山）

铁云寸铁亦能鸣，下语还如铁铸成。自有五丁开蜀道，不求六甲炼长生。（舒铁云）

托月烘云不足奇，中坚直捣陋偏师。双丸轻被胭脂涴，红线原来是女儿。（吴兰雪）

绿毛幺凤收香挂，碧海长鲸掣浪开。各具写生一枝笔，画人画鬼总奇才。（陈云伯、刘孟涂）

（亦载《词章杂志》第4卷）

黄孝子端木画册

天兮地兮多荆棘，父兮母兮隔南北。家国沧桑忽变更，万里烽烟行不得。儿亦不克弯弧射天狼，儿亦不能缩地求仙方。滇南有路儿足下，那计山重水复境险无？伴侣日久无糇粮，飘然儿去三年矣，竟奉耶娘返桑梓。故乡爱日长依依，二十韶华一弹指。儿生碌碌无他长，写幅丹青供甘旨。入险亦出险，某山复某水，一一在儿心目中，口不能达托之管城子。即以画论已千秋，况有孝子泪痕血痕渍满纸。

拟储王田家书（八首）

南风闯然来，吹我陇上麦。青黄杂然陈，欲割割不得。邻家促分秧，水田干欲坼。日出不暇餐，斛水双足赤。悯此农夫劳，倘起层云墨。

茅屋八九间，依山傍水筑。老农白须眉，不插尘市足。岁岁遇丰收，隆冬富旨蓄。亲戚互往来，知足即不辱。何物为冠盖，何事为爵禄。亦有至诚心，献出南檐曝。

负郭五十亩，膏腴收恒最。但纳太平租，不输田主税。衣食喜粗足，已无妻子累。秋深报赛隆，粮完吏胥避。家酿不须赊，严寒有余醉。

凌晨荷锄出，清露湿新翠。野草芟不尽，异种添非类。去恶勿姑容，乃获成嘉穗。胼胝瘁手足，晴雨开窳寙。民以食为天，粒粒盘中贵。

赤日火排空，稻田水已足。今年梅雨多，雨寒伤我谷。秋风且缓吹，幸兹酷暑酷。高原任龟坼，丰亨总可卜。各就柳阴凉，三雨卧黄犊。

腰镰如初月，家家割新稻。趁兹秋日晴，堆出黄云早。其此绸缪心，破屋都完好。相见忘礼仪，邻里互相保。时平无盗贼，年丰绝饿殍。春酒满兕觥，眉寿介吾老。

杏花开前村，酒旆正飞扬。约伴试春耕，屋角闻淋浪。一犁沾既足，山翠如新妆。农歌遍四野，乳燕初翱翔。荷锄浩然归，西峰衔夕阳。

桑扈深树鸣，早起催我耕。我苗已云茂，闻声心怦怦。宋人悯揠苗，功忽败垂成。邻家少年子，日出事长征。膏腴自荒废，空为名利争。

六一泉访东坡庵故址

有泉涌出孤山麓，重来坡老怀芳躅。六一制铭即名泉，尽日临流看不足。

登山歌罢重徘徊，傍泉更筑三间屋。此屋自号东坡庵，一泉一庵成眷属。公今去又七百年，庵名空载遗闻录。断壁颓垣吊劫灰，故址谁寻苏玉局。

前西泠十子歌，以入社先后为次

少溪袖携闽海烟（白），香山乐府抄百篇。招来吟伴吴山巅，鹭臣倜傥夸少年（梅）。新诗脱笔如涌泉，惯与秋珊（江）擘吟笺。此倡彼和余十年，自此骚坛集众仙（消寒诗会三人倡之）。杏孙（胡）泛到西江船，欣然刻烛相周旋。勉之（王）久负笔如椽，偏师长城欲攻坚。薰来（韩）采芳撷兰荃，载途不让骐骥先。云泉（邓）才艺能兼全，余事得得挥吟鞭。筱南（严）清才何芊绵，手招黄鹤来晴川。冰叔（李）盛名海内传，偶随同调来诗筵。子奇（钱）一老殿群贤，峰青鼓出湘灵弦，牛耳交推诗中仙。

后西泠十子歌

桂峰（杨）作画追老莲，诗亦穷到秋毫颠。也村（杨）雅度何翩翩，渔洋丰韵本天然。紫亭（方）丽句清且娟，苦吟不用耸双肩。小梧（宗）酒气真无前，众中拔帜登最先。赏诗功比图凌烟，南宗（载之）似与北宗联。雄豪并辔才尤妍，外峰（郭）新诗富瑶篇。惜乎远去瓯南天，咏之（汪）锐笔穷雕镌。兴来好句如珠联，二屏（凤）家学承渊源。赌酒亦能吸百川，小甫（俞）远弹海上弦。芙蓉出水争新鲜，燕亭（汪）独作在山泉。茶磨但以山人传，人品诗品俱高骞。

吴越小乐府（五首）

婆留井

娘不留耶不留，弃儿井上无人收。阿婆抱儿向儿笑，他日门楣光有耀。红光满室古有之，井蛙之见欲弃儿。儿为天子耶娘当知，阿婆虽老犹记儿生时。

运一甓

朝运一甓，暮运一甓，陶公爱分阴，钱王爱民力。君不见灵台百日成，又不见露台百金惜。用民须用术，道竟在瓦砾。

握发殿

周公礼贤士，一沐不敢忽。巍巍握发殿，表额又吴越。偏安十四州，僧诗亦干谒。虽有王佐才，不易靖共节。自来国以人存亡，直如千钧系一发。

待钱来

待钱来，待来不来，万事俱隳。待来俱来，万象俱开。何事毗陵城一角，欲把铜山填欲壑。天上白榆种未种，人间睡龙睡已觉。十万甲兵动地来，一钱不值齐受缚。借问引颈望，何如延颈戮。

还乡歌

衣锦山头草木香，衣锦山下父老忙。婆留一朝作天子，作天子兮在故乡。起家走卒同无赖，昔日年少今老迈。故乡亲友几人存，妇孺亦解还乡贵。金尊银尊次第陈，高歌留得乡音在。

秋兴拟杜工部（八首）

西风一夕起园林，身世苍茫感最深。小草向荣知雨露，微官无补任浮沉。半生空负人民望，百药难医少壮心。国步艰难谁担荷，隆中未许学微吟。

茫茫萍絮易天涯，风雨凄凉咽暮笳。唾手功名心易热，许身稷契志空赊。五更梦早醒残月，万里溪应憶浣花。闻道边关征戍客，惊心叶落早思家。

刁萧万树正惊风，人在寒霜冷露中。欲怒频提三尺剑，买愁又换五花骢。小臣报国才偏涩，天子当阳道不穷。寄语山林枯槁士，须知屠狗亦英雄。

茅庐抱膝是真龙，灵秀山川气独钟。富贵寻常宜破格，甲兵十万竟罗胸。成名竖子知谁在，投笔书生未易逢。西北军情催正急，早闻匮乏困司农。

白草黄沙水急流，征尘万里正防秋。掀天骇浪凭空下，环海征帆顷刻收。汗马功应留绝域，牧羊客不望封侯。南飞征雁传书急，法令森严一旦休。

凄凄古道又斜阳，愁满空庭两鬓霜。家国关心犹有憾，君亲每饭不能忘。

诗成语若穷边塞，酒醉身疑列战场。昨夜甘泉闻报捷，愿随学士赋长杨。

旌旗焜耀汉家营，年少终军正请缨。莫笑无文同老朽，也曾有志愿澄清。伊周敢继千秋业，夔虎争留一代名。遥听家家砧杵急，男儿久已事长征。

金风吹起白苹波，笳鼓声中战伐多。未去民心天所系，能扬士气敌如何。敢舒老眼收残甲，剩有刚肠裂太阿。身是中兴民未死，且从奏凯听高歌。

西泠秋思，用两当轩都门秋思韵（四首）

尚余短剑倚长空，湖上斜阳惨淡红。鼎鼎百年随梦换，盈盈一水与天通。雄心欲系单于颈，孤注还惊御史骢。万里西风催羽檄，升平报答望诸公。

北望岧峣拥帝京，健儿气总挟幽并。中原衰盛关天意，举国安危系客卿。环海烽烟传电影，边营鼓角带商声。西泠一老零丁甚，犹有英雄恨未平。

一夕惊潮响怒雷，曾经万里返龙堆。不图死向重牢出，胜似生从绝域来。画日无才偏入选，倚云有树任轻栽。无端节外生枝叶，只恐春风费剪裁。

廿年飘泊任羁迟，一醉余杭两鬓丝。痛哭长沙休上策，悲歌杜甫且吟诗。回天自有长城倚，无米偏为巧妇炊。大地茫茫难托足，有人飞上最高枝。

叠前韵（四首）

欢筵赌酒惯猜空，纵买胭脂画不红。碧月初三开粉本，金身丈六显神通。幻花误报檐前鹊，弱柳休寻陌上骢。欲傲清霜欺冷露，敢将迟暮怨天公。

枉赋三都与两京，千愁万虑此交并。黄花啸傲惭陶令，绿绮凄凉病马卿。家计有时同国计，雨声怕听况风声。藏胸未吐如虹气，一剑横磨暗不平。

噩梦惊回枕上雷，风前蜡泪易成堆。相思凤约三生订，消息鸳媒几度来。入世眉新原未画，逢春花早自难栽。宾鸿客燕飞无定，事到中途费主裁。

十年应悔我来迟，禅榻茶烟感鬓丝。露满金茎难解渴，尘凝锦瑟漫题诗。高吟白雪期谁和，已醒黄粱莫再炊。沧海尘埋迷铁网，珊瑚一任长新枝。

将之甬江同杜诸君置酒话别先成四律

画船才赋饯秋诗，又向秋风我别离。廿载湖光抛未得，一朝羽檄讶纷驰。封侯无分嗟冯老，作客忘归笑顾痴。蓦地骊歌逗消息，征尘吹上鬓丝丝。

一时胜友聚如云，惜别声声不忍闻。吟社不辞先拥彗，团沙弥觉感离群。举杯明月同千里，刻烛深宵过几分。久被故山猿鹤笑，那堪衰老又从军。

年来野性等闲鸥，佳日春秋互倡酬。风雨开樽童扫径，湖山选韵客登楼。囊钱空早羞人看，斗酒归还与妇谋。忍被罡风成小谪，两堤哀柳尽含愁。

片帆东渡苦匆匆，小别吟坛感断蓬。落月何堪梦颜色，新诗从此托邮筒。漫言买骏来燕市，只算看山入剡中。料得围炉同击钵，定应辛苦念征鸿。

挽钱子奇大令

一声已绝广陵散，苦雨凄风不忍听。十载骚坛推领袖，半生宦海叹零丁。高山流水文章契，循吏儒林姓字馨。真个伤心人不见，遗编但剩数峰青。（君诗集名《峰青馆》）

（以上辑自《西泠酬倡集三集》卷三）

咏唐花

竟有回天力，相逢一笑拈。兽炉生活火，鸳幄闭重帘。斗巧疑裁锦，漫空任撒盐。三三春未到，七七术能兼。品借蟠根李，香收写韵签。隋宫悬夜彩，吴客话冰缣。初盛诗原好，温柔境亦甜。禁寒仍爇烛，索笑莫巡檐。宠预东皇借，催烦羯鼓严。冬烘同龌龊，秋士感迟淹。鸿本羞因热，蝇难学附炎。不经甘露沃，那畏朔风尖。岂藉吹嘘早，居然色相瞻。化工凭巧夺，花信向人占。

躁进英先露，阳回暖暗添。南枝偏耐冷，一任冻云黏。

【说明】

此首录自徐珂《清稗类钞·植物类》："京师气候寒，花事较南中为迟，然有所谓唐花者，非时之品，十二月即有之，诚足以夺造化而通仙灵……旌德江秋珊大令顺诒则以五排咏之，诗云：……"

咏凤仙（三首）

已过当筵酒十分，忽闻兰麝吐清芬。好花先献东坡佛，不是朝云即暮云。

风前弱柳斗腰肢，正值盈盈十五时。妾是桐花郎是凤，江东罗隐漫题诗。

何处乌衣认画梁，一双幺鸟喜收香。坐中尚有江南客，曾识当年哈意娘。

【说明】

此三首录自徐珂《清稗类钞·娼妓类》："光绪初，秦淮有校书曰凤仙者，色艺可人。以忤当道，避难出奔，辗转至杭州，江秋珊、杨桂峰、张初白、汪兰生、朱砚臣诸名流皆眷之。每宴集，辄招以侑酒。癸未十二月十九日为东坡生日，砚臣招同人集于其居之乐山草堂，作消寒第五集，凤仙与焉。秋珊、桂峰与谈秦淮旧事，娓娓不倦，大有天宝宫人之感。秋珊因作三绝句以赠之，诗云：……哈意珠为咸丰时秦淮妓院八仙之一，秋珊、桂峰皆曾见之。秋珊，旌德人，桂峰，上元人，故曰江南客也。"

十月二日，邀同吴筠轩观察、王琳斋刺史、宗小梧司马、丁修甫孝廉万花红摊一诗人之屋看菊，琳翁先成长歌一首，即步其韵

白衣解事先送酒（钱畊伯大令惠酒二坛），不用归来谋妇有。东篱独对太无聊，自应公诸素心友。今年秋晚花较迟，花开时已过重九。笑我爱菊久成癖，年年种得花盈亩。九月十日秋气高，移花入室赏最久。藉酒浇来花满枝，藉花吟得诗千首。醉向花前梦亦香，任他世情反覆乎。花时高卧不出门，幸得良朋常聚首。看花能得几闲人？可惜柴桑终寡偶。有酒不醉花笑人，有客相逢开笑口。佳日胡为来者稀，二老精神偏抖擞。肴不必万钱珍，果不必十丈藕，茶不必碧玉斝，酒不必黄金西。瘦枝花如澹荡之高人，肥枝花如羞涩之新妇。

露凄清，霜不寒，细雨迷漫风不吼。晚节那希宰相荣，老圃惟称支离叟。溷俗并未索解人，得句何用传不朽。移向西风入盆盎，且向南山开户牖。色浓如锦淡如烟，形凸若鼎凹若臼。十枝五枝屏列前，千朵万朵幛摊后。分行列花人在中，偏席留宾花在右。举杯属客客莫辞，此是秋来真消受。亦有市上花纷陈，或攒成堆高于阜。红紫不分杂然并，高下不别俗所狃。直以风艳侪隐沦，竟使清高同下走。旧与渊明有夙缘，傲骨吾得天独厚。种菜甘自老英雄，惊雷何劳鸣瓦缶。行沽但然囊无钱，左顾不梦印有纽。踪迹类惠亦类夷，混沌不凿亦不剖。穷而且困受以遁，感不能通咸其拇。有集难入著作林，爱花却附风流薮。去乡千里老复丁，厄闰一生岁在酉。有时高歌觅双鬟，短长句自珍敝帚。蜉蝣虽促能达观，自谓此生差不负。湖上句留二十年，人疑折腰求五斗。题诗尚多风雅俦，花未残时能来否？

【说明】

此首见《铁花吟社诗存》，转摘自丁丙《武林坊巷志》。此次诗会由江顺诒招集，吴兆麟有诗《秋珊道兄招集万花红摊一诗人之屋赏菊即席》，王景彝有《江氏窳园看菊放歌》等。

【注释】

吴筠轩：名兆麟（1807—1885），字书瑞，号筠轩，浙江钱塘人，有《铁花山馆诗稿》八卷等。

王琳斋，即王景彝。宗小梧，即宗山。参见本书第一章第五节“社集、交游考”。

丁修甫：名立诚（1850—1911），字修甫，号慕倩，晚号辛老，浙江钱塘（今杭州）人。丁丙侄、丁申之子。清光绪元年举人，官内阁中书。著有《小槐簃吟稿》《永嘉金石百咏》《永嘉三百咏》等。

高白翁招集澹园探梅，作《铁花吟社》三十九集，张子虞兄诗先成，同人皆次其韵

两月湖山会渐稀（自十月二十四日三十八集后，至今十二月十七日，白叔始举行五十九集），冷随鸥鹭共忘机。名园可假杯重把，好句先投客远归（子虞甫自皖归）。行乐有方心尚壮，匡时无策愿俱违。梅花消息残年近，访戴何辞雪满衣。拔帜骚坛俱健将，长城陋我是偏师。松如天矫凌寒态（谓筠翁诸

老），石似玲珑出世姿（谓诸孝廉）。白雪声高应寡和，黄昏月冷剧相思。来春早践林逋约，一笑相逢在水涯（是日，以园中白皮松、玲珑石命题，故次联及之）。

【说明】

此首辑自丁丙《武林坊巷志》第五册（浙江人民出版社1987年版，第474页）。

【注释】

高白翁：名云麟，字白叔，杭州人。光绪六年丁卯并补行甲子科举人。内阁中书。

张子虞：名预（1840—1911），字子虞，号腹庐，浙江钱塘（今杭州）人。光绪九年进士。曾任湖南学政。

筠轩廉访招集社友固园看菊，次清尊集张仲雅看菊原韵（四首）

十年花下酒千巡，惯向湖山觅酒人。晚菊逢秋堪作伴，名园许醉喜为邻（固园近与敝处接邻）。诗情淹蹇羞闻□，老境颓唐不算春。未肯折腰甘冷落，渊明而外更谁亲。

摇落金风木叶黄，频添诗债竟难偿（九秋诗未作）。才歌自寿翻新调，又共登楼咏夕阳（三十六集以诒花坞夕阳楼即事命题）。作客他乡怜宦迹，有人晚节抱寒香（谓同社诸君）。千秋壮志消磨尽，赢得尊前两鬓苍。

花鲈兴起宦情阑，纵有侯门那肯干。三径未谋娱老计，一枝聊采落英餐。也同红叶经霜艳，欲共青松耐岁寒。傲骨稜稜溷尘市，素心久索能人难。

老圃秋客未足夸，霜寒露冷误年华。一生俱□高唐梦，几度相逢处士家。愧我市朝称大隐，羞他富贵与春花。衣冠最败重阳雨，落帽何须说孟嘉。

【说明】

此首载《铁花吟社诗存》，摘自丁丙《武林坊巷志》。

阮公祠

一代名臣三不朽，七省封疆历年久。最承恩泽浙西东，馨香应并吴山寿。我公诞降应星辰，三十开藩雅绝伦。青回堤柳绵绵意，碧涨湖波岁岁春。东南时际升平乐，海国澄波靖蛟鳄。虎观谈经辟讲坛，狼烽当路搜穷壑。开网诗删使宅鱼，补梅俸饱林家鹤。召伯甘棠去后思，羊公堕泪有遗碑。都缘扰攘烽烟恶，致使春秋俎豆迟。巍峨忽喜专祠建，当日遗民都不见。青史终归南董书，绿章再乞东风转。（请建初时，先干部请方子颖观察力请于中丞，再奏始准。金眉生都转实赞成之）试瞻庙貌溯遗型，多士犹闻说诂经。白苏好句留风月，金石遗文炳日星。神灵咫尺扬州地，古柏新祠郁苍翠。立马请赋广陵潮，定有云车风马至。

【说明】

此首载《铁花吟社诗存》，摘自丁丙《武林坊巷志》

铁花吟社诸君偕游西湖，获登文澜阁观藏书敬作

进不得借石渠天禄之一车，退不得见秘阁名山之万轴。梦亦不入琅嬛宝笈之洞天，醒乃仍与黄尘白日相驰逐。三十年前心神目力夸强健，终年兀兀但恨无书读。一砚丹黄手雠校，南面百城犹不足。连天烽火粤西来，华屋摧烧化草莱。万事仓皇况书卷，全家历劫总成灰。虎口一身幸留得，庾信悲哀头已白。展卷浑如隔世逢，耽吟穷作西湖客。湖上新开万卷楼，拾遗补缺广搜求。我既不能化作长恩终日供典守，又不能化为脉望饱腹恣遨游。天地缺陷宁有此，西山水石讵能填满东海之横流？仲冬天寒风栗冽，同人忽买孤山舟。旨酒佳肴不暇问，导我先登百尺藏书楼。中有《图书集成》一万有余卷，但读其目亦须三日留。匆匆翻阅苦未竟，渴吻饥肠互相竞。夕阳催我下船来，书癖书淫未为病。古人蟹螯酒杯一生且拍浮，况我以书为性命。我恨今生读已迟，读之未得成书痴。徒羡汗牛充栋他人富，愿向邺架曹仓作乞儿。

【说明】

此首录自王国平主编《西湖文献集成》第20册《书院・文澜阁》（西泠印社专辑，杭州出版社2004年版，第76页）

孤山吊林少尉墓　并序

林君小岩者，闽之上杭人。尊甫松岩先生，任安徽茹麻岭巡检，尝至省门。君随侍，故余得识君。君少余数岁，恒以诗相质证。咸丰建元，松岩先生以差入燕，遂为君纳赀。君时习幕宣城，将筮仕浙江矣。三年，余避乱归里，距茹麻六十里，使人往询，值松岩先生乞病，而就君养于浙。五年，余复避乱来浙之衢州，君亦需次在衢，尊酒往还者年余。君喜吟咏，格清奇，兼画山水，气韵疏宕。尤善饮，初似恂恂，数爵后，议论风生。每及天下事，有揽辔澄清之志。余时以寇盗纵横，江浙势如累卵，思远遁。当君慷慨奋袂之余，嘱勿轻罹其祸。君醉且怒曰："子以微员末秩，遂薄我耶？"君食指甚繁。余因谓之曰："亲老子幼，家无隔宿，扰攘干戈，君能弃之而赋从军乎？"扼腕者久之，泣数行下。君之血性如此。九年，余来杭，君适任仁和尉，屡招余作湖上游。孤山片石，亦尝凭吊焉，讵知君埋骨即在是耶！十年春，杭垣陷，独君死事甚烈。彼夫膺封疆之寄者，人推为韩范，国家亦恃为长城。一旦临难，或仓皇逃窜，或急遽见夷，有求生不得而后死者，以视君之冠服升堂，怒骂痛饮，相去为何如耶？同治己巳，重来湖上，睹夫坊楔崇隆，祠宇巍焕，因再拜而出，涕曰："林君之志慰矣！千秋不朽，此天之报君也。人以地重，地亦以人重。其建祠而迁葬也，固人为之，而葬之孤山，则实天为之，而非人所可谋矣。既序其缘起，补传志所未采，复歌以吊之。"

皖公山青杨柳树，二十年前识君处。西湖水碧梅花新，二十年后吊君墓。百尽磨崖处士碑，千年酾酒游人路。谁卜牛眠丛径开，竟招鹤返忠魂住。忠魂白骨全家埋，天意如留土一抔。不因高洁庞公隐，谁识风尘末吏才？赀郎当代论车斗，不供表率供奔走。忆君八载强折腰，有家一样难餬口。傲气空吟白也诗，热血惟洒刘伶酒。难卖兼金画里山，谁结蕴玉怀中绶？劲草无缘遇疾风，深秋霜露同衰朽。鼙鼓南来震八都，临安锦绣血模糊。狱吏尊严正宫带，英雄慷慨掷头颅。头颅已断身犹立，不化长虹应化碧。七载朝衫血里存，一盂麦饭孤儿泣。巢居阁下水潺潺，忽见崇封壮大观。风雨招魂留故老，春秋致祀走朝官。鸺鹠夜泣仙禽避，荔薜阴森疏影寒。浮生朝露同邱垄，一死君何泰山重。谁云国士始酬恩，由来将相俱无种。棠梨花发杜鹃时，俎豆名山福并之。仙药何须觅徐福，青山我欲傍要离。冷香白月黄昏夜，丁令重来未可知。

【说明】

此首载《瀛寰琐记》1974年第27期。

钱塘江船竹枝词（二十首）

郎住钱塘江上江，侬家越舫胜吴舣。休疑一棹来天上，且听人间水调腔。

春风不羡米家船，添个娇姿更可怜。绿鬓自看成老大，羞从阿妹唤同年。

愿郎莫似越山遥，愿侬莫似越滩高。山遥郎心有时至，滩高侬力敢辞劳。

两意盈盈欲语难，教郎九转候还丹。娇花嫩蕊当风笑，不许轻攀只许看。

春去重来两不知，无端锦瑟易芳时。商人若个乘龙客，辜负青春好女儿。

轻罗雾縠怯衣单，画桨兰桡碧水寒。郎若来时休太早，晚风都倚玉阑干。

箫鼓沉沉送夕阳，菱花齐作晚来妆。歌筵易散人归后，耐得春宵尔许长。

雏鬟鸦鬟时世妆，淡巴菰细手亲装。口脂吹得如兰气，未饮先通鼻观香。

教郎一见即情痴，真个销魂哪得知？窄袖短衣疏掠鬓，相逢先看卸妆时。

婀娜初擎掌上珠，夜深私语总模糊。黄金牢结葳蕤锁，管得芳心一寸无？

脱衣那许伴郎眠，道是无缘却有缘。绣被锦衾相对晓，两心惟倩一灯传。

十斛明珠但买颦，莺花一霎恼诗人。几回欲觅昆仑客，又恐红绡意不真。

绣帷银押卷潇湘，携手闲凭絮语长。愿作明波三尺镜，绿蓬窗底照鸳鸯。

相忆相逢总不难，依舟长自泊江干。一般好聚还愁散，风利吹来七里滩。

选来越女尽如花，学得琵琶面半遮。情重不愁郎薄幸，相思局里是儿家。

罗袜侵寒玉露秋，只生欢喜不生愁。月圆月缺寻常事，空费吴郎七宝修。

玻璃劝酒太敢生，雏凤离鸾一样声。休讶尊前人老大，成名我亦是云英。

同舟并载望如仙，况复当歌列绮筵。残月晓风船缆处，填词忙杀柳屯田。

郎去郎来岁月深，潮生潮落不关心。衰颜蓬鬓长年妇，曾赚人间买笑金。

管理群芳第一流，破瓜碧玉最温柔。订盟莫怪成阴易，十载司勋已白头。

【说明】

此首录自《瀛寰琐记》1874年第18期，署名“愿为明镜生”。按：潘超等编《中华竹枝词全编》既言作者“愿为明镜生”“生平不详”，又署其为“民国”人（北京出版社2007年版，第657—658页）。上海申报馆《瀛寰琐记》1872年11月创刊，至1875年停刊。因此，作者不可能是民国人。另外，《瀛寰琐记》第十七卷收录愿为明镜室主人《红楼梦竹枝词序》《读红楼梦杂记》等著作，并刊发江顺诒诗词多篇。因此，这首《钱塘江船竹枝词》当是自号“愿为明镜生”的江顺诒所作。

程龙光《和鸳鸯湖棹歌》题咏

鞭丝帽影记前游，又棹梅泾一叶舟（君曾绘《湖山策马图》征题刻集）。闲煞吴侬双鬓白，冷烟疏雨不胜秋。莼鲈亦有故乡心，秋雨秋风寄意深。纵少琵琶诉漂泊，也叫司马泪沾襟。万丈光芒掩太阿，廿年宦梦又春婆。闲来一棹寻烟雨，始信风波世上多。

【说明】

录自清代程龙光《和朱竹垞太史鸳鸯湖棹歌一百首用原韵》1卷，紫薇馆1873年。

《词学集成》八卷

江顺诒 辑　　宗山 参订　　杨柏岭 校正

校正说明

一、《词学集成》有光绪辛巳（1881）刊本、《词话丛编》本、《续修四库全书》本（据光绪刻本影印）等。光绪刻本各则原无标题，《词话丛编》本各则标题系唐圭璋先生拟订。然《词话丛编》本所拟标题，屡见有违背江顺诒论词主张之处。

二、校勘以光绪刻本为底本，比照《词话丛编》本，重新句读、命名。命名以江顺诒案语之观点为准据。《词话丛编》本标题与江顺诒词论相合者，沿用；不合者，改之。

三、《词学集成》以历代词论资料辑录为主。江顺诒辑录时多有转录或转述现象，文字亦时有删改。其《凡例》云："征引书不能不删节字句。然有删无增，不能妄窜人著作也。"对此，既寻其辑录文献的直接来源，又对照善本考索辑录内容的原始出处。除了文字差异，亦时见张冠李戴等错谬之处。校勘所得，见诸【说明】【校勘】中。

四、为了阅读方便，特设一些符号。所删内容在正文中用【】标识，所改内容在校勘记中说明，辑录文字原本注释性文字以〈〉标识，江顺诒增加的文字在正文中用（）标识。如此，既可保存江顺诒辑录稿的原貌，亦可借助相关标识以观辑录前原稿的风貌。

识[1]

江先生秋珊，宏才绩学，尤工倚声。折肱于此，垂三十年，著有《明镜词》。山与先生有同好，倡和往还，多所指授。窃念词之为道，自李唐沿及两宋，滥觞厥制，渐至纷纭歧出，有江河日下之慨。先生忧之，为之寻源竟委，审律考音，取诸说之异同得失，旁通曲证，折衷一是。所以存前人之正轨，示后进之准则。心苦矣，功亦伟矣。山校雠既竣，分列子目，成书八卷，名曰《词学集成》，怂其付梓，以公同志。先生虚怀若谷，俾附贱名于简端，谨缀数言，并撰序目如左：

析津沿支，每况愈下。正畀闰统，祧紊鼻祖。循乃故辙，溯厥本根。为民祈祀，必先追[2]源。集《词源》第一。

辞尚体要，无体不立。正变剖分，大小次第。物不可遗，声亦如味。爰稽其属，总有十二。集《词体》第二。

六律克谐，八风宣畅。应节角徵，调钟唇吭。已无伶伦，矧乃夔旷。如缕袅袅，谁其继响。集《词音》第三。

彦伦切韵，李登声类。差积累黍，五音几废。益则减半，损则加倍。如礼已止，竞守绵蕞。集《词韵》第四。

滚滚词源，横拥其派。泛涉者疏，专攻者隘。风归丽则，语芟荑稗。南北江河，入海而会。集《词派》第五。

法立文成，旋周旋折。异曲异诗，非庄非谑。变必归宗，反而能缩。一气转圜，是谓中则。集《词法》第六。

不离乎情，不泥乎境。托逍遥游，辟町畦径。寓目皆春，水流不竞。香象羚羊，乃臻上乘。集《词境》第七。

盈廷之官，各司其司。八珍之味，各宜其宜。析缕分条，抒以论断。希迹名流，则吾何敢。集《词品》第八。

铁岭宗山谨识

【校正】

①关于宗山所作《词学集成》之《识》，或别称《序》《序目》。取名《识》，据宗山落款所记；取名《序》，系习惯所致；命名《序目》，乃因宗山有“并撰序目如左”句。其实，宗山说的很清楚：“先生虚怀若谷，俾附贱名于简端，谨缀数言，并撰序目如左。”“谨缀数言”指的是开头数句，“序目”指解析《词学集成》八卷条目内容及逻辑关系的文字。因此，用《序》或《序目》命名，皆不周至。

②“追”，光绪刻本作“百”。

凡例[①]

一、引证前人书，或词序、或词话，或专论词、或不专论，有与词相发明者，率皆引用，抒以论断，皆加“诒案”以别之。论断后再引他人之说者，亦加“某”以别之，以清眉目。

二、征引书不能不删节字句。然有删无增，不能妄窜人著作也。

三、有前人论议，必全篇登载，始能得其旨趣者，率皆全篇录之。期读者于词之源律，展卷瞭然。钞胥之讥，所不辞也。

四、间有己论，自成一则者，皆不书名，以省烦渎。

五、家藏书绝少。仅就目之所见，搜辑[②]成书，挂漏之讥，知所不免。

六、此书积之数十年，有见必录，迄未成书，亦不过“词话”之流耳，未敢出以示人。铁岭宗小梧司马山，文字之交，莫逆最久。偶论作词，以是稿就正。遂蒙激赏，谓为卞和之璞，有功于词不小。即为之条分缕析，撮其纲曰源、曰体、曰音、曰韵，衍其流曰派、曰法、曰境、曰品，分为八卷，以各则丽之，易其名曰《词学集成》。蒉桴土鼓，俨若金声而玉振矣，岂只参订云尔哉！因并列其名于卷首。

七、或谓此书诋讥万氏太甚，余曰不然。古今事变，各有其时。孔子作《春秋》，孟子距杨墨，易地皆然。使余生万氏之时，亦只为万氏之《词律》，以辟《啸余》之谬。使万氏生今之时，亦能因韵以求音，因音以求体，亦能知繁声增字之所以然，余此书可以不作。

八、是书论“又一体”之非，仅证之一二词之增字，殊不足为确据。拟博考群书，凡一调而有数体者，悉为之删繁去复，以正体列于前，以异、同各体低一格列于后。俟书成后，再为续刻。

十、是书虽皆引前人之说，究不能无议论之偏，或弃或取，各因学力所造之浅深。尚望诸君子指摘讥评，不遗余力，庶不致贻误后人。

【校正】

①《凡例》共有十则，序号为校勘者所加。光绪刻本等各则均仅以“一”标识。

②“搜辑”，《词话丛编》本作“搜集”，此据光绪刻本改。

卷一 一曰源

词源于古乐府

汪晋贤森《词综序》[①]云：“自古诗变（而）为近体，而五七绝句传于伶官乐部，长短句无所依，【则】不得不变为词。当开元盛时，王之涣、高适、王昌龄[②]诗句流播旗亭，而李白《菩萨蛮》等词亦被之歌曲。诗之于[③]乐府，近体之于词，分[④]镳并骋，非有先后。谓诗降为词，以词为诗之余，殆非通论[⑤]矣。”

诒案：溯词于乐府，则词为大宗。而古近体诗，乃乐府之变调，不能叶律之乐府耳。诗自唐以后无歌者，词自宋以后无歌者，元曲出而古乐亡。如黄河南徙，今且夺淮入海之路。古近体诗，黄夺淮也，谓之黄而不谓之淮。词则碣石黄河之故道，其踪迹，知之者鲜矣。

【校正】

①汪森《词综序》，见朱彝尊、汪森编《词综》（清文渊阁四库全书本）。

②“王之涣、高适、王昌龄”，《词学集成》诸本为“王之涣等”，兹据《词综》本改。

③“于”，《词学集成》诸本为“与”，兹据《词综》本改。

④“分”，《词学集成》诸本为“齐”，兹据《词综》本改。

⑤“通论”，《词话丛编》本为“要论”，此据《词学集成》光绪刻本、《词综》本改。

今词并非皆可入乐[1]

王述庵先生《词综序》[2]云："汪氏晋贤序竹垞太史《词综》，谓【词】长短句，本于三百篇并汉之乐府。其见卓矣，而犹未尽也。盖词实继古诗而作，而【诗】本于乐，乐本乎音。【音】有清浊、高下、轻重、抑扬之别，乃为五音十二律以著之。非句有长短，无以宣其气而达其音。故孔（氏）颖达《诗正义》谓风、雅、颂有一二字为句，及至八九字为句者，所以和【以】人声而无不均也。"三百篇"后，楚辞亦以长短为声，至汉郊祀歌、铙吹曲、房中歌，莫不皆然。苏、李【诗出】，画以五言，而唐时优伶所歌，则七言绝句，其余皆不入乐（府）。李太白、张志和以词续乐府，不知者谓诗之变，而其实诗之正也。由唐而宋，多取词入于乐府，不知者谓乐之变，而其实【词正】所以合乐也。且夫太白之"西风残照【，汉家陵阙】"，《黍离》行迈之意也。志和之"流水桃花"，《考槃》《衡门》之旨也。嗣是温岐、韩偓【诸人】稍及闺襜，然乐而不淫，哀而不怨，亦犹是《蔓草》《摽梅》之意。至柳耆卿、黄山谷辈，然后多出于亵狎，是岂长短句之正哉。"

诒案：谓长短句发源于诗，可也；谓今之长短句即古之诗，不可也。今之诗尚非古之诗，何况于词。引孔氏《正义》谓诗有一二字及八九字，即词所本。究之诗中之一二字八九字甚少，而一代有一代之乐，正后人之善变，非墨守磨驴陈迹也。

又云："国朝念诗乐失传甚久，命儒臣取《三百篇》谱之，著以四上五六诸音，列以琴瑟箫管之器，于是《三百篇》皆可奏之乐部。今之词，苟使伶人审其阴阳平仄，节其太过，而剂其不足，安有不可入乐之【者】。词可入乐，即与诗之入乐无异也。是词乃诗之苗裔，且以补诗之穷，余故表而出之。以为今之词即古之诗，即孔氏之谓长短句。"

诒按：《三百篇》入乐，乃以音就字，以"上四工尺"之音，就"平上去入"之字，其节奏无考，其格调难寻，即所谓"听古乐而恐卧"者。若唐宋人之词，则皆知律吕者为之，所谓今乐也。有音节可考，又有律、有腔、有五音十二宫，由音生字，与以音就字者不同。若不知律者所作之词，虽师旷复生，亦难入乐。调错句讹，字脱音梗，改不胜改，势必另作而后可，岂伶人之事乎。今人之词，皆可入乐，似非通论。

【校正】

①此则《词话丛编》本题为“今词不可入乐”，据江顺诒案语，以“今词并非皆可入乐”为宜。

②王述庵《词综序》，即王昶《国朝词综自序》。此文版本较多，兹对照嘉庆丁卯刻本《春融堂集》卷四十一所录，除了上文【】系江顺诒转录时省去文字，以及（）系增加文字，文字差异处还有“汪氏晋贤序”之“序”（叙）、“无不均也”之“均”（协）、“楚辞”（楚词）、“则七言”之“则”（惟用）、“以词续乐府”（始为词，以续乐府之后）、“流水桃花”（桃花流水）、“哀而不怨”（怨而不怒）、“《蔓草》《摽梅》”（《摽梅》《蔓草》）、“国朝”（我高宗纯皇帝）、“箫管”（笙箫）、“今之词”（则是选诸词）、“不足”（不及）、“之谓”（颖达谓之）等。

万树未探词皆可歌之源

朱竹垞先生《群雅集序》[①]云：“用长短句制乐府歌辞，由汉迄南北朝皆然。唐初以诗被乐，填词入调，则自开元天宝始。逮五代十国，作者渐多，【遗】有《花间》《尊前》《家宴》等集。宋之【初，】太宗洞晓音律，制大小曲及因旧曲造新声，施之教坊，舞队曲凡三百九十，又琵琶一器，有八十四调。仁宗于禁中度曲，时【则】有若柳永。徽宗【以】大晟名乐，时【则】有若周邦彦、曹组、晁次膺、万俟雅言，皆明于宫调，无相夺伦者也。洎乎南渡，家各有词，虽道学如朱仲晦、真希元，亦能倚声中律吕，而姜夔审音尤精。终宋之世，乐章大备，四声二十八调，多至千余曲，有引，有序，有令，有慢，有近，有犯，有赚，有歌头，有促迫，有摊破，有摘遍，有大遍，有小遍，有转踏，有转调，有增减字，有偷声。惟因刘昺所编《燕乐新书》失传，而八十四调图谱不见于世，虽有歌师板师，无从知当日之琴趣箫笛谱矣。【姚江】楼上舍俨【若工于词，曩留京师，辑《词鹄》一书，业开雕摘行，既而悔之，告于予】曰：‘诗变【而】为词，词变【而】为曲，历世久远。声律之分合，均奏之高下，音节之缓急过渡[②]，既不得尽知，至若作者才思之浅深，【初】不系文字之多寡。顾世之作谱者，类从《归字谣》铢累寸积，及于《莺啼序》而止。【中有调名，则一，】而字之长短分殊，安能各得其所。莫如论宫调之可知者叙于前，余以时代先后为次【序】，斯世运升降，可以观焉。’予曰：‘旨哉，【子之言词乎，上舍请易书名，予名之曰《群雅集》，盖昔贤论词，此出于雅正。

是故曾慥录《雅词》，鲖阳居士辑《复雅》也。谱既成】（当）以段安节《乐府杂录》、王灼《碧鸡漫志》及宋元高丽诸史所载调存词佚者，具载之。并以张炎、沈伯时《乐府指迷》冠于【卷】首，学者睹此，何异过涉大水之获舟梁焉。’”

诒案：此序于词之源流派别，最为明晰。盖自诗变为乐府，词与曲本不分，无不可入乐之词。缘作者不明律吕，所作之词不入调，而语则甚佳，读者不能割爱，于是以不可度之腔谓之词，即以可唱之词别名为曲，而词曲遂分。故宋人之知律吕者，词皆可歌也。至后之人，则曲亦有不可歌者矣。而因曲语之妙，则亦流传而不废。万红友《词律》虽校勘功深，实未探乎词皆可歌之源。而于不可歌之词，斤斤于上去之必不可误，平仄之必不可移，增一字为一体，减一字又为一体，并不知何调为宫为商。毋亦自昧其途，而示人以前路乎。夫词至于不可歌，则失调之曲，长短句之诗，杜陵、香山新乐府之变耳。增一字可，减一字亦可，上与去何所别，平与仄何所分，读之顺口即佳。似诗非词，似曲亦非词，作者神明之可也。

【校正】

①朱彝尊《群雅集序》，见《曝书亭集》卷四十，四部丛刊景清康熙本。江顺诒转录时，除了上文【】系其省去文字，改动的还有“乐府歌辞”（乐府歌词）、“琵琶一器”（琵琶一曲）、“千余曲”（十余曲）、“归字谣”（归自谣）、“而字之长短分殊”（以字之长短分调）、“何异过涉大水之获舟梁焉”（若大水之涉津梁焉），等。兹据《曝书亭集》本改正。

②“过渡”，《曝书亭集》本为“过度”，江顺诒改是。

万树不明宫调

《莲子居词话》云：“万红友当轇轕榛楛之时，为词宗护法，可谓功臣。旧谱编类排体，以及调同名异，调异名同，乖舛蒙混，毋庸议矣。其于段落、句读、【韵脚、】平仄间，尤多模糊，【红友】《词律》一一订正，辩驳极当。所论上去入三声，上入可替平，去则独异，而其声激励劲远，【名家】转折跌宕，全在乎此，本之伯时。煞尾字必用何音方为入格，本之挺斋。皆造微之论。”

诒案：红友开辟榛莽，二百年来填词家恪遵矩矱，一洗明人之荒谬。近时讲求益密，乃有摘其疵颣，补其罅漏者，其草昧之功不可没也。惜不明宫调，仅从四声斤斤比较，究非探源星宿耳。

【校正】

此则所摘出自吴衡照《莲子居词话》卷一，清嘉庆刻本。江顺诒转录时，除了上文【】系其省去文字，尚有两种情形：一是江氏改动较原刊本效果更佳，如“毋庸”（无庸）、“跌宕”（跌荡）、“皆造微之论”之“皆”（均）等，故予以了保留。二是较原刊本，江顺诒改动欠佳，甚至有误，如“其余”（其于）、“犹多”（尤多）、“辨驳”（辩驳）、“之声”（三声）等，兹据《莲子居词话》清嘉庆刻本改正。

词不应舍五音而讲四声

《香研居词麈》[①]，歙方成培撰。深明音律之源，语多可采。

“原词之始”云：“古者诗与乐合，而后世诗与乐分；古人缘诗而作乐，后人倚调以填词。古今若是其不同，而钟律宫商之理未尝有异也。自五言变为近体，乐府之学几绝。唐人所歌多五七言绝句，必杂以散声，然后可被之管弦[②]，如《阳关》【诗】必至三叠而后成音，此自然之理。后来遂谱其散声，以字句实之，而长短句兴焉。故词者，所以济近体之穷，而上承乐府之变也。”

又“宫调发挥”云：“宋时[③]知音者，或先制腔，而后实之以词。如杨元素先自制腔，张子野、苏东坡[④]填词实之，名《劝金船》；范石湖制腔，而姜尧章填词实之，名《玉梅令》之类是也。或先率意为长短句，然后协之以律，定其宫调，命之以名，如姜尧章《长亭怨》【词】《自叙》所云是也。又有所谓犯调者，或采本宫诸曲，合成新调，而声不相犯，则不名曰犯，如曹勋《八音谐》之类是也。或采各宫之曲合成一调，而宫商相犯，则名之曰犯，如姜夔《凄凉犯》、仇远《八犯玉交枝》之类是也。”

诒案：合前二说，则一词有一词之腔，后之撰词谱者当列五音，而不应列四声。当分宫商之正变，而不当列字句之平仄。当列散声增字之多寡，而不当列一调数体之参差。自宋以后，音律失传，未始非词谱误之也。盖五音四声，皆属天籁，近体平仄押韵有一定，故四声人人皆知。词曲虽有宫商，必待歌而始协律，故五音人人皆不知矣，其始则亦人人知之。今之填词者，舍五音而讲四声，毋亦昧其源乎。

【校正】

①此则所引分别出自方成培《香研居词麈》卷一“原词之始本于乐之散声”、卷五“宫调发挥”两则。方成培《香研居词麈》，嘉庆四年读画斋从书本。“麈”，《词学集成》光绪刻本作“尘”。

②“被之管弦”，《香研居词麈》本为“比之管弦”，江顺诒所改是。

③“宋时”，《香研居词麈》本为“其时”，此乃江顺诒征引时承前语气所改。

④“苏东坡”，《香研居词麈》本为“东坡先生”，此乃江顺诒延续之前杨元素、张子野的人名使用习惯而改。

《词概》论词先得我心

《词概》[①]云：“曲之名古矣，近世所谓曲者，乃金元之北曲，及后复溢为南曲者也。未有曲时，词即是曲。既有曲时，曲可悟词。苟曲理未明，恐词亦[②]难独善矣。”

诒案：此论亦先得我心，于词之源流，了然豁然。

【校正】

①所摘《词概》一则，见刘熙载《艺概》卷四，清同治刻古桐书屋六种本。

②“恐词亦”，《艺概》本为“词亦恐”。江顺诒所改，语气上更为妥帖。

五季词宏大秾厚

徐伯鲁[①]云：“自乐府亡，而声律乖。谪仙【始】作《清平调》《忆秦娥》【《菩萨蛮》】诸词，时因效之。厥后行卫尉少卿赵崇祚辑为《花间集》，凡五百阕，此【近代倚声】填词之祖也。放翁云：‘诗至晚唐五季，气格卑陋，千人一律。而长短句独精巧高丽[②]，后世莫及。此事之不可晓者。’盖伤之也。”

诒案：词在五季，正如诗在初唐，有陈、隋之绮靡，故变为各体之宏大。有晚唐之纤薄，故变为小令之秾厚。此亦时势使然，与兴亡之国势不相涉。

【校正】

①此则见于王又华《古今词论》（清康熙刻本）、沈雄《古今词话》词品卷上（清康熙刻本）。“徐伯鲁”，《词学集成》诸本均作“徐仰鲁”，误。徐师曾（1510—1573）字

伯鲁，号鲁庵，吴江人。

②“高丽”，《词学集成》诸本均作“奇丽”，兹据《古今词论》等本改正。

张惠言词论高出流辈

常州张皋文先生校录唐宋词凡四十四家，仅一百十六首，可谓严矣。

其序论[①]云：“【自】唐之词人，李白为首。其后韦应物、白居易、王建[②]、刘禹锡、皇甫淞、司空图、韩偓[③]，并有述造[④]，而温庭筠最高，其言深美闳约[⑤]。五代之际，孟氏、李氏，君臣为谑，竞作[⑥]新调，词之杂流，由此起矣[⑦]。至其工者，往往绝伦，亦如齐梁五言，依托魏晋[⑧]，近古然也。宋之词家，号为极盛，【然】张先、苏轼、秦观、周邦彦、辛弃疾、姜夔、王沂孙、张炎，渊渊乎文有其质焉。其荡而不返，傲而不理，枝而不物，柳永、黄庭坚、刘过、吴文英之伦，亦各引一端，以取重【于】当时。而前数子者，又不免有一时放浪通脱[⑨]之言出于其间。后进弥以驰逐，不务原其指意[⑩]，破析乖剌[⑪]，坏乱而不可纪。故自宋之亡而正声[⑫]绝，元之末而规矩隳，以至于今，四百余年[⑬]，作者十数，谅其所是，互有繁变，皆可谓安蔽[⑭]乖方，迷不知门户者也。”

诒案：此论高出流辈，发前人所未发。然如朱、厉二公，清真雅洁，似犹不足为正声。

【校正】

①张惠言《词选序》不同版本间文字多有出入，其中《词选》系列本与《茗柯文编》系列本之间尤为突出。从江顺诒征引情况看，当源自《词选》系列本。此处以《词选》光绪二十二年张百祺序刻本为底本，参照《茗柯文编》（清同治八年刻本）校勘。

②“白居易、王建”，张百祺序刻本为“王建、韩翃、白居易”，《茗柯文编》本为“王建、白居易”。

③“皇甫淞、司空图、韩偓”，《茗柯文编》本为“之徒”。

④“并有述造”之“并”，《茗柯文编》本为“各”。

⑤“深美闳约”，《茗柯文编》本为“深丽宏美”。

⑥“竞作”，《茗柯文编》本为“竞变”。

⑦“起矣”，《茗柯文编》本为“作矣”。

⑧“魏晋”，《词学集成》诸本均为“汉魏”，此据《词选》《茗柯文编》本改。

⑨“放浪通脱”，《茗柯文编》本为“通脱放浪”。

⑩“指意”，《词学集成》诸本均为“旨意”，此据《词选》《茗柯文编》本改。
⑪“破析乖刺”，《茗柯文编》本为“破碎奔析”。
⑫“正声”，《词学集成》诸本均为“郑声”，此据《词选》《茗柯文编》本改。
⑬“以至于今，四百余年”，《茗柯文编》本为“五百年来”。
⑭“安蔽”，《词学集成》诸本均为“支蔽”，此据《词选》《茗柯文编》本改。

词坏于元明

六合徐鼒《水云楼词序》云：“【原夫】诗余之作，盖亦乐府之遗。孤臣孽子，劳人思妇，吁阊阖而不聪，继以歌哭。惧正容之莫悟，矢以曼音。其体卑，其思苦，其寄托幽隐，其节奏啴缓。故为之者，必中句中矩，端如贯珠，宜宫宜商，较之累黍。太白、飞卿，实导先路，南唐、两宋，蔚成巨观。玉宇高寒，子瞻将其忠爱。斜阳烟柳，寿皇识为怨诽。【当日】朝野，不少赏音。元之杂以俳优，明人决裂阡陌，淫哇日起，正始胥亡。高论鄙之弁髦，小儒鼓其瓦缶。臣质之死，匠石伤焉。”

诒按：“元人杂以俳优，明人决裂阡陌”二语，词之坏于明，而实坏于元。俳优窜而大雅之正音已失，阡陌开而井田之旧迹难寻。夫词变为曲，犹诗变为词，非制曲之过，乃填词之过。然曲之粗鄙，制曲者取悦于俗耳，则元人不得辞其责矣。

【校正】

此则所摘据曼陀罗华阁本《水云楼词》，徐鼒《水云楼词叙》系第一篇。

词从乐府变出

王元美①云：“《花间》以小语致巧，世说靡也。《草堂》以丽字取妍②，六朝隃也。即词号【称】诗余，然而诗人不为也。何者，其婉娈而近情也，足以移情而夺嗜，其柔靡而近俗【也】，【诗】啴缓而就之，【而】不知其下也。之诗而词，非词也。之词而诗，非诗也。【……】词兴而乐府亡，曲兴而词亡【矣】。非乐府与词之亡，其调亡也。”

诒按：乐府亡而词作，词亡而曲作。非亡也，盖变也。本有所不足，变一格以求胜，而本遂亡。

【校正】

①此则所引出自王世贞《艺苑卮言》，见《弇州四部稿》卷一百五十二说部，明万历刻本。

②“取妍”，《词学集成》诸本均为“取研”，据《弇州四部稿》等本改。

词可不变为南曲

毛稚黄[①]曰：“南曲将开，填词先之，《花间》《草堂》是也。北曲将开，弦索【调】先之，董解元《西厢记》是也，《西厢》即[②]【是】北人填词【也】。然填词盛于宋，至元末明初，始有南曲，其接续也甚遥[③]。弦索调生于金，而入元即有北曲，其接续也相踵。斯又声音气运之微，殆有不可以臆测者。”

诒案：填词入律，苟无弦索之变，北曲词至今亦可不变南曲。盖词即乐府，庙廷用之，又何曲之变哉？

【校正】

①此则所引出自毛先舒《鸾情词话》，载卓回、周在浚编选《古今词汇初编》（康熙十六年刻本）卷首，共8则。又载王又华《古今词论》（清康熙刻本）等。

②“《西厢》即”，《鸾情词话》等本为“此即”。

③“也甚遥”，《鸾情词话》等本为“之际甚遥”。

楼俨《群雅集》究词学源流[①]

《蒲褐山房诗话》[②]：“楼俨，【字敬思，】号西浦，义乌人。【寓居上海，以荐入武英殿，修《词谱》。官至江西按察使，改京卿。有《蓑笠轩仅存稿》，选六首。】居申江[③]，与缪雪庄、张幻花以词倡和。【两君极道其工。】康熙己丑[④]，诏修词谱，被荐与杜紫纶同馆纂修，辨析体制，考订源流，【曾】驳正【宜兴】万氏《词律》百【有】余条，最中窾要。又以张綖之《诗余图谱》、程明善之《啸余谱》，及毛先舒之《词学全书》，率皆谬妄错杂，倚声家无所遵循[⑤]。因自订《群雅集》一书，以四声二十八调为经，而以词之有宫调者为纬，并以词之无宫调者，依世代为先后，附于其下。（朱）竹垞先生【曾】为之序。【后】以卷帙繁重，未及开雕。今不可复得矣。”

诒案：《群雅集序》，前已详论之矣。至“以四声二十八调为经，以词之有宫调者为纬”，即诒（校者按：江顺诒）之“以古之七音十二律为经，以今之四上工尺为纬，删复正误”之意也（见二卷第二条）。惜乎《群雅集》不传于世，而词学之源流，遂成绝响。

【校正】

①此则《词话丛编》本题为“楼俨自订《群雅集》”，不确，据江顺诒语，改为“楼俨《群雅集》究词学源流”为宜。

②王昶《蒲褐山房诗话》，有嘉庆八年（1803）刊《湖海诗传》本。

③“居申江”，《湖海诗传》本为“西浦寓居申浦”。此乃江顺诒承前省“寓居上海……”一段文字后所改。

④“己丑”，《词学集成》诸本为“癸丑”，误。兹据《湖海诗传》本改。

⑤“遵循”，《湖海诗传》本为“遵守”。江顺诒所改似更妥帖。

《词苑丛谈》论断少

《词苑丛谈》，吴江徐电发釚所辑，共十二卷，内分七条：一体制、二音韵、三品藻、四纪事、五辨证、六谐谑、七外编。前人词话本少，此编比诗话而略变其例，然搜采多而论断少。其体制一卷，泛而不当；音韵一卷，粗而不精；品藻以下十卷，则仍诗话之例矣。

诗词同源

梁武帝《江南弄》[①]云：“众花杂色满上林。舒芳曜彩[②]垂轻阴。连手蹀躞舞春心。舞春心，临岁腴。中人望，独踟蹰。”此绝妙【好】词，【已】在《清平调》【《菩萨蛮》】之先【矣】。（又）沈约《六忆》【诗，其三】云：“忆眠诗，人眠独未眠。解罗不待劝，就枕不须牵。复恐旁人见，娇羞在烛前。”亦词之滥觞【也】。

诒案：此体制似词，乃乐府之变格。非先有词，而后有唐人之诗，亦不能祧诗而言词。盖诗与词本同一源，诗盛于唐，词盛于宋，亦“物莫能两大”之理。

【校正】

①此则未交代出处，实承前一则，出自徐釚《词苑丛谈》卷一。徐釚又辑自丁澎

《药园闲话》。徐釚《词苑丛谈》，有清《海山仙馆丛书》本。

②“彩”，《词学集成》诸本均为“采”，据《词苑丛谈》本改。

《词律》不言衬字宫调[1]

词有定名，即有定格，其字数多寡，平仄韵脚较然。中有参差不同者，一曰衬字，文义偶不联畅，用一二字衬之，密按其音节虚实【间】，正文自在，如南北剧“这”字、“那”字、“正”字、“个”字、“却”字之类。从来词本，即无分别，不可不知。一曰宫调，所谓黄钟宫、仙吕宫、无射宫、中吕宫、正宫、仙吕调[2]、歇指调、高平调、大石调、小石调、正平调、越调、商调也。词有同名而所入之宫调异，字数多寡亦因之异者。如北剧《黄钟·水仙子》，与《双调·水仙子》异。南剧《越调过曲·小桃红》，与《正宫过曲·小桃红》【异】之类。一曰体制，唐人长短句皆小令耳，后演为中调，为长调。一名而有小令，复有中调，有长调。或系之以犯、以近、以慢别之，如南北剧名犯、名赚、名破之类，又有字数多寡同，而所入之宫调异，名亦因之异者，如《玉楼春》与《木兰花》同，而【以】《木兰花》歌【之】，即入大石调之类。又有名异而字数多寡则同，如《蝶恋花》一名《凤栖梧》【《鹊桥枝》】，【如】《念奴娇》一名《百字令》【《酹江月》《大江东去》】之类。【不能不殚述矣。】

诒案：《词律》中，攻击图谱不遗余力是已。而无一语及衬字、宫调。徐氏丛谈与万氏不相后先，而衬字、宫调屡言之（虽所引证为南北剧，合而观之，三者皆兼词曲而言）。后人填词一遵《词律》，故不知词有衬字、宫调之说。古意云亡，不能不归咎于万氏矣。

【校正】

①此则所引出自徐釚《词苑丛谈》卷一，徐釚又辑自明代沈际飞所集《诗余》之《发凡·铨异》。徐釚《词苑丛谈》，清海山仙馆丛书本。

②“仙吕调”，《词苑丛谈》本为“仙宫调”，误。

词上薄风骚

又梨庄[1]云：“徐巨源曰：‘古诗者风之遗，乐府者雅之遗。苏李变而为黄初，建安变而为选体，流至齐梁排律，及唐之近体，而古诗遂亡。乐府变为吴趋、越艳，杂以《捉搦》《企喻》《子夜》【《读曲》】之属，以下逮于词【焉】，而乐府亦衰。然《子夜》《懊侬》，善言情者也。唐人小令，尚得其意。则诗余之作，不谓之直接古乐府不可。' 余[2]谓巨源之论词之源于乐府，是矣。独所言《子夜》《懊侬》善言情【者也】，唐人小令得其意，是词贵于【言】情矣。余意所谓情者，人之性情也。上自《三百篇》以及汉魏【三唐】乐府诗歌，无非发自性情。故鲁不【可】同于卫。卿大夫之作，不【能】同于闾巷歌谣。即陶、谢扬镳，李、杜分轨，各随其性情之所在。古无无性情之诗词，亦无舍性情之外，别有可为诗词者。若舍己之性情，强而从人（之性情），则今日饾饤之学，所谓优孟衣冠，何情之有？唐人小令善于言情，然亦不为《子夜》《懊侬》[3]之情。【太白《菩萨蛮》为千古词调之祖，又何常不言情，又何常以《懊侬》《子夜》为情乎？】余故谓[4]凡词无非言情。即轻艳悲壮，各成其是，总不离吾之性情所在耳。"

诒案：诗道性情，古人言之详矣。今谓词亦道性情，即上薄风骚之意，作者勿认为闺帏儿女之情。

【校正】

①此则所引出自徐釚《词苑丛谈》卷四。徐釚又辑自周在浚（字雪客，号梨庄）《借荆堂词话》。徐釚《词苑丛谈》，清海山仙馆丛书本。

②“余”及下文两处人称代词“余”，《词苑丛谈》本均为“予”。

③“不为《子夜》《懊侬》”，《词苑丛谈》本为“不为《懊侬》《子夜》”。

④“故谓”，《词苑丛谈》本为“故言”。

词亦可以初盛中晚论

尤悔庵侗《词苑丛谈序》[1]云：“词之系宋，犹诗【之】系唐也。唐诗有初、盛、中、晚，宋词亦有之。唐之诗由六朝乐府而变，宋之词由五代长短句而变。约而次之，小山、安陆，其词之初乎；淮海、清真，其词之盛乎；石帚、梦窗，似得其中；碧山、玉田，风斯晚矣。唐诗以李、杜为宗，而宋词苏、陆、辛、刘，有太白之气；秦、黄、周、柳，得少陵之体。此又画疆而理，联骑而驰者也。唐诗之后，《香奁》《浣花》稍微矣，至有明而起其衰。宋词之后，遗山、蜕崖亦仅矣，及本朝[2]而恢其盛。天地生才，若为此对偶文字以待后人之侧生挺出，角立代兴，恶可存而不论哉？”

又《词绎》云："词亦有初盛中晚，不以代也。牛峤、和凝、张泌、欧阳炯、韩偓、鹿虔扆辈，不离唐绝句，如唐之初，不脱隋调也，然皆小令耳。至宋则极盛，周、张、康、柳，蔚然大家。至姜白石、史邦卿，则如唐之中，而明初比晚唐。盖非不欲胜前人，而中实枵然，取给而已，于神味【处】全未梦见。"

诒按：比词于诗，原可以初盛中晚论，而不可以时代后先分。如南唐二主似唐之初，秦、柳之琐屑，周、张之纤靡，已近于晚。北宋惟李易安差强人意。至南宋白石、玉田，始称极盛，而为词家之正轨。以辛拟太白，以苏拟少陵，尚属闰统。竹山、竹屋、梅溪、碧山、梦窗、草窗，则似中唐退之、香山、昌谷、玉溪之各臻其极。晚唐之诗，未可厚非，元明之词不足道，本朝朱、厉步武姜、张，各有真气，非明七子之貌袭。其能自树一帜者，其惟《饮水》一编乎。尤《序》固非探源之论，《词绎》所云亦未得其要领。

【校正】

①本则所引两短文字，一是摘自尤侗《词苑丛谈序》，可见徐釚《词苑丛谈》，清海山仙馆丛书本；二是出自刘体仁《七颂堂词绎》（清别下斋丛书本），此则徐釚《词苑丛谈》卷四有辑录，疑江顺诒摘自于此。

②"本朝"，《词苑丛谈》本为"吾朝"。

词限格限字

《词苑丛谈》引《药园闲话》云："屈子《离骚》【亦】名辞，汉武《秋风》亦名辞。词者，诗之余也，合于诗按其调而知之。【《殷雷》之】诗曰'殷其雷，在南山之阳'，此三五言调也。【《鱼丽》之诗曰】'鱼丽于罶，鲿鲨'，此二四言调也。【《还之》诗曰】'遭我乎猛之间兮，并驱从两肩兮'，此六七言调也。【《江汜》之诗曰】'不我以，不我以'，此叠句调也。【《东山》之诗曰】'我来自东'四句，此换韵调也。【《行露》之诗曰】'厌浥行露'三章，此换头调也。"【凡此烦促相宣，短长互用，以启后人协律之原，岂非三百篇实祖祢哉?】

诒案：古人文字有二，一曰无韵之文，一曰有韵之文，俱不限字，不限格。然有韵以后即有格矣，有格而字之或长或短，即有不入格者矣。有韵而无格，则韵不叶；有格而字或长或短，则格不整，而韵亦不齐。古诗而变为近体，皆因韵而生也。格限以五古、七古、五律、七律、五绝、七绝，字限以四言、五言、六言、七言，有韵之文，于是乎一变，遂与骚赋分途。而骈文且有格而无韵，与无格无韵之文争长。至词乃既限格、既限字，后之别制非未限格、未限字前之先声也。

【校正】

此则所引出自徐釚《词苑丛谈》卷一。徐釚又辑自丁澎《药园闲话》。徐釚《词苑丛谈》，清海山仙馆丛书本。较之《词苑丛谈》本，此则文字改动较大。除了上文【】省略文字，还有“合于诗按其调而知之”（“然则词果有合于诗乎？曰：按其调而知之也”）、“‘我来自东’四句”（“我来自东，零雨其濛，鹳鸣于垤，妇叹于室”）、“‘厌浥行露’三章”（“厌浥行露，其二章曰谁谓雀无角”），等，均比《词苑丛谈》本简略。

赵函论音律精确

赵艮甫［函］《碎金词叙》[1]云：“宋词以清真、白石、草窗、玉田四家为正宗。清真典掌大晟，白石自订词曲[2]，草窗词名《笛谱》，玉田《词源》一书所论律吕最精[3]。凡此四家之词，无不可歌。其余则或可歌，或不可歌，【盖】不过按调填词，于四声不尽谐协，遑论九宫？今之填词者，只以万红友《词律》平仄为准，不究音律之源。无怪乎好拈熟调，【蹈袭雷同，】一遇拗体【生调】，则步步如行荆棘中矣。”

诒案：此论精确，末仅为拈熟调、遇拗体者说法，则似明而忽昧。

【校正】

①赵函（字艮甫）《碎金词叙》，亦名《养默山房词序》。谢元淮《养默山房词》二卷（《海天秋角词》《碎金词》各一卷），有清道光二十八年刻本。

②“词曲”，《养默山房词》本为“琴曲”。

③“最精”，《养默山房词》本为“最详”。

卷二　二曰体

古乐府非今之词

《毛西河词话》[①]云："白乐天《花非花》【诗】、唐人《醉公子》词、长孙无忌《新曲》、杨太真《阿那曲》，自是词格。若《回鹘》《石洲》《阿辨回》《回波乐》《乌盐角》《鹦滥[②]堆》《水调歌头》【诸名】俱是乐府。然其辞[③]有近词者，【则】亦可以词名之。如隋帝《望江南》、徐陵《长相思》，初【亦】何尝是词，而句调可填，即谓[④]填词。由是推之，武帝[⑤]《江南弄》诸乐，【以】及鲍照《梅花落》、陶宏景《寒夜怨》、徐勉《迎客送客》、王筠《楚妃吟》、梁简文《春情》、隋炀《夜饮朝眠曲》，皆谓之【古】词，何不可哉？"

诒案：谓词出于乐府则可，谓古之乐府即今之词则不可。如以鲍照《梅花落》为词，则谓国风即今八韵试帖，乌乎可？同一诗名，体以代异，而况乐府与词，已异名乎？

【校正】

①此则所引出自清代毛奇龄《西河词话》，有清昭代丛书本。

②"滥"，《词学集成》诸本均为"浪"，据《西河词话》等本改。

③"其辞"，《西河词话》本为"其语"。

④"即谓"，《西河词话》本为"其为"。

⑤"武帝"，《西河词话》本为"则梁武"。

词调应正误删复

《听秋声馆词话》[①]云："万氏《词律》【成于康熙二十六年】，共六百五十九调，计一千一百七十三体[②]。【至五十四年，】《钦定词谱》【成，】共八百二十六调，计二千三百六体，较之万律增体一倍有奇。然较定为谱者，仅居其半，余皆列以备体而已。乃采取犹有未及。【如李光《庄简集》之《琼台》……】以是知邓林沧海【虽奉勅搜讨】尚多遗佚。"

诒案：词体之多，芜杂实甚，其始误于传写，其继误于妄作。其一调而同时或增减一二字，别为一体者，大约皆增字。后人误以旁行列正，因群相仿效。（如吴梦窗《唐多令》“纵芭蕉不雨也飕飕”，“纵”字非如曲之旁行增字乎？）又或不知句读，有字数同而句异者，皆后人之误也。惟有删之一法。余拟将各调之正者审定，以古之七音十二律之宫调为经，以今之四上工尺为纬，正其误，删其复，庶榛芜之途一辟。此愿其何日偿也。

【校正】

①此则所引出自丁绍仪《听秋声馆词话》卷十八，清同治八年刻本。

②“一千一百七十三体”，《词学集成》诸本为“一千七百七十三体”，兹据《听秋声馆词话》改。

《碎金词谱》妄作聪明

《听秋声馆词话》①云谢默卿《碎金词谱》“每字谱②以今之四上工尺，云自姜石帚词旁注谱中寻究而出，【实】得古来不传之秘。【余不能歌，】询之善歌者，则只堪以协笙笛。【后质之】宜泉司马，云：“近时之③昆腔，与古歌迥殊。古歌多和声，似今之高腔，然又【与高腔】有别。声音之道，与世递迁，执今乐以合古词，终不免宫凌④羽替。”

诒案：《碎金词谱》妄作聪明，无足论。惟古歌无缠声，故听之欲卧。乐府有句尾之帮腔，（如“妃豨”之类。）无增字，亦无缠声。唐人歌七言诗有叠腔，（阳关三叠之类。）然究嫌板滞。长短句出而古乐皆废，此古今乐之关键。曲之增字更多于词，故有曲而歌词亦废。缘缠声多，则声调并淫。虽圣人出，能正庙堂之乐，而不能禁世俗之兴，淫哇艳语，古调浸亡，奈之何哉。

【校正】

①此则所引出自丁绍仪《听秋声馆词话》卷十七，清同治八年刻本。

②“谱”，《词学集成》诸本为“读”，兹《听秋声馆词话》本改。

③“之”，《听秋声馆词话》本为“所行”。

④“宫凌”，《词学集成》诸本为“工陵”，误，兹《听秋声馆词话》本改。

词腔不能臆造

吴西林颖芳云：“词之兴也，先有文字，从而宛转其声，以腔就词者也。洎乎传播【通】久，音律确然，继起诸【词】人，不得不以辞就腔。于是必遵前词字脚之多寡，字面之平仄，号曰填词。或变易前词仄字而平，【或变易前词】平字而仄，要于音律无碍。或前词字少而今多之，则融洽其【多】字于腔中；或前词字多而今少，则引伸其【少】字于腔外，亦【仍】于音律无碍。盖当时作者述者皆善歌，故制词度腔，字之多寡平仄参焉。今则歌法已失【其】传，音律之故不明，变易融洽，引伸之技，何由而施？操觚家按腔运辞，兢兢尺寸，不易之道也。”

诒案：以词就腔者，执柯以伐柯，此后人之善因，所谓其则不远。若夫以腔就词，则未有柯以前之柯，此古人之善创。后人自度腔，亦古人之创，特音律不明，不能臆造耳。

【校正】

此则所引出自吴衡照《莲子居词话》卷一，退补斋刊本。江顺诒摘录时，除上文【】中系省略文字，尚有“吴西林颖芳”（原为“家西林先生颖芳”）等文字修改，实属征引惯例。

词有增字衬字

《词麈》论繁声云：“【假令】黄钟《醉花阴》【（醉花阴，即今诗余、南北曲，此是借说）】本五句，并换头只五十二字，【起调当用黄清六。今乐家乃先用六、五凡、工为衬声，然后用中吕上字起调，以律推之，乃是黄钟清角，非黄钟宫也。】又加衬八十余字，繁声太多，音节太密，去古益远矣。盖始作此曲者，或四言，或五言【，或七言】，必有衬字以赞助之，通为五十二字。后人撰词，并其衬字亦以词填实。工师不知，于定腔五十二字之外，又加衬八十余字之多[②]，皆淫哇之声也。必删去始为近古。【培】按：繁声，唐宋人谓之缠声。《太真传》‘明皇吹玉笛，迟其声以媚之’，即缠声多也。今人谱工尺，多用赠板，音方旖旎悦耳，即‘淫哇’之谓，古靡靡之音也。善乎《稗编》之言曰：‘今乐与古乐同者，器也、律也。其不同者，制词有邪正、敬慢[③]也，度曲之节有繁简、严媚、浓淡也。用其所同，而去其所不同，使其词一归于正。其曲淡而不艳[④]，其节稀而不密，则古乐岂外是哉。”

诒案：在音则为衬声、缠声，在乐则为散声、赠板，在词、曲则为加衬字，为旁行增字。曲之增字写于旁行，故易知。词之增字，则知之者鲜矣。前引梦窗《唐多令》以证之。凡词之调一，而体二三至十余者，皆增字之旁行，并入正行也。故一调而同时之人共填，体各小异，实增字任人增减，无戾于音，又何害于词。流传至今，迷如烟雾。万氏作《词律》，苦心孤诣，远绍旁搜。苟知增字衬字，词与曲同，则提纲挈领，得其制调之本词。又何至列数体，哓哓置辩，而无所折衷哉。

【校正】

①此则所引出自方培成《香研居词麈》卷二，有嘉庆四年读画斋从书本。

②“衬八十余字之多”，《香研居词麈》本作“衬字至八十余”。

③“敬慢”，《词学集成》诸本作“散漫”，兹据《香研居词麈》本改。

④“不艳”，《词学集成》诸本作“不厌”，兹据《香研居词麈》本改。

《词麈》得音律奥窔

词体丛杂，各家词谱皆少探源之论，自别名为曲，而词遂不歌。非不歌，实多不合律，不能歌耳。歌有缠声，曲多增字，而词本亦可歌，何以无缠声、增字。始悟词之字句，一调而多寡不同，且至数体者，皆增字不旁行之误也。然宋至今无明言，一人之臆说，岂足凭乎？今阅《词麈》所论，多与余合，喜前人之先得我心。方氏于音律得其奥窔，溯源于十二均八十四调，凡诸窒碍，无不迎刃而解。今之填词者，不能悉知音律，而于四声五音之理，亦可以稍留意焉，而不为古人所欺，由是而考订词谱不难矣。故余采方氏之说最多。

词须推求合律

杨守斋《作词五要》①：“第三，要填词按谱。自古作词，能依句者少，依谱用字，百无一二。【词】若歌韵不协，奚取哉？或谓善歌者，能融化其字，则无疵。殊不知制作转折，【用】或不当，则失律。正、旁、偏、侧，凌犯他宫，非复本调矣。”〈宋人多先制腔而后填词，观其工尺当用何字协律，方始填入，故谓之填词。及其调盛传，作者不过照前人词句填之，故曰依句者少，依谱用字百无一二也。转折乃节奏所关，故下字不当则失律。凌犯他宫，起韵、过变、两结尤为吃紧。〉

诒案：调已盛传，作者第照前人词调填之，在宋时依谱者已百无一二，何怪今之填词者乎，然其源则不可不知也。不知其源，而自诩其律之精严，吾不知其谓精严者，果何律也。

〈“第四，要摧律。”〉〈“摧”字当作“推”，谓推求此调属某律某音，然后协某韵，方始合体，即段安节五音二十八调所说是也。〉

《词源》作：“随律押韵。如越调《水龙吟》、商调《二郎神》，皆用平入声韵。古调用俱押去声，所以转折乖异。”②〈《水龙吟》越调即黄钟商，《二郎神》商调即无射商，【此即前图所云】“入声商七调用之，平声商、角同用”③者也。若去声韵，当叶宫声【之】调，非商调所宜矣。然宋词往往不拘，盖文士挥毫，不暇推求合律故耳。〉

诒案：今人不知推求，非宋人不暇推求误之乎。然而欲正词体，则不能不推求合律也。

【校正】

①此则所引出自方培成《香研居词麈》卷三，有嘉庆四年读画斋从书本。

②“第四……乖异”一段，《香研居词麈》原为：“‘第四，要摧律押韵。如越调《水龙吟》、商调《二郎神》，皆用平入声韵，古调用俱押去声，所以转折乖异。’‘摧’字讹，当作‘推’律，乃相传剞劂之误。推求此调属某律某音，然后叶某韵填之，方始合律，即段安节五音二十八调所说是也。”

③“入声商七调用之，平声商、角同用”，《香研居词麈》原为：“入声运商七调、上平声商、角同用。”

词有衬字

毛稚黄先舒《填词图谱·凡例》①云：“词中有衬字者，因此句限于字数不能达意，偶增一字，后人竟可不用。如《系裙腰》末句‘问’字之类【，概为标出】。”

沈天羽②曰：“调有定格，即有定字③，其字数、音韵较然。中有参差不同者，一曰衬字，因文义偶不联畅④，用一二字衬之。按其音节虚实【间】，正文自在。如南北剧这、那、正、个、却字之类，亦非增【落】实字【面】，(而)藉口为衬也。”

诒案：因曲有衬字而知词亦有衬字。万氏增减一二字别为一体，非定论也。不竟有先我而言之者。

【校正】

①《填词图谱》，赖以邠撰，查继超增辑，毛先舒等参订。《填词图谱·凡例》落款为“仁和赖以邠损庵识”，非毛先舒。江顺诒误。

②所引沈天羽之语，王又华辑《古今词论》有征引，有康熙十八年词学全书本。

③“调有定格，即有定字”，《古今词论》本作“调有定名，即有定格”。

④“联畅”，《词学集成》诸本作“联属”，兹据《古今词论》本改。

后人不知词有衬字

毛稚黄曰：“梦窗词‘纵芭蕉不雨也飕飕’，应上三下四，则‘也’字当为衬字，谓‘纵’字为衬字非。”

诒案：词中有衬字，可指证者甚少，故后人不知耳。

万红友[1]《唐多令》注谓：“‘纵芭蕉不雨也飕飕’，误刻多一字[2]，《词统》【遂】注‘纵’字为衬（字）。衬之一说，不知从何而来？词何得有衬（字）乎。”

诒案：词何以必不准有衬字，而谓“误刻多一字”，真是牵强。

又云：“【况】此句【句法】上三下四，应注[3]‘也’字为衬。【而不可注‘纵’字衬也。著谱示人，而可率意为之耶？】然‘也’字必是误多[4]。【即不然，亦竟依其体而填之。】不可立衬字一说，以混词格【也】。”

诒案：此词误多一字，多得如此好，即不误矣。词格不准衬字，是何人之格。何以同一调一人填之，忽多一字，忽少一字，有是格乎？总之，红友一生之误，误在不明音律之源，遂谓乐府与词异，词与曲异。不能知一篇之音律，遂谓多一字为误，少一字亦为误，殊可笑也。

【校正】

①此则所引万树语，出自万树《词律》卷九，清光绪二年本。

②“‘纵芭蕉不雨也飕飕’，误刻多一字”，《词律》本作“梦窗一首第三句误刻，‘纵芭蕉不雨也飕飕’因多一字”。

③“应注”，《词律》本作“亦止可”。

④“然‘也’字必是误多”，《词律》本作“愚谓‘也’字必是误多无疑”。

同调异名考

词有同调异名，昔人分为二体，概可从删。如《捣练子》，杜、晏二体，即《望江楼》。《荆州亭》，即《清平乐》。《眉峰碧》，即《卜算子》。《月中行》，即《月宫春》。《惜分飞》，即《惜双双》。《杜华明》，即《四犯令》。《清川引》，即《凉州令》。《杏花天》，即《于中好》。《番抢子》《辘轳金井》，即《四犯剪梅花》。《月下笛》，即《琐窗寒》。《八犯玉交枝》，即《八宝妆》。又原书一体而后人误分，如仇远之《荐金蕉》，即《虞美人》之半。刘壎之《醉思仙》，即《醉太平》。王之道之《折丹桂》，即《一落索》。赵鼎之《醉桃源》，即《桃源忆故人》。米友仁之《醉春风》，即《醉花阴》。费原之《惜余妍》，即《露华》。欧庆嗣之《庆千秋》，即《汉宫春》。奚灭之《雪月交辉》，即《醉蓬莱》。张虚靖之《雪夜渔舟》，即《绣停针》。晁端礼之《恋春芳慢》，即《万年欢》。赵孟頫之《月中仙》，即《月中桂》。罗志仁之《菩萨蛮引》，即《解连环》。

诒按：欲辨词体，定词律，必先自考同调异名始。

又《词律》目已拈出者，录如左：十六字令，即苍梧谣。南歌子，即南柯子，又即春宵曲。双调，即望秦川，又即风蝶令。三台，即翠华引，又即开元乐。忆江南，即梦江南、望江南、江南好，又即谢秋娘。其望江南、梦江口、归塞北、春去也等名，则人不甚知矣。深院月，即捣练子。阳关曲，即小秦王。卖花声、过龙门、曲入冥，即浪淘沙。忆君王、豆叶黄、栏干万里心，即忆王孙。宫中调笑、转应曲、三台令，即调笑令。忆仙姿、宴桃源，即如梦令。一丝风、桃花水，即诉衷情。内家娇，即风流子。红娘子、灼灼花，即小桃红。水晶帘，即江城子。乌夜啼、上西楼、西楼子、月上瓜洲、秋夜月、忆真妃，即相见欢。双红豆、忆多娇、吴山青，即长相思。醉思凡、四字令，即醉太平。愁倚栏令，即春江好。一痕沙、宴西园，即昭君怨。泾罗衣，即中兴乐。南浦月、沙头月、点樱桃，即点绛唇。月当窗，即霜天晓。百尺楼，即卜算子。罗敷媚、罗敷艳歌、采桑子，即丑奴儿。青杏儿、似娘儿，即促拍丑奴儿慢。子夜静、重叠金，即菩萨蛮。钓船笛，即好事近。好女儿，即绣带儿。玉连环、洛阳春、上林春，即一落索。花自落、垂杨碧，即谒金门。喜冲天，即喜迁莺。秦楼月、碧云深、玉交枝，即忆秦娥。江亭怨，即荆州亭。忆罗月，即清平乐。醉桃源、碧桃春，即阮郎归。乌夜啼，即锦堂春。虞美人歌、胡捣练，即桃源忆故人。秋波媚，即眼儿媚。早春怨，即柳梢青。小阑干，即少年游。步虚词、白苹香，即西江月。明月棹孤舟、夜行船，即雨中花。春晓曲、玉楼春、惜春容，即木兰花。玉珑璁、折红英，即钗头凤。思佳客、于中好，即鹧鸪天。舞春风，即瑞鹧鸪。醉落魄，即一斛珠。一椤金、黄金缕、明月生南浦、凤栖梧、鹊踏枝、卷珠帘、鱼水同欢，即蝶恋花。南楼令，即唐多令。孤雁儿，即玉街行。月底修箫谱，即祝英台近。上西平、西平曲、上南平，即金人捧露盘。上阳春，即蓦山溪。瑞鹤仙影，即凄凉犯。锁阳台、满庭霜，即满庭芳。碧芙蓉，即尾犯。绿腰，即玉漏迟。花犯念奴，即水调歌头。红情，即暗香。绿意，即疏影。催雪，即无闷。瑶台聚八仙、八宝妆，即秋雁过妆楼。百字令、百字谣、大江东去、酹江月、大江西上曲、壶中天、淮甸春、无俗念、湘月，即念奴娇。惟《湘月》另一调，万氏误。疏帘淡月，即桂枝香。小楼连苑、庄椿岁、龙吟曲、海天阔处，即水龙吟。凤楼吟、芳草，即凤箫吟。台城路、五福降中天、如此江山，即齐天乐。柳色黄，即石州慢。四代好，即宴清都。菖蒲绿，即归朝欢。西湖，即西河。春霁，即秋霁。望梅、杏梁燕、玉联环，即解连环。扁舟寻旧约，即飞雪满群山。惜余春慢、苏武慢、选冠子，即过秦楼。寿星明，即沁园春。金缕曲、貂裘换酒、乳燕飞、风敲竹，即贺新郎。安庆摸、买陂塘、陂塘柳，即摸鱼儿。画屏秋色，即秋思耗。绿头鸭，即多丽。个侬，即六丑。

【校正】

此则所引乃系江顺诒在万树《词律·发凡》以及《词律》基础上整理、转述的结果。

杜文澜为万树功臣

秀水杜小舫观察文澜《词律校勘记序》[①]云：“词学始于唐，盛于宋，有一定不移之律，亦有通行共习之书。南宋时，修内司所刊《乐府混成集》，巨帙百余。周草窗《齐东野语》称其‘古今歌词之谱，靡不备具’，而有谱无词者，实居其半[②]。故当日填词家虽自制之腔，亦能协律，由于宫谱之备也。元明以来，宫谱[③]失传，作者腔每自度，音不求谐，于是词之体渐卑，词之学渐废，而词之律则更鲜有言之者。【黄钟毁弃，瓦缶雷鸣，】七百年古调元音，直欲与高筑、嵇琴，同成绝响。使非万氏红友【《词律》】一书起而振之，则后之人奉《啸余图谱》为准绳，日趋于错矩偭规而不自觉，又焉知词之有定律，律之必宜遵哉？其书为卷二十，为调六百四十，为体一千一百八十有奇。凡格调之分合，句逗之长短，四声之参差，一字之同异，莫不援名家之传作，据以论定是非。俾学者按律谐声，不背古人之成法，其有功于词学也大矣。”

诒案：万氏有功于词学，杜氏又为万氏之功臣。虽其书知声而不知音，然舍此别无可遵之谱，则《校勘记》之不可少也，明矣。然律之一字，究非音律之律，亦非律例之律，不过如诗之五七律之律耳，不如仍名为谱之确也。

【校正】

①本则所引出自杜文澜《词律校勘记》卷首，有咸丰十一年刊本。

②“其半”，《词学集成》诸本作“其中”，此据《词律校勘记》本改。

③“宫谱”，《词学集成》诸本作“宫调”，此据《词律校勘记》本改。

《诗余图谱》及《啸余图谱》谬妄

邹程村祗谟[①]曰：“今人作诗余，多据张南湖《诗余图谱》及程明善《啸余图谱》二书。南湖《谱》平仄差核，而黑白及半白半黑圈以分别，不无亥豕之讹。且载调太略，如《粉蝶儿》与《惜奴娇》本【系】两体，【但字数稍同，及起句相似，】而误为一【体，恐亦未安】。至《啸余谱》则舛误并甚，如《念奴娇》之与《无俗念》《百字谣》《大江乘》[②]，（又）《贺新郎》之与《金缕曲》，（又）《金人捧露盘》之与《上西平》，本一体也，而分【载】数体。《燕台春》即《燕春台》，《大江乘》【之】即《大江东》，《秋霁》【之】即《春霁》，《棘影》【之】即《疏影》，【本无异名也，】因讹字而列数体，【或逸本名】。甚至错乱句读，增减字数，而强缀标目，妄分韵脚（者，不一而足）。”

诒案：二书之谬妄，《词律》俱已驳正，姑录一则以证之。

【校正】

①此则所引出自邹祗谟《远志斋词衷》，见《倚声初集》卷三词话三，有清顺治十七年刻本。

②“大江乘”，《词学集成》诸本均作“大江东”，此据《远志斋词衷》本改。

③江顺诒征引此则，与《远志斋词衷》清顺治刻本比勘，除了上文【】省略文字、（）增补文字，还有“半白半黑”（半黑半白）、“亥豕”（鱼豕）、“而误”（遂误）、“并甚”（益甚）、“《燕台春》即《燕春台》”（《燕春台》之即《燕台春》）、“因讹字而列数体”（而误仍讹字，或列数体）等异处。

词有衬字新证[①]

《词苑丛谈》[②]云：“胡元瑞笔丛，驳用修调名原起之说最多[③]，其辨词调尤极觇缕……然元瑞考据精详，而于词理未精研涉。”毛稚黄驳胡元瑞云：“词人以所长入诗，其七言律非平韵《玉楼春》，则衬字《鹧鸪天》。并不知[④]《玉楼春》无平韵者，《鹧鸪天》无衬字者，《瑞鹧鸪》亦未见[⑤]。”……按《词品序》【中】云：“唐七言律即词之《瑞鹧鸪》也，七言仄韵即词之《玉楼春》也。”

诒案：此亦词有衬字之一证。

【校正】

①《词话丛编》本此则原题“胡元瑞于词理未精研涉”，此乃《词苑丛谈》之论断，据江顺诒案语，改为“词有衬字新证”。

②此则所引出自徐釚《词苑丛谈》卷一，有清代海山仙馆丛书本。

③“驳用修调名原起之说最多”，《词苑丛谈》本作“驳用修处最多”。按：此乃江顺诒有意修改，所指更明确。

④“并不知”，《词苑丛谈》本作“而”。

⑤“《瑞鹧鸪》亦未见”，《词苑丛谈》本作“是不知有《瑞鹧鸪》而以臆说附会也”。

赵鼎词衬字

宋词有衬字，梦窗《唐多令》外，赵鼎《满江红》下阕云：“欲待忘忧除是酒，柰酒行欲尽情无极。”“柰”字亦是衬字。

【校正】

论者多认为此则是江顺诒所撰，实则之前赖以邠等人《填词图谱·凡例》即主张“词中有衬字者”，并例举了梦窗《唐多令》及赵鼎《满江红》词。江顺诒当据此改写。

万氏又一体之非

宗小梧司马云："红友开辟榛芜，示人矩矱。然不究五音，不谐宫调，徒辨韵之平仄，字之增减，毋乃舍本求末，自昧其途。仆惜其孤诣苦心，不能尽如人意。"又，边竹潭葆枢鹾尹云："词有衬字之说，最确。万氏于另体多一二字者，注曰误，多游移其辞，且戒人不宜从。如知为衬字，则无是说矣。"

诒案：以宫调论词，驳万氏又一体之非，小梧、竹潭俱以为然。窃喜一知半解，天下后世，必有同心也。

【校正】

宗山（小梧）、边葆枢（竹潭），均系江顺诒的社友。江氏转述两人之言，尚未见它处记载。

卷三　三曰音

词之宫调有门径可寻[①]

《西河词话》[②]："古者以宫、商、角、徵、羽、变宫、变徵之七声，乘十二律，得八十四调。后人以宫、商、羽、角之四声，乘十二律，得四十八调。云徵声与二变不用。四十八调，【至】宋人词犹分隶之，其调不拘长短，有属黄钟宫者，有属黄钟商者，皆不相出入。非若今之谱诗余者，【仅】以小调、中调、长调分班部也。其详载《乐府》一书。近人不解音律，动造新曲，曰自度腔。试问其所自度者，曲隶何律，律隶何声，声隶何宫、何调，【而】乃撊然[③]妄作如是耶。"

诒案：此论甚允。夫宫调虽失传，尚有门径可寻。苟欲自度腔，何不一求其源，而必妄作乎。

万氏《词律·发凡》[④]云："自沈吴兴分四声以来，凡用韵乐府无不调平仄者。至唐律以后，浸淫而为词，尤以谐声为主，倘平仄失调，则不可入调。周、柳、万俟等之制腔造谱，皆按宫调，故协于歌喉，播诸弦管。以迄白石、梦窗辈，各有所创，未有不悉音理而可造格律者。今虽音理失传，而词【格】

具在，学者但宜【依】仿旧作，字字恪遵，庶不失其矩矱。”

诒案：万氏既知音理失传，又云字字恪遵，而不知韵与音异。夫平上去入谓之韵，喉舌唇齿牙谓之音；由喉舌唇齿牙之音，可以配合宫商；由平上去入之韵，不能配合宫商。万氏仅欲字字恪遵平仄，于音尚隔一层。今虽音理失传，而喉舌唇齿牙之音未失也。一调之中，平上去入之韵，固宜恪遵。一字之中，喉舌唇齿牙之音，尤宜严辨。试取古人自度腔，先定夫平上去入之不易，再审夫喉舌唇齿牙之无讹，进而求之，其庶几乎。

【校正】

①此则首段引文出自毛奇龄《西河词话》，有清昭代丛书本；后段引文出自万树《词律》，有清光绪二年本。《词话丛编》本据征引文献不同，将此则分成两则，分别命名为“自度腔不能妄作”“韵与音异”。据《词学集成》清光绪刻本，实为一则，故重新命名为“词之宫调有门径可寻”。

②江顺诒征引《西河词话》一段，除了上文【】省略文字，还有“云徵声与二变不用”（盖去徵声与二变不用焉）、“宋人词”（宋人诗余）、“长短”（短长）、“小调”（小令）、“《乐府》”（《乐府浑成》）、“音律”（声律）、“自度腔”（自度曲）等不同处。比勘之后，江顺诒修改略佳，故沿用之。

③“僩然”，《词话丛编》本为“茫然”，此据《西河词话》《词学集成》清光绪刻本等改。

④江顺诒征引《词律·发凡》一段，除了上文【】省略文字，还有多处有异，像“尤以谐声为主，倘平仄失调，则不可入调”中“尤”“倘”“调”，《词学集成》诸本分别作“犹”“傥”“词”；“迄白石”中“迄”，《词学集成》诸本作“迨”；“今虽音理失传”中“今虽”，《词学集成》诸本作“虽今”，等，均据《词律》清光绪二年本改。

清代律吕之学少专门

《词麈》云：“国朝律吕之学，鲜有专门。曾见应嗣寅《古乐书》两册，详于体而昧于用。【吾乡】江慎斋先生【著】《律吕阐微》，本诸郑世子新法，皆无当于曲调。余多经生家，剿袭陈言，资后场之用而已。如马宛斯《绎史》中‘律吕通考’、及柴绍炳《考古类编》中‘律吕’一条，抄撮群说，组织【极】可观，然到底不曾明白，不晓如何施用。方氏《通雅》、顾氏《日知录》渊博罕有伦比，独说律吕亦属颟顸。此外【益】可知【已】。”

诒案：填词本小技，而论及律吕，探源星宿，与月露风云毫无干涉，鲜不以为迂者。方氏谓律吕为我朝之绝学，岂所语于词章之士哉。

【校正】

此则所引出自方培成《香研居词麈》卷四，嘉庆四年读画斋从书本。江顺诒征引，除了上文【】省略文字，还有多处有异，如“国朝”（本朝）、“古乐书”（古乐府）、“江慎斋”（江慎修）、“新法”（新发）、“后场”（场屋），均据《香研居词麈》本改。

辨词体须严词律

又，制腔〈即自度腔〉之法云：“腔生于律，〈【《南九宫谱定》言‘腔不知自何而来，从板而生，从字而变’，谬。】〉律不调者，其腔不能工。然必熟于音理，然后能制新腔。制腔之法，必吹竹以定之，或管、或笛、或箫皆可。〈金、石、丝、革无不可制腔造谱者，此独以竹言，取其声易调不走作也。故古人和弦，亦必取定于管色。〉惟吾意而吹焉，即以笔识其工尺于纸，然后酌其句读，划定板眼。〈声之雅俗，在板之疏密，宋人诗余赠板甚少，故其声犹有雅淡之意。〉而后吹之，听其腔调不美、音律不调之处，再三增改，务必使其抗坠抑扬，圆美如贯珠而后已。再看其起韵之处【与】前后两结是何字眼，而知其为某宫某调也。〈假如是六字起调，六为黄钟清，而第一拍转至起韵用高五字，为太簇。黄钟均以太簇为商，则此【曲】属太簇清商也。在燕乐名为大石调。余仿此。若两结不用高五字【住】，则为出调，凌犯他宫，非复大石调矣。〉至于犯调，宫商虽犯，而律字相同，实有以类相从、声应气求之义，不可以凌犯例之。此古人制犯调之精义也……新腔既定，命名以识之，而后实之以词。即不实之以词，亦可被之管弦，但不能歌耳。”

又，填腔之法云：“新腔虽无词句可遵，第照其板眼填之，声之悠扬相应处，即用韵【之】处也。故宋人用韵少之词谓之急曲子，【用】韵多者谓之慢曲子。义盖如此，此【皆】非所难。难在审其起韵、两结【工尺】之高低清浊，而以韵配之，使歌者便于融入某律某调耳。然腔调虽至多，韵脚虽至夥，而止以清浊、阴阳、高下配之。且所重正在起韵、两结，而其他不论，故其法又简易【而】不烦。古之知音者，即酒边席上，任意挥毫，莫不可谐诸律吕，盖识此理也。至于旧腔，第照前人词句填之。有宫调可考者，稍致谨于煞尾两字，即无不合律矣。”

诒案：元人变词为曲，而歌词者鲜，故词之律亡。其实可歌之曲有缠声，可歌之词亦有增字。词体丛杂，律以弦管，而繁芜皆删。胶以字句，而正变俱迷。既欲填词，不能不辨词体；欲辨词体，不能不严词律。古人习见之，而运妙用于一心，今人遂成绝学矣。

【校正】

此则所引出自方培成《香研居词麈》卷五，嘉庆四年读画斋从书本。江顺诒征引，除了上文【】省略文字，还有多处有异。如“腔生于律”（腔出于律）、“前后两结”（前后两节）、“命名以识之”（命名以实之），等，兹据《香研居词麈》本改。而“而后吹之”之“后”（复）、“至于犯调”之“于”（如）、“精义”（精意）、“被之”（被诸）、“韵脚虽至夥”之“虽”（亦），等，鉴于江顺诒转述之语气，兹以江氏用语为主。

由工尺求旋宫之法

又云：“世儒不习其器，徒知有律吕之名，而不识工尺之理；俗工虽粗习工尺之节，而又昧于律吕之源。此所以两不能知，终身由之而弗悟也。夫损益忽微，律之体也；四上工尺，律之用也。究其体不明其用，则律吕为虚器；循其用不知其体，则宫调为空名矣。”

诒案：近世俗传度曲七调，一字调最低，上字调次之。五字调最高，六字调次之。惟工字调便于高下。遇曲音过抗，则用尺字或上字调。曲音过衰，则凡字调。今之俗工皆知之。苟由俗传之工尺而求古人旋宫之法，得十二均八十四调之源，则自制新腔，又何难哉？

【校正】

此则所引出自方培成《香研居词麈》卷五，嘉庆四年读画斋丛书本。

择腔与择律

杨诚斋作词五要[①]〈培按：当是守斋。张炎得音律之学于杨守斋，陆辅之又学词于张，故撰《词旨》而载守斋之说，讹为杨诚斋耳。守斋即紫霞翁。〉：“第一要择腔。腔不韵则勿作，如《塞翁吟》之衰飒，《帝台春》【之不顺，】《隔浦莲》之寄煞[②]，《斗百花》之无味是也。”【培按：】不韵【谓】即不美

【也。“奇煞”应是“寄煞”之讹。】

诒案：此择腔系指自度曲者，若填前人已传之词，则腔自韵矣。

“第二要择律。律不应则不美，如十一月须用[3]正宫，元宵词必用仙吕【宫】为宜也。”……【培按：】……仙吕当作南吕[4]。

【校正】

①此则所引出自方培成《香研居词麈》卷三，嘉庆四年读画斋丛书本。

②“寄煞”，《香研居词麈》原为“奇煞”，方成培加按语云“‘奇煞’应是‘寄煞’之讹”，故江顺诒征引时直接改正，存杨守斋《作词五要》原貌。

③“须用”，《词学集成》诸本为“必用”，兹据《香研居词麈》改。

④“仙吕当作南吕”，《香研居词麈》本作“以愚断之，仙吕乃南吕之讹”。

《词律》不知宫调之误

万氏《词律·自叙》[1]云：“诗余乃剧本之先声，昔日入伶工之歌板，如耆卿标明于分调，诚斋垂法于择腔，尧章自注鬲指之声，君特致辨[2]煞尾之字。当时或随宫造格，创制于前；或遵调填音，因仍于后。其腔之疾徐长短，字之平仄阴阳，守一定而不移，证诸家而皆合。”

诒案：此条简析明畅，于宫调之理未尝不知之。

又《发凡》云：“《红情》《绿意》，其名甚佳，【而】再四玩味，即《暗香》《疏影》【也】，（二调之外，不另收《红情》《绿意》）。”

诒案：此实红友之精覈也，删之诚是。

又《发凡》云：“石帚赋《湘月》【词】自注（云）：即《念奴娇》（之）鬲指声，【则】体同名异，或【亦各】有【其】故……（但）宫调失传，作者【但】依腔填句……不必另收（《湘月》）。盖人欲填《湘月》，即是《念奴娇》，无庸立此名也。”

诒案：此实红友不知宫调之误也。盖《湘月》与《念奴娇》字句虽同，业已移宫换羽，别为一调。非如《红情》《绿意》[3]，仅取牌名新异也。后人不知鬲指之理，则填《念奴娇》，不填《湘月》可耳。而《湘月》之调，则不可删。

按：鬲指之义，方氏《词麈》有云：“姜尧章《湘月》词自注：即《念奴娇》鬲指声，于双调中吹之。鬲指亦谓过腔，见《晁无咎集》。凡能吹竹者，便能过腔也。后人多不解鬲指、过腔之义，培思索久之，而【后】悟其说。盖

《念奴娇》本大石调，即太簇商，双调为仲吕商④，律虽异而同是商音，故其腔可过。太簇当用'四'字，仲吕当用'上'字。今姜词不用'四'字住，而用'上'字住。箫管'四''上'字中间，只鬲一孔，笛'四''上'字两孔相联，只在鬲指之间。又此两调毕曲，当用'一'字'尺'字，亦鬲指之间，故曰鬲指声也。【能】吹竹便能过腔，正此之谓。"

诒案：《念奴娇》《湘月》，填词者虽不知过腔为何事，而欲并为一词，歌者能不问太簇之用"四"字，大吕之用"上"字，而并为一曲乎？吾恐《念奴娇》词之字，吹之"四"字而协者，吹之"上"字而未必协也。

【校正】

①万树《词律·自叙》《词律·发凡》二则摘自万树《词律》，有清光绪二年本。方氏《词麈》一则摘自方培成《香研居词麈》卷二，嘉庆四年读画斋丛书本。

②"致辨"，《词学集成》诸本作"久辨"，兹据万树《词律》改。

③"二调之外，不另收《红情》《绿意》"句，《词律·自叙》原无，乃江顺诒据意所增。

④"仲吕商"，《词学集成》诸本为"仲吕双"，兹据万树《词律》改。

万氏专以四声论词

《词综》：《湘月》注云："宜兴万氏专以四声论词，畏其严者，多诋之。泸州先著尤甚，以为宋词宫调，别有秘传，不在乎四声。按白石集《满江红》云：末句'无心扑'，歌者将'心'字融入去声方谐。《征招》云：正宫《齐天乐慢》，前两拍是徵调，故足成之。及考《征招》起二句，平仄与《齐天乐》吻合。然则宋人未尝不以四声定宫调，而万氏之说初不与古戾。"

诒案：前谓万氏仅知四声而不知五音，非谓无四声也。今注云：专以四声论词。曰"专云"，则无五音可知。仆正病其疏，非谓其严也。

【校正】

此则所引出自王昶《国朝词综》二集卷五，清嘉庆七年王氏三泖渔庄刻增修本。

字有喉舌之别

刘氏熙载《词概》云："词家既审平仄，当辨声之阴阳，又当辨收音之口法，取声取音，以能协为尚。玉田称【其父】《惜花【春起早》】词‘锁窗深’【句】，(而)‘深’字不协，改‘幽’字，又不协，改‘明’字【，始协】。此非审于阴阳者乎？又‘深’为闭口音，‘幽’为敛唇音，‘明’为穿鼻音，消息亦别。”

诒案：刘氏既知闭口唇舌之别（闭唇舌，本之戈氏顺卿），而不知喉舌唇齿牙之五音，何也？其谓既审平仄，又当辨字之阴阳，当云词有平仄之分，字尤有喉舌之别。然其论实先得我心，特不知同母异母之源，故言之不畅耳。（又案：深、幽、明三字皆平声，足徵四声与五音毫不相涉。万氏以平上去入为叶律，然乎，否乎。）

【校正】

此则所引出自刘熙载《艺概》卷四，清同治刻古桐书屋六种本。张炎《词源》曾记载其父张枢斟酌“琐窗深”句事，历代征引评说甚为丰富。然关于“惜花春起早”五字句读迄今未能统一，或视其为词调《惜花春起早》，或视为词调与词序的结合而标识为《惜花春·起早》，至于江顺诒略写为“惜花词”，则又仅视为词序。梁启勋曰：江顺诒又云：“玉田所举之惜花词，‘深’字不协，改‘幽’亦不协，再改为‘明’字乃协。深、幽、明三字皆平声，或协或不协，足征四声与五音毫不相涉。”此真乃门外汉语。深、幽、明三字虽同是平声，但深、幽二字乃阴平，而明字则阳平故也。（梁启勋《曼殊室随得笔》（上册），正中书局1948年版，第26页）

戈载以音律论词[1]

戈顺卿[2]云：“【玉田云：】词以协音为先。音者，谱也。古人按律制谱，以词定声，【此正‘依永和声’[3]之遗意】。故玉田生平好为词章，用功逾四十年，锤煅字句，必求协乎音律【而后止】。观《词源》一书，可知【其】用功之所在。今世之士往往视词为易事，酒边兴豪，引纸挥笔，【动以稼轩、龙州自况，拊几击缶，同声附和，如梵呗，如步虚，】不知宫调为何物。【仇山村之言实中流弊。】即有知玉田之[4]正轨者，【稍窥蹊径，辄自诩为《孤雁》嗣响，《春水》继声，】而所论五音之数，六律之理，则又茫乎在云雾【之】中。”

诒案：近世以音律论词者，惟戈氏。

【校正】

①《词话丛编》本则命名为“戈载首以音律论词”，据江顺诒案语中“近代”所限

范围，删去“首”字。

②此则所引出自戈载《横经堂诗余序》，张泰初《横经堂诗余》二卷，光绪二年刻本。

③“依永和声”，张炎《词源》原为“声依永，律和声”。

④“之”，《词学集成》诸本为“为”，兹据张泰初《横经堂诗余》本改。

起调毕曲须同用一韵

又[①]云：“词之为道，最忌落腔。【落腔者，】即【丁仙现】所谓落韵也。姜白石云：‘十二宫住字不同，不容相犯。’沈存中补《笔谈》，载燕乐二十八调杀声。张玉田《词源》论结声正讹，不可转入别腔。住字、杀声、结声，名【虽】异而实同[②]，全赖乎韵以归之。然此第言收音也。而用韵之吃紧处，则在乎起调毕曲。盖一调有一调之起，有一调之毕，某调当用何字起，何字毕，起是始韵，毕是末韵，有一定不易之则。而住字、杀声、结声，即由是以别焉。词之谐不谐，恃[③]乎韵之合不合。【韵各】有其类，亦各有其音，用之不紊，始能融入本【调，收足本】音耳。”

诒案：词定何调，以始韵之字何音，即谓何调。毕韵仍用始起之音则协，如用他音则过腔矣，与转韵不相涉。

【校正】

①此则所引出自戈载《词林正韵·发凡》，清道光元年翠薇花馆本。

②“异而实同”，《词林正韵》本作“异而实不殊”。

③“恃”，《词学集成》诸本为“视”，兹据《词林正韵》本改。

戈载言韵不出万氏窠臼

又[①]云：“韵有四呼、七音、三十一等，呼分开合，音辨宫商，等叙清浊。而其要则有六条：一曰穿鼻，二曰展辅，三曰敛唇，四曰抵腭，五曰直喉，六曰闭口。穿鼻之韵，东冬钟江、阳唐庚耕、清青蒸【登】三部是也。其字必从喉间反入，穿鼻而出作收韵，谓之穿鼻。展辅之韵，支诣微齐灰、佳〈半〉皆咍二部是也。其字出口之后，必展两辅如笑状作收韵，谓之展辅。敛唇之韵，鱼虞模萧、宵爻豪、尤侯幽三部是也。其字在口半启半闭，敛其唇以作收韵，谓之敛唇。抵腭之韵，真谆臻文欣魂痕、元寒桓删山先仙二部【是也】。其字将终之际，以舌抵【著】上腭作收韵，谓之抵腭。直喉之韵，歌戈、佳〈半〉麻二部是也。其字直出本音以作收韵，谓之直喉。闭口之韵，侵覃、谈盐沾严咸衔凡二部是也。其字闭其口以作收韵，谓之闭口。凡平声十四部，已尽于此，上去即随之，惟入声有异耳。【入声之本体，后有论四声表在，亦可类推。至其叶三声者，则入某部即从某音，总不外此六条也。】明是六者，庶几【韵不假借，而】起、毕、住字无不合【矣。又何虑其落韵乎?】”

诒案：韵之与音，一经一纬，不可强而合。如所云穿鼻之类，即三十六字母，分喉舌之理，而变其名。以六者分辖宫商，而必使某类辖某韵，将以全一韵之字皆隶宫，全一韵之字皆隶商乎？一韵之字不一母，此明反切者，皆知之。即云穿鼻之类与喉舌唇齿异，第以辖韵不以辖音，则欲求字之宫商于何求乎？总之，宋以后合音与韵而一之，不能歧音与韵而二之。由韵以求音，毋怪其扞格也。〈又案：穿鼻等六条见毛氏《声音韵统论》，戈氏亦抄袭耳。〉

又云：“上去自来通用，【无须变更，】惟上与去其音迥殊。《元和韵谱》云：‘上声历而举，去声清而远，相配用之，方能抑扬有致。’故词中之宜用上，宜用去，宜用上去，宜用去上，有不可假借之处，关系非浅[②]。”

诒案：曲之关系在可歌，词之关系亦在可歌，词至于可歌，则断无不入调矣。夫可歌之曲，且上去通押，独可歌之词不能上去通用乎。抑词于可歌之外，别有妙巧乎。但当审其字之为宫为商，不当问其字之为上为去。盖上声中之字，兼有宫商五音，去声中之字，亦兼有宫商五音。戈氏言韵而不言音，仍未出万氏窠臼。戈氏何不以穿鼻展辅者分隶宫商乎，吾知其未必协也。

【校正】

①此则所引出自戈载《词林正韵·发凡》，清道光元年翠薇花馆本。

②“浅”，《词学集成》诸本作“轻”，兹据《词林正韵》本改。

古人未言以喉舌唇齿配宫商

张氏玉田《词源》二卷[①]，其上卷曰五音相生，曰阳律阴吕合声图，曰律吕隔八相生图，【曰律吕隔八相生，】[②]曰律生八十四调，曰古今谱字，曰四宫清声，曰五音宫调配属图，曰十二律吕，曰管色应指字谱，曰宫调应指谱，曰律吕四犯，曰结字正讹，曰讴曲旨要[③]。其于音律之学，至详且悉，按谱求之，自无不得。何以自宋至今，俱云音律失传也？盖《词源》所列者，成词后之音律也。作者当未成调之时，必先以字求音，何字为宫，何字为商，此无定也。工字应宫，尺字应商，此有定也。由工尺而配宫商，诸谱具在，由宫商而求何字为宫，何字为商，则古人未之言也。即宋之深明音律者，亦不过宫调熟悉，以天籁得之耳。必成词后，先歌以审之，复管笛以参之，不合者改字以协之。如玉田云："'琐窗深'，'深'字不协，改为'幽'字，又不协，再改为'明'字，歌之始协。"此三字皆平声，胡为如是？盖五音有喉舌唇齿牙，所以有轻清重浊之分。张氏苟知何字为宫，何字为商，即'深'字误用，一改而得'明'字，即不用'明'字，亦必用唇音之字矣。何以改'幽'字不协，而始改'明'字，足见以喉舌唇齿分清浊，古人知之；以喉舌唇齿配宫商，古人未言也。余初以喉舌唇齿为字之音，平上去入为字之韵，自以为创，读张氏之论，实非创也。张氏所为鼻音，即牙音。

【校正】

①江顺诒《词学集成·凡例》第四则有言："间有已论，自成一则者，皆不书名，以省烦渎。"此则即是阅读张炎《词源》所获心得。

②据张炎《词源》上卷，在"律吕隔八相生图"一则后，尚有"律吕隔八相生"一则。

③"讴曲旨要"，《词学集成》诸本作"讴曲要指"，兹张炎《词源》改。

填词未谐之原因[①]

《词源》[②]下卷第一条云："古[③]之乐章、乐府、乐歌、乐曲，皆出于雅正。自隋唐以来，声诗间为长短句。至唐人则有《尊前》《花间集》。迄于崇宁之大晟（乐）府，命周美成诸人，讨论古音，审定古调，沦落之后，少得存者，由此八十四调之声稍传。而美成诸人又复增演慢、引、近，或移宫换羽，为三犯、四犯之曲，按月律为之，其曲遂繁。美成负一代词名，所作之词，浑厚和雅，善于融化诗句。而于音谱且间未谐，可见其难矣。"

诒按：乐以和为贵，乐府之声，安有不谐者。美成制作才，而间有未谐，此则余之所不解也。张氏亦第言其难，而不言所以未谐与所以难之故。其所谓未谐者，以余揣之，非选声之不克入律，实用字之未能审音也。至后之人，于字之不协者，欲易一字，于音虽协，或于语句未妥，更无可易之字，不得已用原字，歌时读作某音，此亦变通之一法也。

【校正】

①《词话丛编》本此则命名“周邦彦词间有未谐”，据江顺诒按语，当以“填词未谐之原因”为宜。

②此则所引出自张炎《词源》卷下，有清词学丛书本等。

③“古”，《词话丛编》本为“古人”，《词学集成》清光绪刻本、《词源》诸本皆为“古”。

古人按律制谱

又[①]云：“词以协音为先，音者何？谱是也。古人按律制谱，以词定声，此正‘声依永，律和声’之遗意。有法曲，有五十四大曲，有慢曲。”

诒案：古人所谓谱者，先有声而后有词。声则判宫商，一调有一调之律。词则分清浊，一字有一定[②]之音。按律而制，名之曰谱，歌者即案律以歌。后人易词而不能易谱，易字而不能易音。凡后世词谱，有能求制谱之始，而定其字之清浊乎？判其词之宫商乎？至万氏红友以律名，所谓律者安在？

【校正】

①此则所引出自张炎《词源》卷下，有清词学丛书本。

②“定”，《词话丛编》本作“字”，兹据《词学集成》清光绪刻本改。

今人填词以讹传讹

又[①]云：“听者不知宛转迁就之声，以为合律，不详一定不易之谱，则曰失律。矧歌者岂特忘其律，抑且忘其声字矣。述词之人，若只依旧本之不可歌[②]者，一字填一字，【而不知】以讹传讹，徒费思索。当以可歌者为工，虽有小疵，亦庶几耳。”

诒案：今之填词，正以讹传讹，徒费思索耳。即讲求声律者，究不闻别有真传，而求用字之宫商。其所谓必用去必用上，必不可用平，不可用入之句，同一歌之不协而已。

【校正】

①此则所引出自张炎《词源》卷下，有清词学丛书本。

②“歌”，《词学集成》诸本为“教”，兹据《词源》改。

注意起结防其犯他调

又[①]云：“作慢词看是甚题目。先择曲名，然后命意。命意既了[②]，思量头如何起，尾声如何结，方始选韵，而后述曲。最是过片，不要断了曲意，须要承上接下……词既成，试思前后之意不相应，或有重叠句意，又恐字面粗疏，即为修改。改毕【净写】一本，展之几案，或贴之壁。少顷再观，必有未稳处，又须修改。至来日再观，恐【又】有未尽善者，如此改之又改，方成无瑕之玉。倘急于脱稿，倦事修择，岂能无病，不惟不能全美，抑且未协音声。”

诒案：思量头如何起，尾如何结，防其犯他调也。一言宫调，词与曲无二理。协律家以起字、结字并论，词中论字，第论其协与不协而已。应平应仄固不言，应宫应商，亦未及之。

【校正】

①此则所引出自张炎《词源》卷下，有清词学丛书本。

②“命意既了”，《词学集成》诸本作“意既了然”，兹据《词源》改。

歌词须合律

竹西词客《词源跋》[①]云：“玉田生【词】与白石齐名，词之有姜、张，犹诗[②]之有李、杜也。【姜、张】二君皆能按[③]谱制曲，是以《词源》论五音均拍，最为详赡。【窃】谓乐府一变而为词，词一变而为令，令一变而为北曲，北曲一变而为南曲。今以北曲之宫谱，考词之声律，十得八九焉。《词源》所论【之】乐色、管色，即今笛色之六、五、上、四、合、一、凡也。管色应指字谱。七调之外，若勾、小大一[④]、小大上、小大凡、大住、小住、掣折、大凡、打，乃吹头管者，换调之指法也。宫调应指谱者，七宫指法起字，及[⑤]指法十二调之起字也。论拍眼云：‘以指尖【应】节候拍，即今之三眼一板也。花十六前衮、中衮、打前拍、打后拍者，乃今之起板、收板、正板、赠板之类也。乐色拍眼，虽乐工之事，然填词家亦当究心，若舍【此】不论，岂能合律哉？’

细绎是书，律之最严者，结声字如商调结声是凡字，若用六字，则犯越调。学者以此类推，可免走腔落调之病矣。盖声律之学，在南宋【时，知之者】已鲜矣。”

诒案：音律之所以失传者，不在八十四调之繁多，而在字之音不知分隶何宫。夫古人之词具在，择其无错误者，先辨其清浊，次别其为喉音、舌音、唇音、齿音、牙音、半齿、半舌音，而立一格。填词时喉格用喉，舌格用舌，苟歌之而合律，则复古不难矣。

【校正】

①竹西词客，即江藩（1761—1831）字子屏，号郑堂，别号竹西词客，江苏甘泉（今扬州）人。其《词源跋》，载江藩《半毡斋题跋》卷上，有功顺堂丛书本，中华书局1985年据此出版排印本。

②“犹诗”，《半毡斋题跋》本作“如诗”。

③“按”，《词学集成》诸本为“案”，兹据《半毡斋题跋》本改。

④“小大一”，《词学集成》诸本为“失一”，《词籍序跋萃编》为“尖一”，兹据《半毡斋题跋》本改。

⑤“及”，《词学集成》诸本作“即”，兹据《半毡斋题跋》本改。

宫商从天籁出

亡友汪稚松大令根兰云：“吴门戈顺卿为近时作者，其所作必协宫商，于律韵则诚精矣，但少生趣耳。陶凫芗太常为余言，戈词如塑像一般，非有神气骨血者。并云：词者，天籁也。诗所不得而达，词得而达之。好词自合宫商，若刻意求之，恐所合者仅宫商耳。”

诒案：戈词如塑像固然，必谓合宫商者，皆无神气骨血，则非。须知宫商亦从天籁出，不知者刻意求之而不得，知者固毋庸刻意求也。

【校正】

此则所引汪根兰（字稚松）语，尚未见于其他文献记载。

先审音后论韵

此卷专就喉舌唇齿牙而论音，似平上去入全置不问矣。非不问也，审音既定，工尺无讹，然后就一音之中，审其宜上宜去，而抑扬以判。若未审音，而先论韵，是分眇者之黑白，听哑者之雌黄矣。

万氏论字不论音之误

宗小梧司马[①]云："太白《清平调》，是诗非词。当时伶人以《清平调》谱出，故以为名。《词律》收之，乃红友之陋。旗亭画壁所歌皆诗，何以'黄河远上'，《词律》独不收乎？"

诒案：词无定体，作者之填词，与歌者之按调各不同，非以字之多寡限之，尤非以字之上去限之。彼"云想衣裳"乃七言绝，而歌者以《清平调》谱之。"渭城朝雨"亦七言绝，而歌者以《阳关三叠》谱之。至旗亭画壁所歌亦皆七言绝，而调名不传。决其非一调，并决其非《清平》等调矣。夫此数诗之平上去入，皆无稍异。何以调各异名，唱各[②]异腔，从可知歌者之增减字句以成调，不能以体限也。今之九宫大成及纳书楹曲谱，同一调名之词，而旁注之工尺板眼无同者。其起句与收句尚不甚悬远，其余或增或减，或疾或徐，皆无一定。并有字无增减而板眼各别者，亦足征万氏论字不论音之误。

【校正】

①此则所引宗山语，尚未见于其他文献记载。

②"各"，《词话丛编》本为"者"，兹据《词学集成》清光绪刻本改。

卷四　四曰韵

失韵并非无韵

《西河词话》[①]云："词本无韵，故宋人不制韵。任意取押，虽与诗韵【相通】不远，然要是无限度者。予友沈子去矜【创为词韵】，与[②]家稚黄取刻之，虽有功于词【甚明】，【然】反失【其】古意。"

诒案：此条《昭代丛书》杨氏已驳之，谓前人疵漏未检，若据以为征，又何异尸祝子桑、原壤，而遂訾经曲为不必设也。毛氏历引旧词之失韵者为无韵之证，故杨氏纠之。而纪氏以为精核，贻误后学不浅，故不可以不辨。

【校正】

①此则所引出自毛奇龄《西河词话》，有清昭代丛书本。

②“与”，《西河词话》本作“而”。

宋词皆可入乐

毛氏《词话》载轶事，为他书所未见，后人引用者亦少。纪晓岚先生昀云：“《西河词话》‘无韵’一条（最）为精核，谓辛、蒋为别调，深明源委。”先生于词不屑为，故所论未允。夫宋人之词，皆可入乐。韵为天籁，未有四声以前，三百篇未有无韵者，岂唐宋以后入乐之文而不用韵乎？况宋人自度腔皆可歌，后人不得其传。至辛、蒋以豪迈之语，为变徵之音。如今弦笛，腔愈低则调愈促，声高则调高，何碍吟叹之有？

【校正】

此则所引纪晓岚语，见《四库全书总目》卷一百九十九集部五十二，有清乾隆武英殿刻本。原为：“其（案：毛奇龄）论沈去矜‘词韵’一条，尤为精核。论辛弃疾、蒋捷为别调，亦深明源委。”

填词家所尚《词韵》三书①

《莲子居词话》②云：“钱塘沈谦（去矜）取刘渊、阴时夫，而参之周德清韵，并其所分，分其所并，甚至割裂数字，并失广韵二百六部，所属诚多可议。莱阳赵钥、宜兴曹亮武次第之，均之失也。全椒吴烺学宋斋本【小变】其面目，终亦沿沈氏之误。近日海盐吴应和榕园韵，【遵广韵，】部目斟酌分并，【平】声从沈氏，上去以平为准，入以平上去为准，最确。其中有增益删汰而无割裂，亦属至是【，敢以俟论定者】。”

诒案：学宋斋本，为世所重。榕园韵近有刻本。又有《碎金词韵》，填词家亦尚之。

【校正】

①此则《词话丛编》本题为“榕园韵最确”，这原系吴衡照《莲子居词话》的论断，据江顺诒案语，改为“填词家所尚《词韵》三书”为宜。

②此则所引出自吴衡照《莲子居词话》卷一，清嘉庆刻本。江顺诒征引时，除上文【】省略文字，尚有多处与《莲子居词话》有异。如“次第之”（次第刊行）、“之误”（误处）、“吴应和”（吴宁撰），等。

菉斐轩非宋韵

又[①]云：“《菉斐轩韵》，不著撰者姓氏。平声立十九韵[②]，次以上去声，其入声即配隶三声，不另立韵。厉樊榭诗，所谓‘欲呼南渡诸公起，韵本重雕菉斐轩’（是）也。顾其书无入声，究似北曲。且既为南宋【时】所刊，【尤】不应有一百六部【目也】。”

诒案：菉斐轩乃元人填词度曲通用之韵，非宋韵也。近有以上去韵分列平韵后，而入声别自为部，乃入声分部者五，平声分部者十四，则并而又并为太简矣。

【校正】

①此则所引出自吴衡照《莲子居词话》卷一，清嘉庆刻本。

②“立十九韵”，《词学集成》诸本为“三十九韵”，误“立”为“三”，兹据《莲子居词话》本改。

《词概》论韵有门径可寻[①]

刘氏熙载《词概》[②]云：“词家用韵在先，观其韵之通别，别者必不可通，通者仍须知别。如‘江’之于阳，‘真’之于‘庚’，古韵既别，虽今吻相通，要不得而通也。‘东冬’于‘江’，‘歌’于‘麻’，古韵虽通，然今吻既别，便不可以无别也。至一韵之中，如‘十三元’【韵】，今吻读之，其音约分三类[③]，亦当择而取之，余韵准此。”又“上入虽可代平，然亦有不可代之处。使以宛转迁就之声，乱一定不易之律，则代之一说，转以不知为愈也。”

诒案：此浅近言之，使学者有门径可寻。

【校正】

①此则《词话丛编》本题为“用韵须观通别”，这原系刘熙载《词概》的论断。据江顺诒案语，改为“《词概》论韵有门径可寻”为宜。

②此则所引出自刘熙载《艺概》卷四，清同治刻古桐书屋六种本。

③“其音约分三类”，《词学集成》诸本为“韵分三类”，兹据《词概》改。

万氏《词律》论上去有所本[①]

又[②]云：“‘上、去不宜相替’，宋沈伯时义甫之说也。‘去声当高唱，上声当低唱’，【明】沈璟词隐之说也。两说为后人论词者所本，故[③]表而出之。”

诒案：“后人”似指万氏《词律》而言。

【校正】

①《词话丛编》本题为“《词律》本二沈之说”，据江顺诒案语，改为“万氏《词律》论上去有所本”更确。

②此则所引出自刘熙载《艺概》卷四《词概》，清同治刻古桐书屋六种本。

③“故”，《词概》为“爰为”。

戈氏韵有功后学

戈顺卿云：“词始于唐，【唐时】别无词韵之书。宋朱希真【尝】拟应制词韵十六条，【而】外列入声韵四部。其后张辑释之，冯取洽增之，【至】元陶宗仪【曾】讥其淆混，欲为改定，而其书久佚，目亦无【自】考矣。厉鹗论词绝句有云：‘欲呼南渡诸公起，韵本重雕菉斐轩。’注云：曾见绍兴二年刊《菉斐轩词【林要】韵》一册，分东、红、邦、阳十九韵，亦有上、去、入三声作平声者，于是人皆知有《菉斐轩词韵》，而又未之见。近秦敦夫先生取阮芸台先生家藏《词林韵释》一名《词林要韵》重为开雕，题曰‘宋菉斐轩刊本’，而《跋》中疑为元明之季谬托，【又疑】此书【专】为北曲而设。诚哉是言也。观其所分十九韵，且无入声，则断为曲韵【无疑】。樊榭偶未深究耳。是欲辑词韵，前【既】无可考，而此书又不可据以为本【也】。【国初】沈谦【曾】著《词韵略》一编，毛先舒为之括略，并注以东董、江讲、支纸等标目，平领上、去，而止列平、上，似未该括。入声则连两字曰屋沃，曰觉药，又似纷杂。且用阴氏韵目，删并既失其当，则分合之界模糊不清；字复乱次以济，不归一类；其音更不明晰。舛错之讥，实所难免。同时有赵钥、曹亮武均撰词韵，与去矜大同小异。若李渔【之】《词韵》【四卷】，列二十七部，以支微部分为三：曰支纸寘，曰围委未，曰奇起气。鱼虞部分为二：曰鱼雨御，曰夫甫父。家麻部分为二：曰【家假驾，曰嗟姐借。覃盐部分为二：曰）甘感绀，曰兼检剑。入声则以屑叶为一部，厥月褐缺为一部，物北为一部，挞伐为一部。以乡音妄自分析，尤为不经。【至前此】胡文焕（之）《文会堂词韵》，平、上、去三声用曲韵，入声【用诗韵，骑墙之见，亦无根据。近又有许昂霄近缉《词韵考略》，亦以今韵分编。平、上、去分十七部，入声】分九部，曰古通古转，曰今通今转，曰借叶，自称本楼敬思《洗砚集》中之论。大旨以平声贵严宜从古，上、去较宽可参用古今，入声更宽不妨从今。但不知所谓古今者，何古何今？而又何所谓借叶？痴人说梦，【更】不足道。【所幸者诸书俱未风行，犹不至谬以传谬。】今填词家所奉为圭臬【信之不疑】者，则莫如吴烺、程名世【诸人所著】之《学宋斋词韵》。其书以学宋为名，【宜其是矣。】乃所学者皆宋人误处。真、谆、臻、文、欣、魂、痕、庚、耕、清、音、蒸、登、侵，皆同用；元、寒、桓、删、山、先、仙、覃、谈、盐、沾、严、咸、衔、凡，又皆并部。入声则物、迄，入质陌韵，合、盍、业、洽、押、乏，入月屑韵。滥通取便，踳驳不堪，【试】取宋人名作读之，果【尽】若是之宽【者】乎？且字数太略，音切又无分合，半通之韵，则臆断之，去、上两见之字，则偏收之。种种疏谬，其病百出，不知而作，贻误来兹【，莫此为甚】。【而】复有郑春波【者继作】《绿漪亭词韵》以附会之，羽翼之，而词韵遂因之大紊矣。是古人之词具在，无韵而有韵，今人之韵成书，有韵而无韵，岂不大可笑哉。是书列平、上、去为十四部，入声为五部，共十九部，皆取古人之名词，参酌而审定之。尽去诸弊，非谓前人【之书】皆非，而予【言】独是【也】。不过求合于古，【一片苦心，】知音者自能鉴谅尔。”

诒案：应试诗赋悉遵一百六部，无敢踰越。游戏之作，似可不必遵功令。然韵与律相表里，填词家既精于求律，自不能疏于押韵。前人词韵甚夥，而戈氏均不以为然，所著诚有功后学。至以入作平，平作上，虽见之古人词中，据以为韵，取而押之，究于心未安也。盖一代有一代之方言，一隅有一隅之方音，生同时而隔数十里，音即不同。虽同文之世，亦不能强。况南北分裂，以入作平、上、去用，未始非南北曲之滥觞。或一词之中，一二字偶有未协，歌者不能不改音以就律，而因以改其本字之音为法，于后世不可也。又近时有《晚翠轩袖珍本词韵》，亦分十九部，与正韵同。

【校正】

此则所引出自戈载《词林正韵·发凡》，清道光元年翠薇花馆藏本。江顺诒摘录时，除了上文【】省略文字，尚有多处有异，兹据《词林正韵》改正。如“淆混”（混淆）、“而其书”（今其书）、“厉鹗论词绝句有”（厉鹗诗）、“阮芸台先生”（阮氏）、“厥月褐缺”（厥曷月缺）、“自称”（自云）、“魂、痕”（痕、魂）、“成书”（书成）、“是书”（因作《词林正韵》一书）……（）内系《词学集成》文字。

词家用韵可从宽[①]

又[②]云：“词韵与诗韵有别，然其源即出于诗韵，【乃以诗韵】分合之耳。【诗韵自南齐永明时，谢朓、王融、刘绘、范云之徒，盛为文章，始分平上去入为四声。汝南周子乃作《四声切韵》，梁】沈约【继之，为】《四声谱》，【此四声之始，而其书已】久失【传】。隋仁寿初，陆法言【与刘臻、颜之推、魏渊】等【八人论定是非，古今通塞，】撰《切韵》五卷，唐【仪凤时】郭知元等附益之。天宝中，孙愐【诸人复】加增补，【更】曰《唐韵》。宋祥符初，陈彭年【、邱雍】（等）重修，易名《广韵》。景德四年，戚纶【等】承诏，详定考试声韵，则名曰《礼部韵略》[③]。景祐初[④]，宋祁、郑戬建言，以《广韵》为繁略失当，乞别刊定，命祁、戬与贾昌朝同修，而丁度、李淑典领之，【宝元二年】书成，【诏】名曰《集韵》。【是】自《切韵》，【始】而《唐韵》，而《广韵》，而《韵略》，而《集韵》，名【虽屡】易而【其书之】体例未易。总分为二百六部，独用同用，所注了然。非特可用之于诗，即用【之】于词，亦无不可也。至【江北】平水刘渊师心变古，一切改并，省至一百七部。而元【初】黄公绍《古今韵会》因之。又有阴氏时中、时夫著[⑤]《韵府群玉》，【复】并【上声之拯部，】存[⑥]一百六部，字删剩八千八百余字，较【《广韵》十之四，】《集韵》仅十之二。此即今通行韵本[⑦]，考之【于】古，鲜有合焉【者矣】。即以词论，灰、咍本为二韵，灰可以入支微，咍可以入皆来。元、魂、痕本【为】三韵，元可以入寒删，魂、痕可以入真文。即佳、泰、卦【三韵】于词有半通之例，其字皆以切音分类，各有经界，分合自明。乃妄为删并，纷纭淆乱，而填词者亦不知所宗矣。是书[⑧]俱从旧目，以词盛于宋，用宋代之书。《广韵》《集韵》稍有异【同】，而《集韵》纂辑在后，字最该广。”

诒案：《切韵》以下数部，皆由官定。今一百六部《佩文韵府》，亦遵之，从宽也。填词家何妨从严，而因以复古乎？

【校正】

①此则《词话丛编》本题为“词韵不妨从严”，据江顺诒案语“填词家何妨从严，而因以复古乎”，当误解江氏之意，宜改为“词家用韵可从宽”。

②此则所引出自戈载《词林正韵·发凡》，清道光元年翠薇花馆藏本。

③“则名曰《礼部韵略》”，《词林正韵》为“别名曰《韵略》”。

④“景祐初”，《词学集成》光绪刻本为“景初”，《词话丛编》本作“景德初”，误。景德（1004—1007）为宋真宗年号，景祐（1034—1038）是宋仁宗年号。宋祁（998—1061），景德初不足十岁，如何建言？兹据《词林正韵》本改。

⑤“阴氏时中、时夫著”，《词学集成》光绪刻本为“阴时中作”，《词话丛编》改为“阴时夫作”，兹据《词林正韵》本改。案：阴时中，不详。《韵府群玉》系阴时夫（名时遇）编，其兄阴中夫（名幼达）为每个字和典故作注。疑“时中”为“中夫”之误。

⑥“存”，《词学集成》诸本作“为”，兹据《词林正韵》本改。

⑦“此即今通行韵本”，《词学集成》诸本为“今虽通行”，兹据《词林正韵》本改。

⑧“是书”，《词学集成》诸本改作“《正韵》一书”，兹据《词林正韵》本改。

词曲俱可四声并押

又[①]云：“词韵与曲韵【亦】不同。制曲用韵，可以平、上、去通押[②]，且无入声（诒案：‘无’字疑误）[③]。如【周德清】《中原音韵》，列[④]东钟江阳等十九部，入声则以【之】配隶三声，例曰广其押韵，为作词[⑤]而设。以予推之，入为痖音，欲调曼声，必谐三声，故凡入声之正次，清音转上声，正浊作平，次浊作去，随【音转】协，始有所归耳。高安虽未明言其理，而予测其大略如此。实则宋时已有《中州韵》之书，载《啸余谱》中，【不著撰人姓氏，】而《凡例》谓【为】宋太祖时所编。毛稚黄亦从其说【，是高安已有所本】。明范善溱又撰《中州全韵》，【国初】李书云有《音韵须知》，王鵕有《音韵辑要》，此又本高安而广之者。至《词林韵释》与《中原音韵》亦同，而标目大异。如东钟则曰东红，鱼模则曰车夫【，桓欢则曰鸾端】之类，【要】其为十九部，以入声配三声则一也。此皆曲韵也。盖《中原音韵》诸书，支思【与】齐微分二部，寒山、桓欢、先天分三部，家麻、车遮分二部，【监咸、廉纤分二部，】于曲则然，于词则不然。况四声缺入声，而词则明明有必须用入（声）之调，断不能缺。故曲韵不可为词韵【也】。惟入声作三声，词家亦多承用。”

诒案：戈氏谓曲韵非词韵，词有必须用入声之调，不能缺。夫以入声配三声，犹之上、去隶平声后，上自为上，去自为去，通押独押皆可，非缺也。至以入声作三声，则改作入声之音为平、上、去之音矣。又历引宋人词数十句为入作三声之证。窃以为不然。夫平、上、去、入，韵也，非音也。歌者但求叶乎宫商，不必合乎平仄。平、上、去、入中，皆有喉、舌、唇、齿、牙之音，如歌者词中一字，必喉音始叶工尺，平声中之喉音可，即上、去、入中之喉音，皆可也。元人之曲，长套多四声兼押，短调数韵则鲜，词亦不过十数韵而止。总之，四声并押，曲可，词亦可，期于叶律而已，不必以少证多也。又闻北人无入声，皆读作平，或作上、去者，此字随音变谓之方音，不得谓之作某声，以开后人通押四声之渐。

【校正】

①此则所引出自戈载《词林正韵·发凡》，清道光元年翠薇花馆藏本。

②“通押”，《词林正韵》为“通叶”。

③“诒案：‘无’字疑误。”《词话丛编》本无此案语，兹据光绪刻本。

④“列”，《词学集成》诸本作“则”，兹据《词林正韵》本改。

⑤“词”，《词话丛编》本作“韵”，兹据《词林正韵》《词学集成》光绪刻本改。

词韵与曲韵可不分

又[①]云：“四声之中，入声最难分别。中原音韵[②]，以入作三声，【有者】惟支微、鱼虞、皆来、萧豪、歌戈、家麻、尤侯七部，其音即随部转叶[③]，此入声而非入声也。若四声表之以入分配，则有无相反，其说亦微有不同。就词韵而论，莫如以沃屋烛为东钟之入声，觉药铎[④]为江阳之入声，质术栉为真文之入声，勿迄月没曷末点牵屑[⑤]薛叶帖为寒删之入声，陌麦昔职德为庚青[⑥]之入声，缉为侵寻之入声，【合】盍业洽押乏为覃盐之入声。其余七部皆无，则至当不易……毛先舒所撰曲韵[⑦]，似有与[⑧]词合者。如一屋单用，二质七陌八缉通用，五屑十叶通用，亦可单用。此为南曲而设，南曲即本乎词，其于宋词之用韵，信乎殊流而同源。至【以】三曷六叶通用，四辖九合通用，则又与词不合矣。”

诒案：戈氏谓南曲即本乎词，夫今之词与曲异者，词不能歌耳。而以求词之源，则词皆可歌，词韵与曲韵何必分？词之用平上去入，何必与曲异？所异者，词只一阕，分上下段，多至三段、四段而止，只一调名；曲则合数阕而为一套，有引子，有尾声，而以宫商合箫管，以喉舌五音合宫商无二致。词变为曲，殆所谓言之不足，而长言之乎？

【校正】

①此则所引出自戈载《词林正韵·发凡》，清道光元年翠薇花馆藏本。

②“中原音韵”，《词话丛编》本作“中原音声”，兹据《词林正韵》《词学集成》光绪刻本。

③“转叶”，《词学集成》诸本作“转协”，兹据《词林正韵》改。

④“觉药铎”，《词学集成》诸本作“觉铎药”，兹据《词林正韵》改。

⑤“屑”，《词话丛编》本作“宵”，兹据《词林正韵》《词学集成》光绪刻本。

⑥“青”，《词学集成》诸本作“清”，兹据《词林正韵》改。

⑦“曲韵”，《词学集成》诸本作“七韵”，兹据《词林正韵》改。

⑧“与”，《词学集成》诸本作“于”，兹据《词林正韵》改。

句中不宜用同韵字

《词麈·记梦》①云：“凡一词用某韵，则句中勿多杂入本韵字，而每句首一字尤宜慎之。如押鱼虞韵，而句中多用语、虞、无、吾等字②，则五音紊【矣】。”又云：“精于律吕者，未尝有书，而其词具存。试奏一曲，其中不言之意，在善悟者自领略之耳。”

诒案：既押某韵，而句中不用同韵字，嫌其拗口也。五音四声，其理实一。反切合五声，五声隶五音，谓反切为不传之秘，然乎，否乎。

【校正】

①此则所引出自方成培《香研居词麈》卷三，嘉庆四年读画斋丛书本。

②“用语、虞、无、吾等字”，《词学集成》诸本作“语虞字，无吾字”，兹据《香研居词麈》改。

协律在宫商不在平仄

毛稚黄①云：“填词之韵大略②平声独押，上去通押，【然】间有三声通押者

【，如《西江月》《少年心》之类】。沈氏于每部韵俱[3]总统三声，而中【又明】分平仄，凡十四部。至于入声，无与平、上、去通押之法，故【后又别为】为五部。”

诒案：词变为曲，词入声专押，至曲复四声统押，足见协律在宫商，而不在平仄。非词律之精严，皆填词之不知律耳。

【校正】

①此则所引出自毛先舒《韵学通指》之《沈氏词韵略》毛先舒按语，清康熙刻思古堂十四种书本，又见《四库全书存目丛书》本。

②“填词之韵大略”，《词学集成》诸本作“填词家大约”，兹据《韵学通指》改。

③“沈氏于每部韵俱”，《词学集成》诸本作“故沈去矜韵每部”，兹据《韵学通指》改。

宋词重在协律

《词麈》[1]录李易安论词云：“易安居士言：‘诗文分平仄，而歌词分五音，又分五声，又分音律，又分清浊【轻重】。且如近世所谓《声声慢》《雨中花》《喜迁莺》，既押平声韵，又押入声韵。《玉楼春》本押平声【韵】，又押上去声，又押入声。本押仄声韵，如押上声则协，如押入声，则不可歌矣。’培案：段安节言‘商角同用’，是押上声者，入声亦可押也，与易安说不同。余尝取柳永《乐章集》按之，其用韵与段说合者半，不合者半，乃知宋词协韵，比唐人较宽。宋大乐以平入配重浊，以上去配轻清[2]，亦与段图[3]不同。大抵宋词工者，惟取韵之抑扬高下，与协律者押之，而不拘拘于四声。其不知律者，则惟求工于词句，并置此而不论矣。”

诒案：后之填词，韵有上去通押者，而无平仄同押者，虽与曲有别，究与律无关也。

【校正】

①此则所引出自方成培《香研居词麈》卷三，嘉庆四年读画斋丛书本。

②“轻清”，《词学集成》诸本作“清轻”，兹据《香研居词麈》本改。

③“段图”，《词话丛编》本为“段说”，兹据《香研居词麈》《词学集成》光绪刻本改。

词韵半通之例师《唐韵》

毛稚黄《词韵说》[①]云："诗韵惟（唐）孙愐《唐韵》【一书，最为古本】，稽载【亦】详明，考韵者【自】当据为正。【借】如灰韵一部【中】亦自别，而孙【本】胪分最清楚。如回枚之类，自以灰字领韵为一段。开哀之类，自以咍字领韵为一段。又如元韵一部[②]中亦自别，【孙本】如袁烦之类，以元字领韵为一段。昆门之类，以魂字领韵为一段。又【如】队韵【一部】中亦自别，【孙本】如佩妹之类，以队字领韵为一段。【赛戴之类，以代字领韵为一段。】秽吠之类，以废字领韵为一段。今【如柴氏古韵通沈氏】词韵【多】有某韵半通之例，览者【多不通晓，但】案孙氏本而考之，亦庶几矣。"

诒案：《唐韵》分段之说，言词韵者未论及之，半通之例，即师其意也。

【校正】

①据江顺诒征引时云"毛稚黄《词韵说》"以及此段文字信息，可初步认为此则出自邹祇谟、王士禛辑《倚声初集》卷四（清顺治十七年刻本），其中录有毛先舒《词韵说》二则。另外，又见毛先舒《韵学通指》之《声韵丛说四十一则》，清康熙刻思古堂十四种书本。本则校勘依后者。

②"如元韵一部"，《词学集成》诸本为"先韵"，兹据《韵学通指》《倚声初集》等本改。

宋以后不分音与韵

毛氏《声音韵统论》[①]曰："夫人欲明韵理者，先须晓识声、音、韵三说。盖一字之成，必有首、有腹、有尾。声者，出声也，是字之首。孟子云，金声而玉振之，声之为名，盖始事也。音者，度音也，是字之腹。字至成音，而其字始正矣。韵者，收韵也，是字之尾（声），故曰余韵。然三者【之中】韵居其殿，而最为要。凡字之有韵，如水[②]之趋海，其势始定。如画之点睛，其神始完。故古来律学之士，于声与[③]音，固未尝置于弗讲，而惟审韵尤兢兢（焉）。所以沈约、孙愐而下，所著之书，即声音之理，未尝弗贯，而专以韵名书也。然韵理精微，而法烦苛，又古今诗骚词曲体制不同，因造损益，相沿亦异，拟为指示，益[④]增眩惑。今姑以唐人诗韵为准，而约以六条，简之有以统韵之繁，精之有以悉韵之变，标位明白[⑤]，庶便通晓。一曰穿鼻，二曰展辅，三曰敛唇，四曰抵腭，五曰直喉，六曰闭口。穿鼻者，口中得字之后，其音必【更】穿鼻而出，作收韵【也】，东、冬、江、阳、庚、青、蒸七韵是也。展辅者，口之两旁角为辅，凡字出口之后，必展开两辅【微】如笑状，作收韵【也】，支、微、齐、佳、灰五韵是也。敛唇者，【口】半启半闭，聚敛其唇，作收韵【也】，鱼、虞、萧、肴、豪、尤六韵是也。抵腭者，其字将终时，以舌抵著上腭作收韵，真、文、元、寒、删、先六韵是也。直喉者，收韵直如本音者也，歌、麻二韵是也。闭口者，却闭其口，作收韵【也】，侵、覃、盐、咸四韵是也。凡三十平声⑥，【已】尽于此，上去即可缘是推之，惟入声有异。”

诒按：音之与韵，一经一纬，不可强而合。如所云穿鼻之类，即三十六字母喉、舌、唇齿、牙之理，而变其名。全韵之字，苟同一母，则反切二字上母下韵，反无所依据矣。即云穿鼻之类，与字母异，第以辖韵，不以辖音，韵之浅显易知，何必求之深微幽渺也。总之，宋以后合音与韵而一之，不能歧音与韵而二之。由韵以求宫商，岂可得乎？戈氏顺卿亦宗其说。

【校正】

①此则所引出自毛先舒《韵学通指》，清康熙刻思古堂十四种书本。

②“水”，《词学集成》诸本为“山”，兹据毛先舒《韵学通指》改。

③“与”，《词学集成》诸本为“于”，兹据毛先舒《韵学通指》改。

④“益”，《词学集成》诸本为“并”，兹据毛先舒《韵学通指》改。

⑤“白”，《词学集成》诸本为“目”，兹据毛先舒《韵学通指》改。

⑥“声”，《词学集成》诸本为“韵”，兹据毛先舒《韵学通指》改。

阴平阳平同一母

毛氏《七声略例》①云：“阴平、阳平、上声、阴去、阳去、阴入、阳入之七声，其音易晓，而鲜成谱。周德清但分平声阴阳，范善溱《中州全韵》兼分去入，而作者不甚承用，故鲜见之。予今②略举其例，每部以四字为准，谐声寻理③，连类可通，【初涉之士，庶无迷谬，】计凡七部。惟上声无阴阳。【云】叙次先阴而后阳，【亦】姑袭周氏之旧【尔】。

阴平声：种、该、笺、腰

阳平声：篷、陪、全、潮

上声：无【阴阳】

阴去声：贡、玠、霰、钓

阳去声：凤、卖、电、庙

阴入声：觳、七、妾、鸭

阳入声：孰、亦、爇、镴。”

诒案：拍音者，第三次平上去入，原用四拍，因平声有阴阳，故加一拍[④]，作五拍。至就字论字，阴平阳平，固判然矣。若论字之音，则阴平阳平同一母，即同一宫商，固无俟辨析毫芒也。

【校正】

①此则所引出自毛先舒《韵学通指》，清康熙刻思古堂十四种书本。

②“予今”，《词学集成》诸本为“余”，兹据毛先舒《韵学通指》改。

③“寻理”，《词学集成》诸本为“循理”，兹据毛先舒《韵学通指》改。

④“加一拍”，《词话丛编》本为“如一拍”，兹据《词学集成》光绪刻本改。

北曲韵无入声

《词苑丛谈》[①]：邹祗谟[②]《词韵衷》云：“阮亭尝与余论韵，谓周挺斋《中原音韵》为曲韵，则范善溱《中州全韵》【当】为词韵。至《洪武正韵》斟酌诸书而成，其于诗韵，有独用并为通用者，〈东冬、青清之类[③]〉。有一韵拆为二韵者，〈虞模、麻遮之类[④]〉。（又）如冬钟并入东韵，江并入阳韵，挑、出、元字等入先韵，‘翻’字‘残’字等入删韵，俱与[⑤]宋词暗合，填词【者】所当援据，议极简核。但愚案：《中州》之比《中原》，止省阴阳之别，及所收字微宽耳。其减入声作三声，及分、车、遮等韵[⑥]，则一本《中原》，尚与词韵有别。”

诒案：词韵与曲韵不同者，以词韵平仄不通押，而曲韵则四声通押也。曲韵惟北曲押入声，非韵之可通，实北人无入声音[⑦]。凡入声字皆读作平上去声，此音之变，非韵之通也。南曲之平上去通押，皆无碍于宫商。（押平者不押仄、押仄者不押平，若上去尚有通融之处。）填者自严其律可耳。平仄通押，或亦于宫商无碍。

【校正】

①此则所引邹祗谟《远志斋词韵衷》出自徐釚《词苑丛谈》卷二，清海山仙馆丛书本。

②“邹祇谟”，《词学集成》光绪刻本为“邹祗谟”，《词苑丛谈》本为“邹程村”。

③“青清之类”，《词苑丛谈》本为“清青之属”。

④“麻遮之类”，《词苑丛谈》本为“麻遮之属”。

⑤“与”，《词苑丛谈》本为“于”，《词学集成》本改是。

⑥“分、车、遮等韵”，《词学集成》诸本为“半、遮等韵”，兹据《词苑丛谈》本改。

⑦《词话丛编》本无“音”字，兹据《词学集成》光绪刻本。

词曲押入声韵最宜斟酌

又[①]云：“入声最难分别，即宋人亦错综不齐。沈氏《词韵》当已。近时柴虎臣古韵，则一屋二沃通，而三觉半通，〈三觉半（通），如岳、浊、角、数之类〉。四质五物通，而九屑半通，〈九屑半（通），如羞、拙、谲、结之类〉。六月七曷八点九屑通，十药十一陌通，而三觉半通，〈三觉半（通），如嚣、濯[②]、邈、朔之类〉。十二锡十三职通，而十一陌半通，〈十一陌半（通），如辟、革、易、麦之类〉。十四缉独用，十五合十六叶十七洽通。毛稚黄[③]《曲韵》则准《洪武正韵》，而一屋单用，二质七陌八缉通用，三曷六药通用，四辖九合通用，五屑十叶通用。又屑、叶可单用，因南曲入声单押而设也。与词韵俱可[④]参看。”

诒案：平韵如庚、侵之不通，人皆知之。至入声，南人方音亦有各别者，最易混淆。词曲家押入声，最宜斟酌。

【校正】

①此则所引邹祇谟《远志斋词韵衷》，出自徐釚《词苑丛谈》卷二，清海山仙馆丛书本。

②“濯”，《词苑丛谈》海山仙馆丛书本作“擢”，误。邹祗谟、王士禛辑《倚声初集》卷四（清顺治十七年刻本）、《词学集成》诸本一致。

③“毛稚黄”，《词学集成》诸本、《倚声初集》（清顺治十七年刻本）均为“毛驰黄”，兹据《词苑丛谈》海山仙馆丛书本。

④“俱”，《词苑丛谈》海山仙馆丛书本为“举”，误。邹祗谟、王士禛辑《倚声初集》卷四（清顺治十七年刻本）、《词学集成》诸本一致。

沈韵去古未远

又[①]云："沈休文四声【韵】中，如朋与蒸，靴与戈，车与麻，打与等，卦、画与怪、坏【之类】，挺斋（与）升庵俱驳为鴂舌。而宋词中【至张仲宗】呼'否'为'府'，以叶'主''舞'[②]，林外呼'琐'为'扫'以叶'老'，俞克成呼'我'为'襖'以叶'好'，《词品》皆指为闽音。【其说甚当。】而毛驰黄谓沈韵本属同文，非江淮【间】偏音，挺斋诋之，谬已。【盖】自三百篇、楚辞，以迄南曲，一系相承，俱属为韵统。而北曲偏音，四声不备，为别统[③]。故金元人作诗亦用沈韵，作词亦不专用周韵。从无以入声分叶平、上、去者，又安得以曲韵废词韵，且上格诗韵乎。"

诒案：《说文》无韵字，古人但言音而不言韵，盖韵生于音，非音生于韵也。沈氏去古未远，其编字入韵，多与三百篇、楚辞及秦汉人文合。安得以今人土音之不合，而疑沈氏之鴂舌，并非古人哉。

【校正】

①此则所引邹祇谟《远志斋词韵衷》，出自徐釚《词苑丛谈》卷二，清《海山仙馆丛书》本。

②"以叶'主''舞'"，《词学集成》诸本作"以叶'去'"，兹据《远志斋词韵衷》改。

③"别统"，《词学集成》诸本为"偏统"，兹据《远志斋词韵衷》改。

卷五　五曰派

香奁本非词格

许宗彦《莲子居词话序》[①]云："文章体制，惟词溯至李唐而止，似为不古。然自周乐亡，一易而为汉之乐章，再易而为魏晋之歌行，三易而为唐之长短句。要皆随音律递变，而作者本旨，无不滥觞楚骚，导源风雅【，其趣】一也。故览一篇之词，而品之纯驳，学之浅深，如或贡之。命意幽远，用情温厚，上也。辞旨[②]儇薄，冶荡而忘返，醨其[③]性命之理，则【大雅】君子弗为也。王少寇述庵先生尝言[④]：北宋多北风雨雪之感，南宋多黍离麦秀之悲，所以为高。亡友阳湖张编修皋文为《词选》[5]，亦深明此意。”

诒案：山谷艳词，已有法秀泥犁之呵。香奁本非词格，后生小子，矜其一得，竞为秽亵之语，岂大雅所屑道者哉。

【校正】

①此则所引出自吴衡照《莲子居词话》，退补斋刊本。

②“辞旨”，《词学集成》诸本作“词旨”，兹据《莲子居词话》改。

③“醻其”，《词学集成》诸本作“漓其”，兹据《莲子居词话》改。

④“王少寇述庵先生尝言”，《词学集成》诸本作“述庵司寇谓”，兹据《莲子居词话》改。

⑤“亡友阳湖张编修皋文为《词选》”，《词学集成》诸本作“张皋文编修《词选》”，兹据《莲子居词话》改。

宋人论词以清空为圭臬

沈伯时《乐府指迷》[1]云：“……词之作[2]难于诗。盖音律欲其协，不协则成长短句【之诗】。下字欲其雅，不雅则近乎缠令之体。用字[3]不可太露，露则直突[4]而无深长之味。发意[5]不可太高，高则狂怪而失柔婉之意。思此则知[6]所以为难。”

诒案：宋人论作词，已以清空为圭臬矣。

【校正】

①此则所引出自沈义父《乐府指迷》，有清指海本。

②“词之作”，《词学集成》诸本作“作词”，兹据《乐府指迷》改。

③“用字”，《词学集成》诸本作“用意”，兹据《乐府指迷》改。

④“直突”，《词学集成》诸本作“直实”，兹据《乐府指迷》改。

⑤“发意”，《词学集成》诸本作“发议”，兹据《乐府指迷》改。

⑥“思此则知”，《词学集成》诸本作“此其”，兹据《乐府指迷》改。

词宜有寄托

《红盐词序》[1]云：“词虽小技，昔之通儒钜公[2]，往往为之。盖有诗所难【言】者，委曲倚之于声，其辞[3]愈微而其旨益远。善为[4]词者，假闺房儿女子之言，通之于离骚、变雅之义，此尤不得志于时者所【宜】寄情焉耳。”

【校正】

①此则所引出自朱彝尊《陈纬云红盐词序》，见朱彝尊《曝书亭集》卷四十，四部丛刊景清康熙本。

②“通儒钜公”，《词学集成》诸本作“钜公通儒”，兹据《曝书亭集》本改。

③“其辞”，《词学集成》诸本作“其词”，兹据《曝书亭集》本改。

④“善为”，《曝书亭集》本作“善言”。据上下文，江顺诒修改有道理。

学浙派流弊

《听秋声馆词话》[①]云：“【沈君秋卿尝语余云：】昔人言‘诗话作而诗亡’，盖为宋人诗话穿凿而发[②]。藉以攀援标榜者无有也。【今也】不然，非诩【其】己作，即广搜显者之诗，曲意贡谀，冀通声气。甚或不问佳恶[③]，但助刊资[④]，即为采录[⑤]，且以为利【矣】。【故诗话日多，诗道日衰。】间有采及词句，【则又随意掇拾，】论词则是，论调则非，未免强作解事。独吴江郭频伽麐《灵芬馆诗话》，不蹈前弊，议论亦佳（也）……谓近日倚声家，莫不宗法雅词，厌弃浮艳。然多为可解不可解语，令人求其意旨而不可得，【此何为哉？】足为【专】学浙派者他山之错。”

诒案：词尚清空，本无流弊，而后之作者多隐约语，此又不善学之病也。

【校正】

①此则所引出自丁绍仪《听秋声馆词话》卷十五，清同治八年刻本。按：江顺诒摘录此段时作了较大修改，然其修改，或从简，或更准确（如“频伽词话”等），并非肆意之举。

②“诗话穿凿辨论而发”，《词学集成》诸本作“穿凿而言”，兹据《听秋声馆词话》改。

③“佳恶”，《词学集成》诸本作“美恶”，兹据《听秋声馆词话》改。

④“刊资”，《词学集成》诸本作“刻资”，兹据《听秋声馆词话》改。

⑤“采录”，《词学集成》诸本作“刊录”，兹据《听秋声馆词话》改。

⑥“吴江郭频伽麐《灵芬馆诗话》”，《词学集成》诸本作“频伽词话”，兹据《听秋声馆词话》改。

刘熙载论两宋词之别[1]

“北宋词，用密亦疏，用隐亦亮，用沉亦快，用细亦阔[2]，用精亦浑，南宋只是掉转过来[3]。”

【校正】

①《词话丛编》本将此则与下则合并，命名为“学玉田流弊”。检《词学集成》光绪刻本，此则单行，无按语，故命名据所引内容。此则出自刘熙载《艺概》卷四《词概》，清同治刻古桐书屋六种本。

②“阔”，《词学集成》诸本为“润”，兹据《艺概》改。

③“掉转过来”，《词学集成》诸本为“掉归来”，兹据《艺概》改。

学玉田流弊

戈顺卿[1]云：“【玉田之】词以空灵为主，而不入于粗豪；以婉约为宗，而不流于柔曼；意旨绵邈，章节和谐，乐府之正轨也。【然善学之，则入其门，升其堂，造其室，三外野人所称。仰攀姜尧章、史邦卿、吴梦窗诸名胜，互相鼓吹，可由此而得之。】否则[2]循其声调，袭其皮毛，笔不能转，则【其】意浅，浅则薄【矣】；句不能炼[3]，则【其】音卑[4]，卑则靡【矣】。”

诒案：此为学玉田者针砭。

【校正】

①此则所引出自戈载《横经堂诗余序》，张泰初《横经堂诗余》》（一名《花影吹笙谱》）二卷，咸丰元年杭州刻本、光绪二年金安清重刻本。另外，上引文字的核心论点亦见戈载《张叔夏词选跋》（《宋七家词选》卷七，清光绪十一年曼陀罗华阁重刻本）：“玉田以空灵为主，但学其空灵而笔不转深，则其甚浅，非入于滑，即入于粗矣。玉田以婉丽为宗，但学其婉丽而句不炼精，则其音卑，非近于弱，即近于靡矣。”戈载《玉壶买春轩乐府序》亦云：“樗仙之词有高旷之怀，而不入于粗豪；有婉约之旨，而不流于靡曼。”（高愿《玉壶买春轩乐府》一卷，道光刻本）

②“否则”，《词学集成》诸本为“不善学之，则”，兹据戈载《横经堂诗余序》改。

③“句不能炼”，《词学集成》诸本为“笔不能炼”，兹据戈载《横经堂诗余序》改。

④“音卑”，《词学集成》诸本为“意卑”，兹据戈载《横经堂诗余序》改。

朱竹垞不菲薄明人

竹垞先生《黑蝶斋词序》云："词莫善于姜夔。宗之者张辑、卢祖皋、史达祖、吴文英、蒋捷、王沂孙、张炎、周密、陈允平、张翥、杨基，皆具夔之一体。基之后，得其门者，（或）寡矣。"

诒案：先生论词，未尝菲薄明人。

【校正】

此则所引出自朱彝尊《曝书亭集》卷四十，四部丛刊景清康熙本。亦见龚翔麟《浙西六家词》之《黑蝶斋词》卷一，清康熙龚氏玉玲珑阁刻本。

不必以南宋压倒明人

《莲子居词话》云："词至南宋，始极其工，秀水创此论，为明【季】人孟浪言词者示【救病】刀圭，意非不足。夫北宋也，苏之大，张之秀，柳之艳，秦之韵，周之圆融，南宋诸老，何以尚兹。"

诒案：明人之孟浪，即北宋之粗疏，何必以南宋压倒明人乎？

【校正】

此则所引出自吴衡照《莲子居词话》卷四，清嘉庆刻本。

毛稚黄论北宋词

毛稚黄曰："北宋词之盛也，其妙处不在豪快，而在高健。不在艳亵，而在幽咽。"

【校正】

此则所引出自毛先舒《鸾情词话》载卓回、周在浚编《古今词汇初编》，康熙十六年刻本；又载王又华《古今词论》，清康熙刻本。

词不宜质实

张玉田①云："词要清空，不要②质实。清空则古雅峭拔，质实则凝涩晦昧。姜白石如野云孤飞，去留无迹③。【吴】梦窗【词】如七宝楼台，眩人眼目，

【碎】拆下来，不成片段。”

“秦少游词，体制淡雅，气骨不衰，清丽中不断意脉，咀嚼无滓，久而知味。”

“晁无咎词名冠柳，琢语平帖，此柳之所以易冠也。”

“辛稼轩、刘改之作豪气词，非雅词也。于文章余暇，戏弄笔墨为长短句之诗[4]耳。”

“康、柳词亦自批风抹月中来，‘风月’二字在我发挥，二公则为‘风月’所使耳。”

诒案：以梦窗之才，尚不免质实之弊，后之尚词藻者，可知矣。扬秦而抑柳，辛刘为别派[5]，自是确论。

【校正】

①此则所引出自张炎《词源》卷下，清词学丛书本。

②“不要”，《词学集成》诸本为“勿”，兹据《词源》改。

③“野云孤飞，去留无迹”，《词学集成》诸本为“野云孤雁，去来无踪”，兹据《词源》改。

④“长短句之诗”，《词学集成》诸本为“长短之句”，兹据《词源》改。

⑤“辛刘为别派”，《词话丛编》本为“以辛刘为别派”，兹据《词学集成》光绪刻本。

张功甫评梅溪词

张功甫评梅溪词[1]云：“情词[2]俱到，织绡泉底，去尘眼中，【妥帖轻圆，特其余事。至于夺苕艳于春景，起悲音于商素，】有瑰奇警迈、清新闲婉之长，而无訑荡污淫之失。”

诒案：梅溪、竹屋，去姜、张一间耳。

【校正】

①此则所引出自张镃《梅溪词序》，《宋六十家词》本。

②“情词”，他本亦作“辞情”。

评宋人词[①]

黄鲁直云："叔原乐府，寓以诗人句法，精壮顿挫，能动摇人心，合者《高唐》《洛神》之流，下者不减桃叶团扇。"

黄叔旸云："耆卿长于纤艳之词，然多近俚俗。"陈质斋云："柳词格不高，而音律谐婉，词意妥贴，承平气象，形容曲尽。尤工于羁旅行役。"

陈无已云："东坡以诗为词，如教坊雷大使之舞，虽极天下之工，要非本色。"周晖云："岂无去国流离之思，殊觉哀而不伤。"

蔡伯世云："子瞻词胜乎情，耆卿情胜乎词，情词相称者，惟少游而已。"张綖云："少游多婉约，子瞻多豪放。"

张文潜云："方回乐府，妙绝一时，盛丽如游金张之堂，妖冶如揽嫱施之祛，幽索如屈、宋，悲壮如苏、辛。"

张焕云："美成词抚写物态，曲尽其妙。"张叔夏云："美成词浑厚和雅，善于融化诗句。"

黄叔旸云："雅言精于音律，自号词隐。发妙旨于律吕之中，运巧思于斧凿之外。平而工，和而雅。比诸刻琢句意而求精丽者远矣。"

陈质斋云："伯可词鄙亵之甚。"沈伯时云："【康】伯可、【柳】耆卿，音律甚协，但未免时有俗语。"

范石湖云："白石有裁云缝月之妙手，敲金戛玉之奇声。"赵子固曰（云）："白石，词家之申、韩也。"沈伯时云："白石清劲知音，亦未免有生硬处。"

张叔夏云："竹屋、白石、邦卿、梦窗，格调不凡，句法挺异，俱能特立清新之意，删削靡曼之词，自成一家。"

姜尧章云："邦卿词奇秀清逸，融情景于一家，会句意于两得。"

沈伯时云："梦窗深得清真之妙，但用事下语太晦处，人不易知。"

张叔夏云："词欲雅而正，志之所之，【一】为物所役，则失其雅正之音。近代陈西麓，所作平正，亦有佳者。"

以上所录[②]，皆评宋人词。非欲较其短长也，持是以读诸家之词，可以知所去取矣。以所得证古人之是非，而己之是非亦见，勿泛作词评看。后录评语，皆此例。

【校正】

①此组评点，《词话丛编》本命名“宋人词评”，不如江顺诒自言“评宋人词”更宜。

②检阅各则，江顺诒当辑自朱彝尊《词综》（有清文渊阁四库全书本）。其中，评晏殊、柳永、苏轼、秦观、贺铸、周邦彦、万俟雅言、康与之、姜夔、高观国、史达祖、吴文英、陈允平诸人词，分别出自朱彝尊《词综》卷五、卷五、卷六、卷六、卷七、卷九、卷九、卷十二、卷十五、卷十七、卷十七、卷十九、卷二十。

刘熙载论各家词

刘氏熙载《词概》论各家词[①]，多中肯綮，汇录之于左：

太白《菩萨蛮》《忆秦娥》，张志和《渔歌子》，两家一忧一乐，归趣难名。或灵均《思美人》《哀郢》，庄叟“濠上”近之耳[②]。

温飞卿词精妙绝人，然类不出乎绮怨。韦端已、冯正中诸家词，流连[③]光景，惆怅自怜，盖亦易飘飏[④]于风雨者。若第论其吐属之美，又何加焉？

冯延巳词，晏同叔得其俊，欧阳永叔得其深。

宋子京词，是宋初体，张子野始创瘦硬之体。

耆卿词细密而妥溜，明白而家常，善于叙事[⑤]，有过前人。惟绮罗香泽之态，所在多有，故觉风期未上耳。

秦少游【词】得《花间》《尊前》[⑥]遗韵，却能自出清新。东坡词雄姿逸气，高轶古人，具神仙出世之姿。

叔原贵异，方回赡逸[⑦]，耆卿细贴，少游清远。四家词趣各别，惟尚婉则同耳。

周美成律最精审，史邦卿句最警炼。然未得为君子之词者，周旨荡而史意贪也。

稼轩词龙腾虎掷，任古书中理语瘦语，一经运用，便得风流天姿，是何夐异。

白石才子之词，稼轩豪杰之词。

白石词幽韵冷香，令人挹之无尽。拟诸形容，在乐则琴，在花则梅也。

陆放翁词安雅清赡[⑧]。

刘改之词狂逸之中自饶俊致。

高竹屋【词】争驱白石，然嫌多绮语。

蒋竹山词，未极流动自然，【然】洗炼缜密，语多创获。其志视梅溪较贞，其思视梦窗较清。

【张】玉田词，清远蕴藉，凄怆缠绵，大段瓣香白石。

【校正】

①此组评论出自刘熙载《艺概》卷四《词概》，清同治刻古桐书屋六种本。《艺概》中，“东坡词雄姿逸气，高轶古人”句，原属评秦观词一则，此则为：“秦少游词得《花间》《尊前》遗韵，却能自出清新。东坡词雄姿逸气，高轶古人，且称少游为词手……”“具神仙出世之姿”，属评苏轼一则，此则为：“东坡词具神仙出世之姿，方外白玉蟾诸家惜未诣此。”江顺诒将两则组合成一则。

②“庄叟濠上近之耳”，《词话丛编》本为“叟濠上庄近之耳”，兹据《艺概》《词学集成》光绪刻本改。

③“流连”，《艺概》为“留连”。

④“飘飏”，《词话丛编》本为“飘摇”，《词学集成》光绪刻本为“飘飘”，兹据《艺概》改。

⑤“叙事”，《词学集成》诸本为“序事”，兹据《艺概》改。

⑥“《花间》《尊前》”，《词学集成》诸本为“《尊前》《花间》”，兹据《艺概》改。

⑦“赡逸”，《词学集成》诸本为“澹逸”，兹据《艺概》改。

⑧“清赡”，《词学集成》诸本为“清澹”，兹据《艺概》改。

词坏于秦黄周柳之淫靡

陶篁村自序云：“倚声之作，莫盛于宋，亦莫衰于宋。尝惜秦、黄、周、柳之才，徒以绮语柔情，竞夸艳冶。从而效之者加厉焉。遂使郑卫之音，泛滥于六七百年，而雅奏几乎绝矣。”

诒案：词之坏，坏于秦、黄、周、柳之淫靡，非有巨识，孰敢议宋人耶？

【校正】

陶元藻（1716—1801），字龙溪，号篁村，有《香影词》（一名《泊鸥山房词》）四卷，清乾隆六十年（1795）刊本。

论容若词

顾梁汾云：“容若词一种凄婉处，令人不忍卒读。人言愁我始欲愁。”

陈其年云：“饮水词，哀感顽艳，得南唐二主之遗。”

【校正】

此两则辑自王昶《国朝词综》卷六，清嘉庆七年王氏三泖渔庄刻增修本。

论螺舟词

董以宁云：螺舟词“能于无景着景，此意近人所未解。”

【校正】

此则辑自王昶《国朝词综》卷七，清嘉庆七年王氏三泖渔庄刻增修本。

“董以宁”，《词学集成》诸本为“丁药园”，兹据董以宁《蓉渡词话》等本改。

按：云间王顼龄（瑁湖）有词集《螺舟绮语（合兰雪词）》。据聂先《百名家词钞》（清康熙绿荫堂刻本），上引丁澎（药园）所言，应出自董以宁（蓉渡）之口。《百名家词钞》于《螺舟绮语（合兰雪词）》后附录辑评云：“丁药园澎曰：……蓉渡谓景语多，情语少，同是一病，但言情至色飞神动处，乃能于无景中着景，此意亦近人所未解……”另，董以宁《蓉渡词话》（载《倚声初集》卷首）六则之三云：“……仆则谓，情语多，景语少，同是一病，但言情至色飞魄动时，乃能于无景中着景，此理亦近人所未解。艾庵乃谓仆自道，试以质之阮亭。”可见，以董以宁语冠以丁澎名，先始于《百名家词钞》将董氏语出之丁氏转述，继经王昶《国朝词综》直接冠以丁澎名，江顺诒摘引时，未辨致误。

论秋锦词

曹升六云：秋锦论词，“必尽扫蹊径，尝谓【南宋】梦窗之密，玉田之疏，【必】兼之乃工”。

【校正】

此则辑自王昶《国朝词综》卷十，清嘉庆七年王氏三泖渔庄刻增修本。原出自曹贞吉《秋锦山房词序》，见龚翔麟编《浙西六家词》之李良年《秋锦山房词》卷一，清康熙龚氏玉玲珑阁刻本。其中云：“秋锦论词，必尽扫蹊径，独露本色，尝谓南宋词人如梦窗之密、玉田之疏，必兼之乃工。”李良年（1635—1694）字武曾，一作符曾，号秋锦。浙江秀水（今嘉兴）人。

论樊榭词

徐紫珊云：樊榭词“生香异色，无半点烟火气，如入空山，如闻流泉。”

陈玉几云：“樊榭词清真雅正，超然神解。如金石之有声，而玉之声清越。如草木之有花，而兰之味芬芳。”

【校正】

此则辑自王昶《国朝词综》卷二十一，清嘉庆七年王氏三泖渔庄刻增修本。

前一条原出自徐逢吉（紫珊）《樊榭山房集外词题辞》（四部丛刊初编集部《樊榭诗集》），又名《秋林琴雅序》，其中有云：“去腊，于友人华秋岳所读樊榭《高阳台》一阕，生香异色，无半点烟火气，心向往之。新年过访，披襟畅谈，语语沁入心脾，遂相订为倡和之作……顷寓秦淮，樊榭书至，知前后题俱削稿，复合以平时所作付之梓人……回环读之，如入空山，如闻流泉，真沐浴于白石、梅溪而出之者。噫，舍紫山而外，知此者亦鲜矣。”后一条原出自陈撰（玉几）《樊榭山房集外词题辞》，又名《秋林琴雅序》，其中一段：“吾友樊榭先生起而遥应之，清真雅正，超然神解，如金石之有声，而玉之声清越，如草木之有花，而兰之味芬芳。”

“兰之味”，《词学集成》诸本为“兰之花”，兹据陈撰（玉几）《樊榭山房集外词题辞》改。

论琢春词

陈玉几云：琢春词“艳艳如月，亭亭若云。萧然遇之，清风入林，程物赋形，而无遗声焉。至于审音之妙，钥合尺围，靡间丝发，昔人所称神解者，非耶?”

【校正】

此则辑自王昶《国朝词综》卷二十九，清嘉庆七年王氏三泖渔庄刻增修本。原出自陈撰（玉几）《（江炳炎）琢春词序》（《琢春词序》二卷，乾隆刻本）。

词至南唐而极盛[1]

陈曼生鸿寿《蘅梦词序》[2]云："夫流品别则文体衰，摘句图而诗学蔽。《花庵》淫媷，争价一字之奇；《草堂》噍杀，矜惜片言之巧。乖道缪典[3]，鲜能通圆[4]。是以耆卿骞翮于津门，邦彦厉响于照碧。【词】至北宋而一变。石帚、玉田，理定而摛藻。梅溪、竹山，情密而引辞。词至南宋又一变矣。"

诒案：论书者谓：初写《黄庭》，恰到好处。词自太白创始，至南唐而极盛，温润绮丽，后鲜其伦。南北二宋，其文中之八家乎？

【校正】

①此则，《词话丛编》本题为"南北二宋如文中之八家"，未能揭示江顺诒案语中最具新意之见，当以"词至南唐而极盛"为宜。

②此则所引出自陈鸿寿（1768—1822，字子恭，号曼生）《（郭麐）蘅梦词序》。郭麐《蘅梦词》，有榆园丛刻本。"《蘅梦词》"，《词学集成》诸本为"《衡梦词》"，兹据《蘅梦词》榆园丛刻本改。

③"乖道缪典"，《词学集成》诸本为"缪道乖典"，兹据《蘅梦词》榆园丛刻本改。

④"通圆"，《词学集成》诸本为"圆通"，兹据《蘅梦词》榆园丛刻本改。

清词选本

《听秋声馆词话》[1]云："余所见专辑本朝人词者，【前有】宜兴蒋京少《瑶华集》，【后有】华亭姚莒汀《词雅》，吴江沈时栋、吴门蒋重光【二家】《词选》，均不免雅俗糅杂。惟青浦王兰泉司寇《国朝词综》，选择最为美备。然其书成于嘉庆初元，迄今已六十余年，即乾嘉以前亦多遗漏。余念兵燹（以）后，文字摧残【不少】，【词】虽无适于用，亦一时风雅所系。爰就耳目所及，凡司寇未入选，而其人堪论定者，汇录为《国朝词综补》六十卷【，计得一千二百余家生存。各家未忍屏置，亦仿王氏例，彙为二集十二卷】。终以僻处海澨[2]，搜罗未广为憾。闻吴县戈宝士明经【载】有《【续】绝妙好词》，嘉善黄霁青太守【安涛】有《续词综》之辑，所采定多佳什【，觅其书不获】。周季贶司马云：'戈【氏】词未刊，黄氏《词续》系藏黄韵珊大令宪清家，乱后存否，末由知矣。[3]"

诒案：黄选已刊于湖北，易大令名矣。陶凫香有《词综补遗》二十卷。

【校正】

①此则所引出自丁绍仪《听秋声馆词话》卷六，清同治八年刻本。

②“海澨”，《词学集成》诸本为“海隅”，兹据《听秋声馆词话》改。

③“黄氏《词续》系藏黄韵珊大令宪清家，乱后存否，末由知矣”，《词学集成》诸本为“黄词存藏黄韵珊大令处”，兹据《听秋声馆词话》改。按：江顺诒修改不仅仅是为了简约，据案语可知，黄安涛（1777—1848，字凝舆，号霁青）辑《续词综》已刊，故丁绍仪原文中“乱后存否，末由知矣”已没有意义，故其转录时删去。

气胜、情胜不逮格胜①

蔡小石宗茂《拜石词序》②云：“词盛于③宋【代】，自姜、张以格胜，苏、辛以气胜，秦、柳以情胜，而其派乃分。然幽深窅眇，语巧则纤，跌宕纵横，语粗则浅。异曲同工，要在各造其极【而已】。”

诒案：此以苏、辛、秦、柳与姜、张并论，究之格胜者，气与情不能逮。

【校正】

①此则《词话丛编》本题为“宋词各造其极”，据江氏案语，以“气胜、情胜不逮格胜”为宜。

②此则所引出自蔡宗茂（小石）《（顾翰）拜石山房词钞序》。顾翰《拜石山房词钞》四卷，榆园丛刻本。

③“盛于”，《词学集成》诸本为“胜于”，兹据《拜石山房词钞》榆园丛刻本改。

词非至南宋而敝

华亭宋尚木征璧①曰：“吾于宋词得七人焉：曰永叔，其词秀逸；曰子瞻，其词放诞；曰少游，其词清华；曰子野，其词娟洁；曰方回，其词新鲜；曰小山，其词聪俊；曰易安，其词妍婉。他若黄鲁直之苍老，而或伤于颓；王介甫之劖削，而或伤于拗；晁无咎之规检，而或伤于朴；辛稼轩之豪爽，而或伤于霸；陆务观之萧散，而或伤于疏。此皆所谓我辈之词也。苟举当家之词，如柳屯田哀感顽艳，而少寄托；周清真蜿蜒流美，而乏陡健；康伯可排叙整齐，而乏深邃。其外，则谢无逸之能写景，僧仲殊之能言情，程正伯之能壮采，张安国之能用意，万俟雅言之能叶律②，刘改之之能使气，曾纯甫之能书怀③，吴梦窗之能叠字，姜白石之能琢句，蒋竹山之能作态，史邦卿之能刷色，黄花庵之能选格，亦其选也。词至南宋而繁，亦至南宋而敝。作者纷如，难以概述。夫各因其姿[4]之所近，苟去前人之病，而务用其长，必赖后人之力也夫。”

诒案：举宋人词不下数十家，可谓崇论闳议矣。而不及碧山、竹屋、玉田、草窗，何也？其评语亦不甚允当。观“词至南宋而敝”一语，非笃论矣。

【校正】

①此则所引疑摘自徐釚《词苑丛谈》卷四（清海山仙馆丛书本）。原为宋征璧《倡和诗余序》中内容，见《倡和诗余》，清顺治刻本。另，邹祗谟、王士禛辑《倚声初集》卷二（清顺治十七年刻本）等亦收录。

②“叶律”，《词苑丛谈》《词学集成》诸本为“协律”，兹据《倡和诗余》《倚声初集》等本改。

③“书怀”，《词学集成》诸本为“舒怀”，兹据《倡和诗余》《词苑丛谈》等本改。

④“其姿”，《词学集成》诸本为“其资”，兹据《倡和诗余》《词苑丛谈》等本改。

美成词难臻常州派之诣[1]

汪稚松[2]云：“《茗柯词选》，张皋文先生意在尊美成，而薄姜、张。至苏、辛仅为小家，朱、厉又其次者。其词贵能有气，以气承接，通首如歌行然。又要有转无竭，全用缩笔包举时事，诚是难臻之诣。”

诒案：常州派近为词家正宗，然专尊美成。今取美成词读之，未能造斯境也。

【校正】

①此则《词话丛编》本题为“常州派专尊美成”，据江顺诒案语，以“美成词难臻常州派之诣”为宜。

②此则所引汪稚松（根兰）语，尚未见它处记载。汪根兰，江氏友，早江氏亡。

词有诗文不能造之境

郭频伽[1]云：“词家者流，其原[2]出于《国风》，其本滥于齐梁。自太白以至五季，非儿女之情不道也。宋之乐[3]，用于庆赏饮宴，于是周、秦以绮靡为宗，史、柳以华缛相尚，而体一变；苏、辛以高世之才，横绝一时，而奋末广愤[4]

之音作。姜、张祖骚人之遗，尽洗秾艳，而清空婉约之旨深。自是以后，虽有作者，欲【离去】别见，其道（而）无由。然写其心之所欲出，而取其性所近，千曲万折，以赴声律，则体虽异，而其所以为词者，无不同也。”

诒案：有韵之文，以词为极。作词者着一毫粗率不得，读词者着一毫浮躁不得。夫至千曲万折以赴，固诗与文所不能造之境，亦诗与文所不能变之体，则仍一骚人之遗而已矣。

【校正】

①此则所引出自郭麐《（顾麟瑞）无声诗馆词序》，可见郭麐《灵芬馆杂著》卷二（嘉庆丁卯本）。

②“其原”，《词学集成》诸本为“源”，兹据《灵芬馆杂著》本改。

③“宋之乐”，《灵芬馆杂著》本作“宋立乐府”。

④“奋末广愤”，《词学集成》诸本为“愤末广厉”，兹据《灵芬馆杂著》本改。

淫词艳语有害于人心风俗

宗小梧司马云：“香奁格非词之正宗，可使大千世界迷人同登觉路，吾欲比于洙泗正乐之功。”

诒案：词章之学，汉宋诸儒所不屑道。淫词艳语，有害于人心风俗不少，未始非秦七、黄九阶之厉，此姜、张所以独有千古也。

【校正】

此则所引宗山（小梧）语，尚未见它处记载。

卷六　六曰法

南宋多堆积琱琢之弊

《莲子居词话》云：“词忌堆积，堆积近缛，缛则伤意。词忌琱琢，琱琢近涩，涩则伤气。”

诒案：南宋以后诸家，率多此弊。此白石、玉田所以独有千古也。

【校正】

此则所引出自吴衡照《莲子居词话》卷一，清嘉庆刻本。

词宜浑成

俞仲茅云："遇事命意，意忌庸、忌陋、忌袭。立意命句，句忌腐②、忌涩、忌晦。意卓矣，而束之以音，屈意以就音③，而意能自达者鲜【矣】。句奇矣，而摄之以调，屈句以就调，而句能自振者鲜【矣】。此词之所以难也。"

诒案：命意一时也，命句又一时也。屈意以就音④，屈句以就调，则就意⑤之时，即就调之时。枝枝节节而为之，未必浑成矣。

【校正】

①此则所引出自俞彦（仲茅）《爰园词话》，可见王又华《古今词论》（清康熙刻本），邹祇谟、王士禛辑《倚声初集》卷一（清顺治十七年刻本）。

②"句忌腐"，《词学集成》诸本为"句忌庸"，兹据《倚声初集》《古今词论》等本改。

③"屈意以就音"，《词学集成》诸本为"屈音以就意"，兹据《倚声初集》《古今词论》等本改。

④"屈意以就音"，《词学集成》原作"屈音以就意"，乃因征引时以讹传讹之故。

⑤"就音"，《词学集成》原作"就意"，乃因征引时以讹传讹之故。

贺黄公论词

贺黄公曰："词之最丑者，为酸腐，为怪诞，为粗莽。以险丽为贵矣，又须泯其镂刻痕乃佳。"

诒案：酸腐者，道学语也。怪诞者，荒唐语也。至粗莽，则苏、辛之流弊，犯之甚易。若险丽而无镂刻痕，则仍梦窗一派，而未臻姜、张之绝诣也。

【校正】

此则所引出自贺裳（黄公）《皱水轩词筌》，王又华《古今词论》（清康熙刻本）。另可见邹祇谟、王士禛辑《倚声初集》卷一（清顺治十七年刻本）。此则所引与《古今词论》本同。与《倚声初集》本略异，如"以险丽为贵矣，又须泯其镂刻痕乃佳"，《倚声初集》本为“然险丽贵矣，须泯其镂划之痕乃佳”。

词贵得缩字诀

张砥中[①]曰：“凡词两结最为紧要，前结如奔马收缰【，须勒得住】，尚存后面地步，有往而不住之势。后结如众流[②]归海，回环通首，源流有尽而不尽之意。”

诒案：此论两结句固佳，然词尤贵句句缩。得“缩”字诀，可以作词，非仅结句为然。

【校正】

①此则所引出自王又华《古今词论》（清康熙刻本）。张星耀，字砥中，本名台柱，钱塘人。徐紫山《清波小志》言其人品甚不足道，而词甚尖新，著有《洗铅词》。

②“众流”，《词学集成》诸本为“泉流”，兹据《古今词论》等本改。

顺调顺句亦须精警[①]

又[②]云：“一调中通首皆拗者，遇顺句必须精警。通首皆顺者，遇拗句必须纯熟。此为句法之要。”

诒案：遇拗句必纯熟，人固知之。遇顺句必精警，人或未知。然即知之，岂拗调之顺句精警，而顺调顺句，遂不必警乎？

【校正】

①此则《词话丛编》本题为“顺句必精警”，据江顺诒案语，以“顺调顺句亦须精警”为宜。

②此则所引张砥中语，出自王又华《古今词论》（清康熙刻本）。

用成语不如用造语

频伽《词话》[①]云：“【词】有拗调【如《寿楼春》之类】，拗句【如《沁园春》之第三句，《金缕曲》之第四、第七句，《忆旧游》之末句。此比甚多，要】须浑然脱口，若不可不用此平仄声者，方为作手。若炼句未能极工[②]，无宁[③]取成语之合者以副之，斯不觉其聱牙耳。”

诒案：用成语若太腐，不如造语为佳。须知成语，即古人造语也。

【校正】

①此则所引当转引自吴衡照《莲子居词话》卷三（清嘉庆刻本），其中省略部分与其基本吻合。兹据郭麐《灵芬馆诗话》卷十二（清嘉庆二十一年刻二十三年增修本）勘误之。

②“若炼句未能极工”，《词学集成》诸本、《莲子居词话》本均为“如未能极工”，兹据《灵芬馆诗话》本改。

③“无宁”，《词学集成》诸本为“无难”，兹据《灵芬馆诗话》《莲子居词话》等本改。

论词中用字

《莲子居词话》云：“词有叠字，三字者易，两字者难，要安顿生动。词有对句，四字者易，七字者难，要流转圆惬。”

诒案：三字者须不能减一字，两字者须不能增一字，四字者不可似赋，七字者不可似诗。

【校正】

此则所引出自吴衡照《莲子居词话》卷三，清嘉庆刻本。

小令要节短韵长

张玉田云[①]：“词之难于小令，如诗之难于绝句。盖十数句均要[②]无闲字句。要有闲意趣，末又要有余不尽之意。”

诒案：此所谓节短韵长也。（《词源》中此条：小令曲，宋人以长调为慢，短调为令，曰小令足征后人之讹。）

【校正】

①此则所引当转引自王又华《古今词论》（清康熙刻本），与张炎《词源》卷下（清词学丛书本）不尽吻合。《词源》卷下“令曲”则为：“词之难于令曲，如诗之难于绝句，不过十数句，一句一字闲不得，末句最当留意，有有余不尽之意，始佳。”

②“均要”，《古今词论》本为“间要”。

词法犹兼四声五音言[①]

仇山村曰[②]："世谓词者[③]诗之余，然词尤难于诗。词失腔，犹诗落韵，诗不过四、五、七言而止，词乃有四声、五音、均拍、重轻[④]、清浊之别。若言顺律舛，律协言谬，俱非本色。或一字未合，一句皆废；一句未妥，一阕皆不光彩。信戛戛乎其难[⑤]。"

诒案：此犹兼四声五音而言。

【校正】

①此则《词话丛编》本题为"仇山村谓词难于诗"，据江顺诒案语，以"词法犹兼四声五音言"为宜。

②此则所引出自仇远（山村）《山中白云词序》，《山村遗集》一卷附录一卷稗史一卷，四库全书本；亦名《玉田词题辞》，《山中白云词》龚本。

③"者"，《词学集成》诸本作"为"，兹据《山中白云词序》等改。

④"重轻"，《词学集成》诸本作"轻重"，兹据《山中白云词序》等改。

⑤"其难"，《词学集成》诸本作"难之"，兹据《山中白云词序》等改。

古人专心致志为词

郭频伽云[①]："文章之事，各有所出，各[②]有所极。唐人以诗为乐章，而[③]有温、李之词。五代及宋【词】，别为一体。至南渡诸家，分刌合度，律吕精严，其矩矱森然秩然。一时为之渠帅者，皆有好古绝俗之姿，萧远超迈之气，而又于他文不【皆】工，独工为此事，故其道【为】大备。"

诒案：此谓艺必专而后精，不独词为然。而古人之为词，则专心致志，非仅以余力及之也。

【校正】

①此则所引出自郭麐《（袁兰村）秋梦楼词序》，载《灵芬馆杂著》卷二，花雨楼校本。

②"各"，《词学集成》诸本作"亦"，兹据《灵芬馆杂著》本改。

③"而"，《词学集成》诸本作"尚"，兹据《灵芬馆杂著》本改。

《词概》论词九则

《词概》云[①]："词之章法，不外相摩相荡[②]，如奇正、空实[③]、抑扬、开合、工易、宽紧之类是已[④]。"

"词中承接转换，大抵不外纡徐斗健，交相为用。所贵融会章法，按脉理节拍而出之。"

"空中荡漾，是词家妙诀，上意本可接入下意，却偏不入，而于其间传神写照，乃愈使下意栩栩欲动。"

"词之为物，色、香、味，宜无所不具。以色论之有借色、有真色[⑤]，借色每为俗情所艳。【不知】必先将借色洗尽，而后真色（乃）见也。"

"词淡语要有味，壮语要有韵，秀语要有骨。"

"词深于兴，则觉事异而情同，事浅而情深。故没要紧语，正是极要紧语，乱道语正是极不乱道语。"

"词中用事，贵无事障。晦也、肤也、多也、板也，此类皆障也……僻事实用[⑥]，熟事虚用，学有余而约以用之，善用事者也。乍叙事而间以理言，得活法者也。"

"词尚清空妥溜【，昔人已言之矣】。惟须妥溜中有奇创，清空中有沉厚，才见本领。"

"描头画角，是词之低品。盖词有全体，宜无失其全，词有内蕴，宜无失其蕴。"

【校正】

①此则所引出自刘熙载《艺概》卷四《词概》，清同治刻古桐书屋六种本。

②"相摩相荡"，《词学集成》诸本作"相靡相荡"，兹据《艺概》古桐书屋六种本改。

③"空实"，《词学集成》诸本作"实空"，兹据《艺概》古桐书屋六种本改。

④"是已"，《词学集成》诸本作"是也"，兹据《艺概》古桐书屋六种本改。

⑤"之有借色、有真色"，《词学集成》诸本作"有真色、有借色"，兹据《艺概》古桐书屋六种本改。

⑥"僻事实用"，《词学集成》诸本作"僻事熟用"，兹据《艺概》古桐书屋六种本改。

词中炼字不宜滞重[①]

张玉田《词源》云[②]："句法中有字面，盖词中一个生硬字用不得，须是深加锻炼，字字敲打【得】响，歌诵妥溜，方为本色【语】。如贺方回、吴梦窗，皆善于炼字面，多于温庭筠、李长吉诗句中来。字面亦词中之起眼处，不可不留意也。"

诒案：词中炼字，义山、飞卿稍为近之，昌谷则微嫌滞重矣。

【校正】

①此则《词话丛编》本题为"《词源》论炼字"，过于宽泛，据江顺诒案语，以"词中炼字不宜滞重"为宜。

②此则所引出自张炎《词源》卷下"字面"条，有清词学丛书本。

《词源》论虚字

又云[①]："词与诗不同。词之句语有二字、三字、四字，至六字、七、八字者，若堆叠[②]实字，读且不通，况付之雪儿乎。合用虚字呼唤。单字如正、但、甚、任之类，两字如莫是、还又、那堪之类，三字如更能消、最无端、又却是之类。此等虚字，却要用之得其所。若能尽用虚字，句语自活，必不质实。"

诒案："更能消"，字未全虚。

【校正】

①此则所引出自张炎《词源》卷下"虚字"条，有清词学丛书本。

②"堆叠"，《词学集成》诸本为"堆垛"，兹据《词源》改。

后人论词不出《词源》范围

又云[①]："词要清空"，如梦窗之《唐多令》，白石之《暗香》《疏影》《扬州慢》《一萼红》《琵琶仙》《探春》《八归》《淡黄柳》等曲。"词又以意趣为主"，如东坡《水调歌》《洞仙歌》，王荆公《桂枝香》，白石《暗香》《疏影·赋梅》等曲。"词（之）用事（亦）最难，要体认著题，融化不涩……用事不为事所使。"至于咏物尤难[②]，"体认稍真，则拘而不畅，模写差远，则晦而不明。须收纵联密[③]，用事合题，一段意思，全在结局【句】，斯为绝妙。"如史邦卿

《东风第一枝·春雪》《绮罗香·春雨》《双双燕·咏燕》，白石《暗香》《疏影·咏梅》，刘改之《沁园春·美人指甲脚》等曲。又，“簸弄风月，陶写性情，词婉于诗。盖声出莺吭燕舌间，稍近乎情可也。若邻乎郑卫，与缠令何异【也】……若能屏去浮艳，乐而不淫，是亦汉魏乐府之遗意。”又《离情》云：“情至于离，则哀怨必至，苟能调感怆于融会中，斯为得矣……全在情景交炼[④]，得言外意。”又云：“词之语句，太宽则容易，太工[⑤]则苦涩。如起头八字相对，中间八字相对，却【须】用功著一【字】眼，如诗眼亦同。若八字既紧工[⑥]，下句[⑦]便合稍宽，庶不窒塞。约莫宽易，又著一句工致者，便觉精粹，此词中之关键也。”又云：“词不宜强和人韵。”又云：“大词之料，可以敛为小词。小词之料，不可展为大词。【若为大词，】必是一句之意，引而为两三句，或引他意入来，捏合成章，必无一唱三叹。”

诒案：后之论词与作者皆不能出《词源》所论之范围。秦敦夫恩复刻是书跋云：《词源》一书，“元明收藏家均未著录”，故见者少。虽“陈眉公《秘笈》【只】载半卷，【误】以为《乐府指迷》。又以陆辅之《词旨》为《【乐府】指迷》之下卷。【至本朝云间姚氏，又易名为沈伯时，】承讹袭谬”，几乎佚逸。万氏红友、朱氏竹垞，均未言及，其未见此书可知。

【校正】

①此则所引出自张炎《词源》卷下（清词学丛书本），分别录自清空、意趣、用事、咏物、赋情、离情、杂论等条。其中，部分内容为江顺诒转述，非《词源》原文辑录。另，江顺诒案语所涉及秦恩复《词源跋》语，亦多有缠夹己意之处。《词话丛编》本自“跋云”至最后均括为秦恩复言，与实际不合。

②“至于咏物尤难”，《词源》为“诗难于咏物，词为尤难”。

③“联密”，《词学集成》诸本作“严密”，兹据《词源》改。

④“交炼”，《词学集成》诸本作“交集”，兹据《词源》改。

⑤“太工”，《词学集成》诸本作“太空”，兹据《词源》改。

⑥“紧工”，《词学集成》诸本作“紧练”，兹据《词源》改。

⑦“下句”，《词学集成》诸本作“上下句”，兹据《词源》改。

棠村词

陆荩思云：棠村词“极秾艳，而无绮罗香泽之态，所谓生香真色，人难学也”。

【校正】

此则所引陆进（字荩思）评梁清标（字玉立，有《棠村词》二卷）语，出自王昶《国朝词综》卷一（清嘉庆七年王氏三泖渔庄刻增修本），亦见冯金伯《词苑萃编》卷八（清嘉庆刻本）。

论词绝句

《听秋声馆词话》云：孙文靖尔准有论词绝句，厉樊榭亦有论词绝句，临桂朱小岑亦有论词诗。又云："综古今诗词而论列之，贵有特识，尤贵持平。于古人寓微词，而于今人多溢美，适形其陋。樊榭诗最为醇正。朱小岑悖谬，至论父之词。文靖古少今多，然皆论定之人。至尤二娱则怀人诗耳。"

【校正】

此则前一条系江顺诒概括丁绍仪之说，后一条所引出自丁绍仪《听秋声馆词话》卷十二，清同治八年刻本。后一条亦经江顺诒改写，因改动较多，兹将《听秋声馆词话》原文摘录如左："综古今诗词而论列之，贵有特识，尤贵持平。若于古人寓微词，而于近人多溢美，适形其陋而已。樊榭论词古多今少，最为醇正。朱小岑论词古今各半，其谓美成铺张可厌，已属非是，且取乃父词论之，尤觉悖理。吾乡孙文靖论词虽古少今多，然皆堪以论定之人。至尤二娱论词，多同时朋旧，乃怀人诗耳。"

词有三蔽

歙金应珪《词选后序》云①："近世为词，厥有三蔽：义非宋玉，而独赋蓬发，谏榭淳于，而惟陈履舄，揣摩床第，污秽中冓②，是为淫词，其蔽一也。猛起奋末，分言析字，诙嘲则俳优之末流，叫啸③则市侩之盛气，此犹巴人振喉以和《阳春》，黾蜮怒嗌以调疏越，是为鄙词，其蔽二也。规模物类，依托歌舞，哀乐不衷其性，虑叹④无与乎情，连章累篇，义不出乎花鸟，感物指事，理不外乎酬应，虽既雅而不艳，斯有句而无章，【是谓游词，】其蔽三也。"

诒案：此皆词人之通病，即诗人何尝不蹈此弊，作词者当废然返矣。

【校正】

①此则所引出自张惠言《词选》，道光重刻本。

② “中菁”，《词学集成》诸本作“中箐”，兹据《词选》等本改。

③ “叫啸”，《词学集成》诸本作“叫笑”，兹据《词选》等本改。

④ “虑叹”，《词学集成》诸本作“虑欢”，兹据《词选》等本改。

吴縠人词论实倚声家矩矱[1]

吴縠人[2]《露蝉词序》云：“词者既限之长短，复拘以声律。片言未协，则病其哑钟，只字勿[3]谐，则讥同湿鼓。故必选胜以定质，荡滓以澄音[4]。而后宛转入情，案衍式度。盖阎娵[5]之产，非绘为纂绎，不能见其娥孅也，般输之巧，非渐乎矩凿，不能美其[6]轮奂也。”

又《银藤词序》云：“倚声之道，雅正为难。质实者连蹇而滞音，浮华者苛缛而丧志。其或猛起奋末，徒规乎[7]虎贲；阴淫案衍，渐流为爨弄。翩其返矣，又何称乎。”

又《竹沪渔唱序》云：“词之道，情欲其幽，而韵欲其雅；摹其履舄，则病在淫哇；杂以筝琵，则流为伧楚。”

又严叙云[8]：“以绮丽之伤骨，而力洗秾纤，以奋厉之滞音，而务惩偏宕。采湘纨以楼骨，按飕蔼以流韵。腾其余绚，足焕色于云蓝，刁其恒姿，亦夺秀于山绿。”

又陈叙云：“词以韵流，当效玉田之雅。词以情胜，须兼竹屋之痴。”

以上各序，虽就各家之长而被以腴词，其所论，实倚声家矩矱也。

【校正】

①此则《词话丛编》本题为“各家词序”，据江顺诒按语，当以“吴縠人词论实倚声家矩矱”为宜。

②此则所引吴锡麒（縠人）前四序分别为《唐陶山刺史露蝉吟词序》《戴竹友银藤花馆词序》《屈弢园竹沪渔唱序》《严小秋词序》，载吴锡麒《有正味斋集》骈体文续集卷二；第五序为《陈雪庐词序》，载《有正味斋集》骈体文卷八序六，清嘉庆十三年刻有正味斋全集增修本。

③ “勿”，《词学集成》诸本作“未”，兹据《有正味斋集》本改。

④ “澄音”，《词学集成》诸本作“证音”，兹据《有正味斋集》本改。

⑤ “阎娵”，《词学集成》诸本作“闾娥”，兹据《有正味斋集》本改。

⑥ “美其”，《词学集成》诸本作“美乎”，兹据《有正味斋集》本改。

⑦“规乎”，《词学集成》诸本作“规于”，兹据《有正味斋集》本改。

⑧《严小秋词序》一则异文较多，兹据《有正味斋集》本改。《词学集成》诸本原文如左：“以绮丽之伤骨，而力洗秾纤，以奋励之滞音，而务惩偏宕。采湘丸以植骨，援飕藹以流韵。腾其余绚，足焕采于云蓝，习其恒姿，亦奋秀于山绿。”

《词综续编序》

钱塘诸迟菊可宝《词综续编序》云[①]：“词选之难，厥蔽惟五[②]：夫其翠谑红笑，好搜艳歌，粉怨珠啼，但罗妍唱[③]。溺志丁娘之索，塞耳秀师之呵。雅音不存，哇响竞奏。古怨写意，闲情署题。此则强须眉之客，涂饰粉黛，袭闺房之语，评骘履舄。此一弊也。或者矫宗辛、刘，蔑视秦、柳。累牍块磊，乏纵横之才，连篇叫嚣，无雄放之气。谓宝瑟不韵，矜其筝琶，谓琼琚可捐，崇其剑佩[④]。斯犹瓮牖琦士[⑤]，引怒蝇为鼓吹，幽并少年，结屠狗为[⑥]宾客。此一弊也。乃至抗心迈古，肆力式靡。吹花嚼蕊，相炫虚华。模山范水[⑦]，自诧淡远。鲜姜、史之清俊，等[⑧]郊、岛之寒俭。韵要眇而不幽，思缠绵而易尽[⑨]。是谓宋子名句，仅此苹末见赏，南威淑姿，必以蓬葆称微。此又一弊也。握玉尘者，惑清谈之习，唱铜鞮者，忘正始之源[⑩]。鬲指之声，訾石帚多事，煞尾之字，以梦窗太严。取快喉舌，毁弃钟吕。又何啻冠笏倚胡床之座，弦匏[⑪]搀羯鼓之挝。是曰逾闲，难语同律。则亦一弊也。又吹求过刻，鹜博或夸。光耀沉落，非无天外一鹤之表，声气标榜，不皆春初万花之观。谢客山居，未登削简，南郭朝位，乃备吹竽。况之潮汐轩流[⑫]，则羼杂蚌蛎，培塿孤峙，而希树松柏。此【虽】贤者之过，亦一弊也。”

诒案：此节当与金应珪词序，后先参看。

【校正】

①此则所引诸可宝（迟菊）《国朝词综续编序》，出自黄燮清《国朝词综续编》卷二十一，清同治十二年刻本。

②“厥蔽惟五”，《词学集成》诸本作“厥弊有五”，兹据《国朝词综续编》改。

③“妍唱”，《词学集成》诸本作“研唱”，兹据《国朝词综续编》改。

④“剑佩”，《词学集成》诸本作“冠剑”，兹据《国朝词综续编》改。

⑤“琦士”，《词学集成》诸本作“奇士”，兹据《国朝词综续编》改。

⑥“为”，《词学集成》诸本作“而”，兹据《国朝词综续编》改。

⑦“模山范水”，《词学集成》诸本作“范水模山”，兹据《国朝词综续编》改。

⑧“等”，《词学集成》诸本作“守”，兹据《国朝词综续编》改。

⑨“易尽”，《词学集成》诸本作“不尽”，兹据《国朝词综续编》改。

⑩“源”，《词学集成》诸本作“原”，兹据《国朝词综续编》改。

⑪“弦匏”，《词学集成》诸本作“弦袍”，兹据《国朝词综续编》改。

⑫“轩流”，《词学集成》诸本作“鲜流”，兹据《国朝词综续编》改。

重立意方足言词[1]

杨守斋[3]《作词五要》：“第五，要立新意[3]。”〈后人填词止此耳，务求尖新，不近自然便俗。杨升庵、王弇州诸君正自不免。〉[4]

诒案：立意亦在作词五要之列，然后知辨宫商者腐词谰语，亦不足言词也。

【校正】

①此则《词话丛编》本题为“词要立意新”，据江顺诒案语，以“重立意方足言词”为宜。

②此则所引出自方成培《香研居词麈》卷三（嘉庆四年（1799）读画斋从书本）。“杨守斋”，《词学集成》光绪本原为“杨诚斋”，《词话丛编》本改为“杨守斋”，且注曰“原误作诚斋”。

③“立新意”，《词学集成》诸本为“立意新”，兹据《词源》《香研居词麈》等本改。

④“后人……不免”一段文字，乃系方成培案语。部分学者因不知此则出处，误为江顺诒引后注释语（詹安泰《论意格》，载詹伯慧编《詹安泰词学论集》，汕头大学出版社1997年，第201页）。

碧山咏物有君国之忧

皋文《词选》云[1]：“碧山咏物诸篇，并有[2]君国之忧。”“渐新痕悬柳”咏新月一篇，“喜君有恢复之志，而惜无贤臣也。”“残雪庭除”，梅花一篇，“伤君臣晏安[3]，不思国耻，天下将亡也”。“玉局歌残”，榴花一篇，“言乱世尚有人才，惜世不用也”。

诒案：此解亦古人所未有。而词家之有少陵，亦倚声家所亟欲推尊矣。

【校正】

①此则所引出自张惠言《词选》卷二（清道光十年宛邻书屋刻本），依次是对史达组《眉妩·新月》（渐新痕悬柳）、《高阳台·梅花》（残雪庭除）、《庆清朝·榴花》（玉局歌残）词的评语。

②“并有”，《词学集成》诸本作“皆有”，兹据《词选》改。

③“晏安”，《词学集成》诸本作“宴安”，兹据《词选》改。

词要放得开收得回[①]

词要放得开，最忌步步相连[②]。又要收得回，最忌行行愈远。必如天上人间，去来无迹，斯为入妙[③]。

【校正】

①此则所引出自刘熙载《艺概》卷四《词概》，清同治刻古桐书屋六种本。

②“相连”，《词学集成》诸本作“相逢”，兹据《艺概》改。

③“斯为入妙”，《词学集成》诸本作“方妙”，兹据《艺概》改。

包世臣论词不入歧途[①]

包慎伯大令世臣《月底修箫谱序》云[②]：“意内而言外，词之为教也。然意内不可强致，言外非学不成。是词【学得失可形论】说者，言外而已，言成则有声，声成则有色，【声】色成而味出焉。三者具，则足以尽言外之才矣。（若）夫感人[③]之速者，莫如声，故词【别】名倚声。倚声得者[④]，又有三：曰清、曰脆、曰涩。不脆则声不成，脆矣而不清，则腻。【脆矣】清矣而不涩，则浮。屯田、梦窗以不清[⑤]伤气，淮海、玉田以不涩伤格，清真、白石则殆于兼之矣[⑥]。六家于言外之旨得矣，以云意内，惟玉田、白石[⑦]耳。淮海时时近之，清真、屯田、梦窗失之弥远[⑧]，而俱不害为可传者，则以其声之幺眇铿磬[⑨]，恻恻动人，无色而艳，无味而甘故也。”

诒案：就“词”字之意以论词，本《说文》以解经，而意内言外两层，说得确切不移，实发前人所未发。至“声”字，独取清、脆、涩三声，而证以各名家之词，学者循之，亦不入歧途矣。

【校正】

①此则《词话丛编》本题为“就词字之意论词”，据江顺诒案语，易为“包世臣论词不入歧途”更具概括力。

②此则所引包世臣《为朱震伯序月底修箫谱》，出自包世臣《艺舟双楫》卷三，有清道光安吴四种本。

③“感人”，《词学集成》诸本作“成人”，兹据《艺舟双楫》本改。

④“倚声得者”，《词学集成》诸本作“声之得者”，兹据《艺舟双楫》本改。

⑤“以不清”，《词学集成》诸本作“不以清”，兹据《艺舟双楫》本改。

⑥“殆于兼之矣”，《词学集成》光绪本为“能兼三矣”，《词话丛编》本为“能兼之矣”，兹据《艺舟双楫》本改。

⑦“玉田、白石”，《词学集成》诸本作“白石、玉田”，兹据《艺舟双楫》本改。

⑧“失之弥远”，《词学集成》诸本作“皆去之弥远”，兹据《艺舟双楫》本改。

⑨“铿磬”，《词话丛编》本为“铿磐”，兹据《艺舟双楫》本、《词学集成》光绪本改。

《词绎》论衬字不可少

《词绎》云[①]：“中调长调转换处不欲全脱，不欲明粘，如画家开阖[②]之法，须一气而成，则神味自足，以有意求之不得【也】。”又曰：“长调最难工，芜累与痴重同【忌】，衬字不可少，又忌浅熟。”又曰：“词中对句，正是难处，莫认作衬句。至五言对句，七言对句，使观者不作对疑[③]尤妙。”

诒案：《词绎》系刘氏公㦷体仁所著，亦国初人，而中有“衬字不可少”之语，万氏何以不知词有衬字也?

【校正】

①此则所引出自刘体仁《七颂堂词绎》，清别下斋丛书本。

②“开阖”，《词学集成》诸本作“开合”，兹据《七颂堂词绎》本改。

③“疑”，《词学集成》诸本作“句”，兹据《七颂堂词绎》本改。

沈谦论词

沈东江〈谦〉云[①]：“小调要言短意长，忌尖弱。中调要骨肉停匀，忌平板。长调要操纵自如，忌粗率。能于豪爽中著一二精致语，绵婉中著一二激厉[2]语，尤见错综。”又云：“白描不可近俗，修饰不可太文，生香真色[3]，在离即[4]之间，不特难知，亦难言。”又云：“僻词作者少，宜浑脱，乃近自然。常调作者多，宜生新，斯能振动。”又曰：“词要不亢不卑，不触不悖，蓦然而来，悠然而逝。立意贵新，设色贵雅，构局贵变，言情贵含蓄，如骄马弄衔而欲行，粲女窥帘而未出，得之矣。”

诒案：以上四则，填词之道，思过半矣。

【校正】

①此则所引出自沈谦《填词杂说》，《东江集钞》本。亦见徐釚《词苑丛谈》卷一，清海山仙馆丛书本。

②“激厉”，《词学集成》诸本作“激励”，兹据《填词杂说》改。

③“真色”，《词学集成》诸本作“活色”，兹据《填词杂说》改。

④“离即”，《词学集成》诸本作“即离”，兹据《填词杂说》改。

卷七　七曰境

诗词曲意境不同不在字句之末[1]

王阮亭云：“或问诗词【曲】分界，余曰‘无可奈何花落去，似曾相识燕归来’，定非《香奁》诗；‘良辰美景奈何天，赏心乐事谁家院’，定非《草堂》词。”

诒案：《会真记》之“碧云天，黄花地”，非即范文正之“碧云天，红叶地”乎？诗词曲三者之意境各不同，岂在字句之末。

【校正】

①此则《词话丛编》本题为“诗词曲意境各不同”，据江顺诒案语，以“诗词曲意境不同不在字句之末”为宜。

②此则所引出自王士禛《花草蒙拾》，清昭代丛书本。

张祖望引句不当

张祖望曰[①]："词虽小道，第一要辨雅俗。结构天成，而中有艳语、隽语、【奇语、】豪语、苦语、痴语、没要紧语，如巧匠运斤，毫无痕迹，方为妙手。古词中，如'秦娥梦断秦楼月''小楼吹彻玉笙寒''香老春芜[②]，偿尽迷楼花债'，艳语也。'对桐阴满庭清昼''任老却芦花，秋风不管''只有梦来去，更不怕江阑住'[③]，隽语也。'试问琵琶，胡沙[④]外、怎生风色''星河潋滟春云热'[⑤]'月轮桂老，撑破[⑥]珠胎''柳锁莺魂'，奇语也。'卷起千堆雪''任天河水泻，流干银汁''易水潇潇西风冷，满座衣冠似雪'[⑦]，豪语也。'泪花落枕红棉冷''黄昏却下潇潇雨''杨柳梢头，能有春多少''断送一生憔悴，能销几个黄昏'【'断魂千里，夜夜岳阳楼'】，苦语也。'海棠[⑧]开后，望到如今''惟有楼前流水，应念我终日凝眸''【蟋蟀哥哥，】倘后夜暗风凄雨。再休来、小窗悲诉'，痴语也。'这次第、怎生一个愁字了得''怕无人、料理黄花，等闲过了''一寸相思千万绪[⑨]，【人间】没个安排处'，没要紧语也。【此类甚多，】略拈一二。至如'密约偷期[⑩]''把灯扑灭''巫山云雨''好梦惊散'[⑪]等，字面恶俗，不特见者欲呕，亦且伤风败俗，大雅君子所不道也[⑫]。"

诒案：各种语于所引句，有未切当处。

【校正】

①此则所引出自张祖望《掞天词序》，载王又华《古今词论》，清康熙刻本。核相关词人词句，《古今词论》是。含《词话丛编》等本在内，此则句读多有误，兹经核实，重新标点。

②"春芜"，《词学集成》诸本作"春无价"，兹据《古今词论》改。

③"只有梦来去，更不怕江阑住"句，《古今词论》《词学集成》诸本均无"更"字，兹据黄庭坚《望江东》（江水西头隔烟树）词补。

④"胡沙"，《词学集成》诸本作"烟沙"，兹据《古今词论》改。

⑤"星河潋滟春云热"中"星河"，《古今词论》《词学集成》诸本均为"河星"，兹据吴文英《六丑·壬寅岁吴门元夕风雨》词改。"春云"《词学集成》诸本分别为"晴云"，兹据《古今词论》改。

⑥"撑破"，《词学集成》诸本作"捣破"，兹据《古今词论》改。

⑦"满座衣冠似雪"句，诸本在"座""似"两字上异文较为复杂。《古今词论》为

"满座衣冠如雪",《词学集成》光绪本为"满庭衣冠如雪",《词话丛编》本为"满庭衣冠如雪"……兹据辛弃疾《贺新郎》(绿树听鹈鴂)(《稼轩长短句》卷一,元大德三年刊本)改。

⑧"海棠",《词学集成》诸本作"牡丹",兹据《古今词论》改。

⑨"千万绪",《古今词论》《词学集成》诸本均为"千万结",兹据李世英《蝶恋花·春暮》(遥夜亭皋闲信步)词改。

⑩"偷期",《词学集成》诸本作"佳期",兹据《古今词论》改。

⑪"好梦惊散",《词学集成》诸本作"好梦欢",兹据《古今词论》改。

⑫"不特见者欲呕,亦且伤风败俗,大雅君子所不道也",《词学集成》诸本作"不惟不佳,亦君子所不屑道",兹据《古今词论》改。

刘熙载点染说得词家三昧①

《词概》云②:"词有点有染③,【柳】耆卿《雨淋铃》云'多情自古伤离别,更那堪冷落清秋节。今宵酒醒何处,杨柳岸晓风残月。'上二句点出离别冷落,今宵二句乃就上二句【意】染之,点染之间,不得有他语相隔,隔则警句亦成死灰矣。"

诒案:点与染分开说,而引词以证之,阅者无不点首。得画家三昧,亦得词家三昧。

【校正】

①《词话丛编》本原将此则与下则合一,题为"《词概》论词四则",兹依据《词学集成》光绪刻本分成两则,并据江顺诒案语重新命名。

②此则所引出自刘熙载《艺概》卷四,清同治刻古桐书屋六种本。

③"词有点有染",《词学集成》诸本为"词有点染",兹据《艺概》改。

《词概》论诗亦可论词

"词以炼章法为隐,炼字句为秀,秀而不隐,【是】犹百琲明珠,而无(一)线穿也。"

"词之妙莫妙于以不言言之,非不言也,寄言也。如寄深于浅,寄厚于轻,寄劲于婉,寄直于曲,寄实于虚,寄正于余,皆是。"

"司空表圣云:'梅止于酸,盐止于咸,而美在酸咸之外。'""严沧浪云:

'妙处透彻玲珑，不可凑泊，如水中之月，镜中之象。'此皆论诗也，词亦以得此境为超诣。"

【校正】

此则所引出自刘熙载《艺概》卷四《词概》，清同治刻古桐书屋六种本。

词之妙境与文之妙境[①]

毛大可《鹤门词序》云[②]："大抵词必有意、有调、有声、有色，人人知之。若别有气味，在声色之外，则人罕知者。骤得【张】鹤门词，适久客初归，心思迷烦之际，不辨其何意、何调，其声何等，其色何似[③]。而徘徊缠绵，心萦[④]意扰，一若醉里思乡，烛边顾影，使人轇轕不可解。在昔庄皇帝入宫，宫人焚色目所贡鹊脑。时方简文书，忽若醉梦间，迷殢顿生，憧憧然，既而渐甚。亟命撤其焚而摈其贡，当是时未尝有所见，有所闻也[⑤]，鹤门词犹是矣。"

诒案：此固词之妙境也，而亦文之妙境，不言佳而词可想矣。鹤门词未克见，其佳果如是乎？

【校正】

①此则《词话丛编》本题为"毛大可《鹤门词序》"，据江顺诒案语，以"词之妙境与文之妙境"为宜。

②此则所引出自毛奇龄《西河词话》，清昭代丛书本。

③"其声何等，其色何似"，《词学集成》诸本为"何声、何色"，兹据《西河词话》改。

④"心萦"，《词学集成》诸本为"心烦"，兹据《西河词话》改。

⑤"当是时未尝有所见，有所闻也"，《词学集成》诸本为"当其时未尝有所闻、有所见也"，兹据《西河词话》改。

填词须用全力[①]

黄鲁直评东坡"缺月挂疏桐"词云[②]："语意高妙，似非吃烟火食人语。非胸中有【数】万卷书，笔下无【一】点尘俗气，孰能至此。"

诒案：此非抬高词人身分，实古人狮子搏兔，亦用全力，非同后人浮光掠影也。

【校正】

①此则《词话丛编》本题为“黄鲁直评东坡词”，据江顺诒案语，易为“填词须用全力”更宜。

②此则所引出自胡仔《苕溪渔隐丛话前集》卷三十九，有清乾隆刻本。

董苍水评玉叔慢词

董苍水云：“玉叔慢词多商羽之音，如秋飚拂林，哀泉动壑。小令则如新筝乍调，雏莺初啭，尖佻新艳。”

【校正】

此则所引出自董俞（苍水）《二乡亭词小引》，见《二乡亭词》卷首。与上引有关部分的原文为：“……于是出其奚囊中诸长调歌之，多商羽之音，如秋飚拂林，哀泉动壑，不足喻其峥嵘萧瑟也。已而置酒名园，银屏绛蜡，掩映于花谢竹屿间；檀板红牙，肉倡丝和。先生复出其小令，为曼声歌之，如新筝乍调，雏莺初啭，尖佻新艳……”可见，江顺诒并非从董俞《二乡亭词小引》中直接摘录。上引数句，与聂先《百名家词钞》（清康熙绿荫堂刻本）、王昶《国朝词综》卷一（清嘉庆七年王氏三泖渔庄刻增修本）、冯金伯《词苑萃编》卷八（清嘉庆刻本）等本相似，疑是从中辑出。

黄唐堂评对琴词

黄唐堂云：对琴词“如入武夷啖荔枝，鲜美独绝。又如馔设江瑶柱，与群肴错迥别”。

【校正】

此则所引出自黄之隽《（汪棣）春华阁词序》，冯金伯《词苑萃编》卷八（清嘉庆刻本）、王昶《国朝词综》卷三十八（清嘉庆七年王氏三泖渔庄刻增修本）等转引，江顺诒当从其中摘录。汪棣（1720—1801），号对琴，又号碧溪，江苏仪征人，有《春华阁词》二卷，清乾隆刻本。

黄韵甫评忆云词

黄韵甫云：忆云词“古艳哀怨，如不胜情，猿啼断肠，鹃泪成血，不知其所以然也”。

【校正】

此则所引黄燮清评项鸿祚语，出自黄燮清《国朝词综续编》卷十三，清同治十二年刻本。

潘功甫评闰生词

潘功甫云[①]：闰生词“【词境清且幽】，如踏叶[②]孤岭，落花空潭，口香莓苔，食冷烟火”。

【校正】

①此则所引潘曾沂（功甫）评沈传桂（字隐之，号闰生）语，出自黄燮清《国朝词综续编》卷十四，清同治十二年刻本。原载潘曾沂《（沈传桂）清梦庵二白词序》，沈传桂《清梦庵二白词》，清道光二十五年刻本。

②“踏叶”，《词学集成》诸本为“踏雪”，兹据潘曾沂《清梦庵二白词序》改。

钱筱南评月坡词

钱筱南云[①]：月坡词“婉约清空，缠绵深至，无纷然杂出之语，有往复不穷之思”。

【校正】

①此则所引钱符祚（筱南）评孙麟趾（字清瑞，号月坡）语，出自黄燮清《国朝词综续编》卷十五，清同治十二年刻本。原载钱符祚《（孙麟趾）凤箫词录序》，清道光刻本。

②“月坡”《词学集成》诸本为“白坡”，兹据钱符祚《凤箫词录序》改。

③“深至”《词学集成》诸本为“深致”，兹据钱符祚《凤箫词录序》改。

④“不穷”《词学集成》诸本为“不已”，兹据钱符祚《凤箫词录序》改。

黄韵甫评惺斋词

黄韵甫云：惺斋词“如晓霞媚树，春水浮花，极幽艳荡漾之致”。

【校正】

此则所引黄燮清评潘曾莹（字惺斋）语，出自黄燮清《国朝词综续编》卷十七，清同治十二年刻本。

曹堉《玉壶买春词序》得词之三昧

吴县曹稼山堉《玉壶买春词序》，颇得词之三昧，文亦峭洁，因截录之[①]：“呜呼，天下伤心之致多矣，于时为秋，在日为夜，为月榭之笛，为严城之鼓，为空庭之脱叶，为断垣之寒蛩。睇邈空以神蕊，触古悲[②]以泪滋，哽咽喉襟，难摅简素。故欲曲折达意，庶几倚声能之。【国朝以来，】《侧帽》《长芦》（二集），咸极其诣。后之君子，引商刻羽，度合刌分，非不秩然【森然】，以严矩襟。然而真灵无与[③]，哀乐不存，徒累訋费之辞，未极远姚之韵。读《买春》[④]而快然矣，【先生】旁採群雅，不囿一家。海以大之有苏，渊以沉之有张，涛以雄之有稼轩，平以远之有竹屋，縠纹蜃气以绮之有梦窗，缠绵菀结以赴之有石帚。泠汰众制，煦以鲜华，芬芳百家，自成馨逸。泊焉无朕，潭而不流，如彼秦尊是生澹，如彼豳籥是生希，如彼空梁（曲径）是生幽，如彼铣溪琼岳是生涩。故言其连忭，则杂组之成锦，逋峭则寒镜之素夜，委婉则细石之凌乱，隽蓄则哀涧[⑤]之鸣湍，神韵则美人之迟来，慨吊则良朋之孤往。牢骚离别之际，徘徊生死之间，直举胸臆[⑥]，非有依傍，纳兰、秀水以来，斯为造极矣。”

【校正】

①高愿（号樗仙）《玉壶买春轩乐府》一卷（道光中叶刻本），含朱绶、戈载、陆损之三人序，未见曹堉（稼山）序。姚燮编《皇朝骈文类苑》录曹堉《玉壶买春轩乐府序》，兹以此校勘。

②“古悲”，《词学集成》诸本作“古怨”，兹据《皇朝骈文类苑》本改。

③“无与”，《词学集成》诸本作“不与”，兹据《皇朝骈文类苑》本改。

④“读《买春》”，《皇朝骈文类苑》本作“今读樗仙先生《玉壶买春轩词》”。

⑤“哀涧”，《词学集成》诸本作“哀泉”，兹据《皇朝骈文类苑》本改。

⑥“胸臆”，《皇朝骈文类苑》本作“胸情”。

体物赋景极词人之能事[①]

杨芸士文荪《洺州倡和序》[②]云：“体物[③]则课虚叩寂，画冰镂尘，幽思宜搜，微旨独引。红情绿意，莲波写愁。疏影暗香，梅格入画。丽不染俗，巧不近纤。离貌追神，工如之何矣。赋景则衔彼山川，命兹毫素。荒原吊古，踯躅斜阳。野渡寻秋，苍茫远水。晓风残月，霁色冷光。雅擅白描，能传清景。妍心妙手，隽如之何矣。”

诒案：词之言情，乃诗之赋体也。词一作赋体，则直陈其事，有是词乎？比兴二体，不外体物、赋景二事。是序论二事，亦可谓无妙不臻，极词人之能事矣。

【校正】

①此则《词话丛编》本题为“杨芸士《洺州倡和序》”，据江顺诒案语，以“体物赋景极词人之能事”为宜。

②此则所引载于沈涛（字西雝，号匏庐）编《洺州唱和词》一卷。谢章铤《赌棋山庄词话》续编卷三：“《洺州唱和词》一卷，嘉兴沈匏庐涛编。此匏庐守洺州时幕中唱酬之作。”可见于《沈西雍先生遗著》五种十三卷。杜文澜《憩园词话》卷二云：“吾乡宦裔凋零，以沈西雍观察为甚……所撰《洺州唱和词》不得见矣。”案：《洺州唱和词》，部分文献误写为《洛州唱和词》。

③“体物”，《词学集成》光绪本为“体均”，《词话丛编》本校正，并于“物”字下加案语：“原误作均。”

言愁固词之妙境[1]

赵秋舲庆熹《花帘词序》云：“无岁而无落花也，无处而无芳草也，无日而无夕阳、明月也。然而，古今之能言落花、芳草者几人？古今之能言夕阳、明月者几人？则甚矣写物之难，写愁之难也。花帘主人，工愁者也，词则善写愁者。不处愁境，不能言愁。必处愁境，何暇言愁？栩栩然，荒荒然，幽然，悄然，无端而愁，即无端其词。落花也，芳草也，夕阳、明月也，皆不必愁者也。不必愁而愁，斯视天下无非可愁之物，斯主人之所以能愁，主人之词所以能工。”

诒案：此专言愁，固作词者之妙境，而即读词者之佳话也。

【校正】

①此则《词话丛编》本题为“赵秋舲《花帘词序》”，据江顺诒案语，以“言愁固词之妙境”为宜。

②此则所引赵庆熺（秋舲）《花帘词序》出自吴藻《花帘词》（道光九年刊本）。后

与《香南雪北词》合刊，有光绪十年如不及斋刊冒俊辑《林下雅音集》本，卷首有张景祁、陈文述、魏谦升、赵庆熺序。

吴縠人《红豆词叙》言词家情境未足[①]

“驻枫烟而听雁，舣葭水而寻渔。短径遥通，高楼近接。琴横春荇，杂花乱飞。酒在秋山，缺月相候。此其境与词宜。金迷纸醉之娱，管语丝哇之奏，浦遗余佩，钗挂臣冠。满地蘼芜，夕阳如画。隔堤杨柳，红窗有人。此其情与词宜。”此縠人红豆词叙[②]。

诒案：诗与文，不外情、境二字，而词家之情境，尤有所宜，此序长言之未足也。

【校正】

①此则《词话丛编》本题为“吴縠人《红豆词叙》”，据江顺诒案语，以“吴縠人《红豆词叙》言词家情境未足”为宜。

②此则所引吴锡麒（縠人）《陶凫香红豆树馆词序》，出自吴锡麒《有正味斋集》骈体文卷八序六（清嘉庆十三年刻正味斋全集增修本）。

姚梅伯《绿笺词序》措词幽隽[①]

姚梅伯燮《绿笺词》云：一曰“绮而不靡”，一曰“典而不滞”，措词幽隽，亦词家之妙境，因录之：“当其夕绮探芬[③]，春小系梦，笛尾涕下，烟心醉慵。延睩水[④]以荡怀，引眉丝以结语。背花凭镜，纤髻窣波。兜燕坐衣，素肩[⑤]横雪。离合者影，婵媛其姿，至曼[⑥]难镌，极娴可抚[⑦]。为之犀梳栉玉，麄管题纨。罗帐灯昏，三更画楼之雨[⑧]，横塘月落，一笏遥天之峰。盖绮而不靡（者），情之止乎义也。风骚斯擅，体绘亦工。扬造化为波澜，植理寓为根柢。搓云接线，游丝袅来。捣麝和尘[⑨]，鞠香浮去。涂鸩削剑[⑩]，而真宰愁权。引蚁穿珠，而鬼工妒巧。都尉之鸳鸯比翼，魏收之蛱蝶五铢。张郎花影之弄，柳婿微云之抹。罔不洁逾水瀹，烂拟觚雕。阳和蓄于寸心，优昙喷薄，萌甲甹于寸楮[⑪]，芍药蝉嫣。盖典而不滞（者），韵之余于文也。”

【校正】

①此则《词话丛编》本题为“姚梅伯《绿笺词序》”，据此则前文江顺诒的说明，

以“姚梅伯《绿笺词序》措词幽隽”为宜。

②此则所引姚燮（梅伯）《黄霁青太守绿笺词序》出自姚燮《复庄骈俪文榷》卷四（清咸丰四年刻六年增修本）。

③“探芬”，《词学集成》诸本为“披纷”，兹据《复庄骈俪文榷》本改。

④“睩水”，《词学集成》诸本为“渌水”，兹据《复庄骈俪文榷》本改。

⑤“素肩”，《词学集成》诸本为“素襟”，兹据《复庄骈俪文榷》本改。

⑥“至曼”，《词学集成》诸本为“玉曼”，兹据《复庄骈俪文榷》本改。

⑦“极娴可抚”，《词学集成》诸本为“柱娴可赋”，兹据《复庄骈俪文榷》本改。

⑧“雨”，《词学集成》诸本为“语”，兹据《复庄骈俪文榷》本改。

⑨“和尘”，《词学集成》诸本为“成尘”，兹据《复庄骈俪文榷》本改。

⑩“涂鹈削剑”，《词学集成》光绪本为“涂鹈学剑”，《词话丛编》本为“涂鸦学剑”，兹据《复庄骈俪文榷》本改。

⑪“萌甲夷于寸楮”，《词学集成》诸本为“萌田夷于尺楮”，兹据《复庄骈俪文榷》本改。

姚梅伯《鸥波词序》拟词品五则①

又《鸥波词序》五节，可拟词品之五：“观其揎袖整瑟，拈钗拨篢③；赚莺飞来，挂帘额之镜子；恐花睡去，拭屏角之烟痕——其柔腻也。或复养麝半温，试酒微醉；远岫雨霁④，比浅翠于初苔；美人秋病，量窄腰以弱燕——其疏秀也。若夫室白无滓，天青不云；素月到潭，濯彼姑射之魄；红玉在掌，温如太真之肤——其明润也。至于顾影自怜，凝情移世；脱枫亭之荔壳，樱桃可奴；结苕溪之鸥盟，菡萏为佩——其俊逸也。抑且渺兮⑤若思，迥乎无尽；关中行马之路，蘼芜⑥未黄；湘上夕阳之楼，阑干有絮——其绵远也。”

【校正】

①此则《词话丛编》本题为“姚梅伯《鸥波词序》”，据此则前文江顺诒的说明，以“姚梅伯《鸥波词序》拟词品五则”为宜。

②此则所引姚燮（梅伯）《（潘星斋）小鸥波馆词序》出自姚燮《复庄骈俪文榷》卷六（清咸丰四年刻六年增修本）。

③“拨篢”，《词学集成》诸本为“播篢”，兹据《复庄骈俪文榷》本改。

④“雨霁”，《词学集成》诸本为“微霁”，兹据《复庄骈俪文榷》本改。

⑤“渺兮”，《词学集成》诸本为“淑兮”，兹据《复庄骈俪文榷》本改。

⑥“靡芜”，《词学集成》诸本为“萧芜”，兹据《复庄骈俪文権》本改。

姚梅伯《张次柳词序》可补词品[①]

又次柳词[②]，云有登临之作，有游宴之作，有投赠怀感[③]之作，亦可补词品之未及。《登临》云：“浮舸江湖，策马岩壑[④]。落日横野，忧从中来。芳蓠照襟，春若可掇。脱剑[⑤]于吴公子墓，试钓于韩王孙亭。朝游九峰，萝涧寻鹤。夕下京岘，霜灯听钟。【迩复】贳宅姑胥，寄襆茂苑。破楚之门，上有荒云。梧桐之园，鞠为茂草。趑趄寡悦，吊古涕零。”《游宴》云：“绮怀偶引，结客巷游。珠楼高甍，乳燕双哢。水荭照屏[⑥]，落花来媚。青虫若炧，酒气逼灯。银甲一泛，筝语潜送。凝情相许，倚扇[⑦]索题。染春波以蘼芜[⑧]，寄顽艳于子夜。或莲室逃暑，菊社[⑨]开禊。新茭剥素，肥蟹擘紫。清言不倦，玉尘与忙。客醉[⑩]思归，犊车犹系。”《投赠怀感》云：“五陵气豪，侠盛交广。缟纻所纳，满乎东南。孟郊性介，与韩忘形。亦有嵇阮，金兰为契。倾盖片语，怜美人之目成。一日不见，解琼瑰以密赠。至于阳安[⑪]折柳，送客尽情之桥。少陵听鸟，寄梦渭北之树。帝子已去，寸肠九回。高台偶凭，蔓烟千里。逝潮[⑫]无鲤鱼之信，明河断鸩鹊之梁。青山阻欢，红豆写瘠。”

【校正】

①《词话丛编》本题为“姚梅伯次柳词序”，据此则前文江顺诒的说明，以“姚梅伯《张次柳词序》可补词品”为宜。

②此则所引姚燮《张次柳词序》，出自姚燮《复庄骈俪文権》卷六（清咸丰四年刻六年增修本）。

③“怀感”，《词学集成》诸本作“感怀”，兹据《复庄骈俪文権》本改。

④“岩壑”，《复庄骈俪文権》本作“厓壑”。按：《词学集成》本是。

⑤“脱剑”，《复庄骈俪文権》本作“说剑”。按：《词学集成》本是。

⑥“照屏”，《复庄骈俪文権》本作“罥屏”。按：《词学集成》本是。

⑦“倚扇”，《词学集成》诸本作“绮扇”，兹据《复庄骈俪文権》本改。

⑧“蘼芜”，《词学集成》诸本作“靡芜”，兹据《复庄骈俪文権》本改。

⑨“菊社”，《复庄骈俪文権》本作“鞠社”。按：《词学集成》本是。

⑩“客醉”，《词学集成》诸本作“密醉”，兹据《复庄骈俪文権》本改。

⑪“阳安”，《词学集成》诸本作“安阳”，兹据《复庄骈俪文権》本改。

⑫“逝潮”，《词学集成》诸本作“逝湘”，兹据《复庄骈俪文榷》本改。

姚梅伯《辨花词序》语亦简当[①]

“好媟[③]而曼，习率而俳，竞谰哆而粗坌，皆词之蠹也。若规式两白，粉泽二窗，自断心根，私附瞑貌，抑惑焉。风弄林叶，态无一同。月当流波，影有万变。形声至眇，要乎[④]自然。静气相挹[⑤]，可得其理。”

此姚梅伯《辨花词叙》，语亦简当。

【校正】

①《词话丛编》本题为“姚梅伯辨花词序”，据此则江顺诒的说明，以“姚梅伯《辨花词序》语亦简当”为宜。

②此则所引姚燮《（姚子箴）辨花庵词序》，出自姚燮《复庄骈俪文榷》卷六（清咸丰四年刻六年增修本）。

③“好媟”，《词学集成》诸本为“好谋”，兹据《复庄骈俪文榷》本改。

④“要乎”，《词学集成》诸本为“委乎”，兹据《复庄骈俪文榷》本改。

⑤“相挹”，《词学集成》诸本为“相抱”，兹据《复庄骈俪文榷》本改。

姜汝长词论入绵邈品[①]

姜汝长论毛大可词云：“其旨精深，其体温丽。户网粘虫，枕声停钏。吹籥苦唇朱之落，梦欢愁臂红之销[③]。腰慵结带，时作萦回。镜喜看花，暗相转侧。此其靡曼之玮辞，夫岂纤庸之佚调[④]。”

诒案：此论可入词之绵邈品，毛词不足以当之。

【校正】

①《词话丛编》本此则题为“姜汝长论毛大可词”，据江顺诒案语，以“姜汝长词论入绵邈品”。

②此则所引姜垓（汝长）评毛奇龄（初名甡，字大可）语，出自王昶《国朝词综》卷七（清嘉庆七年王氏三泖渔庄刻增修本）、冯金伯《词苑萃编》卷八（清嘉庆刻本）等。毛奇龄词集《桂枝词》（又名《毛翰林词》），此集前四卷系姜汝长所刻，名《当楼集》。

③“销”，《词学集成》诸本为“消”，兹据《国朝词综》等本改。

④“佚调”，《词学集成》诸本为“逸调”，兹据《国朝词综》等本改。

杜范《跋翁处静词》、董国华《二白词序》当入词之清逸品[①]

杜成之评翁元龙词云：“如絮浮水，如荷湿露，萦旋流转，似沾非著。”

又，董国华《二白词序》云：“琅然清圆，一唱三叹。如泠风[②]过林，自协流徵。凉月晖席，都成秋痕。抒[③]芬芳悱恻之怀，极哀艳骚屑之致。雪涤凡响，棣通太音。万尘息吹，一真孤露。度以横竹，当飞奇声。和之弦桐，居然流水。”

诒案：二评，皆当入词之清逸品。

【校正】

①此则所引宋代杜范（字成之）《跋翁处静词》，出自杜范《清献集》卷十七（清文渊阁四库全书本）；所引清代董国华《（沈传桂）清梦庵二白词序》，出自沈传桂《清梦庵二白词》（清道光二十五年刻本）。于前条，江顺诒误将翁元龙（字时可，号处静）为“元时可”。《词话丛编》本题为“杜成之评元时可、董国华词”，既延续江顺诒“元时可”之误，又将评者董国华误为被评者。据江顺诒案语，此则标题以“杜范《跋翁处静词》、董国华《二白词序》当入词之清逸品”为宜。

②“泠风”，《词学集成》诸本为“冷风”，兹据《清梦庵二白词》本改。

③“抒”，《词学集成》诸本为“摅”，兹据《清梦庵二白词》本改。

词之情、气、格三胜境[①]

蔡小石《拜石词序》云[②]：“夫意以曲而善托，调以杳而弥深。始读之，则万萼春深，百色妖露，积雪纻地，余霞绮天，（此）一境也。再读之，则烟涛澒洞，霜飙飞摇，骏马下坡[③]，泳鳞出水，又一境也。卒读之，而皎皎明月，仙仙白云，鸿雁高翔，坠叶如雨，不知其何以冲然而澹，翛然而远也。”

诒案：始境，情胜也；又境，气胜也；终境，格胜也。

【校正】

①此则《词话丛编》本题为“蔡小石拜石词序”，据江顺诒案语，以“词之情、气、格三胜境”为宜。

②此则所引出自蔡宗茂（字小石）《（顾翰）拜石山房词钞序》。顾翰《拜石山房词

钞》四卷，榆园丛刻本。

③“下坡”，《词学集成》诸本为“下坂”，兹据《拜石山房词钞》本改。

专写闺帏者不知词有古诗境界①

《词绎》云②：“词有与古诗同义者，‘潇潇雨歇’，《易水》之歌也。‘同是天涯’，麦蕲之诗也。‘又是羊车过也’，团扇之辞也。‘夜夜岳阳楼中’，‘日出当心’之志也。‘已失了春风一半’，‘鲵居’之讽也。‘琼楼玉宇’，《天问》之遗也。”

“词（又）有与古诗同妙者，【如】‘问甚时、同赋三十六陂秋色’，即‘灞岸’之兴也。‘关河冷落，残照当楼’，即《敕勒》之歌也。‘危楼云雨上，其下水扶天’，即‘明月积雪’之句也。‘燕子楼空，佳人何在，空锁楼中燕’，即‘平生少年’之篇也。”

诒案：专写闺帏者，亦知此境界否？

【校正】

①此则《词话丛编》本题为“《词绎》论词与古诗同义”，据江顺诒案语，以“专写闺帏者不知词亦有古诗境界”为宜。

②此则所引出自刘体仁《七颂堂词绎》，清别下斋丛书本。

③“同是”，《词学集成》诸本为“自是”，兹据《七颂堂词绎》本改。

④“秋色”，《词学集成》诸本为“秋水”，兹据《七颂堂词绎》本改。

填词不可不知界限

柴虎臣云：“旨取温柔，词归蕴藉。嗢而闺帷，勿浸而巷曲，【浸而巷曲，】勿堕而村鄙。”又曰：“语境，则‘咸阳古道’‘汴水长流’；语事，则‘赤壁周郎’‘江州司马’；语景，则‘岸草平沙’‘晓风残月’；语情，则‘红雨飞愁’‘黄花比瘦’。【可谓雅畅。】”

诒案：填词者各有界限，不可不知。

【校正】

此则所引柴绍炳（字虎臣，号省轩）论词语，诸如沈雄《古今词话》词评卷下（清康熙刻本）、王又华《古今词论》（清康熙刻本）、冯金伯《词苑萃编》卷二（清嘉庆刻本）等均有记载。其首见于毛先舒《诗辨坻》五则，载邹祇谟、王士禛辑《倚声初集》卷二（清顺治十七年刻本）。

如冠九以禅喻词

如冠九山都转《心庵词序》云：“‘明月几时有’，词而仙者也。‘吹皱一池春水’，词而禅者也。仙不易学，而禅可学。学矣，而非栖神幽遐，涵趣寥旷，通拈花之妙悟，穷非树之奇想，则动而为沾滞之音矣。其何以澄观一心，而腾踔万象。是故词之为境也，空潭印月，上下一澈，屏智识也。清磬出尘，妙香远闻，参净因也。鸟鸣珠箔，群花自落，超圆觉也。”

诒案：以禅喻词，又为词家辟一途。羚羊挂角，香象渡河，知不仅为诗喻矣。

【校正】

此则所引如山（赫舍里氏，字冠九，满洲镶蓝旗人）《（何兆瀛）心庵词序》，出自何兆瀛《心庵词存》四卷，同治十二年（1873）武林刊本。都转，即都转盐运使，此指如冠九曾任官职。然包括宗白华在内，诸多学人征引此则时将“都转”视为词集名，致使《都转心庵词序》之误流波甚广。

谭仲修《明镜词叙》

谭仲修大令廷献《明镜词叙》云[①]：“旌德江君[②]，赋士不遇，【乃隐于簿尉，】憔悴婉笃，而无由自见于世。于是玲珑其声，有所不敢放；屈曲其旨，有所不敢章。为长短言数卷，退然不欲附于著作之林，而无靡曼奋末之病，杳杳乎山水之趣，【依依乎】花草之色。”

夫声至于“不敢放”，至于“不敢章”，是亦《离骚》《小雅》之意，而出之劳人思妇之口乎？吾愿世之为词者，同臻斯境也。

【校正】

此则所引谭献《愿为明镜室词稿叙》，亦载于江顺诒《愿为明镜室词稿》二卷本（同治己巳刊于武林，癸酉仲春重校本）。“夫声”一段，不见于《愿为明镜室词稿》癸酉重校本。疑有两种可能：一是江顺诒刊刻词集时删改所至，一是此段系江顺诒的案语。第一种可能性不大，既然刊刻词集时删改，那么何必又在词话中保留？因此，此段系江顺诒案语的可能性最大。若果真如此，那么学界谬误则大矣。因为研究者多将此段视为谭献的论词主张，且认为这是谭献对江顺诒词的美誉。究其原因，学界征引谭献《愿为明镜室词稿序》时，多从《词学集成》中摘录，未睹江顺诒词集，致使误判。

② “旌德江君”，《词学集成》诸本为“江君某”，兹据《愿为明镜室词稿》二卷本改。

卷八　八曰品

郭频伽《词品》十二则

【题解】

郭麐《词品序》有言：“余少耽倚声，为之未暇工也。中年忧患交迫，廓落鲜欢，间复以此陶写。入之稍深，遂习玩百家，博涉众趣。虽曰小道，居然非粗鄙可了。因弄墨余闲，仿表圣《诗品》，为之标举风华，发明逸态，以其途较隘，止得表圣之半，用以轩翥六义之后，奋蜚四声之余，亦犹贤乎博奕。”郭麐《灵芬馆诗话》诗话卷十二（清嘉庆二十一年刻二十三年增修本）又云：“余少作《词品》十二则，以仿佛司空《诗品》之意，颇为识曲者所赏。后见杨伯夔续作十二首，语皆名隽。余作已刻入《杂著》中，爰录伯夔所作于此，以为词场歌吹。”郭麐《词品》未见单行本，据查，晚清依次有阮元《定香亭笔谈》卷一（清嘉庆五年扬州阮氏琅嬛仙馆刻本）、《灵芬馆杂著》卷二（嘉庆十二年本）、吴衡照《莲子居词话》（清嘉庆刻本）、江顺诒《词学集成》等收录。学界多提江顺诒《词学集成》辑录郭麐《词品》。其实，仅就词话而言，吴衡照《莲子居词话》便早于江顺诒《词学集成》。同时，吴氏除郭麐《词品》，还辑有杨伯夔《续词品》。江顺诒《词学集成》亦如此，且从一些异文来看，江氏所辑录《词品》与吴氏《莲子居词话》颇接近。从江顺诒多次言及吴氏《莲子居词话》来看，他极可能是从吴氏那里转录的。

幽秀

千岩巉巉，一壑深美。路转峰回，忽见流水。幽鸟不鸣，白云时起。此去人间，不知几里？时逢疏花，娟若处子。嫣然一笑，目成而已。

【校正】

“娟”，《词学集成》诸本为“媚”，兹据《定香亭笔谈》、《灵芬馆杂著》嘉庆本、《莲子居词话》本等改。另，《灵芬馆杂著》丛书集成续编本为“闲”。

高超

行云在空，明月在中。潇潇秋雨，泠泠好风。即之愈远，寻之无踪。孤鹤独唳，其声清雄。众首俯视，莫穷其通。回顾薮泽，翩哉飞鸿。

【校正】

“翩哉飞鸿”，《词学集成》《莲子居词话》《定香亭笔谈》诸本同，《灵芬馆杂著》嘉庆本为“翩若蜚鸿”，《灵芬馆杂著》丛书集成续编本为“翩哉蜚鸿”。

雄放

海潮东来，气吞江湖。快马斫阵，登高一呼。如波轩然，蛟龙牙须。如怒鹘起，下盘浮图。千里万里，山奔电驱。元气不死，乃与之俱。

【校正】

“电驱”，《词学集成》《定香亭笔谈》《莲子居词话》《灵芬馆杂著》（丛书集成续编本）同，《灵芬馆杂著》嘉庆本为“雷驱”。

委曲

芙蓉初花，秋水一半。欲往从之，细石凌乱。美人有言，玉齿将粲。徐拂宝瑟，一唱三叹。非无寸心，缱绻自献。若往若还，岂曰能见。

清脆

美人满堂，金石丝簧。忽击玉磬，远闻清扬。韵不在短，亦不在长。哀家一梨，口为芳香。芭蕉洒雨，芙蓉拒霜。如气之秋，如冰之光。

神韵

杂花欲放，细柳初丝。上有好鸟，微风拂之。明月未上，美人来迟。却扇一顾，群妍皆媸。其秀在骨，非铅非脂。眇眇若愁，依依相思。

【校正】

“眇眇”,《词学集成》诸本、《莲子居词话》为“渺渺”，兹据《定香亭笔谈》《灵芬馆杂著》等本改。

感慨

人生一世，能无感焉。哀来乐往，云浮鸟仙。铜驼巷陌，金人岁年。铅水①迸泪，鹍鸡裂弦。如有万古②，入其③肺肝。夫子何叹，唯唯不然。

【校正】

① “铅水”,《词学集成》诸本分别为“铅华”，兹据《定香亭笔谈》《灵芬馆杂著》《莲子居词话》等本改。

② “万古”,《词学集成》诸本分别为“万石”，兹据《定香亭笔谈》《灵芬馆杂著》《莲子居词话》等本改。

③ “入其”，含《词学集成》光绪本在内诸本均同，唯《词话丛编》本为“入以”。

奇丽

鲛人织绡，海水不波。珊瑚触网，蛟龙腾梭。明月欲堕，群星皆趋。凄然掩泣，散为明珠。织女下眎，云霞交铺。如将卷舒，贡之太虚。〈此则下半换韵。〉

【校正】

“眎”，同“视”,《词学集成》诸本为“示”，兹据《定香亭笔谈》《灵芬馆杂著》《莲子居词话》等本改。

含蓄

好风东来，幽鸟始哢。阳春在中，万象皆动。一花未开，众绿入梦。口多微词，如怨如讽。如闻玉管，快作数弄。望之邈然，鹤背云重。

【校正】

“玉管”,《词学集成》诸本为“玉笛”，兹据《定香亭笔谈》《灵芬馆杂著》《莲子居词话》等本改。

逋峭

清霜警秋，微月白夜。其上孤峰，流水在下。幽寻[①]欲穷，乃见图画。惬心动目，喜极而怕。跌宕容与，以观其罅。翩然将飞，倘复[②]可跨。

【校正】

①“幽寻”，《词学集成》诸本为“幽鸟”，兹据《定香亭笔谈》《灵芬馆杂著》《莲子居词话》等本改。

②“倘复”，《词学集成》诸本“尚复”，兹据《定香亭笔谈》《灵芬馆杂著》《莲子居词话》等本改。

秾艳

杂组成锦，万花为春。五酝酒酽[①]，九华帐新。异彩初结，名香始薰。庄严七宝，其中有人。饮芳食菲，摘星抉[②]云。偶然咳唾，明珠[③]如尘。

【校正】

①“酽”，《词学集成》诸本、《灵芬馆杂著》、《莲子居词话》等本同，《定香亭笔谈》本为“醲”。

②“抉”，《词学集成》诸本为“扶”，兹据《定香亭笔谈》《灵芬馆杂著》《莲子居词话》等本改。

③“明珠”，《词学集成》诸本为“名珠”，《定香亭笔谈》为“如珠”，兹据《灵芬馆杂著》《莲子居词话》等本改。

名隽

名士挥麈，羽人礼坛。微闻一语，气如幽兰。荷雨夜歇[①]，松风夏寒。之子何处，秋山槃槃。万籁俱寂，惟鸣[②]幽湍[③]。千漱百咽，奉君一丸。

【校正】

①“夜歇”，《词学集成》诸本为“初歇”，兹据《定香亭笔谈》《灵芬馆杂著》《莲子居词话》等本改。

②“惟鸣”，《词学集成》诸本为“惟闻”，兹据《定香亭笔谈》《灵芬馆杂著》《莲子居词话》等本改。

③“幽湍”，除《灵芬馆杂著》嘉庆本为“幽喘”，其余各本均同。

④“千漱百咽”，《词学集成》诸本为“千嗽万咽”，《莲子居词话》为“千嗽百

咽”，兹据《定香亭笔谈》《灵芬馆杂著》等本改。

杨伯夔《续词品》十二则

【题解】

杨伯夔《续词品》（12则）为续郭麐《词品》（12则）之作，以合司空图《二十四诗品》之数。不过，《词学集成》仅辑录11则，缺“绵邈”品，兹据他本补。在江顺诒《词学集成》之前，吴衡照《莲子居词话》卷三（清嘉庆刻本）、郭麐《灵芬馆诗话》卷十二（清嘉庆二十一年刻二十三年增修本）等辑录过杨伯夔《续词品》。

轻逸

悠悠长林，濛濛晓晖。天风徐来，一叶独飞。望之弥远，识之自微。疑蝶入梦，如花堕衣。幽弦再终，白云愈稀。千里飘忽，鹤翅不肥。

【校正】

“愈稀”，《词学集成》诸本为“逾希”，《灵芬馆诗话》本为“逾稀”，兹据《莲子居词话》本改。

绵邈

秋水楼台，澹不可画。时逢幽人，载歌其下。明星未稀，美此良夜。惝恍从之，梦与烟借。荷香沉浮，若出云罅。油油太虚，一碧俱化。

【校正】

“时逢”，《灵芬馆诗话》本为“载逢”，兹据《莲子居词话》本。

独造

万山巑巑[1]，回风荡寒。决眦千仞，饮云闻湍。龙之不驯，虹之无端。畸士羽衣，露言雷喧。洞庭隐鳞，苍梧逸猿。元气纷变[2]，创斯[3]奇观。

【校正】

① “巑巑”，《词学集成》诸本、《莲子居词话》本同，《灵芬馆诗话》本为“攒攒”。

② “纷变”，《词学集成》诸本为“分变”，兹据《莲子居词话》《灵芬馆诗话》等本改。

③“创斯”，《词学集成》诸本为“创此”，兹据《莲子居词话》《灵芬馆诗话》等本改。

凄紧

送君长往，怀君思深。白日[1]欲堕，池台气阴。百年寸晖，徘徊短吟。松篁幽语，独客泛琴。聆彼七弦，潇湘雨音。落花辞枝[2]，凄入燕心。

【校正】

①“白日”，《词学集成》诸本、《莲子居词话》本同，《灵芬馆诗话》本为“白石”。

②“辞枝”，《词学集成》诸本为“醉枝”，兹据《莲子居词话》《灵芬馆诗话》等本改。

微婉

之子晓行，细路[1]香送。时闻春声，百鸟[2]含哢。林花初开，蜂须欲动。美人何许，短琴潜弄。明明无言，冷冷如讽。卷帘绿阴[3]，微雨思梦。

【校正】

①“细路”，《词学集成》诸本为“细客”，兹据《莲子居词话》《灵芬馆诗话》等本改。

②“百鸟”，《词学集成》诸本、《莲子居词话》本同，《灵芬馆诗话》本为“百舌”。

③“绿阴”，《词学集成》诸本为“缘阴”，兹据《莲子居词话》《灵芬馆诗话》等本改。

闲雅

疏雨未歇，轻寒独知。茶烟画青[1]，煮藤[2]一枝。秋老茅屋，檐虫挂丝[3]。叶丹苔碧，酒眠悟诗。饮真抱和，仙人与期。其曰偶然，薄言可思。

【校正】

①“画青”，《词学集成》诸本为“化青”，兹据《莲子居词话》《灵芬馆诗话》等本改。

②“煮藤”，《词学集成》诸本、《灵芬馆诗话》本同，《莲子居词话》为“鬻藤”。

③“檐虫挂丝”，《词学集成》诸本为“檐挂虫丝”，兹据《莲子居词话》《灵芬馆诗话》等本改。

高寒

俯视苔石，行歌长松。千叶万吹，凛然嘘冬。返风乘虚，餐烟太蒙。矫矫独往，落落希踪。夜开元关，荡闻天钟。光满眉宇，与斗相逢。

【校正】

“凛然嘘冬”，《词学集成》诸本为“懔然嘘东”，兹据《莲子居词话》《灵芬馆诗话》等本改。

澄澹

空波粼天①，鸣篘叩舷②。鹭鸶立雨，浪花一肩。采采白苹，江南晓烟。觅镜照春，逢潭写莲。渔舟往还③，相忘岁年④。佳语无心，得之自然。

【校正】

①“粼天”，《词学集成》诸本为“凌天”，兹据《莲子居词话》《灵芬馆诗话》等本改。

②“叩舷”，《词学集成》诸本、《灵芬馆诗话》同，《莲子居词话》本为“扣舷”。

③《词学集成》诸本为“往还”，《莲子居词话》《灵芬馆诗话》等本作“还往”。

④“岁年”，《词学集成》诸本为“千年”，兹据《莲子居词话》《灵芬馆诗话》等本改。

疏俊

卓卓野鹤，超超出群。田家败篱，幽兰逾芬。意必求远，酒不在醇。玉山上行，疏花角巾。短笛快弄，长啸入云。轩轩霞举，须眉胜人。

【校正】

“逾芬”，《词学集成》诸本为“愈芬”，兹据《莲子居词话》《灵芬馆诗话》等本改。

孤瘦

怅焉独迈，缪予隐忧。悟出系表，天地可求。亭亭危峰，倒影碧流。空山沍寒，老梅古愁。味之无腴，揖之寡俦。遥指木末，一僧一楼。

【校正】

“憀予”，《莲子居词话》本为“憀子”，《灵芬馆诗话》本为“憀兮”。

精炼

如莫邪剑，如百炼钢。金石在中，匪曰永藏。钵心掏胃，韬神敛光。水为沉流，星无散芒。离离九疑，郁然深苍。万弃一取，駏驉锦囊。

【校正】

“莫邪”，《词话丛编》诸本、《莲子居词话》本同，《灵芬馆诗话》本为“莫耶”。

灵活

天孙弄梭，腕无暂停。麻姑掷米，走珠跳星。荷露入握，菊香到瓶。如泉过山，如屋建瓴。虚籁集响，流影幻形。四无人语，佛阁一铃。

江顺诒《补词品》二十则

昔随园《补诗品》三十二首，谓前人只标妙境，未写苦心，特为续之。诒于词品，亦同此论，因仿其意得二十首。

【校正】

袁枚《续诗品三十二首有序》：“余爱司空表圣《诗品》，而惜其只标妙境，未写苦心，为若干首续之。陆士龙云：虽随手之妙，良难以词谕，要所能言者，尽于是耳。”（见袁枚《小仓山房集》卷二十，清乾隆刻增修本）。此三十二品目为：崇意、精思、博习、相题、选材、用笔、理气、布格、择韵、尚识、振采、结响、取径、知难、葆真、安雅、空行、固存、辨微、澄滓、斋心、矜严、藏拙、神悟、即景、勇改、著我、戒偏、割忍、求友、拔萃、灭迹。江顺诒《补词品》（亦名《续词品》）二十则（仅存十九则）品目多受袁枚《补诗品》（亦名《续诗品》）的影响。其中，崇意、用笔、尚识、辨微、取径、振采、结响、著我八品全同，布局、敛气、押韵、戒亵、聚材、善改、去暇、行空、妙悟八品，略变袁枚《续诗品》中布格、理气、择韵、戒偏（亦综合“安雅”等品）、选材、勇改、澄滓、空行、神悟等品目而来，唯考谱、言情等品属江顺诒自创，以合词品之意。

崇意

诗尚讽谕，词贵含蓄。绮丽单辞，支离全局。七宝楼台，炫人耳目。叩厥本原，毫无归宿。其貌如花，其昧如木。一览无余，奚庸三复。

【校正】

“昧”，《词话丛编》本为“味”，兹据《词学集成》光绪本改。

用笔

无波不回，无露不垂。得缩字诀，是谓之词。弩张剑拔，雨骤风驰。雄而且健，窃恐非宜。用我五色，组彼千丝。但求羚角，莫画燕支。

布局

名园之树，国手之棋。起复相应，疏密得宜。峰腰云断，水面风移。千岩万壑，尺幅见之。求方必矩，刓圆必规。刻舟无剑，趁韵非诗。

敛气

游丝初起，微风萦绊。轻烟袅空，浮云潋滟。吹之兰芳，凝之露泫。云龙盘旋，倏隐倏见。若决江河，如掣雷电。一往无前，神岂能炼。

考谱

宫商莫辨，喉齿不分。竞竞上去，是韵非音。天籁人籁，长吟短吟。自在流出，杳不可寻。勿以筝琵，而废瑟琴。乐府之遗，窥古人心。

尚识

风雅之调，离骚之篇。美人香草，十九寓言。涂抹脂粉，缀拾钗钿。深情往复，密意缠绵。误为绮语，已落言筌。刻划微物，均无取焉。

【校正】

“缠绵”，《词话丛编》本为“纤绵”，兹据《词学集成》光绪本改。

押韵

千钧之重，一发系之。万人之众，一将驭之。句有长短，韵无参差。一字未稳，全篇皆疵。曲之有板，师之有旗。位置自然，虽巧何为。

言情

是桓子野，是王伯舆。不知所起，人孰能无。如饮笃耨，如醉醍醐。楼头柳远，海上琴初。绵绵有恨，渺渺维余。蚕丝难割，春水何如。

戒亵

郎居城北，妾在墙东。眉语通翠，心曲传红。是为淫哇，见屏宗工。装来翡翠，薰透芙蓉。秦七黄九，情之所钟。泥犁未堕，亦可怜虫。

辨微

是清非矫，是新非巧。是淡非枯，是空非佻。辨之几希，得之窈渺。一息纷缊，一丝袅嫋。体判才华，句矜丰调。吹影镂尘，是为恰好。

取径

小舟沿溪，岸夹桃花。石梁飞渡，饭饱胡麻。别有天地，是耶非耶。峰之九曲，路之三叉。可以独往，可以移家。津如许问，请泛仙槎。

振采

珊瑚镜槛，翡翠钗梁。中有仙人，霞佩云裳。剥肤存液，刮垢磨光。千狐之腋，百和之香。明珠的皪，宝玉辉煌。余霞成黛，寒星射芒。

结响

观庐山瀑，听广陵涛。可以骇俗，未足含毫。春之娇鸟，秋之寒蜩。碎玉清脆，落叶刁骚。曲终笛裂，风过琼敲。孤猿三峡，一鹤九皋。

善改

机忌其滞，笔贵乎灵。已安一字，仍撚数茎。金樽满满，檀板轻轻。漫抛红豆，浅画银屏。九转丹成，百炼金精。鹦鹉作赋，未免饾饤。

著我

玉田公子，白石神仙。已有千古，岂无后贤。空谷之兰，渌水之莲。各占其候，各擅其妍。冰魂濯月，瘦影含烟。寒香冷翠，跂脚高眠。

聚材

群芳之英，酿而为密。邮亭之椽，截而为笛。白璧十双，黄金万镒。储之贵多，弃之不惜。一军皆惊，万花无色。落实已秋，制锦成匹。

去瑕

维铁可点，维玷可磨。伐毛洗髓，玉律金科。淄渑必辨，铢两无讹。体著其洁，法不嫌苛。千金不易，珍重吟哦。著一屠沽，奈贤人何。

【校正】

“法不”，《词话丛编》本为“不法”，兹据《词学集成》光绪本改。

行空

芙蓉之城，忽尔凌虚。白云横腰，远峰欲无。吹笙跨鹤，蹑履飞凫。不著迹象，岂有步趋。仙人五夜，金阙传呼。骑白凤皇，态何纡徐。

妙悟

对镜忘言，拈花微笑。色本是空，影无遗照。画理自深，仙心独抱。参之以禅，常观其妙。忽然而通，必由深造。一转秋波，十分春到。

宗山《江顺诒补词品》跋

宗小梧司马云：“《续词品》二十则，化工之笔，读之如游、夏，不能赞一辞。他日拟请善书者，以《灵飞经》小楷书之，泐之贞珉，拓出以诒同好，亦词坛佳话也。”

【校正】

《词学集成》诸本原无题，兹就编排体例补加。游、夏，即子游、子夏。

《词品》卷附录

填词小技，固不必以言举人，亦不必以人废言。然此中亦自有品在，因录数则，附于《词品》之后。

稼轩仙才亦霸才

《词苑丛谈》，梨庄云：“辛稼轩当弱宋末造，负管乐之才，不能尽展其用，一腔忠愤，无处发泄。观其与陈同甫抵掌谈论，是何等人物。故其悲歌慷慨，抑郁无聊之气，一寄之于词。今乃欲与搔头傅粉者比，是岂知稼轩者。”

羡门云：“稼轩词胸有万卷，笔无点尘，激昂排宕，不可一世。”

诒案：稼轩仙才，亦霸才也。

【校正】

此则所引周在浚（号梨庄）、彭孫遹（号羡门）评辛弃疾词语，均出自徐釚《词苑丛谈》卷四（清海山仙馆丛书本）。前则原载于周在浚《借荆堂词话》（已佚，卓回《古今词汇》卷首附一则，徐釚《词苑丛谈》卷四录三则）；后则原载彭孙遹《金粟词话》中。

词与人互存互重[①]

《古今词话》：“大樽文高两汉[②]，诗轶三唐，苍劲之色，与节义相符，乃《湘真》一集，风流婉丽如此。传称河南亮节，作字不胜罗绮。广平铁石，赋心偏爱梅花。”

《倚声集》云：“词至云间[③]、湘真诸集，言内意外，已无遗议。柴虎臣所谓[④]华亭肠断[⑤]，宋玉魂销[⑥]，所微短者，长篇[⑦]不足耳。”

王阮亭云：“大樽诸词，神韵天然，风味不尽，如瑶台仙子独立【却扇时】[⑧]。而《湘真》一刻，晚年所作，寄意更绵邈[⑨]凄恻。”

诒案：文有因人而存者，人有因文而存者，《湘真》一集，固因其词而重其人，又实因其人而益重其词也。

【校正】

①此则《词话丛编》本题为“论《湘真集》”，据江顺诒案语，以“词与人互存互重”为宜。从异文等信息来看，江顺诒此处辑录评陈子龙词三则，疑出自王昶《明词综》卷六（清嘉庆七年王氏三泖渔庄刻本）。然三则又各有出处。第一则，沈雄《古今词话》词评卷下（清康熙刻本）有云：“大樽文高两汉，诗轶三唐，苍劲之色，与节义相符者，乃《湘真》一集，风流婉丽如此。传称河南亮节，作字不胜绮罗。广平铁心，《梅赋》偏工清艳，吾于大樽益信。”更早的则是顾璟芳等《兰皋明词汇选》卷四：“先生文高两汉，诗轶三唐，苍劲之气，正与志节相符，乃其词独风流婉约，堪付十八歌喉。传称河南亮节，作字不胜绮罗，广平铁心，《梅赋》偏工柔艳，于先生益信。”第二则系王士禛（号阮亭）语，出自邹祗谟、王士禛辑《倚声初集》卷三（清顺治十七年

刻本）：“阮亭常为予言：词至云间、幽兰、湘真诸集，言内意外，已无遗议。柴虎臣所谓华亭肠断，宋玉魂消，称诸妙合，谓欲端诣。斯言论诗未允，论词神到。所微短者，长篇不足耳。”第三则出自《倚声初集》卷一（清顺治十七年刻本）。

②“文高两汉”，《词学集成》诸本、王昶《明词综》均为“文宗两汉”，兹据《兰皋明词汇选》《古今词话》等本改。

③“云间”，《词学集成》诸本、王昶《明词综》均为“云门”，兹据《兰皋明词汇选》《古今词话》等本改。

④“所谓”，《词学集成》诸本为“所云”，兹据《兰皋明词汇选》《古今词话》《明词综》等本改。

⑤“肠断”，《词学集成》诸本为“断肠”，兹据《兰皋明词汇选》《古今词话》《明词综》等本改。

⑥“魂销”，《词学集成》诸本为“销魂”，兹据《兰皋明词汇选》《古今词话》《明词综》等本改。

⑦“长篇不足”，《词学集成》诸本为“长篇”，兹据《兰皋明词汇选》《古今词话》《明词综》等本改。

⑧“独立却扇时”，《词学集成》诸本为“独立”，兹据《兰皋明词汇选》《古今词话》《明词综》等本改。

⑨“绵邈”，诸本均同，唯《词话丛编》本为“绵”，漏“邈”字。

严蕊节义可嘉①

天台营伎严蕊，有才名，唐与正为守，尝命赋红白桃花蕊，作《忆仙姿》一阕……与正赏之双缣。后朱晦庵以节使行部至台，欲摭与正之罪，指其尝与蕊滥。蕊虽备受②棰楚，而一语不及唐。狱吏好言诱之，蕊曰：“身为贱伎，【纵】与太守滥，亦不至死罪。然是非真伪，岂可妄言，以污士大夫也。”系狱两月，声价愈腾，至彻阜陵之听。未几，朱【公】改除，而岳霖为宪，怜其无辜，猝命③作词。蕊【口】占《卜算子》云：“不是爱风尘，似被前缘误。花落花开自有时，总赖东风主。　去也终须去。住也如何住。若得山花插满头，莫问奴归处。”即日判令从良。

诒案：此事宋人说部鲜载之者。蕊以一伎，宁备受棰楚，而不肯污蔑士大夫，其节亦可见矣。彼污蔑而欲摭其罪者，诚何心哉？

【校正】

①此则《词话丛编》题为“论严蕊词”，据江顺诒案语，以“严蕊节义可嘉”为宜。此则所引疑出自徐釚《词苑丛谈》卷七（清海山仙馆丛书本）或冯金伯《词苑萃编》卷十四（清嘉庆刻本）。

②“备受”，《词苑丛谈》等本为“备极”，据查，江顺诒是。

③“猝命”，《词学集成》诸本为“令”，兹据《词苑丛谈》等本改。

蒋心余《临川梦》多见道之言[①]

蒋心余先生云[②]：“大凡人之性情气节，文字中再掩不住。词曲虽游戏之文，其中慷慨激昂，即是一个血性丈夫。写情至死不变，正是借以自况。其愚不可及也。”

诒案：临川一生品谊，心余先生于四梦中见之。先生之高洁，不又于香雪九种见之乎？《临川梦》廿出，尤多见道之言，令今古才人读之，一齐下泪。

【校正】

①此则《词话丛编》题为“蒋心余先生之性情气节”，据江顺诒案语，以“蒋心余《临川梦》多见道之言”为宜。

②此则所引出自蒋士铨（字心余）《临川梦》卷上（清乾隆蒋氏刻红雪楼九种曲本）。原文云：【小旦】“大凡人之性情气节，文字中再掩不住。我看这本词曲虽是他游戏之文，然其中感慨激昂，是一个有血性的丈夫。他写杜女痴情至死不变，正是借以自况。所谓其愚不可及也。”

主要参考文献

（江顺诒著述置前，余则按论著名音序排列）

江顺诒辑，宗山参订：《词学集成》八卷，光绪七年刻本。

江顺诒辑，宗山参订：《词学集成》八卷，《词话丛编》本。

江顺诒辑，宗山参订：《续修四库全书》（据光绪刻本影印）本。

江顺诒：《愿为明镜室词稿》九卷，同治巳巳春仲刻本。

江顺诒：《愿为明镜室词稿》二卷，同治癸酉仲春重校梓。

江顺诒：《雪鸿吟馆词序》，韩闻南《雪鸿吟馆词》，同治十三年杭州刻本。

聂先：《百名家词钞》，清康熙绿荫堂刻本。

顾翰：《拜石山房词钞》，榆园丛刻本。

江藩：《半氈斋题跋》，功顺堂丛书本。

戈载：《词林正韵》，清道光元年翠薇花馆本。

万树：《词律》，清光绪二年本。

杜文澜：《词律校勘记》，咸丰十一年曼陀罗华阁刻本。

张炎：《词源》，清词学丛书本。

张惠言：《词选》，清道光十年宛邻书屋刻本。

张惠言：《词选》，光绪二十二年张百祺序刻本。

冯金伯：《词苑萃编》，清嘉庆刻本。

徐釚：《词苑丛谈》，清海山仙馆丛书本。

王昶：《春融堂集》，嘉庆丁卯刻本。

朱彝尊、汪森编：《词综》，清文渊阁四库全书本。
姚燮：《复庄骈俪文榷》，清咸丰四年刻六年增修本。
王又华：《古今词论》，清康熙刻本。
沈雄：《古今词话》，清康熙刻本。
王昶：《国朝词综》，清嘉庆七年王氏三泖渔庄刻增修本。
王士祯：《花草蒙拾》，清昭代丛书本。
吴藻：《花帘词》，道光九年本。
黄燮清：《国朝词综续编》，清同治十二年刻本。
郭麐：《蘅梦词》，榆园丛刻本。
张镃：《梅溪词序》，史达祖《梅溪词》，《宋六十家词》本。
王昶：《明词综》，清嘉庆七年王氏三泖渔庄刻本。
吴衡照：《莲子居词话》，清嘉庆刻本。
蒋士铨：《临川梦》，清乾隆蒋氏刻红雪楼九种曲本。
郭麐：《灵芬馆诗话》，清嘉庆二十一年刻二十三年增修本。
郭麐：《灵芬馆杂著》，嘉庆丁卯本。
毛先舒：《鸾情词话》，卓回、周在浚编选《古今词汇》初编，康熙十六年刻本。
王昶：《蒲褐山房诗话》，清稿本。
朱彝尊：《曝书亭集》，四部丛刊景清康熙本。
刘体仁：《七颂堂词绎》，清别下斋丛书本。
沈传桂：《清梦庵二白词》，清道光二十五年刻本。
杜范：《清献集》，清文渊阁四库全书本。
仇远：《山中白云词序》，《山村遗集》一卷附录一卷稗史一卷，四库全书本。
蒋春霖：《水云楼词》，曼陀罗华阁本。
纪昀等：《四库全书总目》，清乾隆武英殿刻本。
沈谦：《填词杂说》，《东江集钞》本。
丁绍仪：《听秋声馆词话》，清同治八年刻本。
毛奇龄：《西河词话》，清昭代丛书本。
方成培：《香研居词麈》，嘉庆四年读画斋从书本。

何兆瀛：《心庵词存》，同治十二年武林刊本。

吴锡麒：《有正味斋集》，清嘉庆十三年刻有正味斋全集增修本。

刘熙载：《艺概》，清同治刻古桐书屋六种本。

王士禛辑：《倚声初集》，清顺治十七年刻本。

王世贞：《艺苑卮言》，《弇州四部稿》卷一百五十二说部，明万历刻本。

包世臣：《艺舟双楫》，清道光安吴四种本。

高愿：《玉壶买春轩乐府》一卷，道光中叶刻本。

邹祇谟：《远志斋词衷》，见《倚声初集》卷三词话三，清顺治十七年刻本。

沈义父：《乐府指迷》，清指海本。

毛先舒：《韵学通指》，清康熙刻思古堂十四种书本。

《愿为明镜室词稿》十一卷

江顺诒　著　　杨柏岭　辑校

整理说明

经对照《愿为明镜室词稿》九卷本、二卷本，可知二卷本系江顺诒词定本。

一则，旌德江氏刻本《愿为明镜室词稿》九卷本刊刻时间标记为“同治己巳春仲”，即同治八年（1869）春仲。此当系九卷本正式刊刻时间，因为《年谱》同治七年（1868）载“是年刻词稿九卷”，方景昱于同年夏所作《跋》亦云“今春以书来，将刻其《愿为明镜室词》九卷”。二卷本版本信息为：“同治癸酉冬怀宁汪丙吉书眉”“同治己巳刊于武林”“癸酉仲春重校梓”。同治癸酉为同治十二年（1873）。对此，《年谱》同治十二年亦载：“重刊词稿，改为两卷。”由此可知，二卷本是江顺诒在九卷本基础上的自定修订本。

二则，九卷本、二卷本有江顺诒同治己巳春仲识于杭州旅次的《自序》（二本文字稍有不同，主要是二卷本有所删改）。所不同的，九卷本有卜奉箴序（同治己巳秋仲）、方景昱《跋》（同治戊辰夏）；二卷本有谭献序（同治十一年仲春），怀宁杨凤翔可凡《水调歌头》、上元童嘉梅淡村《踏莎行》、怀宁潘慎生子慎《望湘人》、德清徐士骈渠生《凤凰台上忆吹箫》、钱塘洪昌燕杏楼《貂裘换酒》、江宁潘敦俨清畏《百字令》、合肥赵贻珩子琴《满庭芳》、桐城胡嗣福杏孙《金缕曲》、族弟钟璜韵涛《春从天上来》、上元梅振宗鹭臣《百字令》、江都钱国珍子奇《高阳台》等11首题词。

三则，二卷本中卷一全部、卷二前六首《浪淘沙·焦窗听雨图》《甘州·有人赠菊》《摸鱼儿·城东看菊》《凤凰台上忆吹箫·皖城沦贼十年矣，甲子重来感而赋之》《临江仙·湖上杂作三首》《摸鱼儿·秋燕》，均分别见于九卷本之卷一、二、三、七、八、九中。九卷本各卷均有名称，卷一为《霓裳学谱》，卷二为《白门水仙操》，卷三为《吴山琴话》，卷四、五、六分别为《花底拾遗集上》《花底拾遗集中》《花底拾遗集下》，卷七为《孤山梅讯》，卷八、九均为《双鬟待唱》。其中，《花底拾遗》又名《瑶台片玉》乙种，二卷本未收，从二卷本选词标准看，所弃者多为艳词、情词；二卷本自卷二《八声甘州·湖山策马图》以下词作均不见九卷本，当是同治癸酉（1873）仲春重校梓时补入。

此次整理保留九卷本原先各卷题名，将二卷本卷二《八声甘州·湖山策马图》以下词作列为"卷十：愿为明镜室词稿续"。九卷本中词作见于二卷本的，以二卷本为准。除此，从秦缃业等辑《西泠酬倡集》初集5卷、二集5卷、三集5卷中辑得江顺诒词39首，杜文澜《憩园词话》辑得2首（原3首，第2首《甘州·芦雪》已见《西泠酬倡集》初集5卷），以及《申报》《词章杂志》等数阕,命名为"卷十一：愿为明镜室词稿补"。

谭献序

词为诗余，掌之乐府。声音之道，入人最深。唐人敛其吟叹歌行之才，滥觞厥制。至于五代，竞好新声，顾其音抗坠，其旨闳约，如五言之有苏、李矣。缠令慢调，宋世日出，遂极其变，然而大晟协律之奏，施诸朝庙，《花间》《草堂》，诗教最近，故不得目为小文也。

圣朝文治迈古，贤人君子类有深湛之思、澹雅之学。倚声虽其一端，亦必溯源以及流，崇正以尽变，而词益大。六七十年间，推究日密，持论日高，阮亭、羡门惭其雅，其年、锡鬯失其才，乃至尧章、叔夏亦不能匿其瑕，而升庵、元美之祧已久矣。

旌德江君，赋士不遇，乃隐于簿尉；憔悴婉笃，而无由自见于世。于是玲珑其声，有所不敢放；屈曲其旨，有所不敢章；为长短言数卷，退然不欲附于著作之林，而无靡曼奋末之病，杳杳乎山水之趣，依依乎花草之色。前代湘真，百年饮水，皆其师也。由是而求梅溪、竹山之遗，则生气润乎丹青，余芬袭乎巾带，抑亦极才人之致矣。春风天涯，泛舟吴苑，怀古托之云物，愁思近夫尊酒。君词适在行箧，微吟点笔，会于予心。复思进以所未至，夙所持论，主于风谕，归于比兴，而恶夫世之以小慧为词者，偶撮大端，书以为质。同治十一年仲春月朔，仁和谭献叙于吴门舟中。

（谭献此序，见江顺诒《愿为明镜室词稿》二卷本）

卜奉箴序

余少时寓居西子湖上，每晨起凭阑，念柳七“杨柳岸，晓风残月”之句，觉西湖之真面于是始出。譬如淡妆仙子，绰约云表，非复尘凡风格也。迨咸丰庚申后，兵戈满地，贼氛甚恶，余役役于军书旁午中，辄诵“天下英雄，使君与操”句，及“饮酣，鼻息如雷”句，不觉为之拔剑起舞，鬓眉如戟。孰谓反复吟咏之余，其感人深而入人易者，独在于诗乎？至岁乙丑，东南肃清。重游湖上，见夫红英落去，无可奈何，紫燕归来，似曾相识，则又默记欧阳子之词，而为之叹惋不已。嗟夫，钧天之乐，其声动心，所谓词者小道耳，胡为而能使人如是耶？秋珊以名诸生试棘围，屡荐不售，俯而就丞掾。其于诗于文，无不可睥睨一世，顾独以词见，则其得之于心者，倘果有以无愧于古乎？今将付之梓，属余一言。余与秋珊交甚久，不容以默。爰弁数语于简端，非徒余之名得附以传，亦以告世之守门户者，勿于诗词中浪分轩轾云。同治己巳秋仲，武进卜奉箴序。

【注释】

卜奉箴：号杏樵，江苏武进人，监生。

方景昱跋

余与秋珊交卅年矣，尝出诗古文辞相质证，以余未学词，遂不以词示余。然偶阅其只辞单句，未尝不赏其婉转情深也。今春以书来，将刻其《愿为明镜室词》九卷。秋珊之词，余不知其所造何若，顾观其于诗学二李，文学二苏，靡不登其堂而入其奥。则其词之工，即可于诗、文信之。

夫秋珊以名诸生，屡蹶棘围，难后屈就丞掾，宜其焚弃笔砚，不复屑毛锥子，顾犹以词见，夫岂结习之未忘哉？抑将于酒酣耳热，藉其以鸣其不平耳。

奔走之散吏不足见知于当代，风月之浮词讵能见赏于宗工？英雄末路，是可悲已。蒋心余先生云：“凡人之性情学问，文字中必不可掩，以临川之高况，而于《四梦》曲中见之，即己之孤洁亦于《香雪》九种中见之。”然则读《明镜》一编，世固又将想象秋珊之为人也。同治戊辰夏，皖上方景昱曰卿拜跋。

【注释】

此原为《愿为明镜室词稿》九卷本跋。

江顺诒自序

余性刚而词贵柔，余性直而词贵曲，余性拙而词贵巧，余性脱略而词贵缜密，余性质实而词贵清空，余性浅率而词贵蕴蓄。以余为词，不几南辕北辙乎？顾阅历世途，动辄得咎，未尝不悔，悔而终不能改。非不欲改也，先事无定力，临事无忍心，事后则翻然不及矣。①乃学为词，冀以移我性也，然后②移我情矣。性则如故，今落拓半生，不复有所建白。惟思觅湖山一角，结庐作归老计。因先取旧所为词，删得九卷③，付之手民，词之不工，诚自知之。柳堤梅屿间，徜徉啸傲，或夕阳半落，或明月当空，四无人声。持此卷而长吟，复取短笛以相和，庶几世虑俱忘，将不仅移我情，而可以任吾性乎？同治己巳春仲④，识于杭州旅次。

【注释】

① “非不欲改也……事后则翻然不及矣”一句，《愿为明镜室词稿》二卷本无。
② “然后”，《愿为明镜室词稿》二卷本作“然而”。
③ “删得九卷”，《愿为明镜室词稿》二卷本无。
④ “春仲”，《愿为明镜室词稿》二卷本为“仲春”。

题词十一首

水调歌头 怀宁杨凤翔可凡

奇愁中奇士，狂醉写新词。抛荒十载心力，赢得没人知。豪杰问天何意，儿女关心何事，偃蹇类如斯。袖中出新稿，檀板试敲之。　陆机笑，阮籍哭，此何时？打破腹中磊块，泄露许多痴。尽教雪儿歌去，莫使侍儿听得，今日恐非宜。我亦有情者，珍重赠言辞。

踏莎行　上元童嘉梅淡村

借酒盟愁，约花选梦，词场轻把华年送。青衫无恙泪痕多，井华唱到偏珍重。　吹絮留痕，裁衣无缝，镜中明月前身共。低斟浅唱换浮名，才人福分三生种。

望湘人　怀宁潘慎生子慎

把流云一抹，明月二分，和愁收入笔底。指掐檀红，心销篆紫，肯负华年流水。一缕花魂，一缕春梦，柔情如此。漫断肠、轻折湘弦，弹到落红风里。　惆怅笙囊（拙稿名《绿笙囊词》）句子，悔新盟未践，旧怀记起。望明镜团栾，怯向雕奁倚并。相逢一笑，鬓惊秋矣，究底为谁悲喜？倘有愿、面许娇分，好共蛾眉心死。

凤凰台上忆吹箫　德清徐士骈渠生

玉树歌空，晓风唱断，词宗今见邦卿。恁离骚幽怨，都付哀筝。仙鹤况经华表，劫伤心、半是前尘。回环读，缑笙湘瑟，无此凄清。　天生，艳才千斛，如蚕丝不断，鸳锦交荧。问情天兜率，可记分明？休说漆园吏小，管莺花、福分非轻。疏狂甚，青杉泪多，到处知名。

貂裘换酒　钱塘洪昌燕杏楼

四壁虫啾唧。诵江郎、一编词稿，正当秋夕。滴粉搓酥香满纸，知是宣州巨擘。奈半世、名场多厄。埋没人才霜两鬓，只吟来、丽句开胸臆。我拜倒，生花笔。　生涯落拓休重惜。况皖南、烽烟数载，雪鸿难觅。抛却青衫从薄宦，浙水东西寄迹。读不厌、风流佳集。携向柳堤梅屿际，月当空、如镜飞来白。客换取，扳长笛。

百字令　江宁潘敦俨清畏

一襟幽怨，算穷愁、天与忌君才力。绮语清辞霏艳雪，五色生花词笔。落拓青衫，倡狂白眼，何处舒胸臆？惊人佳句，好从湖上闲觅。　惆怅我惯悲秋，黄花吟瘦，帘幕人初寂。门外悠悠同调少，小谢秋来相识（谓令弟韵涛）。别具风流，无劳忏悔，料有耽吟癖。西冷新谱，玉箫吹破寒碧。

满庭芳　合肥赵贻珩子琴

一卷离骚，十年宦况，共君沦落风尘。生花笔妙，仙骨最嶙峋。忆到江南劫火，歌筵歇、梦破无痕。井华水，犹留残月，慧业老词人。　消魂，邀笛处，未忘结习，绮语生新。况腻同秦柳，豪并苏辛。阅遍莺花人海，有明镜、参悟前因。谁同调，西冷暮雨，只我和阳春。

金缕曲　桐城胡嗣福杏孙

五色江郎笔。羡丁年、清新丽藻，雄才俊逸。岂道文章憎命达，也似娥眉见嫉。销尽了、豪情曩日。吏隐埋名丞掾里，剩填词、老更精声律。凌柳永、迈秦七。　瑶篇我幸窥全帙。细吟哦、引商刻羽，句工意密。最是拾遗花底咏，旖旎风流第一。料有佳人容绝世，向镜中、照取全身出。题此阕，就君质。

春从天上来　族弟钟璜韵涛

一棹扁舟。叹频年阔别，此地重游。予季焦劳，阿兄潦倒，说甚蓬岛瀛洲？朗诵新词未竟，触往事、蓦上心头。泪盈眸，是凫山劫火，皖水狂流。　浇愁豪情把盏，看黄叶纷飞，生怕登楼。绝好西湖，无边风月，吟成几度春秋。忆否敬亭凭览，放歌处、旧迹曾留。漫抛休。只宦情如水，便胜盟鸥。

百字令　上元梅振宗鹭臣

西风渐紧，听空江、处处吹来烟语。几曲苹洲秋色里，翻出笛家新谱。剪水云流，偎花月艳，夕气凉于雨。愁丝暗络，一蛩摇曳机绪。　回忆烽火年时，携家间道，得傍湖山住。草长台城乡梦杳，肠断绿波南浦。叶底莺啼，萍边鸥泊，多少伤心句。那堪酒醒，旧怀枨触迟暮。

【注释】

“间道”，《词综补遗》卷十七为“问道”。

高阳台 江都钱国珍子奇

顾影描愁，含颦写恨，藉将明镜为台。消磨青鬓，频年浪迹天涯。新词付与双鬟唱，定相逢、红粉怜才。悟空明、絮雪痕消，云水光揩。　笔花化作菱花样，记前身明月，对照无猜。谱成碎锦，情丝都共肠回。观心谁许同心证，待知心、怀抱频开。且休教、蟾魄凝尘，蜡泪成灰。

（上录11首题词，录自《愿为明镜室词稿》二卷本）

卷一　霓裳学谱

解佩令 读竹垞词（三首）

有才如此，布衣恁老，把豪情、回首都销尽。拚作词人，且屏去、闲愁枉恨。莫轻教、新霜点鬓。　欲笑无因，欲歌无调，学风怀、香奁差近。消遣应难，最怜是残脂剩粉。作鸳鸯早知无分。

孤灯廿载，读书万卷，把人间、恶习都除尽。剩有清狂，删却了、艰难苦恨。可常教、少年绿鬓。　不甘殉酒，不甘吹剑，慰书生、红颜愿近。落拓而今，且浪墨、搓酥滴粉。料黄金、贮娇无分。

化为彩蝶，愿为明镜，笑平生、幻想何时尽。那有闲情，说好事、替人传恨。怕他时、欲搔无鬓。　饮茶也好，焚香也好，莽生涯、风流略近。无梦封侯，去纷华洗来脂粉。幸双睛、看花有分。

鬓云松令 用饮水词韵

耐朝寒，听夜漏。有个商量，还落他人后。欲洗心愁无过酒，梦入秋灯，影入秋灯瘦。　冷青衫，闲翠袖。十载浮云，生把人拖逗。春去梢头闲豆蔻，今岁相逢，明岁相逢否？

（此阕载《愿为明镜室词稿》二卷本卷一，系首阕）

南歌子　用饮水词韵（二首）

秋叶连枝堕，秋莲一半空。砧声催起梦魂中，残月一弯早被，晓烟笼。丁年无奈误，辛苦有谁同。愁人禁不惯秋风，霜满一林枯叶，向人红。

闪闪光销腹，翩翩粉褪翎。个中况味总冥冥，何苦一春多事，咒啼莺。雨细檐愁溜，风嘶纸怯棂。秋来无限断肠声，只为广寒消息，误今生。

（此二阕载《愿为明镜室词稿》二卷本卷一）

拜星月慢　感事，用存审轩韵

单枕堆愁，重帘约恨，生把人儿断绝。畅好年华，耐驹光如织。莽天涯，拚把芳魂寻遍，可有相逢时节？已是而今，向人前休说。　愿为花，合受风轮劫。心如镜，合染风尘迹。纵使化作轻烟，也芳痕难灭。惨鹧鸪声里伤心色。无端事、都向前生结。更休提、叶底寻春，怅枝头空碧。

（此阕载《愿为明镜室词稿》二卷本卷一）

金缕曲　读饮水词

小技填词耳。有仙才，人间小谪，乌夜门第。吹影镂尘千百阕，快读总如人意。闻道是，红闺知已。一片痴情人笑煞，前世缘、偿了今生泪。身外事，若流水。　人生难得花前醉。骄罗绮，未免生愁，蛾眉招忌。绝代消魂长短句，此外梁汾而已。想应为，多情忏悔。凄切填来肠断语，一声声、酸入心儿里。读不厌，百回记。

卜算子　用竹垞韵

侬赠岭头云，卿托花间雾。难捉虚空一片心，不敢分明语。　来比露含花，去似风吹絮。作合难成病又添，三日连绵雨。

（此阕载《愿为明镜室词稿》二卷本卷一）

秋水　听雨，用饮水词韵

难遣深宵愁一种，为沽酒，留残醉。偏孤灯拥被，窗外声声，那不是、点点行行人泪。怎能够锦衣绣枕，好梦寻来，惊不到行云流水。　况又秋虫声里，凄凄切切，如何能睡。悔频年辜负，酒绿灯红，何曾得、咫尺消魂帘底被。淅沥无端勾起。消受而今，遮莫怨、听雨这般滋味。

永遇乐　咸丰辛亥闰中秋，用樊榭先生韵

一霎西风，百年明月，好秋难驻。月不常圆，人偏易老，况值连朝雨。身比黄杨，易逢厄运，料又今番虚度。只匆匆，良宵负了，可识嫦娥心苦。　浮云漾漭，举头难问，那得清光相遇。十载天涯，三更好梦，回首伤心处。一声玉笛，清寒偏涩，岂少霓裳新谱。只凉飙，夜深拂拂，傍人不去。

（此阕载《愿为明镜室词稿》二卷本卷一）

水龙吟　落叶，用碧山韵

微凉乍到园林，生憎一霎秋风早。消青露惊，惊黄霜打，无人夜悄。憔悴先零，萧疏易落，最高枝杪。忆漫天新绿，满庭空翠，荫深时、人争到。　千里书回人杳，笑栖枝，啼鸟空绕。故乡堪忆，古柯何处，秋心独抱。没屐痕深，打头风紧，凄凉不少。恁无人独对，水清堪煮，呼童试扫。

凄凉犯　白石道人石刻像，用集中韵

芒鞋竹杖依然是，当年飒爽风度。天惊石破，秋高韵响，一时独步。潮声逐梦，漫赢得天涯羁寓。恁词人、而今庑下，误曲阿谁顾。　休说朝廷小，半壁江山，犹夸南渡。烽烟满目，又飘零、庾郎词赋。一片韩陵，竟谁料相逢。冷露觅、纱笼护取，莫被碧藓污。

疏影 用白石韵

空轮碾玉。有夜乌恻恻，惊起深宿。落拓青衫，一样天寒，欲倚更无修竹。人生不合团栾久，又一霎、东西南北。尽呕心，作赋吟诗，赚得一灯孤独。　何事良宵枉度，怕圆缺屡易，双鬓非绿。鬓纵多情，夕露朝霜，那管长门金屋。高名易谤成何事，底用奏、阳春雅曲。趁素娥、玉阙清寒，好寄一方词幅。

卷二　白门水仙操

金缕曲 水仙花（四首）

冷守青皇令，笑群芳，香闷梁园，色枯陶径。不借东风吹煦力，寒破嫩芽齐迸。更叶叶、青排翠并。选石安根泥尽浣，女儿身，出世原清净。尘莫污，护明镜。　海天旧事宜重省，忆一曲，瑶琴罢弄，谁怜孤影？缥缈迎来舟一叶，粉色波光相映。衬玉佩、湘环齐整。比似冬山酣睡了，倩南檐、晒得螺鬟醒。冰不冻，素心冷。

窗闭斜阳院，近帘栊，寒怯当心，暖宜对面。茗椀药炉亲位置，翠袖殷勤预卷。早宿火，薰笼莫断。几箭兰芽初茁处，似避人，叶底深深见。分碧玉，细窥遍。　裁笺替与笼轻钏，怕离披，茎弱须扶，叶斜难剪。可惜瓷瓯春不到，少了蜂依蝶恋。只一种、幽芬谁管。窗外梅花香易散，算黄昏、一水同清浅。堪入画，乳金绢。

瑶品超凡草，忆蓬壶，镂雪栽迟，耕烟种早。别具风姿尘以外，不比看诗脱帽。更不似，装成妖袅。高致翛然风露冷，只疏香，压得名花倒。来月下，袂全缟。　催年腊鼓迎春闹，恁匆匆，湘云辜负，诗人易老。青女素娥知耐冷，可是一般怀抱。问何用，珠围翠绕。罗袜凌波珊影瘦，只宜他，檀几晶盘好。相对坐，被花恼。（山谷诗：“坐对真成被花恼。”）

瑶岛流仙钥，几番经，灵根不死，风尘抛却。一缕返魂香透骨，依旧冰茎雪萼。全不受，红尘笼络。拚醉金杯休道浅，晕娇黄，颜色应非昨。拈翠带，悲寂寞。　冬闺遥想垂帘幕，任无情，为谁憔悴，不教吹落。自擘衍波笺一幅，谁伴吟炉高阁。笑陌路，赠将勺药。底把明珠容易失，到而今，枉悔当时错。疑结了，他生约。

（此四阕载《愿为明镜室词稿》二卷本卷一）

丑奴儿（六首）

一场好梦分明在，不分西风。吹响帘栊，总觉模糊忆煞侬。　也知不放匆匆过，细把娇容。铸入双瞳，别后何曾到眼中。

风流绝世无人并，竟得相逢。但得相逢，也算书生福分浓。　脂痕粉影遥相映，月在长空。磨出青铜，不信情天路不通。

依依相见偏无语，款曲相同。欲说还慵，作个生疏不敢通。　低头缓把齐纨拂，袖底微风。衫影朦胧，微露抹胸一点红。

堂前倩影相逢熟，耳语防娘。隔座何妨，移过湘妃椅一张。　象牙烟管刚三尺，纤手亲装。香口亲尝，不避傍人递与郎。

画堂帘子朝来卷，苦恨斜阳。没个商量，燕子催归又一双。　可怜私语无人处，不是西厢。不是东墙，小犬金铃也要防。

为谁早起留真样，粉褪残妆。发腻余香，约略宵来梦一场。　迟眠不为眠难稳，恨不空房。学赋鸳鸯，写得新诗没处藏。

（此组词中第五阕载《愿为明镜室词稿》二卷本卷一）

生查子

不是个中人，怎识相思味。一点透灵犀，没证相思地。　只有夜深时，两处空房异。盼煞梦儿来，未梦如何睡。

眼儿媚

亲簪花朵鬓云边。微笑露涡圆。佳期定否，昨宵负了，休似从前。　一溪春水流何急，闲煞渡头船。无人有月，偏当好夜，偏是先眠。

（此阕载《愿为明镜室词稿》二卷本卷一）

玉阑干

别时意，丁宁语，莫把愁容轻露。人前怕洒泪临歧，休疑我，临歧避汝。　征途一片心儿系，记此番，离情无数。纵然欢喜再来时，怎禁得，蓦地先去。

满江红

一夜西风，蓦吹起，相思成病。道去也，纵欲留侬，作何安顿。百计寻思无可说，几番回首如含恨。数登程，重取宪书看，期难定。　肩许倚，曾窥镜。花解赠，曾拈韵，但不成好梦。书生薄命，执手缘深休说浅，伤心人远何时近。拚征衫、忍作负情侬，霜添鬓。

（此阕载《愿为明镜室词稿》二卷本卷一）

卜算子

秋水送郎来，春水催郎去。最恨和风陌上吹，不为留郎住。　一霎见郎欢，一霎离郎苦，卐字阑干亚字窗，总是肠回处。

（此阕载《愿为明镜室词稿》二卷本卷一。“亚字窗”，九卷本为“亚字墙”）

点绛唇

一片清光，缺时应比圆时好。嫦娥易老，应悔圆时早。　缺了还圆，要把浮云扫。君应悄，五更易晓，遮莫轻圆了。

（此阕载《愿为明镜室词稿》二卷本卷一。“要把”，九卷本为“须把”）

唐多令

春到怕春残，春来怯影单。耐东风、梦易阑珊。只有褪红双袖底，剩几点，泪痕斑。　一搦舞腰酸，素心人更难。恁惺忪、衣带嫌宽。欲顿闲愁何处好，添三尺，曲阑干。

八宝妆

翠阁笼香，珠帘约梦，依旧云鬟不整。蓦地相逢一语，认作扶头睡醒。淹煎缠了病魔，消瘦庞儿，年来屏却闲脂粉。曾道小时怜母，而今可省。　不信转眼春风，锦旛好护，玉屏人已无分。隔奁影、菱光匿采，听衣响、莲尖留韵。忆前度，香盟可证。如何打破虚空境。这辜负深情，霎时春去昙花冷。

（此阕载《愿为明镜室词稿》二卷本卷一）

卷三　吴山琴话

浪淘沙（四首）

竟体说兰芳，软玉温香，我来认作杜秋娘。扫却铅华称淡雅，倍觉苍凉。　结客少年场，青鬓愁霜，可怜身世阅沧桑。锦瑟华年成逝水，憔悴冬郎。

好梦绮罗丛，付与秋风，醒来残醉酒杯空。底用龙泉频起舞，吐气如虹。　末路耻英雄，薄命相同，怪卿花貌太颜红。雨打风摧须护惜，莫任天公。

丝竹换中年，愁损樊川，消磨十载竟烽烟。休问绮情何处着，沽酒须钱。　相见亦相怜，天上书仙，风流愧不似从前。纵使临风频属意，意总凄然。

春竟为花留，人在楼头，夕阳红上玉双钩。隔个帘儿禁不得，花替人愁。　春去恐难留，双泪凝眸，漫天风雨促孤舟。后约前期无恙否，人替花愁。

（此四阕载《愿为明镜室词稿》二卷本卷一）

踏莎行

最是花飞，落红无主，要依替与商花谱。东风流水两无情，凭空却又回旋住。　鸥不惊猜，燕偏嗔妒，输他鹦鹉传心事。但教幼妇写新词，何愁彩笔无凭据。

（此阕载《愿为明镜室词稿》二卷本卷一）

苏幕遮（二首）

淡调蛾，疏拢鬓。春病随人，不是春人病。流水空山谁问讯，格是梅花，命是桃花命。　恨千般，颦一寸。冷落寒香，那许游蜂近。杯酒浇愁愁不尽，有分怜香，可有怜才分。

褪衫红，裁袖翠。秋水盈盈，搁住人前泪。后夜思量前夜醉，唐突相逢，无计教回避。　挹香茗，熏绣被。恁不想思，已醉相思味。一笑果然生百媚，纵有千金，那便千金卖。

浣溪沙（六首）

约略湘痕避软红，幽花无语自东风。双鸳不画画孤鸿。　柳絮天涯伤瑟瑟，桃花门巷悔匆匆。别来无恙锦囊重。

苦雨酸风最可怜，那将幽怨待成连。莺花无奈减当年。　萝屋卖珠容我寄，芳名刻玉倩谁镌？新尘暗里上珠弦。

玳瑁梁空信息沉，樱桃花底乍春阴。吴绵薄怯嫩寒侵。　客燕去来凭絮语，君弦缓急不关心。相思疏阔到如今。

揣到灵心一寸犀，疑真疑假尚依稀。这回真个愿双栖。　勺药将离诗屡赠，蘼芜故径路先迷。晨星落落汝南鸡。

瘦骨香桃比玉儿，风前弱柳逊腰肢。一钩新月上弦时。　红晕生香春酒醒，绿云委地晓妆迟。梅花清绝李郎诗。

惨绝渔阳战鼓挝，每从曙色警朝雅。萍飘絮卷尚天涯。　愿托牵牛私誓月。肯随娇鸟共啼花，春风毕竟属谁家。

（此六阕载《愿为明镜室词稿》二卷本卷一）

念奴娇

楝花风近，已柔肠百结，尚无消息。待拟今番拚决绝，拚便如何拚得？纵欲抽刀，终难断水，此意谁能识。分明心许，奈双飞去无力。　最恨一水盈盈，两情脉脉，各有凄凉色。解语名花经供养，闲了朝朝夕夕。最是撩人，啾啾唧唧，万籁何曾寂。休烧银烛，让他魂梦飞越。

（此阕载《愿为明镜室词稿》二卷本卷一）

卷四　花底拾遗集（上）

粤黎美周[①]《花底拾遗》，新安张山来[②]补之。弄笔之暇，摘其语之尤香艳者，辄填小令一阕。

【注释】

以下三卷亦名《瑶台片玉》乙种（《瑶台片玉》，明施绍莘子野著，东海黄公辑入香艳丛书时，命名《瑶台片玉》甲种），《香艳丛书》五集卷三收录，署“江诒秋珊著”“东海黄公辑”。其中，“江诒”间空格，少“顺”字。上海图书馆编《中国丛书综录·总目》（上海古籍出版社1982年版，第773页）、《子目》（第1713页）著录时署“瑶台

①黎遂球（1602—1646）字美周，号迦陵，广东番禺板桥人。其《花底拾遗》共有150余条，主要会集名花，品评美人，描写女子置身花中的种种情趣。

②张潮，字山来，一字心斋，安徽歙县人。清顺治、康熙年间人。著有《补花底拾遗》。

片玉乙种（一名花底拾遗集）三卷，（□）江诒撰”，即由此而来。同时因无法知悉“江诒”所属年代，故以“□”阙存。张雪庵《古书同名异称举要》（山东人民出版社1980年版，第111页）亦云：“花底拾遗集（江诒撰，朝代未详）（瑶台片玉乙种）。”另，上海图书馆藏江顺诒手稿《窳翁丛稿》亦存《瑶台片玉》乙种。

双调南歌子 春朝姊妹为嫩蕊乞晴

细瓣禁寒勒，微香带雨封。一春芳事惜倥偬，央及东皇吹散、絮云浓。奏换章书绿，衣催纸剪红。雕榇私祝共喁喁，怜取含苞豆蔻、未经风。

甘州子 金笼悬鹦鹉作花监

小园无主乱红欹，邀蝶使，迟莺儿。绿衣巧舌善言词，凭管领、遮莫误芳时。

诉衷情 薛涛笺榜种花事宜

桃花一幅费端相，新谱摘群芳。今年恰喜逢闰，好仿个，十三行。　愁命薄，惜流光，缓商量。叶间觅虱，树底师驼，都要浓妆。

双调连理枝 花朝慵病强起

偏是花同命，偏是春朝病。况又今朝，百花生日，教人怎困。恁腰肢无力弱难扶，待如何安顿？　浅趿弓鞋寸，略整蓬松鬓。怯怯风前，尽自支持，向春问讯。镇韶光偏在病中过，怕簪花无分。

江城梅花引 花时深闭小阁，怕触香烟

近来肺病怯熏衣。屏相思，却相思。拚掩窗纱，寂寞度芳时。避了莺儿兼燕子。留春住，愿春还，恨将离。　将离。将离。莽天涯。梦未痴，魂已痴。梦也梦也，梦未觉、生怕人知。剩有花前，娇喘一丝丝。香雾那禁沉速重，帘下也，尚殷勤，问侍儿。

相见欢 碧纱窗下，摹疏影作刺绣谱

花枝窗外扶疏，月来初。照出几枝疏影倩人扶。　新花样，凭谁创，费

描摹。只是几行题款怎生书？

长相思 寒食后，写落花诗寄人

惜残红，忆残红，闲来觅句咒东风，春归愁煞侬。　流水西，流水东，花落关心谁与同？多事倩邮筒。

醉太平 佩忘忧草，羞人唤作宜男

当人自羞，无人泪流。佳名只说忘忧，佩萱花并头。　女儿莫愁，生儿阿侯。宜男真个宜不？奈萧郎远游。

愁倚栏令 拈凤仙染甲弹筝

纤纤弦上春生。调银甲猩红几星。一曲未成花乱落，妒煞歌唇。　十三行柱分明，恁碎点脂痕粉痕。莫被桐花幺鸟觉，挂损朱绳。

蝴蝶儿 晏起知有夜雨步出芳阶

夜深时，梦儿知。小楼春觉起来迟，悔教花满枝。　苔滑阶生翠，寒添步怯移。已教湿絮压香低，怎禁风又吹。

生查子 采相思豆

但采合欢花，莫种想思树。把酒祝东风，误入相思路。　红豆纵相思，不向天涯去。采得欲遗谁，生怕檀郎妒。

醉花间 踏青拜花田古冢

来花里，去花里，愿向花间死。春梦几时醒，一冢土花紫。　湔裙过上巳，浇酒酬花使。花魂倘返香，枝发须连理。

点绛唇 罨绣阁闲兰

罗幕重重，竟体芳兰初罢绣。素心冷透，休让风吹又。　预储幽香，耐得寒时候，春依旧。晴窗暖昼，尚有梅花瘦。

浣溪沙　折荷花罥藕丝缠臂

未到相怜意已痴，折来佳藕早相思。为郎续命戏缠丝。　啮臂香留红一角，苦心凉蹙翠双眉。问郎刚道莫相宜。

伤春怨　乱风时一声娇怨

已为花愁落，锦幛留春耽阁。忽地乱红飞，最恨阿姨情薄。　茵溷随缘托，一样伤漂泊。恁地咒东风，可消了，心头恶？

丑奴儿　扫槛外待邻姬践约

邻家姊妹芳年共，只隔垂杨。邀过东墙，准备花前细评量。　阑干曲曲红飞遍，扫却苔香。添了垆香，约略台前竟早妆。

散余霞　七夕悬素心灯乞巧

秋宵瓜果庭前供，莫聘钱浪用。香蕊编个灯儿，照双星好梦。　今宵阿谁巧送，压闲愁凉重。鹊桥珍重归来，怕宵深露冻。

更漏子　胭脂径上纵横小屐迹

宿雨霁时红狼藉，弓弓小印成行。为因花里捉迷藏，闲踏碎群芳。　花径窄软谁量？苔痕绿到鞋帮。湿泥满径迹犹香，衔教燕子忙。

忆少年　绿荷池自放鸳鸯

双双同宿，双双同浴，荷花香里。临风正交颈，怕莲歌惊起。　五色低飞毛映水。自调持，侍儿休使。多情爱离别，对鸳鸯羞死。

金蕉叶　伫立柳絮风前

悔教开向春前落。而今是，随风飘泊。南北东西，天涯何处浮生托？不信春情恁薄。　蓦然往事思量着。枉痴心，误了盟约。看他落向谁边，尽恨当时错。立损苔阶一角。

忆秦娥　怨枝上啼莺，却惜花不敢惊起

春昼暖，金衣不解春深浅。春深浅，惊回一觉，天涯梦短。　啼声俏压花枝软，莫教零乱残红点。残红点，恼煞春人，尽情不管。

清平乐　斗草湿罗裙

红闺女伴，不斗看花眼。芳草多情都入选，那羡谢家须翦。　佳名也占群芳，花茵团坐何妨？忽地罗裙湿了，一汪儿水都香。

卷五　花底拾遗集（中）

相思儿令　玉兰片学写春词

句索丁娘艳，花拣辛夷片。自屑麋丸吮兔毫，学写个鸳鸯券。　细字蚕眠辨，浮向鸥波面。墨未干时瓣已干，生憎一霎春光换。

画堂春　挝小鼓催花作酒政，为意中人缓急

金尊传去落谁家？匆匆响歇三挝。意中人隔绣帘遮，险不争差。　手把双枝重起，拚教斟满流霞。无情羯鼓有情花，底事欺他？

阮郎归　插寒梅，檀口轻呵

月明轻拗鹤犹醒，重寒偎胆瓶。横斜位置费沉吟，呵开冻一层。　兰气息，玉温存，幽香冷透心。胭脂吹暖活春痕，金闺返断魂。

锦堂春　观落红有悟，皈依空王

剩粉零星易散，残香委地都消。繁华纵好旋零落，魂倩阿谁招？　碧海三生不返，朱颜一霎终凋。虚空打破浮生梦，寂寞度芳朝。

朝中措　明月绿阴长叹

雅锄手把落红埋，芳草满天涯。恁是月明春尽，绿阴夜少人来。　莺花

易散，空余翠影，铺满苔阶。独自一声长叹，谁怜作恶情怀？

醉花阴 消渴吸香露

惊觉一声春晓梦，酒病宵来重。花露未全消，吸向枝头，舌底香微送。珍珠几叶凝脂冻，颤钗头幺凤。漫道唾花飞，润到歌喉，凉沁心儿缝。

极相思 侍儿分部司栽灌

名花百种都栽，分咏检诗牌。花神位置，花奴管领，递报花开。　风雨关心休草草，学分曹御史齐来。经秋怨晚，临寒待秀，各种安排。

太常引 上秋千飞红如雨

自攀彩索转香轮，不脱郁金裙。裙底扇芳尘，惊起花魂一星。　云堆鸦鬓，风生翠袖，催落雨缤纷。到地却无声，漫赢得空阶绿阴。

梁州令 拣古今名姬与花名合，编作列传

花是人儿影，人是名花真本。美人情重合司花，名花谁把人儿并。　美人易老名花损，拈出闲来品。龙门合传差近，嗤侬费却闲脂粉。

西江月 芙蓉水醮笔自写春容

双泪断红镜里，一灯惨黑窗前。影儿相伴有谁怜？作了昙花一现。　醮到芙蓉香水，写来芍药芳笺。几回把笔细端研，他日真真谁唤。

江月晃重山 堕马急挽垂杨

玉勒娇嘶芳草，金钩软踏香尘。鞭丝无力晚风生。如飞去，一跃赌身轻。　弱柳绿摇有影，娇花红堕无声。垂条攀住战凌兢。妆倭髻，险作坠楼人。

满宫花 就流红送老蚕蛾称是薄幸事

茧水香，缫车巧，桑叶成阴春老。落红流水送将归，预祝明年蚕好。

花溶溶，波渺渺，别是一般怀抱。负他辛苦茧同功，恁把情丝断了。

月中行 百花生日，约邻姬共祝

钿车香伴祀花神，花底弄瑶笙。明朝又道，百花生日，相约拜香尘。春来百种芳菲艳，偏赚得、百样漂零。算他薄命总无分，怎说不同庚？

忆故人 自绣梅花帐

门掩黄昏，天寒合入罗浮梦。怕迟明月鹤犹醒，制就梅花洞。　一丈鲛绡不用。别绣出、枝横影纵。冰心独抱，翠羽双栖，寒香供俸。

滴滴金 数花须

开时已觉春无赖（玉溪生诗“花须柳眼各无赖”），纷垂恁、葳蕤态。指尖拈粉看模糊，怕蹙损眉黛。　误作推敲诗境界，吟成字、茎捻坏。采香等煞报衙蜂，看日高闲晒。

怨三三 梧叶落取制炉灰

博山未尽鹧鸪斑，留住香烟。尚觉氲氲触鼻尖，炉灰薄、要重添。　秋风梧叶穿帘。已蚀尽、青虫碧蟫。烧却寸心难，经过尘劫，便近旃檀。

竹香子 翦桐叶作弓鞋样

临却书儿仍绿，翦作弓鞋样曲。双凫飞去便封侯，莫笑金莲蹙。　纤纤掌上一握，凤儿幺、也敛香宿。秋风筛影月儿高，正挂半湾素玉。

玉蝴蝶 折柳作同心结

东风软透腰肢，懒与妒双眉。摇荡一丝丝，同心是几时。　丁香原有结，折柳试编之。遮莫唱将离，同心遗阿谁？

太平时 洗桐

坐听秋声树底多，影婆娑。生生翠干几摩挲，奈尘何？　自汲井华还洗净，倚衫罗。晚凉一叶鬓边过，露姮娥。

摊破浣溪沙 纫五色纱囊贮花种

仙露曾收掌上珠，彩囊重自翦罗襦。珍重花前亲采撷，贮来无。　佳种分收香笃耨，芳名合写句珊瑚。不系胸前悬肘后，笑奚奴。

清商怨 掷花蕊赚金鱼

池水风吹欲皱，看纤鳞春昼。嫩蕊初开，戏将春意逗。　细沫珍珠吹就，误唼咂溅湿衫儿袖。惊散苔痕，深深潜碧溜。

促拍丑奴儿 灯下位置花影

对影夜嫌孤。翦取花枝作画图。疏疏密密窗前态，玉瓶微动，金缸缓剔，煞费踌躇。　坐久怕模糊。挹兰膏、自下金铺。夜深未忍抛离去，轻移宝帐，金钩不下，梦里相扶。

华清引 喷水润莓苔

生憎绿影上空庭，不长苔痕。自将春水浇遍，应从洒处生。　连朝花事缺春阴，几枝憔悴芳魂。管教阶下立，湿翠上衣襟。

卷六　花底拾遗集（下）

黎、张二公撰，得词若干阕。觉有未备，爰广为搜讨，取见之记载者，复得词若干阕。

望江东 观浮萍羡杨花再世

无奈随风作飞絮，已觉是今生误。来生知否在何处？可以个来生路？浮踪特也无凭据，胜化作朝来露。芳菲零落总无数，问谁向来生遇？

入塞 夜听芭蕉叶上雨

夜初凉，忽潇潇打纸窗。奈窗前叶叶，不管搅愁肠。衾一方。帕一方。

一灯听时坐也妨。倚枕儿睡损海棠。绿阴不合种成行。更又长。漏又长。

双雁儿 簪桃花销恨

春来闲事总相兜。千万种、满心头。落花飞去只添愁。奈云鬟、妒温柔。　一溪春水碧如油。把旧恨、付东流。门前依倚莫登楼。去年人，似旧不？

倾杯令 枇杷花里闭门

暖阁熏愁，重帘胶影，门闭深深寒昼。笔底冻云呵透，枝上梅魂犹瘦。模糊三径苔封就，自围炉萧闲时候。春风管领谁识？自抱琵琶僝僽。

红窗睡 烧红烛照海棠睡起

最好惺忪春意态。怕禁寒花魂凉坏。无端永夜空垂泪，是春心无赖。娇梦初回愁压黛。相伴向、红闺深处，无人境界。一枝绛蜡，看影儿都爱。

东坡引 将离赠勺药

春来春又去，那得常相遇。郎心本是无凭据。送郎花下路，送郎花下路。　离愁别恨，天涯何处。花不语、情难诉，一声珍重休分付。留郎真个误，留郎真个误。

于中好 蔷薇露盥手，诵郎诗

吟成佳句教侬和，傍妆台、粉沾脂涴。熏香只是闲功课，舌未诵，香生唾。　盥来仍向花前坐，算仙露、仙才真个。娇音流处声无那，似花底、吹笙过。

临江仙 赠同心人栀子

眼角眉梢春暗度，未言已结同心。众中私语不分明。一枝花递与，两意莫沉吟。　未展芭蕉心一寸，休将肥度闲评。须知洁净此花身，浪同松柏下，油碧待西泠。

杏花天 谷雨前采茶

清明过却春深了，展旗枪碧痕尚早。嫩芽初摘纤纤爪，宿露五更犹饱。听一路和歌声绕，贮红丁瓮须封好。梅花积雪曾亲扫，看取松烟袅袅。

惜分钗 对菱花镜

深闺面。无人见。菱花自认空中艳。镜中颜。阿谁怜。花底相逢，不似从前。年年。　鬓云乱。啼妆换。新来怕作离魂倩。尽无言。泪如泉。尽日临妆，瞅损香奁。恹恹。

鹧鸪天 留得枯荷听雨声

翠盖亭亭未忍删，空房堕粉莫思莲。纵然憔悴金茎露，犹有秋声到耳边。　空怅望，忆田田，鸳鸯惊起一双眠。愁人惯听凄凉响，只待潇潇暮雨天。

思帝乡 香桃如瘦骨

人已非，落红谁得知？漂泊与他同命，绿先肥。玉骨自怜一把，怯风吹。莫被垂杨觉，妒腰肢。

杏园芳 吹叶嚼蕊

不闻丝竹飞声，只疑天籁生成。采花撷叶避傍人，口生春。　抑扬莫漫猜箫管，听来格外凄清。模糊香气已消魂，况分明。

风衔杯 病容扶起种菱丝

秋来留取镜儿看，步凌波先怯宵寒。况是新愁撩乱，意阑珊。已辜却藕花残。　强支起，尚凭栏，搅香泥一碧湾环。临水无端照出瘦容颜，生被病缠绵。

长命女 手牵苔絮长莼花

莼丝瘦，浮萍绿向方塘绣。湘波摇处皱，蒙茸翠缕粘衫袖。秋时候，风起水蒹香，归心郎暗逗。

小重山 鬓湿杏花烟

二月江南春雨晴。看花人早起，径纵横。髻鬟偏处罥飞英。香雾散，犹自不分明。　树树有啼莺。小楼残梦误，昨宵听。行来缓缓可怜生。蝉翼重，添润入脂痕。

琴调相思引 玉罂汲水桐花井

一院西风落叶低，每将玉虎自牵丝。辘辘频转，怕有断肠时。　郎信银缾伤久堕，妾心古井复谁知？绿幺小鸟，底事向人啼？

河满子 下阶自折樱桃花

恼煞玉窗频见，妆成不语沉吟。莫被萧郎错爱，更无樊素知音。缓步拗来一朵，浑疑发不胜簪。

眉峰碧 天寒翠袖倚修竹

那得熏香坐。早又斜阳堕。婢子牵萝补屋难，偏飒飒霜风大。　冷色尘珠颗，寒意欺炉火。除却修修竹数竿，零丁只有凄凉我。

唐多令 帘卷西风人比黄花瘦

秋鬓怯蓬松，秋花冷处浓。透帘栊几阵西风。才上轻衫凉到骨，惊暗里，换秋容。　花影澹于浓，花魂傲不同。卷真珠问讯篱东。试取尊前憔悴态，花较与，阿谁工？

虞美人 摘叶喂蚕

和薰送暖香堪浴，嫩叶宵添足。初眠未到且从容，辛苦何时博得茧同功？　选来绿净揩尘网，试听挥毫响。饥时添换饱宜防，吹楝风过休透一丝凉。

卷七　孤山梅讯

齐天乐

十年不作罗浮梦，一双翠羽勾起。涧曲通潮，云低约素，冷落一庭烟水。春人愁里，有万结缠绵，红蚕未死。不甚分明，蕊珠小谪散花史。　孤芳谁倩幽赏？只山中雪满，林家高士。借月寻诗，因香约梦，消息总难料理。荒寒如此，舍供养垆瓶，更谁知已。鹤许招来，任他千树底。

（此阕载《愿为明镜室词稿》二卷本卷一。“任他”，九卷本为“恁他”）

唐多令（五首）

寂寞鬓寒雅。萧疏脸褪霞。背春风、流落天涯。雪雪风饕原有例，恁欺了，折枝花。　画阁绣帘遮，空山处士家。隔仙源、何处浮槎？海上谪仙归未得，空负却，好年华。

冷菊傲清霜。三秋桂子香。恁匆匆、前度刘郎。翠袖空将修竹倚，憔悴煞，杜秋娘。　春梦为谁长，春归燕子忙。讯春风十载凄凉。残稿零星曾读遍，重记取，断人肠。

秋影恁婆娑。秋愁遣奈何。话无聊、人正秋河。吟得鹊桥诗许和，曾一转，冷秋波。　软语费腾挪，冰心艳绮罗。问年来何处春多。骨瘦香桃颜色改，好岁月，任消磨。

约略七弦琴。玲珑一寸心。遍人间、谁是知音。傲骨崚嶒芳太洁，春信息，早消沉。　香影暗黄昏，横斜冷不禁。秀姗姗消了人魂。不信缠绵今夜梦，终化作，雪霜痕。

倩取指纤纤，装来半臂绵。尽温存、倚着香肩。寒到被池春不到，昨宵恨，又重添。　缘是意中缘，相思最可怜。去来今身后身前。只有今生难料理，补不满，九重天。

（此五阕载《愿为明镜室词稿》二卷本卷一）

菩萨蛮

姮娥惯是无拘束，天孙不惯银河独。良夜费商量，鸳鸯自一双。　玳瑁钗梁约，翡翠帘栊各。四角押明珠，中央湿绣襦。

望湘人　用有正味斋韵

渐香泥碎雨，银押惊秋，寄巢如许留恋。病久消肌，思深刻骨。寒暖心情百变。一镜秋痕，一灯瘦影，但悲天远。忽隔棂吹透酸风，惊起几行征雁。　漾到浮云数点。把如洗圆蟾，空濛翳遍。拚湘弦断绝，一任芳尘满荐。酒痕化泪，泪痕化血。剩了藕丝一线。问何日借径移山，笑问爱河填满。

（此阕载《愿为明镜室词稿》二卷本卷一）

蝶恋花（四首）

零落残春成独活。未卜今生，先有他生约。别鹄离鸾原命薄，风花雨絮同飘泊。　潘郎绿鬓今非昨。相见今生，约是前生约。啮臂痕深消不却，珍珠一斛怀中落。

林下丰标饶别调。不作佳人，作个词人老。似曾阅历长安道，翩翩浊世知多少。　胭脂洗尽铅华扫。白眼看人，青眼看郎好。定盟恨不相逢早，三生石上缘深了。

空望碧云愁日暮。半角红楼，消尽痴魂处。一寸芳心深掩护，分明月照相思路。　心期硬把良宵误。梦里瞢腾，醒也无凭据。旧案崔娘谁解悟，聪明枉说鸳鸯赋。

红闺除却无知已。小病经旬，拚为伊人死。夜露晓霜禁不起，药垆袅尽双烟紫。　五夜缠绵魂梦里。缘浅缘深，结到缘欢喜。万种柔情深似水，萧郎别恨从今始。

（此组词中第一、三阕载《愿为明镜室词稿》二卷本卷一）

高阳台

昨夜东风，明朝春雨，相逢总费商量。拚却工夫，烧残心字垆香。酒浓茶酽无多味，怎支吾、此夜凄凉。尽回肠。聚也匆忙，散也匆忙。　春蚕丝已重重缚，说卿能解脱，解脱何妨。抽刀断水，相思依旧难忘。偎香倚玉真消受，梦休教、云雨荒唐。恁彷徨。热是冬郎，冷是秋娘。

疏影　用草窗韵

朱楼燕影，逗春来红豆，一枝初发。耿耿银河，夜半无人，空见双星明灭。梁空玳帽秋风冷，消瘦了、一双蝴蝶。好年华、一载蹉跎，负却有花堪折。　底事孤芳自赏，恁空山冷落，犹傲风雪。竟解怜才，可惜诗人，老去骎骎岁月。买丝枉作平原绣，觅尽了、山重水叠。忆几回、有恨无言，怕看玉容凄绝。

（此阕载《愿为明镜室词稿》二卷本卷一）

扫花游　用碧山绿阴韵（三首）

娉婷独立，是萼绿仙人，修眉淡扫。有情天小。阅繁华秀色，谁能餐到。一寸灵心，解语共怜花好。邯郸道。梦境迷离，相思多少。　良夜魂悄悄。忆微雨朝寒，落花春晓。佳期误了。任秋风，多事徐娘未老。万种闲愁，几曲屏山路杳。恨空抱。羡双飞、迦陵仙鸟。

万般怜忆，捱几遍黄昏，几番风雨。问卿知否。尽韶华浪掷，教他轻去。眼底天涯，绿到垂杨一树。漫延伫。恁怯怯身儿，载愁几许。　曾共携手处。又零粉残脂，暗尘无数。凌波微步。恼隔墙，花影碍人归路。燕去帘空，冷落梨花院宇。镇凄楚。蓦相逢、夕阳催春。

含苞嫩蕊，任觅玉无瑕，寻春有路。花先开处。竟匆匆过却，绿阴无数。

幺鸟收香，依旧深沉院宇。且凝伫。是乞得长生，恒春一树。　红颜知几许。说境老温柔，让卿独步。合欢留枕。笑奇才，论斗感甄空赋。百结葳蕤，那许朝云暮雨。怜迟暮。莫匆匆、又教春去。

【注释】

第一首“梦境迷离”句，王沂孙《扫花游·绿阴》为“一别汉南”。周济《宋四家词选》云：“‘一别’句，本应五字，减一字耳。红友《词律》未及，是误忘检校也。按此类甚多，若依红友，即应另列一体矣。”

高阳台　用梦窗韵

瘦影凌风，幽香媚雪，无人独倚江湾。翠羽飘零，难留金玉双环。闲愁万种黄昏近，趁晚妆、都上眉山。更谁看。玉骨支离，珠泪阑干。　冰肌底作长生药，恁深盟啮臂，浅爇香瘢。青衫人老，偏怜翠袖单寒。柔肠百结浑难解，怕猿啼、莫近溪边。最伤心。水不回流，月不常圆。

【注释】

此阕载《愿为明镜室词稿》二卷本卷一。“水几时回，月几时圆”，九卷本为“水不回流，月不常圆”。

卷八　双鬟待唱

惜余春慢　春寒

翠抹湘云，红黏丝雨，一种春寒难遣。鸳衾怯薄，翠袖愁单，那更峭风似翦。多少闲情旧愁，冷冷清清，缠绵不断。况天涯行客，惺松冷梦，夜深谁暖。　最恼乱弱蕊娇花，芳时忍俊。直恁东皇不管。双钩搁玉，小押闲银，镇日绣帘怕卷。谁奏春阴绿章，有限韶光，看来忒贱。任莺娇燕涩，独倚薰笼，冷凝泪眼。

（此阕载《愿为明镜室词稿》二卷本卷一）

蝶恋花

一霎冻云催欲暝。隔著窗儿，人似梅花冷。明月不来犹自等，空帷瘦了相思影。　好梦罗浮谁管领。料峭风丝，梦又吹难稳。拚折一枝花可肯，胆瓶伴我香魂醒。

（此阕载《愿为明镜室词稿》二卷本卷一）

丑奴儿

西风划地梧桐碧，秋意凄凉。篆尽垆香，抛得瑶琴又一张。　十三年纪金徽共，倚着斜阳。暗惜流光，愿借双枝宿凤皇。

（此阕载《愿为明镜室词稿》二卷本卷一）

蝶恋花　秋蝶

妒绿争红飞作阵。春去多时，没有伤春病。一霎西风脂粉褪，秋花与汝无缘分。　纵有画工难写恨。晚艳寒香，处处愁安顿。一梦觉来魂不定，霜花信到春无信。

卜算子

兜起彩云松，揎起春衫绉。紫蝶黄蜂没处飞，香醉齐纨透。　折尽柳条青，软煞腰肢瘦。莫学玲珑髻上花，谢却春时候。

【注释】

此阕载《愿为明镜室词稿》二卷本卷一。“折尽柳条青”，九卷本为“空怜半臂添”。

浣溪沙

杨柳当门青倒垂，一双蝴蝶向人飞，封侯夫婿几时归。　西子湖边寻旧梦，东风陌上寄相思，一腔春意没人知。

【注释】

此阕载《愿为明镜室词稿》二卷本卷一。谭献《箧中词》今集五：“‘杨柳’七字千古。”

高阳台 自题《愿为明镜图》

搁泪盈盈，横波脉脉，幻成心里楼台。红闺深处，谁知眼底天涯。青铜未必身能化，恼碧翁、辜负生才。破虚空。铸几时圆，尘几时揩。　相逢蓦地多回避，只此中把晤，了不惊猜。欲待妆成，好教日照千回。妍媸个里应先别，未知心奁许轻开。但休教、一寸玲珑，容易成灰。

（此阕载《愿为明镜室词稿》二卷本卷一）

丑奴儿

流水无情春易老，梦入南园。人在门前，那得丰姿似去年。　已落残红犹有恨，香尽谁怜。蝶意缠绵，如此韶光值几钱。

一萼红 脂奁

试新妆，正嫣然一笑，轻启镂金箱。尘隔珠凝，猩滋玉璺，教人一例珍藏。记雕栊沥取，几珍重、移晒趁斜阳。珊瑚匣底，红潮有信，莫误檀郎。　只此琼浆挹紫，早眉删螺绿，额却鹅黄。腮倩微匀，唇烦轻点，羡他侥幸先尝。倘移傍、麝床鹳匣，误紫泥、私印欲钤方。底用樱盘荐出，比较红香。

八宝妆 粉盝

碧玉声轻，红瓷质脆，中有飞霜满贮。蓦地风轻宜缓揭，移傍玉台深处。朝朝开向晓妆，仙掌和匀，倩郎指甲微挑取。留得余香枕上，更翻花谱。　最羡素质天然，铅华不御，一双空伴签具。喜巧样、蛛丝嵌合，更花样、蚕丝团聚。记曾捣、元霜玉杵。私盟钿盒心相许。愿芳雪盛来，妙龄常把玉颜驻。

绮罗香　香囊

窄锦裁鸳，团花绣凤，巧样玲珑亲制。捣麝成尘，肯把芳心轻寄。记啮臂、叩叩难忘，愿定情、垂垂休弃。费绿窗、几许工夫，续来长缕为郎系。重重缄了密意，常愿依郎怀袖，吹兰胜气。一裹红冰，曾记偷函清泪。便呕心、藻句含芬，好系肘、熏衣添腻。问多情、绣口缄时，知为谁憔悴。

眉妩　镜槛

便穿烦金钿，扶倩珊枝，空写玉台韵。一架玲珑样，阑干三面，支定新妆试靓。对菱花端的，安稳相看，乍误作，春风倦，全身画栏凭。　也自疏棂相称。喜锦绣裁奁，团圆却柄。倚向无人处，看明月、疑是添晕。梨花窥病，怯瘦容、移屧香径。认斜界啼痕，廊底背、人偷揾。

高阳台

絮影胶空，花魂依梦，春风那许长留？一面天涯，奈何竟付东流。人间俊眼知何限，怎垂青、翻在青楼。惨离魂，今日残春，昨日中秋。　青衫久被缁尘涴，况半生潦倒，万事都休。卷帘人瘦，好分一半新愁。美人一霎成黄土，问白杨、何处荒丘？料输他，苏小坟前，过客来游。

【注释】

此阕载《愿为明镜室词稿》二卷本卷一。九卷本有“悼伎玉娘”题。

醉太平　自题枕函

风声雨声，孤馆残灯。柝声敲碎惊魂，问欹函怎听？　无人酒醒，披衣拥衾。未能好梦重寻，怕欹函要听。

甘州

问苍苍都是有情天，秋士讵无情。甚凄风苦雨，半填恨海，半入愁城。眼底空花恁好，难撇一灯青。十载枉抛处，赢得酸心。　不信人生如寄，尽姜辛蓼苦，拚觊浮名。任琅函卖笈，袭取步虚声。漫嗤他转丸技拙，便空空，妙手亦无能。空回首，只秋风里，误了三生。

百字令

空山泣露，纵春来谁与、关心迟早。舞蝶游蜂偏浪迹，解恋一枝香好。罥怯蛛丝，刺惊麑孔，梦想何曾饱。相思眼底，粉魂无奈消了。　凭便说与傍人，空憎饶舌，太息知音少。愿得金铃常护惜，底怕啼红娇鸟。水绿留痕，镜红现影，一霎浮云渺。东风易去，天涯何处芳草？

（此阕载《愿为明镜室词稿》二卷本卷一）

蝶恋花

为底花如人瘦损。盼煞黄昏，没个横斜影。掩帘无伴三更近，寒深鹤梦何曾醒。　苦恨峭风催渐紧。怯怯心儿，万一吹他冷。素魄冰魂销易尽，一双翠羽栖难稳。

（此阕载《愿为明镜室词稿》二卷本卷一）

卷九　双鬟待唱

浪淘沙　蕉窗听雨图

翦烛坐深宵，孤馆无聊，一帘疏雨正潇潇。往事红尘都忆著，煞也魂销。　我亦意萧骚，曾种芭蕉，身经离乱故乡遥。今日隔窗听不得，有泪如潮。

（此阕载《愿为明镜室词稿》二卷本卷二第一首）

甘州　友人赠菊

莽天涯，戎马苦倥偬，风雨又重阳。记东篱载酒，秋风三径，浪醉千觞。鼙鼓一声江上，惨作劫灰场，欲见黄花面，何处柴桑。　破我客秋愁梦，有陶公风雅，数本分将，看秋容依旧。瘦骨傲凌霜，悔曾费廿年。心力尽题诗，都付与秋娘，尊前供，莫匆匆去，负了寒香。

（此阕载《愿为明镜室词稿》二卷本卷二）

摸鱼儿 城东看菊

杳空山，十年埋迹，烟花避却人世。无端烽火惊残梦，飘泊西湖重至。风景异，更没处、堪容傲世陶公醉。欲提往事。听鼓角声哀，秋风三径，赢得壮心碎。　城东角，休认东篱旧地。故园此日何似。似从白发谈天宝，剩有英雄血泪。谁把臂，只市上、狂歌痛饮如人意。浮生若寄。莫再向斜阳，为花留恋，他日更憔悴。

（此阕载《愿为明镜室词稿》二卷本卷二）

浪淘沙

苦尽说甘来，依旧庸材。廿年辛苦等蒿莱，淡食粗衣，休最好，莫要疑猜。　历劫总成灰，孰免轮回。上清沦谪亦仙才。方丈蓬莱何处觅，且倒尊罍。

凤凰台上忆吹箫 皖城沦贼十年矣，甲子重来感而赋之

埋玉怜烟，碾珠吊月，昙花竟是空花。惨渔场鼙鼓，惊散天涯。多事仙人跨鹤，觅残阳、红认谁家？尽一片，颓垣断井，冷噪栖鸦。　嗟嗟。蜉蝣身世，竟过客迷津，沧海浮槎。有千行血泪，两鬓霜华。几处遗营故垒，剩深宵、画角悲笳。休凭吊，干戈未休，何处烟霞？

【注释】

此阕载《愿为明镜室词稿》二卷本卷二。此阕九卷本文字有异，《凤凰台上忆吹箫·皖城沦贼十年矣，已失燕云，难寻鸿雪；甲子重来，感而填此》：“埋玉怜烟，碾珠吊月，空花竟是昙花。惨渔阳鼙鼓，惊散天涯。多事仙人跨鹤，觅残阳、红认谁家。尽一片，颓垣断井，冷噪栖鸦。　嗟嗟。蜉蝣身世，竟桃源迷路，沧海浮槎。剩千行血泪，两鬓霜华。觅故垒遗金断镞，听女墙、画角悲笳。休凭吊，干戈未休，何处烟霞。”

凤凰台上忆吹箫 竹里煎茶图

凤尾迟烟，龙团携月，汲来第一中泠。喜苍凉身世，尚有樵青。秀色一般

堪撷，问佳茗、何似佳人。看修影，声声萧瑟，先自风生。　分明。潇湘湾处，休青箬才归，翠袖寒盟。忆对添香伴侣，渴相如、亦有娉婷。而今是，从残劫灰，眉史茶经。

临江仙　湖上杂作（三首）

翻为饥驱同浪迹，一年几度杭州。半生积得许多愁。买来湖棹，都付与闲鸥。　指点两峰深处路，此中定有仙游。有花看处莫登楼。不平世事，湖水亦东流。

曾梦潇湘烟水阔，惊来万顷波涛。一枝柔橹响春潮。六桥杨柳，眉意已堪描。　何用乘槎银汉远，烟霞只在山坳。东风有约肯相招。湖心亭子，四面赤栏桥。

芳草天涯情不断，何须松柏同心。漫浇杯酒吊孤坟。英雄事业，今古亦销沉。　只有逋仙高格调，梅花香裹沉吟。淡云低月护黄昏。鹤归不返，尘梦几人醒。

（此阕载《愿为明镜室词稿》二卷本卷二）

高阳台

流水三生，东风一度，匆匆换了天涯。已去春光，佳人空惜年华。碧云低拂游丝簇，更搀来，几幅红霞。怕坐中，解悟无人，轻弃泥沙。　漫同翠袖怜单薄，幸峭寒渐减，暖到窗纱。似曾相识，红颜知属谁家。宵来魂梦朝来影，说同心，有约还差，拚凌云，远志消除，莫负莺花。

（此阕载《愿为明镜室词稿》二卷本卷一，居《高阳台》（絮影胶空）词前）

唐多令（五首）

打破境温柔，惊鱼怯上钩。警烽烟，处处新愁。数点轻霜栖短鬓，知几日，又盈头。　身外不须谋，生前酒一瓯。莽西风，难挽东流。三十功名尘与土（成句），为底事，苦淹留。

花月悔蹉跎，繁华歇绮罗。好□浮，让与维摩。空谷幽兰香太冷，防摧折，入樵柯。　觅句学高歌，偷闲逐梦婆。喜脱身，满地干戈。襟上酒痕依旧在，且重醉，懒云窝。

绝代艳风华，西施贱浣纱。惨尘气，赍恨烟霞，何处西泠留片土，供凭吊，夕阳斜。　流落遍天涯，飘零溷厕花。更休怜，彩凤随鸦。打鸭虚惊何碍好，宜痛哭，学长沙。

万卷付蒿莱，荒凉倚马才。蛰风霜，忽地春雷，结习文人消灭久，心一寸，总成灰。　吊古莫登台，风尘几爨材。算消闲，有酒盈杯。悟得余生锋镝后，郁怀抱，底难开。

沧海尽无边，风波煞可怜。算蓬莱，小谪神仙，历劫罡风原太恶，抽身快，莫留连。　月缺易重圆，浮生值几钱。且商量，爱惜残年。乞食陶公饥不死，饱风月，岂无缘。

摸鱼儿　秋燕

倦西风，飘零人海，差池双影飞遍。雕梁尘黯珠帘冷，留恋不须留恋。天不管，曾记得、飞花落絮深深院，凄凉顿换。看门巷乌衣，新雏解语，往事总如电。　归思急，未许商量缱绻，辛勤谁判恩怨。软红误入游仙路，那惯霜零露泣，愁一片，漫认作，天涯捐弃悲秋扇。春人未远，盼银押轻钩，香泥重润，依旧画堂见。

【注释】

此阕载《愿为明镜室词稿》二卷本卷二。“捐弃”，九卷本为“梦远”。谭献《箧中词》今集续三：“比兴贞正。”

扫花游　印山樵客图

乱山合沓，有避世仙人，烂柯此处。白云太古，隔尘氛万里，水流无主。

石径微茫，却忆西风射虎。共谁语，只闲趁斜阳，觅个渔父。　归路烟霞阻，问底事还乡，可携仙侣。软红笑汝，尚头颅，似昔一襟泥土。岫里闲云，又作人间瑞雨。倦飞羽，怕重来、问津犹许。

卷十　愿为明镜室词稿续

八声甘州　湖山策马图

恁繁华把六桥烟柳，都付与烽烟。看空明一片，旌旗飘扬，笳鼓喧阗。只此残山剩水，凭吊已凄然。况宦游过客，重策吟鞭。　惟有画图依旧，奈图中人老，十六年前。任西泠松柏，萧索总堪怜。料六代，江南金粉，满荆榛，一样惨啼鹃。伤心处，柳堤梅屿，怕放吟船。

满江红　禾中张君玉珊，再用拙制惜别词韵，凄清婉约，荡气回肠，叠韵奉和

老去词场，问漂泊、谁怜同病？任抛却、脂奁粉碓，无从安顿。万缕蚕丝空自缚，一编蠹简谁传恨？况匆匆、小劫历红羊，惊魂定。　眉待画，羞开镜。花纵好，愁拈韵。有明珠百琲，文禽并命。借酒偶然浇磊块，瓣香合有人亲近。愿他时、杯酒絮西泠，相看鬓。

行香子　用花帘词韵

远恨迢迢，残梦萧萧。逼檐牙，雨打风敲。人儿惊醒，那不魂销？况漏初长，衾更薄，穗频挑。　花信轻抛，钿约空招。拚珍珠、慰藉无聊。已辜昨夜，又是今宵。只影儿瘦，花儿淡，月儿高。

虞美人　用花帘词韵

燕归早趁珠帘卷，斜试春风剪。绿窗珍重晚来风，绣幕深深透入夕阳红。
无端赚得春人病，一晌疏奁镜。闲情无计遣眉头，生来娇小偏说不知愁。

卖花声　用花帘词韵

花倦柳还慵，腰瘦围松，伤春尽日闭帘栊。啼老莺声人病也，满地残红。　往事总惺忪，去日匆匆，今年好梦又猜空。有恨人间无处寄，分付东风。

酷相思　用花帘词韵

不画修蛾愁正锁，只倩影，娇无那。任雨鬓如蓬双袖亸。明镜也，谁梳裹？孤灯也，谁梳裹？　单枕寒衾容独卧，恁永夜，能担荷？悔好景，偏教容易过。当初也，多情我。而今也，多情我。

虞美人　用湘真词韵

玲珑一寸难参透，不为伤春瘦。一星微喘一丝魂，无奈落红庭院易黄昏。　流光已逝知音歇，月是当时月。繁华好梦几回禁，只悔从前辜负故人深。

蝶恋花　用湘真词韵（二首）

啼破莺声天欲晓，几阵廉纤，断送春光了。镜里新愁人易老，无言空把残红扫。　好梦如烟烟更杳，翠影生生，长遍闲庭草。帘底惺忪春意恼，杏衫正薄红楼小。

习习楝花风正软，易送春归，难把春愁遣。一寸柔肠千万转，泪痕深处江波浅。　窣地帘低捎燕剪，约住炉烟，肯放双眉展。酒样浓情天样远，游丝飞絮凭风卷。

念奴娇　用香雪词韵

西风骤起，恼光阴、客里忽添萧索。任是无情云外树，未免今番零落。客燕辞梁，宾鸿叫月，赢得天涯，各春愁秋恨。恨逢秋，梦偏恶。　十载小杜扬州，名花易谢好，事成担阁。雨笠烟簑堪作伴，从此便夸行脚。白发萧骚，青衫破碎，悔被浮名缚。聪明误我，把混沌窍空凿。

浣溪沙　滓虚词有“最难将息是深秋”句，因仿之（四首）

料峭西风莫上楼，无情落叶正悠悠，隔帘影瘦有人愁。　深院无花空缱绻，重阳多病尚淹留，最难将息是深秋。

一径春愁脉脉休，夕阳倒影水西流，白萍红蓼满芳洲。　低闭疏帘才送燕，渐寒浅水莫盟鸥，最难将息是深秋。

如洗遥山黛色浮，天涯人尚事闲游，薰香谁与话温柔？　扫叶觅诗愁满径，添衣怯月夜登楼，最难将息是深秋。

问讯东篱景色幽，绿阴休更忆前游，多情宋玉忆侬不？　惊瘦自怜多酒病，傲霜先已替花愁，最难将息是深秋。

湘月　用白石词韵

莺欺燕妒，把春光老去，辜负烟景。落尽梨花冷却了，檀板金尊清兴。孤月流黄，双烟沉紫，赢得心儿冷。残脂零黛，怕看匣底明镜。　赖有解语娉婷，吹兰款款，破诗魔愁阵。万转千回这一角，打劫残棋谁胜？莲菂房空，瓜仁字断，碧树惊秋信。银河迢递，晓星永夜应省。

烛影摇红　用竹屋韵

准备新愁，惜花偏值春阴冷。词人忏尽绮罗情，逼着流年紧。十载惊魂未定，早两鬓、萧疏霜影。舞台歌榭，往事凄凉，而今休问。　心字回环，鸭炉夜永轻烟喷。朝来衫缓脱重绵，寒暖无凭准。容易年时春尽，怕酒醒，重添芳恨。且休辜负，廿四番风，番番花信。

金人捧露盘　用竹屋韵

不如闲，朝窥镜，夜凭阑。忽春尽、月冷花残。浪游廿载，碧云何处梦乡关？侯门万里，匣中剑、更向谁弹？　眉痕淡，酒痕旧，愁痕重，泪痕斑。是翁老、羞据征鞍。青衫翠袖，卖珠日暮一般寒。此情寥落，结芳讯，只向空山。

临江仙　用梅溪韵（二首）

陌上花开缓缓，溪边柳绿条条。春来何处不魂销？况曾桥上别，又过小红桥。　千里风尘未定，一轮月色偏饶。相思十载信迢迢。亏他无准梦，赚我泪深宵。

不道今年依旧，明年又待如何？看人好事月中过。醉来燕市酒，第一莫狂歌。　已把钱输白打，尚教扇掩轻罗。虚名误我一生多。让人生意好，天上树婆娑。

齐天乐　白发，步梅溪韵（二首）

人生不合夸青鬓，无情竟催如许。对影惊疏，栖尘怯短，总是闲愁萦处。佳人莫妒。只一霎垂髫，便伤迟暮。最恼欺人，素娥才逝又青女。　伤心种种如此。看骎寻岁月，如电飞去。鹤瘦谁怜？龙钟竟尔，悔把青春轻误。惜来金缕。早负了当歌，折花俦侣。莫又捻髭，吟诗还自苦。

愁来不信三千丈，华年奈何如许。雪影轻侵，霜痕暗点，回首难堪搔处。朱颜任妒。只不肯饶人，夕阳催暮。笑把仙方，驻颜私乞小儿女。　光阴如此虚度。拚黄金欲买，流水偏去。已不胜簪，还羞对镜，旧日知心多误。青盘一缕。记剪赠雕奁，昔年佳侣。那更飘萧，秋风零落苦。

台城路

吴霜忽上丝丝鬓，春人镜中先老。语燕梁空，盟鸥水阔，不值尊前一笑。莺花换了。但赢得缁尘，残衫破帽。莫再天涯，美人容易怨芳草。　纷纷红巃翠窈，夕阳流水外，零落多少。酒醒尊空，香消梦断，负了当时娇小。多情易恼。忆被冷灯昏，虫鸣窗晓。回首前尘，顿愁何处好。

梅花引

绿杨深处系扁舟，莫淹留，且淹留。暗恨深宵，生怕上眉头。臂上香瘢痕未褪，寻春梦，到天涯，证旧游。　旧游旧游今忆否？风满楼，月满舟。恨也恨也，恨处处，流水东流。一掷千金，拚醉脱征裘。莫道相思天不管，天上月，照孤窗，也似愁。

渡江云

春深人未起，绣帷双燕，软语正迟迟。昨宵枝上雨，亏了花旛，不许峭风吹。多情芳草，想如今、绿遍天涯。空记得、茶烟轻飏，两鬓易成丝。相思，鸳鸯解绣，鹦鹉难传，有万千心事。枉费了，深深粉黛，淡淡胭脂。晴丝不入闲庭院，倩红箫，莫唱新词。春在眼，金尊且醉芳时。

高阳台

咸丰乙卯，有悼伎玉娘词，示黄琴川。琴川和焉，寄未达。十余年来，琴川已归道山。落叶昙花，久断尘梦。顷睹《淮海秋笳集》，和词在焉。忆琴川以倜傥才参戎幕，且显矣，乃旋殁。余以迍邅幸存，追念故人，曷胜凄怆？（二首）

缺月销魂，残花吊影，那堪重话前因。过客穷途，啼痕曾湿衫青。匆匆一面缘千载，借蛾眉、诉尽飘零。一霎时、海上闻琴，花下调笙。　当年一水情深处，只两人同调，俱未成名。是处烽烟，雁传不到芳声。天涯梦远金台约，悔因循、负了深盟。更休题，红粉多情，黄土无情。

鹏赋招魂，鹃声替泪，遗编珍重谁收？千古才人，伤心又到残秋。传来消息模糊听，只无情、春柳多愁（琴川有《南滩春柳图》）。莽风尘，何处从军，何日封侯？　白头我早颓唐甚，把名场堪破，分付闲鸥。有限年华，收帆谁在中流？锦囊纵有呕心句，问何如、明月当头？泪纵横，名士佳人，一例都休。

满江红　刘拙庵《雪滩行旅图》

冻合重围，忍坐视、矢亡援绝。浑不怕、逆焰横空，风刀如割。策蹇诗删狂郑五，乞师愤效雄南入。惨危途、一路绝人烟，吞毡雪。　鼓不起，寒同咽。行不得，肌吹裂。盼千里军门，一腔热血。冷压空江潮不至，载途白尽征人发。展冰绡，旧迹怕重看，残灰劫。

渡江云　申锡之《画山结隐图》

等闲轻出岫，闲云一片，偶被利名牵。无声诗一幅，自仿荆关，自足傲林泉。故山猿鹤，说斯盟，负了多年。谁信到，莺花人海，冷梦抱秋烟。　依然。卸肩未许，招隐何人？有精良笔砚，便算入，万重岩壑，谢绝尘缘。画中人是神仙侣。画中山买不论钱。随处好，何须更策归鞭？

高阳台　西湖春感

掠燕波轻，眠鸥岸阔，趁风斜剪轻船。几处亭台，阅人又是今年。山光约略如相识，数天涯、谁更相怜？泻胸中，万斛新愁，付与疏烟。　孤亭西畔荒坟冷，剩青浮远郭，绿满晴川。柳色深藏，多情又向谁边？提壶已换春归去，莫瞢腾、向酒家眠。忆迢迢，望断吟魂，故国啼鹃。

虞美人

十年听尽孤灯雨，绮恨轻抛处。十年戎马苦仓皇，剩水残山赢得恁凄凉。　十年重入邯郸道，误打残棋稿。不防两鬓已星星，卅年一霎真悔负今生。

绮罗香　湖上薛庐，慰农观察去思碑也。春分日，偶一诣之，残英糁径，垂杨袅丝，四无人声，尘生几榻，不觉余怀之渺渺也。用樊榭韵赋一阕

画舫喧波，晴丝飏雾，寺外游人如许。太守风流，屈指白苏同数。拓曲径、瘦竹欹墙，散春影、落梅如雨。认分明、鸿雪留痕，我来相忆恨迟暮。　春光过却一半，谁向幽香树底，解寻春语。片石虚廊，尚有佳人眉妩。抛旧梦、未肯勾留，听晓钟、何时记取？讯幽兰、冷落空山，吟怀无恙否？

满江红　柳

认得垂条，有旧日、愁痕万缕。谁竟料、一番离别，一番凄楚。飞絮漫漫无着处，清明况是多风雨。到而今、休把旧丰姿，夸张绪。　春已在，伤心处。灞桥岸，人无语。悔依依远道，临风轻舞。软透腰肢憔悴色，那禁攀折天涯去。问当时、依傍占春光，谁门户？

喝火令　别意

芍药初垂粉，杨梅已怯酸。西风吹泪恨无端。生怕楼头杨柳，秋老不禁攀。　寂寞灯嫌冷，团栾镜怕看。隔年消息认刀环。只有临歧，珍重一声难。只有天涯尺素，两字盼平安。

忆少年

梅花嫌冷，菊花嫌傲，幽兰无色。模糊忆春梦，有梨花明白。　春去匆匆留不得，枉怜他、燕子无力。桃花已流水，况柳花飘泊。

浣溪水

一种相思诉与谁，肠儿一寸不禁回，心儿一寸不堪灰。　误我蚕丝空自缚，背人蜡泪已成堆，无多好梦莫惊猜。

高阳台　补绘愿为明镜图

余少填《镜中泪传奇》，自号愿为明镜生，因绘为图。游白门，遇水仙子，丰姿绰约，与图中人十九仿佛。出图相质，疑有夙因。未几，烽烟历乱，图与图中人俱化去。廿载天涯，久无绮梦。兹以词稿付梓，因补斯图。非冀有后缘，实深感前遇也。对凌波之姗影，能无回首凄然？

飞絮黏泥，空花过眼，曾留一片光明。此愿难谐，开奁忽忆前尘。团栾月现团栾样，一霎时、了却三生。最伤心，梦不留痕，影更忘形。　廿年往事萦怀抱，纵殷勤拂拭，尚有尘侵。试问离魂，可能记得兰因？白头剩我重相对，返生香、何处寻卿？只披图，月尚依稀，泪已纵横。

卷十一　愿为明镜室词稿补

长亭怨

峭风紧、吹起离愁。秋宛轩中，一声短笛。独鹤天寒，夜深无语、傍檐隙。诗情闲觅，忍辜负、玉人亲折。纵买芳邻好，春信相思都隔。　忆昔，雅锄亲手种，养就冰霜标格。尊前三载，伴多少，吟魂醉魄。看几枝、疏影横窗、最难忘，旧时月色。只恐好梦罗浮，难递暗香消息。

蝶恋花 韩薰来玉人和月折梅花图

吹透幽香良夜永，帘外寒深，帘内禁寒等。忽地一丸添庾影，空阶鹤梦惊催醒。　一树横斜攀未忍，欲抱香归，先把嫦娥请。素魄冰魂同耐冷，愿他翠羽双栖稳。

满江红 咏雪

雪送风尖，早深闭、雕窗绣幕。掩映了、玻璃一片，粉妆玉琢。低压梅花香不起，高吟柳絮才偏弱。把阿侬、肤色试评量，冰壶濯。　细剪碎，冰花萼。空荡漾，珠帘箔。认银海迷漫，红楼一角。素羽惊寒鹦鹉共，翠衾怯冷殃央各。倚薰笼、香梦待谁温，空躭阁。（闺阁）

满江红 咏雪

一水弥漫，浑不辨、四围山色。莽天涯、如此荒寒，依然作客。隐约几家茅屋远，光明一片须眉白。纵渔翁、只合落孤篷，行不得。　浪千堆，衾似铁。水一色，宵闻笛。对野旷天空，襟怀非窄。何处更寻沽酒旆，有人偏访山阴宅。笑玉龙、战败半空中，残鳞甲。（江湖）

甘州 芦雪

黯空江搅起一天愁，恰是暮秋时。恼无边萧瑟，西风吹老，双鬓成丝。也有飞花飞絮，冷意总凄凄。漫漫空作势，没个人知。　休学渔翁蓑笠，向荒洲断渚，把钓竿垂。尽行舟赠远，难折一枝枝。待寻到青衫白发，诉飘零、一样是天涯。斜阳晚，看摇荡处，但觉凄迷。

（以上载《西泠酬倡初集》卷五）

甘州 钱子奇大令花朝日约游西湖，即送郭外峰司马之温州

问西湖何处易消魂，垂杨最高楼。况一尊团聚，有人欲去，远在东瓯。恰

是黄金万缕，摇荡不曾休。借东风一笛，吹送行舟。　正拟冶春结社，把湖光十里，付锦囊收。数飞花影里，还剩几闲鸥。莫辜负西泠春色，定重来、买醉贳貂裘。天涯客，酒痕襟上，可忆杭州。

甘州　汪咏之约游湖上再赋

趁东风买醉集吟朋，西泠荡扁舟。笑廿年作客，六桥飞絮，白上人头。轻摇一枝画桨，高唱碧波流。是沧浪暖涨，送到闲鸥。　曾记寒消九九，又春阴几日，脱了重裘。觅桃花深处，把酒絮春愁。我亦拜镜中泪影，向荒坟、绝胜向公侯（同人过小青墓，有下拜者）。归来晚，夕阳红到，柳外高楼。

甘州　吴中潘麐翁来杭，汪咏之大令约同聚于湖上，届期麐翁以事归，填此寄之

恁飞花聚散亦何因，天风引舟还。借西泠春色，把杯倾盏，那算前缘。竟尔一声杜宇，催别好湖山。有汪伦情重，桃水深潭。　重拟冶春集社，约词人三五，画舫盘桓。对六桥得句，且傲玉田仙。我也算浮萍踪迹，好烟波、消受十余年。盈盈望，扁舟重买，吹笛楼边。

高阳台　五九菊

圃老西风，香凝晓露，重阳开又端阳。岂解趋炎，尚留晚节芬芳。热肠一角无多地，尽容他、名士疏狂。漫移家，近了南阳，远了柴桑。　东篱许挈骚人伴，任澧兰沅芷，都逊寒香。延龄酒进，添来续命丝长。笑余傲骨支离甚，几回遭、人世炎凉。卷帘栊，暖怯南薰，冷抱清霜。

疏影　夹竹桃

红颜别去，忽一枝袅娜，篱外相见。幸免单寒，仍笑春风，亭亭翠袖幽靓。前生薄命今应忏，问底用、今生娇艳。想潇湘、泪血痕留，化作昔年人面。　天壤王郎正好，再来怕洞口，迷了溪岸。有俗难医，有限难销，别换风流仙眷。堪留客是藏娇处，恁不问、主人轻看。对此君、依旧无言，尚有二分幽怨。

甘州　送宗小梧之金州

记冶春开社集吟朋，西湖又惊秋。便秋风吹到，春人不散，叶落添愁。何事玳梁燕去，万里海东头。问长风破浪，可许封侯。　尽自豪情绝世，看座中醉客，谁敌曹刘。怕黄花折处，先少一枝筹。况梅边几番共我，倒金尊、商略好歌喉。东风转，有新诗卷，稳压归舟。

玉京秋　秋声

听不得。西风乍吹落，一林枯叶。无端入耳，刁萧骚屑。疑是哀弦急管，趁深宵、欺到孤客。魂飞越，一灯窗黑，一方檐铁。　我欲高歌击节。说悲来、唾壶已缺。指西南，如波汹涌，如枯摧折。最恨残蕉，几点雨、添个声儿更急。偏呜咽，阶下蛩吟未歇。

玉京秋　秋影

休问讯。斜阳淡如许，照人偏近。暮帘卷起，归鸦成阵。遥望长空如洗，又分愁、飞出明镜。心儿印，是招魂宋，是离魂倩。　尚有前身堪证。倚阑干、几枝掩映。纵寂寥，愁拈禅谛，愁窥疏鬓。欲顾谁怜，只两字、赢得多愁多病。凉宵静，还对荧荧短檠。

露华　正月十七夜饮宗载之颐情馆待月

余寒尚峭。已过了元宵，又集同调。馆启颐情，添作新春吟料。主人约在年前，不待黄昏都到。觞飞舞、灯齐上时，月尚迟照。　广寒宫阙谁报。应记得昨宵，艳影花貌。减却一分光彩，依然含笑。拚来绿酒盈尊，待向嫦娥倾倒。云扫尽、天空且恣远眺。

珍珠帘　待燕

嫣红院宇芹泥润。陡惊心，已觉清明时近。双影忆差池，尚归来无信。海角冻云催不醒，忍辜负、今年芳讯。休问。恁飞絮帘栊，东风吹瞑。　盼断玳瑁空梁，怕香巢已旧，红襟难认。花落又春深，有春人含恨。银押双悬新梦觉，尚记得、红丝系定。有分。已桃李花阴，流莺声嫩。

齐天乐　春阴

韶华百六无多景，浓云满天如墨。沽酒清明，看花上巳，付与空檐淅沥。湖山一色。纵画舫笙歌，谁人听得。金碧楼台，梨花一树尚明白。　冶春词记昨日。已落絮飞花，无处寻觅。绿讶肥添，红怜瘦乍，逗起伤春消息。东风狼藉。任红烛高烧，绿草休乞。一桁帘栊，溟濛香雾湿。

春从天上来　春社已开，经旬间阻，倏又春归，倍增惆怅，感事怀人，因填是阕

洒酽花香，看十里明湖，换了浓妆。征人远去，应忆钱唐，买花何处斜阳？把东风辜负，任逝水、流却年光。冷琴尊，况茂陵多病，春梦颓唐。匆匆春已归去，这醉舞狂歌，也费思量。飞絮天涯，扁舟系处，隔年又换垂杨。怕流莺易老，浑忘却、旧日欢场。惜余芳，趁一杯婪尾，且浣诗肠。

高阳台　好春易去，良友不来，暮雨微寒，吟怀倍苦，用玉田韵

觅醉蜂狂，寻香蝶倦，曾经几度湖船。满湖春色，怀人又是今年。春人拚把韶光掷，问垂杨、更有谁怜？正凄然，疏了琴尊，冷了炉烟。　六桥芳草天涯近，怕有春寻处，愁损樊川。峭寒欺酒，寻诗待向谁边。落花如梦相思冷，五更风、催起春眠。闭重帘，但逐流莺，莫惹啼鹃。

（以上载《西泠酬倡二集》卷五）

高阳台　佛手

摘艳分金，拈花比玉，善根袖里含胎。境入华严，现身法说如来。薑芽敛后终嫌辣，未容他，依傍莲台。谢慈悲，指点前因，定有春回。　空空一样夸奇妙，怎巨灵轻擘，钩弋轻开。踏到僧鞋，应教合十相陪。承来仙露余芬溢，是旃檀、国里分栽。费疑猜，悟澈诗禅，尚待敲推。

一萼红　西湖月

最宜秋，认明波万顷，一棹指金牛。皱碧千层，明珠一颗，惊起多少眠

鸥。记十里珠帘齐卷，寻旧梦、小杜在扬州。试问修娥，广寒宫阙，可许人游。　　惟有湖心亭子，让湖光四面，高据中流。明镜当空，冰壶澈底，何处更著闲愁。任来去、琉璃世界，这仙骨、曾费几生修。何事三潭问影，忘了当头。

高阳台　供春壶

活水烹余，试汤熟后，雨前瀹取新芽。买春屏玉，低斟但觅陶家。玲珑巧思翻新样，薄锱铢，用到泥沙。漫争夸，一瓮留云，一盏流霞。　　最怜玉唾青葱湿，恁抟来黄土，女误名娲。悬匏自笑，此中日月还赊。笼头纱帽亲煎吃，可称他，小髻双了。任芳华，只有樵青，合配名花。

金菊对芙蓉　醉芙蓉

素面天生，朱颜不老，算他沉醉西风。怎霎时转变，白白红红。朝来远向秋江采，蓦回头、换了娇容。沉酣香梦，纵夸国色，无此香浓。　　仙山缥缈云中。觅锦城何处，把盏相逢。想白衣送到，邀过篱东。本来素质非关酒，费胭脂却笑天工。东风莫怨，且沽醽醁，浇向芳丛。

摸鱼儿　十月四日同人湖上饯秋

问西湖，把酒临歧，可能留得秋住。最好晴空添爽气，扫得昨宵微雨。秋竟去，指双堤、明朝便是征人路。苍葭白露。只鸿雁南来，经春未去，可有寄书处。　　尊前酒，三五诗人小聚。浑如风里萍絮。客中送客年年有，禁得秋风几度。秋又去，怕逝水、催人两鬓都成素。悲秋漫赋。认两行衰柳，依依惜别，来岁尚如故。

摸鱼儿　饯秋词成，余有四明之役，同人又饯余矣，再填一阕

问秋之，为气悲哉，秋来胡又秋去。哀乐无端增客感，谁把春光留住？韶华误，一刹那、伤心已入秋深处。寒霜冷露。看世界繁华，顿成萧索，那不忆前度？　　湖上棹，又是离怀无数。顿添凄凉词赋。十年惯折苏堤柳，今作天涯飞絮。途易暮，怕修蛾、临风又被秋娘妒。任秋分付。只吟魂一缕，缠绵不断，如泣又如诉。

一萼红　红叶

老天涯，有秋娘飘泊，未肯托良谋。永巷年年，长亭杳杳，旧时颜色全非。一样是溷茵身世，入时宜、何事买胭脂？傲得霜风，不伤憔悴，奈已心灰。　尚觉辞枝未许，纵还丹有术，落落谁依。绿早阴成，黄先陨落，有人错爱芳菲。纵博得、斜阳掩映，是秋深、休认作春回。且把醉容相对，借取深杯。

鹊桥仙　闰七月，和澹翁韵

佳期才过，良宵又到，竟尔秋风两度。梧桐一叶喜新添，且漫说相逢有数。　再劳乌鹊，又留钗钿，一水盈盈前路。百年能得几回重，真妒煞朝朝暮暮。

一萼红　隐囊

坐胡床，正长吟人倦，倚处趁微凉。高卧非宜，横陈未许，斜欹也近柔乡。倘长爪频探妙句，不须倩、奚背负斜阳样。是何人，仿来纱帽，肘后生香。　却异鲛绡帐底，说扶头春暖，引臂宵长。中酒初醒，弹棋未罢，欲眠且缓商量。漫认作、阮家羞涩，是兜罗、绵手与亲装。只我愁沽独伴，宦味空尝。

摸鱼儿　宋嫂鱼

换腥膻，早离边塞，厨娘新试纤手。侍儿何用党家寻，湖上碧波春溜。嗤钓叟，尽一饱、秀才风味。空孤负、南鸿断久。怕五嫂才烹，九哥欲泣，尺素未能剖。　舟一叶，君试居寻五柳。西施眉黛依旧。秋风未起思乡意，已觉心儿酸透。沽斗酒，只一尾，仿来南宋真吾友。外孙幼妇，任邱嫂炎凉，持竿可得，何事苦奔走。

解连环　孤雁，用山中白云词韵，寄小梧司马

江空秋晚。蓦衔芦伴侣，长途分散。漫说是、有个人人，偏形单影只，路遥山远。解道惊寒，只有那、残鸦数点。料霜痕叫断，几行盼煞，故人心

眼。　光阴客中荏苒。怎一旦萍蓬，顿添离怨。笑落落、寄到无书，可有个同心，天涯飞转。唳应长天，忆隔岁、朔风相见。望模糊、咫尺衡阳，暮云未卷。

渡江云　钱竹卿先生暨德配唐淑人取义图

全城鼎沸，成仁取义，撒手各如归。东南隳半壁，一角金阊，打劫剩残棋。更无死所，任南朝、辱了胭脂。但祝取、黑云四压，护出两娇儿。　凄其，秋风惨雨，白蚬桥边，挥两行血泪。又霎时夫妻父子，永别长离。草野孤忠惟一死，遑较量青史名垂。看后起，披图仿佛须眉。

（以上载《西泠酬倡集三集》卷五，亦刊于《词章杂志》第4卷）

苏幕遮　和胡杏荪秋海棠

淡调脂，浓著粉。一抹斜阳，现出离魂影。荡漾帘栊摇不定。怯怯相思，悄向空阶等。忏情多，惊梦醒。　弹泪无痕，红剩残霞晕。花比人娇同薄命。一样秋风，一样心儿冷。（杜文澜《憩园词话》卷六）

琵琶仙　光绪元夕，风雪交作，偶有所感

划地西风，顿吹起、一片寒声呜咽。辛苦飞雁征，凄然数行绝。春已在、垂条柳外，忽弹到、十三弦折。篱外孤梅，频摇疏影，明月都缺。　忆前此、雪惨风骄，正消受阳和好时节。为底冻云一霎，逗断肠消息。浑未识、东皇雅意，早半空、乱舞飞雪。只恁寥落今宵，凄凉谁说。（杜文澜《憩园词话》卷六）

【注释】

杜文澜《憩园词话》卷六：江秋珊顺诒，安徽旌德人，屈在衙官，素称风雅。著有《愿为明镜室词》，惜未获见。从友钞存者录三阕。《苏幕遮·和胡杏荪秋海棠》云："淡调脂……"又，《甘州·咏芦雪》云："黯空江……"又《琵琶仙·光绪元夕，风雪交作，偶有所感》云："划地西风……"案：《甘州·芦雪》已见《西泠酬倡集和集》卷五。

高阳台 陈烺潜《燕子楼》题词

玳瑁梁空，鸳鸯梦醒，廿年人老楼中。闭了闲门，任他蛛网尘封。卷帘肯放双飞入，有一襟憔悴孤红。算系来，缕缕长绳，岁岁相逢。　天桃不短今生命，比绿珠惨坠，特恁从容。有甚商量，怕听软语惺忪。氍毹三尺凄凉色，最难传冷雨凄风。怕新词，唱到秋宵，欲遣玲珑。（陈烺潜《燕子楼传奇》二卷卷上，《玉狮堂十种曲》本）

迈陂塘 筱峰先生词坛老宿，见拙稿填迈陂塘一阕见寄，重承奖借，因依元韵奉答

老词人、烽烟廿载，繁华换了尘境。爱才依旧多情，甚可惜路遥天迥。波已定。寻旧迹，空余绿雪纤纤影（先生稿名《绿雪词》）。莺花梦醒，怎墙角疏枝，浊醪偶对，也算晓春景。　风尘久，我亦残妆谢靓。穷愁无奈交并。未能结习忘文字，难拭暗尘凝镜。惟自领。有一角、残山剩水前盟订。孤云在岭。恐韵涩弦低，一时误入，白石老仙听。

迈陂塘 前词寄后，先生来函云，准备来岁春风中，把臂西子湖上。讵于今二月四日归道山？闻讣之余，泫然知己之感，仍填前韵，飘风焚之，词客有灵，应于邑也。

闻词人、归何太速，浮生原属幻境。缘悭一面人千古，岂意云天路迥。先期定。伤把臂，空寻万柳双堤影。先生梦醒，趁晓星残月，游仙跨鹤，应佥此时景。　名场老，不改新妆明靓。漫说雪笼堪并。绝空绿雪原无影，相照何须明镜。谁管领。看寂寞、湖山新盟难重订。笙吹缑岭，幐宋玉招魂，哀弦急管，只有水仙听。

【注释】

上二阕录自《申报》光绪丙子五月十七日（1876年6月18日），署名“愿为明镜生”。前有张鸿卓（筱峰）《乙亥春日流寓西泠，获愿为明镜词稿，倚此题后，用缔墨缘。调寄迈陂塘》：“一篷儿、载西湖酒，重寻南渡词境。年时俊侣今星散，何怪古人天迥。风不定。荡万柳，苏堤搀入桃花影。春醉醒，又怎得同心，能来不速，双笛谱烟景。　新词读，如此江花笔靓。金荃兰畹堪并。白云闲向山中住，心醉愿为明镜。箧

一领。想更继、钱塘招与鸥盟订。孤山万岭。尽水调歌来，云鬟付去，唱与老仙听。”

高阳台

碧海移根，红尘换劫，伤心再见何年？绿未成阴，还期好梦重圆。青衫替揾临行泪，溯香盟，啮臂依然。陡罡风，心未成灰，玉已成烟。　星星血溅鸳鸯剑，拚兰摧蕙折，不负从前。知心难得，游丝未必轻牵。凭君莫泛申江棹，怕樊川、肠断当筵。悔寻春，负了惊鸿，苦了啼鹃。

【注释】

录自王韬《海陬冶游附录》卷中：“雪香，姓王氏，小字阿湘，浙之慈溪人。年十三，入甬上教坊。瑰姿粹质，艳丽罕伦，望之如丰台芍药。性傲，不善酬接，人多忌嫉之。避祸镇海，与州陵青衫客契。旋以事不能安居于镇，复回甬上。又因讼被拘。萍因主人，湘旧识也，知其事而怜其枉，以多金赂当事者赎之出。湘盛感其意，拟订白头约，母以奇货居，不果。将徙于沪，萍因主人开筵叙别，牵袂依依，不啻一声河满也。至沪居兆富里，名噪甚。未几滇镇某以重金胁取去，非所愿也。归舟至某处，以偶拂其意，遂杀之，弃尸江中。惜哉！某镇固非惜玉才，而湘之傲可知矣。使怜之者金屋早藏，又何名花堕劫若是之惨哉！钱神无灵，遂使绝世佳人，蹈非烟覆辙，能不为之痛心耶！明镜生曾作《高阳台》词以吊之云：……或传姬别有所属，故见杀。明镜生独谓不然，词中特为之辨，是真姬之知心也。呜呼！士生今日，以才傲世，非有奇穷，必有奇祸，姬既遇人不淑，顾犹以傲侮玩之，其不得于死也宜哉。”按：《四溟琐纪》第十二卷（1876年1月）载明镜生《王雪香小传》。

江顺诒散曲辑补

江顺诒　著　　杨柏岭　整理

套数

仆今年六十矣，例得称翁，自号曰窳翁。谱“南吕、商调、仙吕入双调”南曲一套，痛快淋漓，畅所欲言，此自寿书怀之变格也。然而渐近商矣，录请诸大雅教之。光绪辛巳秋。

【南仙吕入双调步步娇】白发欺人龙钟早，甲子平头到，浮生本幻泡。七尺昂藏，却恁般潦到。莫再逞英豪，已匆匆辜负今生了。

【山坡羊】闹哄哄龙门最高，急攘攘文章潦草。乱昏昏两个冬烘，喜洋洋几辈登科笑。意气骄，功名唾手招。谁知那秀才秀才康了，说什么松柏凌寒还有后凋。逍遥，向钟山访六朝；嚎啕，向孙山哭几遭。

【五更转】也曾得鹿一角，龙一爪，虚名只自豪。千人笔阵空横扫，不是年家，定然旧好。穷酸丁，纵钻营，那得到？争名又说，又说长安巧。一领襕衫，不如休了。

【园林好】一年年山遥水遥，算只有敬亭云鸟，尚伴我悲歌长啸。看捷径有人抄，怎不唱郁轮袍？（有《敬亭山顶放歌图》）

【江儿水】漫夸你才太白，漫诩你笔枚皋。干霄养得胸中浩，奇字九千穷探讨，牙签三万珍藏早，总不合时宜古调。一例秋风，合付尊前一笑。

【玉交枝】莺花正好，忽惊天烽烟惨遭。洞庭南北鬼神号，大江东天倾倒。双亲迈年何处逃，故乡屋宇存留少。怅茫茫天涯故交，又匆匆钱塘看潮。

【玉抱肚】春婆梦晓，任他人封侯年少。我只作在山清泉，那肯为出山小草。拙鸠辛苦再营巢，剩一发千钧系不牢。

【玉山供】家贫亲老，渐开门七件唠叨。且抛这破烂头巾，何惜他奔走尘劳。绵绵远道，幸免却望云怀抱。只半生磊块酒难浇，把笔砚从此付君苗。

【三学士】惨又东南劫火烧，一家骨肉葬波涛。网罗幸免南冠辱，穷促何妨吴市嘲。三载武林重返棹，城郭在，鹤归早。

【解三酲】莽红尘任人热闹，烂银涛让我推敲。几疑是西山精卫鸟，却脚靴手板全抛。谪仙添我新词料，苦海能将热念消。（海塘数年，最为辛苦。有海上谪仙词。）欃枪扫，记曾经转轮百万，斗柄亲操。

【前腔】说什么穷经首皓，说什么作史才高。似这般空言陈腐套，合付与拉杂摧烧。（经史皆有杂著，俱付劫灰。）漫道文章千古妙，枉将心力一生抛。千金宝，也不过饱餐蠹腹，压断牛腰。

【前腔】也曾研程周奥妙，也曾袭朱陆皮毛。也曾精申韩与黄老，也曾策贾董三条。业已无科名被人鄙笑，何苦将著作供客诙嘲。寻烦恼，不如饮酒，痛读离骚。

【前腔】用不着风云啸傲，用不着龙虎钤韬。用不着迂拘谈忠孝，用不着刀笔萧曹。但愁中庭妻妾相讪笑，那管局外春秋有贬褒。何须道，卑污一例，有甚清高！

【前腔】学不上滑稽志傲，学不上玩世名高。学不上眉黛投时好，学不上混迹渔樵。只合山中射虎残年了，早已海上骑鲸壮志消。侏儒饱，马牛任唤，鸥鹭难邀。

【川拨棹】湖山好，佳日春秋醉倒。十余年写我牢骚，十余年写我牢骚，浑忘他陶潜折腰。千秋业名不高，一尊酒诗尚豪。

【嘉庆子】又滥竽不怕人讪笑，借酬倡西泠广结交，此外几人同调？青灯昧，夜无聊。青衫湿，泪如潮。

【侥侥令】光阴如过客，身世等悬匏。鱼蒜鸡猪随缘饱，悔不打破虚空把色界逃。

【前腔】朝中无狗监，杯外即鸿毛。种竹栽花从吾好，分什么诗品官阶两不高。

【前腔】瓮中春梦破，镜里彩云消（有《瓮梦图》《明镜图》，乞题诗词）。行乐人生时须早，只剩有几卷新词手自抄。

【前腔】黄金随手尽，愚鲁愿儿曹。但得花月多情常圆好，且让我醉把红牙缓缓敲。

【尾声】那里有低斟浅唱红儿笑，差胜似乞儿自把莲花闹，也算是一代才人有下梢。

（载《愿为明镜室词稿》九卷本附录，亦名《自寿曲》）

南北双调合套　题宗小梧司马顾曲图

【北新水令】把十年旧事记欢场，最难忘浅斟低唱。荆歌抛易水，枚笔赋钱塘。绿鬓新霜，尚喜那春无恙。

【南步步娇】画图写出春人样，好梦添惆怅，裙屐忆登场。一曲新声，人间天上。年少说周郎，算知音当世应无两。

【北折桂令】曾记他啭娇喉莺语调簧，向人海莺花，独步无双。何须说软玉温香，只听得清吟宛转，已胜于软语商量。况又是一声檀板，早断了九曲柔肠。纵有人略解宫商，又谁似杜牧轻狂！因此上填迦陵百阕新词，只许他捧琉璃一个云郎。

【南江儿水】红豆拈来熟，香檀掏处忙。缓声早觉柔情荡，回身却又凝眸望，换腔更拣同心唱。不为你余音嘹喨，只这口儿温存，博得心儿供养。

【北雁儿落带得胜令】指南柯梦入白云乡，哭西风泪洒青衫上。你定子当筵最擅长，我良辰蜡屐频相访。种庭花休疑玉树腔，谱燕兰早冠琼林榜。薄浮名甘把中书让，学屯田能教井水香。评量，且试作天人想；端详，应不同时世妆。

【南侥侥令】我也曾寄傲吟长调，我也曾翻新自度腔。只想个旗亭画壁双鬟唱，那里有你金童来侍香。

【北收江南】说什么温柔老是乡，枉教他堕入烟花障。排列着金钗十二行，奔走着珠履三千辆。抛金玉盈箱，剩脂粉残妆，那里解清歌一曲侑人觞。

【南园林好】一字字金相玉相，一声声情长意长，一缕缕游丝荡漾。拥绣被，笑匡床；抿短笛，笑宫墙。

【北沽美酒带太平令】说错误在宫商，说错误在宫商，恐迷离两不防。若不是颠倒谱霓裳，怎能够眼儿相向，绣为口锦成囊。一个是低度着串珠圆吭，一个是轻拍着几玉低昂；一个是细嚼着月残柳岸，一个是微和着韵绕雕梁。果然是芝兰共芳，休认作鸳鸯一双，论牙琴只有钟期赏。

【南清江引】别燕云换了天涯莽，空荡西泠桨，偷声减字工，谁拍红牙响，可有个同调人儿千里来相傍？

（载《西泠酬倡二集》卷五）

自题花坞夕阳楼雅集第二图

辛巳秋，自甬上归，偕宗小梧司马，招同人重集于余之花坞夕阳楼。期而至者十人，期而未至者六人，先期而逝者一人（钱子奇大令）。是日拈题分韵，拟请秦君散之绘雅集第二图。越日，秦至自吴，图成，而同人诗无一作者。未几，皆云散风流，其未他往者，非贫即病，欲再如曩日之狂吟欢醉，岂可得哉！西泠倡酬，遂以是会止，因填北曲高宫一调以记之。

【端正好】为什么雨摧花，风打絮，都向着天涯飘泊？消魂未买黄垆醉，数分飞早觉柔肠碎。

【滚绣球】曾记拓数弓移竹石，面双峰端详位置。才许我，向夕阳开着罘罳。楼外山扑几席，一霎里旧交雅谊，快登临几度吟诗。有那惯酬倡的击钵西泠侣，借消寒结夏留来几处题，肯任他岁月自奔驰。

【伴读书】也不算这宦海风波起，只不过春婆梦小差池，有一个磨蝎宫中忧愁死（汪咏之大令）。倒是那寒窗十载埋头士，宦途尝尽穷途味，谁料是结局如斯！

【笑和尚】攘攘的尽东西各自驰，傍晚来问燕子何处栖，也博个贤劳字。你鸣琴已可期，他听鼓竟何时，那似我闲鸥鹭浑无事。

【川拨棹】你看我赏花时，赏花时浮大白。密咏的诗儿，高唱的词儿。那管他酩然独醉，一斗又一石。

【七弟兄】又有几个山颠水涯，尚忆着卷帘时，但凭栏不用登山屐。黄妃一塔秃迷离，倚晴空面面琉璃碎。

【梅花酒】这依依柳一丝，不管相思，却解相思。怎忽南忽北，任着风吹。屏远横翠，倘入座更妩媚，纵几度别和离。窗中岫，没改移。落霞红，依旧晚风入。

【收江南】呀，浮生何事苦栖迟，花前先负了倒金卮，我偷闲只把素心期。知音有几，怕被那花开满坞也笑人痴。

【煞尾】那往事且莫提，这画稿须再起。何时重聚共向楼中醉，细认这雅集图儿是第二。

（载《西泠酬倡集三集》卷五）

汪咏之大令挽歌

【商调集贤宾】河阳一霎空种花，早零落天涯。何处招魂重入社，苦匆匆宦海抟沙。寒窗冷舍，说什么登科声价。归去也，怎依旧把穷愁话。

【二郎神换头】潇洒，故乡苜蓿曾亲风雅。又十载西泠杯重把，胜剪烛西窗夜话。算文字因缘容易合，柰海上烽烟别乍。又谁料，而今咫尺牙琴茫茫长夜！

【黄莺儿】潭水记桃花，才阳春日又斜，好诗攻不愁城下。途长路赊，官穷病加苦尘寰，告个黄泉假。岁龙蛇，文人命薄，始悔读书差！

【琥珀猫儿坠】一官结局，好梦落谁家？有诏修文天上下，难觅人间炼石娲。堪嗟！没米为炊，斧柯空假。

【尾声】人间宦味如斯者，我半世知音渐寡，且剪纸向罗刹矶头赋楚些。

（载《西泠酬倡集三集》卷五）

送杨古醞之任黄岩丞

【中吕粉蝶儿】匆匆的、早迎年行色紧。看新诗刻就，去程安稳。双堤柳色黄未匀，任离筵不管销魂。似移家燕子归巢，西泠客多少萍梗！

【红芍药】新雨乍一旦离群，好吟坛冷落琴尊。眼见得湖山没人问，剩残春落花飞溷。路入桃源好问津，宦游人独仙乡近。散晨星落落休论，最是那灵旐孤榇（钱子奇、汪咏之两大令近俱归道山）。

【耍孩儿】淮海风流归去近，几个闲鸥鹭，为贫病减了精神。盼天涯，又寥落，不寄双鱼信。只有我文通千古恨，借别酒和愁殉。

【会河阳】车马无端，北宗少文，江东日暮寄春云。藏诗事，仿香山，有铁瓮生春，书入藏，千秋定。堪悲，夸万卷传谁信？堪怜，留一编心谁印？（小梧司马过焦山以《酬倡集》送入书藏）

【缕缕金】当歌处，忆良辰。联吟休负却，酒盈尊。过眼成陈迹，探春无信。更休提贤主与佳宾，残红也成阵，残红也成阵。

【越恁好】盛筵难再，盛筵难再，远道倏征尘。一珠一字，殷勤盼有个羽和鳞。半生宦海尽沉沦，幺弦孤引。只有这诗儿五七字还相讯，只有这词儿千百里能投分。

【尾声】骚坛竟厄黄杨闰，剩风雨空山寂寞春，怕局中人读罢把柔肠断尽。

（载《西泠酬倡集三集》卷五）

和琴川吴逸香女史叶小鸾眉子砚南曲

【步步娇】蹙损春山春梦晓。雨打梨花老。优昙一现消。埋玉深深，留香草草。片石劫难烧。伴雕奁，曾著伤心稿。

【醉扶归】休疑吮兔豪，自写芳容好。休疑画，螺峰花样簇新描。原来短命佳人似夭桃。剩有芳魂飘泊依秋草。纵然灵光不灭佛能招。不过是空中幻影如花貌。

【皂罗袍】镜里楼台空照。只团香镂雪，碎点琼瑶。易脆琉璃不坚牢，才人那用生天早。忏来倚语，花娇柳娇；返来艳魄，愁苗恨苗。恁蒲团参得如来妙。

【好姐姐】此日摩挲想，黛痕娟好。漫认取，簪花格妙，月子一弯照。生前影最娇。只落得琼空抱。绮岁消磨，芳心化了，这淡淡修蛾并无人扫。

【尾声】吴江枫冷坟碑倒。难证取三生容貌。问砚儿流落，谁与订心交。

（署名愿为明镜生，载《瀛寰琐记》1873年第5期）

读红楼梦杂记

江顺诒 著　　杨柏岭 整理

整理说明

一、在江顺诒著述中，署名“（清）愿为明镜室主人”的《读红楼梦杂记》24则，属于影响较大的一部。同治八年（1869）自刻于杭州，同治十三年正月（1874年3月）复刊于上海申报馆《瀛寰琐记》第十七卷，光绪二年（1876）上海翻刻（即“红楼梦评赞”本），八年内重刻三次，足见该书所受欢迎的程度。

二、此后，《读红楼梦杂记》入“红楼梦丛刊”清刊本、宣统二年（1910）《香艳丛书》本等。民国期间，入《红楼梦附集十二种》1936年上海仿古书店铅印本等，而《文学研究社社刊》（1924第16期）、《双星》（1915年第4期）、《新民声》（1944年第5、9期）等杂志均有摘录刊载。新中国成立后，诸如《古典文学研究资料汇编·红楼梦》（一粟编，1958年古典文学出版社出版，1963年中华书局再版）、《红楼梦考评六种》（人民中国出版社1992影印本）、1989—1991年台北新文丰出版公司《丛书集成续编》（199，文学类）影印《香艳丛书》本、《清代笔记小说》（周光培编，河北教育出版社1996年版）等均有收录。

三、《读红楼梦杂记》则数一说24则，一说25则，均未含文后所附词二阕。其实，吴藻及江顺诒词亦以《红楼梦》为题，当纳入其中。经整理，共26

则。需要说明的是，《瀛寰琐记》本失载最后6则，文字亦时有讹夺。“就内容考订，其所以失载。乃此最后六则，实指出《红楼梦》系一部对政治愤慨书，大约恐遭禁忌，遂删。”（阿英《小说闲谈四种小说四谈》，上海古籍出版社1985年版，第26页）。兹以同治八年自刻本为底本予以整理。

1

《红楼梦》，小说也，正人君子所弗屑道。或以为好色不淫，得《国风》之旨，言情者宗之。明镜主人曰：《红楼梦》，悟书也。其所遇之人皆阅历之人，其所叙之事皆阅历之事，其所写之情与景皆阅历之情与景。正如白发宫人涕泣而谈天宝，不知者徒艳其纷华靡丽，有心人视（一作“见”）之皆缕缕血痕也。人生数十寒暑，虽圣哲上智不以升沉得失萦诸怀抱，而盛衰之境，离合之悰，亦所时有，岂能心如木石，漠然无所动哉？缠绵悱恻于始，涕泣悲歌于后，至无可奈何之时，安得不悟？谓之“梦”，即一切有为法作如是观也。非悟而能解脱如是乎？

2

真、假二字，幻出甄、贾二姓，已落痕迹。又必说一甄宝玉以形贾宝玉，一而二，二而一，互相发明，人孰不解？比较处，尤落小说家俗套。

3

“风尘碌碌，一事无成。”“已往所赖之天恩祖德，锦衣纨袴之时，饫甘餍肥之日，背父母教育之恩，负师友规训之德，以致半生潦倒，罪不可逭。”①此数语古往今来，人人蹈之，而悔不可追者，孰能作为文章，劝来世而赎前愆乎？同病相怜，余读《红楼》尤三复焉，而涕泪从之。

4

“满纸荒唐言，一把辛酸泪。都云作者痴，谁解其中味？”②此缘起诗也。言中有泪，何至荒唐；含泪而言，但觉辛酸矣。作者痴，读者与之俱痴，读者未尝不解其中味也。辛酸之外，别无他味，我亦解人。

5

《西游记》托名元人，而书中有明代官爵。今《红楼梦》书中有兰台寺大夫，及九省统制、节度使等官，又杂出本朝各官，殊嫌芜杂。

---

①语见《红楼梦》第一回。

②语见《红楼梦》第一回。

6

王雪香《红楼问答》[①]云："宝玉似武陵源百姓，黛玉似贾长沙，宝钗似汉高祖，湘云似虬髯公，探春似太原公子，宝琴似藐姑公子，平儿似国大夫，紫鹃似李令伯，妙玉似阮始平，晴雯似杨德祖，刘姥姥似冯驩，凤姐似曹瞒，袭人似吕雉。"明镜主人曰：宝玉似唐明皇，黛玉似李广、又似唐衢，宝钗似王莽，湘云似李太白，探春似汉文帝，宝琴似张绪，平儿似陈平，紫鹃似豫让，妙玉似倪云林，晴雯似祢衡，刘姥姥似柳敬亭，凤姐似严嵩，袭人似魏藻德。

7

又论刘姥姥云："家运衰落，平日之爱子娇妻、美婢歌童，以及亲朋族党、幕宾门客、豪奴健仆，无不云散风流，惟剩此老妪收拾残棋败局。"[②]读至此，不独孟尝、平原徒夸食客，凡豪门势宦皆可为之痛哭矣。

8

又《贾兰赞》云："乳臭未脱，即以八股为务，是于下下乘觅立足地。仕宦中多一热人，性灵中少一韵人。"[③]明镜主人曰：贾兰之才，正以见宝玉之不才。在作书者原以半生自误，不能为贾兰而为宝玉，愿天下后世之人皆勿为宝玉而为贾兰。然而吾读《红楼》，仍欲为宝玉而不为贾兰，吾之甘为不才也。天下后世之读《红楼》者，于意云何耶？

9

"古来轻薄，皆以'好色不淫'为解，又以'情而不淫'为案，此皆饰非掩丑之语。好色即淫，知情更淫。"[④]镜主人曰：如此论情，如此论淫，借口《国风》者，吾知其伪矣！今之为香奁者，欲饰其非而非不免，欲掩其丑而丑弥彰，所谓无伊尹之志则篡也。若寓言八九，只可依托香草，不能附会好逑，作者其知之。

10

"马婆魇魔，衅起彩霞；贾环搬舌，祸由金钏；宝玉之濒死，皆赵姨所致。"[⑤]昔人谓尹吉甫一代贤者，伯奇有履霜之操，不知妇人女子之毒，实出人

①《红楼梦问答》系涂瀛（号读花人）所著，江顺诒误判为王希廉（字雪香，号护花主人）。

②语见王希廉《〈红楼梦〉评点》。

③语见涂瀛《读花人论赞》。

④语见《红楼梦》第五回。

⑤语见王希廉《〈红楼梦〉评点》。

情之外。政老品学，迥出流俗，乃见欺于不宠之妾。骊姬、申生之事，何代无之，不必为吉甫辩也。

11

赖大是贾家总管，其子竟蒙捐而选知县。承平之世，流品已如此，亦必当时实有其人，故详细书之以寓讽，亦国法所不容者。

12

李纨、探春代凤姐管事，理所应当。兼请宝钗，实出情理之外。

13

《红楼》人物以宝玉为第一，作者现宰官身而有微词。袭人之不死，则明斥其非曰："孤臣孽子，义夫节妇。'不得已'三字，不是一概推诿得的。"[①]宝玉之不死，则以"不知谁何之人"，示以伦常至重而不可死。非真有人示之也，实欲死时之转念耳。古今忠臣孝子，义夫烈妇，其慷慨捐生，则只有初念而并无转念。失此一时，抱恨千秋，作者非不知也。

14

小说淫辞，正人所不屑道。《红楼梦》李十儿骗贾政一节，君子仁人，孰不愿为贾政？孰不为李十儿所骗？试取此书细读之，倘亦知家人舞弊而绝其信任之心乎？然而知之者伊谁！

15

尤三姐云："除了宝玉，天下就没有好男人。"此背面言之也。宝玉因画蔷而见龄官之娇、贾蔷之痴，深悟各人眼泪还各人债。此等觉悟，真能放下一切。若小红，因见妒而另识贾芸，则逼之使然，未为达也。

16

尤三姐惜宝玉之多情，可谓宝玉知己。然意不在宝玉，而在湘莲。岂湘莲果胜于宝玉？不知宝玉爱博而情不专，及至黛玉死而宝玉不死，三姐死而湘莲立断尘缘，始信三姐之知人。设而不死，其专于一人，必不同于宝玉。惜乎三姐知宝玉，宝玉不知三姐。以一言启湘莲之疑，死者死而遁者遁，非宝玉之咎乎？

17

柳湘莲以雄剑断万根烦恼，非出家也，亦自刎耳。

①语出《红楼梦》一二〇回："孽子孤臣，义夫节妇，这'不得已'三字也不是一概推诿得的。"

18

水月庵翻风月案，非写女尼女道士之淫，实写芳官之洁。

19

“多多少少穿靴带帽的强盗来了，翻箱倒笼拿东西。”[①]强盗而竟“穿靴带帽”，奇文！虽“穿靴带帽”而拿东西，实凶于强盗，文外微旨。

20

或谓《红楼梦》为明珠相国作，宝玉对明珠而言，即容若也。窃案：《饮水》一集，其才十倍宝玉。苟以宝玉代明珠，是以子代父矣。况《饮水词》中，欢语少而愁语多，与宝玉性情不类。盖《红楼梦》所记之事，皆作者自道其生平，非有所指如《金瓶》等书意在报仇泄愤也。数十年之阅历，悔过不暇，自怨自艾，自忏自悔，而暇及人乎哉？所谓宝玉者，即顽石耳。

21

又有满洲巨公谓《红楼梦》为毁谤旗人之书，亟欲焚其版。余不觉哑然失笑。无论所纪非违律犯法之事，伤风败俗之行，即以获罪论，亦只以贿酿人命为最大，然实出于妇人女子之手。较当代诸公，身膺疆寄，贿赂公行，苞苴不禁，冤死穷民无告者不知几人！设有人笔之于书，则又奈何！且笔之于书，以儆将来，视已犯法而明正典刑者，又何如也！《红楼》所纪，皆闺房儿女之语，所谓有甚于画眉者，何所谓毁？何所谓谤？

22

《红楼》之金闺硕彦，皆出乎情而守乎礼，即荡检逾闲如司棋等，亦矢志不移。其淫荡无耻者，皆不足数之人。惟袭人可恨，然亦天下常有之事。而已贬之不遗余力，屡告阅者以申明之。苟非袭人，使金谷园中皆从绿珠坠楼乎？

23

《红楼》以言情为宗，自以宝玉、黛玉作主，余皆陪衬物。而论纪事，则凤姐又若龙之珠，狮之球，何也？古今奸邪柄政，如卢杞、严嵩，皆受参劾于生前，独凤姐擅权，虽其夫亦受节制，至已败国亡家，而太夫人犹不悔，非秦之赵高乎？况太夫人并非二世庸碌之主。能道其奸者，惟一赵姨娘。而凤姐卒受冥诛，似亦为警世起见。

①所引是《红楼梦》一百五回“锦衣军查抄宁国府”的文字。

24

世禄之家，鲜克由礼。《红楼》所记，独一奢侈之罪，然已受抄检之辱，军台之苦，其警戒为何如！今之缙绅阀阅之家，岂仅奢侈一端而已哉？不仅此奢侈一端，其幸逃法网，曷若《红楼》之堪为殷鉴耶！

25

《红楼》所载，闺房琐屑，儿女私情。然才之屈伸，可通于国家用人之理。如黛玉之孤僻，汲黯之戆直也。骨鲠之臣，见弃于圣明，彼圆通世故者，不群以为相度乎？英明之主，且以此为腹心，何况昏庸！长沙吊屈，吾读《红楼》，为古今人才痛哭而不能已。

26

仁和吴苹香女史（藻），有《金缕曲》一阕云："欲补天何用。倩销魂、红楼深处，翠围香拥。騃女痴儿愁不醒，日日苦将情种，问谁个、是真情种？顽石有灵仙有恨，只蚕丝、蜡泪三生共。勾却了，太虚梦。　喁喁话向苍苔空。似依依、玉钗头上，桐花小凤。黄土茜纱成语谶，消得美人心痛。何处吊、埋香故冢！花落花开人不见，哭春风、有泪和花恸。花不语，泪如涌。"

明镜生和一阕云："悔入迷香洞。只痴情、缠绵一缕，死生断送。打破繁华归大觉，醒到红楼好梦，始信道、聪明误用。往事凄凉都忆着，恁招魂、苦了悲秋宋。难补满，情天空。　漫言缘是前生种。便神仙、尘寰堕落，任人搬弄。騃女痴儿如许事，织出天衣无缝。赚千古、才人一恸。无可奈何花落去（成句），悟空明镜影偏珍重。人宛在，香花供。"

西泠消寒集序

消寒诗会者，同治辛未，余与梅君鹭臣首倡之。壬申，鹭臣远役，白君少溪与余复倡之。癸酉春，余亦远役。少溪遂拟举两年所得之诗汇抄付梓，乃贫病缠绵，迄半载未蒇事。是冬，少溪又邀请李君冰署、钱君子奇复倡是举。未竟，而少溪已床褥沉绵，至甲戌人日，竟不起矣。三月，余来杭，又闻会中王君勉之亦逝，既皆作诗吊之。因求少溪所辑之《消寒集》者，乃寄存钱、李二君处。爰索回，亟登诸版，以竟少溪未竟之志。因念人生寒暑代谢，友朋之间，死生离别，原难预定，诚不料十数日间词人并陨，有如是之速也。悲夫！刻竣，识数语于末。甲戌仲夏旌德江顺诒。（白骥良辑，秦缃业选，江顺诒刻《西泠消寒集》，清同治十二年刻本。）

红楼梦竹枝词序

《红楼梦竹枝词》百首，合肥庐先骆撰。道光丙午抄自友人，喜其使事之工，措语之雅，置之箧中廿余年，屡经兵燹，而此册无恙，岂非作者之精神有以呵护之耶？窃尝论《红楼》一书，思深旨远，读者未易窥其涯涘。《竹枝》百绝，有画龙点睛之妙，王雪香刻本取各评赞，列诸卷首，独不见此诗。渔古轩改刻大板，余曾以此诗寄刻，工甫竣而"寇"至，板遂毁。惜哉！所望后之刻者附入之，幸甚。同治己巳愿为明镜室主人识于西泠旅次。

【注释】

虞先骆《红楼梦竹枝词》二卷，收七绝百首，同治己巳（1869）愿为明镜室校刊本，并作序。《峕窳子自撰年谱》同治十二年（1873）记载"又刻《红楼梦竹枝词》"，疑指于《瀛寰琐记》1874年第17期复刊之事。此期，除《红楼梦竹枝词》，尚有江顺诒《红楼梦竹枝词序》《读红楼梦杂记》等。

雪鸿吟馆词序

填词之家有二妙焉，一曰藻思绮合，一曰艳语纷披。观夫炉鸭熏浓，梁燕语脆，引胜则芳草碍路，靓妆则杂花乱飞。流水声潺，披女萝而未远；回廊路曲，响画屧以相逢。讶峰石之飞来，觅天衣之无缝。千丝绿柳，软风漾踠地之条；一角红楼，夕阳露横波之影。此其情之余于文者，巧不伤雅，新不嫌纤也。又若香尘麝灭，花露蝉嫣。风语琴心，莺声笛尾。学鸳鸯之并命，锦翼双飞；绾蛱蝶之同心，情丝万缕。寻绮梦于深宵，荡芳魂于微醉。晓簪花而妒影，春对镜以浓妆。双声待月，团圞《子夜》之歌；十索留题，珍重丁娘之语。此其韵之溢于言者，典而疑陈，绮不伤秽也。

吾友韩君薰来近刻其《雪鸿吟馆词》，仆从事校雠，潜心探讨，窃以为有合于二妙之旨焉。夫君以倜傥之才，膺球琳之选，又何暇引商刻羽、俪白妃红，竞绿鬓之华年，订红牙之新谱耶？矧夫听鼓多劳，鸣琴罕暇。镂芳尘而亦缁，探美锦之无余。两字头衔，一行手版。虽贤劳之待著，而风雅之或疏。乃君则擅三唐之美，兼二宋之长；入碧山之室，而撷其秀；摩梦窗之垒，而搴其旗。遍传井水之歌，独画旗亭之壁。虽东西踪迹，鸿雪难寻；而南北迢遥，燕云在望（君时因差省亲冀北，甫回浙）。弄笛邀桓伊之步，吹笙补束皙之亡。兰有陔而思永，谖以树而忘忧，并可于雪来柳往之余，窥寸草春晖之意；岂徒情致之缠绵，文辞之旖旎也哉？皖南弟江顺诒拜撰。

（《雪鸿吟馆词》一卷，韩闻南撰，同治十三年杭州刻本）

后 记

2002年10月，“中国近代文学学会第十一届年会暨安徽近代文学研讨会”在安徽芜湖召开。操持这次会议的是龚自珍研究专家孙文光先生。在此之前，孙先生便要求我们几位拟参会的教师提交会议论文，并建议我们在安徽近代文学方面寻找选题。那年7月，我刚从华东师大博士毕业，学位论文题目即是《近代词学思想的构建》，本可以从中抽取相关内容作为会议论文，但一则孙先生有此建议，作为安徽人尤其是作为此次会议的主办方，理当为会议主题之一的“安徽近代文学”做出自己的贡献，二则博士论文下篇关于词学家的专论并不完备，需要进一步丰富，故理性地选择了安徽旌德人江顺诒《词学集成》作为会议论文的选题。未成想，正是这个机缘，我与江顺诒断断续续相伴了近20年。

本书初稿完成于五年前，集中撰写于我在学报编辑部工作期间。当时，平均每天会审读数十篇稿件，涉及人文社科的各个领域。每每读到令人振奋的选题和佳作，既由衷地羡慕这些作者的慧心，自然也就会频频设计着自己将来可能或值得研究的话题。与此同时，心中不免会质疑江顺诒研究的意义和价值。可以说，这部书稿就是在这种纠结中向前推进的。从某种意义上说，2010年我以“江顺诒的文学创作及批评研究”为题，获批省哲学社会科学规划项目，是促使我将此项研究走下去的动力。回想2002年我提交给中国近代文学学会第十一届年会的论文《心苦功伟：江顺诒词学理论评说》，其中“心苦”二字颇能说明这部书稿的写作过程，至于“功伟”则实在与这部书稿无缘。这也就是这部书稿拖至现在才付梓的原因。

或许与年龄、阅历有关，之前在审读自己著作校样时，心中不免洋溢着某种成功的喜悦，如今伴随自己的则是缕缕莫名的惆怅。此番心情，江顺诒《五十初度》八首之六或许能明之一二：“前路茫茫已暮途，天涯寥落此情孤。不从蓬峤寻方士，谁识高阳是酒徒。见嫉蛾眉知老大，结交燕市剩屠沽。壮心久已消千里，尚有人间结习无。”自知人生态度尚非江秋珊之衰飒，人生理想亦非他之无望，不过，面临治学方向的选择，今日之我姑且壮心未泯，却也有“前路茫茫”的窘境。何时跳出“天涯寥落”之孤，实在需要新的召唤。

最后，本书的出版得到安徽省省属公办普通本科高校领军骨干人才项目等资金的资助。安徽师范大学出版社特别是刘佳、王贤编辑为本书顺利出版付出了艰辛，博士生黄振新校对了全书。在此一并谢过。

杨柏岭

2019年9月27日